1001 TRUCS ET TECHNIQUES DE NETTOYAGE

1001 TRUCS ET TECHNIQUES DE NETTOYAGE

RÉDACTEUR EN CHEF: JEFF BREDENBERG

UN GUIDE COMPLET

TOUS LES SECRETS DES PROFESSIONNELS DU NETTOYAGE RÉVÉLÉS

Modus Vivendi

LES PUBLICATIONS MODUS VIVENDI INC.
3859, autoroute des Laurentides
Laval (Québec)
Canada
H7L 3H7

Design de la couverture : Marc Alain
Infographie : Modus Vivendi
Traduction : Jean-Robert Saucyer

Dépôt légal, 2e trimestre 2002
Bibliothèque nationale du Québec
Bibliothèque nationale du Canada

ISBN : 2-89523-130-3

Nota Bene ;
Les renseignements réunis dans cet ouvrage ont fait l'objet d'un recherche minutieuse, et de nombreux efforts ont été déployés afin d'en garantir la précision. L'éditeur se dégage de toute responsabilité quant aux blessures, bris ou pertes encourus pendant ou par la suite de la mise en œuvre de ces trucs et conseils. Il incombe au lecteur de bien lire et de comprendre les renseignements présentés ici avant de les mettre en pratique.

Table des matières

Introduction

Section I: Hygiène et propreté

Section II: Les saletés

Section III: Outils et matériels d'entretien

Le choix des armes pour la chasse à la saleté

Introduction

Récemment, je me vis offrir par une collègue au regard un tant soit peu perplexe un ouvrage publié en 1952 et intitulé: *Housekeeping Made Simple*, dans le cadre d'une encyclopédie dite *The Homemaker's Encyclopedia.* Feuilletez ce livre et vous y verrez des photos de maîtresses de maison faisant la lessive et passant l'aspirateur en talons aiguilles, un double rang de perles au cou. «De nos jours, la maîtresse de maison, nous informe-t-on, est une fille sensée qui pratique la science de l'économie de temps et de mouvements dans l'art de tenir son intérieur.» Au sujet des mâles, «le maître de céans doit à tout le moins pendre ses vêtements à des cintres et éviter de laisser tomber sa cendre de cigarette sur la moquette».

La ménagère façon 1950 est peut-être une espèce disparue mais pas les moutons de poussière. Nous sommes toujours preneurs s'il existe des façons simples et rapides de nettoyer nos intérieurs et nos biens. Aussi ai-je le plaisir de vous présenter cette somme de trucs de nettoyage destinés au commun des mortels. Ce livre vous sera aussi utile que l'annuaire du téléphone et aussi pratique qu'un canif suisse. Quant à votre tenue vestimentaire pour vous adonner au grand ménage, libre à vous de la choisir (pour ma part, j'opte pour un blue-jean et des tennis). Inutile de préciser que cet ouvrage est androgyne! Tant les femmes que les hommes sauront en profiter!

Vous ne trouverez aucun autre ouvrage qui fasse autorité sur le sujet. Une équipe de journalistes de haut niveau a interviewé des centaines de scientifiques, de professionnels issus de diverses industries et d'experts en nettoyage de toutes sortes afin de recueillir de précieux renseignements sur les façons de nettoyer votre maison et vos biens.

Vous vous apprêtez à exploiter la moisson de leur labeur. Non seulement vous apprendrez à faire reluire et briller tous vos biens, mais en plus vous épargnerez une somme considérable de temps et d'argent! Vous apprendrez des centaines de raccourcis ingénieux. Vous apprendrez à protéger votre famille contre les germes dont vous ignorez qu'ils vous guettent. Vous apprendrez également des trucs de nettoyage qui amélioreront votre rendement dans pléthore d'activités telles que le golf, les quilles, le jardinage, la cuisine, la pêche, la couture et le ski.

De plus, nous préciserons ce qu'il n'est pas nécessaire de nettoyer. Un ballon de soccer, par exemple, doit être sale. Il s'agit en quelque sorte d'un signe distinctif. Personne ne se soucie de ce que l'âtre de votre cheminée soit noirci. De même, nettoyer certaines choses, notamment les vieilles pièces de monnaie, causera leur dévaluation.

La consultation de cet ouvrage est très facile. La première section, intitulée: «Hygiène et propreté», recèle des renseignements généraux sur l'entretien ménager. Par exemple, où trouver sa motivation, ranger une pièce à la fois, triompher du désordre et veiller à sa santé. La deuxième section, intitulée: «Les saletés», est un abécédaire détaillé de tout ce qui se trouve autour de vous. Vous y trouverez les meilleurs trucs de nettoyage vite fait, bien fait pour chacun de ces articles, en plus de mises en garde visant à éviter de vous blesser ou d'abîmer vos biens. Lorsque c'est possible, nous recommandons les méthodes les moins toxiques qui soient. En troisième section, intitulée: «Outils et matériaux», vous trouverez la liste de tout le matériel nécessaire afin d'accomplir vos tâches vite et bien.

Je vous conseille de laisser ce livre à portée de main. Ainsi, lorsque l'un de vos hôtes renversera son verre de vin rouge sur la moquette du séjour, vous pourrez rapidement consulter les notes sur les «Actions d'urgence». Avant de laver à nouveau les carreaux des fenêtres, vous devrez lire les recettes de nettoyants maison qui l'emportent sur les produits du commerce au chapitre du rendement et ne coûtent que quelques sous. Et avant de vous servir de l'éponge qui traîne dans l'évier de la cuisine, vous voudrez apprendre à enrayer la colonie de bactéries qui s'y cachent.

Pour terminer, vous trouverez cet ouvrage fort amusant à lire. Ainsi, en ce qui touche les conseils de nettoyage destinés aux animaux empaillés, nous sommes allés faire un tour au musée Roy Rogers-Dale Evans, qui abrite la célèbre gâchette Steed et deux cents autres créatures. À propos des grils de barbecue, nous avons consulté le propriétaire d'une rôtisserie où les côtes levées sont à l'honneur. Pour ce qui est de passer le balai, nous avons interrogé le balayeur d'un cirque chargé d'entretenir la piste des éléphants. Enfin, pour traiter des récurants, nous avons tiré les vers du nez d'un officier cantonné dans une artillerie qui a inspecté plus d'une toilette immaculée.

S'il vous semble impossible de considérer le nettoyage autrement que comme une corvée, alors ce livre changera votre vie! Le nettoyage est une habitude facile à intégrer aux activités quotidiennes. Et ses récompenses sont colossales, non seulement sur le plan visuel, mais également en termes d'économies de temps et d'argent, de santé et d'estime personnelle. Je suis fier de vous remettre un instrument qui vous facilitera la tâche et vous rendra la vie plus agréable. Vivement un avenir clair et net à tous et chacun!

Jeff Bredenberg,
Rédacteur en chef

Section I

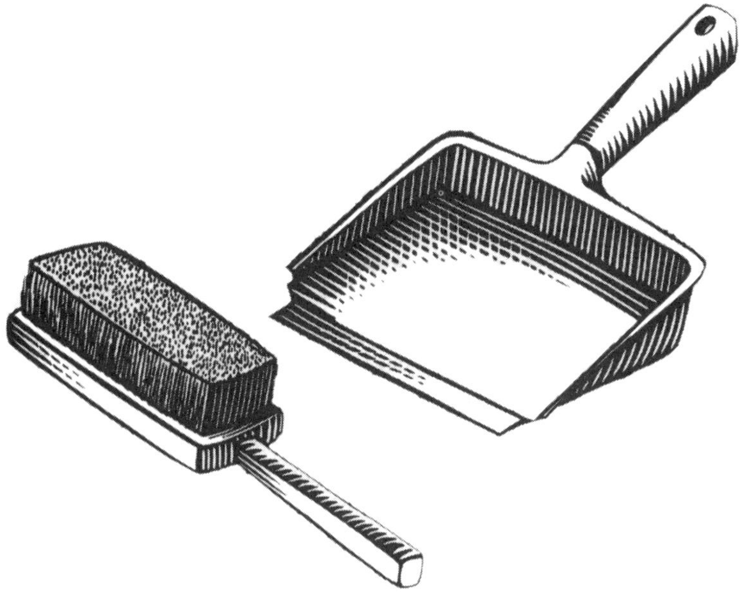

Hygiène et propreté

Apprenez à penser propreté!

Un regard du bon côté des choses: vous économiserez temps et argent et vous serez mieux dans votre peau.

Nettoyer la chaumière était chose aisée pour Blanche-Neige. Non seulement elle disposait d'un régiment de petits sylvains aux yeux verts afin de l'aider à désinfecter la maison des sept nains, mais elle savait également le faire un sourire sur les lèvres et le pas léger. Son secret? Siffler en travaillant!

Ainsi vont les contes de fées! S'il suffisait de joindre les lèvres et de souffler des ordres au balai, nous serions tous des virtuoses du sifflement. En réalité, l'entretien domestique ne réjouit personne.

Malgré cela, l'entretien de la maison est un volet essentiel de notre existence, une occupation accompagnée de nombreuses récompenses, notamment un intérieur plus agréable et une santé florissante. Qui ne souhaite pas vivre dans une maison propre et ordonnée, et qui reste telle moyennant un minimum d'efforts? Cela est possible. Mais, afin d'y parvenir, il faut adopter une attitude positive et chacun des membres de la famille doit y trouver une source de motivation. Apprenez à maîtriser les conseils prodigués dans ce chapitre et vous serez sur la bonne voie! Vous vous rendrez compte qu'assurer la propreté de la maison n'est pas une tâche aussi ardue qu'on le croit souvent. Voilà qui en ferait siffler plus d'un!

POURQUOI SE PRÉOCCUPER DE L'ENTRETIEN MÉNAGER?

Éprouvons la prémisse de départ selon laquelle l'entretien est chose nécessaire. Se pourrait-il que nous récurions, frottions et balayions de précieuses heures de notre vie sans aucun motif valable? À vrai dire, les modes et les toquades du moment nous ont infligé les tortures du corset et des talons aiguilles sans aucune raison pratique. Peut-être vous accommoderiez-vous d'un intérieur grunge s'il suffisait d'essuyer la réprobation de certains de vos parents et amis. Aussi, avant de foncer la tête la première dans le nettoyage, penchons-nous sur les avantages de l'ordre et de la propreté. Si les arguments suivants vous convainquent, vous aborderez les travaux ménagers sous un angle positif.

La propreté est source d'économie

Chacun sait que se laver les dents permet d'épargner des milliers de dollars en honoraires de dentiste. Le même principe vaut pour tout ce que vous possédez. Un chandail sale s'use plus rapidement qu'un chandail propre. De simples méthodes de prévention, nettoyage à sec compris, peuvent prolonger la durée d'à peu près toutes choses, des électroménagers aux canapés et ce, au grand profit de votre compte bancaire.

De plus, assurer régulièrement l'entretien d'une chose en facilite le nettoyage et éloigne les risques inhérents. Un nettoyage régulier est moins outrageant pour les surfaces en question. On minimise ainsi la nécessité d'un récurage qui use et abîme les murs, les parquets et les meubles.

Une économie de temps

Bien sûr, on pourrait gagner du temps en évitant simplement la corvée du nettoyage.

Il est pourtant préférable de conserver la main haute sur la poussière et le désordre, si l'on veut vraiment épargner temps et effort. Il suffit de quelques secondes pour éponger un dégât sur la cuisinière quand on prépare le dîner. Si l'on reporte la chose à plus tard, le liquide renversé sèche, durcit, s'encroûte et le nettoyage, inévitable, n'en sera que plus ardu, «il faudra employer davantage de nettoyant», nous dit Carol Seelaus, qui enseigne les techniques de nettoyage rapide à la Temple University de Philadelphie et qui a fondé un service de nettoyage professionnel baptisé Somebody's Gotta Do It.

La propreté est gage de santé

La saleté peut vous rendre malade. Qu'il s'agisse d'une allergie en réaction à une colonie de mites qui résident à l'intérieur de votre matelas ou d'un empoisonnement alimentaire, chacun encourt le risque d'une maladie par suite d'un contact avec des germes. «On estime qu'entre 50 et 80 % des affections alimentaires trouvent leur source à la maison», nous dit Charles Gerba, titulaire d'un doctorat et professeur de microbiologie à l'université de l'Arizona à Tucson. «Les gens croient qu'ils ont un virus, mais il s'agit en général d'un empoisonnement qui provient de l'eau ou des aliments qu'ils ont ingérés», précise-t-il.

Au nombre des points chauds de la maisonnée qu'il est nécessaire de désinfecter souvent, il faut compter les éviers, les robinets, les poignées de portes, les planches à découper, la poignée du frigo et la cuvette de la salle de bains.

La propreté est gage de réconfort

Toute chose propre paraît sous un meilleur jour, et nous ne nous en portons que mieux. On ne fait pas les poussières sous prétexte que la parenté s'est invitée. Selon un sondage réalisé à New York en 1996 par la Soap and Detergent Association, on fait le ménage afin de mieux se sentir dans sa peau, pour être fier de soi.

«C'est la fierté découlant d'un intérieur bien tenu», affirme M. Seelaus. «Le chez soi est une extension du Soi et, s'il paraît à son avantage, il renvoie à son occupant un reflet positif.»

ADOPTEZ UNE ROUTINE

À présent, sentez-vous monter la motivation? Ne vous lancez pas dans les grands travaux au hasard. Nettoyer ici et là sans ordonnance n'apportera pas, à longue échéance, les résultats escomptés. Les experts s'entendent sur une chose: le nettoyage doit s'appuyer sur une routine intégrée à la vie quotidienne. Armé d'un plan systématique, il faut s'assigner les tâches ménagères en fonction d'un calendrier quotidien, hebdomadaire, mensuel ou saisonnier. L'on s'évitera ainsi de sombrer dans un chaos domestique. Un tel calendrier vous épargnera temps, efforts et frustration.

Abordez la chose sous cet angle: vous ne songeriez pas à partir en vacances sans connaître votre destination et sans un trajet pour vous y rendre. Aussi, au chapitre de l'entretien domestique, la propreté est votre destination et votre calendrier de travaux est la route à suivre.

«En ce qui touche l'entretien domestique, la plus courte distance entre deux points — le début et la fin des travaux — passe par un emploi du temps efficace», selon Deniece Schofield, experte-conseil en entretien intérieur à Cedar Rapids en Iowa et auteur des *Confessions of an Organized Homemaker.* Si vous voyez le ménage comme une montagne, l'élaboration d'un calendrier vous permettra de définir les tâches nécessaires, de sorte que la poussière et le désordre n'aient jamais raison de vous. Si vous êtes perfectionniste, ce même calendrier vous évitera d'accomplir les tâches plus souvent qu'il ne faut.

«J'estime qu'un horaire est indispensable car les travaux ménagers ne sont jamais terminés. Un bon emploi du temps vous donnera l'impression d'un accomplissement, d'un terme. Ce sentiment d'en avoir fini importe grandement au chapitre de l'entretien», poursuit

Mme Schofield. N'allez pas vous imaginer qu'il vous faudra consulter l'horaire des travaux jusqu'à la fin de vos jours! Les bonnes habitudes que vous acquerrez en respectant un horaire s'intégreront vite à votre routine.

Quatre étapes pour que l'ordre jaillisse du chaos

Il n'existe pas de formule magique qui convienne à toutes les maisonnées. Élaborez un calendrier en fonction de vos besoins à partir des étapes suivantes.

1. Décidez du temps qu'il vous faudra consacrer au nettoyage. À quels jours de la semaine vous occuperez-vous d'une tâche ménagère? Pendant combien d'heures par jour? Le nombre d'heures que vous consacrerez au nettoyage et à l'entretien formera la structure de votre horaire.

2. Dressez la liste des tâches à accomplir en fonction de chacune des pièces, coins ou recoins de votre maison. Cette liste doit comporter les tâches quotidiennes, par exemple: ramasser les choses à la traîne, faire les poussières, passer l'aspirateur, de même que les travaux annuels tels que laver le sol sous les meubles et les électroménagers.

3. À côté de chacune de ces tâches, notez la fréquence à laquelle elles doivent être exécutées, soit chaque jour, semaine, mois ou saison. La fréquence des nettoyages est proportionnelle à la fréquentation d'une pièce. Ainsi, une salle de bains où se succèdent plusieurs individus doit être nettoyée chaque jour, tandis qu'une personne vivant seule dans une maison comptant deux salles de bains n'aura à les nettoyer qu'une fois par semaine. Passer chaque jour l'aspirateur semblera excessif à certains alors que ce sera nécessaire pour d'autres.

4. Convenez de la tâche qui incombera à chacun. Affichez cet horaire sous une forme facilement accessible, disons une affichette ou de petits cartons. Vous aurez probablement à consulter fréquemment ce calendrier jusqu'à ce que vous l'ayez mémorisé et intégré à votre routine.

La synchronisation est capitale

Voici un exemple de calendrier d'entretien:

Chaque jour: ramasser les choses qui traînent, laver la vaisselle, nettoyer le dessus de la cuisinière et le comptoir de la cuisine, faire les lits, ranger les vêtements sur des cintres, lire et classer ou jeter le courrier, nettoyer les taches et dégâts.

Chaque semaine: passer l'aspirateur sur la moquette, passer une vadrouille sèche ou humide sur le sol, épousseter les meubles, changer les draps, nettoyer la salle de bains, laver les traces de doigts, vider les corbeilles à papier et les poubelles.

Comment nettoyer comme un pro

Selon Margaret Dasso, propriétaire de Clean Sweep, un service d'entretien professionnel établi à Lafayette en Californie, les gens sont souvent étonnés de ce qu'il est possible d'accomplir en quatre heures. Vous passerez moins de temps à faire le ménage si vous procédez comme le font les professionnels. «Plus vous serez en mesure de faire comme eux, plus vous abattrez de travail pendant le temps que vous consacrerez à l'entretien», souligne-t-elle.

Dressez une liste et identifiez vos priorités. Un professionnel connaît les tâches qui l'attendent. Dressez la liste des choses que vous devez faire. Ajoutez à cela quelques tâches supplémentaires que vous accomplirez si le temps le permet et si vous en avez l'énergie. Puis tenez-vous-en à cette liste. Si vous vous rendez compte en cours de route qu'il y a autre chose à faire, notez-le afin de l'accomplir un jour prochain. «La distraction est l'ennemie numéro un des hommes et des femmes de ménage», selon Mme Dasso.

Envoyez les enfants jouer dehors pendant quelques heures. Un professionnel n'a pas à se préoccuper des marmots. Lorsque vous le pouvez, accomplissez les tâches ménagères quand personne ne se trouve avec vous. Ainsi, vous n'aurez pas à faire deux choses à la fois.

Ne répondez pas au téléphone. «Chaque pause est une voleuse de temps», prévient Mme Dasso. «Les interruptions font perdre beaucoup plus de temps qu'il ne semble de prime abord.» Décrochez le combiné ou branchez le répondeur.

Faites le rangement avant de nettoyer. Lorsqu'un professionnel se présente, la maison est prête à être nettoyée. Apprêtez-vous à faire le ménage en rangeant le désordre la veille au soir.

Déterminez le temps que vous consacrerez à l'entretien. Les professionnels sont en général rémunérés selon un taux horaire et doivent terminer la besogne à l'intérieur d'un temps donné. Le fait de vous fixer d'avance une période précise vous activera et vous fera mieux respecter l'horaire.

Accordez-vous une récompense lorsque le travail est terminé. Les professionnels touchent des émoluments en échange de leur travail. Étant donné que personne ne vous versera un sou en échange de vos efforts, le fait de vous accorder une gâterie moussera davantage votre motivation. «Faites-vous plaisir! Savourez un gâteau moka, lisez un polar ou prélassez-vous dans un bain moussant», nous conseille Mme Dasso.

Chaque mois: épousseter les plinthes et boiseries, passer l'aspirateur sur les canapés et les parures de fenêtres, donner un coup d'éponge aux armoires de cuisine, nettoyer le frigo, passer le balai dans le garage.

Deux fois l'an, soit à la fin de l'été et à la fin de l'hiver: laver les fenêtres, ramoner la cheminée, laver les murs, nettoyer le four, décongeler le congélateur, nettoyer les filtres de la fournaise, nettoyer les lampes et plafonniers, épousseter les stores.

LA MOTIVATION: RALLIER LES TROUPES (MÊME S'IL S'AGIT D'UNE OPÉRATION EN SOLO)

Pour être en mesure de vous motiver à l'action, vous devrez d'abord cerner les motifs pour lesquels vous voulez faire le ménage. Votre démarche par rapport à l'entretien est-elle déterminée par la nécessité qu'impose la saleté? Ainsi, vous décidez-vous à laver la vaisselle lorsque toutes les assiettes sont sales? Vous décidez-vous à faire la lessive lorsque le panier d'osier déborde et que vous n'avez plus deux chaussettes de même couleur? Êtes-vous toujours en train d'éponger un dégât sans que votre intérieur ne reluise pour autant?

L'ennui de cette stratégie qui consiste à réparer les pots cassés c'est que, à défaut de casser un pot, l'on n'est pas motivé à agir. Plutôt que de maîtriser l'entretien domestique, c'est l'entretien domestique qui vous maîtrise.

Vous devez alors changer d'attitude, et ce changement doit s'articuler autour de ce qui vous motive à entretenir votre maison. Au lieu de réagir à une situation négative — un dégât —, envisagez l'opération nettoyage comme une avenue positive, c'est-à-dire profiter d'un intérieur propre et ordonné.

«Il faut une forte motivation pour nettoyer la maison de la cave au grenier et en assurer la propreté. On y parvient seulement en considérant le résultat, c'est-à-dire l'harmonie d'un intérieur rangé. On doit partir de la fin et remonter vers le point de départ», explique Sandra Felton, auteur de *The Messies Manual* et fondatrice des 'Désordonnés anonymes', un organisme établi à Miami qui regroupe des individus qui sont «désordonnés chroniques». La plupart préfèrent l'ordre au désordre, mais ils sont incapables de mettre la main à la pâte. Voici comment faire dans ce cas.

Commencez à petite échelle

Avant de devenir experte-conseil en entretien intérieur, Mme Schofield était accablée par l'entretien de sa maison et les exigences de la maternité. «J'élevais trois enfants âgés de moins de quatre ans. La maison était un fouillis. J'ignorais par quoi commencer, de sorte que je ne faisais rien», raconte-t-elle. «Un jour, j'ai dressé la liste de toutes les choses à faire. L'énumération de toutes les tâches que j'avais négligées tenait sur une pleine page. J'ai alors songé: "Il m'est impossible de tout faire mais je vais choisir une chose." Cette décision a marqué le début de ma liberté.»

En premier lieu, elle a décidé du jour de la lessive. Ainsi, elle n'aurait plus à y songer le reste de la semaine. Peu après, son horaire l'a dégagée des contraintes qui la figeaient et l'a encouragée à accomplir davantage.

Voici quelques conseils qui vous aideront à structurer une routine autour de l'entretien et à vous y tenir.

Faites une liste de souhaits. Si vous êtes accablé et découragé par cette tâche sans fin qui consiste à faire reluire une maison, notez tout ce que vous aimeriez changer. Selon Mme Schofield, une telle liste vise deux objectifs. En premier lieu, elle chasse les tracasseries. Lorsqu'une chose est portée sur la liste, cessez de vous en préoccuper. Par la suite, portez votre attention sur la liste même. Elle vous permet de voir noir sur blanc ce qui doit être fait, de sorte que vous pouvez alors définir vos priorités.

Procédez point par point. Liste en mains, choisissez une tâche pour laquelle vous vous sentez disposé. Développez une routine pour accomplir cette tâche et exercez-vous pendant quelques semaines avant de choisir un autre point de la liste. N'essayez pas d'accomplir dès le départ trop de choses à la fois, vous ne réussiriez qu'à vous décourager.

Trouvez une source d'inspiration. Afin de gonfler votre motivation, lancez l'opération nettoyage en entreprenant une tâche dont les résultats seront vite apparents. Ainsi, dans une chambre, faites d'abord le lit. «Vous aurez une gratification immédiate», dit Mme Schofield.

Soyez précis avec les enfants

Il y a peu à parier que la perspective d'un intérieur propre et ordonné saura motiver les enfants à ramasser leurs chaussettes sales. Vous pouvez cependant leur inculquer un sentiment de responsabilité domestique et de bonnes habitudes en leur enseignant le b.a.-ba des travaux ménagers et en récompensant leurs efforts. On peut apprendre à un enfant à faire son lit, à laver la vaisselle et à balayer le sol de la même façon qu'on lui a enseigné à marcher, à rouler à bicyclette et à lire. Selon ce qu'en dit Elizabeth Crary dans son ouvrage intitulé *Pick Up Your Socks*, on enseigne en quatre temps ce genre de choses à un enfant.

Décidez de la tâche exacte à accomplir. Lorsque vous demandez à un enfant de se charger des rebuts, de quoi parlez-vous précisément? Doit-il simplement nouer le sac d'ordures et le jeter à la poubelle qui se trouve à l'extérieur de la maison? Doit-il plutôt vider toutes les corbeilles à papier et poubelles qui se trouvent dans la maison? Lui faut-il remettre un sac à ordures dans chaque poubelle? Lorsque vous aurez décidé de la tâche, fournissez à l'enfant tout le matériel nécessaire.

Montrez-lui comment faire. En vous fondant sur le mode d'apprentissage qui convient à l'enfant, montrez-lui comment exécuter une tâche précise, dites-lui comment faire ou exécutez-la en sa compagnie.

Fixez un délai. À moins qu'un délai ne leur soit imposé, les enfants remettront leurs tâches à plus tard, jusqu'à ce que les parents soient fâchés. Assortissez chaque tâche d'un délai précis, par exemple, mettre le couvert à 17 heures, ranger la chambre avant de bavarder au téléphone, sortir les ordures avant de regarder la télé.

Déterminez des critères pour chacune des tâches. Expliquez à l'enfant exactement ce que vous attendez de lui. Doit-il faire son lit comme le fait une femme de chambre dans un palace parisien ou n'a-t-il qu'à tirer les couvertures et à faire bouffer son oreiller?

Usez de pense-bête et de récompenses

Afin que votre projet de nettoyage n'aille pas à vau-l'eau, mettez en œuvre un système de pense-bête et de récompenses destinés à vos bras droits. Voici comment faire.

Affichez le calendrier des travaux. Qu'il s'agisse d'un tableau, de fiches ou de feuilles de planification, affichez bien en vue les responsabilités de chacun. Cette liste permettra à vos proches de voir ce qu'ils doivent faire et vous consacrerez moins de temps à leur pousser dans le dos, à tempêter contre eux et à les harceler. Afin de les stimuler davantage, employez le calendrier pour tenir une marque qui conduira à une quelconque récompense. Ajoutez un élément amusant en composant un tableau ou un horaire semblable à un jeu de société et colorez chaque carreau à mesure qu'une tâche a été exécutée.

Alléchez-les à l'aide d'une récompense. Les enfants apprécient particulièrement l'argent de poche, les bonbons, les divertissements, un peu de temps et d'attention, ainsi que les louanges. Faites en sorte que toute la famille collabore en offrant une sortie de groupe dès lors que tous se sont acquittés de leurs tâches pendant sept jours d'affilée.

Faites place au changement à l'occasion. Les enfants deviennent vite ennuyés si on ne change pas de présentation ou de récompense de temps en temps. S'ils donnent des signes que leur intérêt vacille, le moment est venu de leur proposer autre chose.

Assignez les tâches en fonction de l'âge de chacun. La participation d'un enfant aux tâches ménagères peut être graduée sur trois échelons: ce qu'il peut faire avec l'aide d'un adulte, ce qu'il peut faire moyennant un rappel ou la supervision d'un adulte, ce qu'il fait lorsque le besoin se manifeste. En général, on confie les tâches telles que ranger sa chambre, ranger ses vêtements sur des cintres, passer l'aspirateur, faire son lit et sortir les ordures aux enfants âgés entre quatre et sept ans à condition de les aider; aux enfants de sept à onze ans moyennant un rappel ou la supervision d'un adulte, tandis que ceux qui ont douze ans et plus peuvent se passer de supervision.

Faites-en une partie de plaisir. Bien entendu, les enfants doivent acquérir le sens des responsabilités. Mais vous éviterez bien des pleurnicheries si vous injectez une dose de plaisir aux corvées domestiques. Allumez la chaîne stéréo: les enfants adorent travailler au son de la musique. Ou faites un jeu du ramassage des choses qui traînent. Une seule règle prévaut: le plus simple et le ludisme, ça vaut mieux! Par exemple, commencez par ramasser tous les objets épars qui sont rouges, puis étendez le jeu à toute la palette de l'arc-en-ciel.

Affinez votre stratégie de nettoyage

Faites reluire en peu de temps avec un minimum d'efforts

June Cleaver ne manque à personne. Le monde a changé depuis l'époque où l'idéal domestique consistait à astiquer un intérieur pourtant reluisant, escarpins aux pieds et perles au cou. Les Nord-Américains accordent toujours une grande importance à la propreté de leur intérieur. Toutefois, dans le cadre d'un sondage réalisé à New York en 1997 pour le compte de la Soap and Detergent Association, près de 40 % des personnes interrogées ont avoué avoir du mal à trouver le temps ou l'énergie nécessaires afin d'entretenir leur intérieur.

Toutefois, que l'on soit capricieux ou nonchalant par rapport à l'entretien domestique, la perspective d'y procéder vite et bien n'est pour déplaire à personne. Voici un compte rendu de stratégies de nettoyage rigoureux et rapide, de même qu'un guide permettant de déceler le moment auquel il faut appeler du renfort, c'est-à-dire des professionnels du nettoyage.

DES STRATÉGIES À LA PIÈCE

Dès lors que vous serez décidés à passer à l'action, à bichonner les vases d'un chiffon à épousseter ou à frotter le parquet avec une vadrouille, faites en sorte de travailler de façon efficace en respectant les principes suivants.

- Évitez les distractions. Ne vous écartez pas de votre route en traînant les patins de fiston jusqu'à son placard ou en triant les chaussettes sales dans la laverie.
- Travaillez dans une pièce avec ordre et méthode. Vous perdriez un temps fou à zigzaguer d'un bord et de l'autre, sans suite dans les idées.
- Prenez avec vous tout le nécessaire de nettoyage. Vous perdriez du temps à sans cesse interrompre votre tâche pour descendre à la cave chercher ce qu'il manque. Sans compter que la tentation sera forte, si vous travaillez sans tous vos outils, de sauter certaines tâches qui nécessitent ceci ou cela que vous n'avez pas sous la main.

À présent, passons à la mise en œuvre de ces principes alors que vous vous apprêtez à l'entretien des pièces principales, notamment le séjour et les chambres, sans parler de ces deux lieux honnis des ménagères: la cuisine et la salle de bains.

Faites comme une femme de chambre dans un grand hôtel

Le truc afin de nettoyer vite et bien une pièce consiste à ne pas en sortir tant que le ménage n'est pas terminé, selon Deniece Schofield, experte-conseil en entretien intérieur à Cedar Rapids en Iowa et auteur des *Confessions of an Organized Homemaker.* Pour vous aider en ce sens, vous devriez vous procurer un chariot comme en emploient les femmes de chambre et les concierges. Mme Schofield pousse son chariot d'une pièce à l'autre pour faire l'entretien. Sur le dessus se trouve un plateau contenant les produits nettoyants et les chiffons. Un sac à ordures est pendu à un côté du véhicule. Un second sac ou un oreiller pend à l'autre côté, servant de fourre-tout où enfouir les choses éparses que l'on ramasse en cours de route.

Voici ses conseils en vue de travailler efficacement dans une pièce. Entrez-y avec le chariot. Enlevez le plateau contenant les nettoyants et empilez les articles et vêtements destinés à la lessive. Mettez les rebuts dans le sac à ordures fixé au caddie. Fourrez dans l'autre sac tous les objets qui n'appartiennent pas à cette pièce. À présent, procédez au ménage en travaillant dans la pièce selon un mouvement circulaire. En règle générale, on

Que nettoyer en premier lieu?

Voici une stratégie facile à mettre en œuvre qui vous épargnera cris et grincements de dents lorsque vous aurez à nettoyer une pièce. En premier lieu, faites le nettoyage à sec: l'aspirateur, la vadrouille, le grattoir ou le chiffon à poussières. Nettoyez le plus possible à sec avant d'asperger les surfaces d'eau et de nettoyant. Vous ne songeriez pas à ranger une assiette dans le lave-vaisselle si elle était à moitié remplie; vous en racleriez d'abord les restes. Le même principe vaut pour les différentes surfaces de la maison. On y enlève le plus gros de la saleté avant de les mouiller.

Par la suite, quand le moment est venu de s'armer d'aérosols, d'éponges et de vadrouilles humides, voici quelques détails essentiels dont il faut tenir compte. Bien entendu, il faut employer le nettoyant approprié selon les surfaces. Il faut également faire preuve de patience et laisser agir le produit. Épargnez-vous de l'huile de coude et laissez le nettoyant dissoudre la saleté. Un récurage vigoureux exige beaucoup d'énergie et, de surcroît, peut abîmer certaines surfaces. Un moment plus tard, il sera plus facile de faire disparaître la saleté d'un coup d'éponge, de chiffon, d'essuie-tout ou de balai-éponge.

débute par le haut d'une pièce et procède vers le bas. Vous devrez nettoyer le sol en dernier lieu.

Si vous hésitez à faire l'acquisition d'un caddie de concierge, Mme Schofield vous suggère dans un premier temps d'éprouver sa méthode de travail. Vous pouvez faire comme elle simplement en vous dotant d'une poubelle et d'un seau. Réunissez vos produits et accessoires dans un panier. Déposez les vêtements destinés à la lessive dans un panier d'osier et mettez les rebuts dans un sac à ordures. Déposez tous les objets qui n'appartiennent pas à cette pièce près de la porte. Lorsque vous aurez vidé le panier à lessive de son contenu, vous l'utiliserez pour transporter les objets laissés à la traîne.

LA RECETTE D'UNE PROFESSIONNELLE POUR NETTOYER LA CUISINE

La cuisine nécessite, avec la salle de bains, les plus grands travaux de nettoyage dans une maison. Afin d'y parvenir rapidement, Margaret Dasso, propriétaire de Clean Sweep, un service d'entretien professionnel établi à Lafayette en Californie, et co-auteur de *Dirt Busters*, recommande les tactiques suivantes.

- Si votre cuisinière électrique est dotée de cuvettes, retirez-les (lorsque les serpentins chauffants sont refroidis) et mettez-les dans l'évier à tremper dans une solution concentrée d'eau chaude et de détergent à lave-vaisselle.
- Partez à la recherche des taches tenaces, par exemple des aliments séchés, sur le sol, les comptoirs et les portes d'armoires. Pulvérisez-les de nettoyant tous usages et laissez agir.
- Nettoyez le plateau où s'écoulent les liquides qui débordent et qui se trouve sous les brûleurs en soulevant ces derniers, en passant votre main munie d'une éponge humide par les orifices, ou en soulevant simplement la surface de cuisson. Nettoyez la surface de cuisson, les boutons de commande, les réglages du four (prenez garde à ne pas les actionner!) et le dosseret à l'aide d'un nettoyant tous usages.
- Récurez les cuvettes de la cuisinière qui trempaient dans l'évier à l'aide d'un tampon en nylon ou d'une brosse de plastique. Asséchez-les et remettez-les en place.
- Déplacez-vous vers la droite ou la gauche et travaillez de façon ordonnée. Prenez tout le nécessaire avec vous de sorte que vous n'ayez pas à revenir sur vos pas.

- Faites reluire les électroménagers à l'aide d'un nettoyant à verre et d'essuie-tout. Lavez les surfaces intérieure et extérieure des portes.
- À mesure que vous progressez, lavez le dessus des comptoirs. Déplacez les divers objets vers l'avant, essuyez la surface sur laquelle ils se trouvaient et ramenez-les en place. De plus, assurez-vous qu'il n'y ait pas de traces de doigts sur les armoires; le cas échéant, un coup de nettoyant tous usages les fera disparaître.
- S'il y a un appui de fenêtre au-dessus de l'évier, nettoyez-le.
- Lavez l'évier. Employez une brosse à dents pour nettoyer le pourtour du broyeur à déchets et de l'évier.
- Faites briller les appareils intégrés à l'évier. Nettoyez la base et les manettes du robinet à l'aide de la brosse à dents.
- Videz la poubelle.
- Passez la vadrouille ou l'aspirateur sur le sol.
- Lavez le sol à l'aide d'une vadrouille mouillée.

À présent, plongez dans la salle de bains!

Dans la même veine, voici les suggestions de Mme Dasso afin de faire reluire la salle de bains.

- Enlevez le tapis de bain.
- À l'aide d'un balai ou de l'aspirateur, enlevez les cheveux qui se trouveraient sur le comptoir, dans le lavabo et sur le sol. Employez un essuie-tout plutôt qu'une éponge humide pour vous éviter le désagrément de retirer les cheveux de l'éponge.
- Pulvérisez un nettoyant tous usages sur les parois de la baignoire, de la douche, les carrelages et la porte ou le rideau de la douche.
- Nettoyez le porte-savon et les robinets de chrome de la douche.
- Pulvérisez un peu de nettoyant pour le verre sur le miroir. Essuyez-le jusqu'à ce qu'il soit bien sec pour éviter qu'il ne soit zébré de traînées de liquide.
- Pulvérisez du nettoyant dans le lavabo et sur le comptoir, et épongez-le à l'aide d'un essuie-tout. Déplacez d'un côté ce qui se trouve sur la coiffeuse, lavez le dessus de la coiffeuse et ramenez les choses à leur place.
- Nettoyez les toilettes en commençant par la cuvette. Tirez la chasse d'eau. Montez l'abattant, pulvérisez-en chaque côté avec du désinfectant et épongez-le avec un essuie-tout. Nettoyez le

réservoir de chasse d'eau, le pied, la manette et tout tuyau qui serait apparent.
- Nettoyez le porte-rouleau.
- Faites le tour de la pièce. Essuyez les porte-serviettes, repliez les serviettes, époussetez les cadres et tablettes. Assurez-vous que les portes et plaques d'interrupteurs soient sans trace de doigts et lavez-les à l'aide d'un nettoyant tous usages. Ne pulvérisez pas de nettoyant directement sur l'interrupteur; plutôt, pulvérisez-le sur votre chiffon et nettoyez par la suite.
- Lavez le carrelage du sol et, lorsqu'il est sec, replacez le tapis de bain.

RENONCEZ AUX HABITUDES BORDÉLIQUES

De légers changements à votre train-train quotidien accéléreront vos travaux de nettoyage en prévenant d'office les salissures. «Tout un chacun dispose d'une somme restreinte de temps et d'énergie quand vient le temps de faire le ménage», affirme Kent Gerard, un expert-conseil en entretien établi à Oakland en Californie. «Il est plus facile de conserver la propreté de sa maison en adoptant des habitudes qui ne conduisent pas à la saleté», dit-il.

Quelques secondes ou minutes consacrées à l'entretien préventif vous permettront d'épargner des heures de nettoyage.

Onze trucs préventifs

Les experts recommandent d'intégrer ces onze trucs à votre routine quotidienne. Ainsi, le grand nettoyage de la maison sera facilité et les bactéries se tiendront à une distance respectueuse.

1. Aérez la salle de bains. Le surplus d'humidité flottant dans l'air après un bain ou une douche favorise la prolifération des moisissures et des champignons. Si votre salle de bains est dotée d'un ventilateur, servez-vous-en. Sinon, ouvrez la fenêtre de la salle de bains pendant quelques minutes. Si votre salle de bains ne comporte ni fenêtre ni ventilateur, ouvrez la fenêtre de la pièce adjacente pendant quelques minutes.

2. Abaissez l'abattant de la cuvette quand vous actionnez la chasse d'eau. Des études réalisées par le département de microbiologie de l'université de l'Arizona démontrent qu'une bruine est pulvérisée dans la pièce au moment où l'on actionne la chasse d'eau. Les gouttelettes d'eau grouillant de bactéries invisibles contaminent alors les surfaces dans la pièce, favorisant ainsi une infection potentielle.

3. Passez le racloir sur les parois de la douche après l'avoir utilisée. «Il suffit d'une minute et demie mais cela fait en sorte que le ménage hebdomadaire de la salle de bains ne nécessite que quinze minutes», explique Carol Seelaus, qui enseigne les techniques de nettoyage rapide à la Temple University de Philadelphie et qui a fondé un service de nettoyage professionnel baptisé Somebody's Gotta Do It. Les trois principaux problèmes qui découlent du nettoyage de la baignoire et de la douche, c'est-à-dire les traces de savon, les moisissures et les dépôts calcaires, proviennent de la présence de l'eau avant qu'elle ne s'évapore. En asséchant les murs et parois tout de suite après le bain, vous préviendrez ces ennuis.

«Nombreux sont ceux qui ne savent pas manipuler une raclette», précise Mme Seelaus. «Ils me demandent s'ils peuvent assécher les parois à l'aide d'une serviette. Bien sûr, sauf qu'ensuite ils sont aux prises avec une serviette imbibée d'eau.» Elle nous conseille d'employer du savon liquide plutôt que des pains de savon. Le savon liquide est exempt des gras qui causent la formation des traces laissées par les pains de savon.

4. Bannissez de votre cuisine les poêles et casseroles trop petites. Dans le cadre d'un sondage effectué pour le compte du magazine *Woman's Day*, 1 000 personnes

Les secrets d'un nettoyage efficace

Les pros de l'entretien vous recommandent les règles suivantes afin de ne pas perdre l'esprit et de faire bon usage du temps que vous consacrez au ménage.

Rangez tous vos effets de nettoyage en un seul endroit. Avant de commencer, réunissez votre matériel et vos produits, et posez-les sur un plateau, dans un seau ou retenez-les avec votre tablier. Ainsi, vous ne perdrez pas de temps à récupérer le matériel de gauche et de droite.

Si quelque chose n'est pas sale, ne le nettoyez pas. Ne dilapidez pas votre temps et votre énergie à désinfecter une salle de bains inutilisée sous prétexte que c'est jour de ménage.

Nettoyez seulement les endroits salis. Ne récurez pas tout le four si seule la fenêtre de la porte est sale.

Ne frottez pas. Laissez agir le produit nettoyant. Pulvérisez le nettoyant sur les endroits tachés ou salis, notamment les traces laissées par les pains de savon, et laissez-le agir pendant que vous vous affairez à autre chose. Ainsi, vous ferez un meilleur emploi de votre temps et vous économiserez l'huile de coude.

Trop, c'est comme pas assez! N'employez que la quantité de produit nécessaire. En employer trop serait du gaspillage et vous devrez consacrer davantage de temps à en éponger l'excédent.

interrogées ont affirmé détester plus que tout le nettoyage de la surface de cuisson de la cuisinière.

«Les déversements et dégâts sont souvent le fait de casseroles trop petites. On se dit: “Je n'ai pas envie de laver une grande casserole” et on finit par nettoyer toute la cuisinière», explique Mme Seelaus.

5. Faites disparaître les graisses et les odeurs. Mettez la hotte en fonction lorsque vous cuisinez et vous éliminerez à la source les graisses qui s'accumulent sur les surfaces de la cuisine. Vous atténuerez également les odeurs qui peuvent s'incruster dans les tapis et les tissus de recouvrement.

6. Empêchez la propagation des germes. Employez une éponge ou un chiffon propre pour nettoyer les dégâts et les déversements, à défaut de quoi toutes les surfaces que vous épongerez grouilleront de bactéries. Les éponges de cellulose humides fournissent le terreau idéal aux microbes qui vivent en colonie, soit une surface à laquelle s'incruster, de l'humidité et une réserve bien garnie de nutriments. La même chose vaut pour les linges à vaisselle en coton.

«Du point de vue microbien, les gens les plus propres ont les cuisines les moins hygiéniques car ils ont toujours un chiffon à la main», nous dit Charles Gerba, titulaire d'un doctorat et professeur de microbiologie à l'université de l'Arizona à Tucson.

7. Ne tardez pas à vider le lave-vaisselle. Lorsque la vaisselle qu'il contient est propre, les assiettes sales s'empilent sur le comptoir ou dans l'évier. L'on contribue ainsi à un autre dégât qu'il faudra nettoyer avant de préparer le prochain repas.

8. Placez un paillasson à chacune des entrées de la maison. Environ 80 % de la poussière que l'on trouve sur le sol de chacune des pièces provient du dehors, selon Mme Seelaus. Les parquets et la moquette seront d'autant plus propres si vous filtrez la saleté dès l'entrée ou, mieux, si vous enlevez vos chaussures avant de pénétrer dans la maison.

Évitez les paillassons décoratifs, les carrés de tapis et les nattes de caoutchouc. Procurez-vous plutôt un tapis-brosse du genre commercial comme en vendent les fournisseurs spécialisés dans l'équipement de restaurant ou l'entretien des immeubles. Leurs prix varient mais n'excèdent en général pas 40 $. Un bon tapis-brosse réduira d'environ deux cents heures par année le temps dévolu à l'entretien.

9. Fermez la porte à la poussière. Assurez-vous que les tiroirs, armoires, placards et meubles soient bien fermés. Nul aliment et nulle miette, dans la cuisine, ne saura pénétrer à l'intérieur d'un tiroir bien

fermé. La poussière a cette capacité de s'infiltrer partout, mais les choses conservées dans un placard conserveront plus longtemps leur propreté si la porte en est bien fermée.

10. Remettez les choses à leur place. Le désordre est la principale raison pour laquelle on fait le ménage la plupart du temps. Près de la moitié du travail domestique provient des choses éparses qui sont laissées à la traîne. Il est impossible de nettoyer vite et bien une pièce encombrée de 'traîneries'. Vous perdez un temps fou à ramasser chaque chose, à vous rappeler où elle est censée se trouver et à la remettre à sa place. Il est extrêmement difficile de combattre cette vilaine habitude parce que le combat contre le désordre en est un constant.

11. Ayez à votre disposition plusieurs bacs où disposer des ordures. Vous éviterez le désordre en disposant des réceptacles dans lesquels vous débarrasser sur-le-champ des choses dont vous ne voulez plus.

Petits travaux à faire mine de rien

Faites bon usage des minutes au cours desquelles vous êtes inoccupés. Ainsi, en exécutant de légères tâches pendant quelques minutes libres ici et là, vous pourriez vous épargner des heures de nettoyage à la fin de la semaine. En voici quelques exemples et, si vous acquérez cette bonne habitude, vous en découvrirez beaucoup d'autres, nous prévient Carol Seelaus.

En attendant le café: lavez la porte du frigo ou nettoyez le plateau où s'accumulent les miettes sous le grille-pain.

Pendant les pubs à la télé: nettoyez la télécommande, époussetez la table basse, rangez la menue monnaie que contient un cendrier et faites le ménage sous les coussins du canapé.

Pendant que la lessive est dans le sèche-linge: faites du rangement dans la laverie et dans l'armoire où vous tenez vos produits nettoyants.

Pendant que cuisent les biscuits: nettoyez les boutons de la cuisinière.

Pendant que fonctionne le lave-vaisselle: classez le courrier ou rangez le tiroir fourre-tout.

Pendant que sèchent vos cheveux: lavez à la main vos articles délicats.

En attendant que l'eau bouille: lavez les carreaux de la cuisine.

APPELEZ DES RENFORTS

Les traces de savon dans la douche sont épaisses à tel point que vous pourriez y graver votre nom. Et vos beaux-parents viennent de s'annoncer pour leur visite annuelle. Oh ho!

Vous pourriez compter parmi les dix millions de Nord-Américains qui décident chaque année de faire appel aux services de professionnels de l'entretien domestique. Bien que les maisons où l'on trouve des enfants de moins de 18 ans soient celles qui nécessitent le plus d'entretien, ceux qui ont le plus souvent recours aux pros du ménage sont les gens de 45 ans et plus dont les enfants ont déserté le nid. Voici comment procéder pour embaucher un pro en fonction du boulot à accomplir.

Sachez choisir le bon aide-ménager

Si vous envisagez de faire nettoyer votre maison de façon professionnelle, il existe deux possibilités: embaucher un homme ou une femme de ménage ou faire appel à une entreprise réputée. Selon Mme Dasso, il faut prendre en considération plusieurs facteurs, notamment le prix demandé, la fiabilité, la fréquence, la commodité et le type de nettoyage effectué.

Le coût d'embauche d'un homme ou d'une femme de ménage peut osciller entre 5 $ l'heure s'il s'agit d'un étudiant à 12 $ l'heure pour un professionnel d'expérience. En plus de l'entretien, un homme ou une femme de ménage se chargera de besognes plus personnelles telles que la garde des enfants, le pliage et le rangement du linge, le ramassage des traîneries. Si vous souhaitez obtenir ces types de services doublés de la souplesse de l'exécutant, vous feriez bien d'engager un professionnel, toujours selon Mme Dasso.

Un service d'entretien professionnel enverra chez vous un mercenaire ou plus qui remettront tout en ordre. D'ordinaire, on les embauche afin d'accomplir des tâches déterminées à l'avance, standard, dont ils s'acquittent en peu de temps. Il en coûte entre 50 $ et 85 $ chaque fois.

Étant donné que les services en question ne touchent que le nettoyage, vous devrez ramasser les choses à la traîne et débroussailler le terrain avant leur arrivée. Si vous n'avez pas besoin de ce genre de service de façon régulière, mais que vous préparez un événement spécial, par exemple une réception, ou que l'heure du ménage de printemps est venue, les services d'entretien professionnel sont un choix tout indiqué.

Avant d'engager une femme ou un homme de ménage, assurez-vous de bien établir sa charge de travail, soit ce qui devra être nettoyé, en combien de temps, à quel prix et à quelle fréquence.

Mettez les nettoyeurs et les teinturiers à contribution

On parle de nettoyage à sec simplement parce que des solvants plutôt que de l'eau sont employés pour laver le linge. Les étoffes que risque d'abîmer l'eau, telles que la soie et la laine, sont lavées dans un assemblage de solvants, de savon, auxquels on ajoute une infime quantité d'eau dans un lave-linge à chargement frontal. Il faut savoir que les produits chimiques employés pour le nettoyage à sec sont éprouvants pour les fibres et que certaines étoffes, telle que la laine, deviendront peu à peu luisantes, nous prévient Jennifer Morgan, titulaire d'un doctorat et technologue pour le compte du Wool Bureau à New York.

Il n'est pas nécessaire de confier un vêtement au teinturier chaque fois qu'on l'a porté. Lorsque vous enlevez un vêtement qui nécessite un nettoyage à sec, donnez-lui un coup de brosse, remuez-le, aérez-le. Assurez-vous qu'il ne s'y trouve ni tache, ni goutte de quoi que ce soit. S'il est visiblement taché, portez-le chez un nettoyeur. Le cas échéant, dites-lui d'où proviennent les taches. Le travail de nettoyage sera mieux fait, selon le docteur Morgan.

À leur retour de chez le nettoyeur, vos vêtements devraient avoir l'apparence du neuf. Mais il n'en est pas toujours ainsi. Si vous êtes à la recherche d'un bon nettoyeur, les spécialistes du nettoyage à sec vous conseillent ce simple test: choisissez deux vêtements qui n'ont plus votre préférence, l'un de couleur vive, l'autre blanc. Confiez-les au nettoyeur visé et voyez les résultats. Posez-vous les questions suivantes, qui sont suggérées par Jerry Levine, directeur associé de la Neighborhood Cleaners Association International établie à New York.

- La couleur est-elle la même que lorsque vous lui avez confié le vêtement? Le blanc est-il éclatant ou miteux? Certains nettoyeurs prennent un raccourci et ne filtrent pas leurs solvants assez souvent pour qu'ils puissent dissoudre les taches. D'autres ne remplacent pas assez souvent les filtres à l'intérieur de leurs appareils, ce qui laisse des cristaux de solvants qui risquent d'endommager vos vêtements.

- À quel endroit fixe-t-il les marques d'identification sur le linge? Chaque vêtement doit porter un numéro de sorte qu'on puisse le retrouver. Les marques ne doivent cependant jamais être agrafées aux vêtements mais à leurs griffes. Les nettoyeurs haut de gamme retirent les marques des vêtements et les agrafent aux factures.
- Les vêtements ont-ils été repassés au fer ou simplement pressés à la machine? Un nettoyeur doit repasser au fer les vêtements comportant des pinces ou des plis, par exemple un chemisier ajusté ou une jupe à plis, afin d'aplanir les faux plis laissés par la machine à presser. Dans certains établissements, on saute cette étape pour économiser les frais de main-d'œuvre.
- Toutes les taches qu'il était possible de dissoudre ont-elles disparu? Chaque tache doit être frottée à la main. Plus un nettoyeur compte d'expérience, plus il sait faire disparaître les taches.
- Le vêtement a-t-il tous ses boutons? Y en a-t-il d'abîmés? Certains types de bouton se dissolvent sous l'action des solvants. Un nettoyeur compétent protégera les boutons contre les solvants ou alors vous conseillera de les découdre avant le nettoyage.

«Surtout, ajoute M. Levine, ne vous attendez pas au meilleur nettoyage qui soit moyennant un prix peu élevé. Nettoyage de qualité et prix économique ne vont pas de pair. À petit prix, le nettoyage est généralement bâclé.»

De la chaleur pour nettoyer les tentures, les tapis et les tissus de recouvrement

En vérité, nulle vapeur ne participe au procédé dit de nettoyage à la vapeur! Les saletés et souillures sont prélevées des tentures, tapis et tissus de recouvrement par le biais de l'extraction de l'eau chaude qu'on y a d'abord injectée. Un appareil répand une solution à base d'eau chaude sur les fibres, puis une buse aspire cette eau une fois souillée. Ce genre d'appareil est en location dans les supermarchés et les quincailleries moyennant environ 40 $ par jour (solutions de nettoyage en sus), mais le modèle en question n'aspire pas aussi bien l'eau souillée que celui qu'emploient les professionnels.

À défaut de retirer complètement l'eau souillée, vous vous retrouverez dans l'eau chaude! «Les fibres se détériorent lorsqu'elles restent mouillées trop longtemps», affirme Claudia Ramirez, ancienne vice-présidente exécutive de l'Association of Specialists in Cleaning and Restoration, établie à Annapolis Junction dans le Maryland. Plus une étoffe restera humide longtemps, plus on risque de voir la couleur déteindre, des odeurs et des moisissures apparaître. «Des moisissures peuvent se former en l'espace de 24 heures.»

En des circonstances normales, une moquette devrait être nettoyée une fois l'an alors que les tentures et tissus de recouvrement peuvent être rafraîchis aux deux ans, selon Mme Ramirez. La fréquence des nettoyages augmentera selon que l'on ait des enfants ou un animal de compagnie, que l'on soit fumeur, que l'on habite une région où il fait très humide, très froid ou qu'il s'y trouve quantité de poussière dans l'air.

Voici quelques conseils avant de procéder au nettoyage à la vapeur.

Assurez-vous de la formation des exécutants. Les professionnels auxquels vous faites appel doivent être dûment formés. Procurez-vous une liste des nettoyeurs professionnels de moquettes et canapés de votre région. Les membres d'une association professionnelle profitent du soutien technique de conseillers qualifiés, si ce n'est de leur laboratoire maison.

Procédez à l'inspection des lieux en compagnie de l'entrepreneur. «C'est le moment indiqué pour faire valoir vos préoccupations, dit Mme Ramirez. Ainsi, toutes les parties ont cerné les attentes du client.»

Surveillez le déroulement des préliminaires. Un entrepreneur en nettoyage à la vapeur chevronné ne lancera pas l'opération nettoyage de la moquette et des canapés dès qu'il entrera chez vous. Un professionnel averti vérifiera l'état des étoffes et procédera à des essais en des endroits discrets.

Dégorgez vos conduites d'aération

Les systèmes de chauffage et de climatisation de votre maison sont dotés de filtres qui retiennent une bonne part de la poussière, des poils d'animaux et autres particules de saleté, et les maintiennent à l'intérieur des conduites d'aération. Ces dernières seront relativement propres si vous nettoyez les filtres de façon régulière.

Vous devriez peut-être recourir aux services d'un professionnel si votre maison a subi une forte contamination, par exemple par suite de rénovations domiciliaires, d'une défaillance de la fournaise qui aurait soufflé de la suie dans les canalisations ou d'une inondation. L'humidité

Dépoussiérez votre existence!

On doit compter avec la poussière. Impossible de la rayer de notre existence. On peut cependant réduire le temps que l'on consacre à la chasser de la maison en fixant son choix, lorsqu'on se procure des meubles, des appareils, de la moquette ou des revêtements de sol, sur des matières qui nécessitent peu d'entretien.

Ainsi, un sol de couleur claire ne demande qu'une demi-heure de balai et de vadrouille chaque semaine; vous n'y consacrerez donc que 26 heures au cours d'une année. Un tel sol devrait tenir le coup dix ans, de sorte que vous consacrerez à son entretien dix jours de plus que si vous aviez opté pour un sol de couleur sombre.

Voici quelques trucs offerts par des pros de l'entretien afin d'extirper la poussière de votre existence

La simplicité avant tout. Plus un objet est baroque ou rococo, plus il faudra de temps pour le nettoyer. Pourquoi passer des heures à ôter la poussière à l'intérieur de fentes et interstices compliqués alors qu'un objet au design simple et lisse ferait l'affaire? Appliquez la règle de la simplicité à tous vos achats, des parures de fenêtres aux robinets.

Miniaturisez les surfaces. Considérez le design d'un objet en termes de superficie. Toute surface est un ramasse-poussière qu'il faudra se résoudre à nettoyer. Il sera beaucoup plus ardu de nettoyer une surface à claire-voie, par exemple des persiennes ou des jalousies, qu'une surface lisse. Supprimez les rebords, les saillies, les aspérités, les textures et les cannelures. Chacun de ces types de surfaces exige un autre coup de chiffon; aussi, tenez-vous-en à des surfaces lisses.

Camouflez la saleté. L'idée ne consiste pas à vous vautrer dans la crasse, mais à choisir des étoffes et des motifs en fonction de votre style de vie. Si le moindre poil de votre schnauzer ressort de votre moquette bleu nuit, vous devrez passer l'aspirateur chaque jour. Une moquette de couleur plus pâle dissimulera mieux les poils du toutou, de sorte que son entretien pourra se faire à une cadence raisonnable. Les étoffes à motifs ou à carreaux dissimulent les saletés et l'usure parce qu'elles captent le regard. Par contre, les couleurs unies n'ont pas cet avantage. Choisissez donc les couleurs de votre intérieur en fonction du nombre d'enfants que vous avez, du pelage de votre chien ou chat, ou de la couleur de la poussière dans votre coin de pays.

présente dans les conduites favorise la prolifération de moisissures et de bactéries.

C'est alors que vous devrez avoir recours à un pro qui fixera un aspirateur à chacune des bouches d'aération afin d'en aspirer poussière et particules. En général, le coût de ce service est fonction du nombre de bouches d'aération présentes dans votre maison.

Voici quelques conseils en vue de vous assurer de la compétence de l'ouvrier qui fera ce travail.

Demandez-lui sa carte de compétence. Embauchez un hygiéniste mécanicien certifié, soit la plus haute compétence reconnue en ce domaine. Les entrepreneurs qui ont obtenu le titre d'hygiéniste mécanicien certifié reçoivent des mises à jour techniques continues, sont au fait des plus récentes innovations et ont accès à un réseau de conseillers techniques.

Prévoyez une inspection. La première étape du travail d'un entrepreneur chargé du nettoyage des conduites d'aération consiste à inspecter de visu l'ensemble des canalisations et à vous fournir une évaluation des travaux nécessaires.

Un scellant dans les cas limites. Idéalement, la saleté doit être évacuée de vos conduites d'aération. Parfois, un entrepreneur vous recommandera d'en enduire les parois intérieures d'un scellant afin de tapisser de nouveau l'ensemble du système. Ce scellant est alors pulvérisé dans les conduites par-dessus la saleté qui s'y trouve et sèche à la manière d'une laque pour empêcher la saleté de circuler. Ce traitement peut s'avérer nécessaire dans les endroits d'accès difficile, mais l'entrepreneur doit tout de même enlever le plus de saleté possible avant d'avoir recours à un scellant.

Faites le bilan de santé de vos conduites d'aération. Pour vous assurer de son efficacité, faites inspecter annuellement votre système d'aération par un entrepreneur dûment qualifié, spécialiste en chauffage, aération et climatisation. La saleté s'accumule là où l'air circule peu. Si vous possédez un appareil de climatisation, nettoyez régulièrement le plateau d'écoulement à la base de l'appareil afin de prévenir la prolifération de moisissures et de champignons. Pour ce faire, retirez le plateau, videz l'excédent d'eau et lavez-le à l'aide d'une éponge ou d'un chiffon avec un savon doux et de l'eau.

Domptez le désordre

Désencombrez votre nid et le ménage se déroulera comme un ballet

C'est garanti. Quelle que soit la dimension de votre maison, peu importe qu'elle vous ait semblé spacieuse lorsque vous en avez fait l'acquisition, tôt ou tard un bric-à-brac monstre en aura envahi les moindres recoins, à défaut d'exercer un contrôle rigoureux.

Le désordre est l'un des sous-produits de notre société de consommation. Nous amassons des tas de choses que nous n'employons jamais mais que nous conservons au cas où elles finiraient par nous être utiles: des aubaines dont il aurait été stupide de ne pas profiter, des cadeaux de parents ou d'amis pourtant bien intentionnés, des vêtements qui ne nous vont plus, des objets décoratifs qui ne décorent plus.

Bientôt, la maison qui nous semblait idéale déborde comme les placards d'Imelda Marcos. Armoires et tiroirs sont désorganisés. Tables et comptoirs croulent sous des tas de choses. Le jour du ménage, vous perdrez un temps fou à naviguer dans tout ce désordre, du temps que vous n'emploierez pas à autre chose.

Ainsi, il vous faut plus de temps pour trouver quelque chose. Vous devez tout arrêter pour ranger un objet ou, du moins, pour l'écarter de votre chemin à mesure que vous faites le ménage. Sans compter que tout ce bric-à-brac a aussi besoin d'être nettoyé, épousseté, poli et réparé.

«Si vous espérez maîtriser cette hydre qu'est l'entretien domestique, le bric-à-brac doit disparaître», nous prévient Margaret Dasso, propriétaire de Clean Sweep, un service d'entretien professionnel établi à Lafayette en Californie et co-auteur de *Dirt Busters.*

Le désencombrement de votre maison n'a rien de compliqué. Vous devez d'abord tout passer en revue, mettre de côté ce qui ne sert plus, trouver un espace de rangement à ce que vous souhaitez conserver et ensuite, et c'est le plus difficile, élaborer un système viable visant à éviter de nouveau un tel fourbi. Voici une façon de faire telle que la propose Sandra Felton, auteur de *The Messies Manual* et fondatrice des Messies Anonymous, une association établie à Miami chargée de venir en aide aux gens aux prises avec un désordre chronique.

FAITES LE TOUR DU PROPRIO EN LAISSANT VOTRE SENTIMENTALITÉ AU VESTIAIRE

La sentimentalité n'a pas sa place lorsqu'on part en safari contre le désordre. Faites-vous à l'idée de devoir vous délester d'un tas de choses et de voyager léger. Soyez impitoyable quand vient le moment d'évaluer la nécessité de chaque objet. Dans le doute, envoyez-le à la poubelle.

Avez-vous vraiment besoin du coq en plâtre que tante Edwidge vous a offert voilà 12 ans? Tandis que nous y sommes, qu'en est-il de ces jeans de petite taille qui pendent dans l'armoire depuis dix ans mais que vous pourriez bien reporter un jour? Et ce nécessaire à fondue portant le sigle de l'Exposition universelle de 1967 fera-t-il un jour sa réapparition sur votre table?

Afin de vous faciliter la tâche, commencez par le placard que vous pourrez débarrasser sans problème, celui qui vous tracasse le plus. Ainsi, vous profiterez plus vite du sentiment né d'une bonne action accomplie.

Il existe une méthode dite des quatre contenants qui vous aidera à passer au travers de piles de choses encombrantes. Voici comment faire. Procurez-vous trois cartons et une grande poubelle. Dans le premier carton, mettez tout ce qui devrait être rangé dans une autre pièce ou un autre placard. Le deuxième carton contiendra ce que vous projetez de donner ou de vendre. Les choses dont vous devriez vous défaire mais que vous êtes incapable de jeter iront dans le troisième carton. Lorsque vous aurez terminé, fermez ce carton avec de l'adhésif et portez-le au garage. Si rien de son contenu ne vous a manqué au bout de six mois, vous vous en débarrasserez. La grande poubelle vous encouragera à jeter le plus de choses possible.

Soumettez chaque chose à la torture

Posez-vous les questions suivantes à mesure que les choses défilent entre vos doigts. Elles nous sont proposées par Deniece Schofield, experte-conseil en entretien intérieur.

1. En ai-je vraiment besoin? «La peur et la sentimentalité sont les deux principales raisons pour lesquelles nous tenons à quelque chose», explique-t-elle. «Vous craignez d'en avoir besoin un jour.» Afin de surmonter cette crainte, posez-vous cette question: Quelle serait la pire chose qui puisse advenir si je n'avais pas cela? S'il ne s'agit de rien de grave, défaites-vous-en.

2. Quand ai-je utilisé ceci la dernière fois? Les choses se détériorent au fil du temps, en particulier les vêtements. Si vous n'avez pas porté quelque chose depuis plusieurs mois, si vous ne l'avez pas porté au cours de la saison dernière, il est peu probable que vous le porterez de nouveau. Si vous ne vous êtes pas servi d'une chose depuis six à douze mois, c'est que vous n'en avez probablement pas besoin.

3. En ai-je besoin d'autant? Nous possédons souvent une chose en plusieurs exemplaires, surtout lorsqu'il s'agit d'articles de cuisine. Mais avez-vous vraiment besoin de quatre ouvre-boîtes? de vingt bouteilles de vernis à ongles? «Moins vous possédez de choses, moins vous avez d'entretien à faire», affirme Mme Schofield.

Lorsque vous en aurez terminé avec un placard ou une armoire, entreprenez le ménage d'un autre. Efforcez-vous de terminer ce que vous commencez, que la tâche exige deux semaines ou deux mois de travail.

Agrandissez vos rangements

Que faire si, après avoir consciencieusement mis de l'ordre dans tous les recoins de la maison, vous manquez encore d'espace de rangement? Ne désespérez pas! Il existe plusieurs façons d'élargir l'espace de rangement, selon une experte de la chose, Mary Ellen Pinkham, auteur de *Mary Ellen's Clean House*. Lorsque vous faites du repérage de cagibis éventuels, vous devez songer à des endroits où vous pourrez entrer et sortir, ou sous lesquels ranger des choses.

- Rangez les couvertures de laine inutilisées sous les matelas.
- Rangez la literie en extra, les cadeaux et les articles de sport hors saison dans vos valises.
- Fixez une étagère étroite sur la face intérieure de la porte d'un placard.
- Employez la face intérieure des portes des armoires de cuisine en y suspendant des étagères où ranger les couvercles des bocaux et casseroles, les rouleaux de papier alu ou les étagères à épices.
- Aménagez un grenier sous le toit du garage où vous entreposerez les choses dont vous vous servez peu souvent.

Variations sur le thème du casse-désordre

Voici d'autres méthodes utiles afin de se débarrasser du désordre.

Faites-en usage ou jetez-le! Placez dans une boîte tout ce qui encombre un placard, un tiroir ou une armoire.

Inscrivez-y la date d'emballage. À mesure que vous aurez besoin d'une chose se trouvant dans cette boîte, prenez-la et rangez-la ailleurs. Ce qui restera dans cette boîte six mois plus tard sera donné, vendu ou jeté. «Cette méthode est intéressante et elle convient tout à fait à la cuisine, dit Mme Schofield. Une famille de ma connaissance ne jure que par elle.»

Prenez une bouchée à la fois! Si vous êtes devant un désordre hollywoodien, planifiez un calendrier de remise en ordre à longue échéance, peu à la fois, nous conseille Stephanie Winston, auteur de *Stephanie Winston's Best Organizing Tips.* «Pas besoin de prendre une profonde inspiration et de plonger dans le fouillis pour n'en ressortir que lorsque tout sera impec, dit-elle. Des objectifs démesurés auront un effet paralysant.» Passez plutôt au travers d'une pile une demi-journée à la fois. Vos chances d'accomplir une tâche seront meilleures si vous inscrivez des moments réguliers à votre horaire. Faites en sorte de prévoir une tâche pour chaque jour ou à tout le moins, deux jours par semaine. Et respectez votre horaire.

Gérez l'avalanche de papier!

Des tonnes de papier s'insinuent dans votre intimité une feuille à la fois. Vous les empilez, les mettez de côté, vous les lisez, parfois vous les classez. Mais, tôt ou tard, elles composent des rames qui s'élèvent en piles. «On se dit: "Ce n'est qu'une feuille", mais le papier est le premier responsable du désordre, dit Mme Felton. Notre société est submergée sous la paperasse. La tâche n'est jamais terminée.»

Un entretien préventif quotidien permettra de tenir l'avalanche de papier à une distance respectueuse. Voici comment faire.

- Classez chaque jour le courrier. Jetez sur-le-champ les envois qui ne vous sont d'aucune utilité et classez vos factures. Déposez dans une corbeille à correspondance les lettres que vous avez l'intention de lire.
- Déposez chaque jour les journaux dans le bac de recyclage et faites le tri de vos magazines aux deux mois.
- Inscrivez vos activités et engagements sur un calendrier. Sur réception d'un avis ou d'une invitation, inscrivez-le sur le calendrier, puis jetez la paperasse inutile.
- Mettez sur pied un mode de classement réservé à tous vos documents d'importance. Employez des chemises codées par couleurs, assorties d'étiquettes de mêmes couleurs que vous

apposerez sur les tiroirs du classeur, afin de repérer rapidement les dossiers.

- Assignez à chacun de vos enfants un tiroir où ranger la quantité gigantesque de documents qu'ils reçoivent à l'école. Vous les rangerez une ou deux fois l'an. Ne conservez que les documents qui auront une importance dans dix ans.

Mobilisez toute la famille pour le ramassage

Mettre un frein au désordre n'est pas l'affaire d'une seule personne. Chaque occupant de la maison âgé de plus de deux ans peut mettre la main à la pâte.

«Tenir une maison bien rangée sans la collaboration de la famille équivaudrait à poser du papier peint d'une seule main, dit Mme Dasso. La chose est faisable, mais qui s'y risquerait?»

Elle nous recommande les stratagèmes suivants en vue de faire participer tous les membres de la famille.

- Que la devise suivante devienne la règle d'or de votre famille: «Ne le dépose pas, range-le!»
- Demandez à chacun des membres de la famille qui a plus de deux ans de ranger ses choses avant de servir le dîner. Précisez bien ce que vous entendez au juste par «ranger».
- Chaque soir, assignez à une personne la tâche de ramasser les choses à la traîne. Elle devra ranger à leur place ses choses; celles des autres seront déposées à la porte de leur chambre.
- Désignez un fourre-tout du samedi, soit un sac ou un carton dans lequel vous déposerez toutes les «traîneries» ramassées au cours de la semaine. Le samedi, leurs proprios pourront en reprendre possession moyennant une corvée ou une rançon pour chaque chose qu'ils voudront reprendre.

DES STRATÉGIES DE RANGEMENT

Lorsque votre maison sera désencombrée, vous serez étonné de l'espace de rangement dont vous disposez. Toutefois, le rangement suppose davantage que de disposer d'un endroit où mettre quelque chose. Il faut savoir où trouver une paire de ciseaux lorsqu'on en a besoin. Il faut pouvoir disposer d'une boîte de cire à chaussures sans devoir manipuler des tas de contenants. Un rangement judicieux doit être convivial.

«Il faut que ce soit facile d'y mettre quelque chose et facile d'en sortir quelque chose», dit Mme Felton. «J'ai eu des boîtes à chaussures en plastique transparent. Je trouvais l'idée géniale mais j'avais du mal à fouiller dans une boîte quand il le fallait. À présent, j'emploie des paniers et je les étiquette. Il est facile d'y plonger la main. Si elle exige trop d'efforts, votre méthode de rangement n'aura aucun effet.»

Mme Winston estime que 80 % du trop-plein d'une maison résulte d'une piètre organisation plutôt que d'un manque d'espace. Il se trouve toujours plus d'espace qu'on ne croit.

Entreposez de façon à retrouver sans peine

Afin de maximiser le potentiel de rangement de votre maison, planifiez l'espace à partir des conseils suivants, prodigués par Mme Schofield.

Rangez ensemble les objets semblables. Cette méthode fondée sur le sens commun vous épargnera un temps fou à chercher où vous avez mis ceci ou cela. Ainsi, un contenant destiné à l'entretien des chaussures, remisé dans une armoire de produits nettoyants, contiendra la cire à chaussures, les brosses, des lacets et des semelles amovibles. Si un lacet vient à céder, vous n'aurez pas à fouiller les tiroirs contenant des articles hétéroclites pour en trouver. Vous irez chercher le nécessaire à chaussures.

«Ce genre de regroupement vous épargnera des heures de rangement», dit Mme Schofield. Si chaque chose n'a pas une place bien à elle, on la cherchera à l'aveuglette. De même, on la rangera n'importe où après usage et, la prochaine fois, on ne saura pas davantage où elle se trouve.

Rangez un objet là où il sert. Avant de décider de l'endroit où ranger une chose, demandez-vous à quel endroit vous iriez la chercher. L'endroit logique où remiser une paire de ciseaux, par exemple, serait le tiroir d'une table de travail, un panier de couture ou un tiroir de cuisine. Inutile de la ranger avec vos chaussettes.

Que les choses qui servent souvent soient facilement accessibles. Plus une chose sert souvent, plus on doit la repérer facilement. Si vous cuisinez chaque jour avec un poêlon particulier, ne le rangez pas au fond d'une armoire derrière des rangées de bocaux et de chaudrons. Ne rangez pas le balai et le porte-poussière au garage si vous vous en servez chaque jour dans la cuisine.

Apposez des étiquettes. Faites en sorte de lire sans difficulté le contenu de vos cartons de rangement. Ainsi, vous ne perdrez ni temps, ni patience à chercher vos feuilles d'impôt de l'année dernière dans la mauvaise boîte. Servez-vous d'étiquettes sur tous les contenants opaques, à savoir housses de vêtements, cartons ou contenants de plastique.

Une place pour chaque chose. «Chaque chose doit avoir sa place propre, de sorte que vous puissiez la trouver dans l'obscurité», dit Mme Schofield. Pour ce faire, servez-vous de séparateurs dans les tiroirs de la salle de bains, de la cuisine et dans les commodes.

Si vos enfants ne rangent pas leurs vêtements sur des cintres, plantez une rangée de patères auxquelles ils pendront leurs blousons et leurs sacs d'écoliers afin d'éliminer une bonne part de désordre au quotidien. Chacun sera plus porté à ranger ses effets personnels s'il sait exactement où poser chaque chose.

Rangez vos objets de valeur dans un endroit approprié

N'importe quel contenant ne convient pas au rangement d'objets de valeur et de souvenirs précieux. Voici ce que nous propose Mary Ellen Pinkham dans son livre intitulé: *Mary Ellen's Clean House* pour conserver ces objets en un lieu accessible sans pour autant les fouler aux pieds.

Vos photographies: Vous rangerez facilement vos photos dans un classeur de fiches à leur format. Inscrivez les dates ou années sur les séparateurs. Si vous préférez classer vos photos dans des albums, procurez-vous-en dont les pages sont en plastique atoxique (et non en chlorure de polyvinyle) et sans bande adhésive. Les matériaux de certains albums peuvent abîmer vos photos. L'endos cartonné des albums aimantés peut tacher les photos et la bande adhésive peut les coller à jamais aux pages. Certains plastiques émettent des gaz qui abîmeront vos photos.

Vos vêtements: Si vos placards sont plutôt exigus, hors saison vous pourriez ranger vos vêtements ailleurs dans la maison. Prenez soin de toujours laver ou faire nettoyer les vêtements avant de les remiser. Les résidus de taches, notamment celles de boissons sucrées, se décoloreront au fil du temps et formeront des taches indélébiles. De plus, les vêtements sales attireront des insectes nuisibles tels que les mites et les coléoptères.

Lavez vos articles à l'eau douce et rincez-les vigoureusement car les résidus de détersif peuvent causer une décoloration. N'amidonnez aucun vêtement avant de le remiser. Couvrez les vêtements d'une housse de drap ou de mousseline pour les protéger de la poussière et rangez-les à l'abri de l'humidité qui favoriserait la prolifération des moisissures. Ne rangez pas vos vêtements de cuir ou de suède dans une

Que faire de tout ce fatras?

Vous avez passé des semaines à opérer la purge de vos biens et vous êtes devant une montagne de boîtes contenant vos vieilles nippes. Une voix intérieure vous incite à remiser ces choses au grenier mais c'est cette habitude qui vous a occasionné vos ennuis actuels. Vous devez vous départir de ces choses. Mais de quelle manière?

Le moyen le plus rapide de vous défaire des choses dont vous ne voulez plus consiste à les laisser en consignation chez un fripier ou un brocanteur. Ce dernier conservera normalement 60 % du prix de vente, mais cela vaudra le coût en comparaison des efforts et des frais que vous engageriez à revendre vous-mêmes vos vieilleries.

Si vous devez disposer d'un grand nombre de choses, organisez une braderie dans votre garage ou sur la pelouse et vous mettrez plus d'argent dans votre poche.

Faire don de choses en bon état à des organismes caritatifs vous sera profitable au moment de préparer votre feuille d'impôts. Les impôts permettent de déduire l'équivalent des dons versés à des œuvres de bienfaisance. Renseignez-vous auprès de votre comptable afin de connaître le montant global admissible au rang de déduction en vertu des lois de la fiscalité.

Si vous n'avez pas envie de trimballer des cartons jusqu'au point de chute de l'œuvre caritative, informez-vous à savoir s'il existe un service de cueillette. En général, un camion passe prendre les choses que l'on souhaite donner.

housse de plastique: l'absence de circulation d'air contribuerait au dessèchement des peaux.

Les vêtements, à l'instar des automobiles, se déprécient au fil du temps. Soupesez la durée d'un vêtement avant de décider de le mettre à remiser. Les chemises, les complets légers et les robes durent en moyenne deux ans, selon la Neighborhood Cleaners Association International de New York qui forme des aspirants teinturiers. Les complets de laine, les robes du soir et les manteaux de drap ont belle allure pendant en moyenne trois ans, tandis que les pull-overs et les blousons de cuir en durent quatre.

Les articles uniques, par exemple une robe de mariée ou de baptême, doivent être bourrés de papier de soie et emballés dans une étoffe ne contenant pas d'acide afin d'en minimiser le froissement et pour en protéger l'étoffe.

Vos documents: Afin de protéger vos documents importants contre le vol, l'incendie ou un désastre naturel, vous devriez prévoir la location d'un coffret de sûreté à la banque, et vous doter d'un coffre-fort ou d'un classeur ignifugé.

Mettez au coffret de sûreté les extraits de naissance et autres documents d'importance, par exemple le contrat de mariage, les actions et obligations, le contrat hypothécaire, une copie de votre testament, les passeports, les documents relatifs à votre régime de retraite, de même que l'inventaire des choses que contient votre maison. Rangez dans le coffre-fort ignifugé les documents et contrats d'assurance, vos relevés bancaires, vos déclarations de revenus, les garanties, et des photocopies de votre permis de conduire, de vos cartes de crédit, de votre carte d'assurance sociale et de toute autre carte d'identification.

Un bilan de santé positif

Éradiquez les microbes avec une bombe de désinfectant!

Chaque année, des millions d'individus sont aux prises avec des tas de problèmes de santé en raison d'une piètre hygiène. Consultons les statistiques.

- Près de 20 % des 6,5 millions de cas de maladies d'origine alimentaire sont contractées à la maison, en raison des bactéries qui contaminent les mains, ustensiles et surfaces de préparation des aliments.
- Environ un Américain sur six souffrira d'une maladie découlant d'une allergie au cours de sa vie.
- Entre 1982 et 1994, la fréquence des cas d'asthme a augmenté de 61,2 % aux États-Unis; chez les enfants de moins de 18 ans, cette proportion s'est chiffrée à 72,3 %.

Nos résidences confortables, moquettées de part en part et isolées comme des navettes spatiales, fournissent aux allergènes tels que les mites, l'endroit idéal où se multiplier. Si vous souffrez d'une allergie, vous savez qu'il vous faut tenir un intérieur très propre.

Bien entendu, une maison propre est préférable à une maison négligée, mais les nettoyants utilisés pour désinfecter et faire reluire peuvent être préjudiciables. L'entretien nous expose donc à des produits chimiques puissants qui ne valent guère mieux pour les humains que pour l'environnement. Un contact prolongé avec plusieurs produits nettoyants, par exemple un javellisant pour cuvette, peut causer une irritation des yeux ou de la peau, une irritation des voies respiratoires, la nausée et des étourdissements. Étant donné le positionnement marketing de ces produits — il s'agit de nettoyants destinés à nous simplifier la tâche —, on oublie facilement les dangers que peuvent receler leurs attrayants conditionnements.

PARTEZ À LA CHASSE AUX MICROBES

Il est certes facile de déceler la poussière sur une table basse à l'aide d'un gant blanc mais, à moins de les examiner au microscope, il est impossible de savoir si la cuisine et la salle de bains sont véritablement propres. La saleté invisible – les germes et les bactéries – peut vous rendre malade si elle contamine les aliments, les ustensiles et les surfaces de préparation.

La cuisine est, de toutes les pièces, celle qui contient le plus de bactéries. On trouve des milliards de microbes provenant des jus de viande, des éponges et des linges à vaisselle, des déchets en putréfaction, des déversements de liquide, des assiettes souillées et des mains rarement lavées. Du point de vue sanitaire, le comptoir sur lequel on vient de donner un coup de chiffon peut s'avérer l'endroit le plus sale de la maison. «Les gens propres sont en général les plus malpropres parce qu'ils répandent les germes. Le célibataire qui ne fait jamais le ménage est le plus propre d'entre tous, du point de vue microbien», dit Charles Gerba, professeur de microbiologie.

Armez-vous d'un désinfectant

Il est impossible d'éradiquer toute forme de vie microbienne de votre intérieur. Il ne s'agit pas de vous faire un environnement stérile mais d'acquérir au quotidien des habitudes favorisant la propreté qui contrent la prolifération des germes et bactéries.

Employez toujours un désinfectant conçu pour la cuisine lorsque vous nettoyez cette pièce, de même que pour les surfaces qui touchent la viande crue. La plupart des nettoyants fabriqués à la maison, par exemple les décoctions de vinaigre et de bicarbonate de soude ou les nettoyants dits écologiques, n'ont aucune propriété désinfectante; ils ne servent qu'à déplacer les germes. Avant d'acheter un désinfectant, assurez-vous qu'il détruit les germes tels que la salmonelle. Lisez le mode d'emploi. Il faut peut-être laisser agir le produit quelque temps avant de l'éponger afin qu'il détruise les germes.

En dépit de sa mauvaise réputation au chapitre de l'infestation microbienne, la salle de bains grouille moins que la cuisine de microbes susceptibles de vous rendre malade. Peut-être est-ce parce que nous sommes plus portés à faire usage de désinfectant dans cette pièce. Se laver régulièrement les mains avec de l'eau et du savon est le meilleur moyen de se protéger contre la maladie et l'infection.

Six habitudes pour parer aux microbes

Voici six conseils que nous prodigue le Dr Gerba afin de tenir les microbes à distance.

1. Lavez-vous les mains souvent. Vos doigts et mains sont les principaux transmetteurs des germes et bactéries. A ce chapitre, les recom-

mandations de l'Association américaine des restaurateurs stipulent qu'il faut se laver les mains à l'eau chaude et savonneuse pendant au moins 20 secondes et les rincer à l'eau courante. Lavez-vous les mains avant et après la préparation des aliments, surtout si vous touchez de la volaille, de la viande ou des fruits de mer crus, de même qu'après être allé aux cabinets, après avoir éternué, toussé, fumé, mangé ou bu. En vous lavant les mains, portez une attention particulière à vos ongles et aux espaces entre vos doigts.

2. Changez de linge à vaisselle. Dans le cadre d'une étude portant sur les éponges et linges à vaisselle, le Dr Gerba a découvert que les linges à vaisselle sont davantage contaminés par les bactéries coliformes fécales (un indice de malpropreté) que les éponges.

3. Désinfectez vos éponges. Mettez-les au lave-vaisselle. Si une forte odeur s'en dégage, jetez-les. L'odeur révèle la présence de germes. On ne devrait pas employer une éponge plus d'un mois.

4. Employez des essuie-tout pour éponger les jus de viande. Mettez-les au rebut et désinfectez la surface souillée.

5. Lavez la vaisselle tout de suite après un repas. Les bactéries prolifèrent sur les assiettes sales. Un lavage au lave-vaisselle désinfecte les ustensiles et assiettes, mais ils ne restent pas toujours stériles. Lavez-vous les mains avant de les ranger dans les armoires pour éviter toute contamination.

6. Sortez les ordures chaque jour. Les ordures qui se putréfient sont un paradis pour les germes; aussi, sortez-les chaque soir. Lorsque vous apprêtez une viande, jetez-en l'emballage sans tarder. Le laisser à la traîne sur le comptoir pourrait répandre des germes.

EN SÛRETÉ CHEZ SOI

Vous employez le même nettoyant tous usages depuis des lustres, alors pourquoi en liriez-vous l'étiquette? Parce que sa formule peut avoir été modifiée à votre insu. Afin de se démarquer de leurs concurrents sur le terrain achalandé des nettoyants domestiques, les fabricants reformulent régulièrement leurs produits pour qu'ils agissent plus vite ou plus facilement. Les composants des nouvelles versions de ces produits supposent de nouvelles précautions. Aussi, lisez les étiquettes, même si vous employez un produit depuis longtemps.

Bien qu'ils soient inoffensifs pour la plupart, les nettoyants domestiques sont composés de produits chimiques qui peuvent s'avérer dangereux. En faire mauvais usage pourrait mettre en péril votre santé ou l'environnement.

Un nettoyant est considéré dangereux s'il compte une ou plusieurs des caractéristiques suivantes:

Inflammable: s'enflamme facilement;
Toxique: on pourra s'intoxiquer en l'ingérant, en l'absorbant par la peau ou en l'inhalant;
Corrosif: peut dissoudre ou détruire des tissus ou matières vivants;
Réactif: peut exploser ou réagir violemment.

La loi oblige les fabricants de produits dangereux à y apposer une mise en garde et une description des dangers qu'ils font encourir. Vous apercevrez des mots tels que «danger», «mise en garde» ou «avertissement» qui indiqueront le degré de dangerosité sur le conditionnement.

Toxique: produit très toxique qui peut empoisonner;
Danger: extrêmement inflammable, corrosif ou très toxique;
Mise en garde: légèrement ou modérément toxique;
Avertissement: légèrement ou modérément toxique.

Évitez les dérapages et accidents

Voici comment manipuler avec soin les produits nettoyants.

Conservez l'original! Conservez toujours les produits nettoyants dans leurs contenants d'origine afin d'éviter toute utilisation accidentelle ou toxique. Les conditionnements originaux affichent toujours les composants des produits, leur mode d'emploi, les précautions à employer, ainsi que l'antidote ou un traitement en cas d'urgence. On risquera d'ingérer accidentellement un produit remisé dans une bouteille de boisson gazeuse, une vieille tasse ou un ancien litre de lait, que les enfants associent avec le boire et le manger. Un nettoyant de couleur vive versé dans un tel contenant constitue une dangereuse tentation.

Cachez les bouteilles! Remisez les substances nettoyantes et tous les produits chimiques qui peuvent s'avérer dangereux là où les enfants et les animaux ne pourront les atteindre. Plus d'un million d'enfants âgés de cinq ans ou moins ont été exposés à des substances potentiellement toxiques en 1995 et ce, aux États-Unis seulement. Verrouillez les armoires où vous entreposez ces produits. Assurez-vous chaque fois qu'un produit ayant une fermeture de sécurité pour les enfants soit bien refermé avant de le ranger.

Ne mélangez jamais deux nettoyants. Le fait de verser un nettoyant dans un autre peut provoquer des émanations dangereuses. L'exemple classique de cela nous est fourni par l'eau de Javel et l'ammoniaque. Lorsque ces deux liquides entrent en contact, ils dégagent un gaz toxique qui peut provoquer l'extinction de voix, la toux, la suffocation et une impression de brûlure, voire la mort. Certains produits, notamment le détergent pour le lave-vaisselle et les nettoyants liquides, contiennent de l'eau de Javel et ne doivent jamais être dilués avec un produit contenant de l'ammoniaque tel qu'un nettoyant pour le verre. Soyez également prudents lorsque vous utilisez un nettoyant pour la cuvette. Certains contiennent des acides qui peuvent provoquer une réaction nocive s'ils entrent en contact avec d'autres substances chimiques.

Appuyez sur la gâchette! L'exposition à des produits nettoyants, des purificateurs d'air, décape-four et autres shampooings pour la moquette et les canapés peut provoquer des étourdissements, la nausée et l'irritation des voies respiratoires. Afin de réduire les risques de contact avec ces irritants, employez les contenants à gâchette plutôt que les aérosols. On inhale plus facilement la fine bruine dégagée par les bombes aérosol.

Ralentissez la cadence! La précipitation et la négligence sont les causes fréquentes d'accidents qui surviennent à la maison. Selon le National Safety Council, les empoisonnements accidentels viennent au second rang des causes de mortalité à domicile, après les chutes. Prenez le temps de faire les choses comme il se doit. Voici quelques trucs afin de vous protéger lorsque vous faites usage d'une substance chimique dangereuse.

Couvrez-vous! Portez des vêtements ou accessoires de protection, si le fabricant le conseille.

Faites de l'air! Faites usage des produits dans un espace bien aéré. Ouvrez une fenêtre ou actionnez un ventilateur afin que l'air circule. Sortez souvent inspirer des bouffées d'air frais.

Ne portez pas vos doigts à votre bouche! Des traces de substance chimique pourraient ainsi s'introduire dans votre organisme. Évitez de boire, de manger et de fumer pendant que vous manipulez des produits dangereux.

Otez vos verres de contact. Ne portez pas de verres de contact souples pendant que vous manipulez des solvants et des pesticides. Ils pourraient absorber ces substances et les transmettre à vos pupilles.

Refermez étanchement les contenants. Vous éviterez ainsi les déversements entre les utilisations. Rangez-les ensuite hors de portée des enfants.

Soyez vigilants. Ne laissez pas un produit potentiellement nocif à la traîne et sans surveillance si des enfants se trouvent dans les parages.

Une bonne dose de solvant et de jugeote

Certains nettoyants domestiques contiennent des solvants organiques. Il s'agit souvent d'un dérivé du pétrole que l'on ajoute au produit sous forme liquide ou pâteuse qui dissoudra la saleté et la graisse. Les produits contenant des solvants d'origine organique s'évaporent rapidement et leurs émanations emplissent vite la pièce où l'on en fait usage. Ces émanations peuvent causer une intoxication, la somnolence, la désorientation et des migraines. En vertu d'un règlement national, les composants dangereux doivent être énumérés sur le conditionnement d'un produit. Lisez bien le mode d'emploi, il s'y trouve pour votre sécurité.

Une exposition prolongée à certains solvants organiques, par exemple le chlorure de méthylène que l'on trouve dans certains décapants, dégraissants et cires, peut affecter le système nerveux et peut causer le cancer chez l'être humain. Ainsi, le trichloréthane 1,1,1, qui est présent dans certains produits servant à désobstruer les sanitaires, les détachants et la cire à chaussures, peut atteindre le système nerveux.

De très fortes doses de nettoyant contenant des distillats du pétrole ou des solvants organiques, notamment l'encaustique et les détachants pour n'en nommer que deux, peuvent entraîner des troubles pulmonaires, l'arythmie et des éruptions cutanées.

Réduisez ces risques lorsque vous employez des solvants organiques en usant de précaution.

- Dans la mesure du possible, employez les solvants au grand air. Si vous devez en faire usage à l'intérieur, ouvrez portes et fenêtres, et actionnez un ventilateur. Portez un respirateur (choisissez-en un auquel on adapte des filtres en fonction du type d'émanations que le produit va dégager; assurez-vous que la substance en question n'imprégnera pas le filtre du respirateur) et des lunettes de protection, le cas échéant. Si vous souhaitez porter un respirateur, parlez-en d'abord à votre médecin. Il faut jouir d'une excellente fonction pulmonaire pour se servir des cartouches filtres. Procurez-vous les filtres appropriés et veillez à ce que le masque soit à votre taille.
- N'employez pas plus d'un solvant à la fois et ne faites pas usage de deux solvants sans temps de pause entre les utilisations.

- Les émanations de certains solvants retombent, de sorte que vous en absorberez davantage si vous vous penchez pour travailler.
- Les boissons alcoolisées peuvent exacerber l'effet toxique des émanations de solvant. Ne consommez pas d'alcool lorsque vous devez manipuler des solvants.
- De nombreux solvants sont inflammables; aussi, n'en faites pas usage près d'une source de chaleur ou des flammes.

PENSEZ PROPRETÉ, PENSEZ ÉCOLOGIE!

La plupart des nettoyants contiennent des douzaines de produits chimiques susceptibles de polluer le sol, l'air et l'eau, si on en fait un mauvais usage ou si on en dispose négligemment. En Amérique du Nord, une maisonnée moyenne produit environ 30 kilos de déchets dangereux par année et peut, à tout moment, en entreposer plus de 200 kilos.

Les nettoyants ne font pas les pires pollueurs d'origine domestique. Ils se classent au quatrième rang, derrière la peinture, les piles et les produits de toilette tels que le fixatif et le désodorisant. Les nettoyants comptent cependant pour plus de 10 % des déchets dangereux qu'une maisonnée produit chaque année.

Plusieurs nettoyants domestiques employés en quantités normales peuvent être évacués sans danger par les canalisations sanitaires si votre maison est reliée à un système d'égout municipal ou une fosse septique, nous dit le Dr Robert Rubin, professeur d'ingénierie biologique et agronome à la North Carolina State University à Raleigh. Cela vaut aussi pour les détergents à lessive et à vaisselle, les javellisants, les nettoyants à cuvette, et les nettoyants tous usages. Mais de grandes quantités peuvent surcharger le système d'égout à tel point que le traitement des eaux usées ne satisfera pas aux normes de qualité de l'eau si elles sont acheminées dans un lac, une rivière ou un ruisseau.

Sachez comment mettre un solvant au rebut

Pour la plupart, les nettoyants à base de solvant d'origine organique tels que les détachants, les diluants à peinture, les produits pour polir les meubles et métaux, les produits pour désobstruer les canalisations et les dégraissants, sont considérés dangereux pour l'environnement et répondent aux critères énumérés précédemment. Hélas! ils s'insinuent souvent jusque dans les usines de filtration d'eau, les sites d'enfouissement et les incinérateurs lorsqu'on les déverse dans les tuyaux ou qu'on les jette aux ordures. Cela ne menace pas seulement l'environnement mais expose également les éboueurs à un danger.

S'il n'est pas possible de recycler ou de réutiliser un tel produit, conservez-le en sûreté jusqu'au moment où vous pourrez en disposer dans le cadre d'une cueillette sélective des déchets dangereux comme on en organise régulièrement dans nombre de communautés. Renseignez-vous à ce sujet auprès de l'administration municipale.

Les municipalités édictent souvent un jour de cueillette des déchets dangereux: on va porter ses rebuts à un emplacement central où s'effectuera le tri, puis le recyclage ou la mise au rebut appropriée des matières dangereuses.

La propreté de la planète passe par la propreté chez soi

À quoi bon tenir un intérieur propret si, pour ce faire, on pollue la planète? Voici qui vous permettra de vous constituer une trousse de nettoyage écologique libre de tout nettoyant potentiellement dangereux et de produits toxiques. Vous devez réunir ces six composants: du bicarbonate de soude, du vinaigre blanc, du jus de citron, de l'huile d'olive, du sel et du borax.

Il est possible de préparer des nettoyants à partir de ces produits qui sont souvent aussi efficaces que les produits du commerce, mais qui sont plus sûrs et moins onéreux. Voici les recettes de quelques nettoyants écologiques.

Assouplissant: Versez 60 ml de vinaigre pendant le cycle de rinçage, les vêtements sembleront plus doux, plus frais.

Encaustique: Mélangez 2 cuillerées à soupe d'huile d'olive à une cuillerée à soupe de vinaigre dans un litre d'eau chaude. Versez ce liquide dans un pulvérisateur. (Remarque: cette solution est plus efficace si elle est chaude. Mettez le pulvérisateur à tremper dans un seau d'eau chaude avant d'en faire usage.) Frottez à l'aide d'un chiffon propre afin de faire briller les surfaces.

Nettoyant pour le verre: Diluez 125 ml de vinaigre dans 4 litres d'eau chaude et embouteillez le liquide dans un pulvérisateur.

Nettoyant pour la cuvette: Versez 250 ml de borax et 60 ml de vinaigre ou de jus de citron dans la cuvette. Laissez agir pendant 2 heures et récurez vigoureusement les parois de la cuvette à l'aide d'une brosse.

Nettoyant pour les canalisations d'eau: Versez 125 ml de bicarbonate de soude dans le tuyau, ajoutez 60 ml de vinaigre et 125 g de sel. Laissez agir pendant 15 minutes (la mixture bouillonnera avec bruits), puis versez dans le tuyau le contenu d'une bouilloire d'eau bouillante. Auparavant, protégez votre visage et vos mains.

Avant de vous défaire d'un produit à base de solvant, assurez-vous qu'il se trouve dans son contenant d'origine et que son couvercle est fermé de façon étanche. Rangez-le dans un endroit aéré. S'il s'agit d'un produit inflammable, rangez-le loin d'une source de chaleur, d'étincelles ou de flammes. Assurez-vous qu'il ne se trouve pas à proximité de produits corrosifs.

Sevrez-vous de votre dépendance aux substances chimiques

Voici quelques trucs en vue de réduire votre consommation de produits chimiques.

Achetez un nettoyant tous usages. Contrairement à ce que les fabricants tentent de nous faire croire, nous n'avons pas besoin d'un nettoyant différent pour chaque type de surface à nettoyer. Un nettoyant tous usages réduira le nombre de produits dangereux se trouvant dans votre maison et vous fera réaliser des économies.

Réduisez les risques encourus. Achetez les produits les moins nocifs qui soient. Apprenez à identifier les produits dangereux d'après leurs conditionnements. N'oubliez pas la différence qui existe entre un produit portant la classification «Danger» et un autre portant une «Mise en garde». Afin de réduire le danger lié aux produits d'entretien, procurez-vous ceux qui portent un «Avertissement» ou une «Mise en garde» et ne soyez pas dupes de l'appellation «Atoxique» ou «Non toxique». Il s'agit d'une étiquette marketing qui n'est pas définie par le gouvernement, de sorte qu'elle peut être apposée sur des produits qui sont toxiques.

Achetez uniquement le nécessaire. Pour éviter d'avoir à conserver ou à jeter des nettoyants inutilisés, achetez-les en petites quantités.

Cinq moyens de protéger l'environnement

Vous pouvez protéger l'environnement simplement en employant moins de ressources quand vous faites le ménage. Voici cinq moyens d'y parvenir, selon Don Aslett, un expert en entretien et auteur de *The Cleaning Encyclopedia.*

1. Employez des nettoyants concentrés. Ils sont moins chers et leurs conditionnements sont réduits. Recyclez les contenants vides.

2. Nettoyez les articles réutilisables. Servez-vous de chiffons lavables plutôt que d'essuie-tout. (Prenez garde avant de jeter des chiffons imprégnés de substances chimiques dangereuses. Lisez bien les recommandations du fabricant concernant la mise au rebut.)

RÉCUREZ LES MAUVAISES HABITUDES!

Les fosses septiques ne sont pas un débouché pour les produits chimiques

Les fosses septiques ne sont pas conçues pour recevoir des produits qui contiennent des métaux lourds, des composés organiques volatils et des solvants à base de pétrole. Alors que la plupart des nettoyants chimiques se décomposent au fil du temps, les composés organiques volatils risquent de détruire les micro-organismes qui agissent à l'intérieur d'une fosse septique. Les composés organiques volatils, de même que les solvants, peuvent s'échapper non dilués du système, polluant ainsi les sols et les sources d'eau souterraines.

Si vous possédez une fosse septique, n'y évacuez pas les produits suivants, que ce soit par la cuvette ou les renvois d'eau: de grandes quantités de javellisants liquides, de désinfectants, de produits contre les moisissures, et toute quantité de peinture, de solvant, de pesticide, de même que tout produit classifié toxique, inflammable ou corrosif. Voici quelques moyens de vous défaire de tels produits de façon sûre, selon le Dr Wilma Hammett, professeur à la North Carolina State University à Raleigh.

Lisez les directives. On trouve maintenant des directives concernant la mise au rebut sur plusieurs produits d'entretien domestique. Lisez-les et agissez en conséquence.

Employez tout le produit. Si vous employez tout le produit, vous n'aurez pas à vous préoccuper de sa mise au rebut.

Recyclez. Par exemple, il est possible de réutiliser le diluant à peinture en le passant au tamis pour en filtrer les caillots. Laissez-le reposer pendant quelques jours, versez le liquide transparent et employez-le de nouveau.

Faites une B.A. Donnez vos restants de peinture ou d'autres produits à un organisme caritatif, à un théâtre, à l'Office d'habitation, à des voisins ou amis.

Renseignez-vous. Téléphonez au service de gestion environnementale ou de gestion des déchets de votre localité. On vous dira quoi faire des produits dangereux.

3. Ne tardez pas à faire le ménage. Plus la saleté s'accumulera, plus il faudra d'énergie, de produits et d'eau pour faire le travail.

4. Faites bon usage de l'énergie. Employez de l'eau froide lorsque cela est possible, par exemple, lorsque vous actionnez le broyeur à déchets ou pour laver le plancher. Attendez que le lave-vaisselle soit rempli à capacité avant de l'utiliser. Même chose pour le lave-linge et le sèche-linge. Ramassez toutes les traîneries avant de vous servir de l'aspirateur.

5. N'employez pas plus que la quantité nécessaire. Les nettoyants et détergents agissent efficacement lorsqu'ils sont allongés d'une quantité d'eau précise. Suivez le mode d'emploi indiqué sur chacun des produits.

COMBATTRE LES ALLERGIES

Si vous êtes de ceux qui souffrent d'allergies, en plus de subir les éternuements et démangeaisons, vous devez user de précautions supplémentaires lorsque vous faites le ménage. Mais le jeu en vaut la chandelle parce que certaines méthodes réduiront ou élimineront la présence d'irritants dans votre foyer.

Les déclencheurs les plus courants sont la poussière, composée de particules de peau humaine, de poils d'animaux et de moisissures. Les mites et les blattes provoquent également des réactions allergiques. Au nombre des symptômes, on retrouve la congestion des voies nasales et des éternuements (en particulier le matin), les yeux humides, des éruptions cutanées, la toux et des difficultés de respiration. Nombre de gens ignorent qu'ils souffrent d'allergies car leurs symptômes sont occasionnels.

Quel insecte vous a piqué?

Un médecin saura déterminer à quoi vous êtes allergique en traçant votre bilan médical et en vous faisant subir une batterie de tests cutanés. Voici quelques-uns des allergènes les plus répandus dans les maisons.

Les acariens de poussière. Près de 100 000 représentants lilliputiens de la famille des arachnides peuvent grouiller dans un mètre carré de moquette. Ces bestioles microscopiques ne sont pas seules responsables des réactions allergiques: leurs déchets le sont également. Les acariens de poussière se repaissent des squames de peau morte que vous perdez chaque jour. Voilà pourquoi ils prolifèrent là où vous vous attardez: le lit, les oreillers et votre fauteuil préféré. Ils produisent environ 20 petites boulettes de déchets par jour qui contiennent une protéine favorisant les allergies. Les acariens apprécient les lieux humides, en particulier les tapis posés sur un sol de ciment.

Les phanères animaux. On croit souvent à tort que l'on est allergique au pelage des animaux. La cause véritable des allergies est une protéine présente dans les squames de peau sèche d'un animal et dans sa salive qui flottent dans l'air ambiant et qui irritent les yeux, le nez et les voies respiratoires. Les chats surtout provoquent les allergies, mais d'autres animaux peuvent en causer.

Les phanères animaux sont légers et flottent longtemps dans l'air avant de se poser sur le sol. La situation s'aggrave lorsqu'on passe l'aspirateur et que l'on diffuse des facteurs allergènes partout dans la maison. Il faut compter jusqu'à une heure avant que les phanères ne se retrouvent sur le sol.

Les moisissures. Les moisissures se répandent dans les endroits humides, notamment la salle de bains et la cave. Ce ne sont pas tant les tavelures noires qui encrassent l'enduit de jointoiement entre les carreaux qui provoquent les allergies que les spores reproductrices qui sont véhiculées dans l'air ambiant.

Les blattes. Plus de la moitié des individus qui souffrent d'allergie sont allergiques aux blattes et à leurs déchets. Si votre maison en est infestée, vous les apercevrez surtout dans la cuisine.

Le pollen. Les allergies causées par le pollen sont saisonnières; elles frappent normalement au printemps et à l'automne, alors que le pollen pénètre nos maisons par les portes et fenêtres ouvertes.

Ne dormez plus auprès de votre ennemi

Débarrasser votre maison de milliards de particules microscopiques peut sembler une tâche herculéenne, mais il existe des mesures simples qui contribueront à réduire grandement votre contact avec ces choses. Par où commence-t-on lorsque des irritants allergéniques s'immiscent dans votre maison?

La chambre est la pièce de la maison où l'on passe le plus de temps. Et là où l'on se trouve le plus souvent, c'est là où on veut le moins s'exposer à des irritants. Voici les recommandations de l'American Academy of Allergy, Asthma and Immunology pour faire en sorte que votre chambre soit libre de substances allergènes.

- Faites en sorte que votre chambre ne soit pas encombrée et qu'il soit facile d'y faire le ménage. Évitez les ramasse-poussière du genre livres, bibelots, animaux empaillés et téléviseurs.
- Couvrez le matelas, le sommier et les oreillers de housses de plastique étanches, fermées par une glissière. Afin de contrôler la présence d'acariens dans le matelas, il faut soit le nettoyer souvent à l'aspirateur, soit le protéger de la poussière en le couvrant d'une housse. Cette dernière solution est la plus simple.
- Lavez régulièrement votre literie à l'eau très chaude afin de tuer les acariens qui s'y trouveraient. Il faut choisir des couettes et oreillers faits d'une matière synthétique, par exemple du dacron

ou de l'orlon, afin de pouvoir les laver. Il faut laver régulièrement ses oreillers et les remplacer aux deux ou trois ans.

Ces conseils valent pour chacune des pièces de la maison.

- Enlevez la moquette si possible. On retrouve en abondance tous les types d'allergènes dans la moquette. Remplacez-la par un sol à la surface dure, par exemple du bois franc ou du vinyle.

Calendrier de combat contre les allergies

Si vous souffrez d'une allergie en raison d'un polluant intérieur tel que la moisissure ou les acariens de poussière, on vous a sûrement conseillé de veiller à la propreté de votre maison. Ajoutez les tâches suivantes à votre besogne habituelle afin de tenir les allergies en respect. Elles nous sont conseillées par le Dr Thomas Platts-Mills, directeur de la division de l'asthme, de l'allergie et de l'immunologie à la University of Virginia Health Sciences Center à Charlottesville.

Chaque jour

- Faites aérer la salle de bains (à l'aide d'un ventilateur ou d'un climatiseur ou en ouvrant une fenêtre) et assurez-vous que les parois de la douche et les rideaux sont bien secs.

Chaque semaine

- Lavez à l'eau chaude les couvertures, draps, taies d'oreillers, housses et couvre-lit.
- Donnez un bain à votre animal de compagnie pour lui enlever ses phanères.
- Avant de passer l'aspirateur, époussetez les meubles, les appuis de fenêtres et les interstices à l'aide d'un chiffon légèrement humide.

Aux deux semaines

- Passez l'aspirateur sur les housses de plastique des matelas, des sommiers et des oreillers; nettoyez-les ensuite à l'aide d'un chiffon humide.

Une fois par mois

- Lavez à l'eau chaude les jouets de peluche ou mettez-les pendant une nuit au congélateur (non sans les avoir mis dans un sac de plastique) pour en tuer les acariens de poussière.
- Lavez les baignoires, cabines et portes de douche, et rideaux de douche à l'aide d'une solution composée d'une part de désinfectant ou de javellisant et de neuf parts d'eau afin d'éliminer les moisissures. Récurez à l'aide d'une brosse aux soies raides et rincez à l'eau claire. Portez des gants de caoutchouc.

- Assurez-vous d'un faible degré d'humidité ambiante. Afin de ralentir la prolifération des acariens de poussière et des moisissures, l'humidité ambiante doit se situer entre 30 et 50 %. Une climatisation centrale est le meilleur moyen de contrôler le degré d'humidité ambiante. Elle rafraîchit et filtre l'air à l'intérieur des murs, sans qu'il soit nécessaire de faire entrer l'air de l'extérieur. Un déshumidificateur s'avère utile à la cave.
- Empêchez votre animal de sauter sur le lit et les canapés. S'il refuse de renoncer à sa place préférée sur le divan, couvrez-la d'une étoffe que vous laverez souvent.
- Employez l'aspirateur indiqué. Les personnes souffrant d'allergies ne devraient pas employer un aspirateur. S'il aspire la poussière, il la remue également. Si vous devez passer l'aspirateur, portez un masque à poussière ou utilisez un appareil doté d'un filtre à particules hautement efficace ou le nouveau filtre à ultra faible pénétration d'air. On les trouve dans les boutiques spécialisées dans les fournitures pour hôpitaux, les magasins d'escomptes et les pharmacies. Un modèle efficace se détaille entre 500 $ et 1 000 $. Évitez les aspirateurs qui fonctionnent avec un filtre à l'eau: ils peuvent diffuser une fine bruine contenant des allergènes.

Section II

Combattre la saleté

Abat-jour

On aperçoit la poussière sur un abat-jour en raison de la lumière qui l'éclaire. Son modèle et le matériau dont il est fait ajoutent à la difficulté de l'entretien. Une chose est assurée: si on l'époussette régulièrement, il risque moins de se salir et de tacher, et le nettoyage en sera moins exigeant.

Technique: Époussetez régulièrement vos abat-jour à l'aide d'un chiffon propre et sec ou avec le suceur à épousseter de l'aspirateur. Nettoyez les abat-jour stratifiés, plastifiés, de parchemin ou de fibre de verre à l'aide d'une mousse sèche. Versez 65 ml de détergent liquide pour la vaisselle dans un bol et ajoutez une petite quantité d'eau chaude. Fouettez le détergent à l'aide d'un batteur électrique pour faire monter le détergent en mousse, à la manière des blancs d'œufs quand on prépare une meringue. Frottez délicatement les parois de l'abat-jour à l'aide de l'éponge ou du chiffon imprégné de mousse de savon. Ne frottez pas et ne mouillez pas les frisons ou les brandebourgs qui sont collés. Rincez sur-le-champ à l'aide d'un chiffon humecté d'eau fraîche, puis asséchez, nous conseille Kay Weirick, directrice du Service de l'entretien à l'Hôtel Bally de Las Vegas.

Si l'abat-jour est en soie, en rayonne ou en nylon, trempez-le dans une baignoire pleine de mousse de savon tiède faite à partir de détergent liquide pour la vaisselle. Frottez-le délicatement, s'il le faut, avec un chiffon ou une éponge. Videz la baignoire et remplissez-la d'eau fraîche; trempez-y l'abat-jour et répétez, le cas échéant. Nouez un fil à la carcasse de métal et faites-le égoutter dans la cabine de douche ou à l'extérieur. Mettez-le à sécher sans plus attendre pour éviter que le bâti ne rouille, ce qui tacherait le matériau dont l'abat-jour est fait.

Mise en garde: Ne lavez pas les abat-jour de toile, de coton, ceux qui sont peints à la main, qui comportent des brandebourgs ou autres décorations collées. Ne vous risquez pas à enlever une tache sur un abat-jour. S'il était mouillé, l'apprêt ignifuge dont il est enduit laisserait des cernes jaunâtres.

Accumulation de cire sur les parquets

L'accumulation de cire est souvent plus apparente dans les coins où la cire ou le poli n'est pas endommagé par les nombreux passages. Un sol de vinyle ou de carreaux peut sembler jauni tandis qu'un parquet de bois ayant subi trop de cirages aura l'air égratigné ou strié de blanc. Pour contrer cette apparence, il faut enlever la vieille cire et polir une fois l'an ou après six à huit polissages au maximum.

Technique: À moins que vous n'utilisiez une cireuse à plancher, enlever la vieille cire requiert temps et énergie. Il y a des produits commerciaux pour enlever l'accumulation de cire, mais il existe une solution maison pour les planchers qui ne sont pas en bois, qui consiste à mélanger 60 ml de nettoyant à plancher (ne contenant aucun javellisant) à 225 ml d'ammoniaque et 2,25 l d'eau très chaude. Avant de commencer l'application, il ne faut pas oublier de passer l'aspirateur ou de balayer le sol afin de ramasser le surplus de poussière. Appliquez le mélange sur une petite section à la fois, à l'aide d'une vadrouille-éponge, et laissez pénétrer pendant 5 à 10 minutes. Ce temps écoulé, le sol prendra une apparence laiteuse, comme si la cire se liquéfiait. C'est à ce moment qu'il faut frotter avec une brosse drue, une brosse électrique ou un tampon métallique fin (n° 000). Il ne vous restera plus qu'à passer la raclette sur ce ramassis et à jeter le tout à la poubelle. Ce procédé est beaucoup plus rapide que de le laver à la vadrouille. En fait, suggère Bill R. Griffin, président de Cleaning Consultant Services à Seattle, le mieux serait d'utiliser un aspirateur à eau. Une fois la section nettoyée, rincez-la à l'eau claire. Laissez sécher à l'air puis commencez une autre section. Cette étape terminée, vous pouvez appliquer sur toute la surface deux à trois fines couches de cire ou d'un autre fini. Cela est préférable à une seule couche plus épaisse, nous dit M. Griffin.

Si, à la fin, vous pouvez encore gratter la cire à l'aide du rebord d'une pièce de monnaie, ou que vous discernez des sections plus sombres que d'autres, c'est que vous devez recommencer toute l'opération!

Le bois qui n'a pas été couvert d'un fini tel le polyuréthane devrait être ciré à l'aide d'une cire à solvant, par exemple une cire en pâte. Ne jamais utiliser de décapant à cire commercial ni à base d'eau sur un plancher de bois, nous recommande la National Wood Flooring Association de Manchester au Missouri. Il est préférable d'utiliser un solvant minéral tel l'essence de térébenthine ou l'essence minérale et un tampon métallique extra-fin (no 00). N'oubliez pas de toujours gratter dans le sens du grain du bois!

Conseils pour épargner du temps: Saviez-vous que lorsque votre plancher a été ciré deux fois sur toute sa surface, vous n'avez besoin en fait que de cirer les endroits les plus passants? Cela empêche l'accumulation de cire.

Une polisseuse électrique redonnera aux parquets de bois tout leur lustre et ce, sans cirer chaque fois. En fait, ne cirez que lorsque la polisseuse ne parvient plus à faire ressortir l'éclat original. De plus, l'utilisation d'un aspirateur commercial (qui peut aspirer autant l'eau que la poussière) vous facilitera la vie au moment de nettoyer tout le ramassis de vieille cire.

En moins de deux: Si vous n'avez pas de raclette, une spatule de cuisine en téflon fera aussi bien l'affaire.

Mise en garde: N'oubliez pas de porter des gants de caoutchouc et de travailler dans un endroit bien aéré. Les émanations qui se dégagent de cette opération nettoyage sont très fortes.

Il est préférable de ne pas utiliser de cire à plancher sans polissage sur un plancher de bois non traité, nous dit la National Flooring Association. La plupart de ces produits contiennent de l'eau — qui ne devrait pas être utilisée sur du bois — et du plastique. C'est d'ailleurs cette mince couche plastifiée qui donne à la cire son aspect brillant. L'usage de tels produits pourrait entraîner la décoloration du bois, ce qui, à son tour, nécessiterait l'usage de produits chimiques concentrés pour l'enlever.

Accumulations de savon

Se trouve-t-il des précipités insolubles dans votre cabine de douche? Non, ne téléphonez pas à l'escouade de la moralité! Les précipités insolubles sont la conséquence de la fusion entre le savon et les sels minéraux présents dans l'eau calcaire, tels que le calcium et le magnésium. Ceux parmi nous qui ont tenté à maintes reprises de récurer, racler et dissoudre cette pellicule grise et tenace au fond de la baignoire et de la cabine de douche parlent communément d'accumulation de savon.

Technique: Vous pouvez acheter l'un des nombreux nettoyants expressément conçus afin de dissoudre les accumulations de savon dans la salle de bains ou encore faire usage d'un produit maison. L'on peut essuyer les carreaux et la porte de la douche à l'aide d'un produit cirant au citron, pulvérisé sur un chiffon propre. Laissez-le agir pendant quelques minutes, plus longtemps si le dépôt savonneux est épais. Essuyez-le ensuite avec une ratine sèche ou un essuie-tout. Il faudra peut-être employer un tampon de plastique afin de récurer les accumulations récalcitrantes. De plus, l'huile de citron reporte à plus tard les accumulations éventuelles. Pour ce qui est du rideau de douche, servez-vous d'une éponge imprégnée de vinaigre blanc afin de dissoudre la pellicule savonneuse sur le plastique. Le vinaigre détruira également la mousse et les moisissures.

Lorsque vous lavez le linge, les traces de détergent font raidir les étoffes et laissent des traînées de poudre blanche. Afin d'enlever ces traces, mélangez 250 ml de vinaigre blanc et 4 litres d'eau chaude dans un bac de plastique. Faites-y tremper les articles en question et rincez. Afin de prévenir l'apparition éventuelle de ces traces de détergent, ajoutez à l'eau de lavage un adoucissant d'eau ou employez un détergent à lessive liquide. Veillez à ce que les étoffes soient bien rincées avant de les faire sécher.

Conseils pour épargner du temps: Le meilleur moyen d'épargner du temps lorsqu'on doit déloger des accumulations de savon dans la douche ou la baignoire consiste à empêcher leur apparition. «Changez de marque de savon», nous conseille Margaret Dasso, propriétaire de Clean Sweep, un service d'entretien professionnel établi à Lafayette en Californie, et coauteur de *Dirt Busters.* Certaines marques telles que Zest et Ivory laissent moins de résidu.

Lavez à la machine un rideau de douche qui serait maculé de traces de savon. Emplissez la cuve d'eau chaude et d'une quantité égale de détergent et de bicarbonate de soude. Déposez le rideau de douche ainsi que deux draps de bain en ratine (ces derniers, sous l'effet de l'agitateur, contribueront à frotter le savon sur la surface du rideau). Versez 250 ml de vinaigre lors du rinçage. Sortez le rideau avant le cycle d'essorage et pendez-le à la corde pour qu'il sèche.

En moins de deux: Plusieurs produits domestiques réussissent à décaper les traces de savon. Le savon est alcalin, donc les produits acides tels que le vinaigre et le jus de citron le dissolvent.

Mise en garde: Observez bien les mises en garde publiées sur les conditionnements de dissolvants de savon vendus pour la salle de bains. Ils peuvent irriter la peau, les yeux ou les voies nasales.

Acier

En raison de sa fragilité face à la corrosion, l'acier est habituellement enduit d'un apprêt protecteur. Cet apprêt détermine son entretien. Les électroménagers en acier sont souvent émaillés. L'acier enduit de vinyle sert à fabriquer notamment les paniers de lave-vaisselle. En général, il faut les protéger contre les éraflures et les trous qui mettraient l'acier en contact avec l'humidité, ce qui le ferait rouiller. Il suffit de quelques heures pour que la rouille apparaisse.

Technique: Lavez la surface avec un nettoyant tous usages non abrasif, par exemple Formula 409, et une éponge ou un chiffon. Rincez à l'aide d'une autre éponge trempée dans de l'eau fraîche et asséchez à l'aide d'un linge propre. Vous pouvez nettoyer et protéger vos armoires et électroménagers peints ou émaillés avec une cire crème pour cuisine. Versez un peu de cire sur un chiffon humide et frottez la surface. Frottez par petites sections de 6,5 cm^2 à la fois afin de polir au fur et à mesure avant que la cire ne sèche. Il ne faut pas cirer les électroménagers plus de trois ou quatre fois par année.

Conseils pour épargner du temps: Laissez imbiber de nettoyant les aliments qui ont durci sur le dessus de la cuisinière pendant 15 minutes environ, avant de les récurer sans risquer d'égratigner l'émail. Épargnez-vous du temps en épongeant les déversements à mesure qu'ils surviennent plutôt que d'attendre au jour du ménage. Un peu d'eau et de nettoyant tous usages, et le tour est joué!

En moins de deux: Si la corrosion apparaît dans le sillon laissé par une éraflure, il est possible d'y remédier. Poncez la rouille avec du papier de verre ou employez un détachant contre la rouille tel que la gelée Duro Naval. Si l'acier est en bon état, retouchez l'éraflure avec un peu de peinture pour électroménagers ou au fini émail.

Mise en garde: N'employez jamais de nettoyant abrasif, de tampon de métal ou de poudre à récurer sur l'acier apprêté. La surface en serait irrémédiablement éraflée et l'acier finirait par rouiller. Vous pouvez cependant employer un tampon à récurer en nylon (blanc).

Acier inoxydable

L'acier inoxydable, résultant de l'alliage entre le fer, le chrome et parfois d'autres métaux, est pratiquement immun contre la rouille et la corrosion. Des tache peuvent toutefois y apparaître, notamment lorsqu'on l'expose à une chaleur élevée, et un entretien s'impose.

Technique: Bien que l'inox résiste à la corrosion, il est vulnérable aux égratignures. «N'employez pas trop d'abrasifs sur l'inox», nous dit Kari Kinder, adjointe au directeur des Aliments et breuvages au réputé Culinary Institute of America à Hyde Park dans l'État de New York. «Ils l'égratigneront et terniront son éclat.»

Lavez les couverts et casseroles d'inox en eau chaude et savonneuse ou au lave-vaisselle. Essuyez les éviers d'inox avec une éponge ou un chiffon imbibé de savon. Faites reluire l'inox en le frottant à l'aide d'un chiffon imprégné de vinaigre. Rincez et essuyez les articles en question pour prévenir l'apparition de taches d'eau, causées par les minéraux présents dans l'eau dure.

L'eau contenant plus de 60 mg de calcium et de magnésium par litre est considérée comme de l'eau dure. Si c'est le cas chez vous et que cela vous occasionne des ennuis, augmentez la quantité de détergent à lave-vaisselle à raison d'une cuillerée à thé par tranche de 20 mg par litre d'eau dure excédant 60. Afin de connaître la qualité de votre eau, communiquez avec le Service de l'aqueduc municipal.

Récurez les aliments carbonisés avec du bicarbonate de soude ou une pâte faite d'ammoniaque, d'eau et d'une poudre à récurer non chlorée.

La décoloration provoquée par une chaleur excessive est pratiquement impossible à faire disparaître. Poncez-la légèrement avec un tampon de métal ou une poudre à récurer douce. Sinon, n'employez jamais de tampon de métal afin de récurer l'acier inoxydable.

Que faire pour que l'inox soit, euh... nickel?

Ici, la rouille ne pose pas de problème, pas plus d'ailleurs que les taches. L'inox est fabriqué selon plusieurs degrés de brillance, éclatant comme le reflet d'une glace ou mat comme l'acier brossé. Voici quelques conseils d'experts afin que vos objets en inox soient impeccables.

Asséchez pour éviter les taches. Lavez les casseroles et les ustensiles en eau chaude et savonneuse. Asséchez-les immédiatement avec un linge à vaisselle car l'eau laisse parfois des taches sur l'acier.

Dites adieu au bleu! On peut faire disparaître en partie la décoloration bleutée qui suit une surchauffe de l'inox en frottant l'acier brossé avec un abrasif doux tel que Bon Ami, et en polissant l'acier lustré avec une crème pour polir l'argenterie.

Faites briller! Frottez à l'huile de citron les surfaces qui n'entrent pas en contact avec les aliments, par exemple la façade des électroménagers, pour les faire reluire et les protéger contre les traces de doigts.

Mise en garde: Au contact, l'ammoniaque et le chlore dégagent des émanations toxiques.

Air

Les scientifiques se sont d'abord intéressés à l'étude de la pollution intérieure au cours des années 1960 et commencent à peine à comprendre ses conséquences sur la santé. La pollution de l'air à l'intérieur de la maison provient d'un nombre quasi illimité de sources. Aussi, il ne faut pas vous fier à une méthode ou un produit afin de purifier l'air de votre maison. Ces dernières années, de nouvelles techniques de construction font que nos maisons sont plus étanches, qu'elles conservent mieux l'énergie, ce qui peut empirer la pollution ambiante étant donné que l'air circule moins entre l'intérieur et l'extérieur. Un nettoyant mécanique sera certes utile, mais le seul fait d'ouvrir une fenêtre fera beaucoup.

Technique: Parmi les trois principales stratégies visant à améliorer la qualité de l'air ambiant, l'Agence de protection environnementale accorde la meilleure note au contrôle de la source de pollution. L'aération de la maison vient au second rang, tandis que les nettoyants mécaniques tels que les filtres à particules aériennes hautement efficaces et les ioniseurs arrivent au troisième rang.

Le contrôle de la source

Les manières de contrôler les sources de pollution sont aussi nombreuses et variées que les sources mêmes. Il peut s'agir de couvrir l'amiante nue, d'épousseter et de passer l'aspirateur souvent afin d'éliminer les particules en suspension dans l'air, de moins fumer, de respecter à la lettre le mode d'emploi en ouvrant un contenant de produit chimique. Étant donné que l'amiante est très cancérigène, il vaut mieux qu'elle reste dans les mains des professionnels.

L'aération

Ici, la simplicité est ce qu'il y a de mieux: ouvrez portes et fenêtres régulièrement. L'inconvénient potentiel de cette méthode provient de ce que vous habitez peut-être un endroit très pollué, auquel cas vous feriez entrer une concentration élevée de polluants atmosphériques tout en souhaitant en expulser d'autres. «Sous certains climats, il est préférable de mieux étancher sa maison afin de contrôler la qualité de

Votre maison est-elle en santé?

Il peut être ardu de lier ennuis de santé et sources précises de pollution, d'autant plus que les symptômes occasionnés par l'air malsain peuvent être presque identiques à ceux du rhume, de la grippe et d'autres maladies couramment répandues. Mais si vos symptômes s'estompent lorsque vous vous éloignez de la maison, vous pourriez y voir un indice que votre maison est cause de vos ennuis.

Voici quelques-unes des principales sources de pollution à l'intérieur d'une maison, selon des renseignements transmis par l'association pulmonaire américaine, de même que quelques conseils en vue d'y parer.

L'amiante

Sources: L'amiante est communément employé dans la construction domiciliaire, que ce soit comme matériau pour faire la toiture et les planchers, ou comme isolant. Il occasionne rarement des ennuis, à moins qu'on ne le remue lorsqu'on effectue des rénovations ou si il commence à se détériorer après de longues années d'installation.

Effets: Les fibres d'amiante peuvent être inhalées et détériorer les tissus pulmonaires, entraîner le cancer des poumons ou d'autres formes de cancer.

Solutions: Les matériaux fabriqués à partir d'amiante doivent toujours être couverts de plastique assujetti par du ruban adhésif. Il faut confier à un professionnel le remplacement de toute mousse d'amiante floconneuse ou abîmée. Faire vous-même ce travail multiplierait les risques encourus par suite d'une exposition.

Il peut s'avérer difficile de repérer de l'amiante à moins qu'il ne soit clairement identifié comme tel. Ce matériau est en général exempt de risques, à moins qu'il ne se défasse en flocons ou qu'il ne se décompose. C'est alors que ses particules se mettent à flotter à l'air libre. Devant le moindre doute quant à la qualité du matériau, communiquez avec un spécialiste de l'amiante.

Le dioxyde d'azote

Sources: Le dioxyde d'azote résulte souvent d'un fourneau à gaz mal aéré ou d'une cuisinière fonctionnant au bois ou au charbon.

Effets: Le dioxyde d'azote peut causer des irritations aux yeux et aux voies respiratoires et, dans les cas graves, une bronchite.

Solutions: Les fourneaux à gaz doivent être assortis d'une hotte qui acheminera les polluants à l'extérieur. Actionnez la hotte ou ouvrez une fenêtre lorsque vous cuisinez. Faites réviser régulièrement votre appareil de chauffage au gaz, votre chauffe-eau et votre sèche-linge pour vous assurer qu'ils consomment avec efficacité sans dégager de gaz.

Le formaldéhyde

Sources: On le trouve notamment dans la fumée de cigarette, les résines présentes dans les panneaux de particules, de fibre de verre et de contreplaqué, dans certains adhésifs, sous-tapis, tissus de recouvrement et étoffes à tentures. On le retrouve également dans l'ancienne mousse isolante.

Effets: Le formaldéhyde peut entraîner des migraines, des étourdissements, la léthargie, des éruptions cutanées, la nausée, l'irritation des yeux et des voies respiratoires. En fortes concentrations, il peut déclencher une crise d'asthme chez les asthmatiques.

Solutions: Interdire de fumer à l'intérieur, aérer davantage la maison. Songez à remplacer ou à recouvrir les panneaux de particules, de fibre de verre ou la mousse isolante, s'ils ont été mis en place avant 1985. Depuis lors, nombre de fabricants se sont lancés dans la production de matériaux qui dégagent moins de formaldéhyde qu'avant. Si vous faites construire une maison, précisez à l'entrepreneur qu'il doit employer des panneaux de bois pressé qui dégageront de faibles taux de formaldéhyde.

La fumée d'autrui

Sources: La fumée d'autrui provient des cigarettes, pipes et cigares des fumeurs.

Effets: Il est prouvé qu'elle cause le cancer. En fait, 3 000 décès des suites du cancer des poumons lui sont imputables chaque année aux États-Unis seulement.

Solutions: Ne fumez pas et ne permettez à personne de fumer dans votre maison. Sinon, prévoyez un fumoir doté d'un ventilateur.

Les polluants biologiques

Sources: Parmi les polluants biologiques, on retrouve les virus, les bactéries, les moisissures, les champignons microscopiques et les acariens. Ils peuvent provenir de climatiseurs, d'humidificateurs, de déshumidificateurs et de filtres à air mal entretenus. Ils peuvent également provenir des plantes, des animaux familiers et de la literie sale.

Effets: Les polluants biologiques peuvent causer une fièvre, un rhume et des réactions allergiques.

Solutions: Nettoyez régulièrement tous vos électroménagers dotés d'un filtre, en respectant les directives du fabricant. Emplissez l'humidificateur d'eau distillée. Lavez souvent les draps à l'eau chaude afin de détruire les acariens. Aérez la maison.

Les substances toxiques présentes dans les produits domestiques

Sources: Parmi les produits en question, on trouve les pesticides, les nettoyants surpuissants, les colles pour modèles réduits et les solvants.

Effets: Ils peuvent osciller entre l'étourdissement et la nausée, les réactions allergiques et les irritations des yeux, de la peau et des voies respiratoires.

Solutions: Lisez attentivement et observez le mode d'emploi de chacun des produits. N'employez des produits chimiques toxiques que dans une pièce bien aérée. Servez-vous d'un flacon à gâchette plutôt que d'une bombe aérosol et, lorsque faire se peut, remplacez un produit toxique par un qui soit atoxique.

La vérité sur le radon

On croirait une substance extraterrestre, mais le radon est bel et bien de ce monde. Il s'agit d'un gaz inodore, incolore et radioactif produit par la désagrégation de l'uranium présent dans le sol et la roche. Nous sommes en présence d'un phénomène naturel qui semble irréel parce qu'on ne peut ni le voir, ni le sentir.

Le radon s'infiltre dans les maisons par les fissures et interstices des fondations, des joints des planchers et des murs, du jointoiement du mortier, voire par l'approvisionnement en eau. Après qu'il se soit infiltré entre les murs d'une maison, le radon s'y accumule en des concentrations qui peuvent atteindre des proportions dangereuses. Le radon tient le deuxième rang des causes de décès par suite d'un cancer des poumons aux États-Unis, fauchant croit-on quelque 14 000 individus par année. Le tabagisme occupe bien sûr le premier rang et le fait de fumer dans une maison où filtre le radon accroît considérablement les risques de développer un cancer des poumons.

L'Agence de protection environnementale estime que six millions de foyers étasuniens ont des taux de radon considérables. Aucun État n'est à l'abri. Sur une même rue, une maison peut en être exempte tandis que celle d'à côté peut en être infiltrée par une quantité importante.

Heureusement il existe des méthodes fiables afin de mesurer le pourcentage de radon et d'éradiquer ce problème. On suggère à quiconque habite au deuxième étage ou plus bas de faire procéder à une analyse afin de déterminer la présence de radon entre les murs de sa maison. Vous pouvez confier ce travail à un professionnel ou vous en charger vous-même. La trousse permettant de mesurer le pourcentage de radon est en vente dans les quincailleries et les jardineries.

Nous vous conseillons l'achat d'une trousse pour mesurer le pourcentage de radon en l'espace de deux jours, pas plus. Si vous obtenez un résultat élevé, refaites le test à l'aide d'une trousse prévoyant un essai à long terme, par exemple sur une période de trois mois et plus. Le pourcentage de radon se mesure en unités dites picocuries par litre (pCi/l). On doit se préoccuper d'un résultat supérieur à 4 pCi/l. La moyenne étasunienne se chiffre à 1,25 pCi/l.

Il vous en coûtera entre 500 $ et 2 500 $ pour vous débarrasser du radon, selon le pourcentage présent et la méthode retenue. La solution la plus répandue consiste à boucher les fissures et à installer un système d'échappement qui aspirera l'air infesté de radon de sous les fondations de votre maison, l'acheminera à l'intérieur d'un long tube et le libérera par un tuyau d'échappement fiché à la toiture. L'entrepreneur à qui vous confierez ce travail devrait s'y connaître. Choisissez quelqu'un qui soit accrédité en la matière, ce qui signifie qu'il aura reçu une formation et qu'il a passé un examen spécialisé. On ne s'improvise pas chasseur de radon! Si vous faites construire une maison neuve ou si vous achetez une maison, il existe plusieurs moyens d'éviter ce problème avant tout. Assurez-vous que l'entrepreneur a mis en œuvre des mesures anti-radon.

l'air ambiant par le biais de l'aération mécanique», nous dit Leyla Mc Curdy, directrice des programmes sur l'air ambiant pour le compte de l'association pulmonaire américaine, à Washington. Par exemple, sous les Tropiques, le vent qui souffle de l'air chaud et humide par les portes et fenêtres peut favoriser la prolifération des moisissures dans la maison.

Employez la hotte de la cuisine et le ventilateur de la salle de bains pour faire circuler davantage d'air dans la maison. Actionnez le climatiseur en ouvrant le régulateur d'air, ce qui accroîtra la vitesse à laquelle est échangé l'air entre l'intérieur et l'extérieur. L'aération revêt une importance particulière lorsqu'une tâche accomplie à l'intérieur peut produire des polluants, par exemple cuisiner, peindre, employer des produits chimiques, activer une chaufferette au kérosène ou poser une moquette neuve.

Les filtres à air

Il existe des filtres à air mécaniques portables, sur pattes et des modèles dont on se sert en conjonction avec le système central de chauffage et de climatisation. Ils sont de deux types: soit filtres, soit ioniseurs. Les filtres mécaniques sont en général plus efficaces que les ioniseurs, plus particulièrement quand il s'agit d'épurer l'air ambiant des particules les plus fines qui peuvent se loger au fond des poumons. Leur fonctionnement repose sur le principe suivant: il consiste à aspirer l'air d'une pièce par le biais de plusieurs filtres successifs, puis à expirer l'air propre dans la pièce. Ces filtres, fabriqués en fibres de verre étroitement tissées, doivent être remplacés aux deux mois environ, selon le degré de pollution. Ils retiennent le pollen, les spores de moisissures, les phanères animaux, les acariens de poussière, la poussière et autres particules. Plusieurs filtres du commerce comportent également des fibres de carbone qui absorbent les odeurs. Toutefois, les filtres mécaniques sont de loin plus efficaces quand il s'agit de retenir les particules en suspension plutôt que les gaz.

Les modèles portables ou sur pattes, commercialisés sous les marques Holmes, Enviracaire et Duracraft, se détaillent entre 99 $ et 350 $. En général, plus l'appareil est gros, mieux il filtre. Plus il filtre un nombre élevé de particules à l'heure, plus il retire de particules de l'air ambiant.

Les ioniseurs portables chargent les particules en suspension dans l'air, de sorte qu'elles s'attachent aux murs, au sol, aux meubles et aux tentures. Elles ne meublent donc plus l'air que l'on respire. Le hic, c'est qu'aussitôt que l'on heurte un meuble ou que l'on frôle une tenture, les particules s'en dégagent et se retrouve en suspension dans l'air. Sans compter qu'un ioniseur filtre très peu les gaz. À ce chapitre, l'aération et le contrôle à la source sont plus efficaces. Qui plus est, certains ioniseurs dégagent de l'ozone qui risque de dégrader la qualité de l'air dans votre maison.

Les plantes

Les plantes d'intérieur ont belle apparence et ajoutent un élément naturel aux pièces d'une maison. Mais on délibère encore à savoir si elles purifient vraiment l'air ambiant. Une surabondance d'humidité dans les pots peut fournir un terreau fertile à la prolifération de micro-organismes qui peuvent se retrouver dans l'air.

Mise en garde: Ne confondez pas l'air propre et les soi-disant désodorisants du commerce. Pulvériser un désodorisant dans une pièce ne fait qu'y masquer les odeurs en y propulsant des particules étrangères. L'association pulmonaire américaine nous propose une solution de rechange simple et économique au désodorisant en aérosol: il suffit de verser du vinaigre chaud dans un bol et de le laisser s'évaporer. On en ajoute jusqu'à ce que l'odeur soit résorbée.

> **Les travaux d'Hercule**
>
> **Des corps peu célestes!**
>
> Le nombre d'objets de fabrication humaine en orbite autour de la Terre: 7 000 objets plus gros qu'un ballon de soccer. Parmi les plus imposants, quelques centaines sont des satellites en fonction. Le reste est en fait des rebuts: des roquettes utilisées, des boucliers protecteurs, des attaches, des pinces, des fragments de vaisseaux spatiaux ayant explosé, et même le gant argent d'un astronaute.

Albâtre

L'albâtre est une variété de gypse que l'eau peut facilement abîmer, aussi faut-il procéder avec prudence.

Technique: En général, un simple époussetage à l'aide d'un chiffon doux et propre fera l'affaire. Si la surface est vraiment sale, frottez-la à l'aide d'un chiffon légèrement humide et un peu de détergent doux. Sinon, employez un peu de salive sur le bout d'un coton-tige. Ce moyen nous est proposé par le Dr George Wheeler, spécialiste des pierres fines et expert-conseil auprès du Metropolitan Museum of Art à New York. Selon lui, les enzymes présentes dans la salive font une substance sûre et efficace pour les nettoyages délicats. S'il faut déloger des taches ou saletés tenaces, trempez un coton-tige dans un nettoyant à base d'acétone, par exemple du décapant à vernis à ongles ou de l'essence minérale, mais usez-en avec parcimonie.

Mise en garde: Ne faites jamais gicler de l'eau sur de l'albâtre.

Aliments (laitues, racines, épinards)

Avant de croquer un légume, vous voulez qu'il soit propre. Il faut bien sûr le débarrasser de la terre et des saletés, mais aussi des traces de pesticide et des bactéries qui prolifèrent en surface des légumes frais. Alors que les légumes, contrairement à la viande, n'alimentent pas la croissance de pathogènes, les saletés qui les maculent le peuvent. Voici quelques conseils en vue de nettoyer des légumes qui nécessitent un lavage plus rigoureux que d'autres.

Technique: Afin de laver la laitue, les épinards et autres légumes verts, récurez d'abord l'évier et emplissez-le d'eau froide. Rompez les feuilles de leurs tiges, mettez-les à l'eau et faites-les tournoyer. Les saletés couleront au fond de l'évier et les feuilles propres flotteront à la surface. Asséchez-les dans une essoreuse à laitue ou épongez-les à l'aide d'essuie-tout ou d'un linge propre. «Il n'est pas nécessaire de faire couler de l'eau sur chaque feuille», dit Elizabeth Aquino, chef et diplômée de la New York Restaurant School. «Ce serait gaspiller l'eau et votre temps.»

Si les légumes verts sont vraiment sales, recommencez cette opération une seconde fois après avoir nettoyé l'évier de nouveau. On nettoie les racines (carottes, radis, betteraves, etc.) à l'aide d'une brosse à légumes sous l'eau du robinet.

Conseils pour épargner du temps: «Il n'est pas utile de nettoyer rigoureusement les légumes que l'on doit peler», précise Mme Aquino. Conservez votre énergie. Rincez-les simplement sous l'eau du robinet et pelez-les. Si les légumes doivent cuire, faites-les griller sous l'élément chauffant du four pour faciliter l'épluchage.

Allée du garage

Au même titre que l'extérieur de votre maison, l'allée de votre garage contribue à la première impression que les gens se font lorsqu'ils viennent vous visiter. Une allée de béton ou d'asphalte constitue un investissement de taille. Il faut donc qu'elle conserve longtemps son bel aspect.

Technique: Il est relativement simple d'entretenir une allée de garage. «Un balai et le boyau d'arrosage», nous dit Ross Bentsen, directeur de l'éducation à l'Asphalt Institute à Lexington dans le Kentucky. Balayez d'abord les détritus. Nettoyez à l'aide du boyau d'arrosage la poussière et les particules qui restent. Cela vaut pour tous les revêtements, qu'il s'agisse d'asphalte, de béton ou de brique.

Sur une allée se forment des taches, s'accumule la crasse et prolifèrent les algues et les mousses. Une fois de temps en temps, récurez bien votre allée à l'aide d'une brosse aux soies roides, d'eau chaude et de détergent pour la vaisselle. Si les taches sont tenaces, ajoutez un peu d'ammoniaque à l'eau savonneuse. Si cela ne suffit pas, utilisez une solution composée de phosphate trisodique et d'eau chaude. Suivez les indications du fabricant afin de déterminer la concentration voulue.

Récurez le sol à l'aide d'une brosse aux soies drues, de nylon ou de fibres végétales. N'employez pas une brosse métallique. Les minuscules filaments peuvent se rompre et tacher le béton lorsqu'ils rouilleront. Rincez à grande eau votre allée après l'avoir bien récurée.

Si de l'huile goutte du moteur de votre auto, couvrez les taches d'un matériau absorbant. On trouve dans les quincailleries des sachets de granules conçus expressément pour absorber la graisse et l'huile répandues sur le béton. On dirait des granules pour la litière du chat et ils agissent selon le même principe. En fait, pour faire vite, la litière du chat fait aussi bien l'affaire. Ensuite, frottez bien la surface avec la solution détergente ci-dessus. Si l'huile a imprégné le revêtement, la tache sera peut-être indélébile.

Si vous devez déloger des saletés incrustées plus profondément dans le revêtement de l'allée, vous pourriez louer un pulvérisateur d'eau pressurisée chez votre quincaillier. Cet appareil d'emploi relativement facile propose une solution de rechange inoffensive aux substances chimiques toxiques employées d'habitude pour nettoyer le béton.

Mise en garde: Lorsque vous manipulez un pulvérisateur d'eau pressurisée, portez des lunettes de protection; lorsque vous employez du phosphate trisodique, portez des lunettes de protection, des gants de caoutchouc et des vêtements à manches et à jambes longues. Lisez attentivement les indications du fabricant pour connaître les précautions d'usage.

En moins de deux: Un pulvérisateur à eau pressurisée fonctionne habituellement à partir d'un jet de 400 kg par 6,5 cm^2 ou plus. Toutefois, votre boyau d'arrosage réussira à déloger la saleté superficielle, si vous le dotez d'un pistolet à jet dru et que vous réglez le débit d'eau au maximum. Cette méthode est beaucoup plus facile qu'un récurage.

Ameublement de jardin

L'ameublement de jardin est conçu pour le plein air, ce qui signifie qu'il peut supporter d'être récuré et rincé avec le boyau d'arrosage. Si vous le nettoyez régulièrement, vous préviendrez l'accumulation de saleté, de résine et de déjections d'oiseaux. Vous vous épargnerez un grand nettoyage et vous aurez plus de temps pour feuilleter un magazine en sirotant un daïquiri.

Technique: Lavez l'ameublement de jardin au moins deux fois par an. Mouillez-le avec le boyau d'arrosage, puis lavez-le avec une brosse de nylon et un seau d'eau tiède contenant quelques giclées de nettoyant liquide pour la vaisselle.

N'utilisez pas de tampon métallique ni d'abrasifs. La plupart des meubles de jardin s'égratignent vite. Certains plastiques et vinyles sont enduits d'un revêtement qui les protège contre les rayons ultraviolets. Il ne faut pas l'altérer. Brossez les points de jonction et les interstices avec une vieille brosse à dents. Rincez encore avec le boyau. Asséchez avec une serviette de ratine ou laissez le soleil s'en charger.

Appliquez de l'encaustique à automobile (en cire ou liquide) sur la plupart des matières autres que le bois: métal peint, aluminium anodisé, plastique et vinyle. Elle contribuera à protéger les meubles contre l'effet des éléments et leur procurera un lustre durable. «Il en va comme d'une automobile», dit Mary Lou Heltemes, responsable du Service clientèle chez Homecrest Industries, fabricant de mobilier de jardin établi à Wadena dans le Missouri. «À défaut de les cirer, la surface du métal s'oxyde et ternit.» Lisez attentivement les indications du fabricant pour vous assurer qu'un produit est recommandé sur tel ou tel matériau.

Voici quelques conseils qui valent pour la plupart des meubles de jardin.

L'aluminium

Même si l'aluminium ne rouille pas, il peut se décolorer et rouiller quelque peu sous l'effet des polluants véhiculés dans l'air et la pluie. Ce phénomène, appelé oxydation, peut piqueter la surface du métal. N'employez jamais de nettoyant alcalin tels que l'ammoniaque, le phosphate trisodique ou même le bicarbonate de soude sur l'aluminium. Une décoloration s'ensuivrait. Si une surface d'aluminium est décolorée, lavez-la avec une solution composée à parties égales d'eau et de vinaigre.

Nota bene: Faites d'abord un essai en un endroit dissimulé. L'acide contenu dans le vinaigre ravivera l'éclat du métal.

N'employez aucun abrasif, tampon à récurer ou tampon de métal qui pourraient érafler et ternir la surface.

Enduisez vos meubles de jardin en aluminium de cire pour automobile ou de silicone en aérosol afin de les protéger contre la rouille et les tavelures.

Les coussins

La plupart des coussins des fauteuils de jardin sont couverts d'un matériau hydrofuge qui résiste au soleil. En général, il faut les nettoyer comme on le fait des meubles et les faire sécher au soleil. Il faut toutefois suivre les indications du fabricant à cet égard.

S'il y a trace de moisi, il faut nettoyer les coussins en profondeur. Emplissez une poubelle propre d'une solution faite de 250 ml de javellisant chloré et d'autant de détersif pour la lessive, et de 13 litres d'eau chaude. (Doublez ces proportions, le cas échéant.) Faites tremper les coussins pendant au moins deux heures, puis récurez-les à l'aide d'une brosse de nylon. N'employez pas de javellisant sur les coussins couverts d'une étoffe de couleur qui pourrait pâlir ou déteindre.

Il faut rincer généreusement ces coussins à l'eau froide, sinon la moisissure pourrait réapparaître. «Vous pouvez les apporter à un lave-auto, nous conseille Mme Heltemes, où la pression d'eau est élevée et le système d'écoulement des eaux usées en bon ordre.» Mettez les coussins à sécher au soleil pendant plusieurs heures.

Nota bene: On procède à un tel nettoyage seulement sur recommandation du fabricant.

Afin de prévenir la réapparition des moisissures, notamment sur les coussins imprimés aux couleurs vives qui ne supportent pas le javellisant, il faut les nettoyer plus souvent que de coutume. Les moisissures prolifèrent sur les matières organiques telles que le coton, le cuir et le papier. «Puisque la plupart des matériaux d'un coussin sont synthétiques, les moisissures s'y repaissent de corps étrangers tels que le pollen, la poussière ou le jus de fruits qu'un gamin a renversé», précise Mme Heltemes.

Conseils pour épargner du temps: Faites sécher les coussins mouillés à l'aide d'une souffleuse à feuilles.

Animaux et insectes nuisibles

La propreté est le meilleur moyen de prévenir l'apparition d'animaux et d'insectes nuisibles autour de la maison. Parfois, en dépit de nos efforts, les indésirables créatures s'infiltrent en nos murs. C'est alors que l'on doit engager le combat.

Technique: Réduisez les repaires et les sources de nourriture de la vermine en nettoyant les fouillis, en éliminant de la maison l'humidité et les déchets alimentaires, en déplaçant les cordes de bois loin de la maison, en taillant bien les arbres et arbustes, et en enlevant les saletés du jardin. Plusieurs bestioles raffolent des endroits sombres et calmes. N'oubliez pas de nettoyer sous les meubles, le long des plinthes, dans les conduits d'aération du système de chauffage, dans les armoires et les garde-manger, là où votre chien ou votre chat dort. Faites disparaître toute trace de moisissure, car les poux et leurs congénères s'en repaissent.

Il faut également bloquer les accès potentiels entre l'extérieur et votre maison. Calfeutrez les fissures autour de la maison; veillez à ce que les moustiquaires soient adaptées aux fenêtres et fermez les portes. Le moindre interstice est aux yeux des insectes une invitation à entrer chez vous. Éclairez les abords de la maison et le porche avec des ampoules jaunes qui attirent moins les insectes que les blanches.

Les puces

L'éradication des puces vous fera bondir à plus d'une reprise. Un seul traitement ne suffit pas et il s'agit de bien davantage que de shampouiner un chien qui en est infesté. Les puces vivent et se reproduisent partout dans une maison, cachées sous les tapis et dans les recoins

UN TONIQUE TONITRUANT

Du métal hurlant contre les blattes: qui rock et qui roule?

Vous avez probablement vu cette annonce à la télé pour un gadget que l'on branche à une prise de courant et qui émet un son très aigu que l'oreille humaine ne distingue pas. On vante ses résultats miraculeux quand vient le temps de faire fuir les blattes et les rongeurs. L'objet est de petit format, atoxique, et disparaît sous l'évier de la cuisine. Il ne comporte qu'un seul désavantage: nulle recherche n'est parvenue à démontrer son efficacité, selon le Dr Roger Gold, professeur d'entomologie urbaine et structurelle à la Texas A&M University à College Station.

«Les blattes ne possèdent pas la fonction neurologique qui leur permettrait d'entendre ce son à profusion», dit-il. Quant à ce qu'elles peuvent entendre, «... elles s'y habituent assez rapidement. Elles finissent pas ne plus y prêter l'oreille».

L'étude du Dr Gold sur cette forme de protection contre la vermine a débuté à la fin des années 1980, alors qu'une commission fédérale lui demanda d'éprouver l'article en vue de témoigner lors d'un procès intenté contre son fabricant. À cette fin, il déposa l'objet dans un carton faisant 25 cm^2 doté d'une issue et plein de blattes. Il compta ensuite le nombre d'insectes qui ont fui la boîte lorsque l'instrument a été activé et le nombre de ceux qui en sont sortis alors qu'il était désactivé. Il ne constata aucune différence. En fait, étant donné que l'objet dégage un peu de chaleur, il finit par attirer les blattes après quelque temps.

Depuis, il a éprouvé différents modèles et marques, notamment les appareils qui émettent des champs magnétiques et micro-vibratoires. Les épreuves scientifiques n'ont pas démontré leur efficacité.

«Le premier indice d'un problème potentiel se lit sur le conditionnement du produit, lorsqu'il est écrit: “Affectera les rongeurs mais pas votre souris ou votre gerboise”, prévient-il. Les créatifs des agences de commercialisation ont les dents longues. Une entreprise propose une garantie de 30 jours pour ensuite préciser qu'il ne faut pas escompter de résultat avant deux mois d'utilisation.»

sombres. «Ce sont des bestioles résistantes qui s'adaptent vite à un nouvel environnement», dit le Dr Mary Beth Leininger, médecin vétérinaire et ancienne présidente de l'association des vétérinaires étasuniens. «Elles existent depuis des millions d'années et je crois qu'elles pourraient survivre à un cataclysme nucléaire.»

Il faut traiter en même temps les animaux domestiques et l'intérieur de la maison. Afin de savoir à quel moment il vous faut entreprendre un traitement contre les puces, vous devez en surveiller l'apparition sur vos animaux tout au long de l'année en vous servant d'un peigne spécialement conçu à cet effet. Accentuez vos efforts autour du cou et à la racine de la queue, car c'est là que les puces abondent. Ayez sous la main un récipient contenant de l'eau savonneuse dans laquelle vous tremperez ce peigne pour y noyer les puces. Lorsque le nombre augmente considérablement, vous devez entreprendre le traitement contre les puces. Choisissez des coussins et accessoires pour animaux qui soient lavables et lavez-les chaque semaine. Passez l'aspirateur sur la moquette, les fauteuils et les parquets chaque semaine (et plus souvent si le nombre de puces augmente). L'aspirateur est efficace pour sucer les puces adultes et les œufs, mais il est moins utile quand il s'agit de déloger les larves d'une moquette. Devant une infestation grave, il faut traiter la moquette avec une poudre borique telle que Fleabusters'Rx for Fleas Plus, en vente dans les animaleries. Saupoudrez ce produit uniformément sur la moquette, faites-le pénétrer à l'aide d'un balai et passez l'aspirateur. Ce produit est atoxique pour les mammifères et très efficace pour détruire les puces.

Nota bene: Portez un masque de plâtrier et des lunettes de protection lorsque vous saupoudrez un produit contre les puces. Lisez attentivement les indications du fabricant afin de connaître les précautions d'usage.

Shampouinez l'animal avec un produit qui contient du pyrèthre ou toute autre substance qui élimine les puces, mais assurez-vous que ce soit sans danger pour votre animal. N'investissez pas trop d'espoir dans un collier anti-puces, nous prévient le Dr Leininger. On se fie souvent à ce collier seulement, bien que son efficacité soit limitée. Les nouveaux produits contre les puces, vendus sur ordonnance, que l'on emploie une fois par mois, sont beaucoup plus efficaces tant sur les animaux que dans leur environnement. Consultez un vétérinaire pour savoir quel produit convient le mieux à votre situation.

«Ne cherchez pas à combattre les puces en épandant un insecticide sur le périmètre de votre maison ou en en pulvérisant toute l'arrière-cour», dit Tanya Drlik, spécialiste de l'élimination des insectes nuisibles au Bio-Integral Resource Center à Berkeley en Californie, un organisme à but non lucratif qui promeut les produits de rechange atoxiques. «Épandez l'insecticide par endroits, là où vous remarquez de fortes concentrations de puces.»

Le savon insecticide fait une solution de rechange sûre et sans risque. On le vend dans la plupart des quincailleries et des jardineries. Il contient des sels potassiques, des sels sodiques et certains acides gras qui tuent les insectes et leurs larves au simple contact. Il suffit d'allonger ce savon d'eau et de le verser dans un pulvérisateur à pistolet ou à gâchette. En raison de ses composants, le savon insecticide n'agit que s'il est dilué dans de l'eau douce. Pour savoir ce qu'il en est, préparez-en une petite quantité et laissez-le reposer pendant 15 minutes. Si une écume blanche se forme à la surface de l'eau, ajoutez un adoucissant et refaites le mélange. Pulvérisez le savon par endroits, lorsque les puces se manifestent, et non à titre de mesure préventive. Étant donné que ce savon peut tuer plusieurs variétés d'insectes, dont certains sont utiles, n'en pulvérisez pas partout dans l'arrière-cour mais seulement là où dorment vos animaux et dans les endroits qui peuvent être infestés.

Conseils pour épargner du temps: Vérifiez s'il se trouve des puces dans votre maison et votre jardin en vous y promenant en chaussettes blanches. Le mouvement et la chaleur de votre corps attireront les puces vers vous. Lorsqu'elles bondiront sur vos pieds et vos chevilles, des points noirs apparaîtront sur vos chaussettes.

Déposez une couverture lavable dans le panier où couche votre animal de compagnie. Pour supprimer les œufs de puces, il vous suffira de laver la couverture en eau chaude.

Mise en garde: Si vous avez un chat ou de jeunes enfants, choisissez prudemment le produit contre les puces que vous utiliserez. Demandez conseil à votre vétérinaire. «Un vétérinaire est tout autant concerné par la sûreté d'un produit contre les puces que par son efficacité», nous dit le Dr Leininger. «Les gens achètent souvent un insecticide à la jardinerie sans se demander s'il comporte un danger.» Lisez attentivement les indications du fabricant pour connaître le mode d'emploi et les précautions d'usage.

Les fourmis

On compte environ 2 000 espèces de fourmis et plusieurs types de comportements. Il n'existe donc pas de solution universelle pour les enrayer. Si vous êtes infesté par les fourmis, il faut d'abord les identifier. Ensuite, on détermine la méthode qui convient le mieux à leur éradication.

«Une espèce s'installe dans le bois, alors qu'une autre creuse ses galeries sous les allées de garage, le ciment et l'asphalte», dit Jeffrey Hahn, entomologiste à l'université du Minnesota à Saint-Paul. «Certaines fourmis mordent à un hameçon, d'autres pas. Leurs aliments varient. Différentes espèces seront actives à différents moments de l'année.»

Les araignées

Les araignées sont utiles car elles n'abîment pas vos biens et se nourrissent des insectes nuisibles. Cela dit, on peut être déconcerté d'apercevoir une épeire velue sortir d'une armoire de cuisine. Sans compter que le venin de quelques espèces est suffisamment puissant pour rendre les humains très malades.

Si vous apercevez une araignée, couvrez-la d'un verre ou d'une tasse et glissez-la sur une feuille de papier. Soulevez à la fois la feuille et le verre et portez l'araignée au-dehors, loin de la maison. Si vous préférez

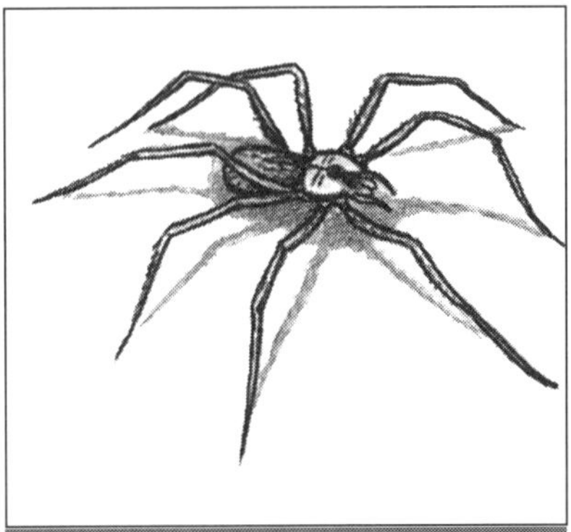
RECLUSE BRUNE

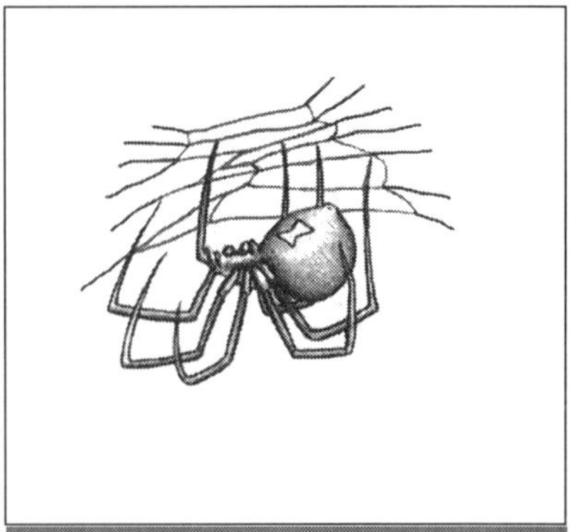
VEUVE NOIRE

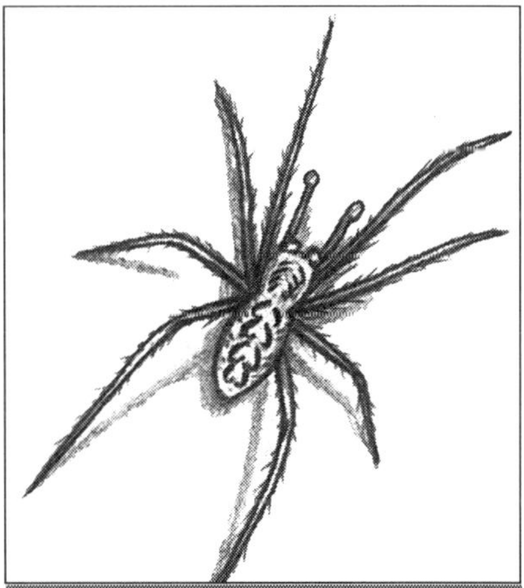
HOBO

Trois araignées dangereuses: la recluse brune, que l'on rencontre habituellement dans les États du Sud et du Midwest; la veuve noire, que l'on trouve partout aux États-Unis; et la hobo, qui vit dans l'ouest américain. Tuez-les en les frappant d'un coup de balai ou de journal, en les écrasant ou en les aspirant avec l'aspirateur. Aux fins d'identification, conservez l'araignée morte dans un peu d'alcool à friction.

la tuer, si vous craignez qu'elle ne soit venimeuse, frappez-la plutôt que d'employer un insecticide toxique. Écrasez-la avec le talon, le balai ou un journal enroulé, ou encore aspirez-la dans l'aspirateur et changez le sac-filtre.

Délogez les toiles d'araignées et découragez le tissage de toiles éventuelles en lavant les arêtes entre les murs et les plafonds, notamment dans les coins. Écrasez les œufs pour éviter leur reproduction. Bouchez les fentes et fissures autour de la maison, et déplacez les tas de débris et de bois loin de la maison. «Vous ne les arrêterez pas, mais vous pouvez réduire leurs chances d'entrer chez vous et de se multiplier», dit M. Hahn.

Les blattes

La lutte contre les blattes, pareillement à celle contre d'autres types de vermine, se fait en plusieurs étapes. «Les blattes cherchent de la bouffe, un abri et de l'eau, explique Mme Drlik, et, si vous pouvez réduire l'un de ces éléments, les blattes seront moins nombreuses.»

Dans un premier temps, obstruez toutes les fentes et fissures qui se trouvent sur les murs et faites un grand nettoyage. Lavez les différentes surfaces, passez l'aspirateur pour enlever les miettes, assurez-vous que tout reste propre, en particulier pendant la nuit. Si, par exemple, vous n'avez pas le temps de laver la vaisselle avant de vous coucher, mettez les assiettes à tremper dans l'évier plein d'eau savonneuse, de sorte que les blattes ne puissent y toucher.

Ensuite, posez des pièges afin de déterminer où elles vivent et ce qu'elles mangent.

Saupoudrez un peu d'acide borique dans les endroits où elles circulent. L'acide borique tue les blattes mais il est sans danger pour nous lorsqu'on l'emploie à bon escient. Mettez-en dans les fentes et fissures, et autour du moteur du frigo. «Les blattes vivent dans le bloc-moteur où il fait chaud», explique Mme Drlik. Elles trottent dans la poudre blanche et l'ingèrent lorsqu'elles font leur toilette.

Dressez des pièges à blattes dans les endroits d'accès difficile. On en trouve plusieurs sortes dans les supermarchés et les quincailleries. En fourrageant, les blattes mordent à l'appât qu'elles refilent à d'autres lorsqu'elles réintègrent le bercail.

Conseils pour épargner du temps: Soufflez l'acide borique à l'aide d'un pulvérisateur de jardin. Vous en trouverez dans les jardineries, les quincailleries. Vous pouvez aussi le commander par catalogue.

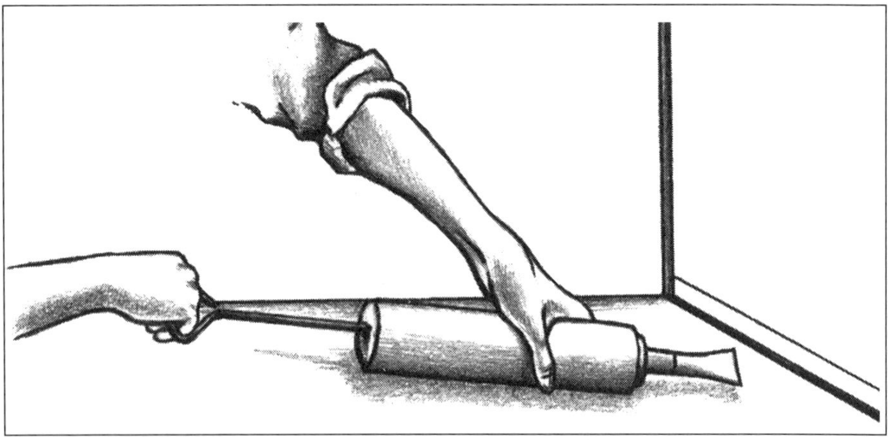

À l'aide d'un pulvérisateur, vaporisez de l'acide borique dans les fentes et fissures, et autour du moteur du frigo. Brossez tout résidu de poudre vers les fentes. Lisez et observez les indications du fabricant sur le conditionnement de l'acide borique.

Mise en garde: Portez un masque de chirurgien et des lunettes de protection lorsque vous saupoudrez de l'acide borique ou un autre produit contre les blattes. Évitez d'en ingérer et d'en inhaler; évitez tout contact avec les yeux. Brossez toute poudre résiduelle après en avoir pulsé dans les fentes et fissures. Lavez-vous les mains après coup. N'en répandez pas dans les lieux où de jeunes enfants ou des animaux de compagnie pourraient en ingérer. Évitez de contaminer l'eau et les aliments. Lisez attentivement les précautions d'usage et le mode d'emploi paraissant sur le conditionnement du produit.

Les rôdeurs

Les rôdeurs sont comme des voleurs. S'ils ont peu à prendre et si l'accès à votre maison est semé d'embûches, ils iront ailleurs. En conséquence, les deux mesures à prendre afin de contrer les souris et les rats sont l'hygiène et l'étanchéité. Le même conseil vaut pour éliminer les araignées, les blattes et les autres bêtes nuisibles. Obstruez les fentes et fissures, nettoyez les débris, déplacez les cordes de bois loin de la maison et assurez la propreté de votre cuisine.

Si, malgré cela, vous devez recourir à un stratagème pour vous débarrasser de la vermine, le piège à souris est encore le moyen le plus efficace de se débarrasser des indésirables sans utiliser de poison. Attirez-les avec du beurre d'arachides qu'ils auront du mal à subtiliser

De dangereuses déjections de souris

Si d'aventure vous nettoyez la maison et que vous découvrez un nid de rongeurs, qu'il soit occupé ou abandonné, songez-y à deux fois avant de ramasser les crottins qui s'y trouveraient. On a découvert au centre de prévention et de contrôle des maladies d'Atlanta que les souris sont porteuses d'une rare maladie appelée «syndrome pulmonaire Hantavirus». Ce virus est transmis aux humains par voies nasales, notamment lorsqu'on remue de l'urine ou des déjections de rôdeurs. Depuis 1993, cette maladie a emporté plus de 60 individus aux États-Unis seulement.

Au nombre des symptômes de l'Hantavirus, qui progressent rapidement, on compte la fièvre, les étourdissements, la migraine, de graves douleurs musculaires, la fatigue, le vomissement et les douleurs à l'estomac. Parmi ceux qui l'attrapent, la moitié en meurent.

Mais ne paniquez pas! Les risques de contracter l'Hantavirus sont minces. Cela dit, voici quelques précautions à prendre si jamais vous êtes en présence de déjections de souris. Ces conseils nous sont communiqués par le porte-parole du Centre de prévention et de contrôle des maladies d'Atlanta:

- Ne ramassez pas les déjections séchées avec un balai ou un aspirateur. En premier lieu, répandez un désinfectant domestique sur la surface contaminée. Avant qu'il ne soit sec, essuyez les saletés avec un chiffon ou une vadrouille à franges longues.
- Ne touchez jamais une souris morte ou des déjections de vos mains nues. Portez toujours des gants de caoutchouc. Pulvérisez du désinfectant sur la souris et sur le piège; mettez la souris dans un sac de plastique et fermez-le hermétiquement avant de le mettre au rebut.
- Désinfectez les gants ou lavez-les à l'eau et au savon avant de les retirer. Lorsque c'est chose faite, lavez-vous les mains à l'eau et au savon.

sans déclencher le mécanisme du piège. Disposez les pièges hors de la vue et hors de portée des enfants et des animaux de compagnie. Les pièges à colle ont l'inconvénient de faire mourir les souris d'une mort lente et, si vous vérifiez le piège avant qu'elle ne soit morte, vous aurez affaire à une souris de méchante humeur.

Animaux de peluche

Chaque année, les fabricants inondent le marché de plus de 100 millions d'animaux de peluche. Devant une collection d'animaux poussiéreux, sales ou tachés aussi nombreux que ceux présents dans l'arche de Noé, nombre de parents s'interrogent à savoir s'il est préférable de les laver ou de les mettre au rebut. Si vous choisissez de les nettoyer, voici trois techniques de base. On en choisit une en fonction de l'âge, de la fabrication et de la bourre de chaque animal.

Technique: Lisez l'étiquette cousue à l'animal pour en connaître les directives concernant l'entretien. Quelques-uns sont lavables en machine à l'eau froide au programme des tissus délicats. Au préalable, mettez l'animal dans une vieille taie d'oreiller nouée au cas ou il fendrait pendant la lessive. Employez un détergent doux. Mettez-le ensuite au sèche-linge pendant 10 à 15 minutes au programme «Air Fluff», puis laissez-le sécher à l'air libre.

Si vous avez des peluches de collection, dont les matériaux constituant la bourre vous sont inconnus ou n'ayant pas de directives concernant leur entretien, il ne faut les nettoyer que superficiellement. Saturer le jouet d'eau ou de nettoyant pourrait entraîner des tas de complications, allant d'une couture décousue à un démembrement. Passez d'abord l'aspirateur sur l'animal. Appliquez ensuite une mousse nettoyante pour tissus de recouvrement ou préparez-en en fouettant au batteur électrique 500 ml d'eau chaude et quelques giclées de détergent liquide pour la vaisselle. Fouettez à vitesse moyenne jusqu'à ce que le détergent mousse. À l'aide d'une brosse sèche, appliquez ensuite cette mousse sur l'animal par mouvements circulaires. Rincez avec un vaporisateur contenant de l'eau fraîche. Épongez ensuite avec un chiffon propre. Asséchez-le enfin avec une serviette de ratine sèche. Laissez-le sécher à l'air libre et faites bouffer la peluche à l'aide d'une brosse à cheveux.

Conseils pour épargner du temps: Pour donner un shampooing sec à vos amis à fourrure, enduisez leur pelage de fécule de maïs et donnez-leur un coup d'aspirateur.

En moins de deux: Passez l'animal au sèche-linge réglé à «Air Fluff» pendant quelques minutes afin de le rafraîchir.

Mise en garde: N'employez pas de nettoyant à tissus de recouvrement surpuissant sur des peluches que des bambins pourraient ensuite porter à leur bouche.

Antiquités

La mesure la plus judicieuse concernant l'entretien des antiquités consiste d'abord à les mettre à l'abri des dangers et de la poussière. En soi, le nettoyage des objets doit être minimal. Un nettoyage rigoureux risquerait de faire disparaître les traces de l'Histoire en même temps que la saleté. Faites reluire une pièce de monnaie ancienne ou une statuette de bronze et vous ferez assurément chuter sa valeur. Dépoussiérez un vieux tableau à l'aide d'un chiffon et d'une bombe aérosol et vous l'abîmerez à coup sûr!

Lorsque s'impose un nettoyage plus que léger, il vaut mieux en confier le soin à un conservateur professionnel, à moins que vous ne possédiez les connaissances ou l'expérience nécessaires à la chose. Devant le doute, nous dit Timothy Lennon, conservateur des tableaux à l'Art Institute de Chicago, «N'y touchez pas. S'il faut vraiment agir, confiez le travail à un spécialiste. Vous ne conseilleriez à personne de s'extraire une dent.»

Technique: Les lieux où se trouvent vos antiquités contribuent d'importante façon à leur bien-être. Vous devez donc tenir votre intérieur en fonction d'elles. Mieux la maison sera tenue, moins la poussière s'accumulera sur vos objets précieux. Passez souvent l'aspirateur et faites l'époussetage de façon à réduire la présence de saletés en suspension dans l'air. L'installation de filtres à air serait judicieuse.

Dans la mesure du possible, évitez d'exposer les articles de prix dans la cuisine ou à l'entrée de la cuisine. Cuisiner à proximité d'un meuble antique augmente les risques d'y voir se déposer des gras et des saletés issus de la cuisson. «J'ai restauré un tableau exposé dans un restaurant italien qui fleurait bon l'origan et la sauce tomate», raconte le Dr Stoner. «On ne peut pas nettoyer un tableau comme on lave un mur.» Pour cette même raison, il faut éviter le plus possible de fumer dans les pièces où se trouvent des antiquités et des tableaux.

Hormis un bris ou une déchirure, les pires dangers qui guettent un objet ancien proviennent de la lumière et de l'humidité. «Il faut un environnement sec et propre, au degré d'humidité équilibré», précise M. Lennon.

L'humidité et la lumière peuvent causer des dommages irréparables aux objets fabriqués à partir de matières organiques. Il s'agit de meubles en bois, d'étoffes, de tableaux et de livres. Les objets faits à partir de pierre, de métal ou de verre sont moins fragiles à cet égard, mais on ne doit pas négliger de les mettre à l'abri d'une lumière trop vive ou des fluctuations de l'humidité.

La lumière naturelle est la plus dommageable, en raison de sa concentration de rayons ultraviolets. Ne conservez pas vos objets de valeur dans les endroits qui sont exposés au soleil de façon régulière. La lumière du soleil atténuera les couleurs des peintures et teintures, fera jaunir le vernis des tableaux, fera pâlir le papier et mûrir les étoffes. Même une lumière indirecte finit par abîmer avec le temps et ces dommages, semblables à l'empoisonnement au plomb, sont cumulatifs. Ils s'intensifient avec l'âge. Dotez donc vos fenêtres de stores et de tentures.

«En général, confinez vos objets de grande valeur ou fragiles dans les pièces les moins fréquentées et tirez les rideaux», conseille Steven Weintraub, expert en conservation auprès des Art Preservation Services à New York.

Il est également primordial d'éviter toute fluctuation du degré d'humidité ambiante afin de protéger les antiquités. Un degré d'humidité trop élevé favorisera la prolifération de moisissures et attirera les insectes. Mais l'exact opposé est tout aussi dangereux. Une extrême sécheresse fera se craqueler le bois, l'ivoire, la peinture, etc. De constantes fluctuations sont tout aussi dommageables que les écarts entre une humidité tropicale et une sécheresse désertique. Ainsi, le papier se dilate et se contracte selon que l'air ambiant est humide ou sec. Trop de changements et le papier se désagrège.

Employez un humidificateur et un déshumidificateur durant l'année afin de maintenir un degré d'humidité stable oscillant entre 30 et 70 %. Passé cette concentration, on sera assurément en présence d'un risque important. Un hygromètre mesurera l'humidité relative à l'intérieur de la pièce. Il vous en coûtera environ 100 $.

Voici quelques conseils concernant l'entretien de différents types d'antiquités.

Les meubles

Époussetez la plupart des meubles anciens à l'aide d'un chiffon infeutrable, propre et sec, que vous laverez souvent. Les surfaces particulièrement délicates peuvent être nettoyées à l'aide d'un pinceau aux soies de zibeline, doté d'une petite poire à air qui soufflera sur la poussière accumulée. Vous trouverez cet outil dans une boutique spécialisée dans le matériel de photographie.

Si un meuble en bois nécessite un nettoyage plus en profondeur, on conseille de diluer 50 parties d'eau distillée et une partie de savon à l'huile Murphy. Trempez un chiffon doux et propre dans cette potion, essorez-le bien de sorte qu'il soit humide et non pas trempé. Essuyez délicatement la surface salie. Employez un chiffon humecté d'eau fraîche pour rincer, puis asséchez à l'aide d'un chiffon doux et propre.

Sable siliceux et saponaire: trucs de nettoyage du temps jadis

Voulez-vous savoir comment nos aïeux nettoyaient leur mobilier avant qu'il ne devienne antique? Dans son ouvrage intitulé: *The Collector's Complete Dictionary of American Antiques*, Frances Phipps a recensé quelques trucs et méthodes datant du XIXe siècle britannique et étasunien. En voici quelques-uns qui vous feront sourire.

Le cuir: «Mélangez 450 g de sable siliceux, 900 g d'argile, 120 g de poudre de pierre ponce, et 180 g de bile de bœuf; colorez la préparation avec de l'ocre, si désiré. Il faut en enduire le cuir avec une petite quantité d'eau et, une fois qu'elle a complètement séché, on en frotte la surface à l'aide d'une brosse à vêtements.»

G.W. Francis, *The Dictionary of Practical Receipts*, Londres, 1847

Les lettres: «Le meilleur moyen de désinfecter les lettres et autres articles en provenance d'endroits où sévit la peste consiste à les exposer aux émanations du soufre qui brûle avec un peu de salpêtre.»

G.W. Francis, *The Dictionary of Practical Receipts*, Londres, 1847

L'or: «Faites dissoudre un peu de sel ammoniac dans de l'urine, mettez-y à bouillir vos objets en or souillé et ils en sortiront propres et rutilants.»

Thomas Tegg, *Book of Utility*, Londres, 1828

La rouille: «Il s'agit de mélanger une partie de chaux avec de la graisse de mouton, d'en façonner des boules que l'on frottera sur les ustensiles jusqu'à ce que la rouille ait entièrement disparu. Après avoir laissé ce mélange sur le métal pendant quelques jours, on l'enlève à l'aide d'une flanelle grossière ou d'un autre torchon; puis on applique une autre préparation, faite celle-là de parties égales de charbon, de vitriol rouge et d'une huile favorisant le séchage; on frotte sans cesse, jusqu'à ce que la brillance d'origine soit restaurée.»

The Domestic Encyclopedia, Philadelphie, 1828

La saponaire: On emploie une décoction de cette plante pour nettoyer et frotter les vêtements de laine. Les pauvres l'utilisent en lieu et place du savon.»

The Domestic Encyclopedia, Philadelphie, 1828

Tous les conservateurs ne se valent pas

Aux États-Unis, pratiquement n'importe qui peut s'improviser antiquaire. Il n'existe aucun processus d'attribution de permis ou de reconnaissance de cette profession. Aussi, on serait mal avisé de confier une restauration au premier venu qui s'annonce tel dans le bottin. Si vous êtes à la recherche d'un conservateur ou d'un restaurateur, informez-vous auprès d'un musée. Plusieurs de ces établissements consacrent périodiquement une ou deux journées à l'évaluation des meubles et objets anciens qu'on leur apporte. Chose assurée, le personnel du musée saura vous orienter vers un antiquaire professionnel de votre région.

S'il se trouve plus d'un musée dans votre région, consultez-les tous. «Si un conservateur vous est recommandé par deux musées, c'est bien», nous dit Joyce Hill Stoner, Ph.D., professeur de conservation de l'art à l'université du Delaware à Newark.

S'il ne se trouve aucun musée digne de ce nom dans votre région, écrivez ou téléphonez à un établissement réputé, aux soins du Service de restauration et de conservation. Voici quelques conseils éclairés en vue de fixer son choix sur un conservateur:

- Interrogez-le sur sa formation, ses années d'expérience et demandez-lui si la conservation constitue sa principale activité.
- Demandez-lui s'il a déjà travaillé avec le type d'objet qui vous intéresse et s'il appartient à une association professionnelle.
- Demandez-lui des références, notamment sa liste de clients et communiquez avec quelques-uns d'entre eux.
- Attendez-vous à recevoir un rapport préliminaire décrivant l'état de l'objet, de même que le traitement proposé, les limites de ce même traitement, ainsi que son coût et sa durée. Un conservateur consciencieux vous préviendra des changements d'importance ou imprévus liés au traitement et, en certains cas, vous fournira des documents photo dudit traitement.
- À l'instar des médecins, les conservateurs ne s'entendent pas tous sur un même cas. N'hésitez pas à solliciter plus d'une opinion.

Mise en garde: Faites un essai à un endroit du meuble qui ne se remarquera pas avant de le nettoyer entièrement. N'utilisez aucun autre produit nettoyant. Ne laissez jamais un chiffon humide sur un meuble de bois. Lisez le mode d'emploi et les précautions d'usage.

Les objets métalliques

Vous enlèverez la poussière et la saleté des objets métalliques à l'aide d'une brosse aux soies souples et propres. Afin de faire disparaître les empreintes digitales et les marques huileuses ou graisseuses de l'or, du bronze, du cuivre ou du laiton, trempez la brosse dans un peu d'alcool éthylique et brossez délicatement.

Mise en garde: Faites d'abord un essai à l'aide d'un coton-tige trempé dans l'alcool éthylique en un endroit peu apparent pour vous assurer que vous n'abîmerez pas l'objet. N'essayez pas de faire reluire un objet de métal ancien. Non seulement vous lui enlèveriez de sa valeur, mais aussi une couche de métal. «Chaque fois que l'on polit un métal, on l'amincit», explique le Dr Stoner.

Les tableaux

La seule opération de nettoyage que vous devriez tenter vous-même sur un tableau ancien serait de l'épousseter à l'aide d'un pinceau aux soies de zibeline. Et encore, il faut user de délicatesse. Avant d'entreprendre le travail, passez le tableau et le cadre au crible et voyez si la peinture n'est pas écaillée ou soulevée par endroits, auquel cas le pinceau risquerait de la détériorer davantage. Tout autre travail de nettoyage ou de restauration doit être accompli par un conservateur professionnel.

Mise en garde: N'employez ni éponge, ni produit nettoyant sur un tableau. N'employez même pas un plumeau, un chiffon, une buse à soies ou un aspirateur portable. «Vous risqueriez de faire se soulever la peinture», nous prévient M. Lennon. Avant de faire usage d'un produit, lisez attentivement son mode d'emploi et les mises en garde l'accompagnant.

Évitez de toucher le recto et le verso du tableau. Le gras de vos doigts risquerait d'abîmer la peinture ou le vernis du tableau, alors qu'une pression des doigts au verso peut faire craqueler la peinture. Ne soulevez jamais un tableau ou un objet ancien sans savoir au préalable à quel endroit le poser. Fuyez comme la peste tous les vieux trucs et recettes, notamment si l'on vous dit qu'il faut passer une pomme de terre sur un tableau. «Cela fait un amuse-gueule alléchant aux blattes», nous dit le Dr Stoner.

Les textiles

Que l'on en fasse étalage ou qu'ils soient à l'entreposage, l'on devrait examiner et passer l'aspirateur sur tous les textiles de façon régulière. On enlèverait ainsi la poussière et on les protégerait contre les insectes. Pour ce faire, travaillez sur une surface matelassée. Par exemple, posez une enveloppe matelassée sur la table de la salle à manger que vous couvrirez d'un drap blanc propre. Servez-vous d'un aspirateur portable à faible puissance. Afin de protéger davantage une étoffe, posez dessus une moustiquaire de fibre de verre propre, à travers laquelle vous passerez l'aspirateur.

Mise en garde: Abstenez-vous de manger, boire et fumer lorsque vous nettoyez des étoffes. Vous ne feriez qu'augmenter les risques d'y laisser des taches, des miettes qui attireraient les insectes ou de les imprégner de fumée de cigarettes.

Appareils photos

On trouve sur le marché des tas de produits coûteux pour nettoyer les appareils photos, mais des outils et méthodes simples réduiront le coût de l'opération et préviendront les dommages pouvant résulter d'un nettoyage excessif. Voici quatre outils de base grâce auxquels vous pourrez nettoyer vos appareils photos:

- Un pinceau à aquarelle aux poils de zibeline (n° 2, 3, ou 4) à pointe fine, en vente dans les boutiques de matériel de bricolage;
- Une poire de caoutchouc qui tient dans la main, en vente dans les pharmacies;
- Des chiffons en microfibres, en vente chez les marchands d'appareils photos: des chiffons doux à l'armure extra-fine qui nettoient sans laisser de peluches. Lavables à la machine, on les utilise à maintes reprises;
- Un nettoyant à lentilles, également en vente chez les marchands d'appareils photos.

Vous trouverez des trousses de pinceaux et soufflets dans les boutiques de matériel photographique, mais elles sont beaucoup plus chères qu'une poire de caoutchouc et un pinceau d'artiste et, surtout, moins efficaces.

Technique: Commencez par l'extérieur de l'appareil. Inspectez-le de près pour voir ce qui est sale. Nettoyez toujours votre appareil sous une lumière claire. Si l'éclairage est tamisé, vous verrez moins la saleté incrustée dans les interstices. Examinez la lentille et le viseur, et voyez s'il s'y trouve de la poussière, de la saleté, de la graisse et des empreintes digitales. Si votre appareil photo est automatique et qu'il intègre une lentille, nettoyez tout le boîtier, à l'exception de la lentille, à l'aide du chiffon de microfibres. Si la lentille est amovible, enlevez-la avant de nettoyer le boîtier. Le chiffon devrait déloger la saleté, la poussière et les huiles laissées par les empreintes digitales et le contact du visage. Si la saleté est tenace, humectez un peu le chiffon.

Lorsque vous nettoyez la lentille, prenez garde de ne pas l'égratigner en y frottant un grain de sable ou de saleté. Pour cela, il faut d'abord employer un soufflet avec lequel vous dégagerez toute saleté ou poussière à la surface de la lentille. Prenez ensuite le pinceau de zibeline pour déloger la saleté plus tenace qui serait restée dans les interstices. Lorsque la saleté et la poussière ont disparu, essuyez la lentille à l'aide du chiffon de microfibres. Si la saleté ne part pas, faites de la buée sur la lentille puis essuyez-la. Si cela ne donne aucun résultat, alors humectez le chiffon de quelques gouttes de nettoyant à lentilles.

Lorsque l'extérieur est propre, assurez-vous qu'il ne se trouve aucune pellicule à l'intérieur de l'appareil et ouvrez-le. La plupart des modèles sont bien étanches et l'intérieur ne nécessite qu'un léger nettoyage. Lorsque vous travaillez à l'intérieur de l'appareil, la délicatesse s'impose.

Utilisez le soufflet et la brosse pour dégager toute poussière ou saleté du logement de la bobine et de la bobine réceptrice (sur laquelle s'enroule la pellicule à mesure qu'on l'expose). Nettoyez l'arrière de la lentille comme vous l'avez fait pour le devant. N'oubliez pas de nettoyer le presseur à l'aide du chiffon ou du pinceau. Le presseur est fixé à la porte de l'appareil et exerce une pression sur la pellicule. Soufflez sur la poussière qui se trouverait dans l'interstice où la porte se ferme.

Conseils pour épargner du temps: Une housse imperméable, voire un sac de plastique, vous épargnera les grands travaux de nettoyage. Elle empêchera l'infiltration de poussière et d'humidité.

En moins de deux: Pour une solution de rechange économique au chiffon de microfibres, vous pouvez employer des bouts de vieux tee-shirts. On conseille les vieux tee-shirts parce que la douceur de l'étoffe accroît avec le nombre de lavages. Mais même les plus vieux tee-shirts laisseront des peluches. Voilà pourquoi un chiffon de microfibres est préférable. Si vous vous servez d'un chiffon taillé dans un vieux tee-shirt, soufflez après coup sur la surface nettoyée.

<u>**Mise en garde:**</u> N'employez jamais un savon ou un solvant puissant pour nettoyer un appareil photos. N'employez pas davantage le nettoyant pour lunettes. Certains laissent une pellicule qui convient aux lunettes mais pas à une lentille d'appareil photo. On trouve également des bombes d'air comprimé pour nettoyer les appareils photo. Leur usage est déconseillé parce que leur pression d'air est trop forte et risque d'abîmer les éléments délicats à l'intérieur de l'appareil, si on les utilise mal. Une poire de caoutchouc est idéale.

CONSEIL D'EXPERT

Entretenir son appareil photo en voyage

Des engagements professionnels ont amené le photographe Chuck DeLaney sur les cinq continents. Doyen de l'institut de photographie de New York, il nous offre quelques conseils sur l'entretien de l'appareil photo lorsqu'on voyage ou que l'on photographie des extérieurs.

Emportez une doublure à la plage. Les pires ennemis d'un appareil photo sont l'humidité excessive et le sable. Si vous avez l'intention de prendre des photos à la plage où en un endroit très humide ou poussiéreux, laissez votre appareil de prix à la maison. Prenez plutôt un appareil photo jetable ou un modèle étanche peu coûteux. À présent, les appareils jetables font de bonnes photos et un accident ne vous mènera pas à la banqueroute.

Sauvez-le du sel. Si vous laissiez échapper votre appareil dans l'eau, vous pourriez parvenir à le sauver. S'il tombe dans l'eau de mer, sortez-le immédiatement de l'eau et plongez-le sans tarder dans un seau d'eau douce. Laissez-le sous l'eau et portez-le vite à un atelier de réparation. Le truc consiste ici à empêcher l'eau saline de sécher et de laisser des résidus corrosifs à l'intérieur des composants délicats. Si l'appareil tombe dans l'eau douce, sortez-le de l'eau, asséchez-le à l'aide d'une serviette, ouvrez-le et laissez l'intérieur sécher au grand air. Lorsqu'il est sec, portez-le à un atelier de réparation et demandez à ce qu'il soit révisé et lubrifié.

Tenez-le au frais. Les appareils photos craignent la chaleur quasiment autant que l'humidité et le sable. Ne rangez pas votre appareil ou une pellicule dans la boîte à gants de la voiture alors que le soleil d'été peut y faire monter le mercure à un niveau intolérable. Un appareil qui cuit au soleil deviendra trop chaud pour qu'on puisse s'en servir. Rangez-le à l'ombre.

Renoncez à un étui rutilant. Dans la mesure du possible, portez votre appareil et les fournitures de photographie dans un vieil étui qui n'attirera pas l'attention, surtout en voyage. «C'est une grave erreur que de prendre avec soi un étui tout neuf qui incite au vol, dit M. DeLaney. Les coffrets en aluminium brillant attirent les voleurs.»

Aquariums

Un aquarium constitue par essence un environnement artificiel où évoluent les poissons. Afin d'atténuer le stress qu'ils y éprouvent, vous devez compenser de telle sorte que tout ce que vous y mettez — et notamment les produits nettoyants — soit aussi naturel que possible.

Technique: On nettoie un aquarium inutilisé depuis quelque temps à l'aide d'une solution composée de 1 cuillerée à thé de sel non iodé et de 2 l d'eau. Imbibez un chiffon propre de ce liquide et frottez les parois de l'aquarium de haut en bas. Par la suite, rincez abondamment à l'eau fraîche. Faites de même s'il s'agit d'un aquarium neuf avant de l'emplir la première fois.

Un cerne blanchâtre peut s'être formé sur les parois d'un vieil aquarium. «Les cernes sont laissés par l'eau dure ou les dépôts calcaires», explique Lance Reyniers, président de Python Products, une entreprise de Milwaukee spécialisée dans la fabrication d'équipement destiné à l'entretien des aquariums. Si le cerne est épais ou la crasse tenace, il faut employer un liquide conçu expressément pour le nettoyage des aquariums. En vente dans les animaleries et boutiques spécialisées, ce liquide est plus puissant que la solution saline que l'on prépare soi-même, mais il est sans danger pour les poissons.

Lorsque l'aquarium est en fonction, on assure la propreté de l'eau grâce à une variété de filtres et en en changeant régulièrement l'eau. On trouve trois sortes de filtres que l'on peut employer simultanément afin de filtrer différents polluants. Un filtre biologique, posé au fond du réservoir sous une couche de gravillon, absorbe l'ammoniac que dégagent les poissons et autres créatures aquatiques. Un filtre mécanique élimine les saletés telles que les restes d'aliments et les déchets solides. Un filtre chimique, à base de carbone ou d'autres substances, se charge de supprimer les polluants chimiques.

On trouve un grand nombre de filtres sur le marché. Vous les choisirez, les nettoierez et les remplacerez en fonction des variétés de poissons et de leur nombre, de la taille de l'aquarium et d'autres facteurs. Prenez conseil auprès de votre fournisseur.

Vous devez remplacer entre 5 et 10 % de l'eau à l'intérieur du réservoir aux deux semaines environ (ou plus souvent, si l'aquarium est bondé). «Il est préférable pour les poissons que le remplacement de l'eau se fasse plus souvent, en de moindres quantités à la fois, dit M. Reyniers. Dans un environnement naturel, ils se trouvent dans une eau constamment renouvelée.»

L'eau souillée se retrouve au fond du réservoir. Aussi, est-ce cette eau qu'il faut siphonner lorsqu'il s'agit d'effectuer cette opération. Il existe plusieurs types de siphon et méthodes de siphonnage, allant de systèmes complexes au simple boyau. Il est préférable, à tout le moins, d'employer un siphon doté d'un filtre, de sorte que le gravillon reste au fond de l'aquarium.

Servez-vous d'un thermomètre pour aquarium afin de mesurer la température de l'eau avant de procéder au siphonnage et pendant que vous le remplissez d'eau. Pour cela, vous pouvez fixer un boyau au robinet de l'évier ou transvider l'eau dans un petit seau n'ayant contenu aucun produit chimique. Réglez les robinets d'eau chaude et froide de manière à ce que la température de l'eau reste la même à l'intérieur de l'aquarium pendant l'opération.

Les plantes aquatiques contribuent à purifier l'eau car elles absorbent l'oxyde de carbone et libèrent de l'oxygène, et elles contribuent à faire un environnement naturel aux poissons.

Mise en garde: Il est une chose qu'il faut savoir lorsqu'on nettoie un aquarium: les poissons détestent le savon, quel qu'il soit. Même une infime quantité qui resterait après un rinçage vite fait risque de leur causer un choc ou de les rendre malades. Ici le principe directeur est le suivant: n'employez jamais de savon pour nettoyer un aquarium. N'employez pas même un seau ou un chiffon qui sont entrés en contact avec du savon. Regroupez les fournitures servant au nettoyage de l'aquarium et veillez à ce qu'elles soient toujours exemptes de savon. Ne remplacez jamais l'eau de votre aquarium au cours des 48 heures suivant une pluie torrentielle ou la fonte des neiges. Par suite d'importantes précipitations, les services des aqueducs haussent considérablement le taux de chlore dans le traitement des eaux, les rendant impropres aux poissons.

Ardoise

L'ardoise est une pierre dense et dure, formée par la compression de l'argile. Habituellement d'un gris moyen, elle a tendance à fendiller en de longues éclisses que l'on taille ensuite pour en couvrir les toitures, pour en faire des recouvrements de sol et des dessus de tables de billard. L'ardoise est un matériau durable d'entretien facile qui a meilleure allure lorsqu'on laisse une patine s'y former, sans l'enduire de cire ou d'apprêt lustré.

Technique: L'on doit protéger l'ardoise des taches par imprégnation d'un produit chimique qui en ferme les pores et en durcit la surface. Pareillement à l'eau qui imbibe une éponge, ce produit imprègne les cavités poreuses de la pierre de sorte que les taches n'y pénétreront pas. Appliquez deux couches de ce produit à l'aide d'un pinceau à soies longues, comme si vous peigniez l'ardoise. Patientez de cinq à dix minutes entre les applications. Épongez tout excédent avec une serviette de ratine propre et sèche.

Lors de l'entretien régulier, il faut passer la vadrouille ou l'aspirateur pour enlever les particules de poussière qui ternissent et égratignent la surface de la pierre. De temps en temps, passez une vadrouille humide trempée dans un nettoyant neutre conçu pour laver la pierre. Ce type de produit revitalise la pierre et lui conserve sa beauté naturelle. Les nettoyants du commerce, ceux que l'on trouve sur les rayons du supermarché, au pH de huit ou de neuf, sont conçus pour les carreaux vernissés et les revêtements de vinyle. Ils sont trop puissants pour laver l'ardoise et, avec le temps, ils terniront et décoloreront le lustre naturel de la pierre.

Conseils pour épargner du temps: «Il est essentiel de mettre un paillasson devant la porte d'entrée lorsque le sol de la maison est en pierre. Sans cela, le meilleur système d'entretien ne donnera rien», dit Detlev Wolske, président de HMK Stone Care System à San Francisco. La poussière et la saleté s'accumuleront sur le paillasson et n'égratigneront pas les dalles d'ardoise. Moins il se trouve de poussière et de saleté sur le sol, moins vous devez nettoyer!

NE FAITES PAS CELA!

La simplicité est toujours de mise!

Certains appliquent de la cire ou un apprêt lustrant sur l'ardoise. Mais à long terme, ils empireront les choses plutôt que de les améliorer, nous prévient Detlev Wolske, président de HMK Stone Care System à San Francisco.

Les cires et les apprêts lustrants n'adhèrent pas bien à l'ardoise et disparaissent vite sous l'impact de la circulation. Le sol aura belle allure au départ mais, après une semaine ou deux, des égratignures apparaîtront là où l'apprêt s'est écaillé.

Pour faire briller davantage les dalles d'ardoise, lavez-les avec un nettoyant neutre pour la pierre et polissez-les de temps en temps. Ainsi, elles acquerront un lustre qui saura résister aux éraflures.

En moins de deux: À l'occasion, vous pouvez passer simplement une vadrouille humide sur le sol. L'eau ne laissera aucune pellicule, bien que le chlore, les minéraux et les sels présents dans l'eau du robinet puissent tacher un sol de pierre avec le temps.

Mise en garde: N'employez pas de vinaigre pour laver un sol en ardoise; il ternirait son lustre.

Argenterie

Le vilain de l'histoire est le sulfure. Si cette appellation vous rebute, désignez-le par son nom commun: la ternissure. Il s'agit de la pellicule noire qui se forme lorsque l'argent entre en contact avec le sulfure présent dans l'air, le carbone présent dans le caoutchouc, voire même les acides et les sels présents dans certains aliments.

Technique: Votre argenterie ternira moins si vous l'utilisez souvent. Le meilleur moyen de nettoyer l'argenterie est celui de grand-mère: à l'aide d'une pâte à polir de bonne qualité et d'un chiffon doux, selon Robert M. Johnston, un expert-conseil de Baltimore qui collabore avec l'industrie argentifère depuis plus de 50 ans. L'argent est, de tous les métaux, le plus réfléchissant, et un polissage à l'aide d'une pâte à polir l'argent redonnera aux objets un brillant qui les fera paraître sous leur meilleur jour et ralentira l'apparition de la ternissure.

Appliquez la pâte à polir à l'aide d'un chiffon ou d'une éponge humide. Frottez vigoureusement afin de faire disparaître toute trace de ternissure. Le chiffon noircira au fur et à mesure que la ternissure s'y transférera. Polissez vigoureusement et rincez sur-le-champ à l'eau chaude et au savon. Asséchez avec une ratine douce pour éviter que l'eau n'y laisse des traces.

Si vous rangez votre argenterie pendant un long moment, faites en sorte que l'air et l'humidité ne l'atteignent pas, protégez-la contre les soubresauts et les égratignures, et faites disparaître au moins une fois l'an toute trace de ternissure. Rangez vos objets d'argent à l'intérieur de sacs de flanelle qui protègent de l'oxydation et de la ternissure; on les trouve chez les grands bijoutiers.

Glissez-les ensuite à l'intérieur de sacs de plastique à glissière. C'est la plus importante précaution pour empêcher la ternissure, car le plastique isole le métal fin des facteurs ambiants qui provoquent l'oxydation et la corrosion, selon la A.J. Wright and Company, fabricant de pâtes à polir les métaux établi à Keene dans le New Hampshire.

TRUC À ÉVITER

Renoncez à faire trempette!

Ça fait l'objet d'un énorme battage publicitaire. On trempe une théière d'argent noire comme charbon dans un nettoyant instantané et voilà! elle en sort brillante comme un sou neuf. Selon les experts consultés, l'on ne doit pas polir l'argenterie avec ces nettoyants chimiques instantanés.

«La plupart des liquides servant au trempage rongent la couche superficielle de l'argent. En faire usage souvent érodera l'argent», explique Robert M. Johnston, un expert-conseil de Baltimore qui exerce auprès de l'industrie argentifère depuis plus de 50 ans.

N'employez pas davantage le procédé électrolytique par lequel on soulève la ternissure à l'aide d'une plaque ou d'une feuille d'aluminium et d'un mélange d'eau bouillante, de bicarbonate de soude et de sel. Cela finit par dépolir la surface et peut décaper un fini antique.

Conseils pour épargner du temps: Si vous employez souvent votre argenterie et que vous faites la rotation des places à table, vous n'aurez à la polir qu'une ou deux fois l'an. Un polissage moins fréquent rongera moins le placage argent. Les chiffons nettoyants imprégnés d'oxyde ferrique font l'affaire pour les retouches par endroits, mais pas pour nettoyer un objet grandement terni.

En moins de deux: «Si des invités surprise se présentent à votre porte et que vos cuillères à potage sont quelque peu ternies, frottez-les d'un peu de dentifrice et votre réputation de maîtresse de maison sera sauve», dit M. Johnston. Appliquez-le avec un chiffon humide et frottez. «Ce truc convient si vous êtes coincés, mais ce n'est pas un moyen vraiment efficace de nettoyer autre chose qu'une tache ici et là.»

Si vous n'avez pas de sac de flanelle protégeant de la ternissure, rangez à tout le moins vos objets en argent dans des sacs de plastique à glissière. Assurez-vous que les sacs sont à l'abri des soubresauts et des égratignures. N'employez pas de pellicule cellophane qui peut coller à l'argent; vous auriez du mal à la retirer. Si des taches noires maculent un objet en argent, confiez-le à un bijoutier pour qu'il le polisse mécaniquement.

Mise en garde: Les solutions de trempage contiennent de la thiourée, un produit chimique cancérigène. Ce produit chimique inodore et incolore peut être absorbé par la peau; aussi, portez des gants de caoutchouc si vous en faites usage. N'oubliez pas de rincer l'argenterie, le comptoir et l'évier pour y enlever toute trace de ce produit. En plus du danger qu'il représente pour la santé, ce produit peut abîmer l'éclat de l'argent. Rappelez-vous également les conseils suivants:

- Lavez sans tarder les ustensiles d'argent qui ont touché la moutarde, le sel et le ketchup afin de prévenir les tavelures et la ternissure.
- N'emballez pas l'argenterie dans du papier journal et n'employez pas de bandes de caoutchouc. Ces deux matières contiennent du carbone qui réagit au contact de l'argent en le noircissant, et qui en ronge la surface si on l'y laisse assez longtemps.

Armes à feu

«Le calibre des carabines et de la plupart des pistolets est gravé d'un microsillon en spirale. Si des dépôts de plomb ou de cuivre s'incrustent à l'intérieur de ce microsillon, vous ne viserez pas de façon optimale avec votre arme», nous dit Paul Judd, président de Kleen-Bore, fabricant de produits d'entretien des armes à feu à Easthampton dans le Massachusetts. Aussi, lorsqu'on entretient un fusil, l'objectif premier consiste à enlever l'accumulation de poudre et de métal à l'intérieur du mécanisme et du calibre, et à assécher l'humidité qui risque de provoquer la corrosion. Ces mesures sont cruciales en termes de fiabilité, de précision, de sûreté et de valeur de revente de vos armes à feu.

Technique: Nettoyez l'intérieur et l'extérieur de votre arme à feu immédiatement après avoir tiré, en suivant les conseils de M. Judd. En premier lieu, assurez-vous que l'arme n'est pas chargée en ouvrant le mécanisme pour voir si le chargeur est vide. Nettoyez l'arme à partir du dessus de la culasse. S'il s'agit d'un fusil à canon lisse, il est en général possible d'ouvrir ou de démonter le canon; s'il s'agit d'une carabine à canon rayé, ouvrez la culasse ou retirez la culasse mobile; si vous nettoyez un pistolet, ouvrez le barillet; enfin, si c'est une arme semi-automatique, désassemblez la glissière et retirez le canon. S'il vous faut nettoyer à partir de la bouche, prenez garde pour ne pas tasser des saletés à l'intérieur du canon. Servez-vous d'une brosse à dents en nylon et d'un nettoyant lubrifiant tel que Formula 3 Gun Conditioner afin de nettoyer le mécanisme. Faites de même à l'intérieur du calibre en fixant un morceau de coton à l'extrémité d'une baguette de calibre approprié. Versez le lubrifiant directement sur le morceau de coton et faites coulisser la baguette une dizaine de fois à l'intérieur du calibre; puis faites de même avec une brosse de bronze ou de nylon pour déloger les particules de saleté tenaces. Assurez-vous que tous les accessoires de nettoyage sont du calibre approprié à l'arme que vous nettoyez.

Pour terminer, essuyez la crosse et toutes les articulations de métal à l'aide d'un chiffon imbibé de silicone ou d'une solution huileuse.

Si vous pratiquez souvent le tir — au moins une fois par mois — faites précéder le nettoyage d'un récurage du calibre, du mécanisme et du chargeur pour y enlever les accumulations de plastique, de plomb, de cuivre, et les résidus de poudre. Servez-vous d'une brosse de bronze et d'un puissant solvant à calibre de fusil. Après avoir récuré le calibre avec le solvant, laissez-le agir pendant 30 à 60 minutes. On trouve des solvants conçus expressément pour déloger les résidus de poudre, de plomb, de cuivre, notamment Kleen-Bore No. 10 Solvent ou Copper Cutter. Si vous devez nettoyer une arme à partir de sa bouche, protégez-la en lui fixant un pare-bouche.

En moins de deux: Si vous êtes dans l'incapacité de nettoyer une arme après vous en être servi, passez à tout le moins un chiffon siliconé sur l'extérieur, de même qu'un produit à base d'huile. «N'importe quoi qui enlève les empreintes digitales parfois très acides et qui peuvent provoquer la corrosion», explique M. Judd. «Vous nettoierez le calibre par la suite, aussitôt que vous le pourrez.»

Mise en garde: Assurez-vous toujours que le chargeur d'une arme est vide avant de la nettoyer. Avant une séance de tir, il est préférable de s'assurer que rien n'obstrue le calibre avant de charger votre arme.

Armoires de cuisine

La plupart des armoires de cuisine en bois ou en placage sont enduites d'un vernis protecteur qui en facilite le nettoyage. Les armoires de stratifié exigent encore moins de soin.

Technique: Pour l'entretien ordinaire d'armoires de bois ou de placage, il suffit de passer un coup de chiffon humide et de les assécher à l'aide d'une serviette. Si les portes sont graisseuses ou encrassées, ajoutez 125 ml de savon doux à 4 l d'eau. Nettoyez les dégâts aussi vite que possible pour éviter les taches permanentes. Lorsque vous en avez terminé du lavage, asséchez les portes à l'aide d'une serviette.

Aussitôt après leur installation et à des intervalles de six mois par la suite, il faut cirer les armoires de bois. En premier lieu, passez un coup de chiffon humide, puis asséchez à l'aide d'une serviette propre. Ensuite, appliquez une légère couche de cire en pâte ou liquide exempte d'abrasifs. Concentrez votre travail sur une petite surface à la fois; frottez vite la cire que vous venez d'appliquer (afin qu'elle ne durcisse pas) dans le sens des fibres du bois. Si vous employez une cire en aérosol, pulvérisez-la sur un chiffon plutôt que sur l'armoire. Vous préviendrez ainsi l'infiltration excessive du produit et n'abîmerez pas la surface.

Il faut entretenir les armoires de stratifié en les lavant à l'eau et au savon, à l'aide d'un chiffon doux, comme on le fait des armoires en bois. Mais, contrairement à ces dernières, le stratifié ne nécessite aucun cirage.

Mise en garde: Évitez les détergents, nettoyants et savons surpuissants et abrasifs qui risqueraient d'abîmer les surfaces. Ne lavez pas les portes d'armoires avec votre torchon pour la vaisselle. Il peut porter des traces de détergent ou de graisse. Un excédent d'humidité est le premier ennemi de tout objet en bois. Il faut éponger sur-le-champ les déversements. Nettoyez régulièrement les armoires à proximité de l'évier et de la cuisinière. Évitez de disposer les électroménagers tels que la cafetière électrique et le grille-pain directement sous une armoire, car la chaleur qui s'en dégage pourrait l'abîmer.

Asphalte

L'asphalte est résistant et durable, mais ce n'est pas une mince tâche que d'y enlever des taches. Vous devrez peut-être choisir entre fermer les yeux sur une tache ou asphalter de nouveau.

Technique: Afin de déloger la crasse et la saleté accumulées sur une surface extérieure asphaltée, par exemple un court de basket-ball ou une entrée de garage, «... un boyau d'arrosage doté d'un pistolet devrait faire l'affaire», nous dit Ross Bentsen, directeur de l'Éducation de l'Asphalt Institute à Lexington dans le Kentucky.

Si la tâche est plus importante, versez un nettoyant tous usages dans un seau d'eau chaude. Frottez la surface à l'aide de cette mixture et d'une brosse à soies roides. Respectez le mode d'emploi du fabricant du nettoyant tous usages.

En moins de deux: S'il y a eu déversement de peinture sur de l'asphalte, il faut se hâter pour l'enlever ou se faire à l'idée qu'elle y restera. S'il s'agit de peinture à base aqueuse, genre latex, vous pourrez la déloger à grande eau, en employant la méthode décrite ci-dessus. La peinture à l'huile est pratiquement indélogeable.

Mise en garde: Employez avec parcimonie un nettoyant tous usages sur de l'asphalte. Le produit utilisé sera éclaboussé sur la pelouse. Pour nettoyer de l'asphalte, n'utilisez pas un produit à base de pétrole tel que le WD-40. L'asphalte est à base d'huile et le nettoyant pénétrerait l'asphalte au même titre qu'il le ferait avec la tache.

Les taches d'asphalte

L'asphalte est un produit à base de pétrole, alors un lubrifiant nettoyant à base de pétrole tel que le WD-40, qui dissout les taches d'huile et de pétrole, en grugera la surface.

Technique: Pour enlever une tache d'asphalte fraîche — disons que vous avez maculé vos baskets neufs sur un chantier de construction — frottez-la à l'aide d'un chiffon imbibé de WD-40.

Mise en garde: Pour éviter d'empirer les choses, faites un essai préalable en un endroit peu visible. Lisez attentivement le mode d'emploi du produit et les précautions d'usage.

Attirail de pêche

Un attirail propre fera de vous un meilleur pêcheur! «Si vous pêchez en eau salée, il vous faut enlever le sel de votre matériel», dit Mark Sosin, animateur de *Mark Sosin's Saltwater Journal*, une émission télévisée à partir de Nashville, et auteur de plus de deux douzaines d'ouvrages et d'innombrables articles de magazines. «Mais, même en eau douce, la saleté s'incruste aux embarcations et aux moulinets.» En veillant à l'entretien de son attirail de pêche, on s'assure que le moulinet tourne mieux et on en prolonge la durée.

Technique: Chaque fois que vous revenez de pêcher, lavez votre canne et votre moulinet à l'eau tiède et au détergent pour la vaisselle. Faites mousser le détergent dans un seau, puis épongez votre matériel et enlevez toute trace de saleté, de viscosité et de sel. «Il faut employer un détergent pour enlever le sel», insiste M. Sosin. «Le détergent déloge le sel. Si vous ne faites que rincer, il restera des résidus de sel.» Le matériel peut sécher au grand air ou vous pouvez l'essuyer. Enduisez-le ensuite d'un produit lubrifiant tel que WD-40, en le pulvérisant sur un chiffon et en frottant les composants métalliques. Ne pulvérisez jamais le produit directement sur le moulinet. Un excédent attirerait la poussière.

La poignée de la plupart des cannes à lancer fabriquées de nos jours comporte du caoutchouc mousse mais, si la vôtre est en liège, récurez-la à l'aide d'un tampon métallique pour y effacer les traces de saleté et la décoloration.

Pour enlever le sel et les autres saletés, faites tremper vos mouches artificielles dans un seau d'eau savonneuse; rincez-les et laissez-les sécher au grand air. Cette précaution préviendra la corrosion des hameçons de métal. Pulvérisez les éléments métalliques de la boîte à leurres avec du WD-40 au moins deux fois l'an, davantage si vous allez souvent à la pêche. Lubrifiez l'intérieur du moulinet.

En moins de deux: «Lorsque je suis en voyage et que je ne dispose pas des installations pour bien laver ma canne et mon moulinet, dit M. Sosin, je les rince sous la douche et je les assèche avec une serviette.»

CONSEIL D'EXPERT

La pêche à l'auditoire

Mark Sosin est pêcheur professionnel. Auteur de plus de deux douzaines d'ouvrages et d'innombrables articles de magazines sur le sujet, M. Sosin est animateur de *Mark Sosin's Saltwater Journal*, qui fut en ondes sur ESPN pendant 12 ans et qui est désormais diffusé sur le réseau Nashville. «Je suis tributaire de mon attirail. Nous dépensons d'importantes sommes lorsque nous enregistrons l'émission et, si le matériel brise, le contretemps nous coûte très cher.

«Pour enlever le sel et la saleté de mon moulinet et de ma canne, je me sers d'une moufle pour laver l'auto. Je trempe la main dans l'eau savonneuse et je frotte. Ensuite, je rince à l'eau fraîche. C'est rapide et, s'il y a des pointes ou des rebords tranchants, ma main est protégée.»

Autocollants, décalcomanies et étiquettes adhésives

Décoller ce vieil autocollant du pare-brise de votre auto peut devenir une sale affaire. Il en est de même pour les décalcomanies collées aux fenêtres, aux murs et aux autres surfaces. Ici, le défi consiste à extirper l'autocollant et l'adhésif qui attire les saletés sans pour autant abîmer la surface sur laquelle vous l'avez un jour si fièrement apposé.

Technique: Faites réchauffer entre 125 et 250 ml de vinaigre. Repliez un chiffon de façon à former un tampon de la dimension de l'autocollant. Mettez-le dans le vinaigre chaud et posez-le sur l'autocollant. Maintenez-le en place pendant quelques minutes. Lorsque l'autocollant est saturé, il devrait se soulever facilement.

L'acétone, qui compose principalement le dissolvant à vernis à ongles, réussit très bien à déloger les traces d'adhésif. Humectez-en un tampon d'ouate et passez-le sur la décalcomanie. N'employez cependant pas d'acétone sur les surfaces peintes qui s'écailleraient. Vous trouverez de l'acétone à la quincaillerie.

Conseils pour épargner du temps: Dans le but de favoriser l'infiltration du vinaigre, pratiquez de fines entailles sur l'autocollant à l'aide d'une lame de rasoir, en prenant garde de ne pas abîmer la surface à laquelle il adhère. Fixez le chiffon imprégné de vinaigre à l'aide de ruban cache et ne vous en préoccupez plus. Quelques instants plus tard, l'autocollant devrait être saturé de vinaigre.

En moins de deux: Afin de retirer des étiquettes adhésives sur des bouteilles, du métal ou toute autre surface qui supporte la chaleur, saturez-les de vinaigre, puis dirigez-y un jet d'air chaud à l'aide d'un sèche-cheveux. Les étiquettes devraient se soulever sans difficulté.

Mise en garde: Assurez-vous que la méthode retenue n'abîmera pas la surface sur laquelle se trouve l'autocollant en faisant un essai préalable en un endroit peu apparent.

Autocuiseurs

Par définition, un autocuiseur est une marmite dont le couvercle est vissé de façon à préserver l'étanchéité de son contenu et coiffé d'une soupape, laquelle laisse s'échapper la vapeur. Son entretien est donc similaire à celui d'un chaudron ou d'une marmite, sauf qu'il faut de plus nettoyer la soupape et le joint d'étanchéité cernant le couvercle.

Technique: Lavez l'autocuiseur comme vous le feriez pour un autre chaudron, soit avec de l'eau chaude et savonneuse ou en le passant au lave-vaisselle. Récurez bien les traces de graisse qui en maculerait le fond. En présence d'aliments carbonisés, portez à ébullition de l'eau à laquelle vous ajouterez 1/4 de cuillerée à thé de détergent liquide pour la vaisselle. Laissez mijoter sans couvrir jusqu'à ce que les aliments calcinés se soient détachés des parois.

Dévissez la soupape du couvercle, démontez-la et nettoyez-la en lavant chaque composant à l'eau chaude et savonneuse à l'aide d'un tampon à récurer. (Si vous ignorez comment démonter la soupape, fiez-vous aux directives du fabricant.)

«Vous ne devriez avoir aucune difficulté à nettoyer la soupape», affirme Michael Beglinger, premier chef à la Deutsche Bank à New York. «Seule la vapeur la traverse.» Il faut cependant la laver et l'assécher avant de ranger votre autocuiseur.

Il faut également retirer le joint d'étanchéité qui borde l'intérieur du couvercle. Lavez-le en eau chaude et savonneuse, nettoyez la surface intérieure du couvercle qui jouxte le joint. Laissez-les sécher complètement avant de remettre le joint en place.

Automobiles

Rien ne permet de prévoir le moment où il faudra laver son auto. Les critères à cet égard sont variables et sont fonction de l'usage que vous en faites, du type de route que vous parcourez, des conditions climatiques, du fait qu'elle passe la nuit ou non dans un garage et, surtout, de votre méticulosité. Si vous êtes maniaque de propreté, laver votre auto est un acte d'amour et vous ne comptez pas les heures passées à la faire rutiler. Si l'allure de votre auto vous importe peu, une bonne douche sous la pluie fera l'affaire. Quoi qu'il en soit, il faut savoir qu'un entretien régulier peut prolonger la durée de vie de votre véhicule, accroître sa valeur de revente et possiblement prévenir de coûteuses réparations.

Les fabricants proposent une gamme désarmante de produits d'entretien dont les usages sont très pointus. L'automobiliste moyen doit cependant connaître quelques principes élémentaires proposés ici.

La carrosserie

Lavez la carrosserie de votre auto lorsque c'est nécessaire et cirez-la au moins deux fois par année ou lorsque l'eau cesse de perler à la surface. «Lavez-la assez souvent, de sorte qu'il ne s'agisse pas d'une tâche majeure», nous dit Danny Cooke, expert en entretien et réparations automobiles auprès de l'American Automobile Association à Richmond en Virginie.

Technique: Les marchands de fournitures automobiles vendent des savons conçus expressément pour les carrosseries. Il s'agit d'un achat sûr parce qu'ils sont doux et efficaces, selon M. Cooke. Préparez le vôtre en allongeant d'eau du savon liquide pour la vaisselle. Il doit y avoir suffisamment de savon pour former une mousse épaisse. Ajoutez-en de nouveau, le cas échéant, pour que la mousse reste abondante. Commencez d'abord par bien tremper le véhicule à l'aide du boyau d'arrosage. En plus de faciliter le lavage, l'eau empêchera la poussière et les saletés d'égratigner la carrosserie.

CONSEIL D'EXPERT

Soins de beauté pour belle d'autrefois

À titre d'historien de l'automobile, le Dr James A. Ward serait le premier à reconnaître que sa Chevrolet Biscayne turquoise six cylindres de 1965 n'est pas un modèle que les collectionneurs sérieux s'arrachent. Mais il s'agit d'un cadeau de ses parents offert à l'occasion de son mariage, de sorte que le véhicule trouve une signification spéciale à ses yeux. Plus de trois décennies et de 290 000 km plus tard, M. Ward conduit toujours sa Biscayne chaque jour et veille à ce qu'elle soit comme neuve. Voici comment.

«Je ne lave pas mon auto plus d'une ou deux fois par année parce que je ne la laisse pas s'encrasser», explique M. Ward, professeur d'histoire à l'université du Tennessee à Chattanooga. «Elle passe la nuit dans le garage et, à l'université, je la gare dans un parc de stationnement couvert. Chaque matin, je l'époussette avant de la faire démarrer. Pour ce faire, j'utilise des chiffons imbibés d'huile nettoyante que je commande par la poste auprès de Kozak à Buffalo dans l'État de New York.

«Environ une fois par année, je lave les fauteuils de vinyle avec de l'eau ammoniaquée et une éponge. Le reste de l'intérieur, également en vinyle, reçoit une couche de Armor All, le produit d'entretien pour les pneus. Cela empêche le vinyle de se dessécher.

«Les modèles Chevrolet des années 1960 ramassent l'eau sous une bande de chrome qui longe la base de la lunette arrière. Si vous croisez une Chevrolet de ces années-là, voyez s'il se trouve un adhésif à la base de la lunette arrière qui couvre la rouille. Je retire l'eau à l'aide d'une seringue hypodermique insérée sous le chrome.

«Je conserve tout. Je possède encore les pneus de rechange et le lave-glace originaux, trop vieux pour pouvoir servir. La Biscayne n'était pas le fleuron de General Motors. C'est une auto laide, mais je suis laid aussi. J'ai une affinité envers les objets qui me ressemblent. Je lambine mais j'avance toujours, comme ma Biscayne. On peut juger d'un conducteur à sa bagnole.»

À l'aide d'un chiffon ou d'une serviette propre que vous tremperez régulièrement dans l'eau savonneuse, lavez toute la carrosserie de haut en bas. N'oubliez pas les endroits d'accès plus difficile. Ainsi, ouvrez les portières et frottez les montants. Vous préviendrez la corrosion et vous ne salirez plus vos vêtements lorsque vous frôlerez les montants des portières en montant à bord. Soulevez chacun des essuie-glace et essuyez-en la lame.

Si votre auto est garée à l'extérieur pendant de longs moments, il faudra en dégager les feuilles mortes et autres saletés qui seraient logées dans les interstices. Ouvrez le coffre et nettoyez la rainure qui en profile le contour. Cette rainure détourne l'eau pour qu'elle n'infiltre pas le coffre mais, si elle est congestionnée, vous pourriez vous retrouver avec des bagages détrempés. Faites de même pour les rainures du toit ouvrant, s'il y a lieu, pour éviter que l'eau ne refoule et ne vous tombe dessus.

Lorsque vous en avez terminé du lavage, asséchez bien le véhicule à l'aide de chiffons ou serviettes propres, ou encore d'un chamois. Ne laissez pas la voiture sécher à l'air libre, des cernes pourraient se former. Autant que possible, ne lavez pas l'auto au soleil et ne laissez pas sécher la carrosserie ou les vitres.

Employez une cire pour auto en pâte ou liquide pour finir le travail. L'une et l'autre a ses partisans mais les deux font du beau travail. La cire liquide est plus facile à appliquer. Quoi qu'il en soit, suivez les indications du fabricant. Le cirage a une fin autre qu'esthétique: il ajoute un enduit protecteur sur lequel la saleté risque moins de s'imprégner.

Conseils pour épargner du temps: Le plus judicieux des conseils serait, assurément, de fréquenter un lave-auto. Mais il existe d'autres mesures qui permettent d'épargner du temps en ce qui a trait à l'entretien. Ainsi, pour vous épargner temps et efforts au chapitre du polissage de la cire, procurez-vous une polisseuse à tampons périphériques chez un marchand de matériel automobile pour moins de 100 $. Les professionnels emploient une polisseuse à tampons rotatifs qui tournent en des cercles exacts à très haute vitesse. En des mains inexpérimentées, cet appareil peut facilement abîmer la peinture d'une carrosserie. Le meilleur instrument consiste donc en une polisseuse à tampons périphériques, qui tournent selon un schème irrégulier, plus proche du mouvement d'une main. Toutefois, prenez garde de ne pas trop appuyer sur la polisseuse afin de préserver le lustre de la carrosserie.

Nota bene: Employez une brosse à dents pour déloger l'excédent de cire de la plaque minéralogique, des interstices et autres endroits d'accès difficile.

Mise en garde: Il faut nettoyer le plus vite possible les déjections d'oiseaux et la sève des arbres qui se délogent sans effort si l'on ne tarde pas. Sinon, au fil du temps, ils rongeront la peinture. N'employez jamais de détergent fort ou d'abrasif puissant pour nettoyer la carrosserie de votre voiture: ils risqueraient d'égratigner la peinture ou d'en affadir la couleur. Ne lavez jamais votre auto sans l'avoir préalablement bien mouillée. Lorsque faire se peut, lavez-la à l'ombre. Si la carrosserie vient d'être remodelée par endroits ou repeinte, attendez entre deux et quatre semaines avant de cirer votre voiture. La peinture appliquée

Comment reconnaître un bon lave-auto?

Bien entendu, on trouve satisfaction à faire soi-même les choses, et cela vaut également pour la contemplation de son propre reflet sur la carrosserie reluisante d'une auto que l'on a astiquée pendant des heures. Pourtant, on a parfois intérêt à payer un professionnel pour agir à notre place. Selon Tina Gonsalves, porte-parole de l'International Carwash Association à Chicago, «... faire laver votre auto vous épargne une rude corvée».

Sans compter qu'un lavage effectué par des professionnels sera plus rigoureux que si vous le faisiez vous-même, en particulier le nettoyage des endroits difficiles d'accès, notamment sous la carrosserie, là où le calcium et d'autres substances corrosives se cachent.

Un lavage automobile professionnel est également plus indiqué pour l'environnement. Lorsqu'un propriétaire rince son véhicule, l'eau sale et savonneuse se rend jusqu'au collecteur d'eaux pluviales ou au terrain environnant sans être traitée. Les lave-auto professionnels sont tenus par la loi de déverser leurs eaux usées dans le système d'égout. De plus en plus, les lave-auto recueillent et recyclent leurs eaux usées dans un effort volontaire en vue de réduire la consommation d'eau.

Sur quels critères choisir un bon lave-auto? La plupart des exploitants font appel à des rouleaux et brosses ou des chiffons qui effleurent à peine les véhicules. Le choix qui s'offre à vous est vaste. «Le préposé au lave-auto doit être capable de vous expliquer le fonctionnement de chacun des appareils», nous dit Mme Gonsalves. «S'il est incapable de vous expliquer quoi que ce soit, faites laver votre auto ailleurs.»

Prenez le temps de bien regarder les lieux. Si le garage est sale, vous pourrez en déduire qu'on y est moins vigilant qu'ailleurs. Si les employés sont désagréables à votre endroit, ils peuvent l'être tout autant envers votre voiture. Pour terminer, ne vous gênez pas pour signaler un piètre service à l'attention du directeur de l'établissement. Il devrait avoir la courtoisie de résoudre le moindre problème que vous avez porté à son attention.

par un carrossier nécessite parfois plus de temps avant de sécher complètement.

La moquette

Lorsque vous nettoyez la moquette de votre auto, tapotez-la fermement et fréquemment à l'aide du suçoir afin de déloger le sable et autres saletés qui s'y sont incrustés.

Le moteur

Les moteurs automobiles sont gouvernés par des systèmes électriques de pointe et des micro-ordinateurs intégrés grâce auxquels nos véhicules sont plus fiables que jamais. Hélas! leur complexité sous-entend que le bricolage du samedi après-midi n'est plus ce qu'il était. Défaites malencontreusement un bouton et tout le système va sauter! Il en va de même du nettoyage du moteur. À moins d'être un mécanicien chevronné, le ménage que vous faites sous le capot doit être superficiel.

Technique: Voici ce que vous pouvez faire sous le capot: nettoyer les feuilles mortes et autres saletés qui s'y sont logées. «Ici, on ne se préoccupe pas des apparences. Il s'agit simplement d'enlever les ordures», dit M. Coke. Les saletés s'accumulent dans l'auvent, juste sous les essuie-glace, là où l'air extérieur est aspiré à l'intérieur de l'habitacle. Il faut les enlever. De plus, il faut déloger les saletés des creux de chaque côté du moteur. Si le radiateur de votre auto est accessible — il se trouve derrière la calandre —, délogez les saletés à l'aide d'un boyau d'arrosage à pression moyenne. Vous pourriez également arroser la paroi qui sépare le moteur de l'habitacle.

Mise en garde: Ne pulvérisez jamais directement sur le moteur un jet d'eau à forte pression: l'eau pourrait s'y infiltrer et abîmer les délicats circuits électriques. Ne désassemblez jamais une pièce du moteur afin de le nettoyer. Confiez ce travail à un mécanicien professionnel.

Les pneus

Frottez les pneus avec une brosse de nylon à soies roides, trempée dans de l'eau savonneuse. Si les flancs blancs sont particulièrement sales, vous pourriez les frotter à l'aide d'un produit conçu expressément pour les pneus, un détergent surpuissant ou encore un nettoyant tel que Comet. C'est le seul élément d'une auto pour lequel ce type de nettoyant est recommandé. Vous pourriez faire reluire vos pneus en y appliquant une couche de Armor All. Il s'agit d'un produit cosmétique. Mais, si le reste de votre auto brille comme un sou neuf, pourquoi pas les pneus?

Les vitres

N'importe quel nettoyant pour le verre fera l'affaire pour les vitres d'une automobile. Vous pouvez préparer votre propre nettoyant en emplissant un pulvérisateur d'une solution d'eau ammoniaquée, à raison d'une cuillerée à soupe d'ammoniaque pour quatre litres d'eau. Nettoyez les parois intérieures et extérieures à l'aide d'essuie-tout. Certains affirment que le papier journal vaut encore mieux car il ne laisse pas de peluches. D'autres estiment que c'est là une façon assurée de se tacher les mains d'encre!

Aux jours de canicule, installez un pare-soleil sous votre pare-brise. Non seulement cela vous empêchera de cuire lorsque vous prendrez place dans votre fauteuil, mais le pare-soleil veillera à la propreté du pare-brise. Comment? En chauffant, les plastiques du tableau de bord dégagent des solvants qui embuent la paroi intérieure. Afin de déloger cette buée, imbibez un chiffon d'alcool isopropylique et frottez-la.

Auvents

Les auvents de la plupart des maisons sont fabriqués d'une étoffe tissée, soit de la toile ou des fibres synthétiques. Un nettoyage périodique leur conservera leur belle allure. Il faut nettoyer un auvent à intervalles de cinq à sept mois pour y déloger la poussière, la crasse et les saletés en suspension dans l'air. «Si vous attendez jusqu'à un an, la chaleur du soleil cuit la crasse», nous prévient Bob Van Gelder, propriétaire de Awning Care Plus, qui nettoie des auvents dans la région de San Francisco depuis plus de 20 ans.

Technique: Un propriétaire peut se charger lui-même d'assurer l'entretien régulier d'un auvent qui se trouve à sa portée. Il est préférable de faire appel à un professionnel si la tâche est importante et si l'auvent est difficile à atteindre. Ce dernier se chargera de l'affaire à l'aide d'un pistolet à eau pressurisé qui chassera crasse et saleté à grands jets d'eau. S'il s'agit d'assurer l'entretien régulier, M. Van Gelder ne jure que par la brosse à camions. Comme son nom l'indique, cette brosse dotée d'un long manche et de longues soies souples sert à laver les camions et camionnettes. Versez 60 g de savon liquide pour le lave-vaisselle dans 4,5 l d'eau. Trempez la brosse dans ce liquide et frottez délicatement le dessus de l'auvent. Afin de déloger les déchets des oiseaux, employez le même savon mais une brosse aux soies plus rigides si la fiente ne se détache pas. Lorsque vous en aurez terminé avec le frottage, rincez à l'aide du boyau d'arrosage.

Les petites taches laissées par la sève des arbres peuvent être délogées avec de l'acétone. Versez-en un peu sur un balai-éponge et frottez pour la faire disparaître.

Nota bene: Si l'auvent est de couleur, faites un essai préalable en un endroit peu visible à l'aide d'un coton-tige imbibé d'acétone. Laissez sécher et voyez si la couleur a pâli. De trop nombreuses taches laissées par la sève nécessitent l'intervention d'un professionnel.

Conseils pour épargner du temps: On peut facilement retirer de leurs armatures métalliques certains types d'auvent. Le cas échéant, vous auriez avantage à poser l'auvent sur le sol afin de le nettoyer selon la méthode proposée ci-dessus. Vous pouvez faire appel à un professionnel pour qu'il retire et replace l'auvent, si vous voulez le nettoyer vous-même.

En moins de deux: Si vous n'avez pas de brosse à camions, une brosse à long manche dotée de soies souples fera l'affaire.

Mise en garde: La manière dont on s'y prend pour atteindre un auvent est bien sûr fonction de son emplacement. Usez toujours de prudence lorsque vous travaillez sur une échelle et évitez de l'appuyer contre l'armature de l'auvent. N'employez pas un détergent puissant qui pourrait décolorer le matériau. Avant d'entreprendre le nettoyage d'un auvent, lisez attentivement le mode d'emploi et les précautions d'usage d'un produit.

Bacs à sable

On peut considérer qu'un bac à sable est propre alors qu'il contient des saletés ou, plus précisément, du sable! Son entretien consiste essentiellement à en retirer les détritus et à en laver les parois.

Technique: Pour laver un bac à sable de plastique, mélangez une solution composée à 10 p. cent d'eau chaude et de javellisant, nous dit Lorraine Pickruhn, propriétaire de For Babies Only, un jardin d'enfants à Wausau dans le Wisconsin. Ajoutez quelques giclées de détergent liquide pour la vaisselle ou de détersif à lessive au mélange.

Récurez la surface à l'aide d'une brosse de nylon. Employez de l'alcool à friction pour effacer les marques de craies et les taches d'encre.

Ratissez le sable pour en retirer les détritus et les bâtons. Pour en filtrer les saletés plus fines, Mme Pickruhn conseille de tamiser le sable avec un tamis à farine.

Conseil préventif: Couvrez le bac à sable, si possible, pour éviter que les chats et autres bestioles du voisinage y voient une litière format géant.

Bagages

En un sens, les bagages sont faits pour être salis. Leur raison d'être n'est-elle pas de protéger leur contenu? Mais un bon entretien en prolongera la durée tout en améliorant leur apparence, ce qui peut s'avérer important en des lieux publics tels que les aéroports, les gymnases et les clubs de golf.

Technique: Il est préférable de nettoyer les bagages par petites touches. En ce qui concerne les housses à vêtements, les sacs fourre-tout, les sacs de paquetage et les valises pullman fabriqués de matières synthétiques et de toile, commencez par un chiffon humide trempé dans de l'eau chaude à laquelle vous avez ajouté une giclée de détergent liquide pour la vaisselle. Ne trempez pas vos bagages, mais épongez délicatement les endroits salis.

Pour faire disparaître les éraflures, employez un nettoyant tous usages tel que Fantastik. Pulvérisez-le sur un chiffon ou une éponge humide et essuyez la surface en question. «Je n'ai jamais eu à nettoyer mes bagages plus que cela», avoue Sharon B. Wingler, hôtesse de l'air et auteur de: *Travel Alone and Love It.* (Un conseil de Mme Wingler: Achetez des bagages noirs, les éraflures n'y paraissent pas. «Tous mes bagages sont noirs», écrit-elle.)

Les bagages en aluminium

Employez une solution composée d'eau chaude et de détergent liquide pour la vaisselle, ainsi qu'un chiffon. N'employez jamais de nettoyant alcalin tel que l'ammoniaque, le phosphate trisodique, voire le bicarbonate de soude. Ces produits décolorent l'aluminium. Si l'aluminium est décoloré, lavez-le à l'eau savonneuse à laquelle vous aurez ajouté un soupçon de jus de citron ou de vinaigre. (Remarque:

Faites d'abord un essai en un endroit peu apparent.) L'acide que contiennent ces substances contribuera à raviver l'éclat de l'aluminium.

N'employez aucun nettoyant abrasif, poudre à récurer ou tampon métallique. Ils égratigneraient et terniraient la surface.

Les bagages de cuir

Le cuir réagit à l'eau et aux nettoyants chimiques. Aussi, usez de prudence lorsqu'une valise de cuir est salie. Avant toute chose, observez les conseils du fabricant. Faites l'essai d'un nettoyant pour le cuir, en vente dans les bagageries et les cordonneries. Toutefois, avant d'en faire usage, éprouvez-le en un endroit peu apparent pour vous assurer qu'il ne cause pas la décoloration du cuir et qu'il ne change pas la texture de la peau.

Si vos bagages sont en cuir de qualité supérieure ou si vous êtes en présence de taches difficiles à déloger, vous devriez les porter chez un teinturier spécialiste des articles de cuir. Choisissez ce dernier avec discernement. De nos jours, le nettoyage des articles de cuir est confié en sous-traitance à des grossistes. Interrogez votre teinturier pour vous assurer qu'il confiera vos bagages à un spécialiste du cuir.

Les sacs de golf

La plupart des sacs de golf d'aujourd'hui sont faciles à nettoyer. «Il pleut sur le green de temps en temps ou, tôt le matin, vous posez votre sac sur la pelouse mouillée de rosée. C'est pourquoi la grande majorité des sacs de golf sont fabriqués de matériaux synthétiques», dit Ron Reczek, responsable de la production chez All-American Golf, fabricant de sacs et d'accessoires de golf à Joliet dans l'Illinois. Il nous propose de nettoyer le matériel par petites touches à l'aide d'une serviette de ratine trempée dans une solution composée d'eau chaude et d'une giclée de détergent liquide pour la vaisselle. Récurez les replis et les interstices à l'aide d'une brosse à dents aux soies drues.

«Peu de gens ont un sac de cuir, pas même chez les professionnels, c'est trop onéreux», dit M. Reczek. Si votre sac comporte des incrustations de cuir, nettoyez-les avec un nettoyant prévu à cet effet, en vente dans les bagageries et les cordonneries.

Conseils pour épargner du temps: Passez l'aspirateur à l'intérieur de votre sac de golf et de ses pochettes pour y enlever l'herbe et la terre séchées. De plus, avant de faire une partie, mettez une serviette mouillée dans un sac de plastique au fond de votre sac. Vous pourrez nettoyer vos bâtons après chaque trou.

Baignoires

Un entretien régulier vous évitera les grandes corvées, par exemple désincruster les traces de savon agglutiné avec le temps.

Technique: Après chaque bain, passez l'éponge dans la baignoire et rincez-la à l'eau. Vous préviendrez ainsi l'accumulation du savon. Une fois par semaine, faites un nettoyage plus rigoureux.

Avant d'aller acheter un coûteux nettoyant pour la baignoire, lavez-la à l'aide d'un nettoyant ou détergent que vous possédez déjà. Un peu de détergent liquide pour la vaisselle versé sur une éponge devrait faire l'affaire. Le nettoyant Bon Ami polit également. Un peu de détergent à lessive liquide, par exemple Tide, versé sur une éponge, nettoiera la crasse et la décoloration causée par l'eau dure. Si le fond de votre baignoire est doté de bandes antidérapantes, frottez-le avec un peu de Bon Ami et une brosse de nylon souple. S'il faut employer un nettoyant plus grumeleux, versez du bicarbonate de soude sur une éponge humide. Ce produit est naturel, sûr et n'égratignera pas la surface de la baignoire.

En moins de deux: Il vous faut un outil plus résistant qu'une éponge? Alors récurez le fond de la baignoire à l'aide d'un tampon en mailles de nylon (en vente au supermarché). Vous pourriez même former une balle avec un vieux bas nylon.

Mise en garde: N'employez aucun récurant abrasif, tampon ou brosse qui pourrait égratigner ou ternir la surface de la baignoire. N'employez jamais de nettoyant contenant de l'acétone ou de l'alcool éthylique afin de nettoyer une coquille de fibre de verre. Ces produits abîmeraient la surface. N'employez jamais de tampon métallique pour récurer une surface antidérapante, mais plutôt une brosse de nylon. Si des particules métalliques s'incrustaient dans une bande antidérapante, elles formeraient de la rouille.

Baignoires à remous

Certains s'empêchent de jouir de leur baignoire à remous parce que celles-ci sont difficiles à nettoyer! Avoisinant les 2 000 $ et plus, ces baignoires sont bien la façon la plus coûteuse de se laver! Alors, pourquoi s'en empêcher?

Technique: Que votre baignoire soit en acrylique, en fibre de verre ou en fonte, il faut la nettoyer avec un produit sans abrasif tel le Comet

Liquide avec Javel. Essuyez les parois de la baignoire avec l'éponge et le nettoyant. Puis, rincez à l'eau claire et asséchez avec un chiffon doux.

Pour s'assurer du bon fonctionnement des jets d'une baignoire à remous, il faut nettoyer le système au moins deux fois par mois. Pour ce faire, ajustez les jets afin qu'ils ne laissent pas entrer d'air (vérifiez votre manuel), remplissez la baignoire d'eau chaude jusqu'à ce que l'eau soit à environ 8 cm au-dessus du jet supérieur, ajoutez 10 ml de détergent sans mousse pour lave-vaisselle et 120 ml de javellisant tel le Chlorox. Faites fonctionner le système de jets pendant 10 à 15 minutes. Videz l'eau. Rincez, puis remplissez la baignoire d'eau froide jusqu'à environ 8 cm au-dessus du jet supérieur. Actionnez le mécanisme une autre fois et laissez-le en fonction pendant 5 à 10 minutes. Videz et essuyez avec un chiffon doux.

Conseils pour épargner du temps: Naturellement, il est préférable d'essuyer la baignoire après chaque usage. Cela prévient l'accumulation de savon. Mieux encore, évitez l'usage de savon. Tout ce qu'il vous restera à faire ce sera de passer un linge!

En moins de deux: Si la surface de votre baignoire vous semble matte, utilisez un produit nettoyant qui sert à poncer les carrosseries de voiture, suivi de l'application d'une couche de cire en pâte.

Mise en garde: N'utilisez pas d'abrasif sur les baignoires en fibre de verre ou en acrylique. Cela risquerait d'égratigner la surface et de lui enlever son fini brillant. N'oubliez pas de toujours lire les étiquettes des produits à utiliser afin d'en connaître le bon usage et les précautions à prendre.

Ballons de cuir, de plastique et de caoutchouc

Il n'est pas souhaitable qu'un ballon servant à la pratique d'un sport soit exagérément propre. Les traces d'herbe ou de terre sont en fait des preuves que vous vous en êtes servi.

Technique: De nos jours, la plupart des ballons de soccer et de volley ne sont plus fabriqués en cuir mais en matières synthétiques faciles à nettoyer telles que le chlorure de polyvinyle. Il faut les laver à l'aide d'un savon doux du genre Ivory et d'eau, et les assécher avec une serviette douce. Les ballons de caoutchouc, notamment les ballons de basket, et les ballons de plastique doivent être nettoyés de la même manière. Les ballons de cuir se contenteront d'un brossage rapide. La Wilson Sporting Goods Company, fabricant officiel des ballons employés par la ligue américaine de football, recommande d'employer une brosse à crins de cheval comme on en trouve chez les cordonniers. Il faut attendre que sèche la boue sur un ballon avant d'effectuer le brossage.

En moins de deux: À moins que la saleté n'entrave le rendement d'un ballon, vous devriez consacrer vos ardeurs à nettoyer autre chose. La plupart des ballons sont fabriqués en fonction d'un usage abusif. «Lorsque nous fabriquons un ballon de soccer, nous savons que vous vous en servirez sur un terrain gazonné et boueux», précise Carrie Fischer, responsable des communications chez Wilson.

Mise en garde: Ne lavez pas un ballon de cuir et ne l'enduisez pas d'un apprêt protecteur ou de silicone. Il a été conçu pour endurer les rudes coups et la saleté.

Barboteuses

Qu'elles soient gonflables, rigides, en plastique moulu d'un tout autre acabit, les piscines de nos petits chérubins sont faciles à nettoyer quand elles sont vides. Cependant, là où réside le défi, et il est parfois de taille, c'est de garder l'eau propre. En un rien de temps, l'eau claire, si invitante quelques secondes plus tôt, se trouvera transformée en une mare gluante remplie de boue, de gazon, d'insectes et d'autres débris. Comment faire pour garder une piscine propre dans ces conditions?

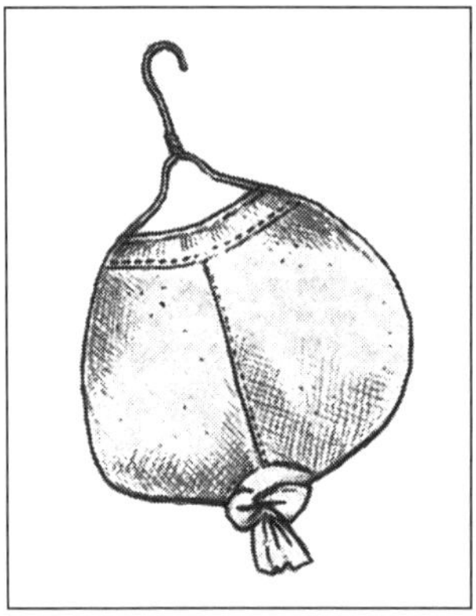

Pour faire un ramasse-poussière: pliez un cintre en forme de cercle, glissez-le par-dessus une paire de bas de nylon, coupez les jambes à l'aide d'une paire de ciseaux, nouez au bas.

Technique: La baignade terminée, videz l'eau en utilisant un seau avec lequel vous arroserez votre gazon, vos plantes et vos boîtes à fleurs, puis rincez la piscine avec le boyau d'arrosage pour enlever le gazon et la saleté. L'eau d'une piscine qui a subi toutes les intempéries peut éventuellement développer une mince couche de saleté que vous ne pourrez déloger qu'en utilisant une brosse de nylon trempée dans un mélange d'eau de Javel (60 ml) et d'eau (4,5 l) Si vous devez laisser la piscine à l'extérieur, rangez-la debout sur le côté ou à la renverse. Ainsi, ni l'eau ni la saleté ne pourront la salir avant le prochain usage.

Conseils pour épargner du temps: Pendant que le soleil réchauffe l'eau, utilisez la toile protectrice de vos meubles de jardin pour empêcher qu'insectes et débris poussiéreux ne se retrouvent dans l'eau avant vos bambins. Certaines toiles sont tout indiquées pour protéger les barboteuses de ces visiteurs inopportuns.

En moins de deux: Vous n'avez pas d'outil préfabriqué pour nettoyer l'eau? Qu'à cela ne tienne! Fabriquez-le vous-même! Prenez une vieille paire de bas nylon et un cintre de métal comme ceux offerts chez les teinturiers. Pliez le cintre en forme de cercle. Glissez les bas autour et faites un nœud avec les jambes. Vous voici maintenant outillé pour récupérer les moustiques, mouches et autres bestioles qui décorent l'eau.

Bas de nylon

Le monde est cruel envers les bas de nylon. Leur existence est rude, tant lorsqu'on les porte que lorsqu'on les lave. Il s'agit de les laver sans tirer d'échelle, sans qu'ils rétrécissent et sans qu'ils se déforment.

Technique: Déposez vos bas à l'intérieur d'un sac à lessive en mailles, fermez-le solidement et lavez-les au programme du pressage permanent dans un détergent ordinaire. «Si vous n'utilisez pas un sac de mailles, les bas s'emmêlent autour de l'agitateur», explique Dorothy Cummings, habilleuse en chef du New York City Ballet. Traitez les taches au préalable, surtout les traces de maquillage, en les frottant à l'aide d'un pain de savon doux, tel que Ivory ou Dove.

Sortez les bas du sac de mailles et mettez-les au sèche-linge à faible température. Pour obtenir de meilleurs résultats, retirez-les du sèche-linge au bout de 15 minutes et pendez-les à un fil où ils sécheront complètement.

Conseils pour épargner du temps: Pour réduire l'électricité statique et assouplir le nylon, jetez une feuille d'assouplissant dans le sèche-linge.

Bassins d'eau

«Il faut réduire les déchets organiques qui s'accumulent dans un bassin artificiel afin de maintenir l'équilibre naturel de la vie marine», dit Keith Folsom, copropriétaire de Springdale Water Gardens, un fournisseur de Greenville en Virginie. «Un excédent de saletés favorise la pollution de l'eau du bassin, fait virer l'eau au vert et dégage des odeurs nauséabondes.» Les déchets organiques dégagent de l'azote qui est toxique pour les poissons.

Technique: Enlevez régulièrement les feuilles mortes, les branches et autres saletés, en particulier à l'automne. Le nettoyage annuel en sera d'autant facilité.

Nettoyez votre bassin une fois par année, au printemps ou à l'automne, lorsque l'eau du robinet est plus fraîche, donc plus propice aux poissons. Faites le nettoyage par une journée fraîche et nuageuse, de sorte que les plantes aquatiques ne dessèchent pas.

En premier lieu, emplissez d'eau du robinet la moitié d'un contenant où vous déposerez les poissons. Un seau de cinq litres ou une pataugeoire fera l'affaire. Employez un agent de déchloration (en vente dans les jardineries) afin d'enlever le chlore de l'eau du robinet. Emplissez l'autre moitié du contenant avec de l'eau du bassin. Servez-vous d'un siphon ou d'une pompe pour simplifier le travail. Le mélange des eaux facilitera la transition entre une eau souillée et une eau propre.

À l'aide d'une épuisette, transférez les poissons dans le contenant que vous rangerez en un lieu frais et ombragé. Posez un filtre sur le dessus du contenant pour éviter que les poissons ne s'échappent.

Recherchés: Déchets organiques pour bassin impressionniste

La propreté majuscule n'est pas toujours indiquée. Ainsi, dans le cas d'un bassin où évoluent des poissons, il ne faut pas récurer comme dans une salle d'anesthésie. Il faut conserver à l'eau une part des bactéries naturelles qui se sont développées sur les parois du bassin.

Les déchets organiques tombent au fond du bassin. Des bactéries utiles consomment l'azote dégagé par les déchets organiques qui aident à prévenir l'apparition d'algues auxquelles l'azote est nécessaire. Ils empêchent l'eau de devenir verdâtre et protègent les poissons, étant donné que l'azote peut leur être toxique. C'est un bon moyen de contrôler la qualité de l'eau sans avoir recours aux substances chimiques.

Les charognards d'eau ou l'appel de la fange

Les charognards d'eau sont d'insatiables gobe-fange. «Une combinaison de moules, de têtards et d'escargots assurera l'équilibre biologique de votre bassin», nous dit Keith Folsom, copropriétaire de Springdale Water Gardens, un fournisseur de matériel de bassins d'eau à Greenville en Virginie. Ils se repaissent des déchets organiques des poissons et des plantes, réduisent la prolifération d'algues et assurent la propreté de l'eau.

Les escargots du Japon, qui évoluent dans la gadoue au fond des bassins d'eau, comptent parmi les meilleurs charognards qui soient parce qu'ils se reproduisent lentement et ne s'échappent pas du bassin. Les têtards et les moules filtrent les algues en suspension dans l'eau.

En général, on conseille d'installer un charognard par 0,093 m^2 de surface d'eau.

Continuez de vider le bassin en acheminant l'eau riche en nutriments autour des végétaux de votre jardin. Cueillez délicatement les plantes aquatiques et conservez-les à l'ombre. Couvrez les plantes qui flottent à la surface de l'eau, notamment les nénuphars, de papier journal mouillé et de plastique, afin de préserver l'humidité dont elles ont besoin.

Nota bene: Le plastique seul créera vite une surchauffe.

À mesure que baisse le niveau d'eau, récurez les parois du bassin à l'aide d'une brosse de nylon. Rincez avec l'eau du bassin. Les sédiments s'accumuleront au fond, lorsque le bassin sera drainé. Pour terminer, récurez la vase tapissant le fond; enlevez-la à l'aide d'une pelle et répandez-la au jardin comme un engrais.

Lorsque le bassin est propre, versez-y la moitié de l'eau se trouvant dans le contenant où grouillent les poissons. Cette mesure inoculera des bactéries utiles dans le bassin propre. Ensuite, remplissez le bassin avec l'eau du robinet et enlevez le chlore qu'elle contient. Pour aider les poissons à s'adapter à la température de l'eau, emplissez d'eau du robinet le contenant dans lequel ils se trouvent et patientez entre 20 et 30 minutes. À nouveau, versez la moitié de cette eau dans le bassin et remplissez le contenant d'eau du robinet. Répétez l'opération jusqu'à ce que la température de l'eau du bassin soit la même que celle du contenant.

Si votre bassin est doté d'un filtre, nettoyez-le en suivant les indications du fabricant. D'ordinaire, il s'agit simplement de nettoyer le mécanisme filtrant d'un jet d'eau. Si de l'eau et du savon s'avéraient nécessaires, assurez-vous de bien rincer avant de le remettre en place.

Conseils pour épargner du temps: Élevez des escargots ou des moules dans votre bassin. Ces charognards en assureront la propreté et votre grand nettoyage annuel sera moins fastidieux. Avant de procéder au nettoyage du bassin, récupérez les moules ou escargots et déposez-les dans le contenant des poissons. Vous les remettrez au bassin après le nettoyage.

En moins de deux: À l'aide d'un râteau de plastique, ratissez délicatement les déchets organiques au fond du bassin. Si des moules ou des escargots vivent dans votre bassin, n'oubliez pas de les remettre à l'eau avant de vous défaire des déchets.

Mise en garde: Ne nettoyez pas votre bassin plus d'une fois par année. Ce temps est nécessaire à la prolifération des bactéries utiles. N'essayez pas d'enlever les poissons de l'eau si le niveau en est élevé. Ils risqueraient de se blesser pendant la poursuite. Attendez plutôt que le niveau de l'eau baisse et qu'ils aient du mal à fuir l'épuisette.

Bateaux

Employez toujours la méthode la plus douce lorsque vous nettoyez un bateau. N'employez la manière forte qu'avec parcimonie et encore, assurez-vous au préalable qu'elle puisse convenir aux matériaux qui forment votre embarcation.

Technique: Indépendamment du matériau dont le bateau est fabriqué, le nettoyage débute par un seau d'eau fraîche contenant un savon doux ou du détergent liquide pour la vaisselle. Savonnez généreusement les surfaces du bateau à l'aide d'une éponge, puis rincez abondamment à l'eau fraîche.

Bateaux de bois

Étant donné que les bateaux de bois sont peints, «... on nettoie en fait la peinture, ce qui exclut d'office les solvants. De l'eau et du savon sont tout indiqués», dit Randy Cobb, ingénieur à la Old Town Canoe Company, le vénérable fabricant de canots et petites embarcations de Old Town dans le Maine. Si une éponge ne vient pas à bout de la saleté incrustée, frottez à l'aide d'un tampon à récurer peu abrasif, dont l'endos peut être blanc, havane ou beige. Un tampon plus abrasif risquerait d'abîmer la surface peinte.

Des rats et des hommes

Ah! Partir en mer sur un vieux voilier anglais! L'exaltation! L'aventure! La vermine! Pouah! Un tel périple n'est pas fait que d'aventure et d'exaltation. Au nombre des corvées moins glorieuses, il faut compter la dératisation et la destruction des blattes qui peuplent le navire.

James Horsburgh, vieux loup de mer du début du XIXe siècle, décrit la méthode suivante qui sert également à vérifier l'absence de fuites. La description paraît dans *La Chronique navale*, un journal naval britannique qui parut à l'époque en plusieurs tomes. En premier lieu, on lestait dans la cale un grand chaudron plein de charbons ardents couverts de bouts de corde et de toiles humides et englués de goudron.

«Mais pour m'assurer de détruire la vermine, écrit Hornsburgh, je leste également dans la cale une petite bouilloire contenant du soufre que je pose sur le feu. Je referme aussitôt les écoutilles que j'assujettis avec de l'argile. En quelques minutes, la fumée sulfureuse commence à s'échapper en de nombreux endroits du vaisseau, ce qui permet au charpentier de les marquer à la craie. C'est ainsi que nous avons découvert dans la proue une fuite qui s'y trouvait depuis dix ans. De nombreux efforts avaient été déployés à diverses occasions pour la mettre au jour, sans succès.

«Au bout de 40 heures, nous avons ouvert les écoutilles pour trouver les rats pétrifiés; quant aux cafards, ils grouillaient comme si de rien n'était.»

Bateaux de fibre de verre

Lavez-les d'abord à l'eau savonneuse. Si cela ne suffit pas, employez un diluant à peinture pour déloger la crasse ou les taches d'huile. Ensuite, rincez le bateau. N'employez pas un diluant à laque ou de l'acétone, des solvants plus puissants qui pourraient abîmer la fibre de verre.

Bateaux enduits de vinyle

Les petites embarcations sont souvent fabriquées à l'aide d'un composé de vinyle du nom de Royalex®. Leur centre est fait de mousse plastique couverte d'une épaisseur de plastique durci, enduit à son tour de vinyle. Après un premier lavage à l'eau et au savon, attaquez-vous à la crasse à l'aide d'un chiffon imbibé d'alcool dénaturé (en vente dans les quincailleries). La moisissure prolifère souvent sur ces embarcations, surtout si on les remise dans un hangar pendant un long moment. L'alcool dénaturé délogera la moisissure sans attaquer le vinyle. S'il se trouve des taches particulièrement tenaces, usez d'un tout petit peu d'acétone. Une grande quantité d'acétone ou d'un autre

> **Les travaux d'Hercule**
>
> **Un flush royal!**
>
> Le nombre de cuvettes d'eaux usées évacuées chaque jour du plus gros paquebot de croisière de la société Carnival: plus de 3 000.

solvant risquerait d'abîmer la mousse plastique et de faire peler la couche de vinyle.

Bateaux de polyuréthane

Certains canots, kayaks et petites embarcations sont fabriqués à partir de ce matériau résistant mais souple, quelque peu semblable au plastique, dont sont faits les contenants à détergent liquide pour la lessive. S'il faut nettoyer davantage qu'à l'eau et au savon, employez par endroits un peu de diluant à peinture ou d'acétone à l'aide d'un chiffon. De petites quantités de diluant à laque peuvent servir en dernier recours.

Bateaux d'aluminium

Si l'aluminium est peint, procédez comme on le fait sur une surface de bois. Les bateaux d'aluminium brut sont résistants; ils peuvent supporter tous les modes de nettoyage précédents.

Conseils pour épargner du temps: Si votre bateau navigue en eau salée, rincez-le abondamment à l'eau douce après vous en être servi. Vous préviendrez ainsi la formation d'une pellicule saline et limiterez la corrosion.

Mise en garde: N'employez ni diluant, ni solvant pour nettoyer un bateau peint. N'en usez que par endroits sur les autres types de surfaces. «Il ne faut jamais qu'un produit soit plus agressif que nécessaire», nous prévient M. Cobb. Rincez toujours les produits nettoyants à grande eau.

Bâtons de golf

Des bâtons en piètre état font un piètre golfeur. «La boue et la saleté influent sur la manière dont la tête frappe la balle», explique Tony Miller, président de Raven Golf, un fabricant de bâtons de golf établi à Milwaukee. «Remarquez que les golfeurs professionnels essuient leurs bâtons après chaque coup.»

Technique: Si vous n'avez pas envie de nettoyer vos bâtons après chaque trou, faites-le à tout le moins après la partie. La technique en est fort simple: «Nous ne nous servons d'aucun nettoyant particulier sur les bâtons», dit Eric Pedersen, assistant au club de golf Augusta

National en Géorgie. «Nous n'utilisons que du détergent liquide pour la vaisselle, de l'eau et une brosse ou une serviette.» Ne mouillez pas trop les poignées de cuir. Prenez un chiffon légèrement humide afin de déloger la terre et la crasse. Asséchez les bâtons à l'aide d'une serviette propre et sèche.

Conseils pour épargner du temps: Mettez une serviette mouillée dans votre sac de golf avant une partie. Vous pourrez facilement essuyer les fers et les bois lorsque vous serez sur le vert.

Battes en bois ou en aluminium

Vous ne frapperez peut-être pas davantage un circuit si votre batte est bien astiquée, mais vous aurez l'impression d'en être capable.

Technique: S'il s'agit d'une batte en bois, lavez-la à l'eau et asséchez-la sur-le-champ pour que le bois ne soit pas détrempé. Cela importe surtout si la batte est en bois brut, sans peinture ou vernis. Pour la faire reluire, appliquez une couche de cire à parquet. Employez une cire translucide si votre batte est en bois clair. On lavera une batte en aluminium à l'eau et au savon. Pour la faire briller davantage, appliquez une couche de cire liquide pour automobile ou de cire en pâte. La prise de caoutchouc doit être frottée à l'aide d'une brosse mouillée. Il ne faut pas frotter une prise en cuir mais simplement l'essuyer à l'aide d'un chiffon humide.

Mise en garde: N'employez aucun nettoyant ou tampon abrasif qui risquerait d'abîmer la surface d'aluminium ou de bois.

Béton

La poussière et d'autres polluants aériens finissent par salir les surfaces de béton. «Le béton n'est pas un matériau complètement exempt de nettoyage», prévient Mary Hurd, ingénieur à Farmington Hills dans le Michigan et experte-conseil auprès du magazine spécialisé Concrete Construction. «Les gens s'imaginent ne jamais devoir nettoyer le béton. En fait, un nettoyage périodique peut grandement améliorer l'aspect d'une surface de béton et prolonger sa durée.»

Technique: S'il s'agit d'un léger nettoyage, frottez la surface à l'aide d'une brosse de fibres aux soies roides et sèches. Un bon brossage à intervalles réguliers tiendra la crasse en respect. «À raison d'une fois l'an, vous préviendrez probablement l'accumulation de saleté incrustée», dit Mme Hurd.

Dans le cas de crasse ou de taches tenaces, mélangez du phosphate trisodique (en vente dans les quincailleries) à un seau d'eau chaude. Respectez les proportions conseillées par le fabricant et frottez le béton à l'aide d'une brosse dure.

S'il s'agit d'une surface vieille ou fragile, frottez-la d'abord délicatement à l'aide d'une brosse aux soies souples. Ensuite, brossez-la à l'eau chaude et au savon. Si la crasse ou la saleté subsiste, ajoutez un peu de vinaigre à l'eau savonneuse.

Il est préférable de nettoyer sans tarder les déversements de peinture et de produits qui tachent. Sinon, ils s'infiltreront dans les pores du béton et en seront indélogeables.

Mise en garde: N'employez jamais de brosse métallique. Elle pourrait laisser des particules de métal qui finiraient par rouiller à la surface du béton. Éprouvez votre méthode de nettoyage en un endroit discret avant de procéder à la grandeur. Ainsi, vous serez assurés de ne commettre aucune erreur regrettable. Lisez attentivement les indications sur les conditionnements des produits que vous utilisez.

CONSEIL D'EXPERT

Le roi des déversements autoroutiers

Andy Bailey, chef ingénieur du Service de l'entretien au Virginia Department of Transportations, veille à l'entretien de 83 500 km d'autoroute. Il a nettoyé plus que sa part de déversements de carburant sur le béton.

«Le risque d'incendie est notre première préoccupation. Un déversement de carburant peut abîmer la surface d'une route, polluer l'environnement et compromettre la sécurité des automobilistes. Aussi, le nettoyage ne doit pas tarder.

«Tout d'abord, nous répandons du sable ou un autre absorbant sur toute la surface maculée. Puis une espèce d'aspirateur grand format, monté sur un camion, aspire le sable imprégné de carburant. Il faut ensuite faire disparaître les taches. Auparavant, nous les poncions au jet de sable mais, pour des motifs écologiques, nous les faisons désormais disparaître au jet d'eau.

«Les difficultés sont plus grandes sur l'asphalte. Étant donné que l'asphalte est un matériau à base huileuse, les traces de diesel agissent comme un solvant et détériorent le pavé. Il arrive que la seule solution possible soit de repaver la route.»

Bibelots et babioles

Les bibelots sont exposés pour être vus, n'est-ce pas? Naturellement, ils ne doivent pas être poussiéreux s'ils doivent paraître sous leur meilleur jour.

Technique: Les bibelots sont de formes, de dimensions et de matériaux aussi différents qu'ils sont nombreux. La plupart ne nécessitent qu'un époussetage régulier.

«La majorité des bibelots se nettoient d'un coup de chiffon humide», dit Marry Keener, adjointe au directeur de la gestion des installations à l'université de l'Arizona à Tucson et membre du comité consultatif du magazine Executive Housekeeping Today. «De nos jours, tant de surfaces sont enduites de plastique, de vinyle et de peinture. Le bois est protégé par du polyuréthane.»

Servez-vous d'un chiffon sec pour nettoyer les objets qu'il ne faut pas mouiller, par exemple la poterie non vernissée ou un objet peint à la main.

Si la surface d'une babiole est moelleuse, un coussin ou une poupée par exemple, il faut en secouer la poussière accumulée. Il n'est pas nécessaire de la laver; en fait, l'eau peut souvent gâter ce genre d'objet. Mettez-les plutôt dans le sèche-linge et faites-les culbuter pendant 5 à 10 minutes au programme «Air Fluff» qui tourne à l'air frais. (L'objet en question ne doit comporter aucun élément cassant.) La poussière s'en détachera et sera acheminée dans le panier du filtre du sèche-linge.

Conseils pour épargner du temps: Rangez la poterie vernissée, le verre et autres substances semblables au lave-vaisselle et lavez-les au programme réservé à la porcelaine fine. Laissez la machine accomplir le travail, lorsque cela est possible!

Bicyclettes

Il en va de l'entretien de votre bicyclette comme de celui de votre automobile. Un grand lavage de temps en temps, ainsi qu'un bon cirage, fera plus que reluire les ailes: cela améliorera le rendement du vélo et en prolongera la durée.

Les bicyclettes fabriquées de nos jours s'inscrivent en deux catégories: les vélos de montagne et les vélos de route. Les façons de les nettoyer se ressemblent, sauf que les vélos de montagne, en raison de leurs pneus conçus pour négocier des virages sur des pistes boueuses, sont souvent plus sales et réclament plus de soins.

Technique: En général, le cirage s'inscrit à la toute fin d'une opération de nettoyage. Mais votre bicyclette doit recevoir une couche de cire en début de saison, avant que vous ne l'enfourchiez pour la première fois. «On protège le cadre en le préparant en vue de l'usage qu'on en fera», explique Jimmy Langley, premier rédacteur technique du magazine *Bicycling*, à Soquel en Californie. «Ainsi, vous aurez moins de boulot à accomplir au retour d'une randonnée sur des sentiers de terre ou de boue.» Si votre vélo n'est pas sale à ce point, un bon coup de chiffon humide, suivi d'un cirage, suffira.

Il existe des cires conçues expressément pour les cadres de vélos, en vente chez les bons fournisseurs de vélos, mais la cire pour automobiles fait aussi bien l'affaire. Il faut employer un produit d'application facile, en raison des nombreux tubes et garde-boue et détails du cadre. Une cire liquide est en général plus facile à appliquer qu'une pâte à cirer. Il suffit de l'appliquer à l'aide d'un chiffon propre, en suivant le mode d'emploi du fabricant.

Le nettoyage d'une bicyclette porte principalement sur deux choses: le cadre et la transmission. Elle doit être maintenue en suspension pendant que l'on procède au nettoyage. Pendez-la à une porte de garage ouverte en accrochant le bout de la selle à une attache de métal, à une solide branche d'arbre de bonne hauteur, sur un porte-vélos ou en un endroit où vous pourrez l'assujettir en toute sûreté. On trouve des porte-vélos à moins de 20 $ dans certaines boutiques de cyclisme. Sinon, procurez-vous un tréteau de réparations qui vous coûtera entre 125 $ et 150 $.

La transmission

La transmission est constituée de la chaîne, des pédales, des dérailleurs, du moyeu arrière et d'autres éléments mécaniques du vélo. Son nettoyage est plus salissant que l'entretien de la tubulure et doit donc être accompli en premier lieu. Ces pièces doivent être nettoyées environ une fois par mois si vous roulez souvent ou dès lors que vous remarquez une accumulation de crasse quelque part. Nettoyez la chaîne quelques maillons à la fois en y pulvérisant un dégraissant tel que WD-40, puis en l'essuyant à l'aide d'un chiffon. Quand ces maillons sont propres, faites tourner un peu le pédalier et astiquez une nouvelle section de la chaîne. Lorsque celle-ci est propre, soulevez la chaîne d'engrenage à l'aide d'un doigt (il s'agit de la roue dentée qui retient la chaîne). Passez la pointe d'un tournevis entre les dents pour en retirer la crasse. Insérez un chiffon entre les anneaux et passez-le en aller et retour, à la manière d'un fil dentaire.

Pulvérisez un dégraissant (WD-40) sur les dérailleurs, les manivelles, les dents d'engrenage et les pédales que vous frotterez à l'aide d'un chiffon. Pulvérisez le dégraissant sur le dessus pour éviter qu'il n'infiltre les composants mécaniques et n'en élimine le lubrifiant essentiel. Il s'agit avant tout de déloger la crasse accumulée, non pas d'astiquer la chaîne pour qu'elle reluise comme un sou neuf. Elle doit être lubrifiée. Lorsque vous en aurez terminé avec le nettoyage, mettez quelques gouttes de lubrifiant à vélo sur la chaîne, les pédales et autres pièces articulées.

Le cadre

En premier lieu, prenez un boyau d'arrosage sans pistolet et mouillez bien le vélo. Faites mousser 60 ml de détergent liquide pour la vaisselle dans un seau d'eau. À l'aide d'une éponge, savonnez le cadre du vélo, les guidons, les poignées et la selle. Pendant que vous lavez, regardez s'il y a des taches de rouille. On fait disparaître les tavelures de rouille à l'aide d'un tampon métallique fin (n° 0). Si les taches de corrosion sont importantes, consultez un mécanicien car elles pourraient mener à la dégradation du cadre.

Employez une brosse de nylon pour déloger la boue incrustée. Servez-vous d'une brosse plus petite pour récurer entre les interstices que l'éponge n'a pu atteindre. Faites couler de l'eau sur le cadre jusqu'à ce que la mousse savonneuse en soit évacuée. Asséchez à l'aide de chiffons propres et secs, puis cirez.

Lavez les roues et les pneus avec le même produit. Lavez les pneus avec lenteur et méthode, en les scrutant de près, à la recherche de la moindre lésion. Voyez s'il se trouve des entailles ou des saletés incrustées entre les stries de la semelle. Les flancs des pneus sont en général fabriqués d'une étoffe. Voyez s'ils donnent des signes d'usure. Il faut remplacer sans tarder un pneu abîmé.

Conseils pour épargner du temps: Plutôt que d'appliquer de la cire sur le cadre de votre vélo, vaporisez un produit cirant pour meubles, du genre Pledge. Pulvérisez et astiquez. Vous gagnerez ainsi un temps fou. L'inconvénient, c'est que ce produit tiendra la route moins longtemps que la cire et qu'il faudra recommencer plus souvent.

Mise en garde: Ne nettoyez jamais un vélo sans qu'il ne repose sur un support solide. Il pourrait tomber par terre; il s'agit de la première cause de bris des vélos, selon M. Langley.

N'arrosez pas votre vélo à l'aide d'un pistolet et ne le lavez pas à l'aide d'un pistolet à eau pressurisé. L'eau s'infiltrerait dans les interstices et délogerait le lubrifiant, ce qui entraînerait l'usure rapide des pièces articulées. Pour la même raison, ne lavez pas votre vélo en le retournant à l'envers et ne pulvérisez pas de dégraissant dans les articulations de la transmission. N'appliquez pas de protecteur, du genre Armor All, sur les pneus. La semelle serait alors glissante et vous pourriez perdre la maîtrise du vélo en roulant.

Bigoudis

Un bain d'eau chaude et savonneuse rendra vos bigoudis si propres que vous pourrez vous convaincre qu'ils sont neufs... et que vos boucles sont naturelles.

Technique: Mettez vos bigoudis de plastique à tremper dans l'évier qui contient de l'eau chaude et du détergent pour la vaisselle pendant 10 à 20 minutes ou jusqu'à ce que l'huile et les traces de mousse coiffante ou de fixatif aient disparu. Puis rincez-les à l'eau fraîche.

Les bigoudis de velcro connaissent une popularité grandissante auprès des coiffeuses amateurs parce qu'ils ne sont pas tenus par des pinces à cheveux. S'ils sont faciles à utiliser, il est cependant plus difficile de les nettoyer. «L'inconvénient, c'est que les cheveux y adhèrent», avoue Rebecca Viands, vice-présidente administrative de la Potomac Academy of Hair Design à Falls Church en Virginie. «Il faut pratiquement enlever un cheveu à la fois.» Mme Viands propose de les mettre à tremper dans de l'eau savonneuse, puis de passer un peigne entre les fibres de velcro pour enlever le plus de cheveux possible. Par la suite, ne vous fatiguez pas trop! «Si vous êtes la seule à vous servir de ces bigoudis, après tout, ce sont vos cheveux», dit-elle enfin.

Conseils pour épargner du temps: Puisqu'on nettoie également peignes et brosses dans l'eau chaude et savonneuse, économisez du temps et de l'eau en leur donnant leur bain tous ensemble.

Mise en garde: Si vous nettoyez des bigoudis ordinaires, faites tremper en même temps les pinces à cheveux. Si les pinces sont en métal, asséchez-les après coup pour éviter qu'elles ne rouillent.

Bijoux

«Dès lors qu'elles sont extraites du sous-sol, les pierres précieuses sont exposées à des avanies qu'elles ignoraient avant de rencontrer la lumière», écrit Fred Ward, expert en gemmologie dans son ouvrage intitulé: *Gem Care*. Les huiles organiques, les polluants aériens, le savon et d'autres substances ternissent l'éclat d'un bijou et peuvent abîmer de façon permanente nos plus précieuses possessions.

Technique: Ne nettoyez pas trop vos bijoux! La plupart n'ont pas à être nettoyés chaque fois que vous les avez portés, à l'exception des pierres poreuses telles que la turquoise, l'ambre et surtout les perles, qu'il faut essuyer avec un chamois après qu'on les ait enlevées. Étant donnée la porosité de ces gemmes, des substances telles que la sueur, le parfum, les produits de beauté et la laque à cheveux peuvent y laisser des taches. Pour cette raison, coiffez-vous, maquillez-vous, et parfumez-vous avant de mettre vos perles, et portez-les par-dessus un vêtement plutôt que sur la peau. Leur porosité les fragilise aussi par rapport à certains nettoyants. De temps en temps, lavez vos perles et vos bijoux dont la pierre est poreuse dans l'eau tiède avec un pain de savon blanc. Nettoyez délicatement les pierres avec un chiffon doux. Toute autre chose, par exemple une brosse à dents, pourrait les égratigner. Ne laissez pas tremper les pierres. Rincez-les à l'eau fraîche et asséchez-les avec un chamois.

Les pierres cristallines telles que les diamants, les rubis, les grenats et les émeraudes n'absorbent pas l'humidité et doivent être nettoyées de façon périodique afin de rehausser leur éclat. «Lorsque vous nettoyez ces pierres précieuses, votre seul sujet de préoccupation consiste à ne pas les égratigner», dit M. Ward. Nettoyez-les plusieurs fois par année, selon la fréquence à laquelle vous les portez. En ce qui concerne toutes les pierres cristallines, à l'exception du diamant, l'eau chaude savonneuse et une brosse à dents souple sont des plus indiquées. «Les diamants attirent le savon et le gras qui les ternissent», explique M. Ward. Nettoyez vos diamants dans une solution composée à parties égales d'eau tiède et d'un nettoyant tous usages tel que M. Net, en employant un chiffon doux. Ou encore, posez vos diamants dans un verre à liqueur plein de vodka pure pendant une demi-heure, brossez-les avec une brosse à dents souple et rincez-les à l'eau courante. Le bijou que vous nettoyez ainsi ne doit compter aucune pierre poreuse, aucune perle. En pareil cas, n'employez que de l'eau chaude.

Les nettoyants ultrasoniques (qui détachent les saletés en vibrant des milliers de fois par seconde) sont sans danger pour les diamants et

L'échelle de dureté de Mohs

Le degré de dureté des minéraux se mesure à l'échelle de Mohs, du nom de son inventeur allemand Friedrich Mohs qui l'élabora au XIXe siècle. L'échelle compte 10 degrés, dont le dixième est occupé par le diamant, la substance la plus dure que nous connaissions. À l'opposé, le talc occupe le premier degré.

Puisque les substances qui occupent un rang élevé dans l'échelle de Mohs peuvent égratigner celles qui tiennent un rang inférieur, il importe de connaître le degré de dureté d'une pierre ou d'un métal précieux avant d'en faire le nettoyage. Ainsi, certains conseillent de nettoyer l'or avec du dentifrice; sauf que «...certains dentifrices contiennent du sable», affirme Fred Ward, auteur pendant 14 ans de la collection du National Geographic portant sur les gemmes. «Cela leur procure une dureté équivalent presque à celle du quartz. Ils peuvent abîmer certaines pierres poreuses et poncer l'or, l'argent et le platine jusqu'à les rendre mats.»

Voici une liste des principales substances répertoriées selon l'échelle de Mohs:

Substance	Dureté
Talc	1
Ambre	2 à 2,5
Argent	2,5
Or	2,5 à 3
Perle	2,5 à 4,5
Corail	3 à 4
Malachite	3,5 à 4
Platine	4 à 4,33
Verre	5 à 6
Turquoise	5 à 6
Opale	5,5
Rhodonite	5,5 à 6,5
Jade néphrite	6 à 6,5
Tanzanite	6 à 7
Zircon	6 à 7,5
Jadéite	6,5 à 7
Péridot	6,5 à 7
Quartz (incluant l'améthyste et la citrine)	7
Grenat	7 à 7.5
Tourmaline	7 à 7,5
Aigue-marine	7,5 à 8
Émeraude	7,5 à 8
Topaze	8
Rubis	9
Saphir	9
Diamant	10

quelques autres pierres précieuses. Cependant, les ultrasons risquent de faire craqueler les pierres poreuses telles que l'ambre et les perles. Prenez conseil auprès d'un bijoutier avant de faire appel à cette méthode.

En moins de deux: Essuyez simplement vos bijoux avec un chiffon humide pour y enlever toute trace d'huile organique, de maquillage et de poussière.

Mise en garde: Ne nettoyez pas vos émeraudes à l'aide des ultrasons. Bien qu'il s'agisse de pierres cristallines dures, elles peuvent craqueler sous l'effet des vibrations ultrasoniques.

Billots de boucher

Pareillement aux mains gercées, les billots de boucher supportent mal les changements d'humidité. En plus de les laver, il faut les huiler afin d'en prolonger la durée.

Technique: Lorsque vous en avez terminé de la planche à découper, raclez-la à l'aide d'un large racloir d'acier ou d'une spatule pour y enlever les restes d'aliments. Passez un coup de chiffon pour enlever ce qui resterait. Puis trempez un chiffon propre dans de l'eau chaude savonneuse et frottez la surface du bois. Rincez le chiffon à l'eau courante, essorez-le et frottez de nouveau. Prenez un autre chiffon, sec celui-là, et asséchez la surface.

Prévenez la formation de taches en nettoyant votre billot de boucher immédiatement après l'avoir utilisé et n'y laissez pas de nourriture pendant un trop long moment. Si une tache s'y incruste, vous pouvez la faire disparaître en la ponçant délicatement avec du papier de verre fin ou un tampon métallique. Frottez dans le sens de la fibre et huilez la surface comme on l'expliquera par la suite. Toute tache qui resterait finira par disparaître dans la fibre du bois au fil des entretiens subséquents. Ne paniquez pas si des veines foncées apparaissent sur le bois avec le temps. Elles proviennent de la décoloration naturelle du bois causée par les dépôts minéraux à l'intérieur des arbres et ne font qu'ajouter au caractère d'un objet en bois.

Les billots de boucher craignent une sécheresse excessive qui peut entraîner le fendillement du bois. Avant de vous en servir la première fois, et aux deux semaines par la suite (selon la fréquence d'utilisation et la sécheresse de l'air ambiant), enduisez la surface d'huile minérale. Le bois conservera ainsi son humidité naturelle et sera protégé contre

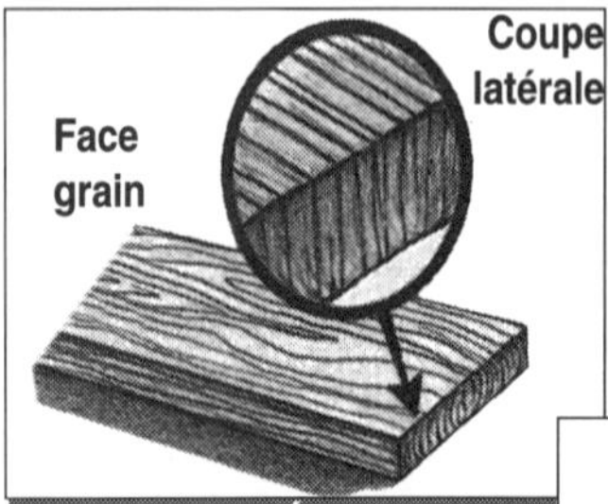

COUPES LATÉRALE ET TRANSVERSALE DES FIBRES

Un billot de boucher qui découvre la coupe transversale des fibres du bois est plus absorbant qu'un autre qui découvrirait la coupe latérale. En plus de le frotter à l'huile minérale, il faut lui appliquer de la cire d'abeilles ou de la paraffine.

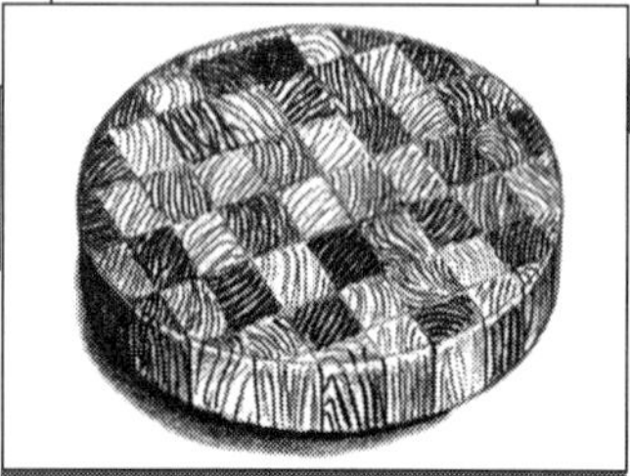

COUPE TRANSVERSALE

Les surfaces faites de la coupe transversale des fibres du bois forment un damier.

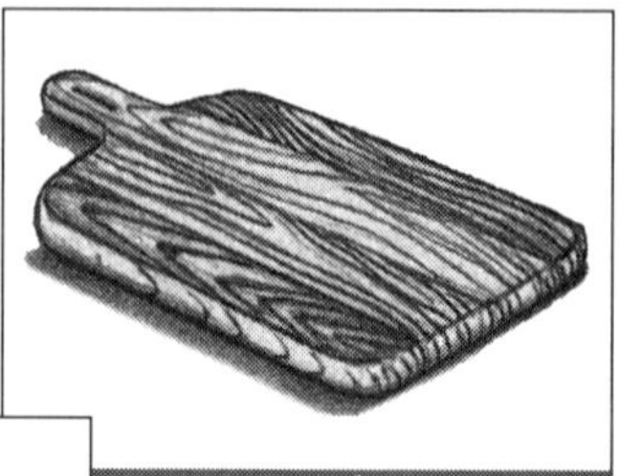

COUPE LATÉRALE

Les surfaces faites de la coupe latérale des fibres du bois semblent emboîtées à la manière des lames d'un parquet.

l'absorption des bactéries qui prolifèrent dans la viande crue et d'autres aliments. N'employez pas une huile végétale.

Un billot de boucher fait de la coupe latérale des fibres du bois n'a besoin que d'huile minérale. Ceux faits de la coupe transversale des fibres du bois sont plus absorbants. Il faut les enduire d'huile minérale et de paraffine fondue. Les premiers sont faits de planches de bois emboîtées à la manière des lames d'un parquet, tandis que les seconds sont semblables à un damier.

Avant d'enduire une surface dont les fibres du bois se présentent sous une coupe latérale, mettez l'huile à chauffer pendant 30 secondes ou moins dans un four à micro-ondes. Sinon, posez le contenant d'huile dans une casserole pleine d'eau très chaude. La quantité d'huile nécessaire est fonction de la sécheresse du bois, mais il vous en faudra au moins entre 180 et 240 ml pour une superficie de 0,2 m^2. Versez l'huile chaude sur le bois et étendez-la sur toute la surface à l'aide d'un pinceau de crin de cheval ou d'un chiffon épais. Laissez-la pénétrer pendant quatre ou cinq minutes. Si le bois l'absorbe très rapidement, il faudra en ajouter. À vous de juger!

Si les fibres se présentent sous une coupe transversale, faites fondre de la paraffine (en vente au supermarché) à laquelle vous ajouterez l'huile minérale, dans une proportion de quatre parties d'huile pour une de paraffine. Sinon on trouve dans le commerce des cubes d'huile mélangée au préalable, d'emploi plus facile. Versez l'huile et la cire sur la surface et étendez à l'aide d'un pinceau. Si le bois absorbe rapidement, ajoutez-en. Lorsque la préparation sèche, la cire perle à la surface. Raclez les perles de cire à l'aide d'un racloir ou d'une spatule métallique. Pour nettoyer le pinceau, rincez-le à l'eau chaude du robinet pendant environ cinq minutes ou jusqu'à ce qu'il ne contienne plus d'huile et de cire.

Conseils pour épargner du temps: Vous conserverez plus longtemps un billot et ralentirez la fréquence des traitements à l'huile si un humidificateur est branché dans la maison pendant les mois d'hiver.

Mise en garde: Nettoyez rigoureusement votre billot à découper chaque fois que vous en faites usage. À titre de précaution supplémentaire contre les bactéries, vous pourriez employer une section du billot pour trancher les viandes, une autre pour les poissons, la volaille, les légumes, et ainsi de suite. N'employez jamais un détergent ou nettoyant surpuissant. Si votre billot se trouve près de la cuisinière ou d'une source de chaleur, assurez-vous qu'il en soit bien isolé. Ne travaillez pas toujours la même partie du billot. Découpez vos aliments en des endroits différents de manière à répartir les entailles sur le bois. Si vous devez modifier votre billot ou une planche à découper en en sciant une partie, huilez immédiatement la coupe fraîche afin de préserver les fibres contre l'infiltration de liquide et les fissures.

Boiseries

Une boiserie doit être nettoyée selon son type de fini et non pas selon son type de bois. Il faut donc porter une attention particulière à savoir si le fini est une peinture, un polyuréthane ou une teinture.

Technique: Dans les pièces souvent utilisées, époussetez les plinthes une fois par semaine. Dans les endroits peu utilisés de la maison, époussetez-les une fois par mois.

Lorsque vous passez l'aspirateur sur le sol, passez-le aussi sur vos plinthes à l'aide de la petite brosse accessoire. Ou alors, essuyez-les avec un chiffon de laine d'agneau. La plupart des boiseries ont un fini à l'épreuve de l'eau et peuvent donc être lavées au besoin. Nettoyez alors avec une éponge humide trempée dans un produit nettoyant recommandé par le manufacturier du type de fini trouvé sur votre bois.

N'oubliez pas de suivre les directives spécifiques au produit. Une fois qu'elles sont propres, asséchez les boiseries à l'aide d'une serviette propre puis polissez-les. Pour enlever les marques noires laissées par les talons utilisez un peu de térébenthine sur un coton-tige, nous dit Colleen Dobson, vice-présidente de Lehigh Valley Hardwood Flooring à Allentown en Pennsylvanie.

Conseils pour épargner du temps: Avant de commencer à laver vos boiseries dans une pièce prenez un essuie-tout humide et passez-le sur les plinthes afin de ramasser le plus de poussière, de peluches et d'insectes possible. Ainsi vous ne les retrouverez pas sur votre éponge, ni dans votre solution nettoyante.

En moins de deux: Pour enlever les taches de graisse et de fumée d'une boiserie peinte sans en changer le fini, utilisez du phosphate trisodique (disponible dans les quincailleries) et appliquez-le selon les conseils du manufacturier tout en vous assurant de rincer abondamment à l'eau claire, nous dit Jim Capehart, président de Buss Paint and Wallpaper à Emmaus en Pennsylvanie.

Mise en garde: Ne nettoyez pas vos boiseries lorsque vous lavez les murs. Les plinthes sont normalement couvertes de petites peluches, de cheveux et d'insectes morts qui peuvent se coller à l'éponge. En lavant les murs et les plinthes simultanément vous retrouverez le tout sur les murs.

Quand vous utilisez du phosphate trisodique, portez des lunettes protectrices, des gants de caoutchouc et un chandail ou une chemise à manches longues. N'oubliez pas de toujours lire les étiquettes du produit utilisé afin d'en connaître le meilleur usage possible et les mesures de sécurité à prendre en cas de besoin.

Boiseries, lambris et panneaux

Afin de bien les nettoyer, il faut d'abord identifier l'essence du bois qui les forme. On trouve bien sûr des lambris de bois véritables, constitués de plusieurs essences et enduits de différents types de laque, et les panneaux de fibres de bois, enduits d'une couche de plastique durci à la chaleur, imitant le bois. Si le faux est relativement facile à entretenir, le bois véritable nécessite plus de délicatesse. À l'instar des meubles de bois, les lambris et panneaux réagissent à de nombreux matériaux et techniques de nettoyage.

Technique: Époussetez régulièrement les vrais et les faux lambris dans le cadre de l'entretien ordinaire. Afin de nettoyer les panneaux de fibres de bois, essuyez-les avec une éponge ou un chiffon trempé dans une solution composée d'eau chaude et d'une giclée de détergent liquide pour la vaisselle. Rincez la surface avec une éponge ou un chiffon trempé dans de l'eau fraîche.

Si le mur est très sale, employez une solution plus forte, par exemple un nettoyant tous usages dont il est précisé sur le conditionnement qu'il est sans danger sur les surfaces peintes. Faites-en d'abord l'essai en un endroit peu apparent pour vous assurer qu'il n'abîmera pas le lustre du lambris. Rincez à fond avec une éponge ou un chiffon trempé dans l'eau claire. N'employez pas de solvant sur les panneaux de fibres de bois car il pourrait décaper l'enduit de plastique.

Si les lambris et boiseries sont en bois véritable, essayez de vous en tenir seulement à l'époussetage. «Il vaut mieux éviter l'eau lorsqu'on nettoie du bois véritable», dit le Dr Douglas Gardner, professeur adjoint en sciences à la School of Forestry and Wood Products de la Michigan Technology University.

Toutefois, si les lambris doivent être davantage nettoyés, employez un produit cirant tel que Pledge ou Endust. Un produit non émulsifiant (translucide) tel que Pledge supprime la graisse et l'ancienne cire. Un produit émulsifiant, qui est d'un blanc laiteux, nettoie la saleté hydrosoluble en plus de la graisse. Employez un produit non émulsifiant sur le bois ancien et fragile pour éviter d'abîmer son lustre. Sinon, servez-vous d'un chiffon légèrement humide et d'un nettoyant neutre tel que le savon à l'huile Murphy. Suivez bien les indications du fabricant relatives aux proportions. À nouveau, faites-en d'abord l'essai en un endroit soustrait à la vue.

Conseils pour épargner du temps: Afin de faire les poussières sur les lambris, notamment s'ils sont sculptés, servez-vous du suceur à épousseter de votre aspirateur.

Boîtes à lunch

Seigle ou blé entier? Laitue ou tomate? Moutarde ou mayonnaise? Aux fins du nettoyage, la seule question qui se pose est la suivante: métal ou plastique? Heureusement, les boîtes à lunch fabriquées de l'un ou de l'autre matériau sont faciles à laver.

Technique: Essuyez l'intérieur de votre boîte à lunch avec un chiffon ou une éponge humide lorsque vous en avez terminé. Si votre boîte est en métal, polissez-la périodiquement à l'aide d'une cire liquide destinée aux automobiles et d'un chiffon de coton. Servez-vous d'un coton-tige pour pénétrer dans les interstices.

«En termes de nettoyage, il existe peu de différence entre une boîte à lunch et une Cadillac», affirme Allen Woodall, co-auteur de *The Illustrated Encyclopedia of Metal Lunch Boxes* et fondateur du musée de la boîte à lunch à Salem en Alabama. «La cire déloge la saleté. On nettoie et on cire en même temps.»

Si votre boîte à lunch est très sale ou rouillée, frottez-la délicatement avec un composé abrasif destiné aux carrosseries d'automobiles.

Bottes de cuir et de caoutchouc

Les bottes de qualité supporteront des années de randonnée sur les pistes rocailleuses et boueuses, à la condition de les entretenir comme il se doit.

Technique: Les bottes de caoutchouc nécessitent relativement peu de soins. Portez-les au jardin et nettoyez-les à l'aide du boyau d'arrosage. Même la boue séchée, incrustée sous les semelles, finira par amollir sous la pression de l'eau. «Je patauge souvent dans la boue avec mes bottes de caoutchouc et il suffit de peu pour déloger la boue durcie sous les semelles», dit Rocky Rodrigues, représentant de L.L. Bean au rayon des chaussures, au vénérable établissement de Freeport dans le Maine, où l'on fabrique et vend des bottes et chaussures de plein air depuis 1912. Enlevez la boue qui resterait à l'aide d'une serviette ou d'un chiffon.

Il y a peu de choses à faire pour empêcher du caoutchouc synthétique de peler ou de craqueler. Mais on peut prolonger la durée des bottes de caoutchouc en les rangeant loin du soleil. Si vous préférez les bottes luisantes, appliquez une couche de protecteur de vinyle et de pneus Armour All environ deux fois par année.

En ce qui concerne les bottes de cuir, il ne faut pas tant se préoccuper de les mouiller que de la façon dont on les fait sécher. Il ne s'agit pas de les tremper pour le seul plaisir de la chose, mais la plupart des bottes ou chaussures de randonnée en cuir à gros grain supportent un bon arrosage au boyau si elles sont vraiment boueuses. Il importe de les faire sécher à température ambiante, loin de toute source de chaleur directe. Les calorifères, fours et sèche-cheveux les feront assurément sécher plus vite, mais vous risqueriez de craqueler le cuir.

Le savon à selles en vente chez le cordonnier nettoie et détache efficacement les bottes de cuir. Suivez le mode d'emploi paraissant sur le contenant. Cependant, ce savon peut faire disparaître une part de l'humidité nécessaire au cuir. Le cuir est en fait une peau et, tout comme la vôtre, elle doit conserver sa souplesse. Si le cuir vous semble sec après un savonnage, appliquez une couche de revitalisant pour le cuir.

Les bottes de suède et de nubuck doivent être brossées régulièrement. Le suède est obtenu à partir du tannage du cuir que l'on retourne par la suite. Le nubuck est un cuir à gros grain qui fut légèrement poncé afin de lui donner un aspect suédé. On brosse le suède à l'aide d'une brosse spéciale en laiton. Le poil du nubuck étant plus court, une brosse métallique risque de l'abîmer. Aussi, employez une brosse à crins de cheval ou à soies de nylon. Brossez à contre-poil afin de soulever la saleté, puis brossez dans l'autre sens afin de replacer le poil. Il existe une gomme à effacer spéciale, que l'on peut se procurer chez un bottier, servant à effacer les taches qui maculent légèrement le nubuck. Si vous souhaitez enduire vos chaussures de suède ou de nubuck d'un apprêt protecteur, choisissez-en un qui contienne des fluoropolymères et pas de silicone.

Nota bene: Les apprêts du commerce servant à l'imperméabilisation des bottes et chaussures, contribueront à les protéger de la pluie et des taches. Observez le mode d'emploi du fabricant. On doit nettoyer ses bottes avant d'y pulvériser un enduit imperméable. On conseille de porter à quelques reprises des bottes neuves avant de les imperméabiliser. Certains fabricants enduisent leurs bottes de cirage pour qu'elles aient plus belle allure sur les étalages. Il vaut mieux attendre qu'il s'estompe avant d'imperméabiliser le cuir.

Conseils pour épargner du temps: Il est peu probable que des bottes chic se salissent autant que des bottes de travail ou de jardinage, alors vous les nettoierez simplement en imbibant une serviette propre d'un peu d'eau du robinet.

Mise en garde: Si vous possédez des bottes fabriquées avec des peaux ou des matériaux exotiques, suivez les recommandations du fabricant ou du bottier qui vous les a vendues.

Boue

«La boue n'est que de la saleté mouillée», résume Jane Rising, instructrice au département de l'éducation de l'International Fabricare Institute à Silver Spring dans le Maryland. Lorsqu'on nettoie de la boue sur une étoffe, on veut l'enlever sans l'étendre.

Technique: «Nombreux sont ceux qui mettent de l'eau sur une trace de boue dans l'espoir qu'elle disparaisse sur-le-champ, dit Mme Rising, mais cela ne fait que davantage de boue.» Brossez-en plutôt le plus possible à l'aide d'une brosse souple ou d'une lame émoussée.

Ensuite, si l'étoffe est lavable, faites un traitement pré-lessive. Mélangez un quart de cuillerée à thé de détergent liquide pour la vaisselle dans 125 ml d'eau chaude. Appliquez cette eau savonneuse directement sur la saleté, puis posez le vêtement sur une surface solide et tapotez la tache avec le dos d'une cuiller. Cela fera en sorte que l'eau savonneuse pénètre jusque dans les fibres, là où loge la saleté. Ne frottez pas l'étoffe car vous useriez les fibres. Ensuite, lavez le vêtement à la machine ou à la main dans l'eau la plus chaude que l'étoffe puisse supporter sans danger.

Si la trace de boue ne disparaît pas complètement, refaites ce traitement, cette fois en appliquant sur la tache une pâte faite de détergent à lessive délayé dans un peu d'eau. Laissez agir quelques minutes, puis lavez le vêtement selon les indications. En présence d'une tache d'argile rouge ou d'une boue qui a laissé des traces tenaces, préparez une pâte à l'aide du détergent et d'un peu d'ammoniaque. À nouveau, lavez le vêtement selon les indications du fabricant.

Si une étoffe n'est pas lavable, soit vous confiez le vêtement à un teinturier, soit vous épongez la tache avec une serviette de ratine blanche et un détachant du commerce, par exemple Carbona Stain Devils ou K2r, que l'on trouve au supermarché, à la quincaillerie et dans les magasins à rayons. Portez des gants de caoutchouc ou de latex et utilisez ces produits en un lieu bien aéré.

Si vous devez nettoyer un tapis ou une moquette, «... il est plus facile d'enlever de la saleté que de la boue», dit Claudia Ramirez, ancienne vice-présidente administrative de l'Association of Specialists in Cleaning and Restoration à Annapolis Junction dans le Maryland. Laissez sécher la boue, puis enlevez-en le plus possible à l'aide d'une cuiller ou d'un couteau à lame émoussée; passez ensuite l'aspirateur. S'il reste encore un peu de boue, nettoyez-la avec une serviette imbibée d'eau savonneuse tel que nous l'avons expliqué précédemment. N'employez pas un détergent à lessive car ces produits contiennent souvent des agents de blanchiment qui peuvent décolorer les tapis et moquettes.

Nota bene: Avant d'employer un nettoyant, éprouvez-le en un endroit peu apparent de l'article sali.

Mise en garde: Rincez abondamment un produit de nettoyage avant d'en utiliser un autre. Au contact, certaines substances chimiques, en particulier l'ammoniaque et le javellisant chloré, dégagent des émanations toxiques. Lisez attentivement les indications du fabricant pour connaître le mode d'emploi d'un produit.

Bouilloires

Les gros chaudrons, souvent fabriqués en fer forgé, ont déjà été aussi en vogue que l'emploi du lard en cuisine. De nos jours, l'huile d'olive extra-vierge a remplacé les gras d'origine animale et les alliages légers ont succédé au fer forgé. Et pourtant, plusieurs redécouvrent les joies de la cuisine en bouilloire, en particulier depuis l'arrivée de la grosse cocotte métallique. Au chapitre de l'entretien, l'objectif vise surtout à prévenir la corrosion.

Technique: Lorsque la chose est possible, essuyez simplement le fond de la casserole à l'aide d'un essuie-tout sec. Si cela ne suffit pas, servez-vous d'une brosse et d'eau bouillante. S'il est nécessaire de récurer la bouilloire, employez en premier lieu un tampon de plastique. Et s'il le faut absolument, contrairement à la croyance populaire, on peut nettoyer du fer forgé à l'eau et au savon, et employer un tampon métallique pour y déloger les aliments incrustés ou la rouille. Mais il faut apprêter la surface à la suite d'un récurage. Par suite du lavage, asséchez la surface et enduisez-la d'un antiadhésif en aérosol du genre Pam, que vous essuierez ensuite avec un essuie-tout propre. Ne rangez jamais votre bouilloire en y posant le couvercle.

Afin d'apprêter une petite bouilloire, lavez-la d'abord à l'eau et au savon, rincez-la et asséchez-la. Faites fondre une motte de graisse végétale, par exemple Crisco, dans une poêle. Retirez la poêle du feu et déposez un petit chiffon pas plus grand qu'un torchon à vaisselle dans la graisse clarifiée. Frottez-en l'intérieur, l'extérieur et le couvercle de la bouilloire.

Placez la clayette de votre four à sa position inférieure et déposez-y une plaque à biscuits enveloppée de papier d'aluminium qui recueillera la graisse. Faites chauffer le four à 160 °C. Posez la bouilloire à l'envers sur la clayette du dessus et laissez-la chauffer pendant une heure. Éteignez l'élément chauffant et laissez refroidir la bouilloire.

«Le fer forgé agit comme un aspirateur», explique Billie Hill, responsable du Service clientèle chez Lodge Manufacturing Company, fabricant d'ustensiles de cuisine en fer forgé, établi depuis plus d'un siècle à South Pittsburg dans le Tennessee. «Lorsque les pores deviennent chauds et se dilatent, ils absorbent une infime quantité de graisse et rien de plus.» Vous devrez apprêter de nouveau vos chaudrons après avoir fait cuire des fèves au lard ou des aliments acides ou encore si vous les avez récurés avec un tampon métallique.

Vous pouvez également apprêter les petites bouilloires sur une cuisinière à gaz ou sur le gril d'un barbecue. «Vous faites chauffer le gril, vous y déposez la bouilloire et vous la faites cuire», dit Mme Hill. «Vous serez en présence de fumée et d'odeurs mais, puisque vous serez au grand air, cela aura peu d'importance.»

Assurez-vous de poser la bouilloire à l'envers afin que la graisse carbonise comme il se doit. Alimentez un feu de charbon de bois pendant une heure environ. Il en résultera une bouilloire bien apprêtée, noircie comme toute bouilloire qui se respecte. Laissez-la sur le gril jusqu'à ce que les braises soient éteintes et qu'elle ait refroidi.

La lessive de mère-grand

Billie Hill se souvient de la manière dont sa grand-mère apprêtait la surface de la grande bouilloire de fer forgé dans laquelle elle faisait sa lessive. «On n'employait alors que du lard pour enduire les surfaces métalliques. Le fer forgé rouille au contact de l'eau. Étant donné qu'elle se servait de sa bouilloire pour faire la lessive, l'extérieur de la bouilloire était également enduit de lard», raconte Mme Hill, responsable du Service clientèle à la Lodge Manufacturing Company à South Pittsburg dans le Tennessee, où elle travaille depuis près de 50 ans.

«Ensuite, elle mettait la bouilloire à chauffer sur un grand feu allumé dans la cour. Étant donné que sa bouilloire n'avait que trois pattes courtes, elle la posait sur des pierres plates ou des briques pour en assurer la stabilité. Au contact du feu, les pores du fer s'ouvraient et absorbaient le gras. Lorsque le feu était éteint, elle essuyait le surplus de gras sur les parois avec une vieille vadrouille. Le lard avait carbonisé sur les côtés mais la bouilloire n'en était que plus noire.

«Par la suite, la bouilloire était prête à recevoir la lessive. Elle faisait bouillir l'eau, puis y mettait les vêtements et son savon. Les vêtements n'en sortaient pas graisseux car seule une fine couche de gras couvrait le chaudron. De plus, le savon se chargeait du reste.

«Lorsque le lavage était terminé, ma grand-mère frottait l'intérieur du chaudron avec un chiffon gras, le laissait sécher et le remisait en attendant la prochaine lessive.»

Conseils pour épargner du temps: Nettoyez votre bouilloire de fer forgé à la suite d'une cuisson, alors qu'elle est encore chaude. Les aliments incrustés s'en détacheront plus facilement.

En moins de deux: Si la bouilloire n'a pas besoin d'être apprêtée dans son entièreté, badigeonnez simplement l'intérieur de graisse végétale et faites-la chauffer tête en bas dans un four à 160 °C pendant 30 minutes.

Mise en garde: Afin d'éviter un incendie à l'intérieur du four, assurez-vous que la graisse qui coulera sera bien recueillie sur la plaque à biscuits couverte de papier aluminium. Ne lavez jamais un chaudron en fer forgé avec du détergent liquide pour la vaisselle.

Boules de quille

La saleté et les huiles minérales (dont on enduit le sol de l'allée) engluent la surface de la boule et risquent de nuire au quilleur.

Technique: On enlève l'huile de la surface d'une boule de quille de la même façon que l'on dégraisse une assiette. Posez-la délicatement dans l'évier de cuisine et lavez-la avec de l'eau chaude et du détergent à vaisselle. Certains quilleurs posent leur boule dans le panier inférieur du lave-vaisselle et la lavent au programme ordinaire (sans assiettes).

En moins de deux: Pulvérisez la boule de nettoyant pour le verre et frottez-la à l'aide d'un chiffon doux.

Mise en garde: Évitez les nettoyants à base d'acétone (par exemple, le décapant à vernis à ongles) qui risqueraient de durcir la surface de la boule.

Bouloches

Tout comme les nids-de-poule et les taxes, les bouloches sont l'un des irritants que l'on rencontre inévitablement. «Les fibres des fils qui sont lâchement entortillés, le mohair par exemple, finissent par se rompre et forment ainsi les bouloches», explique Jane Rising, instructrice au département de l'éducation à l'International Fabricare Institute à Silver Spring dans le Maryland. «Peut-on éviter cela? Non. C'est comme les nuages de poussière qui roulent sous le lit. Mais on peut en réduire l'accumulation.»

Technique: Pour enlever les bouloches qui se forment à la surface d'une étoffe, tamponnez-les à l'aide de bandes de ruban adhésif ou d'un rouleau ou d'une brosse à surface adhésive.

Toutefois, le plus important consiste à prévenir l'apparition des bouloches. Voici quelques conseils en vue d'en réduire la formation sur votre lessive.

- Assurez-vous que les poches des vêtements sont vides avant de les laver.
- Si votre lave-linge comporte un filtre, nettoyez-le avant chaque brassée.
- Employez un assouplissant liquide ou en feuilles.
- Lavez à part les articles qui font beaucoup de bouloches tels que les couvertures, la chenille, les pull-overs et les serviettes de ratine.
- Ne surchargez ni le lave-linge, ni le sèche-linge.
- Lavez séparément les articles de couleurs foncées et de couleurs pâles.
- Nettoyez le filtre du sèche-linge après chaque cycle de séchage.

Conseils pour épargner du temps: L'ajout d'un assouplissant liquide au cours du lavage ou en feuilles au cours du séchage est le meilleur moyen de réduire la formation des bouloches.

Bouteilles Thermos

C'est facile de nettoyer un thermos que l'on vient à peine d'utiliser. C'est le nettoyage des bouteilles qui roulent depuis deux ou trois semaines au fond de votre voiture qui nous intéresse. C'est là où réside vraiment le défi!

Technique: Il existe trois types de bouteilles thermos: en verre, en acier inoxydable et en plastique. Pour chacune, un lavage rapide au détergent liquide et à l'eau chaude enlèvera la plupart des résidus de nourriture ou de boisson qui pouvaient se trouver au fond. Rincez la bouteille à l'eau fraîche et laissez-la entièrement sécher, posée à l'envers, avant de la ranger, ce qui complétera le nettoyage de tous les jours. N'oubliez pas de ranger la bouteille ouverte, la tasse et le bouchon hermétique juste à côté. Cela empêche les odeurs et les bactéries de faire la fête.

Cependant, pour nettoyer des restes collés au fond du thermos, remplissez-le d'eau chaude à laquelle vous aurez ajouté quelques millilitres de bicarbonate de soude. Laissez tremper le tout quelques heures, nous suggère la Thermos Company, située à Batesville au Mississippi. Si les odeurs sont persistantes, faites tremper dans de l'eau chaude additionnée de jus de citron ou de vinaigre. Pour les bouteilles thermos en inox ou en plastique, vous pouvez utiliser une brosse.

Les traces laissées par l'eau dure et le café peuvent être facilement enlevées grâce à un nettoyeur pour cafetière – celui de la marque Dip-It est bon — ou alors remplissez la bouteille d'eau additionnée de deux comprimés de détergent pour laver les dentiers. Laissez tremper jusqu'à huit heures consécutives ou plus, puis rincez.

Conseils pour épargner du temps: Il n'y a qu'un peu de saletés? Remplissez les bouteilles en inox d'eau bouillante et laissez tremper cinq minutes avant de rincer.

En moins de deux: Ne jetez pas à la poubelle les thermos de verre qui sont brisés. Vous pouvez vous procurer un remplacement du revêtement de verre en écrivant au manufacturier de Thermos Company, 355 Thermos Drive, Batesville, Ms 38606.

Si la moisissure fait problème, faites tremper la tasse et le goulot hermétique dans une solution légèrement javellisée ou dans du détergent à vaisselle.

Mise en garde: N'utilisez pas de javellisant sur des bouteilles en inox. Cela détruit le joint soudé et enlève au thermos sa propriété thermique.

Les bouteilles de verre sont fragiles. Ne les lavez pas à la brosse ni avec aucun autre outil. Et surtout, n'enlevez pas la base du revêtement.

UNE HISTOIRE PROPRE, PROPRE, PROPRE

De la science pour tous les jours

Brevetée en Allemagne en 1903, la bouteille sous vide utilisée à la maison avait été inventée dix ans auparavant, non pas pour garder la soupe au poulet chaude, mais en tant qu'appareil scientifique dont le but était la préservation des vaccins. C'est en enregistrant cet étrange appareil dans un concours destiné aux nouveaux appareils ménagers sous le nom de Thermos - du grec termos pour la chaleur - que le patronyme lui resta: il remporta le concours. Bien qu'à l'origine la bouteille destinée à garder les aliments chauds ou froids était soit en verre, soit en métal et qu'elle l'est toujours, il existe aujourd'hui deux nouveaux modèles: en inox et en plastique. Selon la Thermos Company de Batesville au Mississippi, l'inox est plus résistant et plus coûteux que le verre, et le plastique efficace uniquement pour conserver les aliments froids.

Ne mettez pas vos thermos au lave-vaisselle. Ne les immergez pas complètement. L'eau pourrait s'infiltrer entre la bouteille et le revêtement qui la double.

Boyaux d'arrosage

Bonne nouvelle! «Les boyaux d'arrosage n'exigent pour ainsi dire aucun entretien», de l'aveu de Fred Hicks, ancien président de l'American Nursery and Landscape Association à Washington. Cependant, le mieux vous en prendrez soin, le plus longtemps ils dureront.

Technique: Lorsque le boyau est maculé de boue, posez-le sur une surface propre, par exemple le patio ou l'allée du garage, et arrosez-le. (Comme autonettoyant, difficile de faire mieux!) Asséchez-le à l'aide d'une serviette propre. Pendant l'hiver, purgez l'eau qui se trouve à l'intérieur pour en prévenir le gel qui abîmerait les parois intérieures. Soulevez le boyau par une extrémité et secouez-le jusqu'à ce qu'il ne reste plus d'eau à l'intérieur. Lorsque faire se peut, rangez le boyau à l'ombre. S'il est exposé pendant de longues périodes aux rayons ultraviolets, ceux-ci désagrègent les résines de plastique, entraînant des fissures et des fuites d'eau.

En moins de deux: «Au cours de l'hiver, j'enroule mon boyau d'arrosage et je le remise à la cave pour éviter le gel», dit M. Hicks.

Brique

En raison de sa surface rugueuse, on peut être porté à nettoyer la brique à l'aide d'un jet d'eau sous pression. Mais prenez garde! car la brique est plus délicate qu'il ne semble. Le truc consiste à doser la pression de l'eau de sorte qu'elle n'abîme ni la brique ni le mortier.

Technique: «Si la brique est salie uniformément, on délogera la saleté à l'aide d'un boyau d'arrosage muni d'un pistolet», dit Brian Trimble, premier ingénieur au Brick Institute of America à Reston en Virginie.

Si le travail de nettoyage est plus exigeant, mélangez 115 g de phosphate trisodique (en vente dans les quincailleries) et 115 g de détergent en poudre pour la lessive dans 4 litres d'eau. Lorsque vous employez du phosphate trisodique, protégez vos yeux, portez des gants de caoutchouc et un pull à manches longues, et suivez bien le mode d'emploi.

Mouillez bien le mur avant de le laver. Puis passez une brosse de crins naturels ou de nylon, trempée dans le nettoyant et frottez vigoureusement. Une brosse métallique pourrait abîmer la brique enduite de sable, la brique moulée à la main et la brique ancienne, de même qu'elle pourrait y laisser des traces de métal qui finiraient par former des taches de rouille. Il faut essuyer sur-le-champ une éclaboussure de peinture à l'huile à l'aide d'un diluant, puis rincer à grande eau, à défaut de quoi elle sera pratiquement indélogeable.

La mousse n'abîme pas la brique mais, pour des motifs esthétiques, vous pourriez souhaiter enlever la mousse ou les algues qui se sont formées sur les murs de brique ombragés. Pour cela, vous pouvez employer un herbicide organique, en suivant les recommandations du fabricant, ou alors arroser les algues ou la mousse d'une potion faite de deux parties égales d'eau et d'eau de Javel. Rincez abondamment à l'eau claire. Laissez sécher, brossez la mousse ou les algues, et procédez au nettoyage du mur tel que décrit précédemment. Refaire un drain abîmé ou faire en sorte que le mur soit moins ombragé préviendra la réapparition de la mousse ou des algues.

Des traces d'un blanc crayeux apparaissent parfois sur la brique. Il s'agit de traces laissées par le sel contenu dans l'eau, qui s'est infiltré à la surface de la brique où il a séché. Habituellement, ces traces finissent par s'estomper avec le temps. Des marques persistantes pourraient révéler un drainage inadéquat autour des fondations de la maison, qu'il faudrait pallier.

Conseils pour épargner du temps: Vous pouvez louer un appareil pour laver sous pression afin de nettoyer la brique, mais assurez-vous qu'il est réglé à 350 kg par 6,5 cm^2 ou moins, de manière à ne pas abîmer la brique ou le mortier. Soyez particulièrement prudent sur les briques enduites de sable, car une trop forte pression d'eau pourrait peler la surface par endroits.

Mise en garde: On vous a peut-être dit que l'acide muriatique nettoie bien les murs de brique. Les maçons l'emploient pour déloger les traces de mortier. Toutefois, cet acide peut tacher, détruire les végétaux et égratigner le verre. Aussi, son emploi est déconseillé aux néophytes.

Brocart

Le brocart est un riche tissu de soie rehaussé de dessins brochés en fils d'or et d'argent. Il existe bien sûr des versions synthétiques dont on se sert pour confectionner des vêtements, des tentures et du tissu de recouvrement. En raison de l'armure complexe de ce tissu, il vaut mieux en confier l'entretien à un professionnel.

Technique: Pour un nettoyage léger de fauteuils ou de tentures de brocart, passez l'aspirateur doté d'une brosse à épousseter. Si le tissu est sale ou taché, portez-le chez le teinturier, notamment s'il s'agit d'un article ancien.

Mise en garde: Si vous lui confiez à nettoyer un objet de valeur ou ancien, veuillez en prévenir le teinturier.

Bronze

Cousin du laiton, le bronze est un alliage de cuivre et d'étain que l'on emploie depuis des temps immémoriaux pour la fabrication d'objets d'utilité courante et pour la sculpture. À défaut de le polir et de le laquer, une patine verdâtre se forme à sa surface en réaction à l'oxydation. Cela n'est pas un défaut. En fait, la patine d'un objet ancien lui confère de la valeur et participe de sa beauté.

Technique: L'entretien général des objets de bronze n'est pas compliqué mais on doit faire preuve de délicatesse. Il faut surtout éviter de les égratigner. Pour un entretien de routine, époussetez vos objets de bronze à l'aide d'un chiffon doux ou d'un vieux tee-shirt. S'ils sont encrassés, humectez le chiffon avant de les épousseter. Asséchez-les aussitôt pour éviter que l'eau n'y laisse des cernes.

Les objets de bronze sont parfois couverts d'une laque qui les protège de l'oxydation. Un bronze laqué ne doit pas être poli tant que la laque n'est pas abîmée. Lorsqu'un bronze laqué commence à ternir, il faut en décaper la laque avant de le polir ou d'y appliquer une nouvelle laque. Vous pouvez employer un décapant à laque du commerce. Respectez attentivement le mode d'emploi du produit. Il faudra peut-être confier à un ouvrier professionnel le soin de décaper une laque tenace qui aurait été cuite. De même, le nouveau laquage doit être fait par un laqueur de métier. Consultez l'annuaire téléphonique, pour en dénicher un, sous les rubriques Antiquaires, Métallurgistes ou Ateliers de restauration.

Il faudra polir un bronze sans laque pour qu'il conserve son éclat. Les produits à polir le laiton, par exemple Brasso, font un bon travail sur le bronze. On peut redonner soi-même de l'éclat à un objet en bronze mais il faudra l'intervention d'un métallurgiste de métier pour lui redonner l'aspect du neuf.

La protection d'un grand bonze de bronze

Une statue de bronze de John Harvard jette depuis des générations un regard bienveillant sur les étudiants du célèbre campus de l'université Harvard à Cambridge dans le Massachusetts. Les conservateurs vantent l'excellent état de ce bronze. Il s'agit d'une prouesse, étant donné que cette statue fait depuis longtemps l'objet de vandalisme au cours de la saison de football. En effet, les partisans des universités adverses, notamment Yale, Dartmouth et Brown, peignent John Harvard aux couleurs de leurs équipes (respectivement bleu, vert et brun).

Afin de préparer la statue à un tel assaut, les ouvriers l'enduisent d'une mixture faite de cire d'abeilles fondue et de gomme de térébenthine. Ils y ajoutent un peu d'ambre brûlé et de terre de Sienne brûlée pour obtenir la teinte foncée de sa patine. Essentiellement, cet enduit la protège contre les dégâts du vandalisme, notamment quand on y applique de la peinture.

Lorsque survient une telle attaque (en général tard la nuit), l'équipe chargée de l'entretien du campus passe aussitôt à l'action. On déloge la peinture à l'aide d'un pistolet à eau pressurisé et d'un solvant hydrosoluble avant quelle n'ait le temps de sécher.

Conseils pour épargner du temps: Pour faire reluire rapidement un petit objet de bronze ou de cuivre, frottez-le à l'aide d'un peu de ketchup. Pour constater à quel point cela donne des résultats, faites l'essai sur une pièce d'un cent. Épongez le ketchup à l'aide d'un chiffon humide.

En moins de deux: Préparez votre propre mixture pour polir le bronze en mélangeant une cuillerée à soupe de sel, autant de farine et autant de vinaigre blanc. Appliquez cette pâte avec un chiffon humide, frottez délicatement, rincez et asséchez à l'aide d'un chiffon sec.

Mise en garde: N'employez jamais un nettoyant surpuissant ou un tampon à récurer pour nettoyer du bronze. Il abîmerait le métal. Manipulez le moins souvent possible ces objets. Les huiles de vos doigts pourraient y laisser des marques permanentes. Si vous possédez un objet de bronze dont vous pensez qu'il peut être antique, ne le polissez pas tant qu'un expert ne l'aura pas évalué. Si vous employez de l'eau pour nettoyer un objet de bronze, asséchez-le vite pour empêcher l'apparition de cernes. N'employez pas de cire à pulvériser ou de produit pour polir les meubles qui ternirait son éclat.

Brosses à cheveux

Un nettoyage périodique évitera à vos brosses l'accumulation de cheveux emmêlés et de fixatif.

Technique: Qu'une brosse ait des soies naturelles ou synthétiques, le meilleur nettoyage consiste à la faire tremper dans de l'eau chaude et du savon. Avant tout, il faudra en retirer le maximum de cheveux. Pour ce faire, passez un peigne sur les soies à partir de la base de la brosse et en remontant.

Par la suite, déposez-la dans un évier qui contient de l'eau chaude où vous faites mousser du détergent liquide pour la vaisselle. Laissez-la tremper pendant 10 à 20 minutes ou suffisamment longtemps pour que s'en délogent les cheveux et les traces de fixatif.

Dans la plupart des cas, et surtout si vous êtes la seule personne à vous servir de cette brosse, ce nettoyage suffira. Si vous êtes pointilleux ou si plusieurs personnes se servent de cette brosse, vous pourriez la désinfecter en la laissant tremper dans un fongicide ou un bactéricide commercial. Vous trouverez ces produits chez un fournisseur de produits et de matériel pour les instituts de beauté. Observez bien les indications du fabricant.

Conseils pour épargner du temps: Étant donné que les peignes, brosses et bigoudis supportent bien un trempage dans l'eau savonneuse, lavez-les tous en même temps.

En moins de deux: Si une brosse est particulièrement sale et que vous souhaitez la conserver, désinfectez-la dans une solution de trempage composée de 10 p. cent de javellisant et d'eau (pendant un quart d'heure environ). Rincez-la ensuite à l'eau fraîche.

Mise en garde: La poignée profilée de la plupart des brosses est faite de plastique, de caoutchouc ou de métal enduit de plastique et peut très bien supporter le trempage. S'il s'agit d'une brosse de prix dont la poignée est en argent ou d'un autre matériau de valeur, suspendez-la au-dessus d'un bac d'eau savonneuse, de sorte que seules les soies y trempent.

Brosses à effacer

La plupart d'entre nous avons parfait l'art du nettoyage des brosses à effacer à la petite école lorsque, surpris à bavarder ou à mastiquer du chewing-gum en classe, nous avons été mis en retenue pour nettoyer le tableau et dépoussiérer les brosses.

Technique: Frapper deux brosses l'une contre l'autre est toujours efficace, en autant qu'on le fasse à l'extérieur. Si vous préférez ne pas renifler de poussière de craie ou si le temps n'est pas propice à ce genre d'activité, il existe une manière facile de procéder à l'intérieur. Afin de dépoussiérer les brosses de feutre, les fabricants les font culbuter dans des sèche-linge industriels. Vous pouvez faire de même à la maison, nous dit Charles Barnowski, vice-président des ventes à la Boston Felt Company à East Rochester dans le New Hampshire. Mettez les brosses à effacer dans le sèche-linge et programmez le cycle sans chaleur ou «Air Fluff» pendant 5 à 10 minutes. Le culbutage délogera la poussière de craie, qui est retenue dans le filtre de l'appareil ou soufflée par le conduit d'aération. «Bien sûr, ne mettez rien à sécher en même temps», précise, non sans ironie, M. Barnowski.

Vous pouvez aussi bien les nettoyer à l'aide de l'aspirateur. Soyez cependant assurés que le sac-filtre de votre appareil retient bien les particules les plus fines et qu'il ne les soufflera pas dans la pièce.

Broyeurs à déchets

À l'époque médiévale, on lançait les restes de table à une bande de molosses semi-domestiqués. Les vétérinaires froncent les sourcils si on fait cela de nos jours. La merveille de l'évier-broyeur tient à ce qu'il broie et achemine vers les égouts les déchets de cuisine qui, autrement, s'entasseraient dans la poubelle de l'armoire où ils dégageraient une odeur nauséabonde et attireraient les insectes. Mais à moins de nettoyer le broyeur même, des restes d'aliments peuvent s'y incruster, dégager de mauvaises odeurs et possiblement représenter des risques pour la santé.

Technique: Afin de réduire l'accumulation de déchets, n'en broyez qu'en petite quantité et actionnez le dispositif chaque fois que vous y mettez quelque chose. Faites fonctionner le dispositif pendant quelques minutes après le broyage pour vous assurer qu'il ne s'y trouve plus de déchets alimentaires. Environ une fois par semaine, lorsque vous avez terminé la vaisselle du soir, emplissez l'évier aux deux-tiers d'eau tiède et

> **Les travaux d'Hercule**
>
> **Ronald a de l'ouvrage!**
>
> La quantité de détritus qu'un restaurant McDonald produit en moyenne chaque jour: 69 kilos.

versez-y 125 ml de bicarbonate de soude. Activez le dispositif et enlevez le bouchon. La mixture circulera à l'intérieur des conduits et fera disparaître les odeurs. Au moins une fois aux deux semaines, nettoyez les conduits du broyeur en emplissant l'évier à moitié d'eau froide, puis en la laissant s'égoutter pendant que le broyeur fonctionne. «Broyer des pelures d'agrumes chassera les mauvaises odeurs», nous dit John Merril, docteur en architecture et spécialiste de l'habitation auprès de l'University of Wisconsin Cooperative Extension Service à Madison. À l'occasion, broyez des glaçons, des noyaux de fruits ou des os de poulet cuits afin de déloger les dépôts graisseux dans les rotors. Évitez toutefois les os de bifteck ou de dinde, qui sont trop gros et trop durs, et qui pourraient abîmer le moteur. Laissez toujours couler l'eau pendant que fonctionne le broyeur.

Mise en garde: N'employez pas de produits chimiques surpuissants pour nettoyer le broyeur, car ils peuvent endommager l'appareil.

Brûlures de cigarettes

Les taches laissées par une brûlure de cigarette peuvent disparaître pour autant que la brûlure ne soit pas profonde.

Technique: Sur les vêtements, un buvard mouillé peut déloger les traces à la condition que la brûlure n'ait pas troué l'étoffe. Si l'eau seule ne suffit pas, imbibez le buvard d'eau et de détergent à lessive. Rincez abondamment à l'eau fraîche. En dernière solution, épongez les traces de brûlure avec un peu d'eau oxygénée.

Pour faire disparaître une trace de brûlure sur la moquette, délayez un quart de cuillerée à thé de détergent liquide pour la vaisselle dans 125 ml d'eau tiède. Trempez un essuie-tout ou un chiffon blanc dans cette eau et épongez la tache. Dans un deuxième temps, rincez la tache à l'eau tiède et épongez-la pour l'assécher, en changeant de serviette au besoin. Si cela ne donne rien, il faudra faire appel à un nettoyeur de moquette professionnel.

Conseils pour épargner du temps: Plus vite vous réagissez, meilleures sont vos chances de faire disparaître les taches.

Mise en garde: Éprouvez toujours votre méthode de nettoyage en un endroit discret avant de procéder à la grandeur. Lorsque vous nettoyez un tapis, n'employez jamais de solution dont la concentration excède un quart de cuillerée à thé de détergent liquide pour la vaisselle dans 250 ml d'eau. Les résidus de nettoyant rendent le tapis plus salissant. Plus la concentration de nettoyant est élevée, plus il restera de résidus chimiques dans les poils du tapis. N'employez jamais de détersifs à lessive sur un tapis, car ils contiennent des agents de blanchiment qui pourraient en colorer les fibres. Épongez un tapis; ne le frottez pas, cela pourrait en altérer les poils.

Cabines de douche

Si vous vous en tenez à un entretien simple mais hebdomadaire et que vous suivez quelques conseils préventifs, vous tiendrez en respect ces trois polluants des salles de bains que sont les accumulations de savon, les moisissures et les dépôts calcaires.

Technique: Enlevez les flacons de savon et de shampooing de la cabine de douche. Pulvérisez les robinets, le sol, les parois et la porte ou le rideau avec un nettoyant tous usages. «Laissez agir le nettoyant», nous dit Margaret Dasso, propriétaire de Clean Sweep, un service d'entretien professionnel établi à Lafayette en Californie. Mme Dasso recommande l'emploi de Tilex Soap Scum Remover. Essuyez les parois de la douche de haut en bas, à l'aide d'un tampon à récurer en nylon. Employez une vieille brosse à dents dans les rainures ou pour récurer toute tache tenace. Rincez à l'eau chaude et asséchez à l'aide d'un linge propre. Faites reluire la robinetterie et les accessoires de chrome avec de l'alcool à friction. (Voyez "Dépôts d'eau calcaire" à la p. 198, "Rouille" à la p. 396 et "Accumulations de savon" à la p. 57)

Afin de ralentir l'accumulation de résidus de savon et la formation de dépôts calcaires, appliquez du poli à meubles à l'huile de citron dans toute la cabine. Verser l'huile de citron sur un chiffon et frottez-en toutes les parois.

Conseils pour épargner du temps: Employez une vadrouille-éponge réservée strictement au nettoyage de la cabine de douche pour éviter de vous pencher et de vous agenouiller.

Rincez la cabine après chaque utilisation pour empêcher l'accumulation des résidus de savon et la formation de dépôts calcaires. Avant de vous sécher, asséchez les parois et le sol de la cabine, la porte, la robinetterie en chrome à l'aide d'un racloir de caoutchouc ou d'un chamois. Cette précaution vous prendra une minute et vous épargnera des tonnes de temps et d'efforts au bout du compte. Les avantages sont doubles. Non seulement la cabine paraîtra-t-elle plus propre, mais elle le sera, étant donné que les germes ne pourront y proliférer. Sur

Une arme secrète contre la moisissure

Nul besoin de nettoyants spécialisés coûteux pour supprimer les traces de moisissures noirâtres qui maculent votre cabine de douche. Un javellisant domestique fait l'affaire et tue les moisissures en un instant, nous dit Margaret Dasso, propriétaire de Clean Sweep, une service d'entretien professionnel établi à Lafayette en Californie. Évitez toutefois de commettre les erreurs suivantes lorsque vous employez un javellisant:

- N'employez jamais un javellisant concentré pour nettoyer les carreaux de la douche. Le coulis de jointoiement finirait par s'éroder. La société Clorox conseille une solution faite de 165 ml de javellisant allongée de quatre litres d'eau.
- N'oubliez pas de rincer lorsque vous employez un javellisant. Des traces d'eau de Javel abîmeraient le coulis de jointoiement.
- Portez de vieux vêtements et prenez garde de ne pas éclabousser le javellisant sur la moquette ou les serviettes.

une surface sèche, les germes commencent à mourir au bout de deux heures, tandis que l'humidité leur procure un milieu de prolifération idéal.

Si vous ne vous résolvez pas à jouer les squeegees à poil dans la douche, laissez la porte de la cabine ou le rideau de douche ouvert après l'avoir utilisée pour que l'air y circule.

En moins de deux: Si vous n'avez pas d'huile citronnée, tout autre poli pour les meubles ou cire pour automobile fera l'affaire.

Mise en garde: Évitez les chutes et les glissades. Ne cirez pas le sol de la douche.

Cafetières

Les dépôts minéraux que laisse l'eau peuvent un jour obstruer une cafetière filtre. Il faut donc en nettoyer le réservoir rigoureusement environ une fois par mois, voire plus souvent si la cafetière est sans cesse en fonction ou si l'eau est dure. Bien entendu, plus une eau est dure, plus elle laisse de dépôts calcaires.

Technique: Après chaque utilisation, il faut laver à l'eau très chaude et savonneuse le panier à filtre, la verseuse et son couvercle ou alors les mettre au lave-vaisselle, sur le panier supérieur. Si le lavage en lave-vaisselle a pâli les couleurs de ces éléments, il suffit de les frotter à l'aide d'un chiffon doux pour raviver leur lustre. Nettoyez le réservoir et la plaque chauffante de la cafetière à l'aide d'un chiffon humide. «Rien de plus facile lorsque vous donnez un coup de chiffon sur le comptoir, et votre cafetière aura meilleure allure plus longtemps», dit Fay Carpenter, responsable des finances domestiques à la Black and Decker Corporation à Shelton dans le Connecticut.

Afin de nettoyer le mécanisme intérieur, versez un litre de vinaigre blanc dans la verseuse, puis ajoutez de l'eau froide jusqu'à la marque de 10 tasses, comme si vous faisiez le café. Posez un filtre neuf dans le panier et appuyez sur l'interrupteur. Après que la moitié du liquide ait filtré dans la verseuse, éteignez la cafetière et patientez 15 minutes. Remettez le liquide dans le réservoir, appuyez de nouveau sur l'interrupteur et, cette fois, laissez filtrer toute l'eau. Avant de faire du café, faites filtrer une pleine verseuse d'eau fraîche.

Mise en garde: Assurez-vous que la cafetière est désactivée, débranchée et refroidie avant d'en essuyer l'intérieur. N'employez jamais un tampon à récurer abrasif: les éraflures affaibliraient le verre de la verseuse et abîmeraient les autres composants.

Calculatrices

Les calculatrices électroniques sont l'archétype du ramasse-poussière. Et qu'est-ce qu'une calculatrice, sinon un clavier miniature? Il va sans dire qu'elles ont tout pour attirer la poussière. Mais veiller à leur propreté est aussi simple que de compter jusqu'à trois.

Technique: On nettoie une calculatrice à l'aide d'un chiffon antistatique et d'un nettoyant conçu expressément à cette fin que l'on se procure chez les marchands d'ordinateurs et de matériel électronique. On verse le nettoyant sur le chiffon, surtout pas sur les touches. Il existe également des lingettes imbibées de nettoyant.

En moins de deux: On peut également nettoyer le clavier et le boîtier d'une calculatrice avec un peu d'alcool à friction, nous dit Lisa Fasold, porte-parole de la Consumer Electronics Manufacturers Association à Arlington en Virginie. Mais pour nettoyer l'écran de visualisation, il est préférable d'employer un nettoyant pour matériel électronique (par exemple Endust pour matériel électronique) conçu précisément pour ce type d'objet.

Mise en garde: N'employez aucun nettoyant domestique tel que l'ammoniaque, les récurants et les abrasifs qui abîmeraient la calculatrice.

Camées

Un camée véritable est sculpté sur la paroi d'un coquillage, mais on en trouve qui sont également gravés sur une pierre fine ou un matériau synthétique. Quoi qu'il en soit, il faut nettoyer un camée avec une grande délicatesse, en particulier s'il est ancien.

Technique: Pour l'entretien ordinaire, frottez-le à l'aide d'un chiffon doux légèrement humide (pas trempé) pour en déloger la poussière et la saleté superficielle. S'il s'agit d'un bijou de valeur et qu'il est impossible de déloger une tache à l'aide d'un chiffon humide, portez-le chez un bijoutier ou un antiquaire. Ne vous y risquez pas vous-même.

Mise en garde: N'employez jamais un solvant pour nettoyer un camée. Ne confondez pas un camée avec un bijou en ivoire peint qui peut avoir la taille d'un camée et présenter un profil féminin. Un camée est sculpté tandis que l'ivoire en question est, comme on l'a dit, peint. Si vous frottiez par mégarde un bijou d'ivoire peint à l'aide d'un chiffon humide, vous pourriez le gâter.

Caméscopes

Bien sûr, on utilise les caméscopes à l'intérieur comme à l'extérieur mais ces appareils sont délicats et craignent la poussière et l'humidité autant que les fluctuations entre la chaleur et le froid.

Technique: Le boîtier d'un caméscope peut être nettoyé à l'aide d'un chiffon sec mais n'employez pas de nettoyant, surtout pas liquide, qui pourrait s'infiltrer dans l'appareil. Époussetez la lentille régulièrement, en particulier si vous filmez à l'extérieur. Pour ce faire, utilisez un nettoyant pour lentilles du commerce conçu expressément pour les appareils photos et les caméscopes. Pour nettoyer les têtes de lecture, employez une vidéocassette de nettoyage qui nettoie les têtes à mesure qu'elle se déroule. On se la procure dans les boutiques de matériel électronique.

Conseils pour épargner du temps: «Tout individu qui possède un caméscope devrait avoir un sac de plastique» dit d'entrée de jeu Lisa Fasold, porte-parole de la Consumer Electronics Manufacturers Association à Arlington en Virginie. Recouvrez l'appareil d'un sac de plastique pour le protéger de la pluie et de l'humidité. Les cellophanes qu'emploient les teinturiers pour protéger les vêtements propres font parfaitement l'affaire. Mais le plastique doit être lâche et on ne doit pas le laisser en place trop longtemps, car alors il retiendrait l'humidité à l'intérieur.

Mise en garde: Ne nettoyez jamais une lentille à l'aide d'un nettoyant pour le verre tel que Windex. Ne soufflez jamais à l'intérieur d'un caméscope dans le but d'en déloger la poussière. Les particules de salive pourraient faire rouiller les composants.

Canalisations sanitaires

En principe, les canalisations sanitaires doivent favoriser une circulation rapide et à sens unique! Assurer leur propreté permet non seulement de pouvoir utiliser les éviers et la baignoire, mais empêche l'eau usée de refouler, ce qui poserait des risques pour la santé puisque les bactéries et autres contaminants prolifèrent dans ces recoins sombres et humides.

Technique: «Les canalisations sont souvent obstruées par suite d'une lente accumulation de saletés, et le problème devient soudain aigu lorsque vous décidez de nettoyer votre brosse à cheveux», explique John Merrill, docteur en architecture et spécialiste de l'habitation à l'University of Wisconsin Cooperative Extension Service à Madison. En ce qui concerne la baignoire et les éviers, nettoyez les égouttoirs au fond des éviers lorsque vous lavez la salle de bains. Évitez de verser de la graisse dans l'évier de cuisine car elle s'accumule sur les parois des tuyaux et finit par les engorger. Le Dr Merrill suggère d'employer un nettoyant biologique activé sous l'effet de l'eau une fois par mois ou deux, à titre de mesure préventive. Vous trouverez dans les boutiques d'aliments naturels un produit biologique pour désobstruer les tuyaux, appelé Earth Enzymes Drain Opener. «Ces nettoyants établissent une culture bactérienne qui bouffe les dépôts de savon et de graisse dans les canalisations, et qui empêche les cheveux morts d'y adhérer, dit-il. Il s'agit d'une solution de rechange aux nettoyants surpuissants. Pour autant que je sache, ils sont sûrs et biodégradables.» Ils ne désobstruent toutefois pas une canalisation complètement bouchée.

Quand une canalisation est obstruée, utilisez d'abord un déboucheur à ventouse. Emplissez l'évier ou la baignoire d'eau et immergez la ventouse en oblique, de façon à ce qu'il s'y trouve le moins d'air possible. Obstruez le trop-plein (situé en général au-dessus du renvoi d'eau ou sous le pourtour de l'évier) à l'aide d'une balle de caoutchouc ou d'une serviette mouillée pour qu'il n'affaiblisse pas la force de succion. La ventouse doit couvrir complètement le renvoi d'eau pour faire du bon travail. Agitez la ventouse de haut en bas à quelques reprises afin d'établir une succion, puis enlevez-la d'un coup brusque. Répétez le mouvement quelques fois de suite, jusqu'à ce que la canalisation soit désengorgée ou qu'il soit évident que vous n'y parviendrez pas.

Vous souvenez-vous du volcan que votre gamin a préparé dans son cours de sciences? Pour provoquer une éruption, il a probablement versé du vinaigre sur du bicarbonate de soude qui était dissimulé à l'intérieur du cratère. Si le débouchoir faillit à la tâche, tentez l'expérience avec du vinaigre et du bicarbonate de soude, avant de recourir à un débouche-tuyau toxique. Purgez autant d'eau que vous le pouvez de la canalisation, puis versez-y le quart ou la moitié d'une boîte de bicarbonate de soude. Ajoutez 125 ml de vinaigre blanc, couvrez le renvoi d'eau hermétiquement pendant quelques minutes puis faites couler de l'eau froide. Le vinaigre acide réagira violemment au soude basique. Cette réaction établira une pression qui dégagera les déchets accumulés dans les canalisations. (Pour connaître une variante de cette technique, voyez «La propreté de la planète passe par la propreté chez soi», p. 46.)

En moins de deux: Versez régulièrement de l'eau bouillante dans les canalisations afin de dégager les saletés qui s'y trouveraient.

Mise en garde: Si la tentation est trop forte d'employer un produit chimique pour désengorger vos tuyaux, respectez rigoureusement les indications du fabricant. Si une canalisation reste bouchée, faites venir un plombier sans plus tarder, car l'eau qui refoulerait dans l'évier serait alors contaminée par de dangereux produits toxiques. Quoi que vous fassiez, n'employez pas le débouchoir après avoir versé en vain un produit chimique pour désengorger une canalisation. Vous risqueriez de vous éclabousser le visage.

Caoutchouc mousse

La poussière, les huiles organiques et la transpiration s'accumulent sur les oreillers, les coussins et les matelas de mousse. Ces matières sont porteuses de micro-organismes tels que les acariens de poussière qui causent des allergies. Enlevez-leur leur pitance et ces micro-organismes disparaîtront.

Technique: Il existe différents types de caoutchouc mousse, certains sont lavables, d'autres pas. Avant d'en faire l'entretien la première fois, lisez bien l'étiquette apposée sur l'article en question. S'il s'agit d'un article de caoutchouc mousse monopièce, passez l'aspirateur pour y enlever la poussière et les excréments d'acariens.

S'il s'agit d'un accessoire de caoutchouc mousse monopièce, en général il faut d'abord le faire tremper dans l'eau froide. Si la mousse est tachée de gras et de transpiration, donnez-lui un traitement pré-lessive à l'aide d'un produit du commerce (par exemple Biz) ou appliquez-lui du détergent à lessive liquide contenant des enzymes. Voyez s'il se trouve des enzymes à la liste des composants de votre poudre à lessive.

Ensuite, emplissez un évier, la baignoire ou un bac d'eau chaude et de quelques giclées de détergent liquide pour la vaisselle, de façon à former une mousse épaisse. Remuez l'objet de caoutchouc mousse dans l'eau savonneuse et pressez-le à la manière d'une éponge pour qu'il s'imprègne d'eau et qu'il la rejette. Rincez-le de la même manière, à l'eau fraîche. Évacuez l'eau de rinçage et remplissez de nouveau le bac d'eau fraîche et ainsi de suite, jusqu'à ce que le caoutchouc mousse ne rejette aucun savon.

Pour le faire sécher, exercez une pression délicate pour en faire sortir le plus d'eau possible; épongez-le à l'aide de serviettes propres et mettez-le à sécher au soleil ou à température ambiante. «Le cœur du caoutchouc peut mettre du temps à sécher», prévient Rajiv Jain, responsable du laboratoire à l'Association of Specialists in Cleaning and Restoration à Annapolis Junction dans le Maryland. «Le caoutchouc mousse est cependant doté d'un bon réseau de capillaires et l'eau finit par s'en évaporer.»

Si vous possédez un oreiller bourré de fragments de caoutchouc mousse, ne les sortez pas de la housse. Vous auriez du mal à reconstituer l'oreiller et ils se détériorent facilement. La plupart de ces oreillers sont lavables en machine. Employez l'eau froide, plus sûre pour les bourres synthétiques. Faites sécher par culbutage à faible température ou mettez-les à sécher au soleil sur une chaise longue.

Conseils pour épargner du temps: Employez un éventail électrique pour accélérer le séchage.

Mise en garde: N'employez jamais de solvant sur le caoutchouc mousse et ne le mettez jamais au sèche-linge à haute température. L'un et l'autre l'abîmeraient.

Carreaux de céramique

La céramique est le revêtement le plus durable et le plus facile d'entretien qui soit. Sur les murs, les planchers ou même en comptoirs, les carreaux de céramique ont un revêtement glacé, brillant, qui protège la terre cuite de la moisissure et des taches. Les carreaux non glacés tels ceux des carrières peuvent exiger plus de soins, par exemple un nettoyage plus fréquent et un traitement pour l'étanchéité. Cependant, dans la plupart des cas, la céramique ne requiert presque pas d'entretien, ni cirage ni polissage. La plupart des problèmes sont d'ailleurs liés au coulis qui tient les carreaux en place.

Technique: Ramassez la poussière au balai ou à l'aspirateur. Passez la vadrouille régulièrement en la plongeant dans de l'eau claire additionnée ou non d'un savon doux. Changez l'eau fréquemment – dès qu'elle devient grise – ou vous apercevrez des stries. Si vous optez pour une eau savonneuse, n'oubliez pas de rincer à l'eau claire, sinon vos carreaux seront enduits d'une pellicule collante qui enlèvera à leur éclat. Les murs et les comptoirs doivent être essuyés régulièrement avec un linge ou une éponge humide et un nettoyant tous usages. Dans la cuisine, un savon antibactérien utilisé régulièrement désinfectera les comptoirs et préviendra la prolifération des germes. (Voyez les rubriques Moisissure et Savon pour des trucs concernant l'entretien des carreaux de douche.)

La saleté difficile à enlever, résultant de liquides renversés ou de gouttes, peut être nettoyée à l'aide d'une brosse de nylon.

Conseils pour épargner du temps: «Certains sols de céramique vont strier, même si on les rince minutieusement», nous dit Margaret Dasso, propriétaire de Clean Sweep, un service de nettoyage professionnel situé à Lafayette en Californie, et coauteur de *Dirt Busters*. Pour résoudre ce problème, il suffit d'utiliser une serviette de bain. «Mettez vos deux pieds sur la serviette de bain posée sur le sol puis dansez le boogie-woogie tout autour de votre cuisine. Vous verrez, le tour sera joué!»

Des problèmes dans la salle de bains? Faites circuler l'air. C'est le moyen le plus facile d'atténuer les problèmes et de réduire le temps de nettoyage dans les salles de bains où la formation de moisissure est un réel problème. Ouvrez la fenêtre après une douche, ou installez un ventilateur.

En moins de deux: Si l'un des carreaux de céramique se fend et que vous n'en avez pas de rechange, utilisez-en un que vous aurez enlevé d'un endroit dissimulé, un placard par exemple.

Mise en garde: N'utilisez jamais de nettoyant abrasif ou de poudre à récurer. Cela égratigne le fini.

Carreaux de vinyle

Les carreaux de vinyle sont soit tout vinyle, ce qui est doux au toucher et résistant, ou alors un composite de vinyle plus connu sous l'acronyme VCT, fait à partir de bourre minérale liée à une mince couche de vinyle. Les méthodes pour nettoyer ces deux types de carreaux sont plus ou moins les mêmes que celles utilisées pour un sol de vinyle, mais pour nettoyer le VCT, vous devez tout de même connaître certains détails, surtout si vos carreaux ont été conçus avant les années 1985, car ils peuvent contenir de l'amiante.

Technique: Pour conserver le brillant et le fini, utilisez la méthode de nettoyage la plus douce possible. Passez l'aspirateur ou balayez fréquemment pour enlever la poussière avant que celle-ci n'ait la chance de s'incruster dans le fini et d'altérer la brillance. Si une vadrouille trempée d'eau tiède n'enlève pas toute la poussière, nettoyez alors avec un mélange d'eau douce et d'un détergent recommandé par le fabricant des carreaux. N'oubliez pas de suivre les directives apposées sur les étiquettes pour ce qui est des quantités nécessaires. Faites attention à ne pas laisser l'eau sur les carreaux trop longtemps, car cela risque d'amollir leur endos adhésif. Il importe de bien rincer à l'eau claire, quelle que soit la recommandation sur le détergent utilisé.

Conseils pour épargner du temps: Passer une vadrouille humide préservera la qualité de la brillance et vous économisera du temps.

Mise en garde: À moins d'en être sûr, assurez-vous que le revêtement de votre sol ne contient pas d'amiante. S'il est en bon état, n'y touchez pas. Vous n'aurez qu'à continuer de le cirer sans utiliser de produits abrasifs, car cela enlèverait la pellicule protectrice, nous dit Ken Giles de la Consumer Products Safety Commission à

Causes et remèdes du jaunissement

Il n'y a que deux raisons possibles au jaunissement de vos carreaux de vinyle blanc ou pastel:

- Trop de soleil, auquel cas il suffit de poser une parure de fenêtre pour contrer ce problème.
- Des dépôts d'asphalte venus de la rue ou de l'allée du garage, coincés sous les chaussures. Il suffit alors de placer un tapis-brosse à l'entrée de la maison.

Bethesda dans le Maryland. Si le revêtement doit être remplacé, il est préférable d'embaucher un professionnel, nous dit M. Giles.

Carreaux insonorisants

Vous ne marchez jamais dessus et les lois de la gravité n'ont pas été révoquées, alors qu'est-ce qui peut bien teinter les carreaux insonorisants du plafond? La fumée de cigares et de cigarettes est leur principale ennemie, les émanations de la cuisine et autres contaminants aériens qui se dégagent de courants chauds et qui, avec le temps, salissent les carreaux pâles. Des vilaines taches sombres se forment autour des canalisations de chauffage et de climatisation, là où la poussière et la crasse s'accumulent. Il faut procéder au nettoyage avec délicatesse, en particulier si les carreaux sont posés sur un grillage, de manière à ne pas les déplacer.

Technique: La majorité des carreaux insonorisants que l'on retrouve dans les maisons sont composés à partir de fibres absorbantes très poreuses, de sorte qu'un lavage à grande eau n'est pas indiqué. Frottez les endroits encrassés à l'aide d'une pâte nettoyante pour papier mural appelée Absorbene ou d'une éponge en caoutchouc mousse servant à laver les murs. Assurez-vous qu'il s'agit d'une éponge ayant subi un traitement chimique, du genre qu'emploient les restaurateurs après un incendie. Les éponges servant à laver les murs sont en vente dans les quincailleries, les boutiques spécialisées dans le matériel d'entretien commercial et la peinture. «Elles vous servent de gomme à effacer pour faire disparaître la saleté», explique Martin L. King, expert en restauration à Arlington en Virginie. Il ne faut pas employer une éponge ordinaire car elle répandrait la saleté au lieu de l'effacer.

Afin de faire disparaître la crasse qui resterait, employez un nettoyant à carreaux insonorisants contenant un javellisant. Ce produit est vendu chez les marchands spécialisés dans les produits d'entretien commerciaux. Respectez bien le mode d'emploi.

Nota bene: Peindre un plafond composé de carreaux insonorisants pourrait entraîner deux problèmes. Premièrement, le plafond pourrait perdre sa qualité insonorisante; deuxièmement, la peinture pourrait modifier sa résistance au feu. Aussi, il est préférable de consulter un inspecteur en bâtiment avant de peindre un plafond composé de carreaux insonorisants. On peut vaporiser la peinture sur des plafonds en fibres minérales ou l'étendre à l'aide d'un pinceau ou d'un rouleau;

toutefois, il faut s'abstenir de peindre un plafond de vinyle stratifié ou de marque Mylar. Si vous décidez de peindre un plafond de carreaux insonorisants, employez une peinture de première qualité et prenez garde de n'en pas obstruer les pores.

Il existe un produit dit de resurfaçage — appelé Coustic-Coat — qui conservera aux carreaux leur qualité ignifugeante.

Conseils pour épargner du temps: Lorsque vous passez l'aspirateur, n'oubliez pas de nettoyer les carreaux du plafond, en particulier le périmètre entourant les canalisations de chauffage et de climatisation, à l'aide de la buse à épousseter. «L'idéal consiste à veiller à l'entretien du système de chauffage, de sorte que les canalisations soient propres, et à changer régulièrement le filtre de la fournaise», nous prévient M. King.

En moins de deux: Si vous ne pouvez vous rendre à la quincaillerie pour acheter une éponge de caoutchouc mousse ou de la pâte nettoyante pour papier peint, frottez les carreaux salis à l'aide d'une boule de mie de pain, qui poncera sans endommager la surface. Sinon, tapotez la surface sale à l'aide d'un ruban adhésif.

Mise en garde: Posez toujours une bâche par terre, de préférence en toile, car le plastique est glissant. Portez toujours des lunettes de protection. On n'aurait pas tort de se munir de gants de caoutchouc et d'un masque filtrant.

Cassettes

Vous ne visionnerez jamais trop souvent «Mort à Venise». Voilà pourquoi il importe de bien entretenir vos vidéocassettes, de même que les cassettes audio d'ailleurs. Des cassettes propres durent plus longtemps et elles assurent un usage prolongé des lecteurs. Heureusement, assurer leur propreté est aussi facile que d'activer la télécommande!

Technique: Le boîtier d'une cassette audio ou vidéo peut être nettoyé à l'aide d'un chiffon propre et sans statique, mais il n'y a aucun moyen de nettoyer le ruban même. L'idéal consiste à les remettre dans leurs coffrets aussitôt qu'on en a terminé. Bien sûr, vous pouvez nettoyer la tête de lecture et d'enregistrement à l'aide des vidéocassettes prévues à cette fin. Cette précaution prolongera la durée du magnétophone ou du magnétoscope, ainsi que celle des cassettes. Cela importe spécialement si vous louez souvent des vidéocassettes car, chaque fois que vous insérez une vidéo de location, sa lecture transpose sur votre lecteur la poussière des magnétoscopes précédents.

Mise en garde: Ne laissez pas de vidéocassette à l'intérieur du magnétoscope. Cet appareil est toujours en fonction, serait-ce pour marquer l'heure. Avec le temps, la chaleur qu'il dégage peut abîmer la vidéocassette.

Casseroles et chaudrons

Ignorez vos casseroles et chaudrons et ils se vengeront. «Le moindre reste qui se trouve dans un chaudron absorbera une saveur de savon et affectera les prochains aliments que vous y cuirez, sans compter que les bactéries se mettront de la partie», dit Kari Kinder, adjointe au directeur des aliments et breuvages au réputé Culinary Institute of America à Hyde Park dans l'État de New York. Il importe de récurer rigoureusement les casseroles et chaudrons pour enlever la graisse sur leurs parois extérieures. Sinon, lorsqu'elle est chauffée, cette graisse résiduelle peut se transformer en carbone qu'il sera ardu de nettoyer.

Technique: En règle générale, il faut laver les casseroles et les chaudrons à la main. N'oubliez pas le fond graisseux. En présence d'aliments attachés ou calcinés au fond, faites-y bouillir une solution composée d'eau et de un quart de cuillerée à thé de détergent liquide pour la vaisselle; laissez mijoter jusqu'à ce que les aliments se détachent.

Les casseroles d'aluminium

Le détergent pour lave-vaisselle et les minéraux présents dans l'eau peuvent décolorer la patine de l'aluminium. Laver les casseroles à la main préviendra leur ternissement. On ravivera l'éclat de l'aluminium en y faisant bouillir pendant 10 minutes une solution faite d'une ou deux cuillerées à thé de crème de tartre ou de jus de citron par litre d'eau. Détachez les traces calcaires au fond de la bouilloire, laissées par les minéraux présents dans l'eau, en faisant bouillir autant d'eau que de vinaigre. Laissez le liquide dans la bouilloire pendant plusieurs heures et récurez le fond avec un tampon de métal. Ne conservez pas d'eau ou d'aliments dans un récipient d'aluminium car l'humidité peut trouer le métal.

Les chaudrons de laiton et de cuivre

Pour faire reluire du laiton ou du cuivre terni, saupoudrez-y du sel et un peu de vinaigre ou de jus de citron, frottez, rincez et asséchez. Ou encore, frottez les chaudrons délicatement avec une pâte composée de farine, de sel et de vinaigre ou de jus de citron. L'acide du vinaigre ou du jus de citron fait reluire le métal. «N'employez pas un nettoyant abrasif tel que Brasso, nous prévient Mme Kinder. Nous avons dû remplacer des casseroles à l'institut parce que des marmitons avaient usé le laiton.»

Les casseroles émaillées

Ces casseroles sont en général fabriquées de métal enduit d'un émail porcelaine. Faites amollir les aliments qui ont attaché au fond en y versant de l'eau chaude et savonneuse et en laissant tremper le temps nécessaire. Récurez le fond de la casserole avec un tampon non abrasif, par exemple en mailles de nylon. Évitez les poudres à récurer et les tampons métalliques. S'il vous faut un produit plus puissant mais qui reste doux, essayez le bicarbonate de soude.

Les chaudrons de fonte

La rouille est le principal problème quand vient le temps de nettoyer une casserole de fonte, par exemple une poêle à frire. Rangez vos poêles et chaudrons de fonte en un lieu sec. Ne posez pas le couvercle dessus car la condensation peut entraîner la corrosion. Il faut de plus les apprêter à l'occasion pour les empêcher de rouiller. Pour ce faire, lavez-les en eau chaude et savonneuse, asséchez-les et enduisez-les d'un peu de graisse ou d'huile végétale, et mettez-les dans un four chauffé entre 90 et 140 °C pendant 30 minutes. Laissez-les refroidir et essuyez l'excédent de gras avec un essuie-tout. Après la prochaine cuisson, lavez en eau chaude et savonneuse (sans trop récurer), rincez et asséchez. (Afin d'assécher une poêle de fonte, posez-la quelques secondes sur un serpentin chaud.) Pour terminer, enduisez la fonte d'une mince couche d'huile avant de la ranger. Ne récurez jamais la fonte avec une poudre ou un tampon métallique. Pour faire détacher les aliments calcinés, faites bouillir une solution composée de deux cuillerées à thé de bicarbonate de soude par litre d'eau. Si une casserole rouille, frottez-la avec un tampon de métal, lavez-la en eau chaude et savonneuse et repassez-la au four enduite d'huile.

Le courrier du cœur des casseroles et chaudrons

Type de chaudron	Problème	Nettoyant	Technique
aluminium	décoloration	1 ou 2 c. à soupe de crème de tartre ou jus de citron par litre d'eau	bouillir pendant 10 minutes
	dépôt calcaire (dans la bouilloire)	autant d'eau que de vinaigre	laisser agir plusieurs heures et récurer avec un tampon de métal
laiton, cuivre	ternissement	pâte de farine, sel et vinaigre ou jus de citron	frotter délicatement
émail	taches tenaces	bicarbonate de soude	récurer délicatement
fonte	aliments calcinés	2 c. à thé de bicarbonate de soude par litre d'eau	bouillir pendant quelques minutes
antiadhésif	odeurs persistantes (ex.: ail ou oignon)	1 c. à soupe de vinaigre ou de jus de citron par poêle	faire tremper, laver avec une éponge savonneuse imbibée d'eau
	taches tenaces, aliments calcinés	3 c. à soupe de javellisant oxygéné par litre d'eau	mijoter pendant 15 à 20 minutes faire tremper
pyrex®	aliments calcinés, surtout sucre et féculents	giclée de détergent à vaisselle, 1 c. à soupe de bicarbonate de soude, eau	nettoyer avec un tampon non abrasif

Les casseroles antiadhésives

Dès lors qu'un enduit antiadhésif est éraflé, il perd ses propriétés. Évitez les nettoyants abrasifs, les tampons de métal, les poudres à récurer. Lavez en eau chaude et savonneuse à l'aide d'une éponge et asséchez. Pour déloger des traces d'eau calcaire ou des aliments calcinés au fond d'une poêle antiadhésive, faites mijoter trois cuillerées à soupe de javellisant oxygéné et 250 ml d'eau pendant 15 à 20 minutes. Lavez ensuite la poêle, rincez et asséchez. Devant une odeur persistante, par exemple d'ail ou d'oignon, mélangez une cuillerée à soupe de vinaigre ou de jus de citron dans la casserole emplie d'eau. Laissez tremper, lavez à l'aide d'une éponge savonneuse, rincez et asséchez.

Les casseroles en pyrex®

Lavez les plats et casseroles en pyrex® au lave-vaisselle ou à la main en eau chaude et savonneuse. S'il se trouve des aliments calcinés au fond d'une casserole de verre ou de céramique, faites-la tremper dans de l'eau contenant du détergent liquide pour la vaisselle. Si des sucres ou des féculents ont calciné au fond d'une casserole de verre, ajoutez du bicarbonate de soude à l'eau de trempage. Ensuite, récurez le fond avec du bicarbonate de soude. N'employez pas de tampon de métal qui égratignerait la surface. Pour y déloger des taches graisseuses, employez de l'ammoniaque ou un nettoyant qui en contient, par exemple Soft Scrub. Pour faire disparaître les taches de café ou de thé, faites tremper dans une solution composée de deux cuillerées à soupe de détergent à lave-vaisselle par litre d'eau chaude.

Conseils pour épargner du temps: Cela tient du bon sens, mais mérite d'être répété. Racler le fond des casseroles et les faire tremper accélérera grandement leur lavage. Pulvérisez un apprêt antiadhésif tel que Pam avant de cuire les aliments. Vous enduirez ainsi le fond de la casserole d'une mince couche d'huile végétale ou de lécithine qui empêchera les aliments d'attacher. Cela est particulièrement utile si les casseroles ont de l'âge et que l'apprêt antiadhésif est usé.

Cendres

On n'aura aucun mal à nettoyer de la cendre, à condition qu'elle soit refroidie.

Technique: Les cendres sont insolubles; donc, elles ne tachent pas les étoffes. Il suffit de les brosser si elles salissent un vêtement et de passer l'aspirateur si elles se trouvent sur un canapé. (Si les cendres sont encore ardentes et que l'étoffe est brûlée, voir Brûlures de cigarette, p. 144. Voir également Suie, p. 416.)

Cendriers

Ne courez aucun risque par rapport au contenu d'un cendrier. Afin de prévenir tout risque d'incendie, trempez-le d'eau. «Il existe deux manières de vider un cendrier en toute sûreté», dit Susan Siegel-McKelvey, porte-parole de l'association nationale de prévention des incendies à Quincy dans le Massachusetts. «Si vous jetez les mégots à la poubelle, mouillez-les copieusement avant d'en disposer. Passez le cendrier sous le robinet et assurez-vous que son contenu soit trempé. L'autre manière consiste à les jeter dans la cuvette et à tirer la chasse d'eau. Employez toujours l'une ou l'autre de ces méthodes», conseille-t-elle.

Les cendriers les plus sûrs sont lourds et profonds. «Videz-les souvent; ne laissez pas les mégots s'y accumuler», poursuit-elle.

Technique: La plupart des cendriers peuvent être rincés et lavés au lave-vaisselle. Sinon, frottez-en le fond à l'aide d'un essuie-tout imbibé d'alcool. S'il est en porcelaine ou en cristal, voir Porcelaine à la p. 369 ou Cristal à la p. 192.

Chaînes stéréo

Vos oreilles vous diront quand le moment sera venu de nettoyer votre chaîne stéréo. La saleté, la poussière et les oxydes s'accumulent peu à peu sur les composantes sensibles du système audio et en érodent le son. Un grésillement lorsqu'on règle le bouton du volume, des distorsions sonores, une émission faible ou absente de l'une des deux enceintes acoustiques, le lecteur de DC qui saute des plages, voilà autant d'indices qu'il est temps de procéder à l'entretien de la chaîne. Il suffira de quelques minutes et de quelques dollars pour que votre chaîne retrouve la sonorité d'une neuve.

Technique: Époussetez périodiquement les composantes de la chaîne. Servez-vous d'une brosse non métallique pour détacher la saleté et du suceur à épousseter de l'aspirateur pour l'aspirer. «Ne déplacez aucune des composantes, ni les fils ni les supports de résistance. Chaque chose a sa raison d'être et en changer pourrait occasionner des ennuis que vous n'avez jamais éprouvés auparavant», explique Dave Barnes, responsable du service clientèle chez Crutchfield, distributeur d'équipement audio par correspondance à Charlottesville en Virginie. «Pour ce qui est de la poussière accumulée, la seule chose vraiment nuisible est la poussière qui se trouve sur le faisceau laser du lecteur de disques compacts.»

Mais abstenez-vous de nettoyer à la main l'objectif du lecteur de disques compacts. On peut facilement l'abîmer. On nettoie facilement et sans danger l'objectif du lecteur en se procurant un nettoyant de DC, doté d'une brosse intégrée à sa surface pressée, pour quelque 10 $ environ.

N'oubliez pas les fils qui lient le lecteur aux enceintes acoustiques. Environ une fois l'an, débranchez et nettoyez tous les fils et câbles d'alimentation avec de l'alcool dénaturé. Si vous entendez un grésillement lorsque vous réglez le volume, il se trouve probablement de la poussière et de la saleté sur les pistes de carbone dans le boîtier du bouton. Éteignez l'appareil et débranchez-le. Enlevez le boîtier et tout ce qui enveloppe le bouton, jusqu'à apercevoir l'endroit où il est branché au tableau des circuits. Vous devriez apercevoir un trou. Pulvérisez un peu de nettoyant à base de silicone. Il en supprimera la poussière et préviendra l'accumulation. Tournez le bouton dans les deux sens à plusieurs reprises. Allumez l'appareil et mettez le volume au minimum pour vous assurer que le crépitement a disparu. Recommencez le procédé s'il n'en est rien. En l'absence de nettoyant au silicone, de l'alcool dénaturé délogera la poussière existante sans toutefois fournir une protection contre l'accumulation éventuelle. Vous pouvez nettoyer de la sorte tous les boutons de réglage: équilibrage des haut-parleurs, réglage du volume, commutateur des fonctions, tonalité des aigus, tonalité des graves, sélecteur de bandes, etc. «Lorsqu'un bouton est sale, il n'est habituellement pas seul», dit M. Barnes.

Si les jacks de l'appareil sont corrodés, poncez-les délicatement avec du papier de verre. Ne négligez pas la platine du tourne-disque même si vous n'y mettez plus de vinyles aussi souvent qu'avant. Vous devriez remplacer l'aiguille de la tête de lecture après 30 heures d'utilisation. Une aiguille émoussée peut abîmer les disques, en particulier les plus anciens. Vous devriez vous procurer plus d'une cartouche car vous risquez de n'en plus trouver dans quelques années. Rangez vos disques de vinyle en position verticale (jamais à la diagonale) loin de la lumière solaire. Nettoyez-les avec une brosse de velours.

CHOSE À NE PAS FAIRE

Ne gommez pas votre chaîne!

Les techniciens audio branlent tristement du chef lorsqu'ils constatent que l'on a pulvérisé un lubrifiant à l'intérieur d'une chaîne stéréo, nous avoue Dave Barnes, responsable du service clientèle chez Crutchfield, distributeur d'équipement audio par correspondance à Charlottesville en Virginie.

«Cela fait un dégât incroyable», dit-il. Parfois un plateau ou un lecteur de cassettes tourne lentement ou semble gommé. On peut, bien intentionné que l'on est, pulvériser un lubrifiant ou un nettoyant au silicone en espérant améliorer les choses.

«Vous abîmerez la bande de roulement en feutre et le silicone imprégnera le caoutchouc, qui deviendra visqueux et gonflera», explique M. Barnes. Il nous conseille de renoncer aux lubrifiants en aérosol. Débranchez votre chaîne et enlevez le boîtier qui la protège. Soufflez la saleté qui se trouve à l'intérieur en fixant le boyau de l'aspirateur à la sortie d'air. Si la saleté ne part pas ainsi, employez une bombe à air comprimé. Essuyez la bande de caoutchouc et les tampons d'embrayage à l'aide d'un coton-tige trempé dans de l'alcool dénaturé.

Conseils pour épargner du temps: Abaissez le couvercle et fermez les portes de la chaîne stéréo afin de prévenir l'infiltration de poussière. La poussière qui se trouve sur les cassettes, les DC et les vinyles se retrouvera à l'intérieur du lecteur. Rangez-les dans leurs boîtiers pour qu'ils restent propres.

Mise en garde: Assurez-vous d'avoir éteint et débranché la chaîne stéréo avant d'en faire l'entretien, surtout lorsque vous enlevez les jacks. Sinon, ils émettraient un bruit assourdissant qui endommagerait les enceintes acoustiques lorsque vous les rebrancheriez. Assurez-vous que le démontage de votre lecteur aux fins de nettoyage n'annulera pas la garantie du fabricant.

Chaises hautes

Ainsi qu'il en est de tous les objets qui entrent en contact avec des aliments — et les chaises hautes appartiennent assurément à cette catégorie —, il faut nettoyer un déversement aussitôt qu'il survient pour empêcher la substance de s'engluer. La propreté d'une chaise haute préviendra la prolifération des bactéries qui pose une menace à la santé de votre nourrisson.

Technique: Nettoyez la chaise haute à l'aide d'une éponge ou d'un chiffon imprégné d'eau savonneuse immédiatement après le repas de bébé. Employez un détergent liquide pour la vaisselle, antibactérien de préférence.

Posez un chiffon mouillé pendant quelques minutes sur les aliments incrustés, puis essuyez-les lorsqu'ils auront amolli. Rincez à l'aide d'une éponge propre et humide.

De façon périodique, complétez l'entretien ordinaire par une désinfection du plateau de la chaise haute et des autres surfaces que le bébé touche. Lavez-les avec une solution faite d'eau et de javellisant chloré en des proportions respectives de 10 pour une. Laissez agir pendant une ou deux minutes, puis rincez à l'aide d'une éponge mouillée.

Nettoyez régulièrement le siège de la chaise. S'il est en vinyle, essuyez-le. S'il est couvert d'une étoffe lavable, voyez les indications concernant l'entretien sur l'étiquette fixée sous le siège.

Une ou deux fois l'an, sortez la chaise haute dans la cour arrière et nettoyez-la avec le boyau d'arrosage. Récurez-la bien à l'eau savonneuse en employant une brosse de nylon. Rincez-la avec l'eau du boyau et laissez-la sécher au soleil. Vous pourriez aussi la mettre dans la cabine de douche, la récurer et la rincer sous le jet d'eau.

Conseils pour épargner du temps: Si le temps est humide, posez la chaise haute à l'ombre du porche ou du jardin et laissez-la à cet endroit pendant quelques heures. L'humidité ambiante fera se détacher les incrustations d'aliments et facilitera le nettoyage.

Chapeaux (de feutre, de cuir, de paille)

La poussière est l'ennemie numéro un des chapeaux au chapitre de l'apparence. Elle peut se transformer en boue à la moindre goutte de pluie. «Chaque fois qu'un chapeau est mouillé, on se retrouve devant des cernes ou des taches potentiels», dit Scott Bengell, directeur de l'usine chez Hatco à Garland au Texas, fabricant des chapeaux Stetson et Resistol.

Technique: Brossez régulièrement vos chapeaux pour en enlever la poussière. Les soies de la brosse doivent être souples, sinon vous risqueriez d'érafler la surface. Lorsque vous brossez un chapeau de feutre ou de suède, travaillez toujours dans le sens des poils et non à contresens.

S'il y a une tache, épongez le plus possible avec un chiffon sec. N'employez jamais d'eau pour nettoyer un bon chapeau de feutre, de cuir ou de paille. Il existe des détachants pour les chapeaux en mousse ou en poudre dont l'action s'exerce par absorption. Vous les trouverez chez un chapelier ou un marchand de vêtements et accessoires western. Si une tache est incrustée, il faudra confier le chapeau à un teinturier spécialisé. Si vous n'en trouvez pas, voyez un cordonnier; certains nettoient les chapeaux.

En moins de deux: Si vous salissez un feutre, épongez le plus possible à l'aide d'une serviette propre et sèche. Laissez sécher la tache. «Quand elle sera sèche, dit M. Bengel, vous essaierez de la camoufler.» Badigeonnez délicatement le feutre sali d'une craie de couleur identique. Si le feutre est trop pâle pour cela, employez un crayon de graphite mêlé à la craie. «La couleur doit se fondre à celle du chapeau», précise-t-il.

Chaufferettes électriques

À moins qu'elles ne soient remisées pendant une longue période en un endroit sale, les chaufferettes portables se salissent peu. Il faut simplement les épousseter afin d'en assurer le bon fonctionnement.

Technique: Ne la désassemblez pas. Les fabricants déconseillent vivement de désassembler une chaufferette afin de la nettoyer. Cela peut être dangereux et annulera souvent la garantie du fabricant.

Plutôt, chassez-en la poussière en soufflant de l'air comprimé à travers la grille, des deux côtés si c'est possible. Vous délogerez ainsi les particules de poussière de l'élément chauffant et atténuerez les risques que des moutons de poussière s'y accumulent et finissent par obstruer un conduit ou un filtre. Les spécialistes des systèmes de chauffage conseillent de procéder à ce nettoyage deux fois par année, avant et après la saison froide.

Vous pouvez nettoyer régulièrement la grille d'une chaufferette à l'aide du suceur à épousseter de votre aspirateur. De plus, nettoyez le boîtier à l'aide d'un chiffon humide. Si le filtre de votre chaufferette est amovible, à la manière du filtre de caoutchouc mousse de la plupart des climatiseurs, lavez-le une ou deux fois par saison à l'eau chaude et au savon. Laissez-le sécher complètement avant de le remettre en place.

En moins de deux: Vous n'avez pas de pistolet à air comprimé? Prenez le sèche-cheveux.

Mise en garde: Il faut toujours éteindre et débrancher une chaufferette portable avant d'en faire l'entretien.

Chaussures

Nos chaussures prennent un dur coup au cours des 8 000 pas que chacun de nous fait chaque jour. Qu'il s'agisse d'escarpins de cuir fin ou de baskets de toile bon marché, on conseille d'appliquer à toutes les chaussures neuves un apprêt antitaches et étanche. «On fixe ainsi un rempart entre la matière et la saleté», explique Mitch Lebovic, rédacteur en chef du magazine *Shoe Service* publié à Baltimore.

TRUCS ÉCONOMIQUES

Cinq pas vers la longévité

Accordez-leur une journée de congé. Ne portez jamais une paire de chaussures deux jours de suite. Accordez-leur une journée de répit pour que s'évapore la transpiration dégagée par les pieds. Ils pourront de plus retrouver leur forme et se décomprimer après une journée à supporter votre poids.

Achetez des embauchoirs de cèdre. Des embauchoirs peuvent doubler la durée de vos chaussures en ceci qu'ils permettent de les remettre en forme. Les embauchoirs de cèdre sont plus avantageux que ceux en plastique. Leur pouvoir absorbant attire la sueur laissée dans les chaussures, de même que les sels à l'acide qu'elle contient. N'oubliez pas de retirer les embauchoirs après un jour ou deux pour que l'air puisse de nouveau circuler à l'intérieur des chaussures.

Cirez vos chaussures neuves avant de les porter. Les chaussures de cuir neuves sont sujettes aux éraflures, aussi protégez-les avant de les porter.

Assurez-en l'entretien au quotidien. Frottez ou brossez chaque jour vos chaussures lorsque vous les enlevez.

Remplacez les talons aux premiers signes d'usure. Des talons rognés abîmeront gravement vos chaussures et affecteront votre posture.

Chaussures de sport

Technique: Enlevez les lacets et les incrustations et rincez-les sous l'eau. Employez un shampooing à baskets ou un nettoyant neutre, par exemple du détergent liquide pour la vaisselle, et une brosse souple afin de déloger la saleté. Rincez et laissez sécher à l'air après avoir bourré les chaussures d'essuie-tout. Insérez ensuite des embauchoirs afin qu'elles retrouvent leur forme.

En présence d'éraflures, appliquez un cosmétique blanc afin de retrouver la couleur. Saupoudrez du talc pour bébé après le cirage pour éviter que le cosmétique ne s'évente.

Le contrôle des odeurs est le principal problème des chaussures de sport. Chaque pied compte 125 000 glandes sudoripares qui déposent chaque jour jusqu'à 65 ml de sueur dans chaque chaussure. Les semelles premières, faites de mousse, fournissent un terreau idéal aux bactéries qui causent les odeurs. M. Lebovic conseille un produit du commerce qui contre ces mêmes bactéries: le désodorisant pour chaussures Dr. Scholl. Des neutralisants d'odeur existent également sous forme de talc et de fausses semelles. Lisez bien le conditionnement du produit afin de vous assurer qu'il ne fera pas que masquer les odeurs.

En moins de deux: Afin de faire disparaître les éraflures sur le cuir blanc, frottez-les de dentifrice (en pâte et non en gel), rincez et laissez sécher.

Mise en garde: Quelques fabricants de chaussures déconseillent de passer les chaussures de sport au lave-linge. L'agitation détruit les adhésifs et abîme le cuir. Lorsque vous les nettoyez, n'employez pas de solvants, d'abrasifs ou de javellisants.

Chaussures de toile

Technique: Vous pouvez passer vos vieux tennis à la machine à laver. Les experts affirment toutefois que ce n'est pas le meilleur moyen de les nettoyer. Le lavage gâte leur forme et ne fait pas toujours disparaître la saleté. Si vos chaussures de toile sont correctement imperméabilisées lorsqu'elles sont neuves, on peut pratiquement en éponger la saleté par la suite. Un shampooing pour tissus de revêtement convient à merveille; on le pulvérise et on l'éponge. Sur les semelles de caoutchouc blanc, employez le nettoyant pour pneus à flancs blancs. Faites-les sécher à l'air libre. Un tour de sèche-linge ferait rétrécir la toile.

Conseils pour épargner du temps: Employez une pâte à nettoyer le papier mural afin de détacher la saleté des chaussures de toile.

En moins de deux: Pulvérisez de l'amidon ou un apprêt antitaches tel que Scotchgard afin de protéger vos chaussures de toile de la saleté.

Chaussures de cuir

Technique: Une bonne paire de chaussures de cuir pour hommes peut être ressemelée à sept reprises si l'on sait entretenir la partie supérieure. Observez les quatre conseils suivants prodigués par le Shoe Service Institute of America de Baltimore, relatifs à l'entretien des chaussures de cuir:

1. Nettoyez-les. Enlevez la saleté à l'aide d'une brosse souple. Nettoyez-les à l'aide d'une crème cosmétique pour le cuir.

2. Revitalisez-les. Lorsque le cuir est propre, appliquez-lui un revitalisant qui préviendra le craquèlement et redonnera au cuir l'huile qui en prolongera la durée.

3. Polissez-les. Le cosmétique à cirage renouvelle les pigments et couvre les éraflures, en plus de lustrer, de protéger et de revitaliser le cuir. On les trouve sous trois formes: liquide, en pâte et en crème. La forme liquide est la plus facile à appliquer mais elle dure le moins longtemps. La pâte couvre mieux et son lustre est supérieur, mais on ne la trouve pas en un large nuancier de couleurs. La crème fait un heureux compromis entre les deux. Appliquez le cosmétique par des mouvements circulaires. Frottez à l'aide d'un chiffon. Appliquez une seconde couche de cosmétique et frottez à l'aide d'un autre chiffon propre. Si vous souhaitez un lustre d'enfer, appliquez une troisième couche de cire en pâte à l'aide d'un chiffon humide. Laissez sécher et polissez.

Imperméabilisez-les. L'huile de vison, la cire d'abeilles et le silicone sont quelques-uns des scellants servant à l'imperméabilisation des chaussures. Si les cosmétiques ont quelques propriétés imperméabilisantes, il faut étancher vos chaussures, notamment si vous travaillez dans un endroit humide, boueux ou maculé d'huile.

En moins de deux: Si la pluie trempe vos chaussures, insérez-y des embauchoirs et laissez-les sécher à température ambiante pour qu'elles ne se déforment pas. Ne les posez jamais près d'une source de chaleur, le cuir fendillerait et craquerait.

Mise en garde: Ne cirez jamais des chaussures que vous n'auriez pas d'abord nettoyées. Le cas échéant, la pâte à cirer ferait s'incruster la saleté dans le grain du cuir.

CONSEIL D'EXPERT

Le clou de l'après-match

Lambeau Field, ville dont l'équipe de football a remporté le Super Bowl en 1996, a été le théâtre des meilleurs matchs de la Ligue américaine de football. Lorsque la pluie transforme ce stade glorieux en un champ boueux, l'adjoint au directeur des équipements, Tim O'Neil, doit veiller à ce que les crampons des joueurs soient exempts de boue et de tourbe du coup d'envoi jusqu'au but final.

«L'état du terrain ne pose pas vraiment un problème, avoue M. O'Neil. Lorsqu'il pleut des clous, la boue se déloge d'elle-même. C'est l'entre-deux qui cause des ennuis. Un jour ou deux après un orage, le sol est assez détrempé pour être boueux mais assez sec pour former une croûte.

«Les crampons aux semelles de la majorité des joueurs font 2 cm de long. Il ne leur faut pas plus d'un jeu pour que leurs semelles soient encroûtées de tourbe; aussi, nous arpentons la ligne de touche tout au long du match. Un ou deux coups de couteau à poterie ou de brosse métallique et le tour est joué. Lorsque les joueurs de défense sont sur le terrain, nous désincrustons toutes les chaussures des joueurs défensifs.

«Durant les temps morts, nous accourons sur le terrain avec des planches cloutées en plastique ou en caoutchouc sur lesquelles les joueurs s'essuient les pieds, comme sur un paillasson.

«Personne ne nous confondra avec les joueurs mais c'est stimulant de se trouver sur le terrain, au cœur de l'action, et de sentir que l'on apporte sa contribution. Une chose aussi simple que la propreté des crampons peut modifier l'issue d'un match.»

Chaussures à crampons

Le meilleur moment pour nettoyer des chaussures de sport maculées de boue est évidemment après le match. Plus on attend, plus la boue sera difficile à désincruster.

Technique: Si les crampons sont vraiment encroûtés, vous pourriez les nettoyer dans le jardin à l'aide du boyau d'arrosage. Ne craignez pas de mouiller la partie supérieure des chaussures. «Elles sont déjà sales et mouillées, alors un peu plus d'eau n'y changera rien», dit Scott Maslen, directeur des tests sur les chaussures chez Adidas International à Portland dans l'Oregon. Passez une brosse de nylon entre les crampons pour y enlever les croûtes minces et la saleté en général.

Les crampons de plusieurs modèles, notamment les chaussures de golf, sont amovibles. Étant donné qu'ils ne s'usent pas tous d'égale façon, il faut les remplacer individuellement, le cas échéant. Des crampons inégaux gauchiraient les chaussures, en déformeraient le modèle.

Conseils pour épargner du temps: Afin de désencroûter rapidement vos chaussures à crampons pendant un match, ayez à portée de main un couteau de potier. Passez la lame entre les rangées cloutées afin de déloger l'accumulation de terre.

Mise en garde: N'employez jamais de détergent qui pourrait abîmer le cuir ou la matière synthétique qui forme la partie supérieure des chaussures. Il faut laisser sécher à l'air libre des chaussures trempées avant de les porter de nouveau. Ne cherchez pas à accélérer le séchage en les posant sur un calorifère ou à proximité d'une source de chaleur, car cela déformerait les chaussures, en particulier si elles sont en cuir.

Cheminées

Une cheminée se salit sous l'action du créosote qui s'accumule dans son conduit, à l'instar du cholestérol dans les vaisseaux sanguins. Le créosote, libéré lorsque flambe le bois, s'élève avec la fumée et se condense au contact des parois relativement froides du conduit de la cheminée. Vous pouvez ralentir ce phénomène en vous assurant que le feu est bien aéré; donc, le registre et les portes de la cheminée doivent rester ouverts. Il est cependant impossible de prévenir l'accumulation de créosote au fil du temps. À défaut de la débarrasser de son créosote, votre cheminée brûlera mal et un incendie pourrait se déclarer.

Technique: Le nettoyage d'une cheminée est une affaire salissante et potentiellement dangereuse. Cela requiert des brosses spéciales, conçues expressément en fonction de la circonférence du conduit, et un tas de bâches pour protéger la moquette de la pièce où la cheminée se trouve. En fonction de la configuration de votre cheminée et de son âtre, il peut être possible de la ramener de l'intérieur de la maison. Sinon, il faut monter sur le toit. Quoi qu'il en soit, à moins que vous ne possédiez une quelconque expérience à ce chapitre, il est préférable d'engager un ramoneur expérimenté.

Faites vérifier votre cheminée une fois par année et faites-la nettoyer, le cas échéant. «La plupart des foyers n'ont pas besoin d'un nettoyage annuel, mais la vérification s'impose», nous dit Ashley Eldridge, directrice de l'éducation pour le compte du Chimney Safety Institute of America à Gaithersburg dans le Maryland.

Gardez votre sang-froid pendant un incendie de cheminée

Un incendie se déclare lorsque s'enflamme le créosote accumulé dans le conduit d'une cheminée. Assurer la propreté du conduit contribuera à prévenir ce genre d'incendie. Quelle que soit l'ampleur des flammes, il faut prendre la chose sérieusement.

Si un incendie éclate dans le conduit de votre cheminée, réunissez tous les occupants de la maison et faites-les sortir dehors. Appelez ensuite les pompiers. Il est préférable de faire appel à eux, même si vous jugez que l'incendie est mineur. Il est difficile de jauger un incendie de cheminée. Il arrive parfois qu'il se propage aux autres parties de la maison.

Jusqu'à ce qu'arrivent les secours, essayez de jeter des glaçons au cœur du feu. Ils dégageront de la vapeur qui humidifiera les flammes à mesure qu'elle montera. Si l'incendie éclate dans un poêle à bois, fermez la manette qui contrôle le tirage de l'air; l'approvisionnement en air sera ainsi coupé.

Si l'incendie brûle dans un âtre ouvert, certains conseillent d'en obstruer l'ouverture à l'aide d'une couverture épaisse. Si vous tentez ceci, il faut être assuré que vous saurez l'assujettir en place. Un incendie de cheminée libère un fort courant d'air qui pourrait aspirer la couverture et l'enflammer. Ne tentez pas d'éteindre le feu en versant de l'eau dans la cheminée. L'effet combiné de l'eau froide et du feu pourrait faire craqueler le conduit de la cheminée.

Lorsque le feu est éteint, faites inspecter la cheminée par un ramoneur accrédité avant de vous en servir de nouveau. Même si vous n'avez rien remarqué, le conduit pourrait être fissuré.

Même si vous confiez le ramonage à un professionnel, il y a des mesures à prendre afin de conserver plus longtemps la propreté de votre cheminée, à commencer par le bois que vous mettez à brûler. En général, l'essence du bois importe moins que l'état des bûches. Un bois dense tel que le noyer blanc d'Amérique dégagera plus de créosote qu'un bois plus léger comme le pin; sauf qu'il faut brûler davantage de pin pour alimenter le feu, de sorte qu'il n'y a aucun avantage particulier à l'une ou l'autre de ces essences.

Il est beaucoup plus important de s'assurer que les bûches, quelle qu'en soit l'essence, sont sèches. Le bois humide brûle moins bien que le bois sec. Plus le bois est humide, moins le feu sera chaud. Moins le feu est chaud, plus la fumée s'élève lentement dans le conduit de la cheminée et plus elle a de temps pour y laisser des traces. Les bûches

Ramona, c'est l'heure du ramonage!

Un ramonage mal exécuté peut abîmer votre cheminée ou les conduits de la maison et mettre en péril la sécurité de l'entrepreneur. Ashley Eldridge, directrice de l'éducation pour la *Chimney Safety Institute of America,* prodigue les conseils suivants à celui qui veut faire appel à un ramoneur et à son hérisson.

Demandez-lui sa carte de compétence. Un ramoneur compétent doit être accrédité auprès d'une association professionnelle. Il doit détenir une carte avec photo en faisant foi. Demandez-lui s'il appartient à un regroupement ou une association professionnelle.

Demandez-lui s'il a des assurances. Assurez-vous qu'il souscrit à une assurance responsabilité civile protégeant contre les blessures et dégâts matériels, en cas d'incident. Un ramoneur sans assurances pourrait, s'il se blessait, poursuivre le propriétaire de la maison afin de recouvrer ses frais médicaux. Si votre cheminée ou votre maison était abîmée par un ramoneur sans assurances, vous risqueriez de devoir présenter une réclamation à votre propre assureur. Afin de vous protéger, demandez au ramoneur de vous fournir une attestation de son contrat d'assurances.

Faites appel à un ramoneur expérimenté. Son accréditation auprès d'une association professionnelle signifie qu'il connaît son métier. Toutefois, un ramoneur qui pratique le métier depuis au moins cinq ans sera en mesure de faire face à toutes les situations.

Vérifiez ses références. Un ramoneur réputé est en mesure de fournir des références concernant ses autres clients. Communiquez avec son association professionnelle afin de vous assurer qu'il n'est en litige avec aucun autre client.

coupées depuis peu doivent être mises à sécher pendant au moins six mois. Même les vieilles bûches peuvent s'imbiber d'eau si elles sont remisées dans de mauvaises conditions. Le bois que l'on conserve à l'extérieur doit être cordé sur des palettes, de sorte que l'air puisse circuler sous la pile. Couvrez la corde de bois à l'aide d'une bâche goudronnée. Cordez votre bois, si possible, en un endroit ensoleillé. Mettez les bûches à sécher à l'intérieur, une semaine avant de les brûler. Si vous faites souvent du feu dans la cheminée, il faudrait prévoir un intermédiaire entre la corde de bois à l'extérieur et votre provision à l'intérieur. Vous pourriez vous procurer un bac à bois dans lequel conserver votre provision à portée de main, disons sur la galerie. Couvrez-le également d'une bâche goudronnée.

On peut ralentir l'accumulation de créosote en allumant moins de feux par temps doux, aux jours d'automne et de printemps. L'air circule nettement mieux dans le conduit lorsque la température extérieure est de beaucoup inférieure à celle de l'intérieur. Lorsque ces deux températures sont rapprochées, la fumée s'élève plus lentement, ce qui favorise l'accumulation de créosote sur la paroi du conduit.

Si la fumée s'élève lentement ou si le feu semble faible quelle que soit la saison ou en dépit du bois dont vous le nourrissez, il y a peut-être malfaçon au niveau de la cheminée ou elle a peut-être besoin d'un ramonage. Demandez donc à un professionnel d'y jeter un coup d'œil.

En moins de deux: Les bûches synthétiques que l'on trouve au supermarché ont mauvaise réputation en raison de leur contenu en matières cireuses. «En fait, elle sont plutôt bien, dit Mme Eldridge. Elles brûlent bien. Elles sont ce qui s'approche le plus d'un feu contrôlé.» Elles produisent des flammes relativement égales, sont fiables et faciles à allumer.

Mise en garde: Ne vous risquez pas à ramoner vous-même votre cheminée à moins d'être expérimenté. Évitez de faire brûler du bois vert.

Chrome

Le chrome, que l'on retrouve aussi bien dans la salle de bains que dans l'automobile, n'est pas un métal dur comme l'aluminium ou l'acier. Il résulte plutôt d'un placage. Voilà pourquoi il faut faire preuve de délicatesse lorsqu'on le nettoie. Il est ardu, voire impossible, de réparer du chrome troué ou abîmé qu'il faut alors remplacer.

Technique: Pour l'entretien routinier, servez-vous d'un nettoyant pour le verre en aérosol et d'un chiffon doux. «N'employez aucun abrasif qui finirait par ronger la surface», nous prévient Randy Robinson, proprio de Robinson's Chrome à Hughson en Californie, où l'on fabrique sur mesure des objets de chrome et de métal. On protège et on fait reluire le chrome à l'aide d'une cire de Copernicia cerifera que l'on trouve dans les magasins de produits automobiles. Avant d'appliquer cette cire, nettoyez le chrome à l'aide d'une mixture faite de 60 ml de détergent liquide pour la vaisselle dilué dans 4 litres d'eau. Lavez et asséchez avec des chiffons doux. Appliquez ensuite la cire selon les indications du fabricant.

En moins de deux: En guise de substitut au nettoyant pour le verre du commerce, vous pouvez emplir un pulvérisateur d'eau de seltz ou d'une cuillerée à thé de bicarbonate de soude allongé d'un litre d'eau chaude. Ces deux substituts sont un peu moins efficaces que le nettoyant pour le verre commercial, mais conviennent bien à l'entretien de routine. Afin de déloger les taches tenaces, par exemple la peinture ou le goudron, appliquez un peu de diluant à peinture ou à laque à l'aide d'un chiffon et frottez les taches. Afin de faire reluire davantage le chrome, frottez-le avec un peu de dentifrice.

Mise en garde: N'employez jamais de nettoyant abrasif et granuleux sur une surface chromée. Avec le temps, il abîmerait le placage. Le chrome serait alors bon pour la casse.

Ciseaux

Des ciseaux propres coupent mieux et de façon plus précise. De nos jours, la plupart des ciseaux sont fabriqués en acier inoxydable, de sorte que leur entretien se fait en criant... ciseaux!

Technique: Essuyez les ciseaux d'acier inoxydable à l'aide d'un chiffon ou d'une éponge humide. S'ils sont poisseux, gluants, huileux ou couverts de crasse, lavez-les avec une éponge savonneuse.

Si vos ciseaux ne sont pas en acier inoxydable, il faut les assécher complètement après les avoir nettoyés. Sinon, les lames rouilleront et leur fil ne sera plus tranchant. Pulvérisez-les d'un lubrifiant tel que le WD40 ou d'un antirouille. Ouvrez-les et fermez-les à plusieurs reprises pour que le lubrifiant s'insinue dans les articulations, nous conseille Cam Wiegmann, directrice chez Henry Westpfal, une maison new-yorkaise spécialisée dans la vente et l'affûtage de ciseaux depuis 1874.

Si vos ciseaux viennent à rouiller, poncez la rouille à l'aide d'un tampon de métal non savonneux. Plus le tampon est fin, mieux cela vaut. Prenez garde de ne pas poncer le fil tranchant, vous pourriez l'émousser. Après coup, pulvérisez un peu de WD40.

Ne tentez pas d'affûter vous-même vos ciseaux. Confiez ce travail à un professionnel, soit un quincaillier ou une marchande de confections pour la couture.

Mise en garde: Ne passez pas vos ciseaux au lave-vaisselle. La chaleur affecterait la trempe du métal ou les anneaux de plastique.

Claire-voie (portes, jalousies, fenêtres)

Les portes à claire-voie et les jalousies ajoutent une note élégante à votre demeure et favorisent la circulation de l'air. Mais leur structure même en fait un cauchemar de ménagère, tant les interstices entre les lames sont difficiles à nettoyer. «Il faut beaucoup de temps pour nettoyer une à une chacune des fenêtres», avoue Clint Sargeant, coordinateur de la production chez J.J. Swartz, une entreprise spécialisée dans la rénovation et la restauration, sise à Decatur dans l'Illinois. Hélas! c'est parfois la seule avenue possible!

Technique: Avant de nettoyer des portes à claire-voie en bois, vous devez savoir quel type d'apprêt les recouvre. Si la surface est enduite de laque ou de polyuréthane, la saleté s'en délogera facilement. L'apprêt protège le bois contre l'humidité et prévient l'infiltration de saleté dans les pores du bois. Afin de nettoyer des portes à claire-voie peintes, essuyez chacune des lames à l'aide d'un chiffon humide. N'employez pas d'essence minérale ou de kérosène sur du bois peint.

Essuyez ensuite chacune des lames à l'aide d'un produit cirant du genre Pledge. Pour éviter l'accumulation de cire à l'intérieur des fentes et interstices, pulvérisez le produit sur un chiffon et non pas sur la surface à nettoyer.

Si le bois n'est pas enduit de peinture ou de teinture, mais qu'il est taché ou huilé, passez-y un chiffon légèrement humide. «En pareil cas, la poussière peut s'infiltrer en profondeur dans le bois», dit M. Sargeant. Époussetez ces portes et jalousies le plus souvent possible afin d'empêcher la saleté d'y pénétrer.

Afin de nettoyer des portes à claire-voie et des jalousies en bois sans apprêt, imbibez un chiffon d'huile de graines de lin bouillies ou d'un solvant tel que l'essence minérale ou du kérosène. Lisez attentivement le conditionnement de ces produits pour en connaître le mode d'emploi. Employez ces produits en un lieu bien aéré. Éprouvez d'abord le produit en un endroit soustrait à la vue. Ensuite, frottez le chiffon contre la surface, en le retournant de temps en temps lorsqu'il est sali. Lorsque vous aurez nettoyé toute la surface, vous devrez peut-être la cirer afin qu'elle retrouve son lustre. Employez pour ce faire un produit convenant aux boiseries et polissez, le cas échéant.

Quel que soit le type d'apprêt du bois en question, une claire-voie recèle une multitude d'endroits difficiles d'accès. Pour les atteindre, entourez une spatule de plâtrier ou un vieux couteau à beurre d'un bout de chiffon et insérez la lame entre les interstices.

Les jalousies présentent le même problème. Plutôt qu'un volet à la surface plane, il s'agit de lames horizontales ou obliques. Vous devrez peut-être les nettoyer une à une. Le cas échéant, ouvrez-les suffisamment pour glisser votre main entre les lames et lavez-les, soit avec un nettoyant du commerce tel que Windex, soit avec 250 ml de vinaigre dans quatre litres d'eau. Pour ne pas laisser de traînées, essuyez-les avec du papier journal ou un racloir de caoutchouc.

Conseils pour épargner du temps: Si possible, nettoyez les jalousies de l'extérieur à l'aide d'un nettoyant tous usages et du boyau d'arrosage. Pulvérisez le nettoyant; délogez les saletés tenaces à l'aide d'une brosse de nylon; fermez les fenêtres et rincez les persiennes avec le boyau d'arrosage.

En moins de deux: Époussetez les portes à claire-voie à l'aide d'un pinceau aux soies longues.

Mise en garde: Lisez attentivement les conditionnements des produits d'entretien pour en connaître le mode d'emploi et les précautions d'usage. Éprouvez-les en un endroit soustrait à la vue.

Climatiseurs

Un climatiseur échange l'air entre l'extérieur et l'intérieur de la maison. Il est donc essentiel de réduire la quantité de poussière et d'autres particules en suspension dans l'air.

Technique: S'il s'agit d'un climatiseur de fenêtre, il faut en laver le filtre avant de s'en servir pour la première fois de la saison et, par la suite, une fois par mois. Lavez-le plus souvent si vous avez un animal de compagnie et s'il y a beaucoup d'occupants et d'activités chez vous. Faites coulisser le filtre de l'appareil et lavez-le à la main à l'eau chaude sans savon. Laissez-le sécher complètement avant de le remettre en place. Si vous pouvez atteindre les hélices du ventilateur sans trop de mal, passez-y un chiffon régulièrement. Le boîtier de certains modèles de climatiseur coulisse dans une armature de métal qui tient la fenêtre ouverte. Si vous possédez ce type d'appareil, faites coulisser le boîtier aux deux mois environ et nettoyez les saletés qui se seraient logées dans l'armature. Époussetez l'extérieur et le grillage du climatiseur chaque fois que vous faites les poussières. Vous éviterez ainsi l'accumulation de saleté dans les filtres.

Si votre maison possède un climatiseur central, il est préférable de nettoyer ou de changer le filtre chaque mois pendant la haute saison. Certains filtres d'appareils de climatisation centrale sont jetables; d'autres peuvent être lavés. Selon le cas, il suffit de suivre les conseils du fabricant concernant l'entretien. Époussetez ou passez l'aspirateur régulièrement sur les canalisations et l'appareil. Si ce dernier et les filtres sont bien entretenus, les canalisations ne nécessiteront aucun nettoyage. Vérifiez souvent la face extérieure de l'appareil pour vous assurer que ni feuilles, ni saletés n'en obstruent le grillage.

En moins de deux: Plutôt que de les laver, on peut passer l'aspirateur sur les filtres d'un climatiseur. Employez pour cela un aspirateur miniature, car une force de succion trop puissante risquerait de déformer les filtres.

Mise en garde: Faites en sorte que les serpentins de l'évaporateur et du condenseur n'entrent jamais en contact avec un savon ou un détergent. Si vous les nettoyez à l'aide d'un aspirateur, usez de délicatesse car ils sont fragiles. Si vous déformiez l'un de ces serpentins, vous nuiriez à l'échange entre la chaleur et l'air refroidi. Débranchez toujours le climatiseur avant de procéder à son entretien.

Compacteurs à déchets

Si votre municipalité ou la société des éboueurs qui vous décharge de vos déchets fixe une limite sur la quantité de déchets allouable par semaine, un compacteur à déchets diminuera de 80 p. cent votre volume de déchets. Le recyclage réduira de 40 à 50 p. cent votre masse de déchets.

Technique: Retirez le seau ou le tiroir du compacteur et essuyez-en l'intérieur avec un produit désinfectant. C'est une bonne idée de porter des gants de caoutchouc, car des débris de verre concassé ou d'autres déchets pointus peuvent se cacher dans les coins. Arrosez d'un jet d'eau l'intérieur et l'extérieur du tiroir, et frottez avec un désinfectant. Profitez-en pour changer le filtre à odeur si cela est nécessaire. Consultez votre manuel d'instructions pour ce qui est du nettoyage du marteau (le mécanisme qui compacte les déchets). Essuyez l'extérieur de l'appareil avec un nettoyant tous usages.

Conseils pour épargner du temps: Vous voulez que votre compacteur à déchets soit libre de toute odeur? Évitez d'y mettre des déchets qui feront beaucoup de dégâts tel des restes de nourriture. Disposez-en plutôt dans le compost ou dans la poubelle. Dans le même ordre d'idée, ne disposez pas de déchets générateurs d'odeurs tels des couches souillées.

En moins de deux: Si vous devez vous servir du compacteur pour tous les déchets, placez les choses les plus salissantes, tels les restes de nourriture, dans des sacs de plastique avant d'actionner le mécanisme.

Mise en garde: Assurez-vous que votre appareil soit en position «Arrêt» ou «Bloqué» avant de le nettoyer. Consultez votre guide d'entretien pour des recommandations plus spécifiques.

Comptoirs

La propreté doit régner sur les comptoirs de la cuisine pour deux raisons importantes: il s'agit d'un élément très apparent de la cuisine et l'on y apprête les aliments. Aussi, vos méthodes de nettoyage doivent être suffisamment énergiques pour supprimer les bactéries potentiellement nuisibles, mais assez douces pour ne pas abîmer la surface des comptoirs.

Technique: Chaque fois que vous manipulez et posez des aliments sur un comptoir, nettoyez-le immédiatement après à l'eau chaude et savonneuse, à l'aide d'un chiffon ou d'une éponge propre. Le détergent liquide pour la vaisselle fait bien l'affaire. «C'est l'action moussante qui soulève les particules», explique Bessie Berry, responsable du Service d'information téléphonique de la U.S. Department of Agriculture's Meat and Poultry Hotline à Washington. Rincez ensuite le comptoir à l'eau fraîche et asséchez-le à l'aide d'essuie-tout propre.

Chaque fois que vous préparez une viande crue, une volaille ou un poisson, désinfectez mieux encore. En premier lieu, lavez rigoureusement la surface pour en enlever toutes les particules. Pour cela, diluez une cuillerée à thé de javellisant chloré dans un litre d'eau. Versez-en suffisamment sur le comptoir pour en couvrir la surface. Laissez agir pendant une minute. Puis, rincez-le à l'eau fraîche et asséchez-le. Sinon, employez un nettoyant antibactérien du commerce. Lisez attentivement le mode d'emploi.

Pour conserver à votre comptoir son bel aspect, nettoyez sans tarder le moindre déversement. La méthode de nettoyage dépend du matériau dont est fabriqué le comptoir. S'il s'agit d'une surface polie ou stratifiée (une mince couche plastifiée couvrant une base en bois), évitez les nettoyants abrasifs et les tampons à récurer qui les égratigneraient. «Vous terniriez la surface, le lustre disparaîtrait. Vous gâteriez votre comptoir», affirme Nick Geragi, directeur de l'éducation et du développement des produits pour la National Kitchen and Bath Association à Hackettstown dans le New Jersey.

Certains matériaux dont on fabrique les comptoirs ne sont pas poreux, ont un fini mat. Vous pouvez alors récurer les taches et brûlures de cigarettes à l'aide d'une poudre nettoyante, du genre Comet, ou des tampons récurants tels que Scotch-Brite. Afin de conserver l'uniformité de l'apparence, vous pourriez récurer toute la surface après vous être chargé de la tache. On recommande d'employer un tampon à récurer humide, puis de laver le comptoir à l'eau et au savon.

Les comptoirs de marque Corian sont particulièrement résistants. Ils sont intachables parce qu'ils ne sont pas poreux et résistent au récurage qui ternirait le lustre de ses concurrents. Vous pouvez donc employer des tampons abrasifs et des récurants en poudre. Étant donné que Corian allie l'acrylique et des matières naturelles, son matériau est solide de part en part; il ne s'agit pas d'un placage. On peut même le poncer délicatement pour faire disparaître les brûlures ou les taches tenaces.

Pour obtenir plus de détails concernant le nettoyage des comptoirs en fonction du matériau dont ils sont faits, voyez Billot de boucher, à la p. 125, Stratifiés, à la p. 414, Pierre, à la p. 348 et Carreaux de céramique, à la p. 152.

En moins de deux: Les traces de brûlure laissées sur une surface stratifiée ou polie risquent d'être permanentes. Si une brûlure est particulièrement évidente, il faudrait envisager de remplacer cette section du comptoir par un billot de boucher ou une plaque de verre.

Mise en garde: Ne posez jamais une casserole ou un chaudron brûlant directement sur le comptoir. De même, n'employez pas de nettoyant acide tel qu'un décape-four, un nettoyant pour la cuvette ou un débouche-tuyau sur le comptoir de la cuisine. Si vous en renversez, épongez-le sans tarder. Lorsque vous préparez de l'eau javellisante pour désinfecter le comptoir, ne diluez que la quantité nécessaire à un seul nettoyage. Ne conservez pas ce qui resterait. Le chlore s'évapore et la solution perd sa force.

Contenants de plastique

Vous venez enfin de manger ce qui restait de sauce aux palourdes et vous rincez le contenant de plastique. Oh! oh! Les aliments à teneur concentrée en caroténoïde (par exemple la carotte, la tomate et la patate sucrée), s'ils sont excellents pour la santé, laissent certainement des taches tenaces.

Technique: Le Service clientèle de Rubbermaid à Wooster en Ohio recommande de laver les contenants de plastique avec du détergent à vaisselle liquide Dawn. Laissez tremper les contenants graisseux dans de l'eau chaude et savonneuse, lavez-les à l'aide d'un chiffon à vaisselle et rincez-les. Afin de déloger les restes de colle provenant d'un adhésif, employez de l'huile végétale ou du beurre d'arachides. On peut déloger des taches en laissant tremper les contenants dans une solution composée d'une cuillerée à soupe de javellisant chloré pour 250 ml d'eau. Ne mélangez aucun détergent avec un javellisant, conseillent les experts chez Rubbermaid. En règle générale, vous préviendrez la formation de taches en rinçant à l'eau froide vos contenants après les avoir utilisés; mettez-les aussitôt à tremper dans de l'eau chaude et savonneuse. Afin de supprimer les vilaines odeurs qui persistent, Rubbermaid nous conseille de déposer une tranche de citron à l'intérieur du contenant, de le couvrir et de le réfrigérer entre 6 et 12 heures. Par la suite, lavez-le à l'eau chaude et savonneuse. Rangez vos contenants de plastique sans les couvrir pour permettre la circulation d'air.

Contreplaqué et panneau de particules

Ainsi qu'il en est de tous les objets en bois, la méthode de nettoyage du contreplaqué ou d'un panneau de particules est fonction de son apprêt ou enduit. Quoi qu'il en soit, le nettoyage ne présente pas ici de défi insurmontable.

Technique: La plupart des articles domestiques fabriqués en contreplaqué ou en panneau de particules sont enduits de vinyle, de stratifié ou de formica. Il suffit de les laver avec un chiffon trempé dans l'eau chaude et savonneuse ou imprégné d'un nettoyant tous usages.

Évitez de laver à l'eau les surfaces de bois brut. Époussetez-les régulièrement avec un chiffon sec. S'il faut y déloger une tache ou un résidu quelconque, humectez légèrement le chiffon avec de l'eau seulement et asséchez vite le bois. Pour ce faire, prenez un chiffon sec ou faites aérer la pièce. Autrement, l'humidité s'infiltrerait dans les pores du bois ou entre les particules du panneau et le ferait renfler.

Coquillages

Lorsque vous cueillez des coquillages sur la plage, lavez-les le plus vite possible. Débarrassez-les des mollusques putréfiés qui, en plus de dégager de vilaines odeurs, pourraient décolorer et gâter de jolies coquilles. De fort beaux spécimens doivent souvent être mis au rebut parce que les collectionneurs ignoraient qu'il faut déloger l'habitant d'un coquillage.

Technique: La congélation est le moyen le plus facile de nettoyer un coquillage. Mais il faut se montrer patient parce que la congélation et le dégel sont des procédés graduels et qu'il faut compter quatre jours afin de bien nettoyer un coquillage et de prévenir son craquèlement, selon R. Tucker Abbott, auteur de l'ouvrage intitulé: *Kingdom of the Seashell.*

Déposez les mollusques dans un sac de plastique noué et mettez-les sur la clayette inférieure du frigo pendant quelques heures. Puis, passez-les au congélateur pendant deux ou trois jours. Pour les faire dégeler, mettez le sac sur la clayette inférieure du frigo pendant environ 12 heures, puis faites-les tremper en eau froide. Lorsqu'ils sont dégelés, ce qui demande habituellement 24 heures, on peut déloger la chair de la plupart des mollusques univalves en usant d'une fourchette ou d'une épingle de sûreté comme d'un tire-bouchon.

Lorsque la chair est détachée de la paroi, lavez l'extérieur avec une brosse et de l'eau chaude et savonneuse. Vous pouvez également les mettre à tremper pendant une journée dans un javellisant non dilué. Afin de leur rendre une couleur plus brillante, badigeonnez les coquillages d'un peu d'huile pour bébé.

Conseils pour épargner du temps: Nettoyez plus rapidement vos coquillages en les faisant bouillir dans de l'eau douce ou salée. Étant donné que de violentes fluctuations de température feront craqueler la surface des petits coquillages, commencez l'opération avec de l'eau chaude, non pas bouillante. Faites bouillir les mollusques bivalves tels que les palourdes pendant une ou deux minutes, et les univalves (par exemple les escargots) pendant six à dix minutes. Laissez refroidir le chaudron pendant une heure ou ajoutez de petites quantités d'eau froide afin d'accélérer le refroidissement. Lorsqu'ils ont suffisamment refroidi pour que vous puissiez les manipuler, suivez les conseils ci-dessus afin d'en désincruster la chair.

Dans les usines de préparation des mollusques en conserve, on met à tremper les coquilles nauséabondes dans une solution faite d'autant d'eau que de chlore.

En moins de deux: Si vous découvrez un rare spécimen lors d'un voyage sur une île lointaine et que vous ne disposez pas d'un congélateur ou d'une cuisinière, enfouissez-le dans un seau de sable sec, orifice pointé vers le bas. La chair putride s'en écoulera sans abîmer la coquille.

Mise en garde: Ne faites pas tremper les coquillages dans l'eau douce afin de les nettoyer. La chair en putréfaction flottera dans l'eau et abîmera les couleurs naturelles du coquillage. On déconseille également d'employer de l'acide muriatique qui sert à enlever les traces de mortier sur la brique. Même une solution à dix degrés est suffisamment corrosive pour abîmer le coquillage.

Corbeilles

Les corbeilles à papier sont souvent en osier. Une bonne trempette de temps en temps en prolongera la durée en plus de les nettoyer. «L'eau leur conserve leur souplesse et, ainsi, les corbeilles peuvent durer des années», explique Nancy Varner, directrice chez Basketville à Toano en Virginie. S'il s'agit d'une corbeille en bois, il faut employer beaucoup moins d'eau pour la nettoyer.

Technique: Vous pouvez laver une corbeille d'osier dans l'évier de la cuisine à l'aide du rince-légumes ou donnez-lui une bonne douche dans le jardin à l'aide du boyau d'arrosage. Employez un peu de détergent liquide pour la vaisselle et une brosse souple pour frotter les saletés, puis rincez à grande eau. Laissez-le sécher à l'air libre sous le soleil ou sur un rebord de fenêtre ensoleillée. Bien que l'eau soit bénéfique à l'osier, s'il reste détrempé il finira par pourrir. La corbeille doit sécher en quelques heures.

S'il s'agit d'une corbeille peinte, employez la méthode ci-dessus sans toutefois la frotter à la brosse, qui pourrait égratigner la peinture. Servez-vous plutôt d'un chiffon doux.

L'eau en trop grande quantité risque d'abîmer une corbeille en bois. Au lieu de la plonger sous l'eau, essuyez ses parois à l'aide d'un chiffon humide.

En moins de deux: Vous redonnerez une seconde jeunesse à une corbeille blanche tachée ou éraflée en y pulvérisant une couche de peinture blanche.

Mise en garde: N'employez pas un détergent puissant qui risquerait de gâter la surface d'une corbeille. Pour la même raison, n'employez pas de brosse métallique. Ne rangez pas la corbeille avant qu'elle ne soit sèche.

Coton

Le coton est frais, confortable, durable. «Les fibres de coton sont solides. Ce tissu résiste aux alcalis, c'est-à-dire qu'il supporte bien les détersifs à lessive», dit le Dr John D. Turner, premier chimiste chez Cotton, fabricant et exploitant d'une plantation de coton à Raleigh en Caroline du Nord. Les agents de blanchiment optiques qui sont ajoutés aux nouveaux détersifs ravivent les couleurs du coton. Puisque la plupart des détergents font du bon travail, votre préoccupation première lorsque vous lavez du coton est axée sur le rétrécissement et la décoloration de l'étoffe.

Technique: Lorsque vous lavez des étoffes à base de coton, il vaut mieux suivre les indications du fabricant. Le vieil adage selon lequel il faut laver séparément les articles blancs tient toujours. Même si vos articles de couleurs ont subi maints lavages, il est préférable de ne pas les mêler au blanc. «Il y a toujours une part de teinture qui se décolore», explique le Dr Turner. Ainsi, une chemise blanche qu'on laverait souvent avec des articles de couleurs finirait par foncer. «On ne s'en rend pas compte jusqu'au jour où on achète une nouvelle chemise blanche et qu'on la compare à l'ancienne», ajoute-t-il.

Le rétrécissement

On croit souvent que le rétrécissement est causé par le retrait des fibres de coton sous l'action de la chaleur pendant le cycle du séchage. En réalité, seule une fraction du rétrécissement se produit au niveau des fibres. Le rétrécissement est pour ainsi dire causé (dans une proportion de près de 95 p. cent) par le brassage et le compactage des fibres au cours du lavage et du culbutage dans le sèche-linge. Ne croyez donc pas que le séchage à faible température ou à l'air libre préviendra le rétrécissement de votre nouveau pantalon de coton. Heureusement! le rétrécissement ne survient qu'une fois, lors du premier lavage.

Le meilleur moyen de s'éviter cet inconvénient consiste à se procurer des vêtements dont on dit qu'ils sont prérétrécis. Si vous ne voulez pas qu'un vêtement rétrécisse, voici ce qu'il faut faire. Il s'agit d'un procédé laborieux qu'il faut reprendre à chaque lavage. En premier lieu, faites couler l'eau dans la baignoire et versez-y 125 ml de détergent à lessive. Mettez le vêtement à tremper et remuez-le doucement. Remplissez la baignoire d'eau claire et remuez de nouveau le vêtement afin de le rincer. Sortez le vêtement trempé, posez-le sur une serviette de ratine et épongez-le à l'aide d'une autre serviette. Redonnez-lui sa forme originale en tirant délicatement les manches ou les pattes. Laissez-le sécher dans une pièce bien aérée.

Le repassage

Le coton supporte le fer chaud. Repassez vos articles de coton pendant qu'ils sont encore humides; sinon, vaporisez un peu d'eau afin de les humecter. L'eau lubrifie les fibres qui réagiront mieux à l'action de la chaleur.

Les taches

Pour obtenir des conseils sur le détachage, voyez les intitulés en fonction du type de tache. En règle générale, vos chances de faire disparaître une tache sont meilleures si vous agissez sans tarder. Il pourrait s'avérer impossible de faire disparaître une tache séchée, surtout si elle a séché sous la chaleur du sèche-linge. Si vous ne pouvez pas nettoyer une tache sur le coup, faites en sorte qu'elle reste humide jusqu'au moment où vous pourrez le faire. Éprouvez toujours la méthode de détachage à un endroit peu apparent pour vous assurer que vous n'abîmerez pas l'étoffe.

Mise en garde: Ne laissez jamais un fer chaud en contact avec une étoffe plus de quelques secondes. Même l'étoffe la plus résistante risque alors de roussir. Le coton est vulnérable aux acides, qui peuvent le détruire. Évitez d'éclabousser de l'acide, sulfurique ou autre, sur un vêtement de coton. Nettoyez vite les acides légers tels que le vinaigre et les jus de fruits.

Couches

Si vous utilisez des couches lavables plutôt que jetables — un moyen judicieux de recycler et d'épargner les sites d'enfouissement — grand bien vous fasse! À présent, il ne reste qu'à résoudre la question du lavage.

Technique: Il n'est pas facile de déloger les déchets solides des couches blanches. La plupart des mères commettent l'erreur d'employer un javellisant liquide lequel, si on ne le rince pas tout à fait, peut irriter la peau de bébé. «Le javellisant use également les couches», affirme Matthew Gerwitz, directeur de l'usine de Dy-Dee Diaper Service à Rochester dans l'État de New York. «Si vous employez de l'eau de Javel, vos couches dureront six mois plutôt que six ans.»

> ### Les travaux d'Hercule
> **L'enfant dans ses langes**
> La quantité de couches jetables qu'un seul bébé porte durant sa petite enfance: 4 500.

En premier lieu, raclez autant de matières solides que vous le pouvez. Ensuite, interrompez l'agitateur de la machine à laver et laissez tremper les couches dans l'eau chaude contenant un détersif doux à base d'enzymes protéases qui contribuent à dissoudre les matières solides. Complétez le cycle de lavage et refaites tout le cycle à nouveau en employant le même détersif.

Conseils pour épargner du temps: Séparez les couches souillées de matières fécales de celles qui sont salies par l'urine. Un détersif doux déloge les traces d'urine en un seul cycle de lavage.

Courtepointes

Nettoyer une courtepointe n'est pas une mince affaire. Il faut prendre plusieurs choses en considération: le type d'étoffe et sa résistance, la solidité des teintures, le type de bourre, l'âge de la courtepointe et l'état dans lequel elle se trouve. Il s'agit de nettoyer la courtepointe sans encourir le risque de l'abîmer, surtout si elle est ancienne et qu'elle appartient au trésor de famille.

Technique: Si votre courtepointe est ancienne ou fragile, évitez de la nettoyer si cela est possible; si elle mérite de l'être, confiez-la à un teinturier chevronné qui nettoie les artefacts pour le compte des musées. Les connaisseurs déconseillent le nettoyage à sec. Un teinturier spécialisé dans le nettoyage des robes de mariée et des vêtements haute couture saura ce qu'il convient de faire. Si le nettoyage à sec s'impose, exigez un solvant n'ayant jamais servi. Certaines courtepointes, notamment celles en laine, en soie ou en un patchwork d'étoffes, doivent être nettoyées à sec seulement si elles sont salies au point de ne pouvoir y échapper, selon Nancy O'Bryant, experte en entretien des courtepointes et l'un des auteurs de l'ouvrage intitulé: *The Quilters Ultimate Visual Guide*. Si votre courtepointe est vraiment ancienne et que sa valeur est plus que sentimentale, communiquez avec le conservateur du musée régional afin de prendre conseil.

Cela dit, le nettoyage d'une courtepointe neuve ou récente n'est pas vraiment chose aisée. Lisez d'abord l'étiquette portant les conseils quant à l'entretien. En l'absence d'une telle étiquette, procédez avec précaution.

En premier lieu, éprouvez la solidité de la teinture. Prenez un mouchoir blanc trempé dans de l'eau chaude contenant un peu de détergent liquide pour la vaisselle. Faites tremper un coin du mouchoir dans l'eau, entourez une pièce de couleur du patchwork autour du mouchoir trempé et exercez une pression pendant environ une minute. «Si la couleur déteint le moindrement, n'allez pas plus loin», nous prévient Jane Rising, instructrice au département de l'éducation à l'International Fabricare Institute à Silver Spring dans le Maryland. «Vous savez alors que le nettoyage ne peut se faire sans abîmer la courtepointe.» Si la couleur ne déteint pas, poursuivez le test jusqu'à ce que vous ayez éprouvé différentes couleurs et étoffes composant la courtepointe.

Si elle passe l'épreuve de la solidité de la couleur, il faut ensuite considérer l'intégrité des fibres. L'âge, de même que l'exposition à la lumière, à l'humidité et aux gaz atmosphériques peuvent entraîner la dégradation des étoffes. «Étant donné que nous sommes devant trois épaisseurs, soit le dessus, la bourre et le dessous, il se peut que l'une ou l'autre, ou les trois, n'ait plus suffisamment de résistance et qu'elle se déchire comme du papier lorsqu'on le mouille», dit Mme Rising.

Il faut aussi tenir compte de la bourre qui varie selon l'âge et la provenance de la courtepointe. Puisque la bourre se trouve à l'intérieur et que vous ne souhaitez pas l'éventrer afin de l'analyser, plus vous en saurez à propos de son origine, mieux cela vaudra. Ainsi, les courtepointes anciennes sont souvent piquées sur une bourre de coton brut, contenant les tiges et autres résidus de la plante. Ces derniers peuvent déteindre au contact de l'eau et des traces brunâtres apparaîtraient à la surface. D'autres encore contiennent de la laine brute qui risque de rétrécir au lavage en eau chaude sous l'effet d'une agitation mécanique.

Si vous concluez que le nettoyage de votre courtepointe ne comporte pas de risque, tapissez le sol de la baignoire d'un drap, emplissez-la de 15 à 25 cm d'eau chaude et ajoutez plusieurs giclées de détergent liquide pour la vaisselle. Pliez la courtepointe et posez-la à plat au fond de la baignoire. À l'aide d'un débouchoir propre, remuez l'eau et non pas la courtepointe. Laissez-la tremper pendant cinq minutes. Ne frottez pas la courtepointe et n'y exercez aucune pression car les piqûres pourraient se découdre. L'action combinée de l'eau chaude, du détergent et de l'agitation devrait déloger une bonne part de la saleté superficielle.

Afin de rincer la courtepointe, purgez la baignoire et remplissez-la d'eau fraîche. Continuez d'agiter l'eau. Purgez de nouveau la baignoire et répétez l'opération jusqu'à ce qu'il n'y ait plus trace de savon dans l'eau. Soulevez précautionneusement le drap contenant la courtepointe et portez-la à sécher sur une grande surface plate.

Ne l'essorez pas. Enroulez-la plutôt sur elle-même et exercez une pression délicate. Déroulez-la et répétez ceci plusieurs fois de suite.

La méthode en accéléré consisterait à laver à la main la courtepointe dans le panier du lave-linge. Après le trempage et l'agitation lente, purgez l'eau sous l'effet de l'action centrifuge. L'essorage pressera la courtepointe contre les parois du panier sans l'agiter. Rincez à plusieurs reprises jusqu'à ce qu'il n'y ait plus trace de savon.

Pour terminer, déposez-la à sécher loin de la lumière du soleil. Ne la pendez pas à une corde à linge. Le poids et la pression exercée sur les piqûres d'une courtepointe mouillée risqueraient de faire sauter les coutures. Posez un drap propre sur une grande surface plate, par exemple une plate-forme de jardin ou la pelouse. Déposez la courtepointe sur ce drap et couvrez-la d'un autre drap afin de la mettre à l'abri des saletés, des insectes et de la décoloration. Si elle doit sécher à l'intérieur, posez-la sur une bâche de plastique propre et dirigez un oscillateur dans sa direction afin d'accélérer le séchage.

La plupart des courtepointes peuvent être nettoyées à l'aspirateur, ce qui déloge une bonne part de saleté. Posez un crible de fibres de verre ou de nylon sur une section de la courtepointe de sorte que l'aspirateur ne s'accroche pas dans les morceaux d'étoffe. Prenez un vieux bas nylon ou plusieurs épaisseurs de mousseline à fromage pour couvrir l'embout du suceur. Réglez l'aspirateur à la succion minimale. Tenez le crible fermement et passez l'aspirateur sur le crible en le déplaçant sur la courtepointe. Nettoyez ainsi l'envers et l'endroit de la courtepointe.

Mise en garde: Lorsque vous lavez une courtepointe, l'eau ne doit pas dépasser 31,5 °C; un degré plus élevé pourrait entraîner le rétrécissement de la bourre.

Coussins

La meilleure stratégie de nettoyage des coussins consiste à enlever régulièrement la poussière qui s'y accumule, de sorte qu'elle ne formera aucune saleté au contact de l'humidité. La poussière est porteuse de micro-organismes tels que les acariens qui provoquent des allergies.

Technique: Enlevez la poussière et les acariens une fois par mois en passant l'aspirateur sur vos coussins, nous conseille Rajiv Jain, responsable du laboratoire pour l'Association of Specialists in Cleaning and Restoration à Annapolis Junction dans le Maryland. Si votre aspirateur ne compte pas les suceurs qu'il faut, brossez délicatement les coussins à l'aide d'une brosse aux soies souples.

Si un lavage est nécessaire, suivez les indications du fabricant qui se trouvent habituellement sur une étiquette fixée au coussin. En l'absence d'une telle étiquette, essayez de déterminer quel type d'étoffe forme la housse du coussin. Certaines étoffes ne doivent pas entrer en contact avec l'eau, tandis que d'autres, le nylon notamment, peuvent être nettoyées avec un peu d'eau et de savon. Pour faire disparaître les taches des étoffes qui exigent un nettoyage à sec, frottez-les avec un détachant du commerce tel que K2r ou Carbona Stain Devils. Lisez attentivement les indications du fabricant pour connaître les précautions d'usage.

Conseil préventif: Posez des appuis-tête et des appuis-bras pour protéger vos fauteuils contre le gras des cheveux et de la peau. Voici quelques conseils qui nous sont prodigués par des spécialistes du nettoyage:

- Raclez ou épongez sans tarder tout dégât solide ou déversement liquide à l'aide d'un linge blanc.
- Ne retirez pas la housse d'un coussin car vous auriez du mal à la remettre correctement en place.
- Éprouvez toujours au préalable une méthode de nettoyage en un endroit peu apparent pour vous assurer que la couleur ne déteindra pas.
- Ne faites jamais tremper un coussin, que ce soit dans l'eau ou dans un solvant. L'humidité prisonnière d'un coussin attirerait la poussière.
- Si vous nettoyez à l'eau et au savon, mélangez 250 ml d'eau fraîche ou tiède à une demie cuillerée à thé de détergent liquide pour la vaisselle. Faites mousser et frottez la tache de cette mousse à l'aide d'un chiffon blanc propre. Rincez en épongeant avec un chiffon humide. Laissez le coussin sécher à l'air libre ou au soleil.

Mise en garde: Ne passez pas l'aspirateur sur des coussins bourrés de duvet s'ils ne sont pas doublés de coutil à l'épreuve de l'affaissement. Brossez-les plutôt pour éviter d'aspirer les plumeaux de duvet.

Couverts

Ici l'objectif consiste à déloger les particules d'aliments des ustensiles. Étant donné que les bactéries ne prolifèrent pas longtemps sur l'acier, l'opération nécessite peu de temps. Allons donc droit au but!

Technique: Lavez tous les couverts de qualité à la main à l'aide d'un détergent liquide pour la vaisselle et un tampon de nylon ou de fibres végétales. N'employez pas la paille de fer parce qu'elle peut égratigner les surfaces lisses. Ne laissez pas tremper les couteaux, surtout si leurs manches sont en bois. «Les bactéries survivent peu de temps sur l'acier mais l'eau peut s'infiltrer entre le manche et la lame, et favoriser la croissance de bactéries», explique Jim Economos, vice-président à l'exploitation chez Imperial Schrade Corporation, fabricant de couverts à Ellenville dans l'État de New York. L'infiltration de l'eau peut également conduire à la détérioration du liant entre le manche et la lame, et un excédent d'eau peut abîmer les manches de bois. Asséchez sans tarder les couverts.

Qu'en est-il du lave-vaisselle? «Tout bon coutelier vous dira de ne jamais laver vos couteaux au lave-vaisselle, dit M. Economos. Les jets d'eau les déplacent et ils peuvent alors égratigner d'autres ustensiles, en particulier ceux en plastique.» Un couteau peut également abîmer d'autres couteaux.

Mise en garde: Pour éviter de vous couper lorsque vous lavez les couteaux, essuyez-les en diagonale sur le dos de la lame, à partir du manche en remontant vers la pointe.

Couvertures

On peut laver à la machine la plupart des couvertures, même celles qui sont en laine. Lorsque faire se peut, en dépit de la composition d'une couverture, respectez les directives concernant le nettoyage qui paraissent sur l'étiquette. Et prenez garde à la façon dont vous la faites sécher, sinon elle se déformerait.

Technique: Le nettoyage à sec est recommandé pour les couvertures de laine. Mais, si vous en avez le temps et l'envie, vous pouvez les laver vous-même, moyennant quelques précautions. Pour ce faire, lavez-les à la machine, une couverture à la fois en eau froide au cycle des articles délicats. «La friction et la chaleur font rétrécir la laine», nous dit Charlotte Hughes, responsable de la fabrication des couvertures chez Cascade Woolen Mill à Oakland dans le Maine. On peut laver une couverture à la main dans une baignoire pleine d'eau froide, à laquelle on ajoute un détergent à lessive doux (Ivory neige) ou une cuillerée à thé de détergent liquide pour la vaisselle. Il y a plusieurs moyens de faire sécher une couverture de laine. Vous pouvez la mettre au sèche-linge au cycle «sans chaleur» ou alors la poser à plat sur une table de pique-nique ou encore la pendre à une corde à linge bien tendue qui ne ploiera pas sous le poids. Si vous la faites sécher à l'extérieur, mettez-la à l'ombre. Lorsque la couverture est sèche, vous pouvez la faire bouffer dans le sèche-linge au programme «sans chaleur».

Les couvertures Vellux® sont faites de deux épaisseurs de mousse de polyuréthane, ayant un envers de nylon velouté. On peut les laver à la machine en eau chaude avec son détergent habituel. Mettez-les au sèche-linge à chaleur moyenne et sortez-les aussitôt le séchage terminé. Laver les couvertures Vellux® à raison de deux fois l'an leur conservera leur texture pelucheuse et leur qualité thermale. Elles craignent toutefois les détachants et le nettoyage à sec.

Le coton supporte très bien le détergent à lessive. Les couvertures de coton peuvent être lavées avec les autres articles de coton. Les couvertures de tricot de coton lâche doivent être lavées au programme des articles délicats pour éviter qu'elles ne feutrent. Faites-les sécher sur une corde bien tendue qui ne ploie pas sous le poids.

Mise en garde: Une couverture mise à sécher sur une corde à linge détendue prendra la forme de la corde. Assurez-vous que la corde soit bien tendue, sinon faites sécher la couverture à plat. S'il s'agit d'une couverture de laine, mettez-la à sécher à l'ombre car le soleil direct peut la faire rétrécir.

Cravates

Si vous portez des cravates, vous savez sans doute déjà qu'elles collectionnent les taches. Se balançant négligemment depuis votre cou jusqu'à vote taille ou presque, la cravate est en position parfaite pour tout attraper, ramasser, ou faire trempette. La difficulté réside dans ce qu'elles ne sont pas faciles à nettoyer. De fait, même les teinturiers professionnels ont de la difficulté avec les cravates. Pour les rendre présentables après coup, il faut vraiment l'art de l'expert! Cela est dû à leur composante fibreuse: 75 p. cent des cravates sont en soie, une fibre qui tache aisément, s'effrite facilement et dont la couleur lâche sans remords. L'autre difficulté vient de leur coupe. Une cravate doit être coupée sur le biais pour retrouver sa forme initiale après avoir été nouée toute la journée. «En fait, nous dit Gerald Anderson, directeur administratif de la *Neckwear Association of America* de New York, hormis les lacets de chaussures, la cravate est le seul accessoire vestimentaire qui reste noué une journée entière et duquel l'on s'attend à ce qu'il retrouve sa forme initiale après coup.» Cependant, les tissus coupés sur le biais se déforment plus facilement.

Donc, quel recours aurez-vous la prochaine fois que votre cravate rencontrera la vinaigrette? Vous serez devant trois choix. Le premier: laver la tache immédiatement. Le deuxième: la porter chez un teinturier spécialisé en cravates. Le troisième: la mettre de côté.

Technique: Les cravates de coton, de laine ou de polyester réagissent bien aux nettoyages sur-le-champ. Cependant, avant d'essayer d'enlever une tache, vérifiez la solidité de la couleur sur l'envers de la cravate. Ne tentez pas de frotter la tache pour l'enlever, cela ferait mousser le tissu et blanchir la couleur. Mouillez la tache d'une solution nettoyante appropriée pour le genre de tissu dont est faite la cravate (voyez sous la rubrique Taches). Travaillez toujours depuis l'extérieur de la tache vers l'intérieur, cela l'empêche de s'étendre.

Il est préférable de faire nettoyer à sec les cravates de soie.

Pour la défroisser, il vaut mieux passer la cravate à la vapeur ou utiliser un appareil manuel conçu à cet effet. Repasser une cravate en aplatit les bordures, comprime les couches de tissu et peut gâter le lustre naturel de la fibre.

En moins de deux: Pour enlever les traces d'eau sur les cravates de soie, frottez l'endroit taché avec un bout de la cravate jusqu'à ce que la tache disparaisse. «L'idée, c'est de frotter soie contre soie afin que l'étoffe ne s'effrite ni ne mousse», nous dit M. Andy Tarshis, président de *Tiecrafters*, un service postal spécialisé dans le nettoyage à sec des cravates de soie dont le siège est à New York. L'adresse de cette société est le 252, West, 29th Street, New York, NY 10001.

Trois questions essentielles pour votre teinturerie

Les experts en cravates sont d'avis qu'il vaut mieux ne pas porter ses cravates chez un teinturier généraliste. Même s'il sera capable d'enlever la tache et de nettoyer la cravate, le problème survient lors du pressage de l'article en question.

Gerald Anderson, président directeur de la *Neckwear Association of America* établie à New York nous dit: «Vous ne pouvez pas mettre une cravate sous une presse et bang! La rondeur est perdue, le tissu brille de mille feux, et ce n'est tout simplement plus la même cravate.»

Les cravates exigent un travail fait main pour leur redonner forme et apparence après un nettoyage. Andy Tarshis, président de Tiecrafters, un service postal dont le siège est à New York, et spécialisé dans le nettoyage à sec des cravates, a détaché les cravates de nombreuses personnalités mondiales dont Richard Nixon. Il suggère de poser les questions suivantes avant de confier vos cravates à un teinturier:

1. Comment vous y prenez-vous pour presser les cravates? Ou alors, devrait-on presser une cravate? «Ce que vous voulez en fait, c'est vous assurer que la personne derrière le comptoir sait qu'une cravate ne doit pas être pressée à plat», nous dit M. Tarshis. Dans les réponses entendues, portez une attention particulière aux mentions de côtés arrondis et d'un triangle symétrique en bout de cravate.

2. Nettoyez-vous plusieurs cravates de soie? Ou encore: vous confie-t-on souvent des cravates à nettoyer? Si votre teinturier n'est pas habitué à nettoyer la soie, il n'essayera probablement rien de spécial pour enlever les taches. La difficulté réside dans le fait que la majorité des taches sur les cravates sont un amalgame de taches de nourriture. Pour les enlever, cela nécessite une certaine expertise et un certain goût du risque, nous dit M. Tarshis. En cas de doute, laissez une porte de sortie au teinturier en lui disant bien que votre cravate coûte cher. Veut-il toujours la nettoyer?

3. Ouvrez-vous les cravates parfois pour terminer leur nettoyage? Par suite d'un nettoyage, il arrive que la doublure de la cravate s'enroule. Une finition bien faite exige du teinturier qu'il ouvre la cravate et réajuste la doublure. Si le teinturier vous répond: «Pourquoi voudriez-vous que je fasse cela?», vous savez qu'il ne nettoie pas beaucoup de cravates.

Essayez de formuler des questions ouvertes afin d'obtenir plus qu'un simple oui ou non. «Si aucune de ces questions ne semble avoir de sens pour votre teinturier, c'est sans doute que vous avez affaire à quelqu'un qui n'a pas l'habitude de nettoyer les cravates.»

> **Apprenez à vous passer la corde autour du cou**
>
> Le prix des cravates étant de plus en plus élevé, il faut investir dans la bonne préservation de celles-ci afin de leur garder une apparence jeune le plus longtemps possible, nous dit monsieur Andy Tarshis, président de Tiecrafters, un service postal dont le siège est à New York, spécialisé dans le nettoyage à sec des cravates. Prendre soin de votre cravate, cela commence dès que vous l'enlevez de votre cou.
>
> - Défaites toujours le nœud.
> - Enlevez votre cravate en faisant les gestes inverses au nœud. Même s'il semble à priori bien alléchant de faire glisser la partie fine de la cravate autour du trou, rappelez-vous que cela étire le tissu, lui enlève sa forme et usera votre cravate plus rapidement. De refaire le procédé inverse au nœud permettra à la fibre du tissu et à la doublure de se dérouler.
> - Suspendez vos cravates pour aider à enlever les plis. Un support à cravates a plus d'avantages qu'un cintre, parce que la cravate risque moins de glisser.
> - Essayez de ne pas coincer votre nœud de cravate, cela enroule la doublure.
> - Assurez-vous de couper les fils qui pendouillent. Ne les tirez pas, cela pourrait endommager la cravate.

Mise en garde: L'alcool présent dans les parfums et eaux de toilette décolore les cravates de soie; mieux vaut en faire usage avant de passer sa cravate.

Cristal

Le plomb présent dans le cristal lui donne son éclat, sa brillance et sa clarté. Il amollit également le verre. L'on doit toujours laver les objets de cristal à la main. «Les passer souvent au lave-vaisselle les égratignera et le verre deviendra laiteux au fil du temps», nous avertit Alice Kolator, porte-parole de Lenox, fabricant de porcelaine et de cristal à Lawrenceville dans le New Jersey.

Technique: Avant de laver à la main un objet de cristal, posez une bordure de caoutchouc autour du robinet afin de prévenir les brisures. Posez un tapis de caoutchouc ou une serviette pliée au fond de l'évier. S'il s'agit d'un évier à deux cuves, posez un tapis de caoutchouc ou une serviette pilée sur la partie médiane. Lavez à l'aide d'un détergent liquide pour la vaisselle et d'un chiffon ou d'une éponge non abrasive. Tenez les verres par le ballon et non par la tige pour éviter qu'ils ne vous glissent entre les doigts.

En moins de deux: Afin de déloger des aliments ou des taches incrustés qui ne partent pas après un trempage, frottez-les à l'aide d'un peu de bicarbonate de soude.

Mise en garde: Éviter les nettoyants abrasifs, même sur les aliments incrustés. Ne surchargez pas l'évier en y plongeant trop d'objets qui risqueraient alors de s'ébrécher.

Cuir

La plupart des articles de cuir sont fabriqués à partir de peaux d'agneau, de vache ou de porc aux textures diverses, du suède le plus souple au cuir à gros grain résistant. En conséquence, le nettoyage du cuir peut prendre plusieurs formes. Le seul conseil valable pour tous les articles de cuir est le suivant: usez de prudence! Le cuir est essentiellement un matériau délicat que l'on risque d'abîmer, à défaut de savoir comment le nettoyer.

Technique: Il y a peu de chose qu'un consommateur ordinaire peut faire pour nettoyer un article de cuir tel qu'un blouson, un gilet ou un pantalon. D'ordinaire, si vous renversez une substance qui risque de laisser une tache sur votre blouson, il faut l'éponger le plus possible à l'aide d'une serviette blanche et propre, et le porter chez un teinturier spécialisé. «Oubliez ce que le garçon du café vous a dit à propos de l'eau de seltz», nous dit Ralph Sherman, teinturier spécialiste du cuir établi à Roselle dans le New Jersey. «L'eau de seltz fait l'affaire dans la crème aux œufs, mais sur le cuir, elle ne vaut rien. Il faut être prudent lorsqu'on emploie une recette de bonne femme dont le mérite n'est pas prouvé.»

Vous pouvez tenter de déloger une tache graisseuse. Étendez le vêtement à plat, saupoudrez de la fécule sur la tache et laissez agir jusqu'au lendemain. La fécule pourra absorber la graisse au même titre que les granules absorbantes que l'on répand sur le sol du garage pour faire disparaître les flaques d'huile.

Si la tache macule un vêtement de suède, épongez-la le plus possible et laissez sécher pendant quelques jours. Tentez de bouffer les poils du suède en y passant une brosse souple ou une éponge sèche. En ramenant le bouffant des poils, vous pourriez supprimer la tache.

Lorsque vous confiez un vêtement de cuir à un teinturier, faites également nettoyer les accessoires et autres vêtements assortis, de sorte qu'advenant une légère décoloration, tout l'ensemble en ressorte de la même teinte.

Sachez choisir le teinturier chez qui vous portez à nettoyer vos articles de cuir. De nos jours, le nettoyage du cuir est souvent confié en sous-traitance. Demandez à votre teinturier à qui il confie les articles de cuir que vous lui apportez. «La majorité des teinturiers ne tenteront pas de nettoyer eux-mêmes un vêtement de suède, affirme M. Sherman. Mais il vaut mieux être prudent. Certains se risqueront à le nettoyer pour éviter de payer un sous-traitant et ils abîmeront peut-être le vêtement.»

En ce qui concerne le nettoyage de bottes de randonnée ou de travail, vous avez davantage de latitude. Débarrassez-les de leur poussière chaque fois que vous les enlevez en les frottant à l'aide d'une brosse de nylon à soies longues ou une brosse de fibres végétales trempée dans de l'eau tiède et savonneuse. Faites-les sécher à température ambiante, jamais près d'une source de chaleur, qui risquerait d'abîmer le cuir. De temps en temps, appliquez-leur un revitalisant pour le cuir, tel que Nikwax, qui les nettoiera et les assouplira.

Conseils pour épargner du temps: Afin d'enlever les traces de sueur et d'humidité de vos bottes de randonnée, sortez-en les semelles amovibles, le cas échéant, et bourrez-les de papier journal. Remplacez-le chaque jour, jusqu'à ce que le cuir soit sec.

RÉCUREZ LES MAUVAISES HABITUDES

Pour que le cuir soit bien dans sa peau...

Ne frottez ou ne raclez pas une tache sans avoir d'abord éprouvé la technique en un endroit peu apparent, par exemple sur un ourlet.

N'apposez jamais de décalcomanie sur un article de cuir ou de suède. «Sinon, vous allez quelque part, quelqu'un vous donne une tape là où se trouve l'autocollant et votre vêtement est gâté», explique Ralph Sherman. «Le cuir contient des huiles naturelles qui s'allient alors à l'adhésif pour ne plus former qu'une même matière.»

Ne vaporisez ni eau de Cologne, ni fixatif à cheveux sur du suède ou du cuir. Ils contiennent de l'alcool et d'autres substances chimiques qui gâteraient la couleur.

Ne remisez pas vos articles de cuir et de suède dans des housses de plastique. «Le plastique aurait l'effet d'une serre, explique encore M. Sherman. Des tas de choses nuisibles s'y développeraient: l'humidité, la moisissure, des particules en provenance du système de chauffage.»

N'ayez pas recours à la chaleur pour faire sécher un article de suède ou de cuir qui le raidirait et le ferait rétrécir. Pendez-le sur un cintre large et laissez-le sécher à température ambiante. Si vous repassez ce vêtement, n'employez jamais de vapeur.

Cuisinières

Lorsqu'on sonda plus de mille femmes pour le compte du magazine *Woman's Day*, on apprit que le nettoyage de la cuisinière tenait le premier rang des tâches qu'elles détestent avec passion. Aussi, sachez que vous n'êtes pas seule à haïr dégraisser les boutons de réglage et récurer le bois pétrifié. Puisqu'on compte des centaines de modèles de cuisinière, il est préférable de consulter le manuel d'entretien fourni par le fabricant pour savoir à quoi vous en tenir. Mais, essentiellement, qu'elle fonctionne au gaz ou à l'électricité, il s'agit de démonter, de nettoyer et de remonter votre cuisinière.

Technique: Assurez-vous que toutes les composantes de la cuisinière soient bien refroidies. Enlevez les boutons, les anneaux et les grilles et faites-les tremper en eau chaude et savonneuse. Récurez-les à l'aide d'un tampon de nylon ou d'une vieille brosse à dent et rincez-les. Faites tremper les cuvettes dans une solution concentrée de détergent pour lave-vaisselle, dit Margaret Dasso, propriétaire de Clean Sweep, un service d'entretien professionnel établi à Lafayette en Californie. Nettoyez le dessus et le dosseret à l'aide d'un dégraissant tel que Ultra Mr. Clean Top Job et un tampon à récurer en nylon blanc. Si la surface de cuisson n'est pas scellée, n'oubliez pas de nettoyer sous les brûleurs, où les déversements s'accumulent. Nettoyez le dessous de la surface de cuisson avec un dégraissant et un tampon à récurer en nylon blanc. Rincez à l'éponge. Quand toutes les surfaces sont propres, terminez par un nettoyage rapide avec du nettoyant pour le verre. Remettez en place les boutons, les grilles, les éléments chauffants et les cuvettes.

Lavez les cuvettes au lave-vaisselle. Avant de faire la cuisine, enlevez les cuvettes et enduisez-les d'une fine couche d'huile végétale en aérosol; le nettoyage sera plus facile.

En moins de deux: Si vous n'avez pas de dégraissant sous la main, préparez le vôtre à partir des composants suivants, dont la recette nous est proposée par des experts férus d'écologie: 1/2 cuillerée à thé de soude à lessive, 1 cuillerée à thé de borax, 1/4 ou 1/2 cuillerée à thé de détergent liquide pour la vaisselle, 3 cuillerées à soupe de vinaigre ou 2 cuillerées à soupe de jus de citron et 500 ml d'eau chaude. Pulvérisez le dégraissant sur les surfaces graisseuses et laissez agir pendant plusieurs minutes avant de rincer.

Mise en garde: Les abrasifs surpuissants, les tampons à récurer verts et les tampons de métal érafleront toutes les surfaces de la cuisinière.

Cuivre

On nettoie les objets de cuivre de la même manière que ceux en bronze, qui est un alliage de cuivre et d'étain. À défaut de le polir et de le laquer, il ternit rapidement sous l'effet de l'oxydation.

Technique: Il est facile d'assurer l'entretien général des objets de cuivre, mais il faut procéder avec délicatesse. Il faut surtout éviter de strier la surface. Pour un entretien de routine, frottez-les à l'aide d'un chiffon doux et sec ou d'un vieux tee-shirt. Si la saleté ambiante s'est incrustée à la surface, humectez le chiffon d'eau avant de frotter. Pour obtenir des conseils sur l'entretien des objets de cuivre avec ou sans laque, voyez l'intitulé: Bronze, à la p. 140. Pour obtenir des conseils sur l'entretien des casseroles et chaudrons en cuivre, voyez Casseroles et chaudrons, à la p. 156.

Il faut astiquer le cuivre qui n'est pas laqué afin de lui conserver son éclat. Les nettoyants lustrants du commerce tels que Brasso font un bon travail.

Conseils pour épargner du temps: Afin de faire reluire rapidement des boutons de cuivre ou de bronze, frottez-les avec un peu de ketchup.

En moins de deux: Préparez vous-même votre pâte nettoyante en mélangeant une cuillerée à soupe de sel et autant de farine en y ajoutant une cuillerée à soupe de vinaigre blanc, nous dit James W. McGann, vice-président de la qualité des produits chez Virginia Metalcrafters à Waynesboro en Virginie, où sont fabriqués les objets de laiton et de bronze dont on se sert à Colonial Williamburg. Appliquez cette pâte à l'aide d'un chiffon humide, frottez délicatement, rincez et asséchez l'objet à l'aide d'un chiffon doux et sec.

Mise en garde: N'employez jamais un abrasif ou un tampon à récurer pour nettoyer du bronze. L'un et l'autre en égratigneraient la surface. Manipulez ces objets le moins souvent possible. Les huiles des doigts peuvent y laisser des traces indélébiles. Si vous possédez un objet de cuivre dont vous pensez qu'il puisse avoir une valeur historique ou monétaire, ne le nettoyez pas avant de l'avoir confié à l'examen d'un conservateur réputé. Si vous faites appel à l'eau pour nettoyer un objet de cuivre, asséchez-le immédiatement après pour prévenir l'apparition de taches. N'employez aucun poli ou cire en aérosol, il ne ferait que ternir le reflet du cuivre.

Dentelle

Pas évident que de nettoyer une dentelle! Fragile en raison de sa structure, on ne souhaite ni l'abîmer ni la déformer. Sans compter que la dentelle lustrée, comme celle qui garnit souvent les robes de mariée, est en rayonne. Lorsqu'elle est mouillée, la rayonne perd jusqu'à 70 p. cent de sa solidité.

Technique: Lisez d'abord les indications concernant l'entretien. S'il est précisé que la dentelle doit être nettoyée à sec seulement, ne la lavez pas. L'eau risquerait de la rétrécir irrémédiablement.

Si la dentelle est lavable, le meilleur moyen de la laver consiste à la faire tremper dans de l'eau chaude et un détergent liquide pour la vaisselle tel que Ivory Liquide ou Palmolive. «L'eau est un solvant extraordinaire», affirme Jane Rising, instructrice au département de l'éducation de l'International Fabricare Institute à Silver Spring dans le Maryland. «Un bon trempage délogera des tas de saletés.» Surtout, ne frottez pas et n'employez aucun traitement agressif.

Si une dentelle est lavable en machine, par exemple une nappe et des serviettes de table, lavez-les au cycle délicat en les enfermant dans un sac de résille ou une taie d'oreiller. Le sac protégera la dentelle en atténuant les risques d'accrochage.

Faites sécher vos articles de dentelle en les pendant à un fil, à l'ombre de préférence, ou posez-les à plat sur une serviette de ratine blanche. L'avantage de ce truc apparaîtra lors du repassage qui en sera facilité. Mettre une dentelle au sèche-linge la froissera de façon irrémédiable.

«Afin de repasser un article de grande dimension, couvrez une table de ratine, conseille Mme Rising. Sur une planche à repasser, vous feriez des faux plis entre les sections car vous ne pourrez pas poser le vêtement entier à plat. » Réglez la chaleur du fer à repasser en fonction des fibres qui composent la dentelle. Afin d'atténuer les distorsions, déplacez délicatement le fer en des mouvements circulaires, plutôt qu'en allers et retours.

Conseils pour épargner du temps: «Il est parfois préférable de confier un article de grande dimension à un teinturier», avoue Mme Rising. Les grandes tables et les fers à pressing des teintureries font de l'excellent travail car ils se rabattent directement sur l'étoffe. «Cela vous épargnera du temps et des efforts, et vous serez probablement plus satisfait des résultats.»

Mise en garde: Ne cherchez pas à nettoyer une dentelle ancienne. Confiez-en le soin à un teinturier spécialisé et non à celui au coin de votre rue. Les teinturiers spécialisés dans les robes de mariée savent comment manier la dentelle et les étoffes luxueuses.

Dépôts d'eau calcaire

L'eau dure contient des minéraux, notamment du calcium et du magnésium, qui s'accumulent au fil du temps aux parois des éviers et sur la robinetterie. À moins que vous ne souhaitiez faire pousser votre propre stalagmite, vous feriez mieux d'avoir prise sur ce phénomène. Plus vous tarderez à déloger les dépôts calcaires, plus vous aurez de mal à y parvenir.

Technique: Faites dissoudre les dépôts d'eau calcaire qui tachent le métal et la porcelaine à l'aide d'une solution composée de 250 ml de vinaigre blanc pour un litre d'eau, que vous appliquerez avec une éponge ou un chiffon. Il suffit ensuite de rincer à l'eau fraîche. Sinon, il existe des produits du commerce, par exemple Lime-a-way ou Lime Buster, que l'on trouve dans les quincailleries, les supermarchés et les magasins à rayons. Lisez attentivement les contre-indications de ces produits qui peuvent être déconseillés sur certains métaux. Observez les indications du fabricant concernant le mode d'emploi et les précautions d'usage.

Conseils pour épargner du temps: Réparez les robinets qui fuient et nettoyez régulièrement les éviers et baignoires pour éviter l'accumulation des dépôts calcaires. Un brin de prévention vous épargnera éventuellement du temps et des efforts.

Détecteurs de fumée

Si vous êtes conscients que le cri strident d'un détecteur de fumée peut vous sauver la vie un de ces quatre, vous ne reculerez pas devant l'idée de lui donner un coup de chiffon de temps en temps.

Technique: Le fabricant de détecteurs de fumée First Alert recommande de passer l'aspirateur sur le couvercle pour y déloger toute poussière, à raison d'une fois par mois, en employant le suceur à épousseter. Assurez-vous qu'aucune peluche n'obstrue les perforations du senseur. Éprouvez le détecteur après y avoir passé l'aspirateur, conformément aux directives du fabricant.

Mise en garde: N'employez pas d'eau, de nettoyant ou de solvant car vous pourriez abîmer le détecteur.

Déversements

Le nettoyage des déversements est une tâche qu'il est urgent d'accomplir. Aussi, le temps de réaction est primordial. Contrairement au nettoyage ordinaire, alors que l'on cherche à faire reluire, à désinfecter ou à embellir, le nettoyage des déversements vise plutôt à contenir les dégâts. L'on peut prévenir 90 p. cent des taches après le déversement d'un liquide si l'on prend immédiatement des mesures en vue d'absorber le dégât, nous dit-on à l'Association of Specialists in Cleaning and Restoration à Annapolis Junction dans le Maryland.

Technique: Chaque déversement a ses caractéristiques propres, selon qu'il s'agit de cire de bougie sur la nappe, de vomi sur la moquette, d'une assiette de spaghettis sur vos genoux. Vous devez donc connaître quelques techniques de base visant à empêcher qu'un dégât momentané ne devienne une tache permanente.

Il faut agir immédiatement. Enlevez le plus possible de la matière déversée avant de mettre en branle une technique de détachage.

- Si la matière est sèche, laissez-la telle. Advenant un déversement de farine, de sucre ou d'encre à photocopieur, il faut en enlever le plus possible sans mouiller à l'aide d'un aspirateur, d'un balai ou d'une brosse et d'un ramasse-poussière. Faire appel à l'eau ne ferait que liquéfier la matière qu'il sera difficile de nettoyer après coup, et qui risquerait de s'infiltrer dans les filtres et de laisser une tache.
- Si la matière est liquide, absorbez-la à l'aide d'un matériau absorbant, blanc et propre, par exemple des essuie-tout, des serviettes de table ou des mouchoirs de papier. Plus on absorbe de liquide sur-le-champ, moins il y aura de résidu qui risquera de laisser une tache.
- Après avoir absorbé le plus possible de liquide, épongez les liquides à base aqueuse tels que le café, le thé, le jus de fruit, les boissons gazeuses, le lait, le sang ou les œufs avec de l'eau fraîche pour enlever le déversement résiduel, qui laissera éventuellement une tache. Si l'eau n'en vient pas à bout, un détachant sera utile.
- Les déversements de peinture, de peinture à l'huile ou de graisse doivent être épongés avec un détachant tel que K2r ou Energine (en vente au supermarché, à la quincaillerie et dans les magasins à rayons) plutôt qu'avec de l'eau.

Martinis et margaritas sur canapé

Un cocktail renversé par mégarde sur un canapé risque de revenir vous hanter longtemps.

Le boissons qui contiennent du sucre sont souvent la cause d'une décoloration brunâtre qui peut survenir des semaines ou des mois après un malheureux incident. Pourquoi cela? Parce que le liquide, qui contient du sucre incolore, reste dans les fibres longtemps après que le dégât ait été nettoyé. Exposé à l'air ambiant, le sucre provoque des taches brunes insolubles.

Afin de prévenir cette réaction par suite d'un déversement de café, de thé, de jus de fruits ou d'une boisson gazeuse, il faut agir sur-le-champ. Posez une serviette blanche et absorbante faisant 1,5 cm d'épaisseur sur le dégât et exercez une pression dessus. À mesure que la serviette absorbe le liquide, remplacez-la par une autre. Lorsque vous aurez absorbé ainsi le plus de liquide possible, épongez ce qui reste avec de petites quantités de la solution suivante, jusqu'à ce qu'il ne reste plus aucune trace. Ayez sous la main une provision de serviettes de ratine blanches et propres. Il en faudra une pour appliquer chacune des solutions selon la séquence qui suit, ainsi que pour éponger et rincer l'excédent de nettoyant entre les applications.

- Un détachant du commerce ou de l'alcool.
- Une cuillerée à thé de détergent liquide pour la vaisselle (sans alcali et sans javellisant) diluée dans 250 ml d'eau tiède.
- Une cuillerée à soupe d'ammoniaque domestique et 125 ml d'eau.
- 80 ml de vinaigre blanc (afin de neutraliser l'ammoniaque) et 160 ml d'eau.
- Une pâte faite de détergent en poudre contenant des enzymes et d'un peu d'eau.

Éprouvez toujours la solidité de la couleur du tissu en un endroit peu apparent. Relisez les conseils d'entretien de la moquette ou du fauteuil à nettoyer pour vous assurer que vous n'annulerez pas la garantie en tentant de le nettoyer vous-même.

Soyez chiches avec l'eau. Les spécialistes nous mettent en garde contre tout excès d'eau, qui peut provoquer le rétrécissement de la moquette ou du tissu de recouvrement. Lorsque la tache a disparu, épongez la solution qui imprègne les fibres à l'aide d'une serviette de ratine. Posez un poids sur la ratine et laissez sécher pendant au moins six heures, en changeant la serviette fréquemment. (Rappelez-vous que les taches tenaces exigent parfois l'intervention d'un professionnel.)

- Afin de nettoyer une moquette ou un canapé, employez de petites quantités d'eau et épongez fréquemment afin de prévenir la décoloration qui risque de survenir si le sous-tapis ou le renfort d'envers était trop imbibé d'eau. Épongez à partir du contour vers l'intérieur de la salissure pour éviter de l'étendre.

- Commencez par éponger le dégât et ensuite attaquez-vous à la tache. Si vous avez renversé un mélange de liquide et de solide, disons un bol de minestrone, vous êtes devant un beau gâchis. Commencez par enlever les morceaux à l'aide d'une cuiller ou d'une spatule. Lorsque vous aurez enlevé le plus de matières solides possible, épongez le liquide en question avec une serviette de ratine blanche absorbante et voyez les conseils relatifs aux déversements liquides.

Conseils pour épargner du temps: Un aspirateur pour les matières sèches et liquides accélérera la tâche quel que soit le type de déversement. Il s'avère particulièrement utile pour exprimer les liquides d'une moquette ou d'un fauteuil. Certains quincailliers font la location de ces aspirateurs. Nettoyez et asséchez le matériel lorsque vous en avez terminé.

En moins de deux: Si vous n'avez pas d'outils sous la main, sortez votre carte de crédit. Elle est idéale pour soulever et entasser toutes sortes de matières renversées.

Disques

Vous vous souvenez des microsillons, des disques de vinyle rainurés qui appartiennent désormais au passé? Plusieurs y tiennent malgré leur obsolescence, et les ranger à l'abri de la poussière est encore le meilleur moyen de les conserver en bon état, selon Bobbie Enke, chef de service chez Sam Goody's Music à Plymouth Meeting en Pennsylvanie.

Technique: Pour éviter de laisser des traces de transpiration et de gras à la surface des microsillons, saisissez les disques par leur pourtour. Avant de faire tourner un disque, posez-le sur la table tournante et nettoyez-le à l'aide d'une brosse de poils et du nettoyant liquide approprié, que vous trouverez dans les boutiques de matériel électronique. Le nettoyant doit être exempt de silicone qui favoriserait l'adhésion de la poussière. Vous pouvez également appliquer la méthode suivante qui nous est proposée par M. Enke. Humectez un linge infeutrable, par exemple une couche, dans deux litres d'eau chaude à laquelle vous aurez ajouté une giclée de détergent liquide pour la vaisselle. Essorez le linge de sorte qu'il soit presque sec. Essuyez le disque en un mouvement circulaire. Après une séance d'écoute, remettez-le dans sa pochette et insérez celle-ci dans la jaquette de l'album, de telle sorte que l'ouverture de la première se trouve du côté opposé à celle de la seconde.

Disques compacts

La poussière, les empreintes digitales, le gras et l'huile peuvent faire sauter un DC de la même manière qu'un vieux vinyle.

Technique: Tenez le disque par le pourtour et l'orifice central, et essuyez-le à l'aide d'un chiffon infeutrable, propre, doux et sec. Plutôt que de procéder par mouvements circulaires — ce qui pourrait laisser des traces de saleté —, allez-y de mouvements rectilignes en partant du centre ou vice versa, nous conseille Lisa Fasold, porte-parole de la Consumer Electronics Manufacturers Association à Arlington en Virginie. Il s'agit de nettoyage en étoile. S'il s'agit de procéder à un nettoyage plus poussé, il faut vous procurer une trousse de nettoyage chez un disquaire ou un marchand de matériel électronique. Vous pouvez également vous procurer un nettoyant à DC qui consiste en un disque que l'on insère dans le lecteur et qui nettoie la poussière accumulée sur la tête de lecture.

Mise en garde: N'employez jamais de nettoyant à base d'alcool, de nettoyant domestique ou de solvant sur un disque compact. Ils pourraient en abîmer la surface, voire détruire le disque.

Distributeurs de glaçons

L'entretien d'un distributeur à glaçons est, littéralement, une question de goût. Plusieurs modèles ne nécessitent aucun nettoyage, selon Martha Reeks, économiste auprès de la Whirlpool Corporation à Evansville dans l'Indiana. Toutefois, un distributeur sur pied doit être nettoyé régulièrement. Il importe de se conformer aux instructions du fabricant, quel que soit le type de distributeur à glaçons que l'on possède. Dans tous les cas, le plateau qui reçoit les glaçons doit être lavé. Même si votre congélateur est vide, les glaçons qui s'y trouvent depuis trop longtemps peuvent absorber les odeurs des aliments rangés au frigo — l'ail et les oignons entre autres — parce que l'air pulsé circule dans ces deux compartiments. «Des glaçons récents ont simplement meilleur goût», dit Mme Reeks.

Technique: Renouvelez régulièrement vos glaçons. S'ils commencent à prendre des formes bizarres, c'est qu'ils se trouvent au congélateur depuis trop longtemps et vous devez les jeter.

Tous les six mois environ, enlevez le plateau qui reçoit les glaçons et lavez-le dans l'évier de cuisine à l'eau savonneuse. Asséchez-le complètement et remettez-le en place. Faites de même avec les bacs à glaçons. Videz-les, lavez-les, asséchez-les; remplissez-les d'eau fraîche et remettez-les au congélateur.

Truc: S'il vous faut une certaine quantité de glaçons en prévision d'un pique-nique ou d'une réception en plein air, rangez-les dans des sacs de plastique hermétiques qui supportent la chaleur.

Duvet (édredons, blousons, oreillers)

Le duvet est un cadeau de la Nature délicat et onéreux. Il s'agit de l'une des meilleures matières isolantes qui soient. Son entretien est relativement simple, quoique très important.

Technique: Il faut nettoyer les choses en duvet deux fois par année: une fois au cours de la saison pendant laquelle on les emploie et une seconde avant de les remiser, conseille Jane Rising, instructrice au Service de l'éducation à l'International Fabricare Institute à Silver Spring dans le Maryland. La plupart des édredons et des blousons de duvet sont lavables en machine. Il est plus prudent de suivre les indications du fabricant à cet égard.

En l'absence de directives concernant l'entretien, lavez en eau chaude au cycle délicat et faites sécher par culbutage au cycle délicat, selon les conseils de l'American Down Association à Sacramento en Californie.

Les articles en duvet doivent sécher par culbutage afin de bien bouffer et il faut bien les sécher pour éviter les moisissures. Cela peut nécessiter plusieurs heures dans un sèche-linge domestique.

En raison de l'odeur que le duvet dégage lorsqu'il est trempé, lavez séparément les articles qui en comportent, de sorte que l'odeur ne se transmette pas à vos autres articles de lessive. Lavez le duvet comme un article délicat: employez un détergent doux et évitez les enzymes. N'employez jamais de javellisant liquide qui pourrait détériorer la matière organique qui procure au duvet sa résilience et ses propriétés isolantes. Pour faire en sorte que les plumes et le duvet soient bien répartis au cours du séchage, ce qui assure la résilience, mettez quelques balles de tennis propres dans le sèche-linge. Une ou deux fois l'an, faites aérer vos articles en duvet au grand air et à l'ombre pour maintenir leur fraîcheur.

On doit laver à la machine les oreillers de duvet avec un détergent doux, selon l'American Down Association. Repassez-les à la machine une seconde fois, sans détergent cette fois, pour vous assurer qu'ils sont bien rincés. Faites-les sécher par culbutage à température chaude sans être brûlante. Faites preuve de patience! Les oreillers de duvet mettent du temps à sécher. À défaut d'être bien sec, le duvet s'affaissera et la moisissure se mettra de la partie.

Ne nettoyez pas à sec vos oreillers de duvet. Les solvants employés en teinturerie dissolvent les huiles naturelles des plumes et sont hautement toxiques. Si le fabricant insiste sur le nettoyage à sec, faites aérer l'oreiller au grand air pendant au moins une semaine avant d'y poser de nouveau la tête.

En moins de deux: Pour rafraîchir et chasser l'humidité d'un oreiller, d'un édredon ou d'un blouson de duvet, passez-le au sèche-linge à faible température pendant environ dix minutes.

La radiographie du duvet

Le duvet est constitué des petites plumes molles et légères qui poussent les premières sur les oiseaux aquatiques. Chaque plumule comporte des barbes non fixées entre elles. Trente grammes de duvet comptent environ deux millions de barbes qui se chevauchent et se maillent pour former une couche protectrice d'air non conducteur. Malgré sa délicate nature, le duvet supporte bien le lavage. Car enfin, les canards et les oies passent une bonne partie de leur existence sur l'eau!

Écrans de cheminée

Étant donné que la cheminée est le centre d'attention de la pièce où elle trône, son écran doit être propre et présentable.

Technique: Faites en sorte que l'entretien de l'écran de cheminée soit intégré à votre routine. Pour y enlever la poussière, passez-y l'aspirateur sur les deux faces à l'aide du suceur à soies. Une ou deux fois par saison (ou plus souvent le cas échéant), lavez la saleté accumulée à l'aide de 65 ml de détergent liquide pour la vaisselle dans un litre d'eau. Frottez délicatement les parois de l'écran à l'aide d'une brosse de fibres souples; rincez-les avec un chiffon infeutrable trempé dans l'eau fraîche. Asséchez bien à l'aide d'une serviette qui ne laisse pas de peluches pour éviter la corrosion. Polissez les éléments de laiton à l'aide d'une pâte nettoyante et d'un chiffon infeutrable.

Conseils pour épargner du temps: Pour éviter les dégâts qu'il vous faudrait nettoyer de surcroît, posez l'écran sur une bâche dans le garage ou sur la plate-forme de jardin, surtout pas au milieu du salon.

En moins de deux: Après avoir épousseté les mailles d'acier, peignez-les en noir à l'aide d'une peinture en aérosol pouvant résister au moins jusqu'à 590 °C. Installez-vous sur une bâche à l'extérieur. Pulvérisez la peinture sous tous les angles d'un côté, laissez-la sécher, retournez l'écran et faites de même.

Édredons

Il est possible de laver et de sécher à la machine la plupart des édredons, à condition, bien sûr, qu'elle soit de dimensions suffisantes pour les recevoir.

Technique: Lorsque faire se peut, observez à la lettre les indications concernant l'entretien qui paraissent sur l'étiquette de l'édredon. En règle générale, les édredons ayant une housse imprimée et une bourre de duvet ou de matériau synthétique sont lavables en machine. En raison de leur volume, il faut les laver séparément à l'eau chaude au cycle délicat, puis les mettre au sèche-linge. Assurez-vous au préalable que vos machines sont assez spacieuses pour recevoir l'édredon qui doit pouvoir y circuler. À défaut de quoi, lavez-le et séchez-le à la buanderie du coin.

En moins de deux: Si l'étiquette affichant les indications sur l'entretien a été déchirée et que vous savez où l'édredon a été acheté ou qui l'a fabriqué, entrez en communication avec le marchand ou le fabricant pour savoir comment procéder. Sinon, vous devrez en parler à un teinturier professionnel. Un édredon fabriqué à partir de tissu de recouvrement devrait être nettoyé à sec, bien que le nettoyage à sec puisse abîmer les couleurs d'autres types d'édredon.

«En général, il faut éviter de nettoyer à sec les imprimés», dit Joan Garrison, responsable des relations avec les consommateurs chez Fieldcrest Cannon, une entreprise qui fabrique des articles de literie, à Kannapolis en Caroline du Nord.

Mise en garde: Ne bourrez jamais un édredon dans une machine à laver ou un sèche-linge. Dans la première, il serait mal lavé; dans le second, vous risqueriez de brûler la surface qui entrerait en contact avec le baril, tandis que le reste demeurerait humide.

Égouttoirs

La raison d'être d'un égouttoir n'est-elle pas de permettre à la vaisselle propre de sécher? Un égouttoir malpropre est en ce sens contre nature. Étant donné qu'il est exposé à l'humidité de la cuisine, l'égouttoir forme un terreau de rêve pour les bactéries.

Technique: Une fois aux deux semaines, mettez l'égouttoir à tremper dans l'évier empli d'eau chaude, d'une cuillerée à soupe de javellisant liquide et d'une ou deux giclées de détergent liquide pour la vaisselle. Nettoyez les dépôts à l'aide d'une éponge imbibée de cette solution. «Le javellisant a de merveilleuses propriétés antibactériennes», dit Marry Keener, adjointe au directeur de la gestion des installations à l'université de l'Arizona à Tucson. «Il tue toutes les bactéries et les moisissures et laisse l'égouttoir visiblement propre.»

En moins de deux: Posez l'égouttoir dans l'évier et pulvérisez-le d'eau chaude pour y déloger les saletés. Asséchez-le à l'aide d'un linge à vaisselle propre.

Mise en garde: Portez des gants de protection lorsque vous faites appel à un javellisant. Lisez attentivement les indications du fabricant et les précautions d'usage.

Encre

ACTION D'URGENCE

Épongez l'encre avec de l'alcool à friction. Si la couleur déteint, diluez l'alcool avec deux parties d'eau. Afin d'éprouver la solidité de la couleur, déposez une ou deux gouttes d'alcool sur la face intérieure d'une couture ou d'un ourlet à l'aide d'un coton-tige.

L'encre est l'une des substances les plus difficiles à faire disparaître. Parfois, surtout si la tache a été laissée par la pointe d'un feutre, il ne reste plus qu'à espérer en atténuer la trace.

Technique: Si l'encre provient d'un stylo à bille, épongez la tache avec un tampon d'ouate ou un chiffon de coton imbibé d'alcool à friction. Si la couleur déteint ou si l'étoffe contient de l'acétate, allongez l'alcool de deux parties d'eau. Si le vêtement est lavable, rincez l'alcool à l'eau froide, puis lavez-le à l'eau la plus chaude que puisse supporter l'étoffe. Si l'encre tache un tapis ou la moquette, épongez les fibres avec une serviette blanche trempée dans l'eau.

Si l'eau seule ne suffit pas, préparez une solution contenant 125 ml d'eau chaude, un quart de cuillerée à thé de détergent liquide pour la vaisselle et plusieurs gouttes d'ammoniaque. Pour terminer, après avoir rincé à fond l'ammoniaque, faites l'essai d'une solution composée dans une proportion de 10 à un d'eau et de javellisant chloré mais seulement sur une étoffe qui est blanche ou dont la couleur est solide. (Un rappel: Au contact, l'ammoniaque et le chlore dégagent des émanations toxiques. Assurez-vous que l'étoffe est exempte d'ammoniaque avant d'utiliser du chlore.) Si la tache subsiste, augmentez la concentration dans une proportion de quatre pour une. «Il vient un moment où l'on doit décider d'un pis-aller, à savoir un vêtement taché en permanence ou un vêtement javellisé», nous dit le Dr Ann Lemley, directrice du département des textiles et des habillements à l'université Cornell à Ithaca dans l'État de New York. «On est parfois confronté à ce genre de choix.»

Si une tache d'encre à été laissée par un feutre, nettoyez-la avec un nettoyant tous usages tel que Fantastik. Rincez à l'eau froide ou, s'il s'agit d'un tapis, épongez avec une serviette mouillée. Répétez l'opération jusqu'à ce que la tache ait disparu.

Nota bene: Avant d'employer une solution nettoyante, faites-en l'essai en un endroit peu visible.

Mise en garde: Rincez à fond chacun des nettoyants que vous employez. Certains produits chimiques émettent, quand ils sont en contact, des émanations nocives, notamment l'ammoniaque et le javellisant chloré.

Enduit de jointoiement

Contrairement aux parois lisses des accessoires d'acier et des carreaux de porcelaine que l'on retrouve dans la salle de bains, l'enduit de jointoiement entre les carreaux est rude et poreux, et donne prise aux accumulations de savon et de saleté. Décollez cette crasse avant qu'elle ne s'installe chez vous en permanence.

Technique: Nettoyez régulièrement le jointoiement des carreaux à l'aide d'un nettoyant pour la salle de bains en gel ou en mousse (par exemple Comet pour la salle de bains) et d'une brosse aux longues soies de fibres végétales. N'employez pas de nettoyant abrasif ou de poudre à récurer. Même une brosse aux soies courtes ou en nylon finira par poncer l'enduit avec le temps. Vaporisez le nettoyant, laissez-le agir pendant quelques secondes sur les traces de savon, puis raclez-les. Nettoyez l'intérieur des fentes et fissures à l'aide d'une brosse à dents souple. Rincez toute la surface à l'aide d'une éponge ou d'un chiffon mouillé.

«Laissez le nettoyant faire le travail», conseille Jim Brewer, premier concierge à l'université du Texas à Arlington et conseiller technique pour le *Cleaning and Maintenance Magazine*. «S'il exige trop d'efforts, c'est que le produit ne convient pas, qu'il ne dissout pas les saletés. Un récurage trop prononcé fait pénétrer la saleté dans les pores de l'enduit.» Devant une saleté tenace, plutôt que de frotter vigoureusement, pulvérisez davantage de nettoyant.

Conseils pour épargner du temps: Nettoyez le jointoiement des carreaux tout de suite après la douche, alors qu'il est humide.

Mise en garde: Prenez garde aux nettoyants contenant de l'ammoniaque lorsque vous nettoyez l'enduit de jointoiement, parce que plusieurs nettoyants de salle de bains contiennent du chlore. Au contact, ces deux produits déclencheront une réaction chimique qui peut être fatale. Lisez attentivement le mode d'emploi et les précautions d'usage.

Escaliers

Étant donné qu'ils sont difficiles à nettoyer, les marches et les escaliers sont souvent négligés. La méthode employée pour leur entretien est fonction du fait qu'ils soient moquettés ou pas, et qu'ils se trouvent à l'intérieur ou à l'extérieur.

Escaliers moquettés

Une moquette excessivement sale peut retenir jusqu'à 1/2 kilo de saleté par mètre carré. La saleté, sur un escalier moquetté, tend à se concentrer au centre et sur le devant de la marche, là où l'on pose le pied. Pour aspirer la saleté et la poussière, l'aspirateur est l'instrument de choix, de préférence un modèle doté d'un suceur à tapis et planchers. Passez-le au moins une fois la semaine afin d'obtenir de bons résultats.

«Assurez-vous que la moquette subit une agitation afin que la saleté puisse remuer et remonter à la surface», nous dit Mary Nuosce, responsable de l'éducation aux consommateurs pour la Hoover Company à North Canton en Ohio.

Un petit aspirateur à main, doté d'un agitateur, est l'instrument idéal pour aspirer toute la saleté qui se trouve sur et sous les marches d'un escalier. Peu importe que vous commenciez à passer l'aspirateur à partir du haut ou du bas d'un escalier moquetté, mais vous devriez le faire au moins une fois par semaine.

Passez entre six et huit fois contre la fibre de la moquette, là où la circulation est intense, et entre trois et quatre fois sur les pourtours et contre les marches, là où la poussière, les poils d'animaux et les peluches s'accumulent.

Il faut passer l'aspirateur ou un souffleur sur les escaliers extérieurs moquettés afin d'y enlever les feuilles mortes et les saletés. On peut déloger la saleté incrustée à l'aide du boyau d'arrosage, en commençant par le haut de l'escalier, et en arrosant de gauche à droite et vice versa. Toujours, il faut pousser la saleté loin de la maison.

Conseils pour épargner du temps: Si le temps manque, il vaut mieux passer l'aspirateur seulement là où la circulation est intense plutôt que d'en donner un coup rapide partout. Enlevez vos chaussures avant d'entrer dans la maison. Passez le balai sur le trottoir et l'allée du garage pour enlever le plus de saletés possible avant d'entrer dans la maison.

En moins de deux: Si vous n'avez pas d'aspirateur à main mais que vous en avez un de type commercial, enlevez la baguette de métal et fixez plutôt l'agitateur directement au suceur. Vous profiterez ainsi du pouvoir absorbant d'un aspirateur sans encombrer l'escalier d'un chariot. Le suceur plat fait également un accessoire pratique dans ce cas.

Marches et escaliers sans moquette

Contrairement aux escaliers moquettés, ici la saleté a tendance à s'accumuler le long des contremarches et du limon plutôt qu'au centre des marches. «Un aspirateur de type commercial permet le mieux d'aspirer la saleté et la poussière retenues dans les fentes et fissures», explique Carol Seelaus, instructrice en nettoyage rapide à l'université Temple de Philadelphie. Fixez la brosse à planchers ou le suceur plat.

À l'extérieur, donnez un coup de balai sur les marches de haut en bas. Arrosez-les ensuite à l'aide du boyau de jardin pour enlever les fines particules qui resteraient. Il s'agit encore de repousser la saleté loin de la maison. Passez ainsi le balai au moins une fois par semaine et plus souvent s'il pleut ou si l'air est poussiéreux par chez vous.

Conseils pour épargner du temps: Les nez de marche en bois usés peuvent absorber la boue qui laissera des taches. Épargnez-vous du temps et des efforts en y appliquant une couche d'émail ou un scellant translucide.

En moins de deux: Si vous ne possédez pas d'aspirateur de type commercial, une petite brosse peut faire l'affaire, car les soies souples dégagent davantage de saletés que les brindilles d'un balai. Brossez à partir du palier et descendez vers l'emmarchement, en poussant la saleté directement dans un ramasse-poussière posé sous chacun des nez de marche.

Mise en garde: Afin d'éviter de vous blesser, n'arrosez pas les marches lorsque l'eau risque de geler.

Étain

Bien que l'étain ne ternisse pas autant que l'argent, une fine couche de corrosion s'y forme au fil du temps, qu'il est possible de faire disparaître.

Technique: Polissez vos objets d'étain avec un chiffon de flanelle. «En fait, je ne m'éternise pas sur l'étain», avoue Ellen Salzman, conservatrice d'objets anciens au Metropolitan Museum of Arts de New York. «J'estime que la nature de ce métal se prête à un éclat plus modeste.» La patine est désirée sur les objets anciens auxquels elle confère davantage de valeur.

Toutefois, si un objet n'a pas été poli depuis longtemps et qu'il est vraiment terni, enduisez-le d'une pâte à polir l'argenterie diluée d'un peu d'eau pour qu'elle soit moins abrasive. «Cela se sent lorsqu'un produit est trop abrasif, dit-elle. Si vous ne sentez pas de rugosité, il est suffisamment adouci.»

Étoffe acrylique

L'étoffe acrylique est d'entretien facile. Voilà pourquoi on l'emploie pour fabriquer des pull-overs, des chaussettes de tennis ou des meubles de jardin.

Technique: S'il s'agit de vêtements, lavez-les à la machine en eau chaude et employez un assouplissant pendant le cycle de rinçage. Faites séchez par culbutage à faible température. Sortez-les vite du sèche-linge. Lavez à la main les articles délicats, toujours en eau chaude, et faites-les sécher à plat.

S'il s'agit de nettoyer une saleté sur un fauteuil, enlevez-en le plus possible à l'aide d'une cuiller ou d'une spatule si c'est un solide, ou épongez-la si c'est un liquide. Délayez un détergent à lessive en poudre dans de l'eau chaude. Trempez une éponge dans la mousse formée par le détergent et épongez la tache en commençant par la circonférence pour en venir au centre. S'il s'agit de taches grasses ou sucrées, procédez comme on vient de le voir et rincez d'une solution composée de deux parties égales d'eau et de vinaigre blanc. Posez des serviettes sur la surface humectée et couvrez pendant plusieurs heures d'un objet lourd et plat.

Conseils pour épargner du temps: Pour nettoyer vite et bien un canapé couvert de tissu acrylique, épongez-le légèrement d'eau ou employez un détachant tel que K2r ou Carbona Stain Devils, en vente dans les supermarchés, les quincailleries et les magasins à rayons. Employez aussi peu de nettoyant liquide qu'il sera nécessaire, de même qu'une généreuse quantité de serviettes absorbantes. Lisez toujours le mode d'emploi et les précautions d'usage avant d'utiliser un produit.

Mise en garde: Ce genre d'étoffe a un point faible et c'est sa résistance à la chaleur. Lorsque vous repassez une étoffe à base d'acrylique, le fer ne doit pas être trop chaud. Toute chose étant relative, l'acrylique peut fondre sous une chaleur relativement faible. Lisez attentivement le mode d'emploi et les précautions d'usage.

Étoffes anciennes

Vous avez trouvé des trésors dans le grenier de grand-mère? Méfiez-vous! Lorsqu'on nettoie des vêtements anciens, il faut prendre garde à ce que l'on appelle la pourriture sèche. «Le tissu semble en bonne tenue», dit Claudia Ramirez, ancienne vice-présidente administrative de l'Association of Specialists in Cleaning and Restoration à Annapolis Junction dans le Maryland. «Mais, dès l'instant où on lui fait subir un stress, le tissu se désagrège.»

Technique: Lorsque vous devez nettoyer un robe, un tapis ou une tenture dont l'étoffe est ancienne, une règle cardinale prévaut: soyez prudents! S'il est un moment où il faut se tourner vers un professionnel, même au-delà d'un teinturier, c'est bien celui-là. En dépit de la pourriture sèche, on peut facilement gâcher un vêtement ancien auquel on tient, par exemple une vieille robe de mariée, en voulant le nettoyer. Par contre, un professionnel peut être en mesure de réparer ou restaurer l'étoffe avant d'en faire le nettoyage. Si vous venez de salir un vêtement ancien, épongez la tache à l'aide d'une serviette blanche humide; si elle subsiste, voyez un teinturier professionnel.

Éviers

Souvent lorsqu'on songe aux germes qui grouillent dans une maison, on les associe aux cabinets de toilette. Il appert pourtant que ce sont les éviers — notamment ceux de cuisine — qui font les endroits de prédilection pour les germes, et non pas la cuvette. Une étude réalisée à l'université de l'Arizona a permis de découvrir que les bactéries ont tendance à se concentrer dans l'évier, dans le tuyau d'écoulement, dans l'éponge ou le torchon. Les germes qui prolifèrent en principe dans la salle de bains, par exemple des coliformes fécaux à l'intérieur de la cuvette, s'y trouvent rarement. Par contre, on en trouve partout dans la cuisine! La surface lisse d'un évier fait un terrain de crêtes et de creux, selon le point de vue des microbes. Ici, le truc consiste à les déloger et à décourager leur multiplication.

Technique: Un simple récurage à l'aide d'un désinfectant dissoudra les particules d'aliments et supprimera les microbes. À l'aide d'une éponge neuve ou stérilisée, récurez les parois et le fond de l'évier. (Un conseil: stérilisez l'éponge au lave-vaisselle ou faites-la tremper pendant cinq minutes dans une solution composée de 195 ml de javellisant et de quatre litres d'eau.) Ensuite, rincez à l'aide de cette même solution qui éliminera les microbes les plus coriaces. Laissez agir la solution dans l'évier pendant cinq minutes. En présence de taches, les éviers de porcelaine et d'inox peuvent tolérer de légers abrasifs tels que les nettoyants liquides ou le bicarbonate de soude.

Conseils pour épargner du temps: En vue d'un nettoyage vite fait bien fait, pulvérisez toute la surface de désinfectant et essuyez les parois avec des essuie-tout.

En moins de deux: Rincez l'évier à l'eau et asséchez-le avec des essuie-tout. Lorsque les bactéries dénichent un endroit souillé d'aliments et humide, ils plantent leurs tentes et s'installent. Les bactéries ne survivent que quelques heures sur une surface sèche.

Pour faire disparaître les taches d'un évier de porcelaine, emplissez-le d'eau chaude et ajoutez quelques cuillerées à soupe de javellisant chloré. Laissez agir la solution pendant une heure et rincez. Si la tache subsiste, tapissez l'évier d'essuie-tout, saturez-les de javellisant chloré et laissez tremper pendant 30 minutes. Portez des gants et faites en sorte que la pièce soit bien aérée lorsque vous procédez ainsi.

Mise en garde: N'employez pas d'abrasif sur le marbre de culture, la fibre de verre et le plastique. Cela égratignerait l'évier, dont la surface deviendrait alors poreuse et propice à l'incrustation de taches. Lisez attentivement les conseils d'usage avant d'employer un produit.

Excréments et urine d'animaux domestiques

Lorsqu'il le faut, il le faut! Et cela vaut également pour le chien le mieux dressé et le chat le plus domestiqué. Advenant que le tout s'échappe par mégarde, il importe de nettoyer le plus rapidement possible afin de prévenir les taches, la décoloration et les odeurs.

Technique: L'urine pose davantage de problème, en particulier sur la moquette et les tissus qui peuvent déteindre et se détériorer. En premier lieu, absorbez-en le plus possible à l'aide de chiffons blancs ou d'essuie-tout. Ensuite, épongez la surface avec une serviette de ratine blanche trempée dans une solution composée d'une cuillerée à thé de détergent translucide pour la vaisselle et de 250 ml d'eau tiède. Humectez la surface le plus possible à l'aide de la serviette trempée. Ensuite, épongez la surface avec une solution faite d'une partie de vinaigre blanc et de deux parties d'eau. À nouveau, employez une serviette de ratine blanche afin de détremper les fibres au maximum. Couvrez la surface de plusieurs serviettes de ratine blanche sur lesquelles vous déposerez quelque chose de lourd et laissez sécher pendant un minimum de six heures.

À titre de solution de rechange, enlevez d'abord l'urine ou les excréments liquides avec des essuie-tout. «Ensuite, saturez la surface avec un neutralisant d'odeur enzymatique tel que Nature's Miracle que l'on trouve dans les animaleries», dit Jacques Schultz, directeur des Companion Animal Services auprès de la Société de prévention de la cruauté envers les animaux à New York. Ce neutralisant contient des bactéries vivantes qui consomment les protéines contenues dans les déchets. Il faut alors conserver l'humidité de la surface pendant huit heures environ, mais il faut s'en tenir aux indications paraissant sur le contenant du produit. Après coup, nettoyez la surface en épongeant avec une serviette trempée dans l'eau, puis épongez de nouveau, cette fois avec une serviette sèche.

En présence d'excréments, ramassez-les le plus vite possible à l'aide d'un petit sac de plastique ou d'un essuie-tout et mettez-les au rebut. Nettoyez la surface avec la solution d'eau savonneuse dont il est précédemment question et épongez-la avec une serviette sèche. Répandez ensuite un désinfectant ou un neutralisant d'odeur comme on en trouve dans les animaleries. Si les déchets ne sont pas solides, suivez l'une des méthodes décrites en vue de nettoyer l'urine et suivez cela d'une désinfection.

Nota bene: Avant d'employer un nettoyant, faites-en d'abord l'essai en un endroit peu apparent de l'article souillé.

Mise en garde: Rangez les nettoyants et désinfectants en un lieu sûr, inaccessible aux animaux. Lisez attentivement les indications du fabricant relatives à leur mode d'emploi et aux précautions d'usage.

Les travaux d'Hercule

Hippopotamus Merdicus

Le nombre d'heures nécessaires à deux employés du jardin zoologique de San Diego afin de nettoyer l'enclos des deux hippopotames: de deux à trois heures, ce qui est cinq fois plus de temps qu'il n'en faut pour changer la couche de n'importe quel autre pensionnaire!

Fenêtres

Savez-vous quel est le truc pour avoir des fenêtres étincelantes? Le séchage, et non pas le lavage. C'est du moins l'avis des laveurs de vitres professionnels et probablement la cause de leur divergence d'opinion en ce qui concerne le meilleur produit lave-vitre. Cependant, il est universellement reconnu que le meilleur outil pour faire briller les vitres est la raclette. La vérité est qu'à moins d'avoir des fenêtres vraiment très sales, elles se nettoient facilement à l'eau savonneuse. L'eau ne coûtant presque rien, elle a de plus la particularité de ne pas tacher ni strier, même si on décide de laver ses fenêtres par temps chaud.

Les fenêtres asséchées à la raclette resteront propres plus longtemps que celles asséchées avec du papier. Ce dernier cause une augmentation d'électricité statique qui attire la poussière. Aussi est-il plus logique d'investir dans une raclette de bonne qualité. Comment la reconnaître? Le caoutchouc doit être souple et adhérer à la vitre d'une manière efficace. Ettore fabrique un outil de qualité que l'on trouve facilement là où se détaillent les produits d'entretien professionnels. Votre nécessaire à nettoyer les fenêtres devra aussi inclure quelques vieilles serviettes de ratine afin d'essuyer les gouttes, des chiffons pour essuyer la raclette entre deux traits, un tampon à récurer pour appliquer le lave-vitre et finalement, un grand seau de plastique.

TRUCS ÉCONOMIQUES

Trois façons de nettoyer ses fenêtres

Faites comme les laveurs professionnels: fabriquez vous-même votre lave-vitre. Les nettoyants bleus de fabrication commerciale sont non seulement coûteux, ils ont aussi tendance à strier les vitres. Voici donc quelques solutions de rechange proposées par des experts:

- Si vos fenêtres ne sont pas trop sales, de l'eau tiède fait des merveilles! De plus, elle présente deux avantages non négligeables: pas de stries si vous travaillez par temps chaud et un coût minime!
- Optez pour un mélange de 125 ml de vinaigre et d'un litre d'eau tiède.
- Mélangez 125 ml d'ammoniaque mousseux, 550 ml d'alcool à friction, 5 ml de détergent liquide pour la vaisselle (n'en mettez pas plus, sinon vous risquez d'avoir des stries) et ajoutez suffisamment d'eau pour obtenir 4,5 l de liquide.

Technique: Si vous pensez nettoyer les cadres et les seuils de vos fenêtres, faites-le avant de laver la vitre. Passez l'aspirateur sur les cadres et les seuils afin d'enlever l'excédent de poussière. Nettoyez le bois ou l'aluminium à l'aide de savon à vaisselle doux et d'eau chaude. Une vieille brosse à dents est fort utile pour avoir accès aux coins des meneaux. Rincez et asséchez les meneaux à l'aide d'un linge. Si votre cadre d'aluminium est gris et semble avoir connu de meilleurs jours, faites-le briller à l'aide de poli argenté en crème. Les cadres de bois peuvent quant à eux être nettoyés à l'aide d'une cire au lieu du mélange d'eau et de savon.

Une fois les cadres et les seuils nettoyés, vous pouvez vous attaquer aux vitres. Utilisez le lave-vitre de votre choix. Un mélange alcalin enlève la poussière. Le vinaigre s'attaque aux dépôts d'eau dure. L'eau savonneuse empêche les stries si vous lavez vos fenêtres par temps chaud. L'ajout de plusieurs millimètres d'alcool à friction aidera à enlever la pellicule graisseuse. Faites attention à ne pas mélanger les produits alcalins et les produits acides tels le vinaigre et l'ammoniaque dans l'espoir de couper la poire en deux et de résoudre deux problèmes à la fois. Cela ne fonctionnera: l'un neutralisera partiellement l'effet de l'autre et aucun des deux ne sera vraiment efficace.

Comment nettoyer une vitre? Trempez le tampon à récurer dans le lave-vitre et mouillez la vitre. N'abusez pas du mélange, cela causerait des dégâts dont vous pouvez vous passer. Faites glisser la raclette en un mouvement léger de gauche à droite en haut de la fenêtre. Cela empêchera les gouttes de tomber. Puis, d'un mouvement vertical, passez la raclette du haut vers le bas en vous arrêtant à quelques centimètres du bas. Continuez ainsi verticalement en faisant se chevaucher vos mouvements. N'oubliez pas d'essuyer la lame de votre raclette avec un linge à chaque fois. Terminez l'essuyage de la vitre d'un trait horizontal au bas de la fenêtre. Essuyez toute goutte ou tout écoulement autour du cadre à l'aide d'un chiffon absorbant. Lorsque vous nettoyez les fenêtres extérieures, il est préférable de laver la vitre supérieure en premier. Autrement, l'eau sale pourrait s'égoutter depuis le seuil de la vitre sur une fenêtre propre.

FROTTEZ-MOI ÇA!

Papier journal: mauvaises nouvelles

Votre grand-mère ne jurait que par lui? Consumers Union, l'éditeur du magazine *Consumer Reports* a utilisé dans une étude du papier journal et un lave-vitre commercial réputé efficace pour nettoyer des fenêtres très sales. Ils ont trouvé que le papier journal n'était pas très absorbant et qu'il fallait essuyer et frotter énergiquement afin d'obtenir un fini brillant. Et ce n'est pas tout: il se peut fort bien qu'à la fin de l'opération dégraissage votre fenêtre et vous-même vous retrouviez plus sales qu'au début! En effet, l'encre du journal noircit les mains et les doigts et laisse des taches sur les fenêtres à meneaux.

COMMENT NETTOYER DES DOUBLES FENÊTRES

1

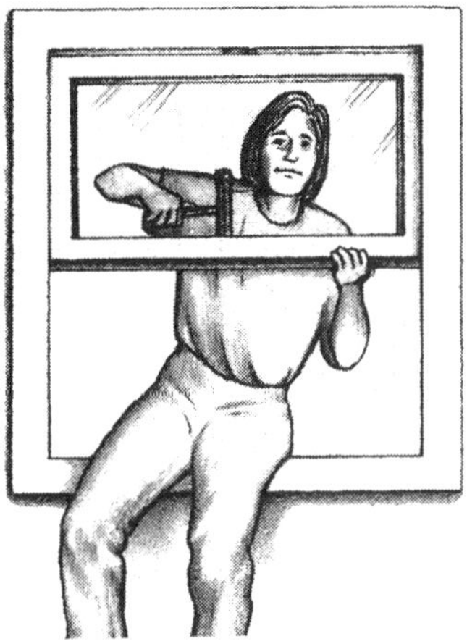

2

Première étape: Nettoyer l'extérieur d'une double fenêtre peut sembler une mission impossible. Pour commencer il faut abaisser la fenêtre du haut aussi bas que possible. Etendez ensuite le bras et appliquez le lave-vitre à l'aide d'un tampon à récurer. En travaillant à partir du haut, faites passer votre raclette horizontalement d'un côté à l'autre en vous dirigeant vers le bas de la fenêtre. Allez aussi loin que possible.
Deuxième étape: Levez la fenêtre intérieure et la fenêtre extérieure aussi haut que possible et terminez le bas de la fenêtre extérieure en passant la raclette d'un geste horizontal. Un trait chevauchant l'autre.

3

4

Troisième étape: Abaissez la fenêtre intérieure suffisamment pour atteindre le haut de celle-ci, puis poussez la fenêtre extérieure à son niveau le plus bas. Passez le bras à travers l'ouverture et appliquez le lave-vitre sur la moitié supérieure de la fenêtre intérieure.
Quatrième étape: Levez la fenêtre extérieure et abaissez la fenêtre intérieure de façon à répéter le processus de l'étape précédente sur la moitié inférieure de la fenêtre intérieure et ce, en passant le bras par l'ouverture du haut. Ramenez les fenêtres à la position de l'étape trois pour passer la raclette sur la moitié supérieure de la fenêtre inférieure, et répétez le mouvement de l'étape quatre pour passer la raclette sur la partie inférieure de la fenêtre intérieure.

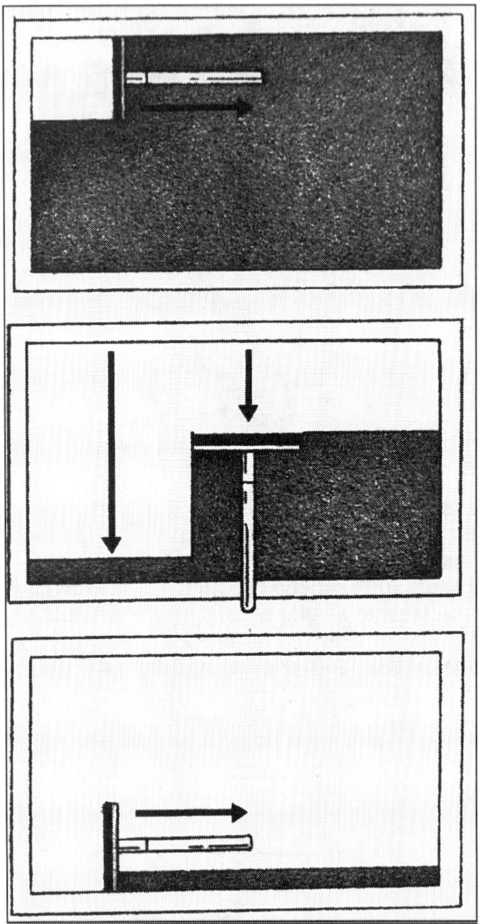

COMMENT PASSER LA RACLETTE

Voici la méthode sans stries et sans bavures. Passez la raclette d'un côté à l'autre horizontalement en partant du haut de la vitre. Ceci empêche les gouttes. En commençant d'un côté ou de l'autre, passez la raclette du haut vers le bas sans toucher celui-ci et ce, en un mouvement qui se chevauche à la verticale. Ce chevauchement prévient les stries. Pour terminer, passez la raclette horizontalement au bas de la vitre.

Nota bene: **N'oubliez pas d'essuyer le caoutchouc de la raclette avec un chiffon propre entre chaque trait.**

Conseils pour épargner du temps: Il faut toujours nettoyer la vitre du haut vers le bas, vous éviterez ainsi les gouttes sur les fenêtres déjà nettoyées. Procédez par traits verticaux pour les fenêtres extérieures et par traits horizontaux pour les fenêtres intérieures. Vous discernerez plus facilement de quel côté sont les stries.

En moins de deux: Pour de petites fenêtres, celles trop étroites pour la raclette, un chamois fera l'affaire. Pour obtenir rapidement un fini brillant, frottez une vitre fraîchement lavée avec une efface à tableau propre. N'oubliez pas: un rouleau à peinture à poils épais peut servir d'applicateur de lave-vitre.

Mise en garde: Les nettoyants à base d'ammoniaque affectent les mains et la lame de caoutchouc des raclettes. Faites attention à la température extérieure si vous planifiez de nettoyer des fenêtres aux cadres d'aluminium. N'en faites rien si la température est inférieure à -10 degrés Celsius ou si l'aluminium est trop chaud au toucher. De plus, évitez l'usage d'abrasif. Cela égratigne de façon permanente le fini des cadres d'aluminium. Soyez vigilants. Ne laissez pas tomber des gouttes d'une solution alcaline ou à base d'alcool sur des cadres de bois peints ou vernis, car cela abîme leurs finis.

Fer blanc

Un doux métal cristallin à l'apparence lustrée, mi-argenté mi-blanc, l'étain, plus communément appelé fer blanc, est utilisé comme fine pellicule protectrice sur les chaudrons, les ustensiles de cuisine et les accessoires décoratifs. L'étain noircit avec le temps, ce qui est une caractéristique positive pour les plats allant au four, étant donné que les couleurs foncées absorbent mieux la chaleur, selon la Michigan State University Extension d'East Lansing.

Technique: Lavez l'étain en eau tiède et savonneuse puis asséchez bien. N'utilisez pas d'objets pointus ni de récurants abrasifs, car cela risquerait d'égratigner la mince couche de métal qui, à son tour, risquerait de rouiller. Pour enlever la rouille, il suffit de frotter l'étain d'un tampon métallique superfin (n° 0000) trempé dans une huile végétale quelconque.

Conseils pour épargner du temps: Recouvrez les décorations d'une mince couche de cire en pâte qui contient de la laque. Cela prévient la rouille et rend l'étain plus facile à épousseter.

En moins de deux: Le bicarbonate de soude et l'eau enlèveront les reliefs de nourriture d'un plat en étain sans l'égratigner.

Fer forgé

Le fer forgé est une forme commerciale d'un métal à la fois résistant et malléable qui a cependant son talon d'Achille: la rouille.

Technique: Si vous devez simplement déloger la saleté ou les fientes d'oiseaux, nettoyez le fer forgé à l'aide d'un chiffon mouillé ou récurez-le avec une brosse de nylon et asséchez-le.

Pour y enlever la rouille, poncez-le à l'aide d'une brosse de métal ou d'un papier de verre de calibre moyen. Récurez-le ensuite à l'aide d'un tampon métallique fin (n° 00). «Le tampon métallique poncera une fine couche de métal et le fer retrouvera son apparence de départ», explique Rajiv Jain, responsable du laboratoire pour le compte de l'Association of Specialists in Cleaning and Restoration à Annapolis Junction dans le Maryland.

Afin de protéger vos meubles de fer forgé contre la rouille éventuelle, enduisez-les d'un apprêt antirouille vendu en quincaillerie.

En moins de deux: Afin de déloger des tavelures de rouille sur du fer forgé, frottez-les avec de la pâte à polir l'argenterie.

Fers à friser

Faire preuve d'une imagination débridée lorsque vous enroulez vos mèches autour du fer chaud, c'est votre affaire. Mais lorsque vient le moment de le nettoyer, la méthode la plus simple est encore la meilleure.

Technique: Débranchez votre fer et laissez-le refroidir avant de le nettoyer. Quand il est refroidi, essuyez-le à l'aide d'un chiffon humide. Les produits de coiffage sont hydrosolubles. La mousse coiffante ou le fixatif devraient se déloger facilement avec un peu d'eau.

Mise en garde: Évitez d'employer un nettoyant abrasif qui pourrait égratigner ou marquer la surface du fer. Ne nettoyez jamais un fer à friser pendant qu'il est branché. Ne le plongez jamais dans l'eau.

Fer à repasser

Si la semelle de votre fer à repasser est sale, vous risquez de tacher vos vêtements en permanence étant donné que la chaleur cuit les saletés.

Technique: Assurez-vous que votre fer soit sec entre les utilisations. Vous éviterez ainsi la rouille qui peut gâter vos vêtements. Videz l'eau pendant que le fer est encore chaud. Ainsi, la chaleur fera sécher l'intérieur. Laissez-le refroidir avant de le ranger.

Afin de déloger les parcelles d'étoffe ou de plastique qui auraient fondu sur la semelle, faites chauffer le fer à température minimale jusqu'à ce que les résidus aient fondu, débranchez-le et raclez les indésirables à l'aide d'une spatule de bois ou la moitié d'une pince à linge. «N'employez aucun instrument de métal qui risquerait d'érafler la semelle», nous prévient Cindy Hupert, chef de produit chez Sunbeam, fabricant de fers à repasser, à Delray Beach en Floride. Afin de bien nettoyer la semelle, laissez refroidir le fer et frottez-la avec une pâte faite de bicarbonate de soude délayé dans un peu d'eau. Enlevez cette pâte avec un chiffon mouillé.

Si la semelle de votre fer est enduite de téflon, récurez-la délicatement à l'aide d'un tampon de nylon imprégné d'eau savonneuse.

Afin de désincruster du polyester fondu, trempez un tampon d'ouate dans de l'acétone ou dissolvant à vernis à ongles et frottez-en la semelle du fer.

Si un dépôt minéral obstrue l'orifice de remplissage, curez-le à l'aide d'une aiguille. Si les orifices de vaporisation sont obstrués, emplissez le fer d'une solution composée d'une partie de vinaigre blanc pour trois parties d'eau froide. Réglez le fer à la température maximale pour la vapeur et posez-le sur une clayette de métal, elle-même posée sur une surface résistant à la vapeur et à la chaleur. Surveillez le fer pendant qu'il est chaud. Laissez s'échapper la vapeur jusqu'à ce qu'il ne contienne plus d'eau. Si votre fer s'arrête automatiquement au bout de 30 secondes une fois déposé, il faudra le bouger un peu de temps en temps. Pour éviter d'autres dépôts calcaires, vous devrez remplir le fer d'eau distillée.

Si des peluches obstruent les conduits où circule la vapeur, tentez de les déloger en pulsant un bon coup de vapeur. Emplissez le fer d'eau et laissez la vapeur s'en échapper jusqu'à ce qu'il soit vide. Ne laissez jamais un fer chaud sans surveillance.

Conseils pour épargner du temps: Afin d'enlever rapidement du plastique ou une substance qui aurait fondu, réglez le fer à la chaleur minimale jusqu'à ce que la substance ait amolli, puis repassez un vieux chiffon ou un vêtement que vous ne portez plus. «Le résidu sera transféré de la semelle à l'étoffe», explique Mme Hupert.

Mise en garde: Si vous employez de l'acétone ou du dissolvant à vernis à ongles pour déloger du polyester qui a fondu sur la semelle de votre fer, assurez-vous que ni l'un ni l'autre n'entrera en contact avec les composants de plastique, car ces produits pourraient le ronger.

Fibre de verre

Faites preuve de délicatesse lorsque vous nettoyez la fibre de verre, matériau que l'on retrouve dans la composition d'appliques murales, de persiennes, de cabines de douche, de coquilles de baignoires et d'éviers. Il suffit de peu pour l'érafler et, dès lors que la surface est rayée, les taches peuvent facilement s'y incruster.

Technique: Nettoyez la fibre de verre moulée à l'aide d'une éponge ou d'un chiffon qui n'est pas abrasif et, soit un nettoyant tous usages, soit un nettoyant pour la baignoire et les carreaux de salle de bains. Les récurants et autres abrasifs terniraient, égratigneraient et décoloreraient la surface, et les taches pourraient alors s'y incruster sans difficulté. Rincez abondamment et asséchez à l'aide d'un chiffon doux.

Puisqu'on ne peut faire appel à un abrasif, il faut rincer et assécher les éviers et baignoires de fibre de verre moulée après s'en être servi pour éviter les accumulations de savon et de minéraux. En présence de telles accumulations, utilisez du bicarbonate de soude en guise d'abrasif doux. Préparez une pâte à partir de bicarbonate de soude délayé dans un peu d'eau froide, appliquez-la comme un cataplasme, laissez agir pendant une heure, frottez, rincez et asséchez. S'il s'agit de taches et d'accumulations tenaces, appliquez un chiffon imprégné de nettoyant tous usages et laissez agir pendant au moins une heure. Rincez la surface à l'aide d'une éponge propre.

Fleurs artificielles, séchées ou en soie

Elles doivent paraître aussi belles que si vous veniez de les couper au jardin. Cependant, «... l'ennui des fleurs en soie ou artificielles, c'est qu'elles amassent la poussière et que les araignées y tissent leurs toiles», souligne Louise Wrinkle, juge lors de concours horticoles pour le Garden Club of America à New York.

Technique: Époussetez les fleurs de temps en temps à l'aide d'une bonbonne d'air comprimé ou d'un sèche-cheveux réglé à faible température. Usez de délicatesse lorsque vous manipulez des fleurs séchées, car elles sont fragiles et peuvent se rompre facilement. Si les vôtres perdent leurs pétales, dépoussiérez-les à l'extérieur.

En moins de deux: Agitez ou ébouriffez les pétales de vos fleurs de soie pour les dépoussiérer. Si elles sont délicates, soufflez simplement dessus.

Jacinthes au bain

On ne court pas les expositions horticoles pour connaître le frisson. Pour les mordus, toutefois, elles sont le théâtre d'une féroce compétition. Il s'avère que la toilette des belles compte pour beaucoup dans la décision des juges. Voici les conseils de la société étasunienne des jonquilles en vue de toiletter une fleur gagnante.

«Enlevez rigoureusement tout grain de saleté de chaque pétale à l'aide d'un cure-oreille, que vous aurez imbibé de salive. La poussière s'agglutine à la salive mieux qu'à l'eau. Voyez si les sépales (les folioles du calice) sont humides et s'ils ont sali le dessous des pétales. Le seul moyen efficace d'enlever la saleté est de lécher les pétales. Si cela vous dégoûte, dites-vous qu'il ne s'agit que d'une sécrétion végétale, peu différente du jus d'une asperge.»

Fontaines

Le bruissement d'une fontaine ajoute à l'agrément d'un jardin fleuri, jusqu'au jour où des cernes verdâtres ou blanchâtres vous causent de l'hypertension. «Le tartre causé par les dépôts minéraux de l'eau dure et les algues sont les principaux inconvénients d'une fontaine», dit Keith Folson, copropriétaire de Springdale Water Gardens, fournisseur de matériel de jardin à Greenville en Virginie. Un entretien de routine les empêchera de s'incruster.

Technique: Le tartre, pareillement aux algues, s'accumule avec le temps. Plus on fait en sorte de prévenir son accumulation, plus on facilite le nettoyage d'une fontaine. Afin de prévenir la formation d'algues, procurez-vous un traitement contre les algues chez un marchand de piscines ou dans une jardinerie. Il suffit d'en verser chaque mois quelques gouttes dans l'eau pour prévenir la formation d'algues, sans employer de chlore ou de substances chimiques.

Il existe un produit qui exerce une action similaire sur le tartre. Il agit de la même manière pour empêcher le tartre de se déposer au fond du bassin, de la canalisation d'eau et dans le filtre. Lisez les indications du fabricant sur le conditionnement du produit.

Si vous préférez ne pas employer un produit du commerce, nettoyez souvent votre fontaine, environ une fois par semaine. «Le vinaigre est l'un des meilleurs nettoyants contre le tartre et les algues», nous dit M. Folson. Videz la fontaine et, à l'aide d'une brosse de nylon,

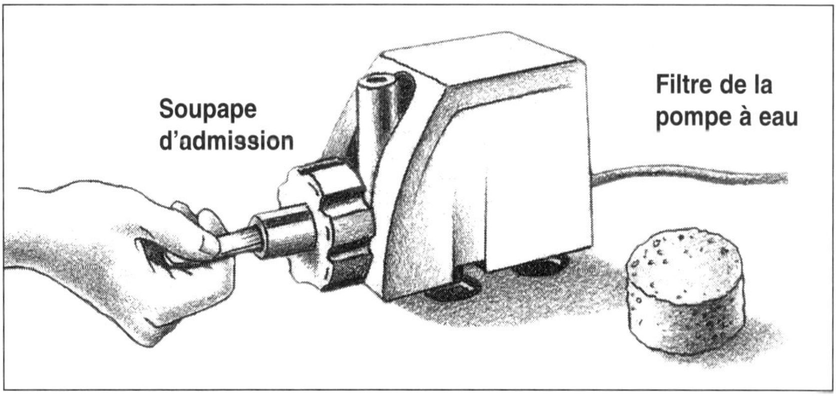

Retirez le filtre et nettoyez-le à l'aide du boyau d'arrosage. Servez-vous d'une brosse de nylon ou d'un bâtonnet de bois pour récurer les algues et les dépôts calcaires à l'intérieur de la soupape d'admission.

récurez-en la surface à l'aide d'une solution faite d'autant d'eau que de vinaigre blanc. «Le vinaigre neutralisera les dépôts calcaires alcalins, sans compter qu'il a d'excellentes propriétés nettoyantes.» Rincez abondamment à l'aide du boyau d'arrosage.

Nettoyez également la pompe et le filtre chaque semaine. Retirez le filtre et nettoyez-le à l'aide du boyau d'arrosage. Sinon, les algues pourraient l'obstruer. Nettoyez le boîtier de la pompe avec un chiffon humide. Si des dépôts calcaires se sont accumulés au niveau de la pompe, enlevez-les avec l'eau vinaigrée et rincez à l'eau fraîche. S'il est nécessaire de racler des algues ou des dépôts calcaires au niveau de la soupape d'admission, servez-vous de la brosse fournie dans la trousse d'entretien de la pompe ou d'un bâtonnet de bois. Le métal risquerait d'abîmer la surface.

Mise en garde: Évitez de subir un choc électrique: débranchez la pompe avant de procéder à son entretien.

Fourrures

Les fourrures sont des aimants qui attirent la poussière. «La fourrure accumule l'électricité statique qui attire la poussière et les polluants présents dans l'air, en particulier lorsque le degré d'humidité est à la baisse», explique David Datlow, nettoyeur de fourrures établi à Washington depuis 1936. «La poussière ternit l'éclat et devient abrasive, et fait se rompre les poils fins.» Un nettoyage régulier vous évitera de tels ennuis et vos fourrures seront lustrées et comme neuves.

Technique: Faites nettoyer vos fourrures par un professionnel au moins aux deux ans; une fois l'an vaudrait mieux encore. Confiez-les à un fourreur, pas à un teinturier, à moins que ce dernier n'en fasse que la cueillette et qu'il les confie à un fourreur. Afin d'enlever la saleté et les huiles qui maculent une fourrure, le fourreur les met à culbuter dans un appareil contenant un matériau semblable à du bran de scie qui a trempé auparavant dans une solution chimique préparée à cet effet. Ensuite, il pulvérise du silicone et peigne les poils afin de raviver leur lustre, de les rendre doux et bouffants.

Si vous renversez quelque chose sur une fourrure, épongez le dégât avec une serviette blanche. Ne frottez jamais les poils. Au fil du temps, la chaleur peut faire s'incruster les taches à la racine des poils. «Disons qu'une femme porte un vison qui se détaille 20 000 $, dit M. Datlow, et qu'elle renverse dessus une tasse de café. Si le liquide pénètre le cuir, la chaleur du café provoquera le retrait des peaux. Une part d'humidité naturelle est conservée à l'intérieur des peaux mais, contrairement aux créatures vivantes, dont la peau peut se cicatriser, celle des animaux morts se dessèche simplement.»

Si vous mouillez une fourrure, pendez-la à un cintre large et laissez-la sécher loin du soleil et de toute source de chaleur.

Fours

Rien n'est plus désagréable que de racler des traces d'aliments qui ont calciné sur les parois ligneuses à l'intérieur d'un four. Pour éviter pareille corvée, il suffit de nettoyer sans tarder un dégât lorsqu'il survient. En général, plus on nettoie son four souvent, moins on a de mal à en déloger les incrustations d'aliments et de graisse.

Bien entendu, les précautions que l'on prend en vue d'éviter les débordements nous épargneront bien du mal. Si vous craignez qu'une tarte ou un pâté ne se renverse, posez une feuille d'aluminium sur la clayette du dessous. (Ne posez pas de feuille d'aluminium directement sur la base du four et ne couvrez pas entièrement une clayette: vous risqueriez de déséquilibrer la répartition de la chaleur à l'intérieur du four.) «Le moindre débordement sera déversé sur le papier d'aluminium», nous dit Beth McIntyre, économiste chez Maytag à Newton dans l'Iowa. «Vous vous épargnerez un temps considérable lors du récurage.»

Au chapitre du nettoyage, il existe trois sortes de four: conventionnel, autonettoyant et à nettoyage continu. Chacun a ses propres exigences.

Le four conventionnel

On peut nettoyer rapidement et facilement un four conventionnel légèrement sale en y mettant un petit bol de verre contenant 125 ml d'ammoniaque et en refermant la porte. Ne faites pas chauffer le four. «Les émanations feront se détacher les aliments calcinés», dit Mme McIntyre. Laissez agir l'ammoniaque jusqu'au lendemain. Soyez prudent lorsque vous ouvrez la porte du four, car l'ammoniaque peut irriter les yeux. Tenez-vous à distance et laissez l'air pénétrer à l'intérieur avant d'éponger les parois à l'aide d'essuie-tout ou de papier journal.

Nota bene: Si votre four fonctionne au gaz et qu'une veilleuse de bec y brûle en permanence, éteignez-la avant de mettre de l'ammoniaque dans le four.

Si le four est moyennement sale, cette méthode ne viendra probablement pas à bout de la saleté. Il faudra prendre des mesures plus sérieuses. Lavez les parois avec un tampon à récurer en mailles de nylon et de l'eau chaude et savonneuse. Récurez délicatement la surface et rincez-la avec une éponge ou un chiffon. Évitez d'employer un tampon métallique qui pourrait égratigner. Les éraflures fourniraient une surface à laquelle les aliments adhéreraient encore plus aisément par la suite.

Les décape-four du commerce sont efficaces dans les fours standard. Toutefois, ils sont puissants et doivent être employés avec prudence. «Selon le degré de calcination des aliments, il peut s'avérer impossible de déloger toutes les saletés simplement avec de l'eau savonneuse et de l'ammoniaque», explique Mme McIntyre.

Un décape-four peut abîmer les surfaces environnantes. Protégez-les en y déposant des feuilles du papier journal et portez des gants. Observez attentivement les indications du fabricant à cet égard.

Lavez à la main les clayettes amovibles et les plaques de rôtisserie, en les mettant d'abord à tremper dans de l'eau savonneuse, puis en les récurant avec un tampon de plastique. Ajoutez une goutte d'ammoniaque à l'eau afin de détacher les aliments calcinés.

Lavez le verre de la porte à l'ammoniaque. Attendez quelques minutes et rincez avec une éponge imbibée d'eau. Si l'incrustation est épaisse, raclez-la à l'aide d'un grattoir à glace ou une lame de rasoir. Ne récurez jamais le hublot avec un tampon métallique.

Mise en garde: Ne pulvérisez jamais un nettoyant sur les parois d'un four chaud. Ce produit peut contenir de la soude et provoquer la corrosion des parois. De même, ne pulvérisez jamais le décape-four sur l'ampoule, l'élément chauffant ou la veilleuse du bec de gaz. (Il est préférable d'éteindre le bec de gaz avant de pulvériser le nettoyant.)

Le four autonettoyant

Un four dit autonettoyant fonctionne de la sorte: activé à cette fin, il chauffe à un degré suffisamment élevé pour que la chaleur désintègre les aliments déversés et autres saletés. Les modèles et les marques de fabrique varient. Avant tout, il importe de suivre à la lettre les indications du fabricant relatives au nettoyage.

Afin de prévenir la calcination des aliments, nettoyez au préalable les surfaces du four qui ne seront pas exposées à la chaleur extrême au cours du cycle de nettoyage, c'est-à-dire le cadre de la porte et le pourtour de celle-ci, sur le rebord extérieur du joint d'étanchéité. (Mise en garde: Ne nettoyez jamais le joint d'étanchéité avec quoi que ce soit. L'eau pourrait y provoquer la corrosion et le joint ne serait alors plus étanche.) Employez de l'eau chaude et du détergent liquide pour la vaisselle ou alors faites une pâte avec du bicarbonate de soude et un peu d'eau pour nettoyer les endroits plus incrustés. Rincez abondamment à l'eau fraîche allongée d'un peu de vinaigre afin d'éliminer tout résidu de savon. Nettoyez de nouveau ces surfaces après que vous aurez activé le cycle autonettoyant.

Afin d'éviter les éraflures ou la décoloration des parois du four, nettoyez les renversements d'aliments à forte teneur acide, par exemple la sauce tomate, les fruits ou les produits laitiers. L'émail couvrant la porcelaine à l'intérieur du four résiste à l'acide mais n'est pas à son épreuve.

Retirez les clayettes et la plaque du four avant d'activer la fonction autonettoyante. Lavez-les à la main, en les faisant d'abord tremper dans de l'eau savonneuse et en les récurant à l'aide d'un tampon de plastique. Ajoutez quelques gouttes d'ammoniaque à l'eau de trempage de sorte que les aliments s'en détachent lorsque vous les récurerez.

Lorsque le cycle est terminé, essuyez de nouveau les parois du four à l'aide d'un chiffon humide pour y enlever les parcelles de cendres.

Mise en garde: N'employez jamais un décape-four chimique dans un four autonettoyant. Le moindre résidu, sous haute chaleur, risquerait de se transformer en un composé qui abîmerait l'émail de la porcelaine.

Le four à nettoyage continu

Ce type de four est tapissé d'un intérieur rude et poreux, conçu pour résister aux taches et absorber en partie la graisse. Il a cette particularité que les déversements s'y répandent de telle sorte que les aliments s'y oxydent plus vite sous l'effet de la chaleur. Il faut toutefois savoir que ce type de four ne devient jamais reluisant comme un sou neuf.

Afin de favoriser l'élimination des traces d'aliments et de graisse accumulés, nettoyez à l'occasion les parois du four avec un tampon à récurer en plastique et de l'eau pure.

Lavez les clayettes et la plaque à rôtir à la main, en les mettant d'abord à tremper dans de l'eau savonneuse, puis en les récurant avec un tampon de plastique. Ajoutez un peu d'ammoniaque à l'eau de trempage afin que les aliments incrustés s'en détachent mieux. Ce type de four élimine difficilement les déversements de sucre. Il est préférable d'user de précautions lorsqu'on y fait cuire des tartes pour éviter que la garniture ne déborde.

En présence d'un déversement important, vous pouvez sceller la surface et empêcher ainsi le procédé d'oxydation. Alors que le four est encore légèrement chaud et la matière renversée encore malléable, épongez-la à l'aide d'essuie-tout ou d'une éponge. Ne récurez pas la paroi car les particules d'aliments risqueraient d'en obstruer les pores.

Lorsque le four a refroidi, pulvérisez un nettoyant tous usages tel que Fantastik. Frottez de sorte qu'il pénètre les pores de la paroi avec une brosse de nylon ou un tampon de mailles de nylon. Laissez agir le nettoyant pendant 15 à 30 minutes, puis récurez la saleté amollie avec la brosse ou le tampon. Rincez abondamment avec une éponge imbibée d'eau claire, en prenant garde que l'eau n'infiltre pas les éléments chauffants ou les becs de gaz.

Conseils pour épargner du temps: Les clayettes sont-elles vraiment sales? Enfermez-les dans un sac à ordure résistant, versez-y 125 ml d'ammoniaque et nouez-le sac. Laissez agir l'ammoniaque jusqu'au lendemain. Lorsque vous ouvrirez le sac, prenez garde aux vapeurs d'ammoniaque et attendez quelques minutes avant de vous saisir des clayettes. Rincez-les ensuite, soit avec le boyau d'arrosage dans le jardin, soit sous l'eau du robinet.

Nota bene: L'ammoniaque peut décolorer les clayettes qui ont une forte teneur en nickel. Renseignez-vous auprès du fabricant pour savoir ce qu'il en est. Dans l'incertitude, faites un essai préalable en un endroit peu apparent de la clayette.

Mise en garde: Ne pulvérisez jamais de nettoyant tous usages sur la paroi d'un four chaud. Rincez à perfection après coup. Sous l'effet de la chaleur, les traces de nettoyant cuisent et laissent des marques crayeuses qui disparaissent difficilement par la suite.

N'employez jamais un décape-four ou un récurant en poudre pour nettoyer un four à nettoyage continu. Ils en obstrueraient les pores. De même, n'employez jamais de tampon métallique ou d'abrasif qui érafleraient l'enduit de la paroi.

Fours à micro-ondes

Le nettoyage d'un four à micro-ondes se fait le temps de dire zap, surtout si l'on y procède régulièrement.

Technique: Épongez les déversements au fur et à mesure, en particulier s'ils touchent le pourtour de la porte. Pour déloger des aliments cuits, emplissez d'eau la moitié d'un bol et faites-la bouillir pendant deux ou trois minutes à puissance maximale. Épongez les traces d'aliments que la vapeur a détachés.

Afin de supprimer les odeurs, nettoyez la paroi intérieure à l'aide d'une solution composée d'une cuillerée à soupe de bicarbonate de soude et de 250 ml d'eau chaude; rincez et asséchez. N'employez aucun abrasif ni tampon à récurer.

Fours miniatures

La majorité des fours miniaures (ou mini-fours) sont munis d'une pellicule à nettoyage continu qui garde l'intérieur propre même si les autres composantes du four requièrent un nettoyage routinier pour enlever miettes, empreintes graisseuses et éclaboussures de nourriture.

Technique: Videz la corbeille à miettes régulièrement. Cela prévient les risques d'incendie. De plus, essuyez toutes éclaboussures de nourriture à l'aide d'un chiffon humide. Les résidus grossiers laissés derrière peuvent être enlevés à l'aide d'une brosse de nylon. Le rayon métallique et la corbeille du four peuvent aussi être nettoyés à l'eau chaude savonneuse et à la brosse de nylon, nous dit Joanne Nosiglia, responsable des produits pour la cuisine chez Black and Decker Household Products à Shelton, dans le Connecticut. Nettoyez la porte de verre à l'aide d'un tampon de nylon et d'eau savonneuse. N'utilisez pas de lave-vitre à vaporiser. Les extérieurs chromés et les plastiques doivent être nettoyés à l'aide d'une éponge humide ou d'un chiffon. Pour les taches récalcitrantes, vous pouvez utiliser du bicarbonate de soude. Cependant, évitez l'usage de produits abrasifs qui ne feront qu'égratigner le fini. Évidemment, il est important de bien assécher chaque composante avant l'usage.

Conseils pour épargner du temps: Vous épargnerez beaucoup de temps en essuyant les dégâts, éclaboussures et autres méfaits dès qu'ils ont lieu et en ramassant les miettes après chaque usage. En effet, une goutte de fromage fondu essuyée facilement quelques secondes après l'incident peut se transformer, après quelques utilisations, en un fossile indécroûtable dont l'adhérence peut se comparer à celle de la super-colle.

Épargnez temps et énergie en rangeant le rayon métallique, la porte vitrée et la gouttière au lave-vaisselle.

Mise en garde: Assurez-vous que votre mini-four soit débranché et qu'il soit refroidi avant de le nettoyer. Évitez de laisser de l'eau ou des produits nettoyants s'égoutter à l'intérieur. N'utilisez d'ustensile en aucun cas. Cela pourrait endommager les éléments ou le thermomètre.

Foyers

En raison de la nature même d'un foyer, de ce qui survient en son âtre et des qualités poreuses de la brique, il faut faire preuve de réalisme quant au degré de propreté de la chose. «Certaines gens s'attendent à ce que leurs foyers reluisent comme un sou neuf. Or, il s'agit d'une attente irréaliste», dit Ashley Eldridge, directrice de l'éducation pour le compte du Chimney Safety Institute of America et directrice technique de la National Chimney Sweep Guild, deux organismes établis à Gaithersburg dans le Maryland. Il s'agit avant tout d'assurer un bon rendement à votre foyer et, pour cela, il faut en vider les cendres de façon assidue.

Technique: Il est temps d'enlever les cendres d'un foyer lorsqu'elles atteignent les chenets. Mais, pour assurer un rendement maximal, laissez-en une mince couche au fond de l'âtre. Les cendres isoleront le sol, le feu retiendra mieux sa chaleur et les charbons se consumeront plus longtemps. Quand le moment est venu d'enlever les cendres, patientez au moins deux heures après la fin d'un feu pour que les charbons aient refroidi. Retirez l'écran de cheminée, les chenets et la grille de foyer. À l'aide d'un balai et d'une pelle, enlevez les cendres et déposez-les dans un seau de métal, de préférence doté d'un couvercle pour empêcher qu'elles ne s'envolent. Sans plus attendre, allez vider le seau à l'extérieur loin de la maison, dans une poubelle de métal dotée d'un couvercle. Si le foyer comporte un cendrier, ouvrez-le et balayez-y les cendres, puis videz ce dernier par la porte généralement située à la cave ou à l'extérieur de la maison. Ne nettoyez jamais les cendres à l'aide d'un aspirateur. La plupart des modèles domestiques ne filtrent pas les fines particules de cendres. Elles seront aspirées puis rejetées dans l'air ambiant.

Une fois l'an, procédez à un nettoyage rigoureux de votre foyer. Cela pourrait se faire dans le cadre du grand ménage du printemps, lorsque la froide saison est terminée. Nettoyez votre foyer en premier lieu, de sorte que les saletés que vous remuerez ne viennent pas maculer une pièce déjà impeccable. Enlevez d'abord toutes les cendres. Récurez les traces de créosote sur les parois de la chambre de combustion à l'aide d'une brosse métallique que vous vous serez procurée chez un marchand d'accessoires de foyer. Pour laver la brique, préparez une solution nettoyante à partir de 125 ml de savon liquide pour la vaisselle dans quatre litres d'eau tiède. Mouillez la surface à l'aide d'une éponge ou d'un chiffon et frottez-la avec la brosse de fibres drues. (Lorsque vous manipulez la brosse de métal ou de fibres, portez des lunettes de protection.) Rincez la surface à l'aide d'une éponge ou d'un chiffon imprégné d'eau fraîche.

Afin de nettoyer les portes de verre d'un poêle à combustion lente, employez un nettoyant pour le verre du commerce, du genre Windex, ou un produit maison tel qu'une giclée de détergent pour la vaisselle ou 250 ml de vinaigre dans un seau d'eau chaude. Attendez que le verre ait refroidi avant de le laver. Pulvérisez le nettoyant ou employez une éponge et frottez le verre avec du papier journal qui ne laissera pas de peluches. Raclez les accumulations de suie à l'aide d'une lame à rasoir. Un vieux truc pour nettoyer la cheminée: prenez un chiffon humide et trempez-le dans les cendres molles qui reposent en surface; frottez-en la suie sur les parois de verre en un mouvement circulaire. «Cela polit le verre comme une pâte de diamantaire», explique Mme Eldridge. Nettoyez ensuite la paroi à l'aide d'essuie-tout.

Vous nettoierez les accessoires de foyer, les chenets, le tisonnier et la pelle avec la même solution nettoyante faite d'eau et de savon à vaisselle. Lavez-les et asséchez-les à l'aide d'une serviette. Enlevez la rouille et la suie des accessoires de fer ou d'inox à l'aide d'un tampon métallique très fin (n° 000); puis polissez-les à l'aide cette fois d'un tampon métallique extra-fin (n° 0000). Si les accessoires sont en laiton, employez une pâte nettoyante pour le laiton et un chiffon infeutrable.

Au moins une fois l'an, demandez à un ramoneur d'inspecter votre cheminée. Il saura déterminer s'il faut la ramoner, en fonction de l'épaisseur de l'accumulation de créosote contre le conduit. Il s'agit d'une mesure de précaution contre l'accumulation de créosote et de résines gommeuses qui pourraient déclencher un incendie de cheminée.

En moins de deux: Ne croyez pas que vous pourrez faire disparaître la noircissure des parois de brique à l'intérieur de l'âtre. «Parfois il vaut mieux nettoyer l'intérieur de l'âtre et le peindre en noir», nous conseille Mme Eldridge. Employez une peinture qui supporte les températures élevées (au moins de 590 °C) et laissez le registre de la cheminée ouvert pour assurer une bonne aération pendant que vous peignez.

Mise en garde: Portez un masque de chirurgien pour filtrer la poussière lorsque vous retirez les cendres du foyer. Soyez extrêmement prudent lorsque vous balayez les cendres et méfiez-vous des charbons chauds. Attendez au moins deux heures après le dernier feu avant de nettoyer l'âtre. Ne versez les cendres que dans un contenant de métal.

Fumée

ACTION D'URGENCE

Si un incendie se déclare chez vous, ou si vous ignorez quelle est l'origine de la fumée, faites évacuer tous les occupants et appelez les pompiers sans tarder. S'il n'y a pas d'incendie, ouvrez aussitôt les portes et fenêtres pour aérer la maison. Cela atténuera grandement l'odeur et la fumée résiduelle et vous occasionnera moins de nettoyage par la suite.

Quand le feu est éteint et que la fumée s'est dissipée, la saleté qui reste est dite fumée résiduelle. Si la saleté et les dégâts sont circonscrits là où le feu a éclaté, la fumée résiduelle imprègne toute la maison et exige le nettoyage des vêtements, des tentures, de la moquette et des tapis et des meubles rembourrés avant que l'odeur ne soit éliminée. Selon ce qui a brûlé, le résidu peut prendre la forme de particules sèches, de flocons gras ou de liquides gluants. Les incendies à base protéique, provoqués par exemple par un rôti oublié dans le four, laissent un résidu translucide, jaunâtre ou rosé, caractérisé par son odeur particulièrement nauséabonde.

On confond souvent, à tort, le problème que pose la fumée et celui posé par la suie. La première est toutefois plus difficile à nettoyer parce qu'elle est issue de la chaleur, explique Martin L. King, expert-conseil en restauration qui pratique à Arlington en Virginie. La fumée imprègne les fibres et envahit les espaces clos. À moins qu'il ne s'agisse que d'un nettoyage mineur, il est préférable de confier ce travail à des professionnels de la restauration après sinistre. Même la fumée échappée d'une cheminée qui fuit peut causer suffisamment de dégâts pour nécessiter l'intervention de spécialistes.

La lessive

Secouez les articles salis pour en déloger les particules de suie. Pulvérisez un produit prélavage sur les taches ou faites-les tremper. Lavez les articles avec du détergent dans l'eau la plus chaude qu'ils puissent supporter sans danger. Versez 125 ml de bicarbonate de soude afin de déloger les résidus graisseux.

> **Les travaux d'Hercule**
>
> **Ainsi coulent les jours!**
>
> Le nombre d'heures que consacrent en moyenne chaque semaine aux travaux domestiques deux conjoints qui ont un emploi: 23 heures.

Conseils pour épargner du temps: Employez du ruban cache ou de l'adhésif pour enlever les taches superficielles ou les résidus des étoffes.

Mise en garde: Ne confiez pas vos vêtements enfumés à votre teinturier habituel. Un nettoyage insuffisant pourrait incruster les taches et odeurs de façon permanente. Trouvez un teinturier spécialisé et portez-lui d'abord un ou deux vêtements et voyez ce qu'il en résulte.

Tissus de recouvrement, tapis et moquettes

Les tissus de recouvrement et les tapis peuvent être shampouinés avec une poudre nettoyante telle que Host ou Capture (en vente dans les centres de rénovation). Les odeurs et la fumée résiduelle inaccessibles, par exemple celles qui sont retenues dans le sous-tapis ou la bourre des fauteuils, risquent de perdurer. L'aération ne nuira certes pas mais la solution tient souvent à les faire nettoyer et désodoriser par des professionnels.

Mise en garde: Évitez de prendre place dans les meubles rembourrés tant qu'ils n'ont pas été nettoyés ou restaurés. Vous asseoir dans ces fauteuils ferait s'incruster davantage la fumée résiduelle au cœur des fibres. La toxicité du résidu est également une cause d'inquiétude, si les enfants ou les animaux de compagnie venaient à en ingérer.

Gants de base-ball

Le base-ball est une sale affaire, si on y joue bien. «Un gant de base-ball se salira vite», dit Carrie Fischer, responsable des communications de la Wilson Sporting Goods Company à Chicago. «Telle est la nature du jeu.» Après une partie de voltige dans le champ gauche, il faut nettoyer le gant de la poussière et de la boue, et lui conserver sa souplesse.

Technique: Brossez votre gant à l'aide d'une brosse à chaussures aux soies drues pour y déloger la saleté. S'il est boueux, laissez la boue sécher. Il sera plus facile de la nettoyer quand elle sera sèche. N'employez pas d'eau pour nettoyer un gant de base-ball.

Si le gant est mouillé, laissez-le sécher à l'air libre. Ne le posez pas près d'un radiateur, d'un calorifère ou d'une source de chaleur qui pourrait raidir et craqueler le cuir. «Certains prétendent qu'on doit faire sécher un gant humide dans un four à micro-ondes, dit Mme Fischer. Nous le déconseillons.»

Afin de détacher le cuir, employez un cosmétique pour le cuir que l'on trouve chez les marchands de chaussures et les cordonniers. Observez les recommandations du fabricant relatives à l'emploi du produit.

Conseils pour épargner du temps: «Le meilleur moyen de briser un gant neuf, c'est de l'assouplir en le portant souvent, dit encore Mme Fischer. Si vous n'avez pas le temps, nous recommandons d'y mettre de la lanoline.» Frottez le cuir avec de la crème à raser contenant de la lanoline, puis modelez la paume en y frappant du poing ou en tenant une balle dans le panier.

Gants (d'étoffe, de cuir et de caoutchouc)

Le nettoyage des gants n'est pas toujours chose aisée. «Il ne s'agit pas seulement d'une grande surface plate», explique Jay Ruckel, responsable de la production chez LaCrasia Gloves, un fabricant de gants établi à New York. «Le nettoyage ne consiste pas à simplement enlever la saleté extérieure, mais également à déloger les huiles et saletés organiques qui se logent à l'intérieur.» Sans compter que souvent les gants sont en cuir, matière délicate et difficile à nettoyer s'il en est, et vous voilà avec un beau défi sur les mains, si l'on peut s'exprimer ainsi.

Technique: Commençons par les gants lavables, ceux fabriqués en fibres naturelles ou synthétiques, en caoutchouc et en cuir que l'on peut laver. Souvent les gants de travail, de jardinage, de golf et de conduite automobile sont lavables. Lisez les directives concernant l'entretien sur leurs étiquettes pour savoir ce qu'il en est.

Un lavage de gants est d'autant plus efficace si on les enfile. Il est ainsi plus facile d'aplanir les aspérités et les coutures et de nettoyer

UNE RÉPUTATION SANS TACHE

Épinglée, la pin-up!

Il est parfois avantageux de faire marcher ses doigts... jusqu'à la ville voisine! Jay Ruckel, responsable de la production chez *LaCrasia Gloves*, un fabricant de gants de New York, nous raconte une histoire de nettoyage de gants ayant une fin heureuse.

«Au début des années 1980, Joan Collins nous a emprunté une paire de gants pour faire la couverture de *Vanity Fair*. Ces gants chers coûtaient 650 $ au prix de gros. Ils sont revenus cernés de fond de teint terracotta.

«Je savais qu'il se trouvait à Gloversville, dans l'État de New York, une centaine de fabricants de gants. J'ai téléphoné à plusieurs pour savoir s'il existait un bon teinturier dans cette ville.

«J'ai envoyé les gants à la teinturerie Robison et Smith. Ils ont nettoyé les gants et me les ont retournés accompagnés d'un mot qui disait: "Au cours du nettoyage, nous nous sommes rendu compte que les revers de renard étaient cousus de travers. Nous nous sommes permis de les découdre et de les remettre en place correctement. Vous trouverez joint à la note du nettoyage, les frais pour découdre et recoudre les revers, plus les frais de livraison, ce qui porte le total à 9,75 $." Depuis ce temps, je conseille à tous de déserter les teinturiers de New York et de porter leurs gants à nettoyer à Gloversville.»

entre les doigts. Lavez-les dans un détergent doux — une ou deux giclées de détergent pour la vaisselle dans un évier rempli d'eau plus tiède que fraîche. Ensuite, enlevez-les et rincez-les à l'eau propre. Videz l'évier et emplissez-le à nouveau. Répétez cette opération jusqu'à ce que l'eau de rinçage ne contienne plus de traces de savon.

Afin d'en essorer l'eau, roulez les gants dans une serviette de ratine propre. Déroulez-les, soufflez à l'intérieur comme vous le feriez d'un ballon pour leur redonner forme, et laissez-les sécher à plat. Ne les tordez pas et ne les essorez pas. Ne les posez jamais sur un radiateur ou près d'une source de chaleur pour les faire sécher. S'il faut leur donner un coup de fer à repasser, insérez les gants entre les plis d'une serviette propre.

On trouve des gants fabriqués dans du cuir ou du suède lavable. Il y a peu de choses que l'on puisse faire pour nettoyer du cuir. Faites l'essai d'un nettoyant pour le cuir tel que Lexol pH, en vente dans les cordonneries. Si vous renversez quelque chose qui risque de tacher vos gants, commencez par éponger cette substance avec une serviette blanche propre. S'il s'agit d'une tache graisseuse, posez le gant à plat,

Mettez vos gants à l'ombre!

«Le soin et le rangement importent autant que le nettoyage des gants», précise Jay Ruckel, responsable de la production chez *LaCrasia Gloves*, un fabricant de gants de New York. Il est primordial de les protéger contre la lumière directe.

«Il y a ici une paire de gants fuchsia qui sont décolorés parce qu'ils ont passé six mois sous une lampe fluorescente. Le dessus des gants est d'un blanc cassé et la paume est encore fuchsia. Je les garde afin d'offrir un exemple de l'effet de la lumière aux clientes.

«Nous pensons que seule la lumière solaire décolore le cuir, mais la lumière artificielle fait de même. Autrefois, on vendait les gants dans des boîtes et dans des enveloppes de lin ou de soie. On trouvait dans les coiffeuses du siècle dernier de petits tiroirs réservés aux gants, de chaque côté de la glace.

«Vous devez protéger vos gants de la lumière parce qu'il est difficile de réparer la décoloration. Mais ne les rangez pas dans du plastique. Le cuir est perméable à l'air et le plastique empêche l'air de circuler.»

saupoudrez de la fécule de maïs sur la tache et laissez agir pendant une nuit. La fécule pourrait absorber une part de gras. Une autre méthode consiste à poser un essuie-tout blanc sur la tache de gras et d'y passer un coup de fer chaud, réglé à la chaleur minimale prévue pour le coton. Remplacez l'essuie-tout à plusieurs reprises jusqu'à ce qu'il n'y ait plus trace de gras.

Afin de déloger une tache sur du suède, épongez le surplus et laissez sécher pendant quelques jours. Essayez de remuer les poils en frottant délicatement à l'aide d'une brosse souple ou d'une éponge sèche. En ravivant les poils, vous pourriez faire disparaître la tache.

Si le cuir est décoloré, procurez-vous chez le cordonnier un aérosol pour le cuir appelé Nu-Life Color Spray que l'on propose en une palette de couleurs variées. Choisissez celle qui approche le plus la couleur d'origine de vos gants et suivez les indications du fabricant. Travaillez dans un lieu bien aéré et lisez attentivement les précautions d'usage. Afin de dissimuler les taches ou la décoloration sur des gants de suède, procurez-vous une craie de couleur approchant celle de vos gants et frottez-la délicatement sur la peau.

En présence de taches tenaces, confiez vos gants à un teinturier spécialisé dans les articles de cuir. Sachez à qui vous avez affaire. Très souvent, les teintureries ne sont que des points de chute et le travail est confié à des sous-traitants. Assurez-vous que votre teinturier s'y connaît ou qu'il enverra vos gants chez un spécialiste du cuir.

En moins de deux: Si vos gants de cuir ou de suède sont fripés, étirez-les sur vos genoux. Tirez bien sur les doigts, ramenez-les à leur longueur originale et frottez-les de la paume de votre main. «La chaleur de votre main aura presque l'effet d'un fer à repasser tiède», dit M. Ruckel.

Mise en garde: Éprouvez toujours une méthode ou un produit de nettoyage en un endroit peu apparent avant de nettoyer tout un gant.

Gaufriers

Vous adorez les gaufres belges mais l'idée de nettoyer le gaufrier vous rebute à tel point que vous vous privez de ce délice? Fini le régime! Sortez le sirop d'érable! Tout ce dont votre gaufrier a besoin c'est de quelques ingrédients essentiels qui rendront son récurage facile et agréable. En un tournemain, tout sera propre et bien rangé car les gaufriers bien apprêtés ont une surface non adhésive qui se nettoie en quelques secondes.

Technique: Après avoir cuit vos gaufres, enlevez toutes les miettes en brossant les grilles à l'aide d'une petite brosse de plastique aux soies souples, tant qu'elles sont encore chaudes. Ne lavez pas les grilles. Ne les mouillez pas non plus. Autrement, elles devront être apprêtées de nouveau. Laissez les fers refroidir. Enlevez, avant qu'elles ne sèchent, toutes les traces d'éclaboussure à l'aide d'une éponge humide ou d'un nettoyant tous usages.

Conseils pour épargner du temps: Un gaufrier bien apprêté fait toute la différence et nous assure d'un nettoyage rapide plus tard. De fait, tout gaufrier devrait être apprêté ainsi avant d'être utilisé pour la première fois, et de façon périodique lorsque vous vous apercevez que les gaufres commencent à coller dans les milliers de petits trous. Comment faire? Vous brossez un corps gras quelconque (pourvu qu'il soit non salé) ou de l'huile à friture sur les grilles et chauffez le gaufrier jusqu'à ce que la graisse commence à fumer. Puis, faites-y cuire une gaufre en suivant les directives du manufacturier en ce qui concerne le temps et la température de cuisson, pour absorber l'excès de gras. (Généralement, la gaufre est cuite lorsqu'il n'y a plus de fumée.) Jetez cette gaufre. Voilà, votre gaufrier est maintenant prêt à recevoir vos délices! Les grilles doivent normalement être entretenues et apprêtées de nouveau si elles entrent en contact avec de l'eau savonneuse.

En moins de deux: Si vous n'avez pas de brosse souple pour enlever les miettes, essuyez les fers lorsqu'ils sont tièdes, à l'aide d'un essuie-tout ou d'un linge à vaisselle.

Mise en garde: Ne nettoyez jamais un gaufrier avant de le débrancher. Vous pourriez vous brûler ou recevoir une décharge électrique.

Glacières et cruches

Les taches et les moisissures sont les pires ennemies des glacières. Étant donné qu'elles contiennent des aliments et des boissons, il importe de savoir comment leur livrer combat.

Technique: Afin de nettoyer l'extérieur d'une glacière ou d'une cruche en plastique ou en un matériau composite, mélangez une faible concentration d'un nettoyant domestique exempt de javellisant (par exemple, Spic and Span) à de l'eau chaude, à raison de 125 ml de nettoyant pour quatre litres d'eau. Utilisez un chiffon propre et doux ou une éponge trempée dans ce mélange et frottez bien l'extérieur. Un nettoyant plus puissant ou un abrasif pourrait entraîner la décoloration du plastique.

L'intérieur de la glacière exige une autre méthode. «Ne nettoyez jamais l'intérieur de la glacière ou d'une cruche avec un produit que vous n'avaleriez pas», nous prévient Sandy Hobbs, représentante du Service clientèle chez Coleman, à Wichita dans le Kansas.

Rien ne vaut le bicarbonate de soude pour nettoyer l'intérieur d'une glacière, d'une carafe ou d'une cruche. Saupoudrez généreusement du bicarbonate de soude sur un chiffon ou une éponge mouillée, voire directement sur la surface à nettoyer, puis faites appel à l'huile de coude! Pour déloger une tache, délayez le bicarbonate de soude avec juste assez d'eau pour former une pâte. Étendez cette pâte sur la surface tachée et laissez agir pendant 30 minutes. Frottez-la ensuite à l'aide d'un chiffon ou d'une éponge. Vos chances de faire disparaître une tache sont meilleures si vous agissez sans tarder. Il est impossible de désincruster certains types de taches lorsqu'on tarde trop. «Rien n'enlèvera une éclaboussure de jus de raisins si vous la laissez s'imprégner», prévient Mme Hobbs.

Afin de supprimer une odeur persistante, mélangez une cuillerée à thé d'extrait de vanille à un litre d'eau et épongez-en l'intérieur du contenant à l'aide d'un chiffon ou d'une éponge.

Conseils pour épargner du temps: Vous vous épargnerez beaucoup de travail à la longue si vous prévenez l'apparition de moisissure et si vous épongez sur-le-champ les déversements et les taches. Lorsque vous avez terminé avec la glacière ou la cruche, ne la remettez pas dans le cagibi en refermant son couvercle. Lavez-la immédiatement et asséchez-en l'intérieur à l'aide d'une serviette. Puis laissez-la ouverte pendant deux jours, après quoi vous pourrez poser le couvercle et la ranger au cagibi.

Mise en garde: Évitez d'employer un nettoyant ou un abrasif surpuissant sur la surface extérieure. N'employez ni produit chimique, ni javellisant à l'intérieur. N'employez jamais de produit chimique contre la moisissure. Souvenez-vous de la règle d'or: ne versez rien dans la glacière ou la carafe que vous ne voudriez vous-même avaler!

Gomme à mâcher

Nous n'avons rien contre la gomme à mâcher, pour autant qu'elle reste à sa place, c'est-à-dire dans la bouche! Mais, dès qu'on la crache, elle a la vilaine habitude de s'engluer et de s'accrocher à vos baskets! Voici comment faire pour la déloger de la plupart des textiles et notamment des moquettes et tapis aux fibres lâches.

Technique: Réchauffez la gomme à l'aide d'un sèche-cheveux réglé à la chaleur maximale pendant 30 à 90 secondes, en évitant d'approcher à plus de 15 cm des fibres synthétiques qui risquent de fondre à haute chaleur. Retirez le plus de gomme amollie que vous pouvez à l'aide d'une pellicule plastique ou d'une cellophane. La gomme collera au plastique et non pas à vos doigts. Réchauffez de nouveau ce qui reste de gomme et répétez l'opération pour en enlever le plus possible. Ensuite, enduisez les fibres encore gommées d'un baume médicamenteux pour les douleurs musculaires tel que Ben-Gay.

«L'action cumulée de la chaleur et de la viscosité du baume brise le liant entre la gomme et les fibres», explique Claudia Ramirez, ancienne vice-présidente administrative de l'Association of Specialists in Cleaning and Restoration à Annapolis Junction dans le Maryland.

À nouveau, réchauffez le reste de gomme pendant 30 à 90 secondes et décollez-le à l'aide d'un plastique. Ensuite, épongez les fibres avec une solution faite d'une cuillerée à thé de détergent liquide pour la vaisselle diluée dans 250 ml d'eau chaude. Épongez à l'aide d'une serviette blanche et propre; épongez de nouveau, à l'eau fraîche cette fois, puis épongez encore, à l'aide d'une serviette sèche cette fois. Laissez sécher. Si les fibres sont encore quelque peu engluées, recommencez depuis le début à l'aide du sèche-cheveux et d'une pellicule plastique.

En moins de deux: Il existe un moyen plus rapide, mais moins efficace, d'enlever de la gomme à mâcher agglutinée aux fibres d'une moquette ou sur une étoffe: on la frotte à l'aide d'un glaçon pour la durcir, puis on la brise en éclats lorsqu'elle est devenue friable.

Mise en garde: Avant d'employer un produit nettoyant, éprouvez-le en un endroit peu apparent de la surface à nettoyer.

Goretex

Vous accomplissez probablement mieux votre boulot lorsque vous êtes propre et dispos. Il en va de même du goretex, cette membrane synthétique perméable à l'air et imperméable à l'eau que l'on emploie dans la confection des vêtements de plein air. Un bon entretien de cette membrane améliorera ses deux fonctions.

Technique: Le goretex est lavable en machine. Si le survêtement est également lavable, passez-le au cycle normal en eau chaude avec un détersif standard. Faites sécher à chaleur moyenne jusqu'à ce qu'il soit complètement sec. Si le survêtement est incrusté de cuir ou d'une autre matière qui n'est pas lavable, observez les indications concernant l'entretien sur l'étiquette. Le goretex peut aussi être nettoyé à sec sans risque. Toutefois, si le survêtement est fait de nylon imperméable, des lavages répétés en machine, voire un seul nettoyage à sec, le priveront de son apprêt imperméable qui fait sa caractéristique. Si cela survenait, il faudrait l'imperméabiliser à nouveau à l'aide d'un apprêt en aérosol.

Goudron

ACTION D'URGENCE

Refroidissez à l'aide de glaçons jusqu'à ce que le goudron devienne friable, puis raclez, en prenant garde, à l'aide d'une spatule de plastique. Si vous n'avez pas de glaçons sous la main, alors enlevez doucement de la surface autant de goudron qu'il vous est possible. Rappelez-vous que le goudron fut inventé pour résister à tout. Lorsque vous essayez d'enlever une tache de goudron, il faut toujours garder à l'esprit que vous êtes en train de livrer bataille à un matériau de construction hautement garanti pour son étanchéité et sa force d'adhérence.

Technique: Après avoir gratté autant de goudron que possible de la surface maculée, nettoyez aussitôt les traces qui subsistent. Il existe différentes méthodes. Cependant, avant de commencer, n'oubliez pas de vérifier la solidité des couleurs sur une parcelle de tissu. La Soap and Detergent Association de New York nous recommande de placer les taches fraîches à l'envers sur du papier essuie-tout et d'éponger à l'aide de kérosène blanc. N'oubliez pas de changer souvent d'essuie-tout afin d'absorber le plus de goudron possible. Cela vous évitera de retrouver la tache ailleurs. Appliquez ensuite un antitache et lavez l'article dans l'eau la plus chaude possible, à laquelle vous aurez ajouté votre détergent régulier.

Pour une tache sèche, difficile à enlever, appliquez un peu de vaseline afin de l'amollir, puis épongez à l'aide d'un dissolvant.

Conseils pour épargner du temps: La façon la plus rapide d'enlever du goudron, c'est d'agir promptement, car il est quasiment impossible de faire disparaître les vieilles taches.

En moins de deux: Essayez de l'essence à briquet sans butane afin d'ameublir la tache de goudron. N'oubliez pas de vérifier la solidité de la couleur. Utilisez ce truc dans un endroit bien aéré, loin de toute source de chaleur ou de flammes.

Si vous n'avez pas réussi à enlever la tache, même après plusieurs essais avec le kérosène ou l'essence à briquet, appliquez et continuez d'appliquer de l'antitache à lessive dans le but de garder la tache trempée pendant 20 minutes. Après quoi, rincez à l'eau chaude.

Mise en garde: N'appliquez pas d'eau sur la tache jusqu'à ce que vous ayez enlevé l'excédent de goudron. L'eau a tendance à faire durcir le goudron, ce qui aggravera les choses. Ne lavez pas jusqu'à ce que la tache soit complètement disparue. N'oubliez pas de toujours lire l'étiquette des produits à utiliser afin d'en connaître l'usage correct et les mesures préventives. Les taches de goudron sont parmi les plus difficiles à enlever sans endommager de façon permanente le tissu, nous souligne le président de Cleaning Consultant Services à Seattle, Bill. R Griffin.

Gouttes de cire

Il y a deux méthodes pour enlever les gouttes de cire. La première consiste à laisser refroidir la cire jusqu'à ce que vous puissiez l'enlever à l'aide d'un petit couteau. La seconde serait plutôt de chauffer la cire jusqu'à ce qu'elle fonde suffisamment pour être absorbée. La première technique est la meilleure pour ce qui est des surfaces dures telles que les parquets ou les meubles de bois. La seconde se prête mieux aux tissus tels que les nappes et les canapés. Les chandelles colorées compliquent un peu ces procédés car elles peuvent tacher de façon permanente. «Très souvent, les teintures utilisées dans les chandelles peuvent pénétrer dans les fibres et tacher le tissu», explique Elizabeth Barbarelli, présidente de Laundry at Linens, une entreprise de blanchisserie par correspondance de Milwaukee.

Technique: Grattez autant de cire que possible à l'aide d'une spatule de cuisine. Ceci devrait enlever presque toute la cire. Pour nettoyer ce qui reste, frottez à l'aide d'un chiffon trempé dans une essence minérale.

Faites attention en enlevant la cire durcie, nous dit Mme Barbarelli, car l'enlever en tirant dessus ou en la grattant peut endommager le tissu. Remplacez ces techniques par la suivante, surtout en ce qui concerne la cire blanche. Placez sur la cire plusieurs feuilles d'essuie-tout (au-dessous également, si la cire est sur une nappe) et repassez les feuilles de papier avec un fer chauffé à faible densité. Continuez de repasser jusqu'à ce que toute la cire ait disparu. N'oubliez pas de changer les essuie-tout au fur et à mesure qu'ils absorbent la cire fondue. Ce qui restera sur la nappe doit être épongé. Imbibez ensuite la tache d'un peu de liquide antitaches et asséchez. Sur les tapis et les meubles vous pouvez essayer un antitache tel que Good Off que vous trouverez au supermarché. Pour ce qui est des articles lavables, le Michigan State University Extension d'East Lansing nous dit qu' il est préférable de les laver dès que possible dans de l'eau très chaude (aussi chaude que le permettent les conseils du manufacturier) avec un bon détergent auquel vous aurez ajouté du javellisant (celui qui n'abîmera pas votre tissu).

La technique du fer à repasser ne fonctionne pas avec de la cire de couleur. Vous devrez dans ce cas avoir recours à un javellisant. Avant d'utiliser le javellisant, assurez-vous que le tissu puisse supporter l'épreuve.

En moins de deux: Du papier carton tout simple, du même acabit que les sacs de papier bruns, peut efficacement remplacer le papier essuie-tout.

Avant de laver, épongez les taches à l'aide d'un peu d'alcool à friction. Cela aidera à les faire disparaître.

Mise en garde: La cire des chandelles rouges est la plus difficile à enlever. Dans ce cas précis, le meilleur conseil est de se tourner vers un professionnel. N'oubliez jamais de lire les directives et la marche à suivre sur les étiquettes de vos produits. Il en va de votre sécurité.

Gouttières et tuyaux de descente

Comment savoir si les gouttières doivent être nettoyées? Voyez si le rebord se décolore, nous dit Bob Hanbury, rénovateur et ancien présentateur de House Calls, une émission radio portant sur la rénovation domiciliaire diffusée depuis Newington dans le Connecticut. «Cela signifie qu'elle est obstruée et que l'eau s'en déverse sur les côtés.» Hélas! cela signifie également qu'un sale boulot vous attend! Naturellement, un entretien régulier préviendra un tel engorgement. Jouez donc les chats de gouttière de temps en temps.

Technique: Nettoyez les gouttières au moins deux fois l'an, la première au printemps et la seconde à l'automne. «Au printemps, vous y trouverez des pétales de fleurs et du pollen qui chutent des arbres et, à l'automne, des feuilles mortes», dit M. Hansbury. Vous devrez peut-être les nettoyer à intervalles plus rapprochés, si votre résidence est entourée d'un boisé ou d'un nombre imposant d'arbres.

Grimpez à une échelle et inspectez la gouttière. Si elle est obstruée, le meilleur moyen de la désengorger consiste à y plonger la main et à en ramener les branches et les feuilles mortes coincées à l'intérieur. Portez des gants de travail afin de protéger vos mains. Lorsque les saletés ont été retirées, faites circuler de l'eau dans les conduits à l'aide du boyau d'arrosage.

Pulsez de l'eau dans les tuyaux de descente pour y déloger les rebuts qui les encombreraient. Si un tuyau est obstrué, fixez une vessie au boyau d'arrosage et descendez-la à l'intérieur du tuyau. À mesure qu'elle s'emplit d'eau, la vessie prend de l'expansion, puis elle finit par s'ouvrir pour déverser toute l'eau qu'elle contient. La pression ainsi exercée désobstrue l'intérieur de la canalisation. Si cette méthode n'apporte aucun résultat, que le tuyau reste engorgé, il faudra peut-être le démonter et y dégager les rebuts au sol. Sinon, faites venir un plombier. Il se servira de sa tige à déboucher les canalisations.

Conseils pour épargner du temps: Songez à installer des capuchons de gouttière qui préviennent l'accumulation de saletés. «Sauf que des capuchons de piètre qualité ou mal installés risquent d'accélérer l'engorgement», prévient M. Hanbury. En peu de temps, les feuilles couvriront une résille posée à plat sur une gouttière. Usez de sens commun.

Mise en garde: Prenez garde lorsque vous montez pour atteindre les gouttières. Sachez vous servir d'une échelle. Stabilisez-la au sol. Attachez-la à la gouttière, de sorte que vous ne tombiez pas à la renverse et que le vent n'emporte pas l'échelle. Si le toit est pentu, n'y montez pas pour vider la gouttière.

Graffitis

À moins que vous ne souhaitiez que les mots se gravent dans les esprits, effacez les graffitis sans tarder. Ainsi, non seulement la peinture ne pourra pénétrer en profondeur dans les briques poreuses, mais vous découragerez les vandales armés d'une bombe aérosol. «Ils n'ont pas le temps d'admirer leur travail», affirme Frances Quill, responsable des produits chimiques et de l'apparence des voitures pour la New York Transit Authority, chargée du métro de New York où pullulent les graffitis. «Un mur sur lequel sont peints de graffitis attire d'autres graffiteurs.»

Technique: Étant donné que la plupart des graffitis sont peints à la bombe aérosol, le solution consiste généralement à employer un dissolvant à peinture ou un solvant chimique. Ces produits délogent également l'encre des feutres, le rouge à lèvres, etc. Si vous faites appel à du chlorure de méthylène, un solvant puissant mais commun, brossez-le sur la surface, patientez deux minutes et rincez à l'eau courante tout en brossant. Soucieuse de la possibilité que le chlorure de méthylène soit cancérigène, Mme Quill lui préfère les pâtes alcalines (par exemple, Pell-Away 1) contenant un caustique tel que l'hydroxyde de potassium ou de sodium. On trouve ces produits dans les quincailleries et chez les marchands de papier mural. Quoique Mme Quill nous conseille de respecter les indications du fabricant, voici comment utiliser ces produits. Gommez le graffiti à l'aide de la pâte alcaline et laissez-la agir pendant cinq à dix minutes, jusqu'à ce qu'elle forme des bulles; essuyez-la ou raclez-la, puis rincez la surface à l'eau et posez un neutralisant, par exemple Peel-Away Neutralizer, que l'on vend séparément. Répétez l'opération à deux ou trois reprises, si la première application n'efface pas tout à fait le graffiti.

Il existe deux autres méthodes pour faire disparaître les graffitis, le ponçage au jet d'eau et au jet de sable, qui donnent de meilleurs résultats sur la brique, la pierre et le béton que sur le bois. Seules les sableuses au jet le plus fin agissent sur les surfaces métalliques sans les abîmer. On peut louer des sableuses à jet d'eau dans certaines quincailleries. En ce qui concerne le ponçage au jet de sable, il faut confier le travail à un professionnel.

Quelle que soit la méthode que vous choisirez pour effacer les graffitis, éprouvez-la d'abord en un endroit discret, car elle risque de modifier l'apparence de la surface en question.

Conseils pour épargner du temps: Si vous appréhendez l'apparition de graffitis sur une surface quelconque, enduisez-la d'un scellant ou d'un apprêt anti-graffitis tel que Graffiti Barrier, en vente chez les marchands de peinture et de papier peint. À titre de mesure préventive, cela vous épargnera la corvée d'un éventuel nettoyage, surtout s'il s'agit d'une surface poreuse telle que la brique ou le béton, ou une surface peinte que peut abîmer un dissolvant chimique. Parmi les meilleurs apprêts du genre, on retrouve les uréthanes aliphatiques qui ne jaunissent pas et qui résistent à l'abrasion et aux dissolvants à peinture. Il existe d'autres enduits, les acryliques et les époxydes, mais les premiers se dissolvent au contact d'un solvant à peinture, tandis que les époxydes finissent par jaunir et se décolorer.

En moins de deux: Si vous avez de la peinture assortie, couvrir les graffitis de peinture est généralement la solution la moins chère et la plus facile de contrer le problème», avoue Mme Quill.

Mise en garde: Portez toujours des gants de caoutchouc et une chemise à manches longues lorsque vous utilisez les dissolvants chimiques. Si vous utilisez une brosse, une sableuse ou un appareil à vapeur pressurisée, portez des lunettes de protection. Lisez attentivement

HISTOIRE DE PROPRETÉ

Cris et chuchotements en aérosol

En 1970, un ado américain d'origine grecque a pulvérisé son sobriquet et son adresse de rue — Taki 183 — sur des centaines de wagon de métro et de murs de New York. Ce n'était pas là le premier exemple d'art de la rue, mais il fut imité par de nombreux adolescents, et le phénomène a pris des proportions endémiques qui affligent New York depuis.

Afin de combattre les vandales graffiteurs, les autorités new-yorkaises ont adopté plusieurs solutions créatrices. Elles ont fait appel à des solvants tels que Klout et Dirty Word Remover qui n'ont pas apporté de résultat ou qui étaient corrosifs à tel point que le fabricant des wagons menaça d'annuler sa garantie, à moins que l'on en cesse l'usage, selon l'*Encyclopedia of New York City*. On a alors enduit les wagons du métro, les monuments et les installations publiques d'une substance semblable au téflon, appelée Hydron 300, qui se nettoie facilement, mais dont l'utilisation s'est avérée trop onéreuse. On a même voté une loi qui interdisait le port de bombe de peinture en aérosol en public sans permis.

De nos jours, la plupart des wagons du métro de New York sont en acier inoxydable qui résiste aux graffitis. Mais le vandalisme se poursuit, principalement sous forme de tags gravés sur le plexiglas des fenêtres des wagons.

les indications du fabricant concernant le mode d'emploi et les précautions d'usage.

Greniers

Les chances que vous donniez un grand dîner à cet endroit étant minimes, vous n'avez pas à vous éreinter pour que tout y reluise comme un sou neuf. Il faut qu'un grenier fasse un endroit propre et ordonné où remiser vos choses en sûreté. Pour ce faire, on compte deux étapes: le nettoyage et l'organisation. N'oubliez pas qu'un grenier peut représenter plusieurs menaces à la sécurité.

Technique: Si votre grenier n'a pas été dépoussiéré depuis longtemps, la première étape consiste à passer le balai pour déloger les toiles d'araignées et la saleté accumulée. Un balai souple ou une vadrouille à franges courtes est le meilleur instrument pour enlever les toiles d'araignées sur les murs, les chevrons et le plafond. Faites disparaître la poussière et les fils d'araignées qui resteraient sur toutes les surfaces, le sol compris, à l'aide d'un aspirateur et de la buse à épousseter. Souvent le bois à l'intérieur d'un grenier est brut; un degré d'humidité excessif peut l'endommager. Il faut donc s'abstenir de le nettoyer à grande eau. Frottez la crasse et les taches à l'aide d'un chiffon humide. Il est difficile de nettoyer la mousse isolante au-delà d'un simple coup d'aspirateur. Si l'isolant est vraiment poussiéreux ou mal en point, vous pourriez en ajouter une autre épaisseur. L'apparence y gagnera et votre intérieur sera mieux protégé.

Chacun sait combien un grenier peut être étouffant, surtout pendant l'été. Un ventilateur favorisera une meilleure circulation de l'air. Mais assurez-vous que les bouches d'aération sont pourvues de grillage à mailles fines pour empêcher les animaux nuisibles d'y entrer.

En moins de deux: Si votre grenier est lugubre d'aspect, vous pourriez le peindre d'une couleur claire à l'aide d'un pistolet. Louez un pistolet à peinture sans air et pulvérisez les surfaces du grenier de peinture au latex. Ainsi, l'endroit sera plus clair et vous ferez meilleur usage de la lumière qui y filtre.

Mise en garde: Des dangers vous guettent de la tête aux pieds. Avant de vous promener d'un pas traînant, assurez-vous que le sol soit suffisamment solide pour vous supporter. Prenez garde aux solives, poutres, tuyaux et autres choses sur lesquelles vous risquez de trébucher. Attention de ne pas vous frapper la tête sur les poutres et les parois d'un toit pentu, et prenez garde aux clous! Parfois les couvreurs plantent des clous au travers de toitures minces et ne prennent pas la peine de les recourber à l'intérieur. Si vous avez un casque de protection, c'est le moment de le coiffer. (Oubliez de quoi vous avez l'air! Personne ne vous verra.)

Portez un masque chirurgical pour filtrer la poussière lorsque vous faites le ménage du grenier. Vous en trouverez à la quincaillerie ou chez un marchand de produits de rénovation. Ayez une torche électrique sous la main pour ne pas vous retrouver dans le noir si une ampoule se brise ou s'éteint. Conservez des ampoules neuves dans le grenier pour éviter d'avoir à redescendre quand vient le temps d'en changer. Ne couvrez jamais les murs et l'isolant de feuilles de plastique ou d'un matériau étanche qui retiendrait la chaleur ou l'humidité. Étant donné que l'aération d'une maison se fait principalement par son grenier, cela équivaudrait à obstruer votre nez et votre bouche d'une cellophane.

Puisqu'il fait chaud dans un grenier, prenez votre temps quand vous y travaillez. Apportez-vous une boisson fraîche et un éventail. Si des chauves-souris logent dans votre grenier, demandez à un exterminateur

UN CONSEIL D'EXPERT

Chaque chose à sa place

Barbara Hemphill, présidente de *Hemphill and Associates* à Raleigh en Caroline du Nord, gagne son pain en aidant ses clients à prendre la maîtrise de leur existence en prenant la maîtrise de leurs choses. Ancienne présidente de la *National Association of Professional Organizers*, Mme Hemphill met en pratique ce qu'elle prône, à commencer par le grenier de sa résidence de la Caroline du Nord.

«Je viens d'emménager dans une maison dont le grenier est vaste. Nous y rangeons les décorations de Noël et des autres fêtes, les meubles que nous conservons à l'intention de nos cinq enfants, voire une ancienne machine à coudre.

«Un escalier central divise le grenier en deux parties égales. À sa gauche, je range les choses que j'utilise de temps en temps. Par exemple, je possède une cafetière électrique de 30 tasses dont j'ai besoin environ six fois par année. Je suis heureuse de l'avoir au grenier, à la condition de n'avoir pas à remuer mer et monde quand il me la faut. Du côté droit du grenier je conserve des souvenirs, des choses trop précieuses ou trop chargées de sentiments pour en disposer.

«Il faut fixer ample quantité de tablettes pour qu'un grenier soit bien tenu. Vous pouvez acheter les moins chères à une quincaillerie ou un magasin de matériel de rénovation, ou assembler des rayons à l'aide de blocs de parpaing et de planches. Je range les cartons sur les tablettes. Le contenu de chacun est clairement inscrit au feutre large sur un autocollant, de sorte que je repère rapidement le carton voulu. Chaque boîte contient, par exemple, les décorations d'une fête particulière et je peux les identifier sans rien avoir à déplacer.

«Lorsque c'est possible, j'essaie de faire bonne utilisation des choses que je remise ainsi. Par exemple, une vieille bibliothèque peut recevoir de nombreuses caisses. Un classeur peut servir à archiver de vieilles déclarations de revenus. Si je dois les consulter, je sais vite où les trouver.

«Je ne prône pas de tout jeter, loin de là. Mais il importe de décider ce que vous souhaitez vraiment conserver et de vous défaire du reste. Si les choses peuvent encore servir, donnez-les à des amis ou des parents ou à un organisme de bienfaisance. Vous aurez le sentiment d'avoir accompli une bonne action si, en vous défaisant d'une chose, vous savez que quelqu'un en a maintenant l'usage.

«Pour terminer, avant de me lancer dans un projet d'envergure — et le rangement du grenier en est un —, je me fixe un but et un délai. Étonnant, tout ce qu'on peut accomplir à l'intérieur d'un délai précis. Je mets de la musique pour m'aider à travailler et je me promets une petite récompense lorsque j'aurai terminé.»

dûment qualifié de vous en débarrasser. Leurs matières fécales peuvent causer de graves ennuis de santé, dont deux qui sont mortels: l'histoplasmose et la coccidiose.

Lisez attentivement le mode d'emploi et les précautions d'usage des produits que vous utilisez.

Gril à barbecue

La graisse, les résidus calcinés et les créatures rampantes peuvent jeter de l'ombre sur votre déjeuner sur l'herbe.

Technique: Si vous employez un brasero alimenté au gaz, la flamme que dégagent les brûleurs doit être bleutée à l'ombre et

CONSEIL D'EXPERT

C'est pas cochon!

Lorsqu'il est question de barbecue et de côtes levées, on songe aussitôt au Texas et à l'Arkansas. Mais Steve Ross, propriétaire de *Roscoe's Rootbeer and Ribs* à Rochester dans le Minnesota, est passé maître ès barbecue au point d'avoir remporté les honneurs de compétitions nationales en 1993, 1994 et 1996. Puisqu'il fait griller jusqu'à 2 500 kg de côtes levées par mois, M. Ross a nettoyé une quantité monstre de sauce carbonisée sur ses grils et ses fumoirs.

«Je n'utilise pas de détergent puissant sur les surfaces de cuisson. Chaque soir, nous retirons les grils et les mettons à tremper dans l'eau bouillante à laquelle nous ajoutons un détergent liquide pour la vaisselle. Au matin, nous les rinçons abondamment et les asséchons. Nous nous servons d'un racloir à papier peint pour nettoyer l'intérieur des bassins métalliques des barbecues et des fumoirs, et déloger la sauce et la viande carbonisées. Ensuite nous nettoyons les surfaces à l'aide d'un chiffon. Une fois la semaine, nous nettoyons en profondeur toutes les fentes et fissures. On ne parvient jamais à nettoyer complètement un barbecue et ce n'est pas souhaitable. J'estime qu'un barbecue et un fumoir acquièrent un goût particulier au fil du temps.

«Lorsque nous partons en tournée pour participer à des compétitions culinaires, nous nous servons d'un barbecue géant portable qui peut recevoir 600 poulets et 180 longes de porc. Pour le nettoyer, nous le pulvérisons à l'intérieur comme à l'extérieur d'un dégraissant organique appelé Jungle Jake , que nous laissons agir pendant une nuit. Le lendemain matin, nous l'emportons dans un lave-auto pour le rincer à l'aide d'un boyau d'arrosage.»

Posez deux feuilles de papier aluminium sur le gril, de manière à le couvrir et à encadrer sa circonférence. Allumez le gaz et abaissez le couvercle. En se posant sur sa base, le couvercle retiendra le papier aluminium qui fermera hermétiquement le bassin. Faites brûler pendant au plus une demi-heure. *Nota bene: Ne* laissez jamais le brûleur ouvert pendant plus de 30 minutes, à défaut de quoi le bassin de métal gauchirait.

invisible sous le soleil. Si la flamme est jaune ou orange, voilà une bonne indication que les tubes ou les brûleurs sont sales. Une fois l'an, brossez les brûleurs à l'aide d'une brosse métallique et désobstruez les orifices de chaque brûleur à l'aide d'un ongle ou d'une tige de foret. Bien sûr, on procède de la sorte lorsque le brasero est froid. Il faut vérifier au moins une fois l'an les tubes d'alimentation qui courent de la valve au brûleur pour s'assurer qu'il ne s'y trouve pas d'araignée. Les braseros sont dotés d'un ou deux de ces tubes qui relient la bonbonne de gaz au fond du bassin de métal. «Les araignées, qui aiment faire leurs nids à l'intérieur de ces tubes, peuvent obstruer le passage du gaz», explique John Bassemier, président de Bassemier's Fireplace and Patio à Ewansville dans l'Indiana. Il existe de petites brosses que l'on insère à l'intérieur de ces tubes, mais vous pouvez aussi bien employer un cure-pipe ou une paille.

Vous pouvez nettoyer le bassin de métal et le gril en les passant à la flamme nue pendant quelques minutes après avoir terminé la cuisson. S'il ne s'agit pas d'un brasero alimenté au gaz, laissez le gril sur les charbons ardents après la cuisson. On peut également nettoyer le gril, après qu'il ait refroidi, en le déposant sur plusieurs feuilles de papier journal. Enduisez-le de nettoyant pour décaper le four, puis posez davantage de papier journal sur le gril. Humectez le papier journal de sorte qu'il adhère au gril et posez une brique dessus pour qu'il ne s'envole pas. Laissez agir pendant plusieurs heures, voire toute une nuit, puis brossez le gril à l'aide d'une brosse métallique et rincez-le à l'eau. Vous pouvez nettoyer l'intérieur du bassin à l'aide d'un racloir ou d'un couteau de vitrier.

Conseils pour épargner du temps: Lorsque vous nettoyez le gril d'un brasero à gaz à la flamme nue, posez deux feuilles de papier aluminium sur le gril, de manière à le couvrir et à encadrer sa circonférence.

Allumez le gaz et abaissez le couvercle. En se posant sur sa base, le couvercle retiendra le papier aluminium qui fermera hermétiquement le bassin. Réglez à la puissance maximale et faites brûler pendant au plus une demi-heure ou jusqu'à ce qu'il ne s'en dégage plus de fumée, selon la première des deux éventualités. L'aluminium intensifiera la chaleur, ce qui améliorera et accélérera la désinfection. Ne laissez jamais le brûleur ouvert pendant plus de 30 minutes lorsque vous employez cette méthode. Sous l'effet d'une chaleur intense prolongée, le bassin de métal gauchirait.

En moins de deux: Si votre brasero chauffe grâce à de la pierre volcanique, elle finira par devenir graisseuse. Retournez-la régulièrement de manière à ce que les flammes la brûlent.

Mise en garde: N'employez jamais un racloir si l'intérieur du brasero est émaillé de porcelaine. Les égratignures finiraient par causer de la corrosion.

Grille-pain

Depuis que les Égyptiens ont commencé à faire du pain en 2 600 avant J.-C., les hommes mangent des rôties (préparés par leurs femmes!). Pendant plus de 4 000 ans le grille-pain familial n'était qu'un simple morceau de bois ou de métal sur lequel on piquait sa tranche de pain pour la faire rôtir sur un feu de bois. L'avènement de l'électricité au début du XXe siècle a stimulé les inventeurs, qui ont cherché un moyen plus facile de faire cuire le pain quotidien. Le premier grille-pain à fentes, le Toastmaster, fut introduit en tant qu'appareil ménager en 1926. Il venait de résoudre bien des problèmes, tout en créant des difficultés d'un autre type: comment enlever ces miettes au fond?

Technique: Débranchez le grille-pain et laissez-le refroidir. Tenez-le au-dessus de la poubelle ou de l'évier et videz le réceptacle à miettes. Utilisez une brosse fine pour enlever les miettes qui ne se délogent pas facilement, puis essuyez le réceptacle avec un chiffon humide ou une éponge. Laissez sécher avant de refermer. La fréquence de nettoyage dépend de la fréquence d'utilisation de votre grille-pain. Si vous l'utilisez chaque jour, les fabricants recommandent de le nettoyer au moins hebdomadairement. Nettoyez l'extérieur chromé à l'aide d'une éponge humide et de bicarbonate de soude ou d'un linge trempé dans un liquide lave-vitre. Vous pouvez aussi frotter les taches tenaces à l'aide d'un tampon métallique sec et superfin (n° 0000). Essuyez les côtés de plastique du grille-pain à l'aide d'un détergent liquide à vaisselle doux ou de bicarbonate de soude et d'un peu d'eau. N'utilisez pas de nettoyants abrasifs, cela pourrait égratigner le fini.

Conseils pour épargner du temps: Si vous laissez toujours votre grille-pain sur le comptoir, prenez l'habitude de le passer au chiffon humide en même temps que le comptoir ou pendant que vous enlevez les marques de doigts de la porte du réfrigérateur.

En moins de deux: Pour les miettes de pain tenaces, utilisez un cure-pipe si vous n'avez pas de brosse.

Mise en garde: Il faut toujours débrancher le grille-pain avant de le nettoyer. Faites de même pour enlever un morceau de pain coincé, puis tout en faisant monter et descendre le chariot sur lequel on pose les tranches de pain, retournez le grille-pain à l'envers et continuez jusqu'à ce que la tranche de pain se déloge, nous dit Joanne Nosiglia, responsable des produits section cuisine, chez Black and Decker Household Products à Sheldon dans le Connecticut. Il faut veiller à ne jamais insérer d'ustensile dans le grille-pain, car cela endommagerait les fils métalliques qui servent à produire la chaleur. Ne vaporisez pas de nettoyants directement sur le grille-pain.

Hachoirs

Les matrices qui servent à déterminer l'épaisseur des aliments que l'on hachera constituent les éléments les plus difficiles à nettoyer. Ainsi, il est difficile de déloger les parcelles de viande qui restent coincées dans les orifices d'un hachoir à viande. Il faut bien sûr les nettoyer pour éviter la prolifération des bactéries.

Technique: Désassemblez le hachoir et rincez ses composants à l'eau bouillante. Vous le débarrasserez ainsi du plus gros des particules d'aliments. Pour le reste, vous pouvez déloger les aliments incrustés dans les orifices à l'aide d'un cure-dent, mais cela exige un temps fou. «Il existe un truc qui consiste à plier une éponge en deux, à la tremper dans l'eau et à presser bien fort la matrice contre elle», confie Michael Beglinger, chef à la Deutsche Bank à New York. On fait ainsi sortir les particules des orifices. Ce truc est très efficace, notamment pour nettoyer les matrices les plus fines et, partant, les plus ardues à nettoyer. Ensuite, nettoyez les autres composants à l'eau chaude et au savon, en employant une brosse de nylon ou de fibres végétales. Laissez sécher le tout à l'air libre.

Conseils pour épargner du temps: En vue de faciliter le nettoyage d'un hachoir à viande, hachez un morceau de pain après la viande. Aussitôt que le pain commence à paraître par les orifices, cessez. Il expulsera les particules de viande de la matrice. Le pain se rince plus facilement que la viande à l'eau très chaude.

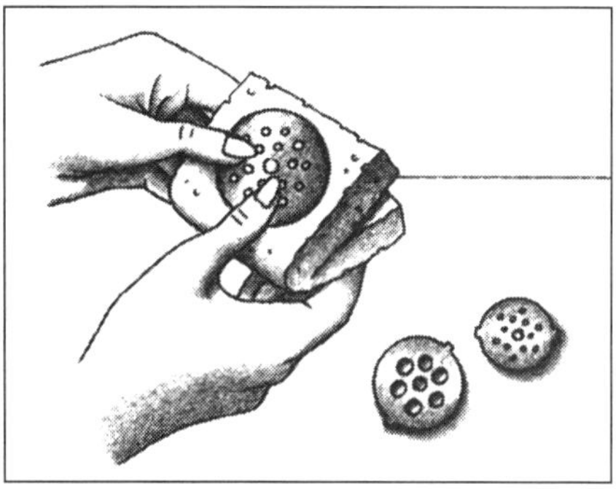

Afin de déloger les particules d'aliments des minuscules orifices d'une matrice de hachoir, pressez cette dernière contre une éponge humide pliée en deux.

Hamacs

Les hamacs, en particulier s'ils sont installés à l'extérieur, amassent la poussière en suspension dans l'air et retiennent les moisissures lorsqu'ils sont humides. La propreté d'un hamac est garante de sa durée, sans compter que vous ne vous y salirez pas lorsque viendra l'heure de la sieste.

Technique: Posez le hamac sur une surface qui n'est pas abrasive, par exemple une bâche. Arrosez-le à l'aide du boyau et récurez-le avec une brosse souple trempée dans de l'eau savonneuse. Une ou deux giclées de détergent liquide pour la vaisselle font l'affaire. Rincez le savon à l'aide du boyau d'arrosage, retournez le hamac et recommencez. N'employez jamais de javellisant qui risquerait de détériorer les fibres du hamac.

Ensuite, pendez-le au soleil pour le faire sécher. Les moisissures et pourritures peuvent s'y développer si le hamac reste humide. Bien sûr, un hamac blanc pendu à l'extérieur ne retrouvera jamais sa blancheur originelle mais le soleil le blanchira naturellement.

Conseils pour épargner du temps: Lorsqu'un hamac est neuf, imperméabilisez-le à l'aide d'un apprêt au silicone du genre Scotchgard. Ainsi, les fibres seront protégées et le nettoyage en sera facilité.

Horloges et pendules

Ne nettoyez jamais l'intérieur d'une horloge. De nos jours, les horloges et pendules aux mouvements automatiques n'exigent pour ainsi dire aucun nettoyage. Quant aux horloges mécaniques, qui nécessitent un nettoyage périodique, elles doivent être confiées à un horloger. Limitez vos efforts à l'extérieur de l'horloge.

Technique: Pour nettoyer l'extérieur d'une horloge, vous avez besoin d'un chiffon doux et propre. Frottez la pastille de verre, de plastique ou d'acrylique qui protège le cadran pour y enlever la saleté sans l'égratigner. Si la pastille est en verre, vous pouvez employer un nettoyant pour le verre que vous pulvériserez sur un chiffon, non pas directement sur l'horloge.

Frottez le reste de l'horloge à l'aide d'un chiffon propre. Si le boîtier est en bois, vaporisez le chiffon d'un produit cirant tel que Endust avant de l'épousseter. En général, les incrustations de laiton sont vernies, de sorte qu'il suffit d'y passer un coup de chiffon.

La principale tâche qu'exigera de vous une horloge ou une pendule à piles consistera à changer les piles, le cas échéant. Étant donné que le mouvement est d'ordinaire intégré à un compartiment à l'intérieur de l'horloge, il est peu susceptible de s'empoussiérer. «Il est rare qu'un consommateur doive nettoyer ou réparer un mouvement d'horloge», précise George Gibson, horloger et directeur du service de l'horlogerie chez Bulova à Woodside dans l'Etat de New York. Si le mouvement est poussiéreux, passez un coup de chiffon imprégné d'un peu d'Endust. Les horloges de parquet et les pendules mécaniques doivent être nettoyées et vérifiées aux deux ou trois ans par des horlogers professionnels.

Mise en garde: N'employez pas de nettoyant pour le verre (par exemple, Windex) sur les pastilles d'acrylique ou de plastique car il pourrait abîmer la surface. Ne pulvérisez jamais le nettoyant directement sur l'horloge. Il ne doit pas s'infiltrer à l'intérieur.

Humidificateurs et vaporisateurs

Ignorez votre humidificateur et les bactéries, moisissures et champignons vous en sauront gré. Ils ne demandent rien d'autre, sinon qu'on leur fiche la paix alors qu'ils sont en milieu humide. Un entretien régulier retardera leur apparition. On nettoie également les humidificateurs et les vaporisateurs pour y enlever les dépôts calcaires laissés par l'eau dure afin de prolonger la durée de l'appareil.

Technique: Si votre humidificateur portable a une capacité de 4,5 ou de 9 litres, videz son réservoir chaque jour et remplissez-le d'eau fraîche. Si vous possédez un modèle portable dont la capacité est supérieure, changez-en l'eau en fonction des conseils du fabricant.

Au moins une fois par semaine, nettoyez toutes les surfaces qui entrent en contact avec l'eau avec 250 ml de vinaigre pur ou selon les indications de votre manuel d'utilisation. Prenez une brosse de nylon ou de fibres végétales afin de détacher les accumulations et curez le tube d'alimentation en eau à l'aide d'un cure-pipe. Laissez agir le vinaigre pendant environ 20 minutes. Rincez le tout à l'eau chaude et observez bien les recommandations du fabricant.

Afin de désinfecter l'humidificateur, aspergez toutes les surfaces de 4,5 litres d'eau à laquelle vous ajouterez une cuillerée à thé de javellisant chloré. Laissez agir la solution pendant 20 minutes en remuant le liquide sur les parois de temps en temps. Rincez avec de l'eau jusqu'à ce qu'il n'y ait plus trace de javellisant. La fréquence d'un tel nettoyage vous est dictée dans le manuel d'utilisation de l'appareil. En fin de saison, nettoyez et désinfectez l'appareil selon les indications du fabricant, et assurez-vous qu'il est bien sec avant de le remiser.

Vous devriez songer à faire usage d'un bactéricide à l'intérieur d'un humidificateur à évaporation. Ce produit, généralement vendu avec l'humidificateur, contribue à freiner la prolifération de bactéries à l'intérieur du réservoir. Vendu sous forme liquide, il suffit d'en verser dans l'eau. Il supprimera également les odeurs provoquées par les moisissures. On ignore souvent ce qui se produit à l'intérieur d'un humidificateur, jusqu'à ce qu'une odeur de moisi nous en prévienne.

Procédez de la même manière pour un vaporisateur. De plus, désassemblez périodiquement l'élément chauffant, en observant les directives du fabricant, afin de le nettoyer. Pour désincruster les dépôts calcaires qui se sont formés sur l'élément chauffant, mettez-le à tremper pendant plusieurs heures dans un bac contenant du vinaigre blanc pur. Assurez-vous de ne pas mouiller le fil ou la prise électrique. Récurez les dépôts calcaires à l'aide d'une vieille brosse à dents. Rincez l'élément chauffant, laissez le sécher et remettez-le en place.

Si un humidificateur central est fixé à votre système de chauffage ou de climatisation, n'oubliez pas de nettoyer son filtre et le plateau de l'évaporateur. Lisez d'abord les indications du fabricant.

En général, en vue de nettoyer le filtre, il faut d'abord couper le courant électrique du système de chauffage ou de climatisation, et fermer l'approvisionnement en eau. Enlevez le couvercle et soulevez le baril du filtre. Retirez le filtre de son cadre et faites-le tremper pendant plusieurs heures dans une solution composée de 2 litres de vinaigre blanc pour 4,5 litres d'eau. Les dépôts calcaires devraient s'en détacher. Rincez-le à l'eau fraîche et essorez-le pour qu'il soit presque sec.

Dégagez le plateau sous l'évaporateur et faites-le tremper dans l'eau vinaigrée pendant quelques heures. Épongez les saletés à l'aide d'un chiffon imbibé de cette solution. Rincez le plateau à grande eau, puis asséchez-le avec un chiffon propre. Lorsque vous avez remonté l'appareil, ouvrez l'approvisionnement en eau avant de remettre le courant électrique.

Conseils pour épargner du temps: Vous pouvez laver les petits éléments du modèle portable au lave-vaisselle, si le manuel d'utilisation le stipule. Ne lavez pas le moteur de l'éventail ni aucun composant électrique. Assurez-vous que le bac et les éléments de plastique ne fondront pas en les déposant dans le panier supérieur du lave-vaisselle.

Mise en garde: Afin d'éviter un choc électrique, débranchez toujours l'humidificateur avant de le nettoyer. Portez des gants de caoutchouc lorsque vous employez un javellisant.

Instruments de musique

Des instruments de musique en ordre rendent des notes justes. La propreté est essentielle à l'intégrité d'un instrument. Un cor crasseux ou un hautbois englué de salive sonnera différemment d'un instrument propre. Sans compter que la propreté en prolonge la durée. Cela étant dit, la majorité des musiciens professionnels estiment qu'il ne faut jamais trop nettoyer un instrument de musique.

Voici quelques techniques présentées en fonction des sortes d'instruments, grâce auxquelles vous ne perdrez plus le ré de votre clarinette.

Les instruments à cordes

Nettoyez les instruments à cordes, qu'il s'agisse d'un violon, d'une mandoline, d'un violoncelle ou d'une cithare, à l'aide d'un chiffon propre et sec, un chamois de préférence. Essuyez les traces de transpiration et polissez les empreintes digitales. Il n'en faut pas plus que cela. (En fait, les solvants, et notamment ceux à base d'alcool, peuvent abîmer le vernis de l'instrument.) Lorsque vous avez terminé de jouer d'un instrument à l'aide d'un archet, nettoyez la colophane qui s'accumule sous les cordes près du chevalet et essuyez toute trace de transpiration. Au moins une fois l'an, confiez le nettoyage de votre instrument à un professionnel. Téléphonez à l'orchestre symphonique ou au conservatoire de musique pour obtenir des références sûres en ce sens.

Les cuivres

En ce qui concerne les cuivres, en particulier la trompette, le cor et le tuba, il importe plus de nettoyer l'intérieur que l'extérieur. Pareillement au renvoi d'un évier, le tuyau principal et les pistons amassent des couches successives de saletés, souvent un mélange de peluches, de salive et de poussière. «Lorsque s'accumulent les saletés, on assiste à un changement du diamètre intérieur de l'instrument et, conséquemment, de sa sonorité», explique Warren Deck, premier tubiste à l'Orchestre philharmonique de New York. Après chaque séance de musique, videz le cor de l'eau et de la salive qui peuvent s'y trouver avant de le remettre dans son étui. Sinon, l'intérieur de votre instrument est susceptible de se détériorer. Tous les trois ou quatre mois, rincez l'instrument avec de l'eau en la versant dans le cornet pour la faire sortir par le bec. Ensuite, enlevez le tuyau principal (si c'est possible) et nettoyez-le à l'aide d'une longue brosse souple, comme on le fait avec un cure-pipe. À nouveau, rincez à l'eau. Enlevez les pistons et toutes les coulisses; ramonez-les avec la longue brosse souple. Afin de nettoyer l'accumulation huileuse dans les pistons, diluez une pincée de poudre à récurer dans un peu d'eau et frottez la surface avec un chiffon de coton ou un essuie-tout humide. Pour terminer, asséchez rigoureusement l'instrument à l'aide d'une serviette de coton pour éviter que l'eau n'y laisse des taches.

Nettoyer l'extérieur d'un instrument de cuivre relève du goût personnel. «Mes cors verdissent sous la patine, admet M. Deck. Il faut consacrer de six à huit heures au polissage d'un tuba et, deux semaines plus tard, rien n'y paraît.» À ceux qui préfèrent un instrument rutilant, il conseille d'employer le produit à polir Brasso. Au fil des ans, cependant, les nettoyages successifs avec un tel abrasif finissent par mincir le métal, ce qui change le son de l'instrument. Afin de pallier cet inconvénient, demandez à un artisan qui répare les cuivres de tremper votre instrument dans une solution nettoyante qui n'est pas abrasive.

Conseils pour épargner du temps: Rincez l'intérieur des instruments de grande dimension, par exemple le tuba ou le cor de chasse, sous la douche ou avec le boyau d'arrosage. Vous chantez bien sous la douche, alors pourquoi pas faire chanter votre instrument? Assurez-vous de bien l'assécher pour que l'eau n'y laisse pas de taches.

Les instruments à vent

On préservera un instrument de bois contre les fissures en lui évitant les fluctuations des degrés de température et d'humidité, selon Jonathan Watkins, spécialiste des instruments à vent et des bassons

CONSEIL D'EXPERT

Caprices pour violoncelle

À titre de premier violoncelle à l'Orchestre philharmonique de New York, Carter Brey connaît deux ou trois choses sur l'entretien de son instrument. Ainsi, il joue d'un violoncelle fabriqué en 1754 par le célèbre luthier Giovanni Battista Guadagnini. Voici comment M. Brey nettoie cet instrument.

«Lorsqu'il s'agit de nettoyer un instrument à cordes, et il s'agit souvent d'un chef-d'œuvre de perfection datant du XVIIe ou XVIIIe siècle italien, moins on en fait, mieux ça vaut. Certains musiciens poussent trop loin le parallèle avec le mobilier et polissent leur instrument avec un aérosol tel que Pledge Citron. On prend place sur scène et ça sent le citron. Je pense que la méthode prudente est la meilleure. Lorsque j'ai fini de jouer, j'époussette la colophane qui s'accumule sous les cordes à proximité du chevalet. Après un récital exigeant sous les feux des projecteurs, la sueur perle parfois sur l'instrument. Le vernis est hydrophile, c'est-à-dire qu'il absorbe l'eau, et le sel contenu dans la sueur peut gruger le vernis. Alors je l'essuie.

«Une ou deux fois par année, je porte mon violoncelle chez un luthier réputé, qui a l'habitude des instruments anciens et fragiles, pour qu'il subisse un nettoyage digne de ce nom. Il emploie du xylène, un composé qui ressemble dangereusement à de l'alcool qui abîmerait sur-le-champ le très vieux vernis de mon instrument. Seul un luthier professionnel doit manipuler le xylène. Il en verse sur un chiffon, en frotte rapidement l'instrument et le polit immédiatement.»

exerçant à New York. Lorsque l'on nettoie un instrument à vent, il importe d'en évacuer toute l'humidité qu'il renferme. Le hautbois et la clarinette sont, parmi les instruments à vent, ceux qui risquent le plus de se fissurer au fil du temps en raison des écarts de température et d'humidité. Les touches de tous les instruments à vent, fabriqués de matériaux divers dont le cuir, le liège, le goretex, voire l'écaille de poisson, s'emboîtent si précisément sur les orifices correspondants, que la moindre enflure ou déformation que causerait l'absorption d'eau détériorerait la qualité du son. Veillez donc à déloger l'humidité à l'intérieur d'un instrument à vent immédiatement après en avoir joué.

Afin de nettoyer une flûte, passez un mouchoir de coton par le chas d'un cure-flûte (en vente chez les marchands d'instruments de musique) et ramonez l'intérieur de l'instrument à plusieurs reprises, jusqu'à ce qu'il soit sec. Prenez garde pour ne pas égratigner le calibre. Afin de nettoyer un saxophone, une clarinette, un hautbois et un basson, retirez d'abord le bec et essuyez-le à l'aide d'un chiffon sec. Puis, insérez un chiffon lourd conçu à cet effet (également offert chez les marchands d'instruments) par la plus grande extrémité de l'instrument et acheminez-le vers la plus petite. Afin de nettoyer les touches, insérez une feuille de papier à cigarette sans colle sous une touche, sur l'orifice correspondant, et appuyez sur la touche à quelques reprises. Pour nettoyer le bec, lavez-le à l'eau tiède contenant un peu de détergent liquide pour la vaisselle. N'employez jamais d'eau chaude pour laver le bec d'un instrument à vent.

Polissez l'extérieur de l'instrument avec un chamois. Les chiffons servant à polir l'argenterie font du beau travail sur les flûtes, nous dit M. Watkins. Mais n'employez pas de pâte à polir l'argenterie car elle pourrait s'infiltrer sous les touches et dans les orifices.

Mise en garde: L'eau peut abîmer les touches de n'importe quel instrument à vent, quel que soit le matériau dont l'instrument est fabriqué.

Les pianos

Époussetez régulièrement le dessus du piano et du clavier, ainsi que vous le feriez d'un meuble de prix. Employez un chiffon doux et, selon le type d'apprêt, peut-être un produit cirant. Pulvérisez le produit sur le chiffon, non pas directement sur le piano, et prenez garde de ne pas en mettre sur les chevilles d'accord. Pour éviter l'accumulation de poussière à l'intérieur de l'instrument, rabattez les panneaux amovibles lorsque vous n'en jouez pas. Environ une fois par mois, passez

> **MOZART ET MUSEAUX**
>
> ## Fa, sol, la souris!
>
> Ira King, propriétaire de *Tri-Arts Piano Tuning* à New York, nettoie et répare des pianos depuis près de 30 ans. Il en a vu des choses étranges au cours de ces années. Écoutons-le:
>
> «Les souris adorent les pianos. C'est un endroit idéal pour elles. L'intérieur est sombre, personne n'y entre, il y a plein de bois à ronger et tant mieux si personne n'en joue souvent! Un jour, je m'apprêtais à réparer une vieille épinette — un très petit piano droit — , j'ai enlevé les touches et j'ai trouvé deux souris mortes. À présent, lorsque j'enlève le panneau d'une table d'harmonie, je me demande si une souris ne s'en échappera pas. Pour éloigner les souris de votre piano, je vous conseille de bien entretenir la maison et de déposer des souricières si vous apercevez des traces de rôdeurs.»

l'aspirateur sur le clavier à l'aide du suceur plat. Ensuite, nettoyez toute trace qui paraîtrait sur les touches avec un nettoyant pour le verre tel que Windex. De nouveau, ne vaporisez pas le nettoyant directement sur le clavier mais plutôt sur le chiffon.

Un piano doit être nettoyé de fond en comble aux deux ans environ. Il est plus facile de nettoyer un piano droit qu'un piano à queue. Toutefois, si cela s'avérait trop complexe, vous pourriez faire appel aux services d'un expert. Prenez des références auprès d'un orchestre, d'un conservatoire de musique ou d'amis qui possèdent un piano. Si vous possédez un piano droit, vous pouvez nettoyer derrière les pédales, selon Ira King, propriétaire de Tri-Arts Piano Tuning à New York. Regardez sous le plateau du clavier: un ressort déclenche le mécanisme du panneau mais soyez prudents, car celui-ci peut être lourd. Passez l'aspirateur à l'intérieur de la table d'harmonie en utilisant le suceur plat et celui à épousseter. Afin de replacer le panneau, posez-le délicatement dans la rainure de bois à la base de la table d'harmonie et ajustez-le, nous dit encore M. King. Assurez-vous que le ressort ou le loquet qui maintient le panneau en place est bien assujetti.

Étant donné qu'il est difficile d'atteindre le plateau du clavier d'un piano à queue, King recommande d'en confier l'entretien à un professionnel. La table d'harmonie est également difficile d'accès mais il n'est pas impossible de la nettoyer. S'étendant à l'horizontale, on devrait enlever la poussière qui s'y dépose au moins une fois par année. Déformez un cintre métallique, formez à son extrémité une boucle de

Retirez le panneau qui dissimule la table d'harmonie et passez l'aspirateur doté du suceur à épousseter derrière les pédales. Regardez sous le plateau du clavier: il devrait s'y trouver un ressort qui maintient le panneau en place. Mais prenez garde, le panneau peut être lourd.

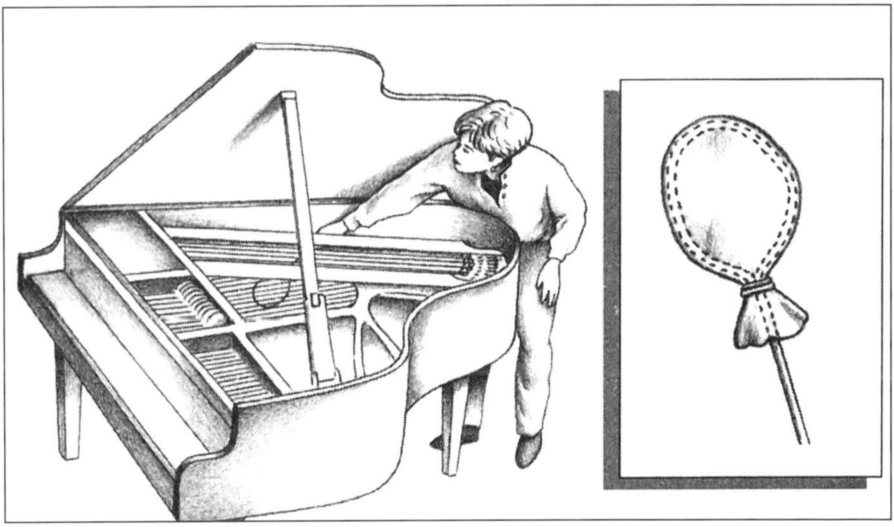

Servez-vous d'un cintre de métal enveloppé d'un chiffon pour épousseter la table d'harmonie d'un piano à queue. Pulvérisez un peu de produit cirant sur le chiffon. Nettoyez jusqu'au chevalet des basses en prenant garde de ne pas égratigner la table d'harmonie.

la taille de votre poing en tordant le fil de métal. Enveloppez cette boucle d'un chiffon de coton que vous nouerez. Vaporisez un peu de produit cirant sur le chiffon, passez-le à partir du chevalet des basses et enlevez le plus de poussière possible, en prenant soin de ne pas égratigner la table d'harmonie.

Que votre piano soit droit ou à queue, une fois l'an, époussetez les marteaux à l'aide du suceur à épousseter de l'aspirateur. Passez le suceur du devant vers l'arrière, non pas de gauche à droite car vous risqueriez de briser un marteau. Afin d'atteindre les marteaux d'un piano droit, il faut ouvrir le couvercle et enlever le panneau de devant. Ne tentez pas cela vous-même, prévient M. King, car le panneau est très lourd. Demandez à quelqu'un de vous prêter main forte ou, idéalement, confiez ce travail à un professionnel.

La batterie

Époussetez les tambours de la batterie avec un chiffon sec, nous conseille Nodar Rode, propriétaire de la Manhattan Drum Shop à New York. Si vous n'en jouez pas souvent, couvrez-la d'un drap. Une fois l'an, nettoyez-la en profondeur. Remplacez les peaux de batterie si elles sont moins souples ou si elles ont perdu leur sonorité. Enlevez les peaux et les composants métalliques de la caisse ou du tam-tam. À l'aide d'un chiffon propre et doux imbibé d'eau, épongez délicatement la saleté et la graisse. Frottez soigneusement les taches tenaces à l'aide d'une solution composée d'autant de nettoyant pour le verre que d'eau. Rincez toute trace de nettoyant avec un chiffon humide et asséchez les éléments de la batterie avec un chiffon sec. Soyez délicats lorsque vous nettoyez un instrument si fragile, et consultez un professionnel si votre batterie est très vieille ou très sale.

Quand vous aurez défait les composants métalliques de la batterie, détachez délicatement la saleté qui les recouvre à l'aide d'un tampon de métal extra-fin (n° 0000) et d'une giclée de lubrifiant WD-40. Le lubrifiant atténuera les éraflures potentielles. Frottez-les ensuite avec une éponge imprégnée d'eau chaude et savonneuse. Ne lavez pas les ressorts. Pour éviter la rouille, asséchez le tout avec une serviette et ensuite avec un sèche-cheveux réglé pour vous assurer qu'aucune humidité ne subsiste à l'intérieur des caisses de résonance. Laissez refroidir les pièces avant d'y toucher. Lubrifiez les éléments en les enduisant d'un peu de gelée de pétrole. Si vous rangez votre batterie en un lieu humide, nettoyez et lubrifiez les composants métalliques à raison d'une fois tous les deux mois afin de prévenir l'apparition de rouille.

Époussetez les cymbales à l'aide d'un chiffon sec et propre. Les cymbales neuves sont en général laquées, ce qui les empêche de ternir. Étant donné que les solvants dissolvent la laque, évitez d'en employer. Si un nettoyage plus important s'impose, prenez conseil auprès d'un professionnel.

Iode

Longtemps l'iode fut un produit de première nécessité dans les trousses de premiers soins. «Ma mère conservait un produit à base d'iode qui s'appelait Argyrol», raconte le Dr Ann Lemley, présidente du département des textiles et des habillements à l'université Cornell à Ithaca dans l'État de New York. «Elle m'en déposait quelques gouttes dans le gosier lorsque j'avais mal à la gorge. C'était répugnant.» De nos jours, on retrouve l'iode dans les comprimés servant à purifier l'eau dont se servent les campeurs. Bien que son usage soit moins répandu, l'iode laisse encore une tache apparente lorsqu'on en renverse.

Technique: Si l'iode macule une étoffe lavable, le Dr Lemley conseille d'y appliquer une pâte faite d'un détergent à lessive à base d'enzymes délayé dans un peu d'eau. Posez le vêtement à plat sur une surface solide et tapotez légèrement la tache avec le dos d'une cuiller pour que le détergent s'infiltre dans les fibres. Évitez de frotter l'étoffe car vous abîmeriez les fibres. Ensuite, lavez le vêtement à l'eau la plus chaude qu'il puisse supporter en toute sûreté. Si cela ne donne aucun résultat, rincez le cataplasme et reprenez depuis le début, cette fois à l'aide d'une solution faite de deux cuillerées à soupe d'ammoniaque dans 250 ml d'eau. Si l'eau ammoniaquée ne donne rien, rincez le vêtement et préparez une solution acide comptant une partie de vinaigre blanc pour deux parties d'eau.

Si l'étoffe tachée n'est pas lavable, soit vous la confiez à un teinturier pour qu'il la nettoie à sec, soit vous vous procurez un détachant tel que Carbona Stain Devils ou K2r dans un supermarché, une quincaillerie ou un magasin à rayons. À l'aide d'une serviette blanche, épongez la tache sur l'envers de l'étoffe afin de la repousser à la surface. Lorsque vous manipulez ces produits, portez des gants de caoutchouc ou de latex et travaillez en un lieu bien aéré.

Si une tache d'iode macule un tapis ou la moquette, faites d'abord l'essai d'un détachant. Ne versez pas le produit directement sur la tache. Versez-le plutôt sur une serviette blanche et épongez les fibres salies. Si cela ne donne rien, épongez de nouveau à l'aide d'un quart de cuillerée à thé de détergent liquide pour la vaisselle dilué dans 250 ml d'eau tiède. Rincez en épongeant à l'aide d'une serviette blanche mouillée, puis asséchez à l'aide d'une serviette sèche.

Nota bene: Avant d'employer un produit nettoyant, éprouvez-le d'abord en un endroit soustrait à la vue.

Mise en garde: Rincez rigoureusement tout nettoyant avant de tenter un essai avec un autre produit. Au contact, certains produits chimiques — notamment l'ammoniaque et le javellisant chloré — dégagent des émanations toxiques. Lisez attentivement les indications du fabricant pour en connaître le mode d'emploi et les précautions d'usage.

Jacuzzi

Avant toute chose, désinfectez votre jacuzzi. «À défaut de désinfecter l'eau, des bactéries se formeront dans la baignoire», prévient Jeff Kurth, directeur du Spa Council for the National Pool and Spa Institute, dont le siège social est sis à Washington. «On retrouve communément des Pseudomonas, des bactéries qui provoquent des éruptions cutanées, dans les jacuzzis qui ne sont pas désinfectés.»

Technique: Le chlore et le brome comptent parmi les principales substances chimiques nécessaires au traitement de l'eau. Quant aux quantités et à la fréquence des traitements, il faut voir les indications du fabricant de jacuzzi.

Nettoyez régulièrement le filtre. «Les cheveux, les fibres, les huiles organiques et autres saletés s'y retrouvent et ralentissent le débit de l'eau qui se retrouve dans le filtre, poursuit M. Kurth, ce qui peut mener à la contamination.» La plupart des jacuzzis portables sont dotés d'une cartouche filtre faite en polyester non tissé, en dacron ou en papier traité. Nettoyez cette cartouche chaque semaine à l'aide du boyau d'arrosage et remplacez-la une fois par année.

Si votre jacuzzi est doté d'un filtre de sable ou de terre diatomite, vous devez inverser le courant de la pompe à eau une ou deux fois par semaine afin d'agiter le fond de sable ou de terre et d'y déloger les saletés. Observez les indications du fabricant concernant l'entretien de la baignoire, notamment sur la fréquence des inversions de courant d'eau et du remplacement du sable ou de la terre diatomite.

Videz la baignoire au moins trois ou quatre fois par année, voire chaque mois si vous en faites usage souvent. Les coquilles sont généralement en acrylique, d'entretien facile. Essuyez les parois à l'aide d'un chiffon ou d'une éponge imbibé d'eau chaude et d'un détergent doux, par exemple du détergent liquide pour la vaisselle. N'employez aucun nettoyant abrasif ou tampon à récurer. Rincez le détergent avant de remplir à nouveau le jacuzzi.

Jouets

Les conditionnements de la plupart des jouets ne contiennent aucune directive de nettoyage. De toute façon, même si c'était le cas, elles seraient perdues depuis belle lurette bien avant que les heures consécutives de jeu n'aient laissé leurs traces. Il suffit de se fier à son sens commun en ce qui concerne le nettoyage des jouets d'enfants. Règle numéro un: si un jouet n'est pas lavable, ne le donnez pas à un enfant.

Technique: Les jouets des bambins sont souvent soumis au jeu du goûteur et devraient donc être lavés régulièrement afin d'empêcher la propagation de germes. La plupart des jouets sont en plastique et peuvent donc être lavés dans un évier ou une cuve remplie d'eau chaude additionnée de savon liquide à vaisselle. Naturellement, il faut bien rincer et laisser sécher à l'air. L'utilisation de nettoyants plus forts ou d'abrasifs risque d'enlever certains détails aux jouets.

Un chiffon humide servira à essuyer les jouets qui ne peuvent être immergés. Les jouets de bois par exemple, les poupées qui fonctionnent à piles, les jeux électroniques. Un coton-tige trempé dans de l'alcool est utile pour nettoyer les jouets électroniques que l'on tient dans les mains.

La peau des poupées de plastique peut être nettoyée en frottant doucement un chiffon auquel on aura ajouté un peu de crème démaquillante. Les jeux de société cartonnés peuvent aussi recevoir un léger coup de chiffon humide. Essuyez les jouets de plastique d'un désinfectant léger après usage. Cela empêche la propagation des germes aux personnes qui ne sont pas de la famille nous dit Bill. R. Griffin, président de *Cleaning Consultant Services* à Seattle.

Conseils pour épargner du temps: Plusieurs jouets fabriqués pour les enfants de moins de deux ans peuvent désormais passer au lave-vaisselle. Puisque ces jouets passent autant de temps dans la bouche de nos jeunes explorateurs que dans leurs mains, il serait sage de se pourvoir de leur capacité à subir un lavage en les plaçant sur le panier supérieur du lave-vaisselle. De plus, cela épargne du temps.

En moins de deux: Bien entendu on peut nettoyer les jouets d'une tout autre façon, surtout lorsqu'ils sont tous éparpillés sur le sol. Margaret Dasso, propriétaire de Clean Sweep, un service de nettoyage professionnel dont le siège social est à Lafayette en Californie, nous suggère de les ramasser à l'aide d'un râteau de plastique. «Cela épargne du temps et fatigue deux fois moins.»

Laine

La laine demeure propre beaucoup plus longtemps que tout autre tissu. C'est sans doute ses fibres enchevêtrées et son allure de petits galets qui empêche la poussière de pénétrer, nous dit le Dr Jennifer Morgan, technologue en produits pour le Wool Bureau de New York. Les taches et les éclaboussures se retrouvent naturellement en de petites gouttes sur la surface de l'étoffe, tandis que la poussière qui se

Comment laver une couverture de laine ?

Avant de la laver, mesurez votre couverture afin de lui redonner sa forme originale et de la bloquer. Remplissez le lave-linge d'eau tiède ou froide. En fait, plus votre couverture est sale, plus l'eau doit être chaude. Ajoutez le détergent et mettez en marche la laveuse brièvement jusqu'à ce que le savon se dissolve. Arrêtez la machine. Mettez la couverture en distribuant son poids de façon égale autour de l'agitateur. Laissez tremper 10 à 15 minutes. Réactivez le lave-linge et avancez le bouton jusqu'à l'arrêt de l'agitation et que l'eau commence à se vider. Après un essorage d'une minute, avancez le bouton jusqu'au cycle de rinçage et laissez la machine terminer ce cycle automatiquement.

Pendant ce temps, ajustez la température de votre sèche-linge au plus chaud. Chauffez-y trois ou quatre serviettes de bain sèches qui serviront à absorber l'excès d'humidité de votre couverture et empêcheront la formation de peluches. Placez la couverture dans le sèche-linge avec les serviettes chaudes et laissez-la sécher pendant environ 10 minutes. Enlevez la couverture lorsqu'elle est encore légèrement humide. Étirez-la à sa forme originale et terminez le séchage à plat ou suspendue à une corde à linge double, nous conseille le département d'éducation communautaire de *Michigan State University Extension* à East Lansing.

retrouve coincée à l'intérieur de ses petits cheveux en forme de ressorts élastiques peut habituellement être brossée facilement. Ironiquement, ce sont ces mêmes caractéristiques qui causent le principal problème du nettoyage de la laine: le rétrécissement.

Technique: Les vêtements de laine doivent être lavés à la main puisque l'agitation mécanique d'un lave-linge peut faire en sorte que les fibres s'imbriquent les unes dans les autres et rétrécissent. Pour laver un lainage, faites dissoudre une petite quantité de détergent doux tel le Woolite dans de l'eau tiède. Mouillez le vêtement et pressez doucement la mousse à travers les fibres. Laissez tremper pendant trois ou quatre minutes, puis rincez à l'eau fraîche en changeant fréquemment l'eau, jusqu'à ce qu'il n'y ait plus aucune mousse de savon visible. Par la suite, pressez gentiment la laine afin d'enlever l'excès d'eau. Il ne faut jamais tordre ni essorer la laine. Pour sécher le vêtement, redonnez-lui sa forme initiale et étendez-le à plat sur une serviette.

Conseils pour épargner du temps: Brossez votre lainage chaque fois que vous l'enlevez afin de le débarrasser de toute saleté qui pourrait plus tard devenir une tache. La laine est un matériau qui réagit bien aux petits nettoyages fréquents. Ainsi, dès que vous trouvez une petite tache ou une petite éclaboussure sur votre vêtement, rincez-le

Cinq mesures pour garder votre lainage aussi doux que la laine d'agneau

1. Le nettoyage ne devrait être effectué qu'une seule fois par saison. La laine, tout comme les cheveux, peut être brûlée par une trop grande exposition aux produits chimiques. Un nettoyage à sec excessif lui donnera une apparence brillante, selon le Wool Bureau de New York.
2. Aérez vos vêtements. Cela enlève les odeurs et les mauvais plis que les fibres auraient pu prendre.
3. Videz les poches. La laine a une mémoire et peut facilement adopter une nouvelle forme. Des poches qui pendouillent ou ont toujours l'air d'être pleines ne se reformeront pas.
4. Laissez reposer votre vêtement pendant 24 heures avant de le porter de nouveau. Ceci permettra au tissu de reprendre sa forme initiale.
5. Rangez vos vêtements dans du cèdre, qu'il s'agisse des blocs de cèdre, d'une armoire ou d'un coffre. Cela empêche les mites de s'y installer. Ces dernières étant attirées par les huiles corporelles, lavez vos vêtements avant de les ranger.

Remède pour un chandail rétréci

Cette méthode peut adoucir et détendre les fibres de laine d'un chandail rétréci suffisamment pour vous permettre de lui redonner sa forme initiale. Avant de passer à l'acte il faut vérifier si votre chandail contient une feutrine. Faites le test suivant: mettez votre chandail à la hauteur d'une oreille et étirez-le. Vous entendez un petit craquement? Il ne passe pas le test. Vous n'entendez rien? Alors essayez la méthode proposée par le Dr Jennifer Morgan, technologue en produits du Wool Bureau de New York.

Ajoutez 225 ml de revitalisant capillaire à 4,5 l d'eau. Faites tremper votre chandail. Pressez doucement le revitalisant à travers les fibres. Ne rincez pas. Redonnez à votre chandail sa forme initiale et laissez-le sécher à plat.

tout de suite à l'eau froide ou à l'eau de seltz et épongez la tache nettoyée à l'aide d'un chiffon blanc jusqu'à ce qu'elle soit sèche. N'utilisez jamais d'essuie-tout en papier.

En moins de deux: Pour défroisser un vêtement de laine, suspendez-le dans une salle de bains pleine de vapeur.

Mise en garde: Ne suspendez pas un lainage pour le faire sécher. Hormis les couvertures, ne faites pas sécher vos vêtements près d'une source de chaleur. Cela cause le rétrécissement des fibres. Les chandails, les couvertures et les tricots à mailles peuvent être lavés à la maison. Le nettoyage à sec est recommandé surtout pour les complets. Cependant, si un vêtement porte la mention «Nettoyage à sec seulement», il est préférable de porter celui-ci chez un teinturier.

Laiton

Le laiton, né de l'alliage du cuivre et du zinc, est un métal rutilant employé dans la fabrication de lampes, de chandeliers et de boutons de portes. S'il est simple et facile de le nettoyer en surface, le faire reluire est une autre affaire. En fait, tout repose sur le fait qu'il soit laqué ou pas.

Technique: Époussetez régulièrement les objets de laiton à l'aide d'un chiffon doux. Un vieux tee-shirt fait admirablement bien l'affaire. De temps en temps, des particules de gras ou de saleté en suspension dans l'air s'y incrusteront. Il faut alors frotter les objets de laiton à l'aide d'un chiffon doux et humide. Asséchez-les ensuite pour éviter la ternissure. Sinon, rincez-les à l'aide d'une solution de rinçage telle que Jet-Dry allongée d'eau afin de prévenir les cernes, et asséchez-les.

La plupart des objets et appliques en laiton sont couverts de laque, de sorte qu'ils ne s'oxydent pas. L'oxydation est un phénomène naturel qui ternit le métal lorsque celui-ci entre en contact avec l'oxygène. Il faut donc éviter de polir le laiton laqué jusqu'à user la laque. Un bonne laque peut durer dix ans, si on ne l'abîme pas.

Lorsqu'un objet de laiton laqué finit par ternir, il faut en décaper la laque avant de le polir et d'y appliquer une nouvelle laque. Pour ce faire, employez un diluant à laque du commerce, en vente dans les quincailleries. Observez à la lettre les indications du fabricant. Il faudra peut-être confier à un métallurgiste le décapage d'un objet de laiton dont la laque est tenace. De même, le laquage doit être confié à un laqueur professionnel. Demandez des références auprès de métallurgistes, d'antiquaires et de lampistes inscrits dans l'annuaire du téléphone.

Il faudra polir régulièrement le laiton sans laque ou dont la laque a été décapée afin de lui conserver sa brillance. Il faut polir une fois par mois les poignées de portes et objets que l'on touche souvent. Pour le reste, un polissage aux deux mois suffira. Vous pouvez employer l'un des produits à polir le laiton du commerce. La marque Brasso est fort populaire, d'autant qu'elle est employée dans l'armée américaine. Vous pourriez avoir du mal à retrouver le lustre d'origine d'un objet en laiton en effectuant vous-même le polissage. Il vaudrait mieux confier cela à un métallurgiste professionnel qui possède les outils et le matériel nécessaires.

Conseils pour épargner du temps: Afin de retirer la cire qui a goutté sur un chandelier en laiton, faites-la amollir en y appliquant un chiffon imbibé d'eau chaude et délogez-la à l'aide d'un ongle.

En moins de deux: Vous pouvez préparer votre mixture pour polir le laiton. Mélangez une cuillerée à soupe de sel et une cuillerée à soupe de farine. Formez une pâte en y versant une cuillerée à soupe de vinaigre blanc. Appliquez cette pâte à l'aide d'un chiffon humide, frottez délicatement, rincez et asséchez à l'aide d'un chiffon sec.

Mise en garde: N'employez jamais un nettoyant puissant ou un tampon abrasif pour nettoyer du laiton, car il risquerait d'égratigner le métal. Il est indiqué de manipuler le moins souvent possible les objets de laiton. Le gras de vos doigts pourrait laisser des traces d'empreintes permanentes sur le laiton sans laque ou accélérer la détérioration de la laque. Si vous saisissez un objet en laiton et que vos paumes sont moites, des traces y apparaîtront dès le lendemain. Si vous possédez un objet de laiton dont vous croyez qu'il puisse être ancien, ne le polissez pas avant de l'avoir fait évaluer par un antiquaire ou un conservateur. La patine, cette fine pellicule qui se forme naturellement à la surface des objets anciens, leur confère une grande partie de leur valeur.

Lampes électriques et lampes-tempête

En raison de la lumière qu'elles diffusent, la poussière est bien en évidence sur les lampes. En veillant à leur entretien, on leur conserve un bel aspect tout en s'assurant un meilleur éclairage.

Technique: On trouve des variétés innombrables de lampes fabriquées en autant de matériaux, qu'il s'agisse de porcelaine, de verre soufflé ou de bois. La technique d'entretien est donc fonction des matériaux constituants. Époussetez-les régulièrement, à l'aide d'un chiffon à poussières ou, s'il s'y trouve des ciselures, d'une brosse souple.

Si un nettoyage plus important s'impose, débranchez d'abord votre lampe, retirez l'abat-jour, et dévissez l'ampoule électrique, nous conseille Kay Veirick, directrice du Service de l'entretien à l'Hôtel Bally de Las Vegas et membre du comité consultatif pour le compte du magazine *Executive Housekeeping Today*. Emplissez un évier d'eau chaude et faites mousser quelques giclées de détergent liquide pour la vaisselle. Posez la lampe sur le comptoir à proximité de l'évier, sur une serviette de ratine, de sorte qu'elle ne bouge pas. Si la base est d'un matériau lavable, lavez-la à l'aide de la mousse de savon et d'un chiffon ou d'une éponge, sans pour autant mouiller le cordon électrique. Rincez le chiffon ou l'éponge et essuyez les traces de savon. Asséchez la lampe avec une serviette propre. Si la lampe est dotée d'un réflecteur, lavez-le et asséchez-le à la main, comme vous le feriez d'un bol ou d'une assiette.

Si la lampe n'est pas d'un matériau lavable, essuyez-la simplement à l'aide d'un chiffon légèrement imbibé d'eau fraîche et asséchez-la aussitôt.

Pour nettoyer le cordon électrique, essorez le plus possible l'eau savonneuse de l'éponge que vous utilisez et repliez-la en deux. Passez le cordon entre le repli de l'éponge, puis asséchez-le.

Nettoyez l'ampoule à l'aide d'une éponge imprégnée d'eau savonneuse. Rincez à l'aide d'une éponge imbibée d'eau fraîche. Asséchez avec un chiffon. Ne mouillez pas la douille métallique.

Afin de nettoyer une lampe-tempête ou une lampe dotée d'un globe de verre, retirez ce dernier et lavez-le en eau savonneuse. Récurez l'intérieur du col à l'aide d'une brosse servant à laver les bouteilles. Rincez le verre à l'eau chaude et asséchez-le. Épongez la base de la lampe-tempête avec une éponge humide. Pour faire reluire davantage le verre, ajoutez quelques gouttes d'ammoniaque ou de vinaigre à l'eau de rinçage.

Mise en garde: Ne mouillez ni le cordon électrique, ni la douille.

Lave-vaisselle

Le lave-vaisselle se nettoie automatiquement en lavant la vaisselle. Assurer son entretien est donc chose relativement simple.

Technique: Pour procéder à l'entretien de la façade, une éponge propre et humide fait l'affaire. «N'employez rien de trop rude», nous prévient Eugene P. Krausz, responsable du laboratoire de l'ingénierie de la qualité pour le compte de la Whirlpool Corporation à Findlay dans l'Ohio. S'il faut davantage que de l'eau pour nettoyer, faites gicler du détergent pour la vaisselle sur l'éponge. Rincez-la et lavez de nouveau la façade à l'eau fraîche pour enlever le savon. Employez du nettoyant pour le verre si la saleté s'est accumulée, mais pulvérisez-le sur l'éponge et non sur les touches du tableau de commande, sinon le liquide pourrait s'infiltrer dans la console et abîmer les dispositifs électroniques, ou encore dans les interstices entre les boutons-poussoirs où il attirerait la saleté.

L'intérieur de l'appareil est, pour ainsi dire, autonettoyant. Vérifiez le joint inférieur de la porte de temps en temps pour voir s'il n'y a pas signe de décoloration. Cela peut survenir si l'eau de votre région est dure et qu'elle laisse des dépôts minéraux ou encore si vous utilisez trop de détergent. Ce dernier s'accumule par endroits et finit par décolorer le joint en caoutchouc. (Un conseil: N'emplissez pas systématiquement le distributeur de détergent à ras bord avant de faire un lavage. Emplissez-le d'abord à moitié, puis augmentez la quantité au besoin. Vous saurez que vous avez atteint la quantité qui convient lorsque votre vaisselle en ressortira impeccable.) Si vous constatez une

> ## Les travaux d'Hercule
> ### N'en faites pas un plat!
> Le nombre d'assiettes lavées chaque année chez Rascal House, un resto branché de Miami Beach, qui sert 1,5 million de clients l'an: entre 18 000 et 20 000.

décoloration, frottez le joint à l'aide d'une éponge mouillée enduite du détergent pour le lave-vaisselle.

Conseils pour épargner du temps: De temps en temps, des dépôts minéraux laissés par l'eau dure peuvent décolorer le revêtement intérieur d'un lave-vaisselle. Lorsque cela se produit, faites fonctionner l'appareil en employant un détergent à lave-vaisselle tel que Glisten ou Glass Magic qui contient de l'acide citrique. Si vous ne trouvez ni l'un ni l'autre, M. Krausz nous propose une solution de rechange: placez un bol propre contenant 125 ml de vinaigre blanc dans le panier supérieur du lave-vaisselle vide. Programmez-le au cycle régulier sans détergent. L'acide présent dans le vinaigre devrait se charger du reste. Si la décoloration subsiste, recommencez en employant davantage de vinaigre.

Mise en garde: Ne nettoyez jamais l'intérieur d'un lave-vaisselle en employant un détergent qui n'est pas expressément fabriqué pour cet appareil, pas même du détergent liquide pour la vaisselle. «Tout autre détergent mousserait trop, explique M. Krausz. La mousse déborderait et emplirait votre cuisine!»

N'employez ni nettoyant abrasif, ni tampon à récurer pour nettoyer quoi que ce soit, au-dedans comme au-dehors du lave-vaisselle. Si vous employez un nettoyant en aérosol pour nettoyer la façade, pulvérisez-le sur l'éponge, jamais sur le lave-vaisselle!

Lecteur de vidéocassettes

Puisqu'un lecteur de vidéocassettes fonctionne aussi bien qu'au premier jour pendant les premières 2 500 heures, soit à raison de quatre films par semaine pendant sept ans, la règle en ce qui concerne son nettoyage ou son entretien est simple: n'y touchez pas. Si vous achetez un lecteur à 200 $, il vous revient à environ huit cents par jour. Cependant, je me dois de dire qu'un entretien régulier prolonge la vie de votre appareil, tout en préservant la qualité de vos cassettes et l'image du film. En cette ère technologique où tout nouveau produit est déjà considéré ancien à peu de mois de sa sortie, sept années de service sans failles peuvent sembler un rendement convenable compte tenu du fait que l'on n'a aucun entretien à faire. Par contre, pour ceux d'entre vous qui veulent retirer encore plus de leur investissement, voici quelques stratégies de nettoyage.

Technique: Selon la Consumer Electronics Manufacturers Association à Arlington en Virginie, le lecteur de vidéocassettes est l'appareil électronique qui contient le plus de pièces mécaniques mobiles. La majorité de la saleté et des particules de poussière qui s'y accumulent sont d'origine magnétique, ce qui explique qu'ils soient attirés par les têtes de lecture de votre appareil. Si vous ne les nettoyez pas, la poussière risque d'affecter la qualité vidéo de l'appareil, ce qui se traduit dans la qualité de l'image perçue à travers les lignes blanches et traits noirs, ou la neige envahissant l'écran. «En fait, nous dit Lisa Fasold, porte-parole de la Consumer Electronics Manufacturers Association, la grande majorité des problèmes liés aux lecteurs de vidéocassettes peuvent se résoudre simplement en nettoyant les têtes.»

TRUCS ÉCONOMIQUES

Pour garder vos cassettes en bon état

La Consumer Electronics Manufacturers Association d'Arlington en Virginie nous offre ces quelques conseils pour prolonger la vie des cassettes.

1. Un ruban qui aura servi plusieurs fois — sur lequel on enregistre souvent — perdra sa couche d'oxyde peu à peu et collera aux têtes. Mieux vaut jeter les cassettes qui ont servi au delà de 200 cycles enregistrement-écoute.

2. Gardez vos cassettes dans les boîtiers à cet effet. Cela prévient l'accumulation de poussière et de saleté. Un ruban sale peut transférer des particules de poussière aux têtes enregistreuses et d'écoute, ce qui affecte la qualité de l'image et peut causer du tort aux têtes de votre appareil.

3. Éloignez les cassettes des champs magnétiques tels ceux de la télévision, des enceintes acoustiques et des moteurs électriques.

Utilisez chaque cassette au moins une fois l'an. Cela empêche les particules magnétiques de coller. Si vous n'avez pas le temps de regarder la cassette, alors un simple rembobinage suffira. De plus, le fait de ranger les cassettes en position verticale — comme un livre — le côté bobine pleine vers le bas (cela enlève la pression sur les pivots), leur prolongera la vie.

Celles-ci doivent être nettoyées à l'aide d'un bon produit spécialement conçu pour nettoyer les têtes de magnétoscope, après 20 heures d'usage, plus si vous louez beaucoup de vidéos. Il existe trois types de cassettes nettoyantes sur le marché: à ruban magnétique, sèche ou humide. Tout ce que vous avez à faire est d'insérer la cassette dans votre appareil, appuyer sur le bouton de mise en marche — ou PLAY — et laisser agir.

La méthode de nettoyage à ruban magnétique est celle qui offre le plus d'avantages. Au fur et à mesure que la cassette passe sur les têtes de lecture de votre appareil, vous pouvez voir à l'écran et entendre des signaux indicateurs qui vous assurent que les têtes de lecture-vidéo et de lecture-audio de votre appareil sont propres. Avec le ruban humide, vous devez ajouter une solution nettoyante au ruban avant de faire passer la cassette dans votre appareil. Une fois inséré, le ruban humide se déroule sur les têtes de lecture et les époussette. Il faut cependant s'assurer de ne pas avoir mis trop de liquide. Le ruban sec, quant à lui, est une méthode qui utilise des abrasifs pour nettoyer. Cela peut endommager les têtes et est peu recommandé.

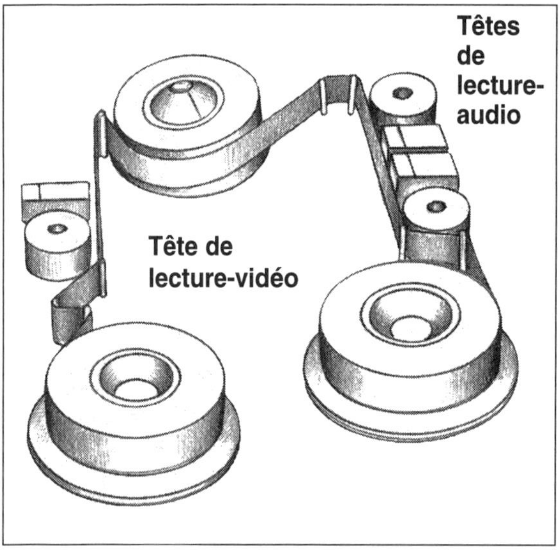

Nettoyez les têtes de lecture audio et vidéo de votre appareil après 20 heures d'usage — plus souvent si vous louez beaucoup de cassettes. Ce schéma illustre l'intérieur d'un magnétoscope ordinaire et tous les endroits où la saleté peut s'accumuler: sur les têtes de lecture et le tracé du ruban.

Bien que les méthodes de nettoyage à rubans humides ou magnétiques offrent une solution plus qu'acceptable en ce qui concerne le nettoyage de vos têtes, elles ne peuvent enlever la saleté qui s'accumule le long du tracé que suit le ruban de la cassette vidéo. Si la neige et les lignes blanches sont toujours là, il vaut mieux consulter un professionnel. N'oubliez pas d'épousseter l'extérieur de votre appareil fréquemment à l'aide d'un chiffon humide.

Conseils pour épargner du temps: Utilisez

des rubans de bonne qualité et vous aurez à nettoyer votre appareil moins souvent. Un ruban de piètre qualité peut laisser des particules qui bloquent les têtes et le tracé. Bien que la désignation par lettre souligne la qualité d'un ruban d'une même marque, il n'existe pas de standard commun, alors la qualité d'une bonne cassette varie d'un manufacturier à un autre. En d'autres mots, une cassette bien cotée achetée dans une solderie, peut ne pas être d'aussi bonne qualité que la cassette cotée standard chez un détaillant haut de gamme. La Consumer Electronics Manufacturers Association recommande l'achat d'une cassette bien cotée chez un détaillant connu.

En moins de deux: Si vous êtes incapable de dire si Dorothée est au Kansas ou au pays d'Oz et que vous n'avez pas un nécessaire à nettoyer, un coton-tige et de l'alcool à friction devraient rendre à l'image sa clarté d'antan. Les longs coton-tiges de bois — si vous en avez — sont préférables et plus faciles à insérer à l'intérieur de l'appareil. Trempez l'embout de coton dans l'alcool et frottez sur les têtes audio et vidéo. Cela dissout l'accumulation de poussière et de saleté.

Mise en garde: Ne versez pas d'alcool ni de liquide nettoyant directement sur l'appareil ni à l'intérieur.

Lessive

Aux États-Unis seulement, on fait 35 milliards de brassées de lessive chaque année, soit un millier de lessives à la seconde. Certes, la lessive est une corvée si courante que la plupart tiennent la chose pour acquise. Pourtant, il ne suffit pas de remplir la machine à laver, de régler le cadran et d'appuyer sur un bouton. Une petite préparation contribuera à mieux laver les vêtements et à en prolonger la durée.

Suivez les conseils de la Soap and Detergent Association de New York et vous laverez plus blanc que blanc!

Lavage en machine

Une loi oblige l'industrie de la confection à apposer sur chaque vêtement une étiquette comportant les indications relatives à son entretien. Il s'agit de votre référence la plus sûre concernant les soins à donner à vos vêtements. Lisez attentivement les étiquettes avant le lavage. Ne surchargez pas votre machine. Les vêtements pourraient s'emmêler et ne circuleraient pas librement dans le panier de lavage.

> ## Les travaux d'Hercule
> **Aérobie pour lave-linge**
> La quantité de linge sale d'un Américain moyen chaque année: plus d'un quart de tonne!

Quelques trucs des lavandières professionnelles vous épargneront temps et argent. En premier lieu, triez les vêtements en fonction des brassées et des articles similaires. Pour empêcher que ne déteignent les articles de couleurs foncées sur ceux de couleurs pâles, triez-les selon leurs couleurs, en réservant les blancs, les foncés et les couleurs d'intensité moyenne. Ensuite, séparez les vêtements très sales de ceux qui le sont peu pour éviter le transfert de la saleté. Séparez ensuite les tissus délicats et les tricots lâches de ceux qui sont résistants, et séparez encore les articles qui feutrent beaucoup tels que les peignoirs de chenille, les serviettes neuves et la flanelle. Pour terminer, mêlez les articles quel que soit leur format, en prenant soin de distribuer la charge également dans le panier. Une brassée type compterait un ou deux draps de lit à deux places, quelques taies d'oreillers, deux à quatre chemises, plus des sous-vêtements et des chaussettes.

Si vous devez laver des articles neufs aux couleurs éclatantes dont vous craignez qu'ils ne déteignent, ou s'il est écrit sur l'étiquette qu'il faut les laver séparément, lavez-les seuls ou avec des articles de même couleur les premières fois.

Lorsque vous avez réparti les brassées de la sorte, faites l'inspection des poches. Un stylo, un bâton de rouge ou une gomme à mâcher pourrait gâter toute une brassée de vêtements. Fermez les glissières et les autres attaches afin de prévenir les déchirures et attachez les lacets et les ceinturons pour qu'ils ne s'emmêlent pas. Enlevez les éléments qui ne sont pas lavables, par exemple les ceintures, et traitez les taches.

Le détachage

En présence de taches, prenez quelques précautions avant de procéder au lavage. Avant toute chose, ne tardez pas à détacher un vêtement. Plus on attend, plus la matière s'infiltre, plus le détachage sera difficile. Identifiez le type de tache, puis suivez les indications présentées dans cet ouvrage en fonction du type de tache. Ne frottez jamais une tache; vous pourriez l'étendre ou abîmer les fibres. Epongez-la plutôt, patiemment avec une serviette blanche propre. Si vous employez un détachant, faites-en d'abord l'essai sur l'envers d'un ourlet ou en un endroit peu apparent du vêtement. Après le lavage

Votre eau est-elle douce ou dure?

L'eau douce facilite le lavage. Par contre, l'eau dure contient des minéraux, principalement du calcium et du magnésium, qui entrent en réaction avec le savon et forment une pâte blanche. Cette dernière laisse un résidu sur les vêtements, raidit les étoffes et s'accumule dans le panier de lavage. Voilà pourquoi on emploie des détergents — qui réagissent moins en présence de l'eau dure — plutôt que du savon dans la fabrication des lessives. Même s'ils ne forment pas cette pâte blanche, les détergents sont moins efficaces en eau dure qu'en eau douce.

Quels sont les indices laissés par l'eau dure? On en compte plusieurs: les savons et shampooings ne moussent pas autant, elle laisse un cerne évident autour de la baignoire, les étoffes sont raidies, des traces blanchâtres apparaissent autour des robinets et des renvois d'eau. Afin de déterminer la dureté de votre eau, entrez en communication avec l'aqueduc municipal ou votre fournisseur d'eau. Si votre eau est dure, ajoutez à votre lessive un adoucissant d'eau ou un rehausseur de détergent — tous deux en vente dans les supermarchés — lorsque vous lavez vos vêtements, ou versez un peu plus de détergent qu'il n'est recommandé. Selon la *Soap and Detergent Association* de New York, voici les paramètres à partir desquels on classe l'eau dure. Le chiffre indique la quantité de minéraux, en général du calcium et du magnésium, en milligrammes pour un litre.

Eau douce: 0 à 60 mg
Moyennement dure: 61 à 120 mg
Dure: 121 à 180 mg
Très dure: plus de 180 mg

d'un article qui était taché, vérifiez-le pour vous assurer que la tache a disparu avant de le mettre au sèche-linge. «La chaleur cuit les taches», explique le Dr Ann Lemley, directrice du département des textiles et des habillements à l'université Cornell à Ithaca dans l'État de New York. Si la tache s'y trouve encore, répétez le traitement à l'aide du détachant. Si elle ne disparaît pas la seconde fois, laissez sécher le vêtement à l'air libre, lavez-le de nouveau ou confiez-le à un teinturier, même s'il s'agit d'un vêtement que vous ne donnez pas à nettoyer d'ordinaire. Faites part à l'employé de la teinturerie du type de détachant dont vous vous êtes servi.

Les détergents

Plusieurs facteurs déterminent la quantité de détergent nécessaire: l'ampleur du chargement, le degré de saleté, le volume d'eau dans le

> **COMMENT, POURQUOI?**
>
> **Le gobe-taches**
>
> Vous vous êtes souvent interrogé sur les promesses audacieuses que font les réclames de détergents? «Ravive les couleurs et confère l'aspect de la nouveauté!» On croit souvent qu'il s'agit d'enflure rhétorique des créatifs des agences de commercialisation. Sauf que le Dr Ann Lemley nous confirme qu'une vérité scientifique sous-tend pareille affirmation. La plupart des vêtements lavables en machine sont confectionnés en coton, une fibre naturelle contenant de la cellulose. «Certains détergents contiennent des enzymes qui dissolvent la cellulose et délogent ainsi les peluches du coton, explique-t-elle. Les vêtements semblent alors neufs. C'est stupéfiant! Et puisque leur action est lente, ils ne rongent pas le reste de l'étoffe.»

lave-linge et la dureté de l'eau. Les indications que l'on trouve sur le conditionnement des détergents à lessive sont généralement fondées sur les critères suivants: de 2,5 à 3,5 kg de linge, une saleté modérée, 69 litres d'eau dans un lave-linge à chargement par le haut ou 28 litres d'eau dans un lave-linge à chargement frontal et de l'eau modérément dure. Vous devrez employer davantage que la quantité conseillée pour un chargement plus important, s'il y a des taches tenaces, en présence d'eau dure, ou si la capacité de chargement du lave-linge est plus élevée. Si l'eau est douce, la charge moins élevée ou la capacité de chargement réduite, employez un peu moins de détergent. Mais trop peu de détergent en atténuerait le pouvoir détachant et la saleté pourrait se déposer à nouveau sur les vêtements.

Vous réduirez les peluches et adoucirez vos vêtements en employant un assouplissant ou en mettant une feuille d'assouplissant au sèche-linge. «Cela supprime la statique, de sorte que l'étoffe n'attirera pas les peluches», explique Jane Rising, instructrice au département de l'éducation de l'International Fabricare Institute à Silver Spring dans le Maryland. «C'est un peu comme un revitalisant capillaire: si on n'en met pas, les cheveux sont imprégnés d'électricité statique et, si on en met, les cheveux sont disciplinés.»

Au moment de charger le lave-linge, versez d'abord le détergent et les autres produits tels que l'assouplissant d'eau ou le rehausseur de détergent. Puis emplissez le panier d'eau et, en dernier lieu, déposez les vêtements. L'agitateur, pour bien remplir sa fonction, a besoin d'assez d'espace pour que les articles puissent y circuler. Emplissez donc le panier de lavage avec plus d'eau que moins. Réglez le niveau d'eau en fonction du chargement prévu, et la température par rapport à la composition des étoffes. En général, on lave le blanc, les couleurs grand teint et les vêtements très sales en eau très chaude (entre 41 et 50 °C). Les couleurs qui ne sont pas grand teint, les articles au pressage permanent, le nylon, l'acrylique et les autres fibres synthétiques, de même que les articles modérément souillés, doivent être lavés en eau chaude (soit 31 à 41 °C). On peut également laver la soie lavable et les lainages lavables à cette température. Lisez d'abord l'étiquette de chaque vêtement pour vous assurer qu'il est lavable. Lavez les couleurs très délicates et les articles légèrement sales en eau froide (soit entre 18 et 30 °C). Rincez en eau froide.

Le sèche-linge

Les vêtements qui ont séché correctement ont meilleure allure et exigent moins d'efforts à l'heure du repassage. En premier lieu, assurez-vous que le filtre du sèche-linge est libre de toute charpie. Un filtre obstrué prolonge la durée du séchage, ce qui accroît la note d'électricité. Si le filtre est congestionné, la charpie peut également se retrouver sur les vêtements. Vous pouvez contrer la charpie grâce à un assouplissant liquide ou en feuille, lequel atténuera l'électricité statique courant sur les vêtements.

Avant de mettre un article au sèche-linge, remuez-le légèrement pour le déplier. Ici encore, ne surchargez pas l'appareil: les vêtements mettraient plus de temps à sécher et seraient plus froissés. Faites sécher ensemble des articles semblables, par exemple les serviettes seulement, les vêtements au pressage permanent, etc. Faites sécher les articles délicats, la lingerie séparément. Plusieurs fibres synthétiques nécessitent un séchage à faible température, notamment l'acrylique, le nylon, le polyester et la polyoléfine. Lisez attentivement les indications concernant l'entretien. Pour éviter les faux plis, sortez les vêtements du sèche-linge aussitôt qu'il cesse de fonctionner, pliez-les ou pendez-les à leurs cintres sans tarder. Remettez l'étoffe en place pour effacer les faux plis. Ceignez les boucles et boutonnez les boutonnières. Le temps nécessaire au repassage en sera réduit d'autant.

Le repassage

Faites en sorte que votre fer et votre planche à repasser soient propres pour éviter les taches. Triez les articles à repasser en fonction de la chaleur nécessaire. Les soies et les étoffes synthétiques doivent être

ENTRETIEN DES TISSUS

Voici les principaux symboles d'entretien des tissus employés dans l'industrie nord-américaine des textiles depuis 1997. On trouve quatre symboles de base pour les vêtements lavables — désignant le lavage, le séchage, la javellisation et le repassage — ainsi qu'une brève explication pour chacune des catégories. Le degré de température peut varier en fonction des électroménagers de chacun. Photocopiez cette page et affichez-la bien en vue dans votre laverie.

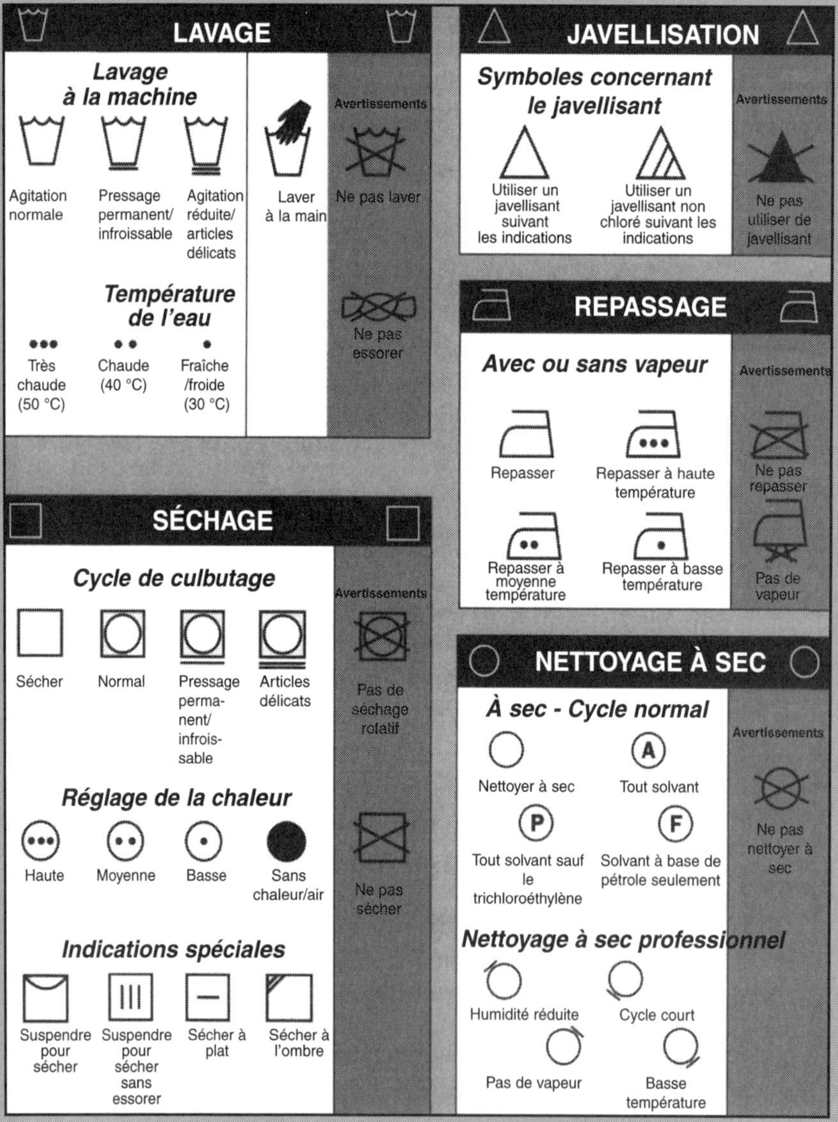

Références: Tableau réalisé par la *Federal Trade Commission* dans le cadre du projet CLEAN.

Les tenants et les aboutissants du phosphate

Il y a peu de temps, la plupart des détergents à lessive du commerce contenaient du phosphate, soit un composé qui sert à multiplier l'efficacité du détergent, notamment afin de déloger les taches, principalement en eau dure. Le phosphate atoxique contribue également à la croissance des végétaux. Mais cela conduit à un problème. Lorsque les eaux usées contenant du détergent se retrouvent dans les cours d'eau, les étangs et les lacs, elles provoquent un phénomène dit «eutrophisation», soit une accélération soudaine de la prolifération végétale sous-marine qui réduit les réserves d'oxygène des poissons.

Il se trouve des environnementalistes qui préconisent l'interdiction des phosphates dans les détergents. Certes, dans certaines régions il existe désormais des lois interdisant la production et la vente de détergents contenant ce composé. Il revient au consommateur de vérifier si le détergent qu'il utilise contient ou non des phosphates. Voici quelques conseils de la société Maytag pour faire en sorte que votre lessive soit plus blanche, plus douce et plus éclatante, sans pour autant faire appel aux phosphates:

- Employez un détergent liquide surpuissant. Ce type de produit ne contient pas de carbonate, un substitut de phosphate qui laisse parfois des traces et peut entraîner la décoloration et la raideur de l'étoffe, et donner un aspect miteux au blanc.
- Lavez à l'eau la plus chaude qui soit sans danger pour le contenu d'une brassée.
- Faites dissoudre en eau chaude les granules de détergent avant de les verser dans le lave-linge.
- Versez entre 80 et 125 ml d'adoucissant d'eau ou de revitalisant, par exemple Calgon ou Spring Rain.
- Traitez les taches au préalable, faites tremper les vêtements avant de les laver ou faites les deux.
- Employez un javellisant lorsque le contenu d'une brassée le permet.
- Lavez en eau douce.

repassées à faible température, tandis que le coton et la toile exigent une chaleur plus élevée. Afin de minimiser les faux plis, repassez en premier lieu les cols, les manchettes, les manches et les petits détails, après quoi vous repasserez les surfaces plus importantes. Ne repassez pas les taches qui cuiraient au contact de la chaleur. Pour éviter qu'une étoffe ne devienne luisante au contact du fer chaud, procurez-vous un

Complainte de la lavandière automate

Voici quelques-uns des ennuis souvent rencontrés pendant que vous lavez le linge et les solutions à chacun des problèmes.

Le blanc jaunit ou grisonne. Augmentez la quantité de détergent; haussez la température de l'eau de lavage ou mettez du javellisant, s'il y a lieu.

Des taches bleuâtres. Ces taches naissent parfois lorsque le colorant bleu présent dans le détergent ou l'assouplissant ne se dissout pas ou ne se propage pas dans le panier de lavage. Si le détergent en est la cause, diluez 250 ml de vinaigre blanc et un litre d'eau dans un contenant de plastique; trempez-y le vêtement pendant une heure, puis rincez-le. Si l'assouplissant en est à l'origine, frottez la tache avec un pain de savon, puis lavez le vêtement.

Des taches de rouille. Employez un détachant de rouille du commerce conseillé pour les étoffes, par exemple Whink Rust Stain Remover, que l'on trouve dans les quincailleries. Lisez attentivement le mode d'emploi avant de l'utiliser. Portez des gants de caoutchouc résistant, évitez tout contact avec la peau et les yeux, et travaillez dans un lieu bien aéré. N'employez pas de javellisant chloré, qui pourrait intensifier la décoloration de l'étoffe. Afin de prévenir ce problème, faites l'essai d'un adoucissant d'eau ou d'un revitalisant à diffusion graduelle, par exemple Calgon ou Spring Rain, dans l'eau de lavage et de rinçage. Ces produits empêchent le fer de se déposer sur les vêtements. On les trouve dans les quincailleries et les magasins à rayons. La rouille présente dans l'eau, les canalisations ou le chauffe-eau teinte parfois les vêtements. Faites couler l'eau chaude pendant quelques minutes avant de lancer le cycle de lavage afin de purger les tuyaux. Chassez l'eau du chauffe-eau de temps en temps.

Mise en garde: Lisez attentivement le conditionnement des produits pour en connaître le mode d'emploi et les précautions d'usage.

Des traces de détergent ou la raideur des étoffes. Mélangez 250 ml de vinaigre blanc à quatre litres d'eau chaude dans un contenant de plastique; mettez les vêtements à tremper et rincez-les. Dorénavant, versez d'abord le détergent dans l'eau de lavage, laissez-le se dissoudre, puis chargez les vêtements dans le panier. Ou encore, adoptez un détergent liquide.

linge à repasser ou fabriquez-vous-en un à l'aide d'un vieux drap. Posez le linge sur le vêtement et repassez dessus.

Le lavage à la main et le séchage des étoffes délicates

Suivez attentivement les indications relatives à l'entretien d'un vêtement. Lavez-le en eau chaude ou froide, selon ce qu'il est conseillé sur l'étiquette, puis rincez-le en eau froide. Employez un détergent doux ou du détergent liquide pour la vaisselle. Suivez les indications concernant la quantité à employer. Afin de vous assurer qu'une couleur ne déteindra pas, prenez un coton-tige trempé dans le détergent et passez-le en un endroit peu visible du vêtement, par exemple l'envers d'une couture. Si la couleur déteint, lavez ce vêtement séparément. Laissez le détergent en poudre se dissoudre complètement avant d'y tremper les vêtements. Essorez l'excédent d'eau et roulez le vêtement dans une serviette de ratine sèche. Ensuite, déroulez-la et laissez sécher à plat, à l'abri du soleil. Pour ne pas abîmer l'étoffe, évitez de frotter pendant le lavage et n'essorez pas le vêtement pendant qu'il sèche.

Conseils pour épargner du temps: Traitez ou faites tremper au préalable les vêtements tachés. Vous aurez ainsi de meilleures chances de les déloger au cours du lavage. Pendant le séchage en machine, n'ajoutez pas au mitan d'articles mouillés à d'autres qui seraient en voie d'être secs. Profitez de la chaleur résiduelle du sèche-linge en y enfilant vos brassées de linge les unes après les autres. (Cela vous sera impossible si un cycle de refroidissement est programmé dans votre sèche-linge.)

Liège

Les gens ne savaient trop que faire du liège avant le XVIe siècle, jusqu'au moment où ils se sont rendu compte de son utilité pour boucher les bouteilles de verre. De nos jours, on peut retrouver le liège en maints endroits dans la maison. La méthode de nettoyage est fonction du fait que le liège soit ou non étanche.

Technique: «Les sols de liège sont pratiquement tous étanchés, auquel cas on s'occupera de l'enduit étanche plutôt que du liège», nous dit Martin L. King, expert-conseil en restauration à Arlington en Virginie. On peut les laver à la vadrouille avec un nettoyant qui convienne à l'enduit qui recouvre le sol. Le liège nature est très poreux. Il ne faut pas trop le mouiller. Frottez plutôt le recouvrement à l'aide d'une pâte nettoyante destinée au papier mural ou d'une éponge de caoutchouc mousse sèche (en vente dans les quincailleries et chez les marchands de peinture). L'éponge est particulièrement indiquée pour déloger des murs et des plafonds les particules de saletés. Il ne faut pas employer une éponge de cuisine ordinaire car elle répandrait la saleté plutôt que de la faire disparaître. Vous pourriez poncer légèrement un mur de liège pour y faire disparaître certaines taches, mais faites d'abord un essai pour vous assurer de ne pas abîmer la surface sur laquelle vous poncerez.

En moins de deux: Si vous n'avez pas le temps de vous rendre à la quincaillerie pour vous procurer de la pâte nettoyante ou une éponge de caoutchouc mousse, vous pouvez frotter le liège à l'aide d'un pain rance, qui effacera la saleté sans abîmer, ou tapoter la surface à l'aide d'un adhésif.

Mise en garde: Même si vous lavez un parquet de liège étanche, n'employez pas trop d'eau. Si vous lavez le sol à la vadrouille, ne versez pas d'eau du seau. N'employez jamais de javellisant sur du liège non étanché: une tache pourrait alors se former.

Linge de maison

«Votre linge de maison constitue un investissement de taille», dit Marry Keener, une ancienne gouvernante chargée de superviser la lessive de 1,25 millions de kg de linge à l'hôtel Loews Ventana Canyon Resort à Tucson en Arizona. On souhaite que le linge soit frais et craquant après chaque lessive et qu'il demeure ainsi le plus longtemps possible.

Technique: Voyez d'abord les étiquettes de vos articles pour connaître les indications relatives à leur entretien. La plupart des articles de literie et de toilette sont en coton ou composés de coton et polyester, et sont lavables en machine.

Lavez-les souvent, à raison d'une ou deux fois la semaine. «Quand on loge à l'hôtel, on s'attend à ce que les draps soient lavés chaque jour», dit Mme Keener. Cette fréquence est exagérée, mais une lessive aux quatre ou cinq jours assure une bonne hygiène.

Traitez les taches aussitôt qu'elles sont faites. Employez un détachant du commerce ou un pain de savon. Ce dernier est économique et délogera la plupart des taches, voire les plus tenaces. Aussi, ayez un pain de savon sous la main dans votre laverie. Imbibez la tache d'eau froide — l'eau chaude peut fixer certaines taches — et frottez-y directement le pain de savon, puis mettez la taie ou le drap dans le lave-linge.

Si vos draps sont en soie, ils sont probablement lavables ou il s'agit de draps de satin. Les draps de satin sont semblables à ceux de soie, mais le satin est synthétique et ne provient pas du fil du ver à soie. Quoi qu'il en soit, lavez-les en eau froide au cycle des tissus délicats. Faites-les sécher par culbutage à faible température. Mais avant de les laver, lisez bien les étiquettes relatives à leur entretien.

Faites nettoyer à sec vos parures de lit en soie à raison d'une ou deux fois l'an. Bien sûr, les parures de lit sont généralement lavables à la machine. Suivez attentivement les indications relatives à leur entretien. «En raison du volume du matériel, dit encore Mme Keener, la plupart des lave-linge ne peuvent contenir un couvre-lit plus grand que celui de dimension normale.» Assurez-vous que le contenu du panier de lavage sera couvert d'eau et qu'il sera agité comme il se doit. Si votre parure est trop volumineuse pour le panier de lavage de votre appareil, lavez-la à la buanderie dans une machine réservée à cet effet, ou confiez-la à un teinturier. À raison d'une ou deux fois l'an, le jeu en vaut la chandelle.

Si un membre de votre famille se remet d'une maladie, lavez tout son linge de maison, notamment ses draps, pour éviter la prolifération des germes.

En moins de deux: Afin de rafraîchir une parure de lit qui en a besoin sans la laver au complet, mettez-la au sèche-linge pendant cinq à dix minutes au programme «Air Fluff». Cela en délogera la poussière et les autres particules, et les fera passer du couvre-lit au filtre du sèche-linge. Ajoutez-y une feuille d'assouplissant pour lui donner une odeur agréable. Sinon, pendez la parure sur un fil au grand air par une belle journée ensoleillée. Les rayons ultraviolets du soleil supprimeront les bactéries et la brise soufflera sur la poussière.

Litière du chat

Un nettoyage en règle de la litière du chat importe, non seulement à la santé et au bien-être de votre chat, mais également pour atténuer l'une des plus vilaines odeurs domestiques.

Technique: Si vous employez la litière en granules, enlevez chaque jour les excréments solides et changez-la aux cinq ou six jours. Lavez le bac à l'eau chaude avec un peu de détergent liquide pour la vaisselle ou un nettoyant domestique tel que le savon à l'huile Murphy et rincez-le abondamment. «Les bacs de plastique retiennent les odeurs, aussi, n'employez aucun nettoyant qui soit très parfumé car cela pourrait repousser votre chat», nous conseille Jacque Schultz, directeur des Companion Animal Services auprès de la Société de prévention de la cruauté envers les animaux à New York. Si vous employez une litière dite agglomérante, dont les granules coagulent au contact de l'eau, enlevez-y les boulettes chaque jour et ajoutez des granules aux deux jours pour vous assurer que l'urine ne s'accumule pas au fond du bac. Lorsqu'une mauvaise odeur commence à poindre, videz le bac et lavez-le. Pour terminer, M. Schultz nous déconseille les bacs à litière doublés. «La plupart des chats déchirent la doublure de leurs griffes et l'urine s'infiltre dessous et s'y accumule.»

Conseils pour épargner du temps: Si vous habitez un appartement et que vous ne pouvez rincer le bac à l'aide du boyau d'arrosage, lavez le bac dans la baignoire, non sans l'avoir vidé de son contenu. Lavez et rincez la baignoire après coup.

Mise en garde: Remisez les nettoyants nocifs dans une armoire sûre, où vos animaux de compagnie n'ont pas accès.

Lits d'eau

Dans un lit conventionnel, les huiles naturelles de la peau et les cellules mortes se retrouvent enfouies dans les fibres du matelas. Par contre, dans un lit d'eau, celles-ci s'accumulent et se retrouvent à la surface du matelas en vinyle.

Technique: Environ une fois par mois, passez une éponge sur le dessus et les côtés du matelas. Utilisez une solution à base d'eau et de savon pour les mains ou de liquide pour le lave-vaisselle. Prenez deux seaux: un pour la solution nettoyante, l'autre pour l'eau de rinçage. Une fois le lavage du matelas terminé, rincez de façon à ce que l'on n'y retrouve plus aucun résidu de savon. Les savons nettoyants ou les revitalisants spécialement conçus pour le vinyle ne sont généralement pas nécessaires, nous dit James Hauser, directeur général chez Specialized Plastic Sealing, un manufacturier de matelas pour lits d'eau de Carlsbad au Nouveau-Mexique. Les revitalisants sont appliqués à la surface afin de rafraîchir la pellicule plastique du matelas.

«Le problème c'est que le vinyle se détériore à partir de l'intérieur, et non à partir de l'extérieur du matelas. Les composantes chimiques volatiles s'échappent et, éventuellement, la couverture vinyle du matelas va se durcir. Cela prend environ 735 années pour que le vinyle se décompose à son état naturel», nous dit M. Hauser. «Les revitalisants pour vinyle n'ajouteront que quelques jours à la durée de votre matelas.»

Faites plutôt attention à l'eau qui se trouve à l'intérieur du matelas. Ajoutez-y un revitalisant approuvé par la Environmental Protection Agency. Vous en trouverez dans les magasins où l'on vend des lits d'eau. Cela tuera les bactéries qui causent les odeurs. Il faut cependant l'ajouter avant de remplir le matelas, pour que le produit se répande uniformément.

Conseils pour épargner du temps: Utilisez une housse de matelas. Cela prolongera la vie de votre matelas d'eau et le gardera plus propre.

Livres

Il en est du nettoyage des livres comme de la préparation de l'omelette: il est préférable de faire simple et léger!

Technique: «À moins qu'il ne faille vraiment les nettoyer, le mieux avec les livres consiste simplement à les épousseter», nous dit Karen Muller, directrice administrative de l'Association for Library Collections and Technical Services à Chicago. On nettoie à l'aide d'un chiffon ou d'une éponge humide mais pas détrempée, pour enlever les traces de doigts ou d'aliments sur les couvertures des reliures cartonnées ou des formats poche vernis. Employer une gomme à effacer pour faire disparaître les saletés sur les couvertures mates. Gommez délicatement le papier pour ne pas faire disparaître la couleur. Si la reliure est en cuir, passez l'aspirateur ou époussetez à l'aide d'un chiffon propre et sec.

Il n'existe aucune méthode infaillible pour supprimer l'odeur de moisi que dégagent les livres anciens, mais un centre de conservation de documents anciens nous en propose une pour laquelle il faut réunir deux poubelles propres, dont une qui puisse entrer à l'intérieur de l'autre en y dégageant un espace libre. Mettez les livres à l'intérieur de la plus petite des deux; versez du bicarbonate de soude, des briquettes de charbon ou des granules de litière pour chats au fond de la grande poubelle, puis enfermez-y la plus petite. Posez le couvercle sur la

CONSEILS D'EXPERT

Le gardien du barde

En 1623, sept ans après le décès de William Shakespeare, deux acteurs de ses amis colligèrent et publièrent 36 de ses pièces rassemblées dans une édition dite *First Folio.* Sans les remarquables efforts de John Heminges et Henry Condell, à une époque où les pièces de théâtre étaient rarement considérées comme des œuvres littéraires dignes d'être préservées, plusieurs drames shakespeariens auraient été perdus à jamais. Parmi les quelque 300 copies conservées à ce jour, la Folger Shakespeare Library de Washington en possède 80, soit la plus importante collection au monde.

« Chacun des tomes des premiers folios vaut à lui seul trois-quarts de millions de dollars, aussi nous ne faisons pas que les nettoyer», dit le chef conservateur Frank Mowery.

«À l'instar de tous nos livres rares, nous les conservons dans une chambre forte où règne une température constante de 68° F et une humidité relative de 50 p. cent. Cette constance est essentielle à la conservation des livres. Sinon, le papier se dilate et se contracte à mesure qu'il absorbe ou qu'il perd de l'humidité. Après de trop nombreuses fluctuations, il finit par se dégrader comme un morceau de métal que l'on plierait et déplierait un grand nombre de fois. Un degré d'humidité de 50 p. cent suffit à conserver le papier suffisamment souple pour qu'il ne s'effrite pas, mais trop sec pour qu'y prolifèrent les poissons d'argent et autres insectes nuisibles qui absorbent de l'eau à travers la nourriture qu'ils ingèrent.

«La chambre forte est munie d'un système de climatisation qui filtre pratiquement toute la poussière, mais une fois l'an un employé époussette tous les livres à l'aide d'un chiffon infeutrable et d'un produit tel que Endust ou à l'aide d'une balayette antistatique dont la force magnétique attire les poussières.

«Les spécialistes de Shakespeare ont le droit de consulter ces ouvrages, non sans s'être lavé et séché les mains au préalable. Contrairement à l'idée répandue, nul n'a le droit de porter des gants. Même muni de gants ultra-minces, on perd le sens du toucher et l'on accroît les risques de déchirer une page ou de laisser échapper un livre.

«Un tel système de contrôle atmosphérique n'est pas à votre portée, mais vous pouvez conserver vos livres grâce à des humidificateurs et déshumidificateurs, selon les exigences de la température, afin de stabiliser le degré d'humidité dans votre bibliothèque.»

grande poubelle et laissez-là les livres pendant plusieurs jours. Surtout, ne laissez pas la poubelle là où les éboueurs pourraient s'en emparer!

Conseils pour épargner du temps: Nettoyez des rayons de livres en époussetant les dos à l'aide d'une buse à poils branchée à la tige d'un aspirateur. Époussetez délicatement leurs tranches supérieures, sans trop presser, de crainte d'écraser les reliures.

Mise en garde: Les conservateurs ne conseillent plus d'utiliser des nettoyants pour le cuir tels que l'huile de sabots de vache ou la lanoline sur vos reliures de cuir. On s'accorde désormais pour affirmer que ces produits risquent de les décolorer, de les tacher, de les rendre poisseuses, ou d'être absorbés par d'autres livres ou papiers. Ces produits nettoyants peuvent aussi stimuler les moisissures.

Luminaires

Évidemment, vous pourriez remplacer les ampoules par d'autres ayant une puissance en watts supérieure. Mais pourquoi hausser votre consommation en électricité alors qu'un brin de nettoyage jettera un nouvel éclairage sur votre vie? Hormis la poussière qui s'accumule, il faut enlever les insectes kamikazes qui se ruent sur les ampoules et périssent ainsi dans la lumière.

Technique: En premier lieu, démontez ou débranchez le luminaire. Époussetez vos luminaires aussi souvent que possible à l'aide d'un chiffon sec. Après l'époussetage, essuyez-les à l'aide d'un chiffon ou d'une éponge humide, imprégné d'un nettoyant tous usages, d'un nettoyant pour le verre ou d'une giclée de détergent liquide pour la vaisselle dilué dans un seau d'eau tiède. «La plupart des insectes qui sont attirés vers la lumière sont des phalènes dont les ailes sont couvertes d'une fine poudre», dit Marry Keener, adjointe au directeur de la gestion des installations à l'université de l'Arizona à Tucson et membre du comité consultatif technique du magazine *Executive Housekeeping Today.* «Il faut se défaire de cette poudre avant d'essuyer les ampoules avec un chiffon humide. Lorsqu'elle est en contact avec l'humidité, la poudre laisse des traînées et il est difficile de la faire disparaître.» Rincez les luminaires avec un chiffon ou une éponge propre et humide. Étant donné que la plupart des luminaires sont fabriqués en verre, en plastique, en laiton ou en un autre matériau que l'on peut égratigner, n'employez ni nettoyant, ni récurant abrasif.

Conseils pour épargner du temps: Enlevez la poussière et les insectes grillés à l'aide du suceur à épousseter de votre aspirateur.

Lunettes

Votre vue est embrouillée? La solution pourrait se trouver sur le bout de votre nez. Les huiles organiques et la poussière ne cessent de s'accumuler aux parois des lunettes. Un entretien régulier améliorera votre vue et prolongera la durée de vos lorgnons.

Technique: Une fois par jour, lavez les deux faces de vos verres avec de l'eau chaude et savonneuse et un chiffon doux. Avant de les frotter, passez-les sous l'eau courante pour y déloger les particules. Du détergent liquide pour la vaisselle ou un pain de savon fait très bien l'affaire. Asséchez-les avec un chiffon doux et propre. N'employez jamais un produit ou un chiffon abrasif. Évitez de nettoyer vos verres sans qu'ils ne soient mouillés. «Il se trouve de fines particules à la surface du verre, souvent invisibles à l'œil nu, qui risquent de l'érafler si on les essuie à sec», explique Stephen Miller, opticien et directeur de la clinique de l'American Optometric Association à Saint-Louis.

Une fois par mois, lavez vos montures à l'eau et au savon. Si elles sont vraiment sales, frottez délicatement le pince-nez et les pentures à l'aide d'une vieille brosse à dents. Il faut vous assurer que votre monture durera aussi longtemps que les verres.

En moins de deux: «Nettoyer vos lunettes avec un mouchoir vaut mieux que pas du tout», nous dit encore M. Miller. Faites cependant montre de prudence. En premier lieu, soufflez sur vos verres pour en déloger le plus de poussière possible.

Lustres

N'oubliez pas de jeter un coup d'œil en l'air de temps en temps lorsque vous faites l'entretien. Les lustres attirent beaucoup la poussière et brilleront de feux plus éclatants si vous les nettoyez avec assiduité.

Technique: Pour un nettoyage léger, passez un plumeau sur les branches et les bougies du lustre ou soufflez sur la poussière à l'aide d'un sèche-cheveux. Pour un nettoyage plus en profondeur, consultez les différentes sections du présent ouvrage en fonction des matériaux avec lesquels le lustre est fait (par exemple, Laiton ou Chrome). Afin de nettoyer les pendeloques de verre ou de cristal, vous pourriez les enlever une à une, en prenant garde de ne pas tordre les fils métalliques qui les retiennent à la structure. Nettoyez-les à l'aide d'un nettoyant pour le verre et d'un chiffon doux et propre. Sinon, préparez votre nettoyant en mélangeant neuf parts d'eau distillée à une part d'alcool à friction. L'eau distillée est ici préférable à l'eau du robinet car elle contient moins de minéraux qui pourraient laisser des traces.

Conseils pour épargner du temps: Plutôt que de retirer toutes les pendeloques, ce qui exige un temps considérable, traitez-les avec des gants blancs! Enfilez une paire de gants de coton blanc. Ensuite, pulvérisez le nettoyant pour le verre sur les pendeloques; frottez-les délicatement avec vos doigts gantés. «Les gants de coton nous permettent de saisir une pendeloque sans entortiller les fils métalliques qui la retiennent», explique Martin L. King, expert en restauration à Arlington en Virginie. «Il s'agit d'une méthode très efficace pour les nettoyer.»

Mise en garde: Faites le tour du lustre plutôt que de rester en place et de l'entortiller autour de son câble lorsque vous le nettoyez. Même si vous travaillez du haut d'une échelle, déplacez-la périodiquement. Entortiller le lustre sur son câble exercerait une force qui, à la longue, risquerait de le dépendre du plafond. Posez une couverture sous le lustre avant de procéder, de sorte qu'une pendeloque qui en tomberait n'éclate pas au bout de sa chute.

Machines à coudre

Une machine à coudre en bon ordre fonctionne mieux et dure plus longtemps. Faites donc en sorte que les pièces articulées soient exemptes de peluches et autres saletés.

Technique: À la fin de chaque séance de couture, à l'aide d'une petite brosse de nylon moyennement souple, enlevez les peluches accumulées sous l'aiguille et le pied-de-biche, la griffe d'entraînement et la canette. Enlevez (si c'est possible) le verrou, le crochet et la canette. S'il se trouve une plaque à aiguille amovible, retirez-la et nettoyez dessous.

Puis, à moins que votre machine soit dotée d'un mécanisme de lubrification intégré, versez une ou deux gouttes d'huile sur les pièces articulées avant de les remettre en place. (Suivez les conseils du fabricant concernant l'entretien de la machine.) «L'huile ordinaire, dite à triple usage, ne convient pas», dit Richard Hartmann, responsable du soutien technique chez Brother International Corporation à Somerset dans le New Jersey, où l'on fabrique des machines à coudre depuis 1954. «Cela gomme les pièces lorsqu'on n'utilise pas la machine pendant quelque temps. J'emploie du WD-40 ou un lubrifiant à base de

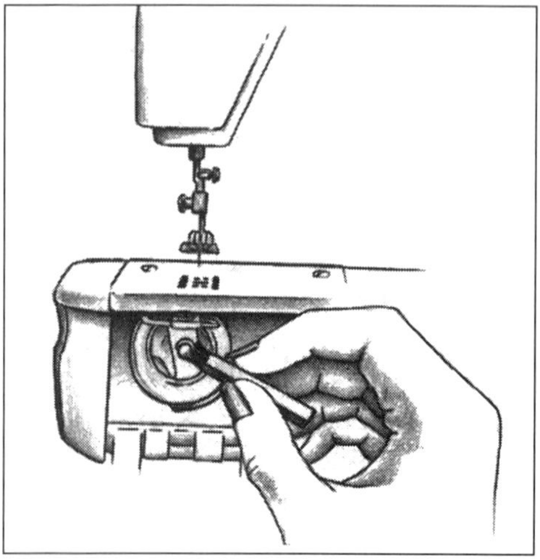

À la fin de chaque séance de couture, enlevez les fils et peluches sous le pied-de-biche et dans la canette à l'aide d'une petite brosse moyennement souple.

silicone.» Ne pulvérisez pas le lubrifiant directement sur la machine, cela pourrait abîmer le moteur ou les composants électroniques. Vaporisez-en plutôt une petite quantité sur un chiffon, puis essuyez les pièces articulées.

Époussetez le boîtier de la machine à l'aide d'un chiffon infeutrable. Bien que toutes les machines à coudre étaient autrefois fabriquées en métal, la plupart des modèles d'aujourd'hui sont en plastique. «Le benzène et les produits chimiques puissants sont à proscrire», dit M. Hartmann. Un nettoyant tous usages doux convient pour enlever les traces de doigts et les saletés gommées. À nouveau, humectez un chiffon de nettoyant et frottez-en la machine.

Conseils pour épargner du temps: Si votre machine n'a pas été nettoyée depuis longtemps, qu'elle est empoussiérée à l'extérieur comme à l'intérieur, prenez un sèche-cheveux (réglé à air froid) ou un boyau fixé à la sortie d'air de l'aspirateur afin de déloger la poussière.

En moins de deux: Ayez à portée de main une bombe d'air comprimé. Si vous n'avez pas le temps de nettoyer le pied-de-biche et la plaque à aiguille, une simple pulsion d'air comprimé en chassera les indésirables.

Mise en garde: Débranchez toujours la machine avant son entretien. «Évitez de vous coudre les doigts!», lance M. Hartmann. Si vous avez du mal à atteindre la prise de courant, débranchez le cordon électrique de votre machine. La plupart des couturières branchent leurs machines de cette façon.

Machines à écrire

Faire la correction de coquilles dans un texte peut se révéler une tâche très ardue, si on doit utiliser une machine à écrire sale. Les rouleaux poussiéreux ont tendance à glisser juste assez pour que la correction soit plus apparente. «L'une des principales difficultés, nous dit Mark Gebert, responsable du service clientèle chez Office Concepts Rochester Typewriter à Troy dans le Michigan, c'est la poussière de tous les jours qui s'accroche à la machine.» Des touches qui commencent à coller, un moteur qui met un peu plus de temps avant de prendre son rythme, un chariot qui glisse lentement, voilà certains signes qui annoncent qu'un nettoyage est de mise. Un peu d'air comprimé, quelques produits ménagers, et vous voilà prêt à passer à l'attaque!

Technique: Pour commencer, enlevez tous les rubans et la roulette (s'il y en a une), puis, attaquez-vous à la poussière. Enlevez le couvercle. La machine debout face à vous, une bouteille d'air comprimé (on peut s'en procurer dans tout magasin d'accessoires de bureau) à la main, soufflez la poussière vers le bas et l'extérieur de l'appareil. Forcez l'air à passer entre chaque touche. Commencez depuis l'intérieur en vous dirigeant vers l'extérieur. «Plus vous enlèverez de poussière, mieux cela vaudra», nous dit M. Gebert.

Le rouleau ou les plaques aident à maintenir le papier bien en place, de sorte que l'espacement est égal. Vous trouverez de deux à quatre rouleaux additionnels sous le plus large. Nettoyez-les à l'aide d'un chiffon trempé d'alcool (isopropyle ou à friction). Faites passer le linge d'un côté à l'autre du rouleau en lui faisant faire un tour complet.

Les touches de plastique doivent être nettoyées au chiffon trempé dans un nettoyant tous usages. N'utilisez pas de nettoyant abrasif, car cela égratignerait les touches et atténuerait les détails. De plus, ne vaporisez rien directement sur le clavier.

Des baguettes souillées d'encre produiront un travail d'une piètre qualité, alors il vaut mieux les nettoyer également. Mouillez une petite brosse métallique avec de l'alcool et frottez les dépôts d'encre jusqu'à ce qu'ils soient complètement enlevés. Asséchez bien au fur et à mesure avec un chiffon infeutrable. Il vous sera peut-être nécessaire d'utiliser une épingle à nourrice pour enlever les dépôts d'encre incrustés à l'intérieur des lettres. «Tout ce qui est circulaire a tendance à amasser l'encre», nous dit M. Gebert.

Afin de nettoyer une roulette en plastique, il suffit de l'enlever de la machine, de la poser sur un papier buvard, de la vaporiser de nettoyant tous usages et de l'assécher en la tapotant doucement à l'aide d'un chiffon sec.

Conseils pour épargner du temps: Essayez donc de garder la poussière hors de la machine avant toute chose. Lorsque vous ne l'utilisez pas, couvrez votre machine d'une housse ou rangez-la dans son boîtier.

En moins de deux: Si vous n'avez pas d'air comprimé, utilisez un sèche-cheveux. Une vieille brosse à dents fera des merveilles pour nettoyer les baguettes de votre machine à écrire si vous n'avez pas de fils métalliques.

Mise en garde: Assurez-vous que l'appareil soit débranché avant de commencer à le nettoyer. Limitez-vous à un nettoyage simple. «Ne commencez pas à démonter votre machine», vous avise M. Gebert. Ce n'est pas une bonne idée d'utiliser l'aspirateur pour enlever la poussière. Vous risquez d'aspirer en même temps de minuscules composantes de la machine.

Macramé

À moins que votre chien ne s'amuse avec au jardin, le nettoyage d'un article en macramé est plutôt simple. Il s'agit généralement d'y enlever la poussière.

Technique: Secouez la poussière de vos articles en macramé en les faisant culbuter dans le sèche-linge au programme «Air Fluff». Le culbutage à l'air frais détache les particules de saleté et les fait passer de votre jardinière au filtre du sèche-linge. Un petit tour de sécheuse pendant cinq à dix minutes, et le tour sera joué!

Si le macramé est taché, nettoyez seulement la tache à l'aide d'un chiffon humide. Si cela ne donne rien, trempez le chiffon dans 250 ml d'eau à laquelle vous aurez ajouté quelques gouttes de détergent liquide pour la vaisselle. La plupart des articles de macramé sont faits de corde de nylon et se nettoient assez facilement. On déconseille le lavage en machine, à moins que le fabricant ne le recommande de façon explicite. Les nœuds pourraient se défaire ou rétrécir.

«J'ai vu des articles de macramé composés de fibres importées», affirme Marry Keener, adjointe au directeur de la gestion des installations à l'université de l'Arizona à Tucson et membre du comité consultatif technique pour le compte du magazine *Executive Housekeeping Today.* «Nous connaissons mal certains produits en provenance du monde entier. Une seule lessive et ils peuvent se désintégrer.»

En moins de deux: Plutôt que de faire culbuter vos articles de macramé au sèche-linge, passez-y l'aspirateur. La poussière s'envolera, surtout si les nœuds sont larges et plats.

À rubans propres, platines propres

La propreté des cassettes et rubans est garante de celle de votre platine cassette. Suivez ces conseils prodigués par la Consumer Electronics Manufacturers Association:

- Rangez les cassettes dans leurs boîtiers lorsque vous ne les écoutez pas.
- Éjectez les cassettes après l'écoute, si votre lecteur ne le fait pas automatiquement.
- Rangez vos cassettes loin de toute source de chaleur.
- Évitez de les ranger sur le dessus du téléviseur, des enceintes acoustiques ou en tout endroit où un champ magnétique pourrait effacer partiellement les sons à haute fréquence.

Magnétophones

Votre magnétophone émet-il des sifflements ? C'est le signe évident que la platine cassette a besoin d'être nettoyée! La poussière, la saleté et l'oxyde qui s'accumulent à l'intérieur de la platine causent cet inconvénient. À mesure que le ruban se déroule et s'enroule, des particules d'oxyde peuvent l'abîmer et adhérer aux têtes de lecture et au mécanisme interne. La poussière ordinaire peut aussi endommager les têtes de lecture, les platines et les rubans. La poussière peut s'accumuler dans les platines cassette portables et automobiles plus vite encore que dans celles qui se trouvent à la maison. Les cabestans sales sont la principale cause des ennuis provenant des platines automobiles sales.

Si vous faites fi de ces ennuis, le lecteur en viendra tôt ou tard à bouffer les rubans. Consacrez quelques minutes et quelques dollars à votre lecteur de cassettes et sa sonorité vous enchantera.

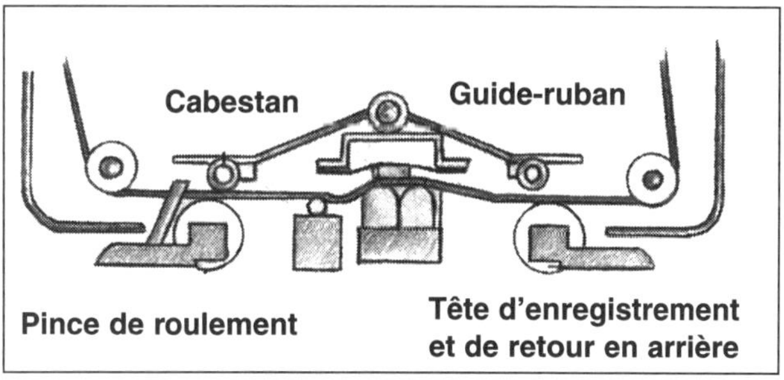

Voici l'intérieur d'un magnétophone traditionnel. À l'aide d'un coton-tige trempé dans l'alcool, nettoyez délicatement les têtes d'enregistrement et de lecture, le cabestan, les rouleaux à pinces de caoutchouc et autres guides-rubans.

Technique: L'alcool isopropylique est un nettoyant universel dans le monde audio. Mais celui que

Un trop-plein de magnétisme ou la saleté invisible

Un type de contamination invisible peut s'installer à l'intérieur des magnétophones: un trop-plein de magnétisme. Étant donné que les têtes de retour en arrière frottent contre le ruban magnétique, elles finissent par se magnétiser. En plus de provoquer un soufflement distinctif, les têtes magnétisées peuvent effacer la musique des rubans. Afin de prévenir cet inconvénient, employez un démagnétiseur de têtes au moins une fois l'an.

Il en existe deux sortes: les baguettes démagnétisantes qui produisent leur propre champ magnétique afin de neutraliser celui des têtes, et les cassettes démagnétisantes dotées d'une brosse ou d'une puce qui démagnétisent les têtes. On les trouve chez les marchands de matériel électronique.

l'on se procure à la pharmacie est dilué et pas très efficace. Il vaut mieux se procurer de l'alcool concentré chez un marchand de matériel électronique, dont le conditionnement dit qu'il s'agit d'un nettoyant et dégraissant.

Employez suffisamment d'alcool pour dissoudre la crasse accumulée, mais prenez garde d'en laisser goutter à l'intérieur de la platine. On recommande cet entretien après 15 ou 20 heures d'utilisation.

Passez souvent l'aspirateur sur le coffret, l'extérieur, les grilles d'aération du lecteur de cassettes. Il faut nettoyer les coffrets de métal ou de plastique à l'aide d'un chiffon humide ou d'un nettoyant tous usages. N'employez pas d'essuie-tout qui peuvent égratigner le plastique.

Conseils pour épargner du temps: Vous gagnerez du temps en insérant dans le lecteur une cassette à tête nettoyante. Elle ne nettoiera cependant pas aussi efficacement que la technique précédemment démontrée. Certaines cassettes négligent le cabestan et le dérouleur; aussi, ne les employez qu'à l'occasion. Employez une cassette non abrasive, qui utilise de préférence un nettoyant liquide. Les nettoyants secs broient la saleté et finissent par endommager le mécanisme interne.

En moins de deux: On peut employer de l'alcool isopropylique ordinaire qui n'est toutefois pas aussi efficace car il est dilué.

Mise en garde: L'alcool est extrêmement inflammable. Ne fumez pas pendant que vous faites usage de nettoyants à base d'alcool et ne les employez pas à proximité des flammes vives.

Mangeoires pour les oiseaux

Il faut nettoyer les mangeoires sans cependant laisser des traces de savon qui seraient préjudiciables à vos invités à plumes.

Technique: Il faut faire le grand nettoyage des mangeoires au moins tous les trois mois. Lavez les mangeoires de plastique à l'eau savonneuse. Vous pouvez démonter les mangeoires de bois et brosser les surfaces intérieures à l'aide d'une brosse métallique. Vous pourriez les poncer de temps en temps avec du papier de verre. Rincez à grande eau les mangeoires de bois, sans toutefois les savonner, car le savon pénétrerait le grain du bois et il serait impossible de l'en déloger, nous prévient John Bianchi, porte-parole de la Société de protection de la nature de New York. Les mangeoires à colibris doivent être rincées aux deux jours à l'eau très chaude car des moisissures, auxquelles ces volatiles sont très sensibles, peuvent proliférer. Décrochez les mangeoires, videz-les de l'eau sucrée qui reste, et rincez-les sous l'eau très chaude du robinet.

Marbre

«Le marbre est un merveilleux matériau, mais son entretien est ardu», affirme Kay Weirick, directrice de l'entretien à l'Hôtel Bally de Las Vegas et membre du comité consultatif technique pour le compte du magazine *Executive Housekeeping Today*. Il s'agit d'une pierre fragile et poreuse. Il importe d'assurer la propreté du marbre tout autant que de faire en sorte de ne pas abîmer sa belle surface.

Technique: Afin que les fines particules de saleté n'égratignent pas la surface des sols de marbre, époussetez-les à l'aide d'une vadrouille sèche. Ne pulvérisez aucun produit d'entretien sur les franges de la vadrouille que le marbre poreux pourrait absorber.

Lavez le marbre avec une éponge, un chiffon doux ou une vadrouille à franges et un nettoyant neutre tel que le savon à l'huile Murphy ou du détergent liquide pour la vaisselle allongé d'eau chaude.

«Afin de déloger les taches sur un sol de marbre, on procède par une transposition sur une autre matière», explique Fred Hueston, directeur du National Training Center for Stone and Masonry Trades à Longwood en Floride et auteur de l'ouvrage intitulé *Marble and Tile: Selection and Care of Stone and Tiles Surfaces.* On emploie pour ce faire un cataplasme. Pour déloger une tache d'huile, délayez 125 ml de

Mauvaises habitudes

Monsieur le pisse-vinaigre nous prévient!

Employez le vinaigre dans la salade, mais si vous en versez sur un sol de marbre, il en rongera la surface. Fred Hueston, directeur du National Training Center for Stone and Masonry Trades à Longwood en Floride et auteur de l'ouvrage intitulé *Marble and Tile: Selection and Care of Stone and Tiles Surfaces* dévoile une fausseté généralement répandue au sujet du nettoyage du marbre.

«On croit depuis longtemps que l'eau et le vinaigre font le meilleur nettoyant pour le marbre. Or, il n'en est rien. Il ne faut absolument jamais, mais jamais, employer du vinaigre sur du marbre.

«Les poseurs de carreaux ont lancé cette croyance erronée lorsqu'ils se sont mis à poser du marbre. Depuis longtemps, ils recommandent l'eau et le vinaigre, qui conviennent aux carreaux, pour l'entretien du marbre également. Le vinaigre est acide et ronge la surface du marbre. Il s'agit de l'une des questions qui nous sont le plus souvent posées ici, au centre de formation. "Puis-je employer de l'eau et du vinaigre? C'est ce que m'a conseillé le poseur de carreaux."»

farine blanchie, une giclée de détergent liquide pour la vaisselle et un peu d'eau chaude pour en faire une pâte qui a la consistance du beurre d'arachides. Étendez-la sur la tache, couvrez le cataplasme d'une pellicule plastique assujettie par des bandes d'adhésif. Laissez agir jusqu'au lendemain. Enlevez le plastique, laissez sécher le cataplasme et raclez-le. S'il s'agit de taches d'aliments (café, thé, jus de fruits), remplacez le détergent à vaisselle par de l'eau oxygénée. Frottez les taches d'encre, de craies de couleur ou de vernis à ongles avec un tampon d'ouate imprégné de dissolvant à vernis à ongles à base d'acétone. (Ne mélangez pas le dissolvant à vernis à ongles et le cataplasme.)

Conseils pour épargner du temps: Vous faciliterez le nettoyage du marbre en y appliquant un scellant spécial, que l'on retrouve dans les quincailleries et chez les marchands de matériel de rénovation. «Un scellant pour le marbre ne change en rien son apparence, dit M. Hueston. Il agit sur le marbre au même titre qu'un apprêt étanche agit sur le bois.»

Mise en garde: Tout liquide acide, notamment le jus de citron, rongera la surface du marbre ou en égratignera le lustre. Prenez garde aux nettoyants pour la salle de bains: ils contiennent souvent un acide. Évitez également les abrasifs qui pourraient ternir le lustre du marbre.

Matelas et sommiers

Songez que vous dormez auprès de votre ennemi! Votre lit attire la poussière, les phanères et abrite des acariens de poussière qui tous causent des allergies. L'entretien du matelas et du sommier en prolongera non seulement la durée, mais améliorera les conditions d'hygiène dans la chambre où vous passez au moins le tiers de votre vie.

Technique: Passez l'aspirateur sur le sommier et le matelas deux fois par année. Employez le suceur approprié, non pas celui pour la moquette et les planchers. «Mettez un sac-filtre neuf, à titre d'essai», propose Marry Keener, adjointe au directeur de la gestion des installations à l'université de l'Arizona à Tucson et membre du comité consultatif technique pour le compte du magazine *Executive Housekeeping Today*. «Vous serez étonnés de la quantité de phanères et de peluches qui s'y retrouvera.»

Si votre matelas est couvert d'une housse de plastique, lavez-la en machine ou essuyez-la avec une éponge humide trempée dans de l'eau savonneuse. «Si quelqu'un est malade à la maison, nettoyez la housse de son matelas avec un désinfectant tel que Lysol, suggère-t-elle. Cela préviendra la transmission des virus entre les membres de la famille.»

Vous devriez de plus retourner le matelas à deux reprises au cours d'une année, soit chaque fois que vous le nettoyez, afin que la charge soit mieux répartie. Alternez les manières dont vous le retournez; pieds contre tête une fois, d'un côté à l'autre la fois suivante.

Si quelqu'un a mouillé son matelas, épongez le plus d'urine possible à l'aide d'une serviette de ratine blanche, puis extrayez le reste à l'aide d'un aspirateur à liquide doté d'un suceur à tissu de recouvrement. Si vous ne disposez pas d'un tel appareil, épongez le matelas avec une serviette ou une éponge trempée dans de l'eau vinaigrée afin de neutraliser l'odeur. Épongez de nouveau avec une serviette humide, puis faites sécher le matelas au soleil. Les rayons solaires supprimeront les bactéries.

Conseils pour épargner du temps: Afin de faciliter le nettoyage du matelas de quelqu'un qui mouille régulièrement son lit, couvrez-le d'une housse de plastique. Après un incident, épongez l'urine avec un linge ou une éponge, puis désinfectez la housse avec du Lysol.

Matériel de peinture

On s'évitera bien des efforts en nettoyant son matériel de peinture aussitôt le travail terminé. Plus la peinture a le temps de sécher, plus il est ardu de la faire disparaître. À trop tarder, il sera peut-être nécessaire d'acheter de nouveaux pinceaux et brosses la prochaine fois.

Technique: La première chose à considérer lorsqu'on doit nettoyer son nécessaire de peinture (seaux, plateaux, pinceaux et rouleaux) est la sorte de peinture dans laquelle ils ont trempé.

Une peinture à base aqueuse est beaucoup plus facile à nettoyer qu'une peinture à base d'huile. Afin de nettoyer un rouleau, raclez l'excédent de peinture pour la remettre dans le pot. Servez-vous d'un racloir en forme de faucille. Lavez ensuite le rouleau à l'eau chaude et savonneuse jusqu'à ce qu'il n'en reste plus trace.

Lavez le pinceau qui a trempé dans de la peinture à l'eau à l'eau chaude et au savon, jusqu'à ce qu'il n'en reste plus trace. Servez-vous d'un peigne à démêler les pinceaux pour nettoyer entre les soies. On nettoie sans tracas les seaux et les platèaux en les lavant à l'eau savonneuse.

Afin de nettoyer du matériel qui a trempé dans de la peinture à l'huile, enlevez d'abord l'excédent de peinture. En ce qui touche le rouleau, employez encore la racle en forme de faucille. Ensuite, sortez le dissolvant à peinture, du genre Kwikeeze, que l'on se procure dans les quincailleries. «Ce dissolvant agit mieux qu'un diluant à peinture, quelle que soit la sorte de peinture», explique Jim Westerman, président de la Carbit Paint Company à Chicago.

Versez le dissolvant dans une ancienne boîte de café vide; laissez-y tremper le pinceau ou le rouleau pendant un moment, puis frottez-le pour y déloger la peinture. «Étant donné que ce dissolvant ne s'évapore pas rapidement, il est réutilisable», affirme M. Westerman. La peinture se dépose au fond de la boîte et il suffit de verser le dissolvant propre dans une autre boîte pour l'utiliser à nouveau. Donnez un dernier rinçage au pinceau ou au rouleau à l'aide d'un diluant à peinture propre. Enveloppez-le de papier alu et repliez-en les extrémités de façon étanche avant de le remiser.

Servez-vous du même dissolvant pour nettoyer les seaux et plateaux dans lesquels a trempé la peinture à l'huile. Sinon, versez l'excédent de peinture et laissez sécher le reste. Mieux encore: tapissez le fond du plateau de papier alu avant d'y verser la peinture. Lorsque le travail sera terminé vous n'aurez qu'à retirer la feuille d'alu et le plateau sera comme neuf!

Conseils pour épargner du temps: Tenez votre pinceau tête en bas à l'intérieur d'un seau ou d'une boîte de métal vide, le manche entre vos deux mains. En vous frottant les mains, faites tournoyer le pinceau pour y enlever le surplus de peinture ou de solvant. Ainsi, la peinture n'éclaboussera rien, sinon l'intérieur de la boîte. Faites de même avec les rouleaux, en vous servant d'une essoreuse conçue à cette fin.

En moins de deux: Si vous projetez d'employer de nouveau un pinceau qui a servi à peindre à l'huile, épargnez-vous l'effort d'un nettoyage intégral en le posant simplement sur les soies dans un récipient contenant quelques centimètres de dissolvant que vous couvrirez d'une pellicule de cellophane. «En raison de l'action capillaire, le dissolvant montera sur les soies et préviendra le durcissement de la peinture pendant un jour ou deux», confie M. Westerman. Faites de même avec un rouleau en le trempant dans le solvant puis en l'enrobant d'une feuille d'alu.

Mise en garde: Lorsque vous employez un solvant pour nettoyer votre nécessaire de peinture, portez des lunettes de protection. Les solvants contenant de la gelée de pétrole sont inflammables et il est dangereux de les inhaler. Travaillez en un lieu bien aéré et rangez le solvant loin de toute flamme ou étincelle. Lisez attentivement les indications pour en connaître le mode d'emploi et les précautions d'usage.

Meubles

Les chaises, tables de salle à manger, bibliothèques et autres meubles représentent un investissement de taille et vous souhaitez (touchez du bois!) les conserver le plus longtemps possible. Pour ce faire, entretenez-les avec soin. «On prolonge la durée du mobilier en l'entretenant comme il se doit», affirme Nancy High de l'American Furniture Manufacturers Association à High Point en Caroline du Nord.

Les meubles sont conçus selon des styles et des modèles bien distincts, proposés en des matériaux et étoffes aussi différents que l'aluminium, le chrome, le verre, le marbre, l'osier et le bois. Il sera question de chacun de ces matériaux dans les pages qui suivent. Afin d'obtenir plus de détails, consultez l'intitulé correspondant tout au long de ce livre.

Si l'on excepte les particularités de chacun, la principale besogne en regard des meubles consiste à faire les poussières. En général, on conseille d'utiliser un chiffon en pur coton, par exemple un vieux tee-shirt ou une couche. Les fibres synthétiques laissent d'infimes éraflures qui sont apparentes sous un bon éclairage et qui deviennent plus nombreuses au fil du temps. À cet égard, les essuie-tout sont à proscrire.

L'aluminium

Époussetez les meubles en aluminium à l'aide d'un chiffon humide. Nettoyez-les, le cas échéant, à l'aide d'une solution composée d'eau chaude et d'un peu de détergent liquide pour la vaisselle. N'employez jamais de nettoyant alcalin tel que l'ammoniaque, le phosphate trisodique, ou le bicarbonate de soude. Tous décolorent l'aluminium. (Ceci exclut le nettoyant pour le verre, genre Windex.)

Si une surface en aluminium est décolorée, nettoyez-la avec une solution composée en parties égales d'eau et de vinaigre. (Faites d'abord un essai en un endroit soustrait à la vue.) L'acide du vinaigre contribue à redonner de l'éclat à l'aluminium.

Mise en garde: N'employez pas de nettoyant abrasif, de poudre à récurer ou de tampon métallique. Ils égratigneraient et terniraient la surface. Lisez attentivement les indications du fabricant et les précautions d'usage avant d'employer ces produits.

Le chrome

Le chrome est un placage de métal rutilant appliqué sur les ustensiles, les meubles et nombre d'articles de maison. D'entretien facile, il craint cependant les égratignures.

Époussetez régulièrement vos articles chromés avec un chiffon humide. S'ils sont sales, lavez-les à l'aide d'une éponge imprégnée d'un nettoyant tous usages.

Mise en garde: Ne récurez jamais un article de chrome à l'aide d'un tampon métallique ou d'une poudre telle que Comet.

Le verre

Nettoyez le dessus des tables et les portes de vos bibliothèques à l'aide de papier journal et d'un nettoyant pour le verre tel que Windex, ou préparez une solution composée de 65 ml de vinaigre blanc et d'un litre d'eau chaude que vous verserez dans un pulvérisateur. Contrairement aux essuie-tout et à plusieurs étoffes, le papier journal ne laisse pas de peluches. (L'encre salira vos mains. Prenez garde à ne pas laisser d'empreintes noires ailleurs dans la maison!)

N'oubliez pas de nettoyer le dessous de la table que la saleté n'épargne pas. Si vous devez nettoyer des panneaux de verre encadrés de bois, vaporisez le nettoyant sur le papier journal et frottez la surface; sinon, vous pourriez abîmer le bois.

Mise en garde: Retirez délicatement les traces de cire, de peinture et autres substances gluantes d'une surface de verre à l'aide d'une lame de rasoir. N'employez pas une spatule de plâtrier qui laisserait des égratignures.

Les ferrures

Les ferrures du mobilier sont souvent de laiton. De nos jours, les ferrures de la plupart des meubles sont laquées. Nous n'avons donc qu'à leur donner un coup de chiffon humide.

Par contre, les ferrures de laiton qui ne sont pas laquées terniront. Polissez-les à l'aide d'un nettoyant tel que Brasso une fois par année ou plus souvent si vous en avez envie. Mais faites-le correctement! Enlevez les ferrures avant de les polir pour ne pas abîmer la surface des meubles. Posez l'ensemble des pièces de ferronnerie sur le sol ou sur un comptoir selon l'ordre dans lequel vous les avez enlevées afin de vous faciliter la tâche après coup.

La laque

La laque est un revêtement pour le bois dur mais il peut s'agir de la résine d'Extrême-Orient dont sont apprêtés les meubles chinois ou japonais. «Lorsque les gens parlent de meubles laqués, explique Mme High, ils renvoient généralement à des meubles de bois enduits d'un apprêt noir ou rouge hautement lustré.» Ces meubles ont d'ordinaire un apprêt de polyester extrêmement durable qui n'a pas besoin d'être encaustiqué. Essuyez-les à l'aide d'un chiffon légèrement humide.

Le marbre

Le marbre est un matériau extrêmement sensible. Il faut donc épousseter souvent les meubles dotés d'une plaque de marbre à l'aide d'un chiffon très mouillé, de sorte que les particules de saleté ne l'éraflent pas. Ne polissez jamais du marbre avec de l'encaustique ou de l'huile. «Le marbre n'est rien d'autre qu'une éponge», nous dit Fred Hueston, directeur du National Training Center for Stone and Masonry Trades à Longwood en Floride. Ces substances imprégneraient le marbre et y laisseraient des taches.

Pour un nettoyage plus rigoureux, employez un chiffon ou une éponge et un nettoyant neutre tel que le savon à l'huile Murphy ou alors du détergent liquide pour la vaisselle dans de l'eau chaude.

Afin d'effacer les taches sur une surface de marbre, apposez un cataplasme qui les absorbera. S'il s'agit de taches huileuses, délayez 60 g de farine blanchie avec une giclée de nettoyant liquide pour la vaisselle et juste assez d'eau chaude pour former une pâte ayant la consistance du beurre d'arachides. Étalez cette pâte sur la surface souillée, couvrez-la d'une pellicule plastique et assujettissez le pourtour à l'aide de bandes adhésives. Laissez agir pendant une nuit. Le lendemain, retirez le plastique, laissez sécher la pâte et raclez-la. S'il s'agit de taches d'aliments (café, thé ou jus de fruits, par exemple), remplacez le détergent par de l'eau oxygénée. Frottez les taches d'encre, de craies de cire ou de vernis à ongles à l'aide d'un coton-tige trempé dans du dissolvant à base d'acétone. (Ne mélangez pas le dissolvant à vernis à ongles au cataplasme.)

Mise en garde: Le jus de citron, le vinaigre et autres substances acides grugeraient la surface du marbre. Souvenez-vous que nombre de nettoyants pour la salle de bains sont acides. Lisez bien les conditionnements des produits pour en connaître les précautions d'usage. Évitez tous les nettoyants abrasifs car ils abîmeraient la surface du marbre.

Le rotin et l'osier

La plupart des meubles en rotin et en osier sont enduits de la même laque que les meubles en bois. Le cas échéant, époussetez-les régulièrement à l'aide de l'aspirateur ou essuyez-les avec un chiffon légèrement humide. Une fois toutes les six semaines, polissez-les à l'aide d'un produit cirant tel que Pledge. Pulvérisez le produit sur un chiffon propre et essuyez. De cette façon, le produit ne s'infiltrera pas entre les interstices. Si l'osier est peint, passez régulièrement l'aspirateur et essuyez à l'aide d'un chiffon légèrement humide. N'employez pas de produit cirant.

Les tissus de recouvrement

Les tissus de recouvrement sont presque aussi nombreux que les types de fauteuils qu'ils recouvrent. Passez-y l'aspirateur chaque semaine, à l'aide du suceur prévu à cet effet.

«Les tissus de recouvrement subissent les plus rudes coups dans le séjour et on passe quasiment outre lorsqu'on fait le ménage», dit Mme High. «Les gens oublient qu'il se trouve autant de poussière sur le canapé et les fauteuils que sur les bibelots et le sol, où elle est plus évidente.»

Étant donné que des abrasifs microscopiques abondent dans la poussière, notamment la silice, ils finiront par abîmer les tissus chaque fois que quelqu'un prendra place dans un fauteuil. Le tissu de recouvrement s'use beaucoup plus rapidement que le bois et les autres matériaux composant un canapé. Passer l'aspirateur de façon régulière fait un bon point de départ.

Le bois

Avant de nettoyer un meuble en bois, vous devez savoir quel type d'enduit le protège. La plupart des meubles de bois, en particulier les plus récents, sont protégés par un enduit durcissant tel que la laque, le vernis ou le polyuréthane. D'autres, par contre, sont simplement protégés par une couche d'huile ou d'encaustique.

Afin de déterminer le type d'enduit qui protège un meuble, frottez sur le bois quelques gouttes d'huile de graines de lin bouillies (en vente dans les quincailleries). Si l'huile pénètre le bois, son enduit est à base d'huile; si elle perle, le bois est enduit d'une laque ou d'un vernis.

Afin de nettoyer un meuble protégé d'un enduit huileux, époussetez-le régulièrement avec un chiffon légèrement humide. Une ou deux fois l'an, ou si le bois sèche, frottez-le à l'huile de graines de lin bouillies. Repliez un autre chiffon pour former un tampon et frottez jusqu'à ce que l'huile ait pénétré le bois. Si ce meuble a besoin d'un nettoyage plus rigoureux, appliquez de l'huile de paraffine ou de kérosène de la même manière. Terminez en appliquant de l'huile de graines de lin bouillies.

Il faut épousseter au moins une fois la semaine le bois protégé par un enduit durcissant à l'aide d'un aérosol exempt de cire tel que Endust. Évitez d'épousseter avec un chiffon sec: non seulement vous répandriez les poussières, mais vous pourriez égratigner la surface du meuble en raison des abrasifs minuscules qu'elles véhiculent.

Une fois par mois ou toutes les six semaines, appliquez un produit cirant en aérosol tel que Pledge sur les meubles protégés par un apprêt durcissant. «Je déconseille de le faire plus souvent car les meubles n'ont pas plus besoin que vous d'un surcroît de travail», dit Mme High.

Lisez attentivement les indications paraissant sur les conditionnements des produits et choisissez celui qui convient à l'apprêt de vos meubles. Choisissez une cire brillante pour les meubles au lustre marqué et une cire mate pour les boiseries sans lustre.

N'ayez crainte de l'accumulation de cire. Les produits susmentionnés contiennent des solvants doux, de sorte que lorsque vous en pulvérisez sur une surface de bois, vous décapez la couche précédente tout en polissant de nouveau la surface. Lorsqu'un meuble est très travaillé ou qu'il comporte beaucoup de ferrures, pulvérisez le produit cirant sur un chiffon pour éviter qu'il n'infiltre les interstices.

Une ou deux fois l'an, ou lorsqu'un meuble de bois est desséché ou abîmé par le soleil, enduisez-le d'huile à bois sans cependant l'en saturer. «L'huile redonnera vie à un bois abîmé», dit Trish Bullock, responsable du Service clientèle à la Bassett Furniture Industries à Bassett en Virginie.

Bien que la chose soit tentante, n'essuyez pas la table de la salle à manger avec un linge à vaisselle, nous prévient Mme Bullock. «Les traces de détergent peuvent abîmer le bois», précise-t-elle. Nettoyez les aliments séchés à l'aide d'un chiffon humide, puis pulvérisez une couche de produit cirant.

Afin de dissimuler les cernes laissés par l'eau, frottez-les avec un peu d'huile pour le bois et un chiffon de coton. Répétez quelques fois, si nécessaire. Ne laissez pas l'huile à la surface sans frotter et ne répétez pas trop souvent, car alors les cernes blanchâtres noirciraient.

Si vous n'avez pas d'huile pour le bois afin d'effacer des traces laissées par l'eau, essayez avec de la mayonnaise. Enduisez les cernes de mayonnaise imprégnée dans un chiffon de coton propre et essuyez-la.

Si des meubles de bois laqués blanc viennent à jaunir sous l'effet de la fumée de tabac ou du soleil, frottez-les avec du dentifrice conçu pour les fumeurs. Ne frottez pas trop en raison des abrasifs qu'il contient. Étendez-le puis essuyez-le. Polissez ensuite le meuble avec un produit cirant.

Si un meuble de bois dégage une odeur de fumée ou de moisissure, essuyez-le avec une solution composée d'une part de vanille pour deux parts d'eau. Humectez légèrement le chiffon et polissez ensuite le meuble avec un produit cirant.

Aplanissez les éraflures à la surface du bois à l'aide d'un chiffon de coton imprégné d'huile ou de produit cirant. Frottez vigoureusement pour faire pénétrer l'huile ou le produit, mais pas trop tout de même, car vous pourriez laisser des traces de brûlure.

Si le produit cirant que vous employez habituellement ne rectifie pas les légères imperfections, vous pourriez utilisez de l'encaustique.

S'il se trouve des égratignures ou des entailles plus profondes, servez-vous d'un bâtonnet de cire que l'on trouve en quincaillerie.

Frottez-en l'égratignure, puis polissez-la avec un chiffon propre. Évitez de faire ces retouches avec les feutres de couleur. «Les bâtonnets sont comme des craies de couleur, explique Mme Bullock. Si on commet une gaffe, on efface et on recommence.» Il existe une palette de bâtonnets de cire de couleurs différentes. Procurez-vous en une qui approche la teinte du meuble en cause.

En moins de deux: Si vous ne disposez pas d'un bâtonnet de cire de couleur, servez-vous de pâte à cirer les chaussures. Assurez-vous qu'elle soit de la teinte du bois: brun pour le noyer, brun-rouge pour l'acajou, havane pour le chêne. Appliquez la pâte avec un cure-dent ou un cure-oreille, puis polissez à l'aide d'un chiffon propre.

Mise en garde: Portez des gants de caoutchouc lorsque vous manipulez du kérosène et de l'huile de lin, et travaillez dans un lieu bien aéré.

Miroirs

Vous désirez que le visage qui vous regarde droit dans les yeux ait la meilleure mine qui soit, non? Vous ne voulez pas de traînées et de peluches qui viennent brouiller votre image. Heureusement, nettoyer un miroir est une affaire plutôt simple. Réfléchissons un instant sur la meilleure façon de polir votre image.

Technique: Nettoyez vos miroirs avec une solution composée de 250 ml de vinaigre pour 4 litres d'eau chaude ou une giclée de détergent liquide pour la vaisselle, nous dit Jim Brewer, intendant à l'université du Texas à Arlington et conseiller technique pour le compte de *Cleaning and Maintenance Magazine.* Les nettoyants pour le verre à base ammoniaquée ont tendance à laisser des traînées, ce qui se remarque grandement en présence du soleil. Pour éviter de laisser des peluches, épongez le nettoyant liquide à l'aide de papier journal ou servez-vous d'un racloir à lame de caoutchouc.

Lorsque vous nettoyez des surfaces de verre à la verticale, par exemple des fenêtres, travaillez de haut en bas. Appliquez le nettoyant à l'aide d'une éponge, d'un chiffon ou d'un vaporisateur, puis récurez la crasse incrustée à l'aide d'une brosse aux soies de fibres végétales.

Délogez les taches de peinture, de gomme ou d'adhésif à l'aide d'une lame de rasoir. N'employez pas une spatule de plâtrier dont la lame risquerait d'égratigner le verre.

Mites

Pouah! L'ennemi invisible! Il existe plusieurs variétés de mites, de celles qui envahissent les plantes d'intérieur aux acariens de poussière qui se repaissent de cellules de peau mortes et qui provoquent des réactions allergènes chez les humains.

Technique: Vaporisez les plantes infestées par les mites avec un savon insecticide que l'on se procure dans les quincailleries et les jardineries. Ces substances relativement atoxiques contiennent des sels de potassium, de sodium ou certains acides gras. «Un savon insecticide fait l'un des traitements les moins toxiques qui soient», dit Jerry Giordano, horticulteur et expert-conseil pour le compte de la Cornell Cooperative Extension à Valhalla dans l'État de New York. En principe, on l'allonge d'eau et on le diffuse à l'aide d'un vaporisateur ou d'un contenant à gâchette. En raison de sa composition, le savon insecticide agit seulement au contact de l'eau douce. Afin d'éprouver votre solution, préparez-en une petite quantité et réservez-la pendant 15 minutes. Si un collet blanchâtre se forme à la surface du liquide, ajoutez un adoucissant d'eau et mélangez de nouveau.

N'oubliez pas de bien nettoyer le dessous des feuilles, où les mites vivent parfois. On fait ce traitement lorsqu'une infestation apparaît et non à titre de mesure préventive.

Les acariens de poussière, invisibles à l'œil nu, raffolent des lieux chauds et humides, et vivent dans la poussière, notamment dans les matelas, les tapis et les fauteuils. Défaites-vous-en en évitant l'humidité et en réduisant la poussière au minimum. Passez souvent l'aspirateur sur les fauteuils et les tapis, et videz le sac-filtre après chaque séance.

En moins de deux: Plutôt que de pulvériser les plantes d'intérieur à l'aide d'un savon insecticide, lavez les feuilles à l'eau savonneuse avec une brosse souple ou un chiffon. Versez deux cuillerées à thé de détergent liquide pour la vaisselle dans quatre litres d'eau ou encore pulvérisez les feuilles d'un jet dru d'eau fraîche pour noyer les mites.

Mise en garde: Lorsque vous faites usage d'un savon insecticide, surveillez le moindre indice de phototoxicité, une réaction indésirable qui se manifeste par le jaunissement ou le brunissement des feuilles. En présence de ce symptôme, cessez l'emploi du savon. Lisez attentivement les indications du fabricant pour connaître les précautions d'usage.

Moisissure

La moisissure est semblable au monstre dans un film d'horreur: elle jaillit de nulle part et partout à la fois. Certes, il s'agit d'un organisme vivant, sous-produit d'un champignon destructeur qui se repaît de coton, de bois, de papier, de cuir et d'autres matériaux organiques. La moisissure existe dans l'air ambiant, à l'état dormant. L'humidité, l'obscurité et la chaleur sont ses révélateurs, la font se multiplier rapidement, souvent en moins de 72 heures. Lorsqu'on lui permet de proliférer, la moisissure provoque la décoloration — résultante de sa fonction digestive — et la détérioration irréversible des fibres où elle s'incruste. Afin de contrer ce fléau domestique, il faut en empêcher la prolifération et nettoyer efficacement les articles auxquels elle s'est attaquée. Si vous consultez cette rubrique, c'est sans doute que vous êtes en présence de moisissures, aussi commencerons-nous par le second volet.

Technique: Attaquez-vous à la moisissure sans tarder pour éviter qu'elle n'abîme gravement ce sur quoi elle prolifère. «La moisissure ne se trouve pas seulement à la surface», explique Martha Shortlidge, directrice du programme d'économie domestique à la Cornell Cooperative Extension à Valhalla dans l'État de New York. Laissée à elle-même, la moisissure ronge les fibres organiques et les choses telles que le coton, les tapis de laine, les vêtements et les livres, et les abîme de façon irrémédiable. Lorsque vous découvrez la présence de moisissures, brossez la surface atteinte au-dehors pour ne pas diffuser les spores dans la maison. Laissez sécher l'article touché au soleil et au vent. Suivez les indications relatives à l'entretien de l'article touché. Portez les choses non lavables chez un teinturier et lavez sans tarder celles qui le sont en eau très chaude et savonneuse, pour en faire disparaître les traces légères. Afin de supprimer les traces de moisissure d'un sac de golf, d'un vélum de toile et d'autres articles non lavables, épongez-les avec une serviette de ratine blanche trempée dans une solution faite de 250 ml d'eau très chaude et de 1/4 cuillerée à thé de détergent liquide pour la vaisselle. Lorsque faire se peut, ajoutez un javellisant à l'eau de lavage. En plus de blanchir les traces de moisi, le javellisant tuera les spores qui resteraient.

«La moisissure est souvent l'indice d'une piètre aération», explique Mme Shortlidge. Afin d'en prévenir l'apparition, entretenez bien votre maison et évacuez-en l'humidité. Installez des ventilateurs pour faire aérer la maison et le sous-sol. Prenez soin de ne pas aspirer d'air à l'intérieur par temps très humide: vous feriez hausser le degré d'humidité ambiante. Des malfaçons sont souvent à l'origine d'un problème causé par la moisissure. Ainsi, un terrain dont la pente ramène les eaux pluviales vers le sous-sol devra être rectifié.

Avant de remiser vos vêtements pour la saison, nettoyez-les des traces de graisse ou d'huile qui fournissent un terrain sur lequel les moisissures peuvent se développer. Même les fibres synthétiques censées résister à la moisissure peuvent attirer ce champignon si elles sont sales et humides. Ne laissez pas à la traîne les vêtements humides ou trempés, en particulier dans les endroits sombres comme un panier à linge sale. Lavez-les immédiatement ou mettez-les à sécher. À l'intérieur des garde-robes, pendez vos vêtements de sorte que l'air puisse y circuler; éviter de les remiser dans des housses de plastique. Rangez vos chaussures et accessoires en cuir sur une tablette plutôt que sur le sol. Par temps très chaud et humide, vérifiez régulièrement vos vêtements pour voir s'il s'y trouve des traces de moisissure.

Nota bene: Avant d'employer une solution nettoyante, éprouvez-la en un endroit peu apparent de l'article en cause.

Mise en garde: Rincez abondamment un produit de nettoyage avant d'en utiliser un autre. Au contact, certaines substances chimiques, en particulier l'ammoniaque et le javellisant chloré, dégagent des émanations toxiques. Lisez attentivement les indications du fabricant pour connaître le mode d'emploi d'un produit.

Montres

Saviez-vous que de porter une montre tous les jours endommage le bracelet et le boîtier? En effet, les lotions corporelles, les parfums, les huiles naturelles de la peau, la transpiration, tout cela s'accumule et, à la longue, peut provoquer la corrosion du boîtier ou la bruine dans la vitre. Règle générale: plus vous utilisez de rpoduits pour la peau, plus vous devez nettoyer votre montre.

Technique: Essuyez la vitre et le boîtier à l'aide d'un linge à peine humide. «Vous devez faire très attention. Vous ne voulez surtout pas laisser entrer de l'humidité dans le mouvement de la montre», nous dit Gordon Engle, le propriétaire de Engle's Jewelers de Pottstown en Pennsylvanie.

Pour bien nettoyer votre bracelet, vous devez le désengager en appuyant sur les petits clous à ressorts de chaque côté du bracelet. Les bracelets de métal fins peuvent être trempés toute la nuit dans un mélange de détergent et d'eau — quelques gouttes de savon Ivory dans 250 ml d'eau par exemple — ou bien ils peuvent être lavés à l'aide d'un chiffon préalablement trempé dans de l'ammoniaque. Les bracelets de cuir peuvent être embellis (et même rajeunis) lorsque nettoyés au savon pour selles de cuir (celui utilisé par tous les cavaliers). Cependant, ils doivent aussi être changés régulièrement. «Après avoir été exposés quotidiennement à la transpiration et à la saleté, vient un moment où il n'y a rien d'autre à faire que de les changer», affirme M. Engle.

Ne tentez pas de nettoyer vous-même l'intérieur de votre montre. Laissez ce soin aux professionnels. Les montres au quartz d'aujourd'hui ont très peu de pièces amovibles et requièrent peu d'entretien hormis un changement de piles. Néanmoins, les montres à ressorts doivent être vérifiées et nettoyées par un bijoutier dès qu'elles semblent tenir le temps d'une manière moins... exacte.

Conseils pour épargner du temps: Pour des résultats brillants de propreté et nécessitant peu d'efforts, vous pouvez toujours placer votre bracelet de métal dans un sac de nylon et lui faire faire un tour dans le lave-linge! «Ajoutez-le à une brassée de serviettes et il en ressortira vraiment éclatant», nous assure M. Engle. Les appareils à nettoyer utilisés par les bijoutiers émettent des vibrations ultrasoniques qui s'apparentent aux mouvements giratoires du lave-linge.

En moins de deux: Si vous ne vous sentez pas la dextérité nécessaire pour détacher votre bracelet afin de le nettoyer, vous pouvez toujours prévenir l'accumulation de la saleté en prenant l'habitude d'essuyer votre bracelet-montre avec un chiffon sec plusieurs fois par semaine. Il est plus facile d'en prendre l'habitude si on le fait toujours au même moment, par exemple avant de se mettre au lit, ou avant la douche.

Mise en garde: L'humidité endommage le mouvement de la montre, alors mieux vaut effectuer un «nettoyage à sec» ou, à tout le moins, avec aussi peu d'humidité que possible. Même les montres étanches sont sujettes à un surplus d'humidité. Les joints d'étanchéité qui protègent l'intérieur de l'humidité s'éliment au fil du temps.

Moquette

La saleté que l'on ne voit pas peut devenir plus irritante que celle qui est visible. Des particules de terre séchée et de saletés de toutes sortes se retrouvent à la base des poils de la moquette, où elles finissent par l'abîmer. Afin de maintenir votre moquette en bon état, vous devrez établir une relation amicale de longue durée avec votre aspirateur. Les moquettes actuelles sont conçues afin de refléter la lumière et de résister aux taches, ce qui accroît la difficulté quand vient le temps de repérer la saleté. Il s'agit certes d'un avantage intéressant, mais il sous-entend qu'il faut passer régulièrement l'aspirateur, même si la moquette ne semble pas sale.

Technique: Le Carpet and Rug Institute de Dalton en Géorgie recommande de passer chaque jour l'aspirateur dans les entrées, car c'est là que s'y dépose la saleté venue du dehors. Si vous parvenez à faire disparaître cette saleté avant qu'elle se propage aux autres parties de la maison, vous allégerez le fardeau des corvées domestiques. Si cette mesure quotidienne cadre mal avec votre horaire chargé, vous pourriez tenter de la pratiquer à quelques reprises pendant la semaine. Le passage fréquent de l'aspirateur captera davantage de saleté en surface de la moquette. Il est plus ardu de déloger la saleté qui s'est incrustée au fond des fibres. Sous la pression des pas, les extrémités effilées des particules pourraient abîmer ou déchirer les fibres, fausser le reflet de la lumière ou ternir l'apparence de la moquette. Un peu comme lorsqu'on égratigne du verre, nous dit un expert de l'institut.

L'aspirateur protège bien d'autres surfaces que la moquette. «L'entretien régulier des tapis et moquettes réduit la pollution de l'air à l'intérieur d'une maison», nous apprend Leyla McCurdy, directrice des programmes sur l'air ambiant auprès de l'Association pulmonaire américaine à Washington. «Il faut faire disparaître les particules polluantes. S'il y a de l'activité à la surface de la moquette, les particules sont propulsées dans l'air environnant. Ensuite, vous les inhalez.»

Vous aurez d'autant plus intérêt à passer fréquemment l'aspirateur s'il se trouve chez vous quelqu'un qui souffre d'allergie, car vous le protégerez contre les réactions allergiques provoquées par les acariens de poussière. L'aspirateur ne sucera pas les acariens qui sont champions quand vient le temps de se cramponner aux fibres. Mais il en retirera leurs excréments et ceux qui sont morts, et cela compte davantage que de supprimer les vivants. «Les acariens morts et les excréments se retrouvent en suspension dans l'air et provoquent les réactions allergiques», explique le Dr Thomas Platts-Mills, Ph.D., directeur du département sur l'asthme, les allergies et l'immunologie à l'University of Virginia Health Sciences Center à Charlottesville et directeur du centre sur l'asthme et les maladies allergiques qui y est annexé.

Donnez de l'oxygène à la nouvelle moquette!

Une moquette neuve libère des gaz dits composés organiques volatils. Ces derniers résultent des produits chimiques employés pour coller la moquette à son renfort, des teintures, du traitement antitache et le reste. Selon l'Association pulmonaire américaine, peu de gens sont gravement malades à la suite de la pose d'une moquette neuve, mais les composés organiques volatils peuvent causer des troubles: irritations temporaires des yeux, des voies nasales et de la gorge, migraines, éruptions cutanées ou fatigue.

Lorsque vous posez une moquette neuve, l'Association pulmonaire américaine vous recommande ceci:

- Passez l'aspirateur sur la vieille moquette avant qu'on l'enlève, afin de réduire la quantité de poussière et de polluants qui seront propulsés dans l'air;
- Demandez au marchand de tapis de dérouler la moquette dans un entrepôt bien aéré au moins 24 heures avant la pose;
- Avant de choisir la moquette, renseignez-vous sur les nouvelles marques qui libèrent moins de composés organiques volatils;
- Faites aérer la ou les pièces qui seront moquettées, si le temps le permet, en ouvrant les fenêtres avant et après la pose ou en activant votre système d'aération, si vous en possédez un;
- Songez à faire moquetter en l'absence des membres de votre famille.

Lorsque vous passez l'aspirateur, il est préférable de procéder par mouvements lents et réguliers, en allers et retours. Passer le suceur à tapis dans le sens contraire des fibres leur permet de se relever et expose les saletés incrustées. Passez l'aspirateur plusieurs fois sur une même surface, car chaque passage enlève davantage de saletés. Pour terminer, allez-y de mouvements dans une même direction pour y laisser une surface unie. Un aspirateur doté de brosses rotatives parvient mieux à déloger les saletés. On a intérêt à assurer le bon fonctionnement de son aspirateur car cela accroît son efficacité.

Indépendamment de la fréquence à laquelle vous passez l'aspirateur, la moquette doit être nettoyée en profondeur tous les 18 mois ou plus souvent si elle couvre un passage achalandé. Passez l'aspirateur avant de procéder au nettoyage en profondeur. Il existe plusieurs méthodes éprouvées dont certaines nécessitent un appareil que l'on peut louer. Les méthodes les plus simples font appel à l'extraction à sec (on brosse un nettoyant absorbant dans les fibres, puis on le suce à l'aide d'un aspirateur) et à l'extraction de mousse à sec (on pulvérise

L'affaire Moquette: Pour un dossier sans taches!

Nulle moquette, pas même celle dite antitache, ne résiste tout à fait aux taches. Vous aurez plus de chance de faire disparaître une tache si vous procédez sans tarder.

Épongez les liquides à l'aide d'un linge blanc, sec et absorbant ou d'essuie-tout blancs. S'il s'agit d'une matière molle, enlevez-en le plus possible à l'aide d'une cuiller avant toute chose. Le *Carpet and Rug Institute* de Dalton en Géorgie nous conseille les trucs suivants afin de nettoyer certains types de dégâts. Dans chacun des cas, consultez un nettoyeur professionnel si vous échouez ou si une tache vous semble difficile à faire disparaître.

Banane: Épongez d'abord la tache à l'aide d'un détachant du commerce tel que Carbona Stain Devils que vous trouverez au supermarché ou à la pharmacie. Versez le liquide sur un chiffon, non pas directement sur la moquette, et puis tamponnez la tache. Rincez abondamment. Si la tache subsiste, faites l'essai du mélange à base de détergent pour le lave-vaisselle (voir sous Boissons alcoolisées), puis rincez abondamment à l'eau chaude.

Beurre d'arachides: Tout d'abord, il faut l'éponger à l'aide d'un détachant du commerce tel que Carbona Stain Devils ou K2r, en vente au supermarché, à la quincaillerie ou à la pharmacie. Rincez abondamment. Ensuite, faites l'essai de la solution à base de détergent pour le lave-vaisselle présentée sous Boissons alcoolisées. Puis rincez abondamment à l'eau chaude.

Boissons alcoolisées: Mélangez un quart de cuillerée à thé de détergent liquide pour la vaisselle à 250 ml d'eau tiède. Épongez la surface tachée à l'eau savonneuse, puis rincez abondamment à l'eau chaude. Il faudra peut-être rincer plusieurs fois avant de déloger complètement l'eau savonneuse. Si la tache subsiste, épongez-la avec une solution composée de deux cuillerées à soupe d'ammoniaque diluées dans 250 ml d'eau. Rincez abondamment. Puis épongez la tache avec un mélange de 250 ml de vinaigre blanc dilué à 500 ml d'eau et rincez abondamment à l'eau chaude.

Cola: Procédez de même que pour une boisson alcoolisée. Si vous échouez, tentez d'utiliser une trousse antitache comme en vendent la

un nettoyant mousse sur la moquette, on laisse sécher et on passe l'aspirateur). On trouve quantité de mousses nettoyantes pour tapis et moquette, commercialisées sous les marques Host and Capture, Woolite, Shout et Resolve. Les méthodes d'extraction à sec et la mousse font de bonnes mesures intérimaires pour un nettoyage en profondeur de la moquette.

plupart des marchands de tapis. Observez bien les indications du fabricant. Ce genre de trousse contient généralement une solution antitache dont il faut enduire la moquette après l'avoir passée au détergent. Assurez-vous qu'une tache ait complètement disparu avant d'appliquer le traitement antitache, à défaut de quoi elle pourrait devenir indélébile.

Fruits, jus de fruits, confiture et gelée: Procédez comme on le fait pour le cola.

Iode: Procédez comme pour le lait et la crème glacée.

Ketchup: Procédez comme pour le cola.

Lait et crème glacée: En premier lieu, tamponnez la tache à l'aide d'un détachant du commerce tel que Carbona Stain Devil ou K2r, en vente au supermarché, à la quincaillerie et dans les pharmacies. Rincez abondamment. Ensuite, nettoyez à l'aide de la solution dont les proportions sont livrées sous Boissons alcoolisées. Rincez abondamment. Si la tache subsiste, épongez-la avec une solution à base d'ammoniaque présentée sous la même rubrique, et rincez abondamment.

Œufs: Procédez comme s'il s'agissait de boissons alcoolisées.

Rouge à lèvres et brillant à lèvres: En premier lieu, épongez la tache avec un peu de dissolvant pour vernis à ongles. Assurez-vous de bien rincer. Ensuite, tamponnez la tache à l'aide d'un détachant du commerce tel que Carbona Stain Devil ou K2r, en vente au supermarché, à la quincaillerie et dans les pharmacies. Rincez abondamment. Essayez ensuite la solution faite de 250 ml de vinaigre blanc et de 500 ml d'eau. Rincez abondamment à l'eau chaude. En dernier lieu, avant de faire appel à un professionnel, mettez à l'épreuve la trousse antitache comme on l'explique sous Cola. Puis cherchez à savoir qui a embrassé votre moquette!

Remarque: Éprouvez d'abord la méthode de nettoyage en un endroit de la moquette peu apparent avant de procéder sur la tache. N'employez jamais un détersif à lessive sur une moquette. Les détersifs contiennent des agents de blanchiment qui peuvent teinter les fibres. N'employez pas de détergent pour le lave-vaisselle qui peut contenir des javellisants. Rincez abondamment la moquette entre les différentes étapes de nettoyage, car certains nettoyants ne doivent pas entrer en contact les uns avec les autres. Lisez attentivement le mode d'emploi et les précautions d'usage paraissant sur les conditionnements.

Vous pouvez également nettoyer votre moquette à la vapeur, en louant l'appareil au supermarché ou à la quincaillerie. Simple à utiliser, il faut cependant bien observer les directives pour éviter de trop imbiber la moquette et d'y répandre trop de produit nettoyant.

Même si vous passez l'aspirateur et que vous nettoyez en profondeur de façon régulière, vous devriez faire appel à un nettoyeur professionnel aux deux ou trois ans, et plus souvent si vous sautez des entretiens de routine. La plupart des professionnels nettoient les moquettes à la vapeur ou à l'extraction d'eau chaude. Les shampouineuses électriques et les appareils à tampons rotatifs fonctionnent à la manière des polisseuses et doivent être employés seulement par des professionnels. Une shampouineuse mécanique injecte une solution nettoyante tout en brossant les fibres. Les tampons rotatifs soulèvent la saleté du fond des fibres pour la recueillir. Si un nettoyage en profondeur s'impose, optez pour la méthode conseillée par le fabricant de la moquette. La garantie devient parfois nulle lorsqu'on a recours à d'autres méthodes. Faites appel à un nettoyeur professionnel si vos propres tentatives ont échoué.

Conseils pour épargner du temps: Un paillasson posé devant chacune des entrées de la maison filtrera une grande quantité de saletés extérieures qui se retrouveraient autrement dans les fibres de la moquette. Mais ces paillassons doivent subir un entretien régulier, serait-ce simplement quelques bons coups pour en dégager la poussière. Autrement, ils s'encrasseront de poussière comme des éponges absorbent l'eau et deviendront un source de saletés pour la moquette.

En moins de deux: Placez des patins sous les pieds des meubles lourds pour éviter qu'ils ne laissent des marques permanentes sur la moquette. Aussi, déplacez périodiquement vos meubles de quelques centimètres. S'il se trouve déjà des marques sur votre moquette, relevez les fibres à l'aide d'une pièce de monnaie, crachez-y de la vapeur à l'aide d'un fer à repasser pendant quelques minutes. Assurez-vous toutefois que le fer chaud ne touche pas aux fibres de la moquette.

Mise en garde: Lorsque vous nettoyez vous-même la moquette, respectez à la lettre le mode d'emploi de l'appareil et du shampooing, en particulier la concentration recommandée et le taux de dilution des nettoyants. Sortez les meubles de la pièce jusqu'à ce que la moquette soit sèche pour éviter les taches ou la rouille. Si les meubles sont trop lourds, couvrez leurs pieds de papier aluminium ou de cellophane.

À défaut de rincer à fond un shampooing pour moquette, celle-ci se salira plus rapidement. Accélérez le séchage en activant le système d'aération, les éventails électriques ou le chauffage. Une moquette qui resterait humide pendant plus d'une journée ferait un terreau propice aux moisissures. Si vous êtes enclins aux allergies, portez un masque de chirurgien.

Motocyclettes

À l'instar d'une automobile, une motocyclette représente un investissement important. Et, pareillement à son équivalent à quatre roues, elle accumule la saleté, la crasse, la graisse et les insectes écrasés tant sur la route que dans l'allée du garage. Il est donc essentiel de laver sa motocyclette, non seulement du point de vue esthétique, mais également pour que sa carrosserie, son cadre et son moteur soient en bon état.

Technique: À quelle fréquence doit-on laver sa motocyclette? Réponse: À quelle fréquence la conduisez-vous? Où la garez-vous? À l'extérieur ou dans un garage? En règle générale, lavez-la chaque semaine si vous la conduisez souvent ou si elle est exposée aux intempéries. Si vous ne la chevauchez que le week-end et la garez dans un garage, un lavage mensuel suffira.

Un grand nettoyage compte plusieurs étapes. Commencez par mouiller la moto à l'aide d'un boyau d'arrosage. Ne pulvérisez pas l'eau en un jet dru mais plutôt en une pluie fine. L'eau ne doit pas infiltrer le pot d'échappement et le carburateur, cela causerait des dommages au moteur.

CONSEIL D'EXPERT

Moi, ma moto a beaucoup voyagé

Oliver Shokouh est le propriétaire de la boutique Harley-Davidson à Glendale en Californie et le promoteur d'un défilé annuel de célébrités motocyclistes visant à amasser de l'argent au profit de la dystrophie musculaire. Voici ce qu'il a à dire à propos du lavage d'une moto. «Les motocyclistes considèrent leur engin comme une œuvre d'art. Ils sont fiers de leur moto et aiment bien la mettre en vue devant leurs amis. Mais il s'en trouvent parmi eux qui passent plus de temps à astiquer leur moto qu'à la conduire. J'adore parcourir de longues distances et, lorsque je dévale les routes, ma moto se salit.

«Je suis monté en Alaska à moto. Quand j'y suis arrivé, j'étais fier de son aspect. La saleté était un indice d'expérience. Tous savaient que ma moto avait servi, mais je devais la nettoyer.

«Je me suis servi d'un pistolet à eau pressurisée comme il y en a dans les lave-auto. Mais il faut être prudent. Si la pression est trop forte, on peut déloger la peinture et les décalcomanies. Mais après ma randonnée jusqu'en Alaska, la moto en avait besoin!»

Pulvérisez un dégraissant du commerce, du genre S100 Total Cycle Cleaner, sur les roues et les rayons des roues, le moteur et les autres endroits où la graisse peut s'accumuler. «Le dégraissant se rend dans les fissures qui sont inatteignables afin d'y déloger l'excédent de graisse et de poussière des freins», explique Eladio Gonzalez, mécanicien chez Brooklyn Harley-Davidson à New York. Laissez-le agir pendant cinq à dix minutes, le temps qu'il amollisse la graisse, puis essuyez-le avec un chiffon humide.

Ensuite, lavez le dégraissant, la crasse et les insectes écrasés à l'aide d'une éponge ou d'un chiffon trempé dans un seau d'eau chaude à laquelle vous aurez ajouté quelques giclées de détergent liquide pour la vaisselle. N'employez jamais d'abrasif qui pourrait abîmer la peinture ou le chrome. Asséchez la moto avec des serviettes propres et sèches. L'eau qui resterait pourrait provoquer de la corrosion sur les composants métalliques.

Lorsque la moto est sèche, polissez le chrome avec une pâte à polir le métal telle que S100 Spray Wax ou Mothers Mag and Aluminum Polish que l'on trouve chez les marchands de motocyclettes. Cirez le réservoir à essence, le garde-boue et les autres surfaces peintes avec une cire pour automobiles.

Conseils pour épargner du temps: «Lorsque j'ai terminé de laver ma moto, dit M. Gonzalez, je la conduis au garage et je l'assèche avec le boyau à air comprimé, de sorte que rien ne rouille.» Vous pouvez faire de même avec une souffleuse à feuilles, en autant que ce soit dans un endroit sans poussière.

En moins de deux: Ne suivez que les premières étapes: mouillez la moto, pulvérisez le dégraissant, lavez-la à l'eau et au savon, et laissez-la sécher. Ainsi, vous enlèverez les insectes écrasés et la crasse avant qu'ils ne s'incrustent. Puis, à tous les deux ou trois lavages, polissez la carrosserie avec de l'encaustique.

Mise en garde: Lisez attentivement les indications relatives à l'emploi des produits et leurs précautions d'usage.

Moulins à café

Si vous croyez que le café en grains ne rancit pas, vous êtes probablement moins que vigilant concernant l'entretien de votre moulin à café. Erreur! «Le café peut devenir rance», dit Diane Bannister, responsable des services aux consommateurs chez Salton Housewares, fabricant de moulins à café établi à Mount Prospect en Illinois. «Si vous ajoutez des grains frais à d'autres qui ne le sont pas, le café aura un goût amer.»

Technique: S'il s'agit d'un entretien de routine du couvercle et du boîtier, essuyez-les avec un chiffon mouillé. Si un nettoyage plus important était nécessaire, vous tremperiez le chiffon dans de l'eau chaude et savonneuse, avant de frotter l'appareil. Il ne vous resterait plus qu'à le rincer à l'aide d'un autre chiffon, trempé dans l'eau claire.

Après chaque utilisation, essuyez l'intérieur du moulin à l'aide d'un chiffon humide pour y enlever la poudre de café qui reste. Utilisez un cure-pipe pour nettoyer les endroits difficiles d'accès sous le couteau.

Conseils pour épargner du temps: Si le couteau de votre moulin est amovible, vous pouvez le soulever et le laver dans l'évier à l'eau chaude et savonneuse. Rincez-le à grande eau et laissez-le sécher avant de le remettre en place. Sinon, passez-le au lave-vaisselle.

Mise en garde: Ne trempez jamais le moulin à café dans l'eau. Ne pulvérisez jamais de nettoyant que vous refuseriez de porter à votre bouche à l'intérieur du moulin. Au mieux, cela gâterait le goût de votre café; au pis, vous pourriez vous empoisonner. Ne nettoyez pas le boîtier à l'aide d'un nettoyant ou d'un tampon abrasif. Il pourrait en égratigner la surface.

Moustiquaires

Songez aux moustiquaires comme à des filtres posés entre votre espace intérieur et l'extérieur. «À proprement parler, la plupart d'entre nous ne lavent jamais leurs moustiquaires», admet Charlie Brakefield, directeur commercialisation chez Phifer Wire Products à Tuscaloosa en Alabama. Il le faut pourtant! En plus d'empêcher les insectes, les oiseaux et les détritus d'entrer dans la maison, les moustiquaires sont exposées aux éléments et amassent la poussière et la saleté qui s'y accumulent sans cesse.

Technique: Nettoyez vos moustiquaires au moins une fois par année. Faites-le plus souvent si elles sont en mailles de fibre de verre enduite de vinyle. Celles-ci attirent davantage la saleté en raison de leur électricité statique.

Sortez les moustiquaires du cadre des fenêtres. Il s'agit de soulever les deux loquets au bas du cadre, de sortir le cadre de sa rainure, et de coulisser la moustiquaire vers le haut pour la sortir des deux rainures en forme de U. Époussetez le crible et le cadre à l'aide d'une brosse souple ou d'un chiffon. Mélangez du détergent liquide pour la vaisselle et de l'eau chaude dans un seau. Posez les moustiquaires contre un mur extérieur de la maison, mouillez-les à l'aide du boyau d'arrosage. Récurez la saleté sur les deux faces du cadre à l'aide d'une brosse de nylon souple trempée dans l'eau savonneuse. Lavez le cadre avec une éponge ou un chiffon trempé dans la même eau. Rincez avec le boyau d'arrosage. Essuyez l'eau avec un chiffon propre et laissez-les sécher au soleil.

Avant de remettre les moustiquaires en place, nettoyez les rainures qui les retiennent. Récurez la saleté à l'intérieur des rainures à l'aide d'une vieille brosse à dents trempée dans l'eau savonneuse. Rincez les rainures avec une éponge ou un chiffon humide et asséchez-les avec un linge sec. Pendant que les moustiquaires n'y sont pas, vous feriez bien de laver les carreaux et le cadre des fenêtres!

CONSEIL D'EXPERTE

Un lavage éclair

Marry Keener est adjointe au directeur de la gestion des installations de l'université de l'Arizona à Tucson et membre du comité consultatif du magazine *Executive Housekeeping Today.* Voici comment elle nettoie les moustiquaires des portes d'aluminium de sa résidence.

«Je me sers du boyau d'arrosage au bout duquel je fixe un pulvérisateur de jardin dans lequel j'ai versé quelques gouttes de détergent liquide pour la vaisselle. Cela fait des merveilles. Le détergent contient des surfactants qui détachent la saleté encrassée, particulièrement si elle est liée par un élément gras tel que la pollution de l'air ou la graisse de cuisson. La combinaison entre la pression de l'eau et le détergent facilite le lavage.»

Conseils pour épargner du temps: Afin de retracer facilement les moustiquaires correspondant aux fenêtres, numérotez chacun des cadres puis décernez le même numéro à la moustiquaire qui lui est propre. (Gravez le numéro dans un coin de la moustiquaire: il sera dissimulé à la vue lorsqu'elle sera en place.) Rangez les boulons ou les vis qui vont de pair avec une moustiquaire dans un sac portant le numéro correspondant.

En moins de deux: Arrosez les moustiquaires avec le boyau d'arrosage (alors que les fenêtres sont fermées, bien sûr). «La plupart des contaminants présents dans l'air s'accumulent sur la face extérieure des moustiquaires», précise M. Brakefield.

Murs

La première règle en ce qui concerne le lavage des murs c'est de commencer par le bas en remontant. «Si vous commencez par le haut, l'eau sale qui s'égoutte par le bas créera des sillons qui, une fois secs, sont très difficiles à enlever,» nous dit Kent Gerard, un consultant en nettoyage de maison à Oakland en Californie. D'une manière générale, l'eau sale qui s'égoutte sur un mur sale est plus difficile à nettoyer que celle qui s'écoule sur un mur propre. «On doit faire attention», nous prévient-il. «Il faut empêcher le plus possible l'eau de s'égoutter.» Et pour arriver à cela, il faut travailler sur de petites sections qui se chevauchent.

Technique: Avant de laver, époussetez ou passez l'aspirateur sur tout le mur. La plupart des surfaces peintes peuvent être nettoyées à l'eau et au liquide à vaisselle puis rincées à l'eau fraîche.

Vous aurez besoin de deux seaux, un pour laver, l'autre pour rincer; de deux éponges de cellulose grand format, et c'est une bonne idée (selon le Michigan State University d'East Lansing) de porter des gants de latex ou de caoutchouc pour vous protéger les mains.

Votre plan de travail dépend de la longueur de vos bras et chacun doit chevaucher l'autre. Nettoyez en frottant l'éponge doucement sur le mur. Les peintures semi-lustrées ou lustrées sont moins facilement endommageables que les peintures mates au latex. N'oubliez pas de rincer en utilisant uniquement l'éponge prévue à cet effet. Après avoir complété une section, commencez l'autre en vous assurant que les deux sections se chevauchent. Une fois plusieurs sections terminées, essuyez le mur à l'aide d'une serviette absorbante. Cela aide à enlever l'excès d'humidité.

Si vos murs sont particulièrement sales, vous pouvez utiliser une solution plus alcaline. Cela aidera à dissoudre mieux la saleté. Le *Michigan State University* d'East Lansing suggère le mélange suivant: 30 ml d'ammoniaque, 15 ml de phosphate trisodique (disponible dans toutes les quincailleries) ou 30 ml de détergent en poudre pour 4,5 l d'eau. Ces types de mélanges peuvent, de par leur pouvoir nettoyant accru, enlever la peinture, surtout les finis mats. Pour les murs gras, dissoudre 125 ml de bicarbonate de soude dans 9 l d'eau chaude.

Conseils pour épargner du temps: Dans les pièces qui ne sont pas souvent utilisées et dans les chambres à coucher, un simple époussetage jumelé à un nettoyage, seulement là où c'est nécessaire, suffit. Pour les endroits sales, tels les commutateurs et les pans de portes, un nettoyant tous usages tel que Fantastik peut, s'il ne laisse pas de résidu collant, être utilisé. N'oubliez pas de faire un essai dans un coin peu apparent de votre mur, avant de vous attaquer à toute la surface.

Vous pouvez agrandir votre plan de travail sur le mur et toujours nettoyer en chevauchant les sections si vous utilisez une vadrouille-éponge. Cependant, n'utilisez pas la même que pour le plancher, sinon, vos murs seront plus sales après le nettoyage qu'avant!

En moins de deux: Entre deux périodes de grand lavage, enlevez les marques des murs à l'aide d'une gomme à effacer. Les meilleures sont les brunes. Celles qui s'effritent. On peut se les procurer dans les magasins où l'on vend du matériel d'artiste.

Si vous avez des murs en stuc, nettoyez-les avec de vieux bas nylon mis en boule. Pour enlever du ruban adhésif collé à un mur, mettez un linge en guise de protection sur votre mur et repassez-le avec un fer tiède. Appuyez légèrement sur votre fer de façon à ce que le ruban décolle, puis enlevez-le doucement.

Mise en garde: Faites l'essai de votre nettoyant dans un endroit peu apparent afin de vérifier que la couleur et le fini ne soient pas endommagés par la suite.

Lorsque vous utilisez du phosphate trisodique, portez des lunettes de protection, des gants de caoutchouc et une chemise à manches longues. Lisez toujours l'étiquette avant afin de vous assurer du bon usage et des précautions à prendre.

Murs et plafonds

En raison des nombreuses sortes de fumée résiduelle, l'Association of Specialists in Cleaning and Restoration d'Annapolis Junction dans le Maryland vous conseille d'engager des professionnels afin de laver les murs, les plafonds et les autres surfaces absorbantes à l'aide des nettoyants appropriés qui servent à neutraliser les odeurs. Le nettoyage de murs abîmés par la fumée est une tâche longue et fastidieuse. Si les dégâts causés par la fumée ont été contenus en un endroit restreint, vous pouvez suivre les conseils suivants:

Technique: Enlevez la fumée à l'aide d'éponges sèches (on trouve les éponges nécessaires au nettoyage de la fumée chez les fournisseurs de matériaux d'entretien professionnel). Ensuite, lavez les surfaces avec un dégraissant (par exemple, Formula 409) allongé d'eau. Asséchez avec un linge propre.

En moins de deux: Si l'odeur ou la pellicule de fumée subsiste, repeignez ou resurfacez les murs.

Nappes et serviettes de table

La chose est inévitable: même les dîneurs les plus aguerris finissent par laisser échapper une goutte de sauce, une larme de cire ou une éclaboussure de vin rouge sur la nappe. Ne paniquez pas, conseille Elizabeth Barbatelli, présidente de Laundry at Linens Limited, une entreprise de Milwaukee spécialisée dans le nettoyage du linge de table de qualité supérieure. «Inutile d'enlever la nappe en vitesse devant vos invités, car une tache met environ trois semaines avant de s'incruster.»

Technique: Avant la lessive, faites un traitement antitaches sur les taches d'origine connue qui maculent le linge de table. Déterminez ensuite si la nappe, les serviettes ou les napperons sont lavables à la machine ou à la main.

S'il s'agit d'articles neufs, lisez attentivement l'étiquette concernant l'entretien. Le linge blanc ancien, fait de coton ou de lin, qui n'est pas bordé de dentelle, peut être lavé à la machine à l'eau chaude au programme des tissus délicats, à l'aide d'un savon pur exempt de javellisant ou d'agent bleuissant. Il faut laver à la main dans un détergent liquide le linge de table ancien, incrusté de dentelle ou de broderie. Disposez les articles dans un sac de résille ou une taie d'oreiller blanche bien nouée.

Si les articles sont très sales, il faut les mettre à tremper au préalable en eau froide, puis en eau chaude, afin de détacher les saletés incrustées.

Que vous laviez en machine ou à la main, assurez-vous qu'il y ait suffisamment d'eau pour qu'elle puisse bien circuler entre les articles, de sorte qu'ils soient bien lavés. La baignoire ou un évier profond fait l'affaire. Rincez abondamment en eau chaude ou froide trois fois ou jusqu'à disparition de toute trace de savon. Un piètre rinçage laissera un résidu de savon qui risque de roussir au cours du repassage ou de jaunir avec le temps.

On peut mettre au sèche-linge les lourdes nappes de lin, à température minimale. Toutefois, il est préférable de les faire sécher à l'air libre car cela leur conserve leur forme et leur dimension. En vue de faciliter le repassage, secouez-les brusquement avant d'y poser le fer. Si vous prévoyez que votre linge de table ne servira pas pendant plusieurs mois, rangez-le sans l'amidonner et sans le repasser. Roulez-le dans un linge blanc et propre ou du papier exempt d'acide et repassez-le avant de vous en servir.

Conseils pour épargner du temps: Pour obtenir des résultats plus rapidement, quelques heures avant de repasser votre ligne, humectez-le. Pulvérisez de l'eau chaude sur la nappe, roulez-la et patientez. Ainsi humides, les fibres de lin seront plus pliables et le repassage en sera facilité. Posez à plat le linge de table sur une table ou un comptoir propre. À l'aide d'un humecteur à linge, mouillez-le de façon uniforme afin de prévenir les marbrures. Roulez-le dans une serviette blanche pendant une heure ou plus. Si vous le conservez au frigo pendant plusieurs heures, le repassage en sera d'autant facilité. Repassez-le au cours des 24 heures qui suivent pour éviter l'apparition de moisissure.

En moins de deux: Si vous ne possédez pas d'humecteur à linge, employez une balayette ou vos doigts. Trempez-les dans l'eau chaude et éclaboussez la nappe de fines gouttelettes.

Mise en garde: Usez de précautions lorsque vous manipulez du lin mouillé. N'épinglez jamais une nappe à la corde à linge à partir de ses angles. Elle pourrait s'étirer ou se fendre sous le poids de l'eau. Repliez-la plutôt sur le fil et assujettissez-la avec des pinces à linge. Évitez de remiser du linge de table en lin sur des tablettes de bois non peint: cela pourrait le faire jaunir.

Napperons

Les napperons sont généralement d'entretien facile. Ne sont-ils pas conçus pour recevoir les petits dégâts de la table?

Technique: On lave à la machine la majorité des napperons au cycle normal, puis on les met au sèche-linge et on les en retire prestement pour éviter qu'ils ne se froissent. On leur donne un coup de fer, le cas échéant.

Les napperons de soie sont en général lavables. Il faut donc observer les indications relatives à l'entretien mais, en règle générale, on passe la soie lavable au lave-linge en eau froide, puis on la met au sèche-linge à faible température.

Si vos napperons sont en plastique ou en vinyle, essuyez-les simplement avec une éponge savonneuse et rincez-les avec une éponge imbibée d'eau fraîche.

De temps en temps, il faut désinfecter les napperons enduits de plastique. Les aliments qui s'y retrouvent favorisent la prolifération de bactéries. Nettoyez-les alors avec un nettoyant tous usages qui contient un désinfectant ou épongez-les avec une solution composée d'une cuillerée à thé de javellisant chloré dans un litre d'eau. Laissez agir le javellisant pendant quelques minutes avant de rincer.

Odeurs

Snif! snif! Pouah! D'où vient cette odeur? La plupart des senteurs nauséabondes trouvent leur source dans un déversement ou dans les bactéries qui prolifèrent à la surface d'une substance déversée. Parmi les autres sources d'odeurs, il y a les dégâts faits par les animaux de compagnie, la cuisson de certains aliments, les moisissures et les putois. Plus on a renversé d'une substance et plus longtemps la salissure demeure sans traitement, plus on aura de mal à supprimer les odeurs qui s'en dégagent.

Technique: «Il existe deux grandes méthodes pour supprimer les odeurs», affirme Rajiv Jain, responsable du laboratoire pour le compte de l'Association of Specialists in Cleaning and Restoration à Annapolis Junction dans le Maryland. «La solution de facilité consiste à les masquer à l'aide d'un parfum. Le meilleur moyen, cependant, est de supprimer la source de l'odeur.»

Dave Heberly acquiesce. Il est directeur du service technique à la Steam Way International, un fabricant de shampooing à moquette de Denver qui dispense des séminaires sur la suppression des odeurs à des nettoyeurs professionnels. «Si vous découvrez une souris morte, accourez-vous au supermarché pour acheter un aérosol à pulvériser sur la trépassée ou la jetez-vous au rebut? Il faut se défaire de l'odeur à sa source, même si elle n'est pas aussi évidente.»

L'urine des animaux de compagnie

Voici l'une des mauvaises odeurs parmi les plus répandues. Si l'urine d'un animal s'incruste au fond du tapis et dans le sous-tapis,

Combattre les odeurs sans bombe

Enfermer la fraîcheur dans un contenant, n'est-ce pas une contradiction en soi? Nombre de désodorisants en aérosol enduisent les voies nasales d'une pellicule d'huile indécelable ou atténuent le sens de l'odorat grâce à un agent chargé d'engourdir les nerfs nasaux. Voici quelques recettes éprouvées au fil du temps pour éviter de faire appel aux aérosol. Elles nous sont fournies par Cindy Cook, économiste auprès de la *Michigan State University Extension* à East Lansing.

Aération: C'est aussi simple que d'ouvrir portes et fenêtres aussi souvent que l'on peut. La circulation d'air contribue à assécher et à chasser les sources des mauvaises odeurs. (N'aérez pas la maison par temps très humide.)

Vinaigre: Faites bouillir une solution composée d'une cuillerée à soupe de vinaigre blanc et de 250 ml d'eau afin de supprimer les mauvaises odeurs de cuisson. Lorsque vous tranchez des oignons, frottez-vous les mains de vinaigre avant et après le découpage afin d'atténuer l'odeur.

Céleri: Voici un autre remède contre l'odeur de l'oignon sur les mains. Tranchez une branche de céleri et frottez-en vos mains avant et après avoir manipulé l'oignon.

Cannelle et clou de girofle: Mélangez ces épices dans un sachet de mousseline et faites-les bouillir. Le sachet facilite le nettoyage après coup.

Vanille: Imbibez un tampon d'ouate de vanille et posez-le dans une petite soucoupe. Déposez la soucoupe dans l'auto (alors qu'elle n'est pas en marche), le frigo ou partout ailleurs dans la maison afin d'y chasser les odeurs. (Faites en sorte que les enfants n'y touchent pas, car la vanille a une teneur élevée en alcool.)

Borax: Afin de prévenir la prolifération de bactéries et de moisissures nauséabondes, saupoudrez 125 ml de borax au fond de la poubelle.

l'odeur pourra subsister longtemps et attirera d'autres animaux qui pourraient être tentés d'y uriner à leur tour. De plus, les fibres ainsi imbibées font un terreau idéal aux bactéries, dont l'odeur est alors répandue.

En premier lieu, il faut absorber la plus grande quantité d'urine à l'aide de chiffons ou d'essuie-tout. Ensuite, épongez l'endroit avec une serviette de ratine blanche qui aura trempé dans 250 ml d'eau tiède allongée d'une cuillerée à thé de détergent translucide pour la vaisselle. Trempez au maximum le tapis à l'aide de la serviette, puis épongez encore, cette fois à l'aide d'une solution composée pour une part de vinaigre et de deux parts d'eau. À nouveau, prenez une serviette pour mouiller le plus possible les fibres. Couvrez la surface de plusieurs serviettes de ratine sur lesquelles vous poserez un poids lourd, après quoi vous laisserez sécher pendant au moins six heures.

Les odeurs de cuisson

«Si vous laissiez fondre sur la cuisinière une volaille de deux kilos, dit M. Herberly, vous retrouveriez l'équivalent de deux kilos de viande calcinée sur les murs, les plafonds et la moquette.» Ces particules dégagent bien sûr des odeurs indésirables.

Le même phénomène se produit, bien que dans une moindre proportion, lorsque vous cuisinez des aliments qui dégagent de puissantes effluves, par exemple le poisson, l'oignon et l'ail. Afin d'éliminer à la source les odeurs de cuisson, il faut nettoyer les différentes surfaces de la cuisine et les désinfecter avec un nettoyant du commerce tel que Pine Sol.

La chaleur monte et, dans son effort visant à atteindre un équilibre, elle est attirée vers les endroits frais. Canalisez donc vos efforts afin de nettoyer dans les hauteurs, les surfaces métalliques (robinets, porte-serviettes, poignées de portes, pentures, etc.), de même qu'autour des fenêtres et des portes.

La fumée

Procédez pour la fumée comme on le fait pour les odeurs de cuisson. Lavez la pellicule laissée par la fumée sur les différentes surfaces des pièces concernées. Lavez ou nettoyez à sec les tapis, les tentures et autres tissus. Si vous cherchez à supprimer une odeur

COMMENT, POURQUOI?

Le nez musclé

Les substances d'origine organique dégagent des molécules qui flottent dans l'air ambiant et s'insinuent dans nos voies nasales. Voilà comment nous prenons conscience des odeurs. Des hausses de températures rendent ces substances plus volatiles et, en conséquence, exacerbent l'odeur qu'elles dégagent. Une hausse du degré d'humidité a le même effet, car elle ralentit le rythme d'évaporation des mêmes molécules. Les senteurs sont réparties en six types: fruitées, fleuries, résineuses, épicées, fétides et brûlées.

L'on croit savoir que l'odorat est dix mille fois plus sensible que le goût. Ainsi, des scientifiques ont découvert que l'être humain peut déceler l'éthyle de mercaptan, une substance qui provoque l'odeur fétide d'une viande en décomposition, dans une concentration aussi faible que 1/400 mg par litre d'air.

La faim affine l'odorat. La douleur également, probablement afin d'alerter l'organisme contre la présence de dangereux stimuli dans l'environnement. Étant donné que les terminaisons sensitives nerveuses se trouvent dans les nerfs du nez, certaines odeurs, dont celle de l'ammoniaque, peuvent provoquer un malaise.

Spoutniks et sfumato

Il est ardu de restaurer un tableau abîmé par la fumée, parce que la plupart des solvants employés pour faire disparaître les traces de fumée dissolvent également plusieurs sortes de peinture. Toutefois, une équipe de la NASA — travaillant de concert avec les conservateurs du *Cleveland Museum of Art* — a élaboré une technique de restauration des tableaux abîmés par la fumée qui en fera planer plus d'un.

Cette technique est articulée autour de l'oxygène à un seul atome, dit oxygène atomique, selon Sharon Rutledge, chercheuse à l'emploi de la NASA au *Lewis Research Center* de Cleveland. L'oxygène atomique abonde dans les hautes strates de l'atmosphère, là où les rayons ultraviolets séparent l'oxygène normal (O^2) en atomes individuels. Ces atomes d'oxygène recherchent alors agressivement quelque chose à quoi se lier. Cela pose un problème en regard des nombreux satellites en orbite autour de la Terre, parce que cette réaction cause la lente érosion de plusieurs matériaux que l'on emploie à la construction des parois extérieures d'un satellite.

Dans le cadre d'une expérience tentée sur des œuvres abîmées par la fumée, les scientifiques ont séparé les molécules d'oxygène dans une chambre sous vide, pour ensuite exposer des tableaux enfumés à l'oxygène atomique. Les atomes se sont liés aux résidus calcinés pour former du gaz carbonique, du monoxyde de carbone et de l'eau. Les tableaux abîmés par le feu alimenté à l'huile sont redevenus propres en une heure et celui qui avait été exposé à un feu de bois fut nettoyé en l'espace de 23 heures, sans dommage apparent.

de fumée plus importante, par exemple à la suite d'un incendie, il faudra probablement faire appel à une entreprise spécialisée dans les sinistres. Pour supprimer les fortes odeurs de cuisson, les professionnels ont recours à plusieurs techniques, notamment un traitement à l'ozone, lequel oxyde les molécules causant l'odeur et les rend pratiquement inodores.

Les odeurs du réfrigérateur

Afin de tenir en respect les odeurs qui proviendraient du frigo, il faut le nettoyer régulièrement, selon les indications du fabricant. Conservez tous les aliments dans des contenants fermés pour que les odeurs ne se transmettent pas, et jetez les aliments impropres à la consommation avant qu'ils ne dégagent une mauvaise odeur. À titre de mesure préventive, rangez une boîte de bicarbonate de soude ouverte sur l'une des clayettes du frigo et une autre dans le congélateur. Elles absorberont les odeurs d'aliments. Remplacez les boîtes aux deux mois environ.

En présence d'odeurs fétides, versez le contenu d'une boîte format moyen de bicarbonate de soude ou de charbon à base organique (en vente avec les accessoires pour aquariums) sur une plaque à biscuits et laissez cela au frigo pendant plusieurs jours. Ou encore, faites de même avec du café frais moulu versé dans un bol.

Nota bene: L'odeur du café frais pourra se transmettre aux glaçons et à la crème glacée. Pour éviter cela, mettez-les au rebut ou enveloppez-les d'un sac de plastique hermétique.

Si vous songez à mettre votre frigo à la casse en raison d'odeurs vraiment fétides, du genre causé par la viande en décomposition, tentez d'abord cette expérience: videz le frigo et lavez-le rigoureusement en respectant les indications du fabricant. Bourrez chaque clayette de lambeaux de papier journal. Posez une tasse d'eau sur la clayette supérieure ou pulvérisez l'eau sur le papier journal et laissez agir pendant cinq à six jours sans débrancher l'appareil. Remplacez le papier aux deux jours. Le système de réfrigération pulsera de l'air humide à travers le papier qui absorbera les molécules responsables des odeurs. Cette méthode, fort incommode au demeurant, apporte d'excellents résultats. Prévoyez donc entre-temps un frigo de rechange.

La moisissure

Lorsque vous apercevez des traces de moisissure, brossez-les à l'extérieur pour ne pas essaimer les spores dans la maison. Ensuite, laissez la chose en question sécher au soleil et au grand air. Observez les indications relatives à l'entretien de l'article que vous devez nettoyer. Confiez les articles non lavables à un teinturier et lavez ceux qui peuvent l'être en eau chaude et savonneuse. Pour enlever les traces de moisissure d'un sac de golf, d'un vélum de toile et d'autres étoffes non lavables, épongez-les avec une serviette de ratine trempée dans une solution composée de 250 ml d'eau très chaude et de 1/4 de cuillerée à thé de détergent liquide pour la vaisselle. Si possible, ajoutez du javellisant chloré à l'eau de lavage. Il supprime les spores de moisissure.

Pour éviter la formation de moisissure, faites aérer la maison et contrôlez son degré d'humidité. Si vous ne parvenez pas à localiser la source de l'odeur de rance, voyez le plateau d'évaporation sous votre frigo, le cas échéant. Il y fait chaud, sombre et humide, les conditions idéales à la prolifération des moisissures.

L'odeur du putois

Si votre chien a été arrosé par un putois, neutralisez l'odeur en le lavant avec du jus de tomate ou du vinaigre. Si le jet a éclaboussé votre plate-forme de jardin, l'allée du garage ou une autre surface solide, mélangez un litre d'eau oxygénée à trois degrés, 65 ml de bicarbonate de soude et une cuillerée à soupe de détergent liquide pour la vaisselle. Versez dans un vaporisateur de plastique et pulvérisez les surfaces en question. Laissez agir la solution pendant quelques minutes, puis rincez avec le boyau d'arrosage.

Conseils pour épargner du temps: Si vous possédez un aspirateur en mesure de recevoir des liquides, utilisez-le pour aspirer l'urine et autres liquides nauséabonds sur les tapis et la moquette. Commencez d'abord par verser de l'eau sur la tache afin de la diluer, puis aspirez-en le plus possible. Refaites cela aussi souvent qu'il sera nécessaire.

Or

L'or ne ternit pas comme le fait l'argent. Cependant, s'il compte moins de 24 carats, le cuivre, l'argent, le nickel ou les autres métaux qui lui seraient alliés peuvent ternir et tacher. Ainsi, nous dit Julie Livingston, experte-conseil en vente au détail pour le World Gold Council établi à New York, «...les boucles d'oreilles en or 14 carats laissent des traces noires aux lobes de certaines personnes». De toute façon, l'or, en dépit de son degré de pureté, attire les huiles de la peau, la poussière et la saletés. Voici quoi faire pour conserver à vos objets en or la brillance qui doit être la leur.

Technique: Afin d'enlever la saleté et la décoloration de vos objets en or, trempez-les dans une solution composée à parts égales d'eau et de nettoyant tous usages. Afin de nettoyer les interstices et les détails finement ciselés d'un bijou, notamment une chaîne à fins maillons, frottez-les délicatement à l'aide d'une brosse à dents aux soies souples. Rincez ensuite à l'eau chaude et asséchez à l'aide d'un chamois.

En moins de deux: Employez à peine une goutte de détergent liquide pour la vaisselle et de l'eau tiède. Frottez à l'aide d'une brosse à dents aux soies souples ou d'un chiffon et rincez. Asséchez à l'aide d'un chamois. Ou encore, polissez simplement votre bijou à l'aide d'un chamois.

Mise en garde: Le chlore est le pire ennemi de l'or. Un contact soutenu avec le chlore détériorera le précieux métal. Ne nettoyez jamais de bijou en or avec du chlore et enlevez vos bijoux avant d'entrer dans une piscine ou un bain à remous dont l'eau est chlorée. Ne nettoyez pas un objet en or avec du dentifrice, bien que certains bijoutiers le conseillent. Certains dentifrices contiennent des abrasifs qui peuvent dépolir le lustre de l'or.

Ordinateurs

La poussière est l'ennemie jurée des ordinateurs. La propreté de l'air ambiant de votre salle informatique constitue un important premier pas pour assurer la bonne marche de votre appareil et vous éviter de coûteuses mises au point et réparations.

Technique: Il faut nettoyer le clavier de temps en temps avec un chiffon antistatique trempé dans un nettoyant liquide conçu expressément pour les ordinateurs. On se les procure chez un marchand de matériel informatique ou électronique. Versez le nettoyant sur le tampon et non pas sur le clavier. Il existe également des tampons humidifiés. Afin de déloger les peluches et la poussière entre les touches du clavier, vous pouvez vous procurer un aspirateur miniature destiné aux ordinateurs, nous conseille Lisa Fasold, porte-parole pour la Consumer Electronics Manufacturers Association à Arlington en Virginie. Comme mesure moins onéreuse, employez un coton-tige que vous tremperez dans le nettoyant liquide. Toujours à l'aide de ce même nettoyant, essuyez délicatement l'écran de votre ordinateur. N'employez pas de nettoyant pour le verre. Il pourrait laisser des traces qui attireraient encore plus la poussière. Alliées à la fumée de cigarettes, ces traces de nettoyant pourraient jaunir l'écran.

Conseils pour épargner du temps: Une housse rendra l'époussetage moins nécessaire. Il existe des housses pour couvrir presque tous les composants d'un système informatique, de l'écran au clavier, de l'imprimante au lecteur de disque.

Mise en garde: N'employez pas de nettoyant domestique, d'ammoniaque, de poudre ou d'autres abrasifs pour nettoyer l'extérieur des composants de votre système informatique. Ils pourraient égratigner ou abîmer le plastique. Ne nettoyez pas plus votre clavier à l'aide d'un nettoyant domestique. «Vous ne savez pas ce qui pourrait corroder les circuits intégrés, dit Mme Fasold. De l'eau pulvérisée sur le clavier risquerait de s'infiltrer à l'intérieur.»

Oreillers

Voici qui vous plongera dans l'insomnie: «Vous n'avez pas idée de la quantité de cellules cutanées mortes que nous perdons chaque jour», dit Marry Keener, adjointe au directeur de la gestion des installations à l'université de l'Arizona à Tucson et membre du comité consultatif technique pour le compte du magazine *Executive Housekeeping Today*. Il faut donc enlever ces phanères des oreillers pour leur conserver leur fraîcheur et leur odeur de propreté.

Technique: Nettoyez vos oreillers aux moins deux fois l'an. La plupart des oreillers faits d'une bourre de fibres sont lavables en machine. Lavez-les en eau froide, plus sûre pour les fibres synthétiques. Faites-les sécher par culbutage à faible température ou posez-les sur une chaise longue au soleil.

Ne lavez pas vous-même des oreillers de duvet, conseille Jane Rising, instructrice au département de l'éducation de l'International Fabricare Institute à Silver Spring dans le Maryland. «Souvent, la housse d'un oreiller contient une fécule naturelle qui maintient la bourre en place, explique-t-elle. La fécule se délaie lors du lavage et le duvet commence à fuir de l'oreiller.» Il est préférable de porter vos oreillers de duvet chez un teinturier spécialisé. Une ou deux fois l'an, faites-les aérer au grand air et à l'ombre pour maintenir leur fraîcheur.

En moins de deux: Afin de rafraîchir un oreiller de duvet et d'en chasser l'humidité, faites-le culbuter au sèche-linge à faible température pendant environ 10 minutes. «Le plus gros de la poussière et des phanères se retrouvera dans le filtre à charpie», dit Mme Keener.

Os

Les objets fabriqués en os sont poreux et souvent friables. Un nettoyage trop vigoureux et ils ne feront pas de vieux os!

Technique: On peut nettoyer à l'aide d'un chiffon humide ou d'un tampon d'ouate une surface lisse, par exemple le manche d'un couteau ou d'un coupe-papier. Il faut épousseter les sculptures d'os à l'aide d'un pinceau en poils de zibeline (en vente dans les boutiques de matériel d'artisanat). N'employez ni chiffon, ni ouate pour nettoyer une sculpture. Vous risqueriez de l'abîmer ou d'y laisser des peluches, prévient Stephen Koob, expert en restauration à la galerie Freer du Smithsonian Institute à Washington.

Conseils pour épargner du temps: Vous pouvez employer l'aspirateur plutôt qu'un chiffon pour épousseter les objets en os. Il doit s'agir d'un modèle miniature alimenté par piles.

Mise en garde: Ne plongez jamais dans l'eau un objet en os. Il ne faut pas le mouiller, car la moisissure s'y développe rapidement. N'employez jamais de savon ou de cire, qui feraient jaunir l'os. Advenant qu'un objet en os soit taché ou noirci par le feu, vous devriez le confier à un restaurateur professionnel.

Osier

Le terme osier est utilisé pour désigner tout type de mobilier qui semble avoir été tissé à partir d'une fibre quelconque, synthétique ou non. La plupart de ces meubles sont faits de rotin, de jonc, d'algues particulières, de branches de saules, de roseaux, de fibres de papier et de divers composés synthétiques.

Selon Joyce Brown-Tickle, propriétaire de Wicker Works à Wilmington en Caroline du Nord: «Tout le monde a une opinion différente sur la bonne façon de nettoyer l'osier.» Certains ne jurent que par l'arrosage au boyau du jardin, tandis que d'autres disent qu'il ne faut surtout pas mouiller l'osier. Tous ont raison, nous dit Mme Brown, cela dépend seulement du type d'osier à nettoyer: il peut être synthétique ou composé de fibres naturelles. Celui en fibres synthétiques est destiné à un usage extérieur et peut donc être arrosé sans dommage, cependant l'osier naturel est plus susceptible de craquer, gonfler, de perdre sa couleur, voire de pourrir s'il est trop exposé à la lumière du soleil ou à l'eau. Si vous ne savez pas si votre mobilier est synthétique ou naturel, alors cherchez un indice de sa provenance, nous dit Mme Brown Tickle. Si l'étiquette se lit «Fabriqué aux États-Unis», alors il est fort probable qu'il soit synthétique, étant donné que l'osier naturel provient généralement des Philippines ou de la Chine.

Technique: Lorsque vous nettoyez de l'osier, utilisez le moins d'eau possible. L'osier destiné à un usage intérieur, qu'il soit naturel ou synthétique, devrait avant tout être passé à l'aspirateur afin d'enlever l'excès de poussière. Si un nettoyage plus en profondeur est nécessaire, il est préférable d'utiliser un savon mousseux, un bouchon de savon à l'huile Murphy et 1 l d'eau. Trempez une éponge uniquement dans la mousse du savon, passez-la sur le meuble, puis avec une brosse frottez dans les plis. Ensuite, enlevez la mousse avec une éponge propre et humide. Attention à ne mouiller aucune des composantes de bois d'un meuble fabriqué dans un cadre de bois.

L'osier utilisé à l'extérieur a souvent besoin d'un nettoyage beaucoup plus vigoureux. Frottez alors à l'aide d'une brosse la surface synthétique ou naturelle à l'eau tiède, puis rincez au boyau d'arrosage. Il est préférable d'assécher les meubles aussi rapidement que possible afin que le tissage ne gonfle ni ne pourrisse. Pour ce faire, placez votre meuble sous les chauds rayons du soleil ou à côté d'un ventilateur.

Si vous avez affaire à de l'osier peint, faites attention car trop d'eau fera écailler la peinture. Lavez-le à l'éponge humide et utilisez, au besoin, une brosse métallique pour enlever la peinture écaillée. Laissez sécher avant de repeindre.

Lorsque l'osier est sec, vérifiez les surfaces afin de déceler les échardes potentielles. Si vous en trouvez, poncez-les au papier émeri fin puis vaporisez une couche de cire pour automobile.

Conseils pour épargner du temps: Afin d'éviter une accumulation de poussière, il est préférable de passer l'aspirateur régulièrement à l'aide de la brosse accessoire. Couvrez le dessus des tables et des secrétaires d'une vitre. Ainsi, tout ce que vous aurez à faire pour préserver l'allure initiale de votre meuble sera d'en nettoyer la surface — celle où se retrouve le gros de la poussière, des traces de doigts et de la saleté — avec un liquide lave-vitre. Pour faciliter et accélérer le temps de séchage, lavez vos meubles lorsqu'il vente beaucoup.

En moins de deux: Si vous ne possédez pas d'aspirateur, un pinceau sec nettoiera et enlèvera facilement les particules de poussière du tissage. Si votre chaise craque et grince lorsque vous vous asseyez, c'est sans doute qu'elle a besoin d'être «huilée». Nos systèmes de chauffage et un climat aride assèchent l'osier. Il faut donc, occasionnellement, humidifier à nouveau les fibres avec une éponge humide.

Mise en garde: L'osier nécessite un certain taux d'humidité afin de ne pas sécher et de ne pas craquer. Mais trop d'humidité endommagera les fibres et peut même les faire pourrir. Il est préférable de ne pas placer l'osier naturel sous la lumière directe du soleil, dans un endroit humide ou sous la pluie pendant une longue période.

Outils de jardinage

Laissez la boue et la poussière dans le jardin, pas sur vos outils de jardinage! La terre retient l'humidité qui fera rouiller vos outils. La corrosion est indésirable à plus d'un égard, nous explique Fred Hicks, ancien président de l'American Nursery and Landscape Association à Washington. «Avec le temps, la rouille pique le métal et y forme de petits trous. La terre adhère à une pelle ou une bêche piquée de rouille, ce qui exerce une pression supplémentaire sur l'outil alors qu'on l'utilise.» En fait, un outil sale nous fait travailler davantage.

Technique: Lorsque vous avez terminé d'utiliser vos outils de jardinage, essuyez-en la boue à l'aide d'un chiffon avant de les remettre dans la remise. Pulvérisez un peu de lubrifiant tel que WD-40 pour les protéger. Cette précaution est particulièrement utile aux outils qui servent à élaguer tels que les cisailles à haies, le sécateur et la scie d'élagage, de même qu'aux outils dont on ne se servira pas avant quelque temps. Cela est essentiel si votre remise ou votre garage est humide, ou pendant la froide saison, lorsque la condensation d'humidité s'accumule sur les parois métalliques. Avant d'utiliser un outil servant à creuser, si le sol est relativement sec, plantez-le et tirez-le du sol à quelques reprises. Le léger ponçage ainsi exercé délogera les traces de corrosion.

CONSEIL D'EXPERT

Nettoyage à sec

Fred Hicks, ancien président de l'*American Nursery and Landscape Association* à Washington, exploite aujourd'hui sa propre pépinière à Westbury dans l'État de New York. Voici son truc pour assurer la propreté de ses outils. «J'essuie la boue et la saleté avec un bout de toile à sac. Pas besoin de cracher dessus pour les faire reluire, ils doivent simplement être secs. Pour ce qui est de les peindre, qui en a le temps? En général, un outil dont on sait se servir n'a pas besoin de peinture. Lorsque je range un outil pour quelque temps, je le vaporise avec du WD-40 pour le protéger contre la rouille.»

Faites en sorte que les manches de bois soient propres et secs. Lavez-les à l'aide d'un chiffon imbibé d'eau savonneuse. «S'ils sont tantôt mouillés, tantôt secs, le bois finit par devenir rugueux», explique M. Hicks. Si le bois commence à fendre en éclats ou si le grain du bois se soulève (signe d'éclats éventuels), poncez-le avec un papier de verre fin. «C'est comme une batte de base-ball, explique M. Hicks. L'entretien consiste en peu de choses, si ce n'est la propreté. La sueur des mains qui finit par imprégner un manche de bois fait probablement le meilleur traitement, car elle lui apporte un peu d'huile et d'humidité.» Vous pouvez huiler les manches de bois de vos outils mais évitez les produits qui laissent un résidu poisseux qui attirerait la saleté. L'huile de graines de lin bouillies (en vente dans les quincailleries) convient à cet usage. Appliquez-la à l'aide d'un chiffon, laissez-la pénétrer le bois et sécher à l'air libre.

Lorsque vous en avez terminé du pulvérisateur, videz-le du liquide restant. Rincez-le à l'eau fraîche, puis pulsez une solution d'eau et de détergent liquide pour la vaisselle afin d'éliminer tout résidu. (Si vous ne pouvez vous empêcher de pulvériser des substances chimiques toxiques, observez à tout le moins les règlements municipaux relatifs au déversement de l'eau de lavage. Même si vous avez dilué la solution chimique, prenez garde à l'endroit où vous la déversez.) Encore une fois, rincez à grande eau. Lavez l'extérieur du pulvérisateur à l'eau savonneuse à l'aide d'un chiffon ou d'une brosse. En dépit de la méticulosité dont vous avez fait preuve lors du rinçage d'un pulvérisateur ayant contenu un herbicide, le risque existe qu'il en subsiste encore à l'intérieur. En conséquence, si vous emplissez un pulvérisateur d'un herbicide, identifiez-le clairement et utilisez un autre pulvérisateur pour les produits atoxiques. De plus, n'employez pas un même pulvérisateur pour vaporiser un herbicide et un insecticide dans votre jardin. La moindre trace d'herbicide risquerait de faire mourir les plantes.

Conseils pour épargner du temps: On peut nettoyer la plupart des outils simplement à l'aide du boyau d'arrosage pour y déloger la boue et ensuite les fixer à un crochet pour les mettre à sécher.

En moins de deux: S'il est une période de l'année au cours de laquelle on peut relâcher son zèle, c'est pendant les mois de juin, juillet et août. «C'est l'été, le soleil est chaud et l'air est sec. Ce n'est pas à ce moment que les outils vont rouiller. Il est alors moins important de les nettoyer après chaque utilisation», avoue M. Hicks. C'est aussi la saison pendant laquelle les outils de jardinage servent le plus, ce qui prévient l'apparition de la corrosion.

Mise en garde: Il existe un herbicide et un insecticide atoxiques pour la plupart des indésirables. Si vous devez utiliser un produit chimique dangereux, soyez prudent lors du nettoyage. Lorsque vous rincez un pulvérisateur qui a contenu un produit toxique, faites en sorte qu'il n'entre jamais en contact avec votre peau. Portez toujours des gants de caoutchouc ou de latex et des lunettes de protection, et travaillez en un lieu bien aéré. Lisez attentivement les indications pour connaître le mode d'emploi et les précautions d'usage.

Ouvre-boîtes

Les étiquettes de papier, les rognures de métal et les aliments s'agglutinent souvent sur la lame de coupe.

Technique: Si la lame de coupe de votre ouvre-boîtes électrique est amovible, vous pouvez la passer au lave-vaisselle. Sinon, nettoyez-la à l'aide d'une brosse à dents ou d'un petit tampon à récurer et d'un peu de détergent liquide pour la vaisselle. Servez-vous d'un cure-dents pour déloger le papier des boîtes de conserve qui obstrue la molette d'entraînement. Essuyez le boîtier de plastique à l'aide d'un chiffon humide lorsque vous faites l'entretien du comptoir de cuisine.

Mise en garde: Assurez-vous de débrancher l'ouvre-boîtes avant d'entreprendre le nettoyage.

Paillassons

Les paillassons remplissent une fonction importante puisqu'ils retiennent la saleté, le sable et la poussière avant qu'ils n'entrent dans la maison, où ils auraient tôt fait d'érafler les parquets et d'écorcher les fibres des tapis et de la moquette. Cela dit, pourquoi accueillir vos visiteurs avec un paillasson sale?

Technique: Nettoyez vos paillassons le plus souvent possible. À défaut de le faire, la saleté s'y accumulera et ils perdront leur raison d'être.

«On trouve plusieurs types de paillassons», explique Marry Keener, adjointe au directeur de la gestion des installations à l'université de l'Arizona à Tucson. «Si le paillasson se trouve à l'extérieur, vous pouvez le nettoyer avec le boyau d'arrosage puisqu'il est exposé aux intempéries.»

Si un paillasson ne supporte pas l'arrosage, donnez-lui un coup d'aspirateur armé d'un suceur à tapis et planchers. Vous serez ainsi en mesure d'aspirer la saleté incrustée au fond des fibres.

Papiers peints et recouvrements muraux

Bien que poussière et saleté se voient moins facilement sur le papier peint que sur un mur simplement peint, il faut néanmoins le

Cures antitaches pour papiers peints

Comment enlever les taches et autres marques de votre papier peint? Voici ce que nous disent les experts:

Taches de graisse

- Asséchez la tache à l'aide d'un essuie-tout et saupoudrez-la de fécule de maïs.
- Frottez avec une tranche de pain blanc.

Taches de crayon

- Appliquez sur la tache du WD-40 et essuyez à l'aide d'un linge doux. S'il reste du crayon, nettoyez à l'aide d'une éponge trempée dans de l'eau et du liquide à vaisselle. Frottez en faisant des mouvements circulaires puis rincez. Ce procédé ne s'applique qu'à des papiers peints qui peuvent être brossés. Si ce n'est pas le cas, faites un essai sur une petite surface avant de commencer.

Taches de marqueurs ou de crayons feutres

- Vaporisez de la laque à cheveux sans graisse et essuyez.
- Appliquez de l'alcool à friction et sécher à l'aide d'un buvard.

nettoyer. Et, puisque sa durabilité peut aller au-delà de dix ans, mieux vaut s'y attaquer dès maintenant! D'autant plus qu'aujourd'hui, 75 p. cent et plus des papiers vendus sont couverts de vinyle. C'est dire qu'ils sont lavables et peuvent même être brossés. Cependant, malgré tout leur attrait, si vous laissez trop longtemps la saleté sur un papier peint, la composante de vinyle du papier l'absorbera, ce qui rendra l'entretien plus difficile.

Technique: Passez l'aspirateur régulièrement. Utilisez la brosse et enlevez la poussière et la saleté, surtout sur les recouvrements muraux gaufrés et tous ceux qui ne peuvent être lavés facilement. Si vous rencontrez des toiles d'araignées, aspirez-les du bas vers le haut, cela empêchera les fils de s'étendre sur le papier et de le tacher.

Les recouvrements muraux lavables peuvent être nettoyés à l'aide d'une éponge trempée dans un nettoyant tous usages doux ou un mélange de 125 ml d'ammoniaque pour 4,5 l d'eau. Cette solution peut aussi être utilisée — avec une brosse souple — sur les papiers peints qui peuvent être brossés. Faites attention de ne pas trop mouiller les joints, sinon vous risquez d'avoir à les recoller!

Les papiers peints non lavables et les recouvrements de tissus rembourrés peuvent être nettoyés à l'aide d'un produit commercial (Absorene) qui se présente sous la forme d'une pâte épaisse que l'on frotte sur la surface à nettoyer. Par suite de l'application, il faut brosser ou passer à l'aspirateur les résidus du produit restés sur le mur.

Conseils pour épargner du temps: Lavez votre mur en un rien de temps en utilisant les balais éponges conçus spécialement pour les murs.

En moins de deux: Vous ne possédez pas d'aspirateur? Utilisez un chiffon propre noué autour d'un balai ou d'une vadrouille. Changez de chiffon lorsqu'il devient sale.

Parapluies et parasols

Haut de gamme ou bas de gamme, utilisés contre la pluie ou contre le soleil, prarpluie et parasol vous protègent des forces de la nature. Cependant, chacun requiert un entretien différent.

Les parapluies

Technique: En attendant l'autobus près d'une flaque d'eau boueuse, voilà que vous vous êtes fait arroser. Que faire? Posez votre parapluie dans la position ouverte et nettoyez-le à grand jet d'eau. La saleté récalcitrante peut être enlevée en appliquant à l'éponge un nettoyant liquide à base d'eau tel un détergent à vaisselle non-javellisé. Les experts du grand fabricant de parapluies de la Totes Isotoner Corporation, de Loveland en Ohio, déconseillent l'utilisation d'une solution javellisée, car cela décolore le tissu.

Conseils pour épargner du temps: Après usage, laissez sécher votre parapluie dans la position ouverte. Cela prévient la rouille qui pourrait endommager l'armature interne. Si vous voulez que votre parapluie sèche plus rapidement, enlevez l'excès d'eau en l'ouvrant et en le refermant rapidement à plusieurs reprises.

Mise en garde: Ne jamais utiliser de détachant sur vos parapluies. Cela risquerait d'enlever la pellicule de silicone hydrofuge du tissu.

Les parasols

Technique: Égayant terrasses et patios depuis le printemps, vos parasols garderont longtemps leurs gais coloris si vous les nettoyez une fois l'an, avant de les entreposer pour l'hiver.

La pluie, les feuilles, les arbres, l'exposition à l'air et au vent ternissent la toile des parasols. L'automne venu, suggèrent les experts de la Michigan State University Extension d'East Lansing, il faut nettoyer l'étoffe de tissu ou de vinyle à l'aide d'un mélange composé d'un détergent liquide à vaisselle doux et d'eau, que vous appliquez à l'éponge ou à la brosse, en portant une attention particulière aux plis, puisque c'est là que se retrouve le plus gros de la saleté. Laissez au savon le temps d'agir, puis rincez le tout à grand jet d'eau. Faites sécher complètement dans la position ouverte avant d'entreposer.

Conseils pour épargner du temps: Ouvrez vos parasols après la pluie et laissez-les sécher. Cela empêche l'accumulation de saletés dans les plis.

En moins de deux: Les parasols de vinyle qui sont encore sales après l'application d'un détergent liquide doux se nettoient bien avec un produit spécialement utilisé pour les toits de vinyle des voitures tel le nettoyant pour décapotables Blue Magic. L'application subséquente d'un protège-tissu pour ameublement ou voitures, tel le Armor All, permet d'obtenir un fini résistant à la saleté. Cette dernière phase du nettoyage s'effectue plus facilement si vous pouvez étaler le parasol sur une grande surface plate.

Mise en garde: Pour éviter qu'il ne s'abîme, il est préférable de fermer votre parasol pendant un orage ou lors de grands vents.

Parfum

Ce qui est agréable au nez ne l'est pas nécessairement à l'œil. «Les parfums contiennent des huiles qui peuvent s'oxyder et s'avérer difficiles à déloger par la suite», dit Jane Rising, instructrice au département de l'éducation de l'International Fabricare Institute à Silver Spring dans le Maryland. «Ils contiennent de plus de l'alcool qui peut altérer la couleur d'une étoffe.» Plus vite vous vous attaquez à une tache laissée par un parfum, mieux cela vaudra.

Technique: Il faut traiter la tache avant la lessive. Diluez 1/4 de cuillerée à thé de détergent translucide pour la vaisselle dans 125 ml d'eau chaude. Appliquez l'eau savonneuse sur la tache, posez le vêtement à plat sur une surface solide et tapotez la tache avec le dos d'une cuiller, de sorte que le savon s'infiltre au cœur des fibres. Ne frottez pas, vous risqueriez d'user les fibres. Ensuite, lavez le vêtement selon les indications du fabricant, à l'eau la plus chaude qu'il puisse supporter sans danger.

Si cela s'avère insuffisant, essayez l'alcool à friction. Mais attention, l'alcool peut faire déteindre l'étoffe. Posez le vêtement à plat, la tache contre un chiffon blanc absorbant. Versez un peu d'alcool sur un autre chiffon blanc ou un tampon d'ouate, et épongez l'envers de l'étoffe de façon à faire ressortir la tache sur l'endroit. Si la teinture se dilue ou si l'étoffe contient de l'acétate, diluez l'alcool dans deux parties d'eau.

Pour déloger des traces de parfum sur une moquette, versez le solvant sur une serviette, jamais sur les fibres car alors le sous-tapis serait imbibé et attirerait davantage la saleté. Rincez à l'aide d'une serviette blanche trempée dans de l'eau.

Nota bene: Avant de recourir à un nettoyant, faites-en d'abord l'essai en un endroit peu visible de l'article taché.

Mise en garde: Rincez abondamment avant d'utiliser une autre solution nettoyante. Au contact, certains produits chimiques — en particulier l'ammoniaque et le javellisant chloré — peuvent dégager des émanations toxiques. Lisez attentivement le conditionnement d'un produit pour en connaître le mode d'emploi et les précautions d'usage.

Peignes

La plupart des peignes sont en plastique, en nylon ou en un matériau qui supporte bien l'eau.

Technique: Avant de laver un peigne, il faut en déloger les cheveux morts qui seraient pris entre les dents. Ensuite, on le met à tremper dans l'évier plein d'eau chaude et savonneuse (employez du détergent liquide pour la vaisselle) pendant 10 à 20 minutes ou jusqu'à ce qu'il ne s'y trouve plus de résidus huileux, de cheveux, de gel coiffant et de fixatif. Il suffit alors de le rincer à l'eau claire et de le faire sécher à plat sur une serviette.

Si vous avez des ennuis capillaires, par exemple des pellicules, le lavage de votre peigne pourra s'avérer plus compliqué. «Les pellicules adhèrent aux parois des dents, en particulier sur le peigne aux dents fines», explique Rebecca Viands, vice-présidente administrative de la Potomac Academy of Hair Design à Falls Church en Virginie. Vous pouvez contourner ce problème en frottant les dents du peigne à l'aide d'une vieille brosse à dents. Dans la plupart des cas, en particulier si vous êtes seul à employer ce peigne, les méthodes ci-dessus suffisent. Si vous voulez le désinfecter davantage, frottez-en les dents avec un peu d'alcool à friction.

Conseils pour épargner du temps: Étant donné que les peignes, les brosses et les bigoudis supportent bien un trempage en eau

LE BARBIER DE SA VILLE

La genèse du barbicide

Depuis que les enseignes de barbier sont pratiquement choses révolues, un symbole plus persistant de l'art de la coiffure masculine a vu le jour: le barbicide, ce désinfectant bleu dans lequel trempent les ciseaux et le peigne du garçon coiffeur.

Inventé voilà plus de 50 ans par Maurice King, un ingénieur chimiste de Brooklyn dans l'État de New York, ce stérilisant liquide est désormais vendu dans les salons de coiffure et de beauté du monde entier au rythme de 63 000 litres par mois! On trouve même un flacon de barbicide au musée Smithsonian de Washington.

Très jeune, M. King a montré un scepticisme sain devant les pratiques sanitaires des barbiers. Adolescent, il souffrait de plaies au cuir chevelu et dut endurer les désagréments de plusieurs peignes sales. Plus tard au cours de sa vie, sidéré de ce que les barbiers nettoyaient leurs peignes et brosses simplement en les rinçant sous l'eau du robinet, il se mit à concocter sa propre mixture germicide. Il doit sa réussite à l'avènement d'un nouveau composé d'ammoniaque suffisamment puissant pour enrayer les germes, mais assez doux pour qu'on puisse l'employer chaque jour.

King décida de teindre sa décoction de couleur bleue en raison de la fraîcheur et de la pureté associées au bleu. L'idée du haut flacon de verre et de sa plate-forme qui se soulève lui est venue du compartiment réservé aux pailles qui se trouvait sur les siphons à boissons gazeuses.

Puis il lui fallut trouver un nom.

En raison de l'aversion qu'il vouait aux barbiers, il décida de créer le néologisme «barbicide» — qui ne renvoie pas à la destruction des germes — en guise de «clin d'œil».

savonneuse, vous épargnerez du temps en les plongeant tous dans le même bain.

En moins de deux: En de rares cas, vous voudrez usez de précautions supplémentaires afin de désinfecter un peigne. Par exemple, vous venez de peigner les cheveux d'un enfant pour y enlever des œufs de poux et vous voulez conserver le peigne. Mettez-le à tremper environ 15 minutes dans une solution composée de 10 p. cent de javellisant liquide et d'eau. Ensuite, rincez-le à l'eau fraîche.

Mise en garde: Lorsque vous lavez un peigne métallique, assurez-vous de bien l'assécher pour éviter qu'il ne rouille.

Peinture

ACTION D'URGENCE

S'il s'agit de peinture au latex, épongez-la avec de l'eau. S'il s'agit de peinture à l'huile, épongez l'excédent avec des essuie-tout en prenant soin de ne pas l'étendre. Nettoyez ensuite avec un détachant ou de l'acétone. N'employez pas d'acétone sur une étoffe composée d'acétate, car elle la trouerait.

Vous pensiez qu'il était inutile de changer de vêtement avant de retoucher le portillon, et voilà que votre chemise préférée est éclaboussée. Et dire que les taches de peinture comptent parmi les plus difficiles à déloger. Vous aurez plus de chance de les supprimer si vous vous y attaquez avant qu'elle ne sèche.

Technique: Si cela est possible, posez l'étoffe maculée sur des essuie-tout blancs sur une surface solide. Épongez la peinture avec des essuie-tout trempés dans un détachant tel que Energine. Travaillez en un endroit bien aéré. Lorsque vous aurez épongé toute la peinture que vous pourrez, tournez la face tachée de l'étoffe sur d'autres essuie-tout et versez au compte-gouttes un peu de détachant. Des particules de peinture devraient alors se détacher pour être absorbées dans le papier essuie-tout. «À cette étape, vous avez probablement délogé la composante de plastique», explique Jane Rising, instructrice au département de l'éducation de l'International Fabricare Institute à Silver Spring dans le Maryland. Sinon, répétez l'exercice avec de l'acétone, le principal composant du dissolvant à vernis à ongles, que l'on trouve dans les pharmacies et les quincailleries. Prenez garde car l'acétone dissout l'acétate.

Afin de déloger les dernières traces de peinture, épongez-les avec une serviette de ratine blanche trempée dans une solution composée de 1/4 de cuillerée à thé de détergent translucide pour la vaisselle et de 125 ml d'eau froide. Lavez l'article en question selon les indications du fabricant. Si la tache ne disparaît pas complètement, répétez l'opération en ajoutant une cuillerée à thé d'ammoniaque à 125 ml d'eau froide. De nouveau, lavez selon les indications.

Pour nettoyer une moquette, versez le produit nettoyant sur une serviette et non sur les poils, car le produit pourrait s'infiltrer jusqu'au sous-tapis et attirer davantage de saleté.

Nota bene: Avant d'employer un nettoyant, faites-en d'abord l'essai en un endroit peu apparent de l'article taché.

Mise en garde: «Ne vous servez pas d'un diluant à peinture, prévient Mme Rising, qui diluerait certes la peinture mais laisserait des traces à son tour.»

Rincez abondamment avant d'utiliser une autre solution nettoyante. Au contact, certains produits chimiques — en particulier l'ammoniaque et le javellisant chloré — peuvent dégager des émanations toxiques. Lisez attentivement le conditionnement d'un produit pour en connaître le mode d'emploi et les précautions d'usage.

Peluches

Votre pull préféré fait des peluches qui sont en fait des fibres plus courtes qui pointent d'une étoffe. Ces poils se détachent et s'amassent pour former de vilaines petites boules. «Les peluches sont enracinées dans l'étoffe», explique Darcy Crocker, responsable du contrôle de la qualité pour le Wool Bureau de New York. «Votre chien a-t-il déjà eu des chardons dans son poil? Les peluches leur ressemblent.»

Technique: Le moyen le plus indiqué pour enlever d'un vêtement les peluches les plus évidentes consiste à les retirer une à une à la main ou à l'aide d'un rasoir conçu à cette fin. Pour enlever les fines peluches qui se forment à la surface d'une étoffe de coton, lavez le vêtement dans un détersif à lessive contenant des enzymes. Ces dernières goberont la cellulose des poils détachés, de sorte que le vêtement aura l'air frais et neuf.

Mme Crocker nous recommande un produit appelé d-fuzz-it, qui ressemble à une brosse à peluches mais dont l'endroit est en papier de verre grossier. Lorsque vous brossez un vêtement, le papier de verre détache les peluches sur son passage. Il existe aussi un genre de rasoir à peluches fonctionnant à piles. On dirait un rasoir électrique et on l'utilise de la même façon. Une lame rotative coupe les peluches et les achemine à l'intérieur du manche du rasoir. Lorsque le compartiment est plein, on l'ouvre et on le vide. Ces deux articles sont en vente dans les magasins à rayons et chez les marchands de tissus.

«Allez-y délicatement, dit Mme Crocker, et pas trop souvent.» En retirant les peluches, on enlève des fibres de l'étoffe qui finit par s'amincir.

En moins de deux: «Si vous avez peu de temps pour retirer une grande quantité de peluches, allez-y au hasard, ajoute-t-elle. Enlevez-en ici et là et vous améliorerez l'apparence générale du chandail.»

Connais ton ennemi

En comprenant la nature de ces petites boules de poils détachées d'une étoffe, vous aurez plus de chances de vous en débarrasser.

«Afin de fabriquer un fil, qu'il soit de polyester, de rayonne ou de laine, il faut torsader les fibres entre elles», explique Darcy Crocker, responsable du contrôle de la qualité pour le *Wool Bureau* de New York. «Lorsqu'on les enroule les unes sur les autres, les extrémités de certains poils en excèdent d'autres.» La manche de votre veste frotte à votre flanc, ce qui use les poils des fibres. Ils se détachent et s'assemblent en petites boules, et forment alors des peluches. Avec le temps, les peluches grossissent par suite de l'usure des fibres et l'étoffe devient de plus en plus mince.

«Plus les fibres d'une étoffe sont courtes, plus élevés sont les risques de la voir feutrer», dit Mme Crocker. La soie est faite d'un fil continu et ne feutre pas. Par contre, la laine feutre considérablement car ses fibres sont très courtes. Un costume en worsted, c'est-à-dire en une étoffe de laine dont les fibres longues ont été peignées et tissées serré, ne feutre pas autant qu'un chandail de shetland dont les fibres sont courtes et pelucheuses de nature.

Pour contrer ce phénomène, il faut enlever les peluches ou tenter de les prévenir, ce qui n'est pas chose facile. Achetez des vêtements de soie, de worsted ou de coton tissé serré. Ou alors essayez de diminuer l'abrasion à laquelle vos vêtements sont exposés. Si votre robe préférée a tendance à boulocher, portez-la moins souvent et portez des vêtements infeutrables lorsque vous pratiquez des activités physiques.

En d'autres mots, «...ne jouez pas au football avec votre chandail de laine préféré», conclut Mme Crocker.

Photos et cadres

Lorsqu'on expose des bibelots ou des photos encadrées, on souhaite bien entendu qu'ils paraissent sous leur meilleur jour. Faites en sorte que le nettoyage n'abîme ni le cadre, ni la photo sous verre.

Technique: Époussetez régulièrement les photos encadrées pour que la saleté ne s'y accumule pas. Employez pour ce faire un plumeau ou une brosse à soies souples.

En présence de saleté difficile à déloger, essuyez le cadre avec un chiffon légèrement humide. Trempez-le dans une solution composée d'eau chaude et d'un peu de détergent liquide pour la vaisselle, mais essorez le chiffon pour ne pas trop mouiller le cadre.

«Soyez prudent sur les laques et vernis», nous prévient Kay Weirick, directrice de l'entretien à l'Hôtel Bally de Las Vegas et membre du comité consultatif technique du magazine *Executive Housekeeping Today.* «Un produit tel que Windex peut abîmer une imitation de laiton.» Servez-vous plutôt d'un chiffon trempé dans de l'eau à laquelle vous ajouterez un peu de détergent liquide pour la vaisselle. «Autrefois, nous utilisions de l'eau, du vinaigre et du papier journal», dit-elle encore. Cela va pour le verre, en autant que l'on soit prudent et que l'on évite les pâtés d'encre.

Conseils pour épargner du temps: Pour nettoyer les aspérités d'une moulure baroque, soufflez-y de l'air en pressant dans votre main une bouteille de plastique vide dotée d'un bec verseur.

Photographies

C'est à manier les photographies sans précaution qu'on les abîme en général. «Ce n'est pas sans raison que l'on doit saisir une photo par ses rebords», dit Peter Halpert, curateur exerçant à New York et collaborateur du magazine *American Photo.* «Les doigts sont gras et lorsqu'on se frotte le visage ou les cheveux, ils deviennent plus huileux encore.» Éventuellement, les huiles et le sel entrent en réaction avec les

CONSEIL D'EXPERT

Focalisons sur la prévention

La prévention importe autant que le nettoyage des photos, en raison de leur sensibilité et de leur fragilité, selon Peter Halpert, curateur exerçant à New York et collaborateur du magazine *American Photo.* Voici quelques trucs auxquels il recourt afin d'éviter de nettoyer ses photos et ses négatifs.

«Je ne range aucune photo dans des albums aux pages autocollantes qui ont un enduit de colle, dit-il. La colle pénètre le papier. C'est le pire traitement que vous puissiez réserver à vos archives et même aux instantanés rigolos.

«Je fais comme ma grand-mère et j'insère les coins de mes photos dans des onglets que je colle sur du papier noir exempt d'acide. C'est le meilleur moyen de conserver les photos.

«Je sépare également les photos pour qu'elles ne réagissent pas aux conditions atmosphériques, dans la mesure du possible. L'humidité peut provoquer l'émulsion d'une épreuve qui adhérera ensuite à une autre. Lorsqu'ensuite on tourne les pages, elles peuvent se déchirer ou, à tout le moins, s'abîmer. Je ne parle pas de photos qui peuvent avoir une grande valeur artistique, mais de celles qui ont une grande valeur sentimentale.»

produits chimiques employés en photographie, et peuvent en changer la couleur ou la faire pâlir.

Technique: Les épreuves couleur sont très sensibles et ne peuvent être nettoyées avec de l'eau ou un solvant. Polissez plutôt les empreintes digitales et autres saletés avec un chiffon de coton sec et propre. N'employez pas une gomme à effacer, car elle userait la surface du papier et en éraflerait la brillance.

À présent, la plupart des photos noir et blanc sont faites de gélatino-bromure et l'on peut sans danger les nettoyer avec un solvant. Procurez-vous un solvant à pellicule photo qui soit exempt de lubrifiant. Humectez-en un tampon d'ouate et frottez-en délicatement les empreintes digitales laissées sur la photo. Même si celles-ci ne disparaissent pas, le solvant décapera les huiles qui pourraient abîmer la photo. Cela vaut également pour les vieilles photos en noir et blanc à la gélatine des années 1920, mais soyez encore plus méticuleux avec ces dernières. Toute photo datant d'avant 1920 doit être nettoyée par un professionnel.

Si vos photos sont trempées, le meilleur moyen de les faire sécher consiste à les attacher à un fil avec des pinces à linge. Classez vos photos dans des albums de papier exempt d'acide, que vous rangerez dans des cartons. Ainsi, elles seront à l'abri de l'humidité, de la poussière et des substances en flottaison dans l'air. Ne rangez pas ces cartons dans un sous-sol humide ou à proximité d'un calorifère. N'empilez pas vos photos dans des cartons à chaussures.

Curriculum vitæ à faible teneur en sodium

Avant de se tailler la réputation d'éminent conservateur de photographies, José Orraca a travaillé au *George Eastman House International Museum of Photography and Film* à Rochester dans l'État de New York.

«On prétendait souvent au musée que, lorsque quelqu'un postulait pour travailler au laboratoire de recherche chez Kodak, en fin d'entrevue on lui demandait de tenir entre ses doigts un objet de métal. S'il ne rouillait pas, le candidat avait de bonnes chances d'être embauché. Certaines personnes produisent davantage d'huiles et de sels organiques que d'autres, ce qui fait rouiller le métal et peut abîmer le matériel photographique.»

Pièces de monnaie

Vous pourriez être tentés d'astiquer les pièces de monnaie anciennes avant de les présenter à un expert aux fins d'une évaluation. Erreur! «Les néophytes qui se risquent à nettoyer des pièces anciennes réduisent leur valeur plutôt qu'ils ne l'augmentent», affirme J.P.

Martin, expert en numismatique auprès de l'American Numismatic Association, un organisme éducatif à but non lucratif, spécialisé dans l'étude des pièces de monnaie et médailles anciennes, établi à Colorado Springs. Si une pièce est vraiment rare et qu'elle a de la valeur, lui enlever sa saleté et son oxydation peut la dévaluer. En cas de doute, consultez un numismate réputé.

Technique: Après avoir consulté un expert, ou encore si une pièce n'a pas de valeur particulière et que vous voulez lui donner un peu de luisant, nettoyez-la avec un produit à base d'acétone, par exemple du dissolvant pour le vernis à ongles, à l'aide d'un tampon d'ouate ou d'un coton-tige. Sinon, faites tremper la pièce dans un bain d'acétone jusqu'à ce qu'elle soit propre.

Conseils pour épargner du temps: L'alcool à friction est plus facile d'emploi que l'acétone. Il n'est cependant pas aussi efficace, mais il peut faire l'affaire.

Mise en garde: Évitez d'employer tous les nettoyants acides et abrasifs qui pourraient abîmer la surface des pièces, notamment les dissolvants à ternissure, le bicarbonate de soude et le dentifrice. N'utilisez aucun chiffon abrasif. Tenez-vous-en aux tampons d'ouate et aux cotons-tiges.

Pierre

On emploie de plus en plus la pierre pour fabriquer les sols, les comptoirs et les murs des maisons en Amérique du Nord. «La pierre est maintenant plus abordable en raison d'une technologie améliorée dont profitent les tailleurs», nous dit Fred Hueston, directeur du National Training Center for Stone and Masonry Trades à Longwood en Floride. Le granit, le marbre, le calcaire, l'ardoise et le grès sont des matériaux durables et d'entretien facile qui dureront toute une vie, pour peu qu'on les entretienne convenablement.

Technique: La première étape consiste à protéger la surface des taches en y posant un apprêt scellant (en vente dans les boutiques spécialisées). Pareillement à l'eau qui imbibe une éponge, le scellant imprègne les pores de la pierre, de sorte que les taches ne puissent s'y incruster.

Il faut nettoyer les surfaces neuves à l'aide d'un savon à pierre, que l'on laissera sécher, avant d'appliquer l'apprêt scellant. Assurez-vous qu'aucune tache ne macule les surfaces anciennes avant d'y appliquer

Un nettoyage en profondeur

Il faut davantage qu'une brosse à récurer pour détacher une surface de pierre. Il faut parfois la poncer un peu pour ensuite la resurfacer, le cas échéant.

«La plupart des gens ne se rendent pas compte qu'une tache est incrustée dans les pores de la pierre», explique Fred Hueston, directeur du *National Training Center for Stone and Masonry Trades* à Longwood en Floride. «Il faut verser un produit sur la tache pour la faire sortir de là.»

On déloge les taches des surfaces de pierre à l'aide d'un cataplasme, c'est-à-dire une pâte dont on enduit la surface, que l'on laisse sécher et que l'on racle. «Le temps de séchage est très important. Si le cataplasme ne sèche pas comme il se doit, il n'absorbera pas et ne délogera pas la tache de la pierre», explique-t-il.

Recettes de cataplasmes

Taches d'encre, de thé, de café, de vin, de fruits et d'aliments (à l'exception des huiles): Mélangez de la farine blanchie à de l'eau oxygénée afin de former une pâte ayant la consistance du yaourt.

Huile de cuisson, taches sur le cuivre: Mélangez de la farine blanchie et de l'ammoniaque afin de former une pâte.

Moisissure, algues, mousses: Préparez une pâte avec de la farine blanchie et de l'ammoniaque. Cette formule agit efficacement sur la crasse qui noircit le coulis de jointoiement.

Mode d'emploi

Appliquez le cataplasme sur la tache en la dépassant d'environ 2,5 cm. Couvrez d'une feuille de plastique et laissez agir pendant 12 à 24 heures. Enlevez le plastique et voyez si le cataplasme est sec. S'il n'est pas complètement sec, laissez-le sécher sans plus le couvrir. Lorsqu'il est sec, raclez-le à l'aide d'une spatule de bois ou d'un ustensile similaire et examinez la surface.

Ne renoncez pas après un premier essai. Si vous constatez une amélioration, recommencez. Il faut parfois entre deux et cinq cataplasmes avant de faire disparaître certaines taches.

un scellant. Une fois qu'une tache est imprégnée de scellant, il n'est plus possible de la faire disparaître.

Un scellant peut être pulvérisé ou appliqué à l'aide d'un chiffon. M. Hueston conseille un chiffon en laine d'agneau car elle ne laisse aucune traînée.

La pierre peut être scellée à niveau aux six mois ou aux cinq ans, selon l'usage qui en est fait. «D'après mon expérience, une fois par année suffit dans la plupart des cas», dit M. Hueston. Dans le doute, on peut procéder au test d'absorption d'eau. Faites couler plusieurs gouttes d'eau sur la surface pierreuse. «S'il y a des signes d'absorption (si la pierre fonce) en l'espace d'une minute ou moins, le moment est venu de remettre de l'apprêt scellant.»

L'entretien ordinaire des sols de pierre doit comporter un entretien quotidien, à l'aide d'une vadrouille ou de l'aspirateur, pour enlever les saletés qui peuvent érafler la surface et un lavage hebdomadaire ou un récurage à l'aide d'un savon pour la pierre. Lavez les comptoirs de pierre avec un savon non abrasif après chaque utilisation.

Conseils pour épargner du temps: Évitez-vous du travail en passant l'aspirateur sur les sols et murs de pierre lorsque vous faites le ménage chaque semaine. Passer souvent l'aspirateur fera en sorte que la vadrouille sera moins nécessaire. La prévention et la fréquence du nettoyage sont deux éléments clefs. Posez des tapis-brosses devant les seuils de portes. Déchaussez-vous avant d'entrer.

En moins de deux: Si vous n'avez pas de savon à pierre, employez un savon neutre à l'huile végétale comme le savon à l'huile Murphy.

Mise en garde: S'il gèle en hiver là où vous habitez, les experts déconseillent d'étancher les pierres qui se trouvent à l'extérieur. Si elles étaient mal étanchées et qu'elles contenaient de l'eau, la gel détruirait les pierres. Laissez-les plutôt s'adapter aux fluctuations climatiques et forger leur propre patine.

Pinceaux

Pour préserver le bon état de vos pinceaux, il faut mettre en branle le procédé de nettoyage dès lors que vous peignez. À trop tarder, les soies raidiront, peut-être pour de bon.

Technique: Les méthodes de nettoyage reposent sur le type de peinture employée, soit à base d'huile, soit au latex. Indépendamment du type de peinture, il vous faut un outil indispensable: un peigne à pinceau. Vous en trouverez un à la quincaillerie ou chez un marchand de peinture. Ses longues dents métalliques glisseront facilement entre les soies du pinceau. Il vous en coûtera entre 10 et 15 $. (Essayez une brosse métallique comme solution de rechange bon marché.) Pendant que l'on peint, la peinture s'accumule le long de la virole où elle commence à sécher alors même que l'on travaille. Lorsque la base des soies commence à s'engluer sous la peinture encroûtée, passez-y le peigne métallique comme vous le feriez avec une chevelure emmêlée.

La peinture au latex

> **Les travaux d'Hercule**
>
> **Désastre en Alaska**
>
> La quantité de brut qui s'est échappé du pétrolier Exxon Valdez le 24 mars 1989: plus de 30,5 millions de litres.

Vous vous en doutiez, il est plus facile de nettoyer un pinceau s'il a trempé dans la peinture au latex que s'il a trempé dans la peinture à l'huile. Servez-vous d'un pinceau à soies synthétiques lorsque vous peignez au latex. Les soies naturelles sont trop absorbantes et s'amollissent au contact d'une peinture à base aqueuse. Les meilleurs pinceaux allient le nylon et le polyester, le premier pour le velouté de son application et le second pour son faible taux d'absorption.

Lorsque vous avez terminé le boulot, rincez le pinceau sous l'eau courante du robinet en glissant les doigts entre les soies. Vous pouvez aussi écraser les soies délicatement dans un contenant d'eau. Si vous avez du mal à bien le laver, ajoutez un peu de détersif en poudre à l'eau.

Lorsque le pinceau est propre, faites-le sécher en le faisant tournoyer rapidement. Pour ce faire, procurez-vous un tourniquet électrique à la quincaillerie ou faites rouler le manche entre vos mains. Vous obtiendrez ainsi un meilleur résultat. Le mouvement circulaire permettra de mieux assécher le pinceau que si vous le secouiez, car il écarte les soies. Prenez les précautions nécessaires pour ne pas causer de dégât.

La peinture à l'huile

Lorsque vous employez de la peinture à l'huile, de la laque ou du vernis, servez-vous d'un pinceau à soies naturelles faites de crin de porc ou de bœuf. On trouve aussi des pinceaux faits de crin de cheval, mais le crin de porc et de bœuf est préférable car les poils sont naturellement effilés.

Lorsque vous avez terminé, tapotez le pinceau dans un contenant de solvant ou dans un diluant qui contient de l'acétone éthylique. Quand il est propre, rincez-le à l'eau savonneuse, puis à l'eau fraîche. Faites-le sécher de la même manière qu'un pinceau à soies synthétiques.

En moins de deux: Il existe un dernier recours pour tenter de préserver un pinceau de prix dont les soies sont durcies de peinture encroûtée. Faites-le tremper pendant 20 secondes dans un décapant à peinture liquide (dont on se sert pour décaper les murs). Puis, nettoyez-le comme on vient de l'indiquer, selon qu'il serve à peindre au latex ou à l'huile. Cette méthode peut échouer, mais c'est votre dernière chance de sauver le pinceau.

Lorsque vous devez interrompre la peinture d'une pièce pendant quelque temps, emballez le pinceau d'une cellophane ou de papier aluminium et rangez-le au congélateur; ainsi, il ne séchera pas. Assurez-vous que l'emballage soit étanche et ne prenez pas le pinceau pour une collation au beau milieu de la nuit!

Mise en garde: Les décapants à peinture liquides sont très puissants et peuvent irriter la peau. Portez des gants de caoutchouc pour y faire tremper le pinceau et suivez à la lettre les indications du fabricant. Ne rangez jamais un pinceau en le posant sur les soies.

Ne jetez pas le diluant à peinture qui n'a servi qu'une fois; il peut nettoyer entre 8 et 10 pinceaux. Reversez le diluant usé dans son contenant. Pour le mettre au rebut, ne versez pas le diluant dans le renvoi d'eau et ne jetez pas le contenant à la poubelle. Téléphonez plutôt à votre centre de récupération et demandez à quel endroit vous devez l'apporter afin d'en disposer.

Piscines

Les algues ne font jamais relâche et vous devez faire comme elles. Pour que l'eau de la piscine reste propre et translucide, et pour protéger votre investissement, il faut la nettoyer chaque jour.

Technique: Passez chaque jour l'épuisette à la surface de l'eau pour y enlever les feuilles et les saletés qui flottent. A défaut de les enlever rapidement, elles échoueront au fond du bassin où il sera plus difficile de les déloger. Videz chaque jour le panier de l'écumoire de surface pour que l'eau circule comme il se doit dans le filtre. Il faut également mesurer la composition de l'eau.

«Comme vous le faites de vos dents, vous devriez brosser votre piscine chaque matin», dit en rigolant le Dr Tom Griffiths, responsable des installations aquatiques à la Pennsylvania State University à University Park, et auteur de deux ouvrages intitulés: *The Complete Swimming Pool Reference* et *The Swimming Pool Book.* Passez la brosse sur toutes les surfaces sous-marines afin de ramener la saleté vers le drain principal. Les avantages du brossage sont doubles: cela permet de remuer les saletés superficielles qui peuvent être aspirées par les écumoires, et de remuer les saletés au fond du bassin qui peuvent être aspirées par le drain. Dans les régions chaudes, où les algues causent de graves ennuis, un brossage quotidien (qui exige moins de cinq minutes) peut décourager la prolifération des algues en permettant au chlore d'oxyder davantage de saletés organiques.

Une fois la semaine, passez l'aspirateur au fond du bassin. Il faut procéder tout de suite après un orage. Nettoyez le cerne autour de la toile avec un nettoyant approprié. Procédez au décolmatage du filtre par contre-courant pour que l'eau soit claire et pour préserver le bon état du filtre et des canalisations d'eau.

Conseils pour épargner du temps: Un aspirateur automatique de prix abordable vous épargnera des heures de nettoyage chaque mois. Laissez-le en marche lorsque personne ne se baigne. Posez une toile thermique sur la piscine entre les baignades. Il y aura moins de saletés dans l'eau, les produits chimiques ne s'évaporeront pas et, au fil de l'été, elle vous épargnera temps et efforts.

En moins de deux: S'il ne reste plus de chlore et que vous ne pouvez vous rendre chez le marchand, employez de l'eau de Javel comme vous le faites pour la lessive. Versez-en quatre litres à la fois en la répartissant de façon égale, jusqu'à ce que l'eau en contienne le degré voulu. Ayez toujours entre trois et cinq formats de quatre litres d'eau de Javel dans le garage ou la remise de jardin, au cas où.

Nota bene: Cette substitution n'est qu'un dernier recours. L'eau de Javel n'est pas un substitut dont on doit user de façon régulière.

COMMENT? POURQUOI?

Le chlore fait-il rougir les yeux?

La rougeur et le picotement des yeux dont on croit généralement qu'ils proviennent d'une quantité excessive de chlore, résultent en fait d'une eau faiblement chlorée, selon le Dr Tom Griffiths, responsable des installations aquatiques à la *Pennsylvania State University* à University Park, et auteur de deux ouvrages intitulés: *The Complete Swimming Pool Reference* et *The Swimming Pool Book*.

Le chlore agit à trois niveaux pour assurer la qualité de l'eau: il désinfecte, il oxyde l'eau et brûle toute matière organique, tout en restant présent dans l'eau pour la protéger. «Son action persiste et c'est là la beauté du chlore», dit le Dr Griffiths.

C'est simple, lorsqu'il se trouve trop peu de chlore dans l'eau, il y a trop de matières organiques (huiles cutanées, cheveux, sueur) dans la piscine. L'azote présent dans les matières organiques s'associe au chlore pour former un gaz appelé chloramine. L'odeur de javellisant qui brûle les parois nasales n'est pas causée par le chlore mais par la chloramine. Lorsque le degré de chloramine présent dans l'eau est adéquat, aucune odeur ne se dégage de la piscine.

Le Dr Griffiths conseille de maintenir la concentration de chlore à deux ou trois parties par million pour éviter la formation de chloramine.

Mise en garde: Ne rangez jamais les produits chimiques servant à l'entretien de la piscine avec les produits d'entretien domestique. Les produits chimiques servant à la piscine, par exemple l'hypochlorite de calcium, sont extrêmement inflammables et réagissent violemment en présence de la plus petite quantité de matière étrangère, notamment le fertilisant. En règle générale, ne rangez pas les produits d'entretien de la piscine avec les fournitures du jardin et du garage. La saletés et la graisse de la tondeuse, par exemple, pourraient toucher les accessoires de la piscine et se retrouver au fond du bassin. Rangez toutes les fournitures utiles à l'entretien de la piscine dans une remise distincte ou réservez-leur une armoire du garage. Indiquez clairement ce qu'elle contient et rincez rigoureusement les récipients avant de les mettre au rebut.

Placage

Dans l'industrie, pour produire un article de bois — meuble ou autre — à un moindre coût, une mince couche d'un bois précieux est collée sur une base en bois d'une qualité inférieure. Ce procédé s'appelle le placage. Coupé par des lames d'une précision infinitésimale, le placage trouvé aujourd'hui est aussi mince qu'une feuille de papier, à des micro-millimètres près; tandis qu'un placage plus ancien aura une épaisseur variable. Quoi qu'il en soit, mince ou non, vous devriez nettoyer le placage selon le fini du bois, verni, laque, ou polyuréthane.

Technique: Ian Turner, expert en restauration pour la Garrett Wade Company, une compagnie new-yorkaise qui fournit du matériel aux ébénistes et menuisiers professionnels, nous suggère de cirer la surface une ou deux fois l'an avec de la cire d'abeilles. Nettoyez les marques de doigts. Époussetez à l'aide d'un linge humide et polissez avec un chiffon doux. Le placage est plus susceptible à l'humidité et au changement de chaleur que tout autre type de meubles. Ainsi, les écarts de température, tout comme les variations des taux d'humidité, sont la source d'un processus réactionnel de contraction-dilatation des composites de bois qui, à la longue, crée des bulles d'air qui éclateront. Il faut toujours placer ces meubles loin des sources de chaleur ou des climatiseurs. De même, il est préférable de les ranger ailleurs que dans des sous-sols humides ou autres endroits similaires.

En moins de deux: Si malgré toutes ces précautions de petits morceaux de placage se décollent, vous pouvez toujours les recoller.

Les experts de la Michigan State University Extension d'East Lansing nous offrent les conseils suivants: posez le morceau de placage sur un plan de travail et grattez toute la vieille colle. Ne mouillez pas le placage. Enlevez ensuite la vieille colle du meuble ou de l'article d'où provient le morceau, puis encollez les deux surfaces. Remettez le placage là où il doit aller, appuyez fermement et couvrez d'un papier protecteur. Apposez ensuite un poids, de façon à ce que toute la surface nouvellement encollée reçoive la même pression. Pour les endroits où le placage est encore attaché mais légèrement fragile, utilisez une seringue hypodermique ou un petit couteau à fine lame (comme un Exacto) afin d'injecter la colle seulement aux endroits qui nécessitent cette attention. Puis, appliquez un poids de la même façon que pour la technique précédente.

Placards de cuisine

Assurer l'ordre et la propreté de vos placards de cuisine facilitera votre tâche au moment de préparer les repas et réduira les risques de donner refuge à des insectes et des rôdeurs. Les insectes et animaux nuisibles recherchent trois choses: des aliments, de l'eau et un endroit douillet où installer leurs pénates. Un placard de cuisine malpropre, maculé de miettes, humide et sombre, leur fait un habitat de rêve.

Technique: Nettoyez les placards de votre cuisine au moins deux fois par année, lors de votre ménage du printemps et de l'automne. Plus vous les nettoyez souvent, moins vous aurez de mal à déloger les dépôts graisseux.

Partant du haut du placard, vous occupant d'une tablette à la fois, enlevez tout ce qui s'y trouve. Retirez le papier qui se trouverait sur la tablette et lavez-la comme il se doit.

Employez une éponge savonneuse ou un nettoyant tous usages et une éponge sur les surfaces de plastique, de stratifié ou autres du genre. Rincez à l'aide d'une éponge ou d'un chiffon imbibé d'eau fraîche. Si les tablettes sont en bois, nettoyez-les soit avec un chiffon humide, soit avec un produit cirant du genre Endust. Essuyez la poussière qui se trouve sur les boîtes de conserve et les bocaux, à l'aide d'un chiffon légèrement humide.

Laissez bien sécher les tablettes avant de regarnir le placard. «Si vous replacez les choses sur les tablettes avant qu'elles ne soient sèches, l'humidité y régnera et des bactéries pourraient proliférer, ce qui risquerait de dégager de mauvaises odeurs», explique Michael Beglinger, chef de la direction de la Deutsche Bank à New York. Si vous tapissez les tablettes de papier, remplacez-le à chaque ménage. Sur les tablettes qui supportent des verres, vous pourriez poser des napperons de mailles comme on en trouve dans les boutiques d'articles de cuisine. Ainsi, les verres tiendront mieux en place et seront légèrement surélevés par rapport à la surface sur laquelle ils se trouveront.

Conseils pour épargner du temps: Afin de réduire la quantité de poussière et, par conséquent, le temps nécessaire à l'époussetage, tenez les portes de placards fermées le plus possible.

Plafonds

Vous n'y marchez pas, vous n'y touchez pas, et pourtant ils se salissent! De fines particules de poussière, des saletés, des toiles d'araignées s'y attachent et finissent par leur conférer un aspect repoussant. S'il s'agit d'assurer un nettoyage léger, la méthode à sec est la plus indiquée. Une accumulation de crasse peut exiger un détergent et de l'eau.

Technique: S'il s'agit du nettoyage conventionnel de plafonds lisses, un simple époussetage fera l'affaire. À cet égard, un chiffon de laine d'agneau est idéal car il enlève la poussière, les particules de saleté et désincruste la saleté. On se procure ces chiffons dans une quincaillerie. On peut les fixer à une buse pour atteindre les endroits plus élevés.

Si un chiffon ne convient pas, ou si le plafond est encrassé de suie, vous devrez prendre une échelle et frotter à la main. Frottez les endroits noircis avec une pâte à nettoyer le papier mural ou une éponge en caoutchouc mousse sèche (en vente dans les quincailleries, chez les marchands de produits d'entretien commercial et de peinture), conçue expressément afin d'enlever la saleté des murs et plafonds. Posez une bâche sur le sol pour y recueillir les saletés.

Pour les grands travaux, mélangez 60 ou 90 g de détergent tel que Spic and Span à 4 litres d'eau et lavez le plafond à l'aide d'une éponge trempée dans ce liquide. Une bâche s'impose ici car vous êtes susceptible de mouiller le sol. Pour empêcher que des perles d'eau ne laissent des traces sur le plafond, asséchez-le à l'aide d'un chiffon ou d'une serviette propre.

Les plafonds à reliefs présentent un plus grand défi. Il ne faut pas les frotter, sinon on risque de les abîmer. Ils sont trop absorbants pour qu'on puisse les laver à grande eau. Époussetez-les délicatement ou passez l'aspirateur armé du suceur à épousseter. Vous pourriez également pulvériser les endroits salis d'une solution composée d'eau oxygénée allongée d'eau, en respectant les proportions recommandées sur le flacon. Vous n'avez pas à éponger cette mixture. Si un plafond texturé est vraiment sale ou taché, il vaudrait peut-être mieux le repeindre à l'aide d'un pistolet à peinture.

En moins de deux: Si vous ne disposez pas d'une éponge de caoutchouc mousse ou de pâte à nettoyer le papier mural, frottez la surface du plafond avec un pain rance, lequel effacera la saleté sans endommager la surface. Ou encore tapotez la surface avec de l'adhésif.

Mise en garde: Étendez toujours une bâche par terre avant de laver ou de frotter un plafond. Portez des lunettes de protection pour éviter de recevoir des gouttelettes de nettoyant dans les yeux. Les laveurs professionnels utilisent des produits chimiques dont un néophyte ne devrait pas se servir pour laver les plafonds.

Planches à découper

Les planches à découper forment l'habitat idéal pour les micro-organismes. Peu importe qu'elle soit en bois ou en plastique, il importe de la nettoyer pour des raisons sanitaires.

Technique: Après chaque utilisation, récurez la planche vigoureusement à l'aide d'un tampon ou d'une brosse et d'eau chaude savonneuse. La friction ainsi causée brise les cellules des micro-organismes et le détergent soulève les particules qui peuvent propager des pathogènes. Rincez-la et laissez-la sécher à l'air libre ou asséchez-la à l'aide d'essuie-tout propre. Chaque fois que vous employez une planche à découper pour trancher du poulet, du bœuf, du poisson ou une autre viande, désinfectez-la en la faisant tremper pendant une minute dans une solution composée d'une cuillerée à thé de javellisant chloré et d'un litre d'eau. Rincez immédiatement et asséchez. Cela importe particulièrement si vous projetez de réutiliser la planche pour y trancher d'autres aliments que vous consommerez sans les cuire. «Il faut supprimer toute bactérie laissée par un produit périssable», dit Mme Bessie Berry, responsable de la ligne d'information téléphonique du U.S. Department of Agriculture's Meat and Poultry Hotline à

Planches à découper: En bois ou en plastique?

En raison de tous les rapports conflictuels concernant la prolifération des bactéries, choisir le matériau le plus sûr n'est pas chose aisée. Pendant longtemps, la sagesse populaire affirmait que le plastique non poreux était moins accueillant que le bois envers les contaminants dangereux, tels que la salmonelle présente dans le poulet cru. Mais une étude réalisée en 1993 par une équipe de chercheurs de l'université du Wisconsin a renversé cette idée. Dans l'objectif avoué de rendre les planches à découper en bois aussi sûres que celles en plastique, ils ont découvert que 99,9 p. cent des bactéries qu'ils plaçaient sur le bois disparaissaient en trois minutes, tandis qu'aucune ne disparaissait d'une surface de plastique.

Problème résolu, dites-vous? Nenni! Après avoir dirigé ses propres études, la *Food and Drug Administration* recommande le plastique. Ses experts ont découvert que, si les bactéries disparaissent des surfaces en bois, les micro-organismes sont retenus dans les sillons laissés par les lames des planches de bois, et on peut difficilement les déloger lors d'un lavage. Par contre, on peut facilement laver ces pathogènes nuisibles s'ils incrustent le plastique.

Quel que soit le type de planche que vous choisissez, lavez-la et désinfectez-la bien, surtout lorsque vous y avez tranché de la viande crue.

Washington. «Le javellisant tue les pathogènes qui nous rendent malades, par exemple la salmonelle, les Listeria, les colibacilles, les staphylocoques.» Ne conservez pas l'eau chlorée pour usage ultérieur; le chlore s'évapore. N'en préparez que pour une utilisation. Étant donné que le détergent pour le lave-vaisselle contient des agents désinfectants, vous pouvez laver les planches à découper en plastique au lave-vaisselle. Toutefois, celles en bois gauchissent quand on les passe au lave-vaisselle.

Plantes d'intérieur

On n'entretient pas les plantes d'intérieur comme on récure les carreaux de la salle de bains. On veut les soulager de la poussière et redonner leur lustre aux feuilles sans les réduire en charpie.

Technique: La baignoire fait un bon endroit où doucher les plantes. En premier lieu, mettez chacune de vos plantes dans un sac de plastique que vous nouerez lâchement autour des tiges. Ainsi, l'eau en tombant n'éclaboussera pas de boue le pot, les feuilles et la baignoire. Ensuite, déposez les pots dans la baignoire et faites couler la douche pendant quelques minutes. «Les plantes reçoivent alors l'eau comme lorsqu'il pleut», dit Louise Wrinkle, horticultrice émérite et juge de concours floraux du Garden Club of America à New York.

Lorsque le temps le permet, sortez vos plantes à l'extérieur et douchez-les avec le boyau d'arrosage. Ne les laissez cependant pas trop longtemps à l'extérieur: un brusque changement de température et d'ensoleillement peut nuire à certaines plantes.

En moins de deux: Chassez la poussière du feuillage de vos plantes avec une bombe d'air comprimé ou en activant le sèche-cheveux au plus faible degré de chaleur. Ne soufflez pas d'air chaud sur vos plantes.

Plaques d'aération

Toute la poussière qui circule librement dans l'air et toute la saleté qui circule à travers le système de chauffage ou le refroidisseur d'air se retrouvent éventuellement sur les rails des plaques qui couvrent les conduits d'aération de votre maison.

Technique: Utilisez le suceur à épousseter de votre aspirateur et balayez la poussière qui se trouve sur votre chemin. Puis, à l'aide d'un linge humide, essuyez les rails qui permettent la circulation de l'air. Les plaques très sales, telles celles souillées par la suie d'une fournaise qui fonctionne mal, devraient être passées à l'aspirateur, enlevées et brossées à l'aide d'une brosse de nylon trempée dans une solution de savon à vaisselle et eau. Séchez bien. La plupart sont faites de métal peint et auront tendance à se rouiller si elles sont exposées à trop d'humidité.

Conseils pour épargner du temps: Vous n'aurez pas à frotter aussi souvent si vous passez vos plaques à l'aspirateur chaque fois que vous balayez le plancher ou les plinthes de bois.

En moins de deux: Si votre aspirateur n'est pas muni d'accessoires, un plumeau fait des merveilles pour ce qui est de déloger la poussière coincée entre les rails des plaques d'aération.

Plates-formes de jardin

Si vous enlevez régulièrement la saleté, la moisissure et les taches de tanin de votre plate-forme, vous conserverez plus longtemps au bois son apparence de nouveauté. La tâche est peu exigeante et vous retournerez vite à votre chaise longue.

Technique: À l'occasion, passez le balai ou le boyau d'arrosage pour enlever les feuilles mortes et les autres saletés. Plus elles restent longtemps sur la plate-forme, plus les risques qu'elles n'y laissent des taches augmentent. Deux fois l'an, brossez légèrement votre plate-forme avec quelques giclées de détergent liquide pour la vaisselle dans un seau d'eau chaude. Récurez les planches à l'aide d'une brosse à soies roides, de préférence une brosse à long manche. «On trouve des brosses qui ont un long manche, comme un balai, de sorte que l'on n'a pas à s'agenouiller pour faire ce boulot», dit Charlie Jourdain, vice-président des services techniques et de l'inspection à la California Redwood Association à Novato en Californie.

Une fois tous les deux ans environ, nettoyez votre plate-forme de façon plus rigoureuse. Quelques choix s'offrent alors à vous: un récurage en deux temps ou un nettoyage sous pulvérisation.

Le récurage est généralement moins onéreux que la location d'un pulvérisateur pressurisé ou l'embauche d'un professionnel. Sans compter qu'un nettoyage sous pulvérisation risque d'abîmer le bois de votre plate-forme. Le désavantage du récurage tient à ce qu'il nécessite des produits chimiques, notamment du phosphate trisodique, du javellisant liquide et de l'acide oxalique. Employés correctement, ces produits n'abîmeront pas votre pelouse ou votre jardin.

D'abord, le récurage en deux temps: Préparez une solution composée de 250 ml de phosphate trisodique (en vente dans les quincailleries), 250 ml de javellisant liquide, et 4 litres d'eau. Remuez et récurez votre plate-forme à l'aide d'une brosse; rincez avec le boyau d'arrosage.

Nota bene: Pour éviter d'employer du phosphate, vous pouvez remplacer le phosphate trisodique par du métasilicate sodique, par exemple TSP-PF, que l'on se procure en quincaillerie.

Le javellisant se charge de la moisissure. Le phosphate trisodique déloge la saleté superficielle et les matières gluantes. «Vous avez alors une plate-forme joliment propre et sans moisissure», affirme M. Jourdain. «Mais l'action des conditions climatiques et l'accumulation de tanins à la surface du bois peuvent avoir laissé des traces foncées ou décolorées.»

Afin de faire disparaître ces taches, nettoyez la plate-forme avec de l'acide oxalique ou un nettoyant conçu expressément pour les plates-formes. Vous trouverez ces deux produits chez votre quincaillier ou chez un fournisseur de produits d'entretien de piscine. Pour procéder au nettoyage à l'acide oxalique, dissolvez 125 ml de ces cristaux dans 4 litres d'eau chaude dans un seau de plastique ou un contenant qui n'est pas en métal. Appliquez cette solution à la plate-forme à l'aide d'une vadrouille à frange ou d'une éponge. Ne frottez pas. Il suffit de mouiller le bois, de laisser agir pendant 20 à 30 minutes, puis de rincer à l'aide du boyau d'arrosage. L'acide ainsi dilué ne causera aucun tort à votre pelouse ou à vos fleurs.

Si vous décidez de faire un nettoyage sous pression, il faut louer le matériel et faire vous-même le travail, sinon en confier le soin à un professionnel. N'oubliez pas qu'un jet d'eau pressurisé peut abîmer le bois. «J'ai souvent vu des plates-formes où la force du jet avait causé une érosion excessive à la surface du bois», confie M. Jourdain. Si vous décidez de procéder de la sorte, voici quelques conseils en vue de prévenir les dégâts:

- Évitez une trop forte pression d'eau. «Nombre de pulvérisateurs offrent une pression d'eau de 3 000 kg/cm^3, explique M. Jourdain. Je conseille la pression minimale nécessaire pour accomplir le travail, qui se situe entre 800 et 1 200 kg/cm^3.»
- Employez un pistolet à eau à angle de 45° plutôt qu'à angle droit.
- Tenez le pistolet en angle à environ 30 à 40 cm des planches.
- Ne visez pas un endroit précis pendant plus d'une fraction de seconde.

Mise en garde: Lorsque vous manipulez du javellisant, du phosphate trisodique ou de l'acide oxalique, portez des lunettes de protection, des gants de caoutchouc et des vêtements longs. Lorsque vous employez l'acide oxalique, enlevez les plantes en pot et couvrez celles qui risquent d'être éclaboussées. L'acide peut brûler leur feuillage.

(La solution sera amplement diluée d'eau lorsque vous rincerez la plate-forme, de sorte que les plantes n'en souffriront pas.) Portez des lunettes de protection lorsque vous vous servez d'un pulvérisateur sous pression. Lisez attentivement le mode d'emploi et les précautions d'usage.

CONSEIL D'EXPERT

Un nettoyage vite fait, bien fait

Bob Hanbury sait de quoi il cause. Il fait du remodelage et il est l'ancien animateur d'une émission radiophonique intitulée *House Calls* à Newington dans le Connecticut. Voici ce qu'il a à dire à propos de l'entretien des plates-formes de jardin.

«Si vous ne nettoyez pas les saletés qui se logent dans les interstices d'une plate-forme, vous aurez des ennuis avec le bois. C'est comme la carie dentaire. Les jointures doivent être dégagées et propres, de sorte que l'air et le soleil puissent y filtrer, et que le bois soit le plus sec possible. S'il s'agit de bois traité sous pression, il peut foncer et moisir. Et s'il ne l'est pas, il peut pourrir.

«Un pulvérisateur d'eau pressurisée permet de nettoyer en vitesse entre les interstices, par exemple le long du mur, entre les piliers et les marches, là où les saletés s'accumulent. Mais si vous n'êtes pas prudent, vous risquez d'abîmer la finition du bois. Je me sers d'un pistolet compresseur, c'est beaucoup plus sûr. Une machine à souffler les feuilles mortes peut faire l'affaire.

«Ma mère a acheté un pulvérisateur pressurisé. La première fois qu'elle s'en est servi, la pression était si élevée qu'elle aurait pu graver des rainures à la surface du bois!»

Plinthes

Les plinthes sont souvent peintes avec une peinture à l'huile lustrée. Aussi, peuvent-elles supporter un nettoyage assez énergique.

Technique: Vous pouvez les laver à l'aide d'un tampon à récurer en nylon ou d'un tampon métallique extra-fin (n° 00) et d'un détergent liquide pour la vaisselle ou d'un nettoyant tous usages tel que Spic and Span, selon Martin L. King, expert-conseil en restauration et conseiller technique auprès du National Institute of Disaster Restoration à Annapolis dans le Maryland. En ce qui concerne les proportions, suivez le mode d'emploi accompagnant les produits.

Mise en garde: À l'occasion, vous aurez à laver des plinthes couvertes d'une peinture mate. Il faudra faire preuve de plus de délicatesse. Employez une ratine ou une éponge imbibée de détergent liquide pour la vaisselle dilué dans de l'eau.

Poêles à bois

Vous voulez que votre poêle à bois fonctionne bien et de façon sécuritaire tout au long de la saison froide? Il n'en tient qu'à vous! Le nettoyage routinier devrait inclure l'enlèvement des cendres et de la créosote des tuyaux. Selon Karl Harner, propriétaire de Kring's Stoves and Fireplaces, un détaillant de foyers à Boyerton en Pennsylvanie, «Les poêles à bois ne requièrent que très peu d'entretien.»

Conformément aux normes gouvernementales, la majorité des poêles fabriqués depuis 1986 génèrent moins de cendre et de créosote que leurs prédécesseurs, car ils brûlent le bois plus efficacement qu'auparavant. Les poêles allumés tous les jours de la saison froide devraient être nettoyés et inspectés mensuellement. L'inspection — effectuée de préférence avant le début de la saison froide — devrait inclure les surfaces extérieures, les portes, les joints et le convertisseur catalytique et déterminera si un nettoyage en profondeur ou un simple entretien de routine est nécessaire.

Technique: Si votre poêle à bois possède une cuvette de cendres encastrée, il ne faut pas vider celle-ci avant qu'elle ne soit bien pleine. Monsieur Harner explique: «Les cendres n'interféreront pas avec l'efficacité de votre poêle, cependant cela occupe beaucoup d'espace.» La couche de cendres, dans quelque poêle que ce soit, agit comme un isolant. Cela aide à obtenir un bon feu en gardant la chaleur des charbons. Si l'âtre de votre poêle ne contient pas de grille, alors il est nécessaire d'ajouter une couche de cendres, de sable ou de briques à chauffer afin de protéger et d'isoler le plancher de l'âtre.

La meilleure façon d'enlever les cendres est à l'aide d'une pelle de métal. Évitez d'utiliser un balai, qui ne ferait que dégager un nuage de cendres dans toute la pièce. Déposez les cendres dans un contenant à l'épreuve du feu, que ce soit une poubelle de métal ou autre, et portez-les à l'extérieur immédiatement. Les cendres contenant des charbons ardents peuvent demeurer chaudes des journées entières.

Lorsque vous êtes prêts à fermer votre poêle pour la saison, vous devez enlever tout résidu accumulé sur les murs intérieurs de l'âtre à l'aide d'une brosse de métal.

Une couche de cendres peut s'accumuler sur le déflecteur de votre poêle. Cela affectera sans aucun doute son efficacité. Si votre poêle dégage de la fumée lorsque vous ouvrez la porte, vérifiez le déflecteur — c'est la petite assiette mise de travers, en haut de la boîte de foyer — il y a peut-être une accumulation de cendres. Vous pouvez voir votre déflecteur soit en ouvrant la porte du poêle, et en regardant directement vers le haut, soit en enlevant le tuyau de la cheminée. Une couche de cendres volatiles peut s'accumuler là mais il n'y a aucun danger d'y trouver des charbons brûlants. Alors quand il n'y a pas de feu qui couve, vous pouvez passer l'aspirateur pour le nettoyer. L'autre solution consiste à enlever cette assiette et à la brosser à l'aide d'un hérisson (on dirait un gros cure-pipe).

Même si les poêles récents produisent beaucoup moins de créosote que les plus anciens, il s'accumule parfois dans les tuyaux et dans la cheminée lorsqu'en présence d'eau, de fumée et d'une température basse. «Lorsque vous brûlez du bois, tout hydrocarbure non brûlé se mélangera à de l'eau. C'est ce qui crée le créosote. C'est un produit hautement combustible et il doit nécessairement être nettoyé», nous dit M. Harner. Le créosote peut avoir l'apparence de l'eau noire, d'une pâte foncée visqueuse et collante ou celle d'une porcelaine cuite et vernie. Pour l'enlever, il faut démanteler le tuyau d'aération de la cheminée et l'apporter dehors. Là, au-dessus d'une poubelle ou d'un linge que vous jetterez par la suite, enlevez l'accumulation de créosote à l'aide d'une brosse de plastique. N'utilisez pas une brosse de métal car cela ne ferait qu'endommager l'intérieur du tuyau et favoriserait subséquemment l'accumulation de créosote ou de suie.

Pour enlever la poussière de la surface des poêles à bois qui sont peints, utilisez un aspirateur ou un linge à épousseter. Il faut éviter d'utiliser de l'eau car la peinture normalement appliquée sur les poêles à bois ne possède pas d'antirouille, nous dit monsieur Harner. Une fois l'an, il est préférable de retoucher avec une peinture supportant une température élevée (590 °C) ou du poli spécialement conçu pour les poêles afin de prévenir la rouille ou les craquelures sur les surfaces mattes. Ces peintures sont disponibles dans tout magasin où l'on peut se procurer des produits pour poêles et foyers. La rouille, lorsque apparente, peut être enlevée à l'aide d'une brosse, d'un tampon métallique ou d'un chiffon d'émeri. Les finis de porcelaine, quant à eux, peuvent être nettoyés à l'aide d'une éponge humide.

Vérifiez les joints d'étanchéité sur les portes. Normalement, ils durent environ deux à trois ans. Pour ce faire, nous conseille Monsieur Harner: «Placez un billet dans la porte et fermez-la. Faites cette expérience quand il n'y a pas de feu, cela va sans dire! Si vous pouvez facilement enlever votre billet ou le faire glisser le long du périmètre sans encombre, c'est que le joint d'étanchéité de votre poêle a besoin d'être remplacé. Si vous êtes en mesure de l'enlever en tirant dessus lentement, c'est qu'il est probablement encore bon pour une autre année.» Cependant, planifiez l'achat d'un nouveau joint l'année suivante.

Les poêles en fonte sont faits à partir de plaques d'acier imbriquées, vissées et cimentées les unes aux autres. Normalement, le ciment qui joint les plaques dure de cinq à quinze ans. C'est lorsqu'il devient friable et commence à craquer qu'il faut y voir. «Si vous négligez la réparation des failles du ciment, nous dit monsieur Harner, alors votre poêle sera difficile à contrôler et deviendra brûlant. De plus, un courant d'air néfaste pourra faire sortir la fumée par les failles.»

Pour vérifier les joints d'un poêle de fonte, mettez à l'intérieur du poêle une ampoule de 100 watts allumée. Dans une chambre totalement noire, toute lumière que vous verrez briller à travers le poêle vous indiquera où sont les failles dans le ciment. Si c'est le cas, votre poêle devra être démonté puis rassemblé à l'aide de nouveau ciment à fournaise. Si votre poêle est muni d'un convertisseur catalytique, il faut examiner ce dernier annuellement afin de s'assurer que tous les trous de ce type de construction en ruche sont ouverts et sans aucune obstruction. Enlevez toute accumulation que vous verrez dans les trous à l'aide d'une brosse souple ou de l'aspirateur.

Cinq étapes pour du bois bien sec

Du bois vert peut contenir jusqu'à environ 50 p. cent d'eau dont la grande partie se mélangera à la fumée et formera du créosote dans les cheminées et les tuyaux d'aération de vos poêles. De plus, ce type de bois ne génère d'habitude qu'un feu de faible intensité. Alors qui a vraiment besoin de ce type de bois?

Votre poêle restera propre plus longtemps si vous brûlez un bois bien sec. Ce dernier ne contient d'ailleurs que 20 p. cent d'eau. Un bois bien sec se reconnaît à ses fissures aux embouts et à sa coloration légèrement grise. Monsieur Karl Harner, le propriétaire de *Kring's Stoves and Fireplaces*, un fournisseur de produits pour poêles et foyers de Boyerton en Pennsylvanie, nous dit comment s'assurer d'un bois bien sec.

- Coupez de petites bûches.
- Empilez-les. Le bois perd son humidité par les bouts, non par le centre.
- Empilez-le au-dessus du sol.
- Emmagasinez votre bois et couvrez-le, à l'exception des bouts qui doivent demeurer à l'air.
- Laissez sécher votre bois pendant au moins six mois, mais de préférence pendant neuf à douze mois.

Conseils pour épargner du temps: Vous préviendrez la formation de créosote si vous faites brûler du bois propre et bien sec et que votre feu est chaud. Si la température fluctue trop et descend sous les

140 °C, alors le créosote commencera à se former dans les tuyaux de la cheminée.

Si vous constatez des failles dans votre poêle de fonte et que vous ne voulez pas le démanteler entièrement, vous pouvez toujours les réparer à l'aide de ciment à fournaise. Cependant, rappelez-vous que cela demeure une mesure temporaire.

En moins de deux: Les cendres abondent de potasse et de minéraux qui sont bons pour le sol. Si vous ne voulez pas les mettre à la poubelle une fois qu'elles sont bien refroidies, étendez-les dans votre jardin. Vérifiez avant le pH de votre sol car les cendres ont un taux d'alcalinité élevé.

Mise en garde: Assurez-vous que le feu est éteint avant de nettoyer un poêle à bois ou à charbon. Déposez les cendres dans un contenant à l'épreuve du feu et placez ce contenant à l'extérieur dès que possible. Cela évitera les accidents. Le créosote est un produit très combustible

Les poêles à charbon: des cendres à l'acide, des cheminées à la poussière

Que c'est beau la chimie! Les cendres de charbon contiennent du dioxyde de sulfure et lorsque la fin de l'hiver arrive, l'intérieur de votre cheminée en est complètement recouvert. Puis vient l'été avec son lot d'humidité. Et vous savez ce qui se passe alors? Le dioxyde de sulfure se mélange à l'eau et devient de l'acide sulfurique qui grugera littéralement votre tuyau de cheminée en moins d'un an.

Le nettoyage d'un poêle à charbon suit essentiellement le même procédé que celui d'un poêle à bois, à l'exception de deux ou trois précautions qui doivent être prises à la fin de chaque saison afin de prévenir la rouille prématurée. Ces conseils nous viennent de M. Karl Harner, le propriétaire de *Kring's Stoves and Fireplaces*, un fournisseur de produits pour poêles et foyers de Boyerton en Pennsylvanie.

Enlevez la cheminée et brossez-la comme vous le feriez si c'était celle d'un poêle à bois. Ensuite, lavez-la à l'aide d'une solution composée d'un mélange d'eau et de savon doux (utilisez les mêmes mesures que si vous laviez de la vaisselle). Vous pouvez aussi utiliser du bicarbonate de soude pour aider à neutraliser l'acide. Asséchez le tuyau et enduisez l'intérieur d'une huile quelconque. Cela forme une couche protectrice contre l'humidité pour les mois où le poêle n'est pas utilisé. L'humidité n'est pas problématique lorsque votre poêle est allumé régulièrement.

Une autre solution consiste à ranger le tuyau propre dans un endroit sec, tel un grenier, pendant les mois d'été.

et doit être enlevé aussi promptement que possible des tuyaux de cheminées et d'aération de vos poêles.

Poils d'animaux

En plus de constituer un handicap esthétique, les poils que laissent les animaux sur les canapés et la moquette servent de buffet aux acariens de poussière, ces bestioles microscopiques qui se repaissent de poils et cheveux et qui provoquent chez certains des réactions allergiques.

Technique: L'aspirateur reste imbattable en ce qui concerne la succion des poils et cheveux des tapis et tissus de recouvrement. «Ceux qui possèdent plusieurs animaux domestiques, notamment les éleveurs, vantent les mérites des aspirateurs Electrolux qui semblent les plus résistants de tous», affirme Jacque Schultz, directeur du Service aux animaux de compagnie de la Société de prévention de la cruauté envers les animaux à New York.

Conseils pour épargner du temps: Employez un rouleau adhésif pour enlever rapidement les poils des vêtements et des étoffes de luxe. Ou encore servez-vous d'un aspirateur portable. Non seulement est-ce plus facile à utiliser que l'aspirateur standard (la seule idée de le sortir

CONSEIL D'EXPERT

Portrait de dame sur canapé brossé

À titre de directeur du Service aux animaux de compagnie de la Société de prévention de la cruauté envers les animaux à New York, Jacque Schultz a l'habitude des chiens et des chats. Lorsqu'il revient chez lui après le travail, il doit sortir ses deux lévriers italiens et bichonner ses trois chats. Voici comment il s'y prend pour enlever leurs poils des fauteuils et canapés.

«Je me sers d'une petite brosse de caoutchouc avec laquelle je brosse mes chats. Si on la passe sur les fauteuils, elle accroche les poils et en forme une boule. Il n'en coûte que quelques dollars dans une animalerie. La mienne donne de bons résultats. Étant donné les courbes et sinuosités des canapés, j'avais du mal à passer l'aspirateur entre les coussins pour y nettoyer comme il se doit. Quelques coups de brosse et les poils ont disparu!»

du placard tue souvent notre motivation), mais il est parfait pour nettoyer les tissus de recouvrement et les endroits d'accès difficile.

Polyester

Le polyester est d'entretien relativement facile car ses fibres n'absorbent pas les taches hydrosolubles. «Il en va autrement des taches huileuses», explique Jane Rising, instructrice au département de l'éducation de l'International Fabricare Institute à Silver Spring dans le Maryland.«Il est difficile de déloger les taches de graisse et d'huile, même les huiles organiques, parce que le polyester les absorbe.»

Technique: Lisez d'abord les indications relatives à l'entretien de l'article en question. La plupart des articles de polyester sont lavables en machine. Toutefois, le polyester enduit d'un apprêt quelconque doit être nettoyé à sec.

Si l'article est lavable, lavez-le en eau froide ou chaude avec un détersif ordinaire. «Il ne faut pas laver le polyester en eau trop chaude car il froisse énormément», explique Mme Rising.

Faites sécher par culbutage à faible température et sortez les articles du sèche-linge dès la fin du cycle. Si un coup de fer s'impose, réglez-le à une chaleur oscillant entre minimale et modérée. Votre fer est probablement doté d'un réglage pour le polyester.

S'il se trouve des taches, notamment des traces d'huile ou de transpiration, il faut les traiter avant la lessive avec un détachant pulvérisable tel que Shout. Sinon, versez du détersif liquide directement sur la tache (ou appliquez une pâte faite de détersif en poudre et d'un peu d'eau). Posez le vêtement à plat sur une surface dure et tapotez légèrement la tache pour y faire pénétrer le détersif. Ne frottez pas l'étoffe, vous useriez les fibres. Ensuite, lavez le vêtement conformément aux indications du fabricant à l'eau la plus chaude qu'il puisse supporter sans danger. Si un vêtement est souillé de taches graisseuses ou huileuses et tenaces, faites-le nettoyer à sec.

Porcelaine

Étant donné sa délicatesse, l'entretien de la porcelaine requiert du doigté et du savoir-faire.

Technique: En présence d'accumulations de savon, de légères tavelures de rouille ou de traces de moisissure sur une surface de porcelaine, qu'il s'agisse d'un évier, d'une baignoire, d'une cuvette ou d'un électroménager, employez un nettoyant tous usages, un nettoyant sans abrasif pour les carreaux, ou du bicarbonate de soude délayé dans un peu d'eau. Frottez à l'aide d'un chiffon ou d'une éponge, rincez et asséchez. Évitez les tampons et poudres à récurer. Ils abîmeraient la surface et favoriseraient l'incrustation de taches. N'employez jamais un tampon métallique pour nettoyer de la porcelaine.

Afin de nettoyer un vase précieux, des tasses fines ou d'autres objets de prix, que l'on peut difficilement tremper dans l'eau, préparez de l'eau chaude additionnée d'une giclée de détergent liquide pour la vaisselle. Trempez-y un tampon d'ouate, un chiffon de coton et tamponnez l'objet. Prenez une vieille brosse à dents pour nettoyer les endroits difficiles à atteindre. «Procédez comme le recommande le dentiste pour vous laver les dents», dit Ellen Salzman, conservatrice d'objets anciens au Metropolitan Museum of Arts de New York. «Par petites touches délicates, plutôt qu'en allers et retours.» N'employez aucun objet de métal qui égratignerait la porcelaine. Les tiges de bambou et les cure-dents de bois sont utiles pour déloger les saletés des fentes et fissures.

Afin d'éliminer les taches tenaces, en particulier celles qui adhèrent aux fissures et aux endroits rugueux où la glaçure a disparu, servez-vous d'eau oxygénée mais seulement en dernier recours. Et soyez prudent! L'eau oxygénée n'enlève pas les taches, elle les javellise. Assurez-vous donc que la peinture et la glaçure tiennent bien avant de l'employer. Posez sur la tache un cataplasme de coton trempé dans de l'eau oxygénée à cinq degrés. Couvrez-le d'une cellophane pour qu'il reste humide. Jetez-y un coup d'œil 10 minutes après pour vous assurer qu'il n'abîme pas la porcelaine et répétez l'opération jusqu'à ce que la tache ait pâli. Après coup, trempez l'objet dans de l'eau fraîche ou épongez-le. Si c'est un objet ancien que vous devez nettoyer, songez à le confier à un antiquaire.

Conseils pour épargner du temps: «La salive donne de bons résultats, dit Mme Salzman. Elle contient un enzyme, l'amylase, qui nettoie.» Crachez de la salive sur un chiffon de coton ou un tampon d'ouate et frottez la tache!

Il est préférable de laver la porcelaine à la main, bien que certains types plus récents aillent au lave-vaisselle.

Technique: Avant de laver la porcelaine dans l'évier, posez une bordure de caoutchouc sur le pourtour du robinet pour éviter d'ébrécher les assiettes ou les tasses. Posez au fond de l'évier un tapis de caoutchouc ou une serviette de ratine repliée. S'il s'agit d'un évier à deux cuves, posez un tapis de caoutchouc sur la paroi médiane. Emplissez l'évier d'eau chaude, faites-y gicler du détergent liquide pour la vaisselle et employez un tampon non abrasif ou une éponge. Pour laver des figurines ou des statuettes, employez un savon doux et de l'eau chaude, et asséchez-les délicatement à l'aide d'un chiffon doux.

Lorsque vous nettoyez une statuette ou une figurine dont la base est en bois, il ne faut pas la mouiller. Plutôt que d'utiliser de l'eau et du savon, époussetez-la dans le cadre de votre entretien routinier.

Conseils pour épargner du temps: La plupart des objets en porcelaine fabriqués au cours des 25 dernières années résistent bien au lave-vaisselle. Il faut cependant user de précautions. Chaque objet doit être rangé et bien assujetti dans le panier à couverts pour éviter qu'il ne s'ébrèche. Employez un détergent à lave-vaisselle du genre Cascade. Un détergent en poudre est préférable à un liquide car il est souvent plus doux. Fuyez les détergents aromatisés au citron parce qu'ils ont tendance à laisser des traces. Assurez-vous que l'enduit caoutchouté du panier à couverts n'est pas abîmé et que la structure métallique n'est pas à nu. Le métal pourrait ébrécher la porcelaine et laisser des traces de rouille. Programmez le cycle de lavage réservé à la porcelaine et au cristal, si votre lave-vaisselle en est doté. Sinon, programmez le cycle normal. Laissez la porcelaine se refroidir avant de la ranger dans l'armoire.

En moins de deux: À défaut de posséder des coussinets de caoutchouc mousse entre lesquels empiler les assiettes et soucoupes, servez-vous d'essuie-tout.

Mise en garde: Lorsque vous chargez des objets de porcelaine dans le lave-vaisselle, assurez-vous qu'ils soient dégagés de tout objet métallique qui pourrait les ébrécher pendant le lavage. Il ne faut laver à la main que la porcelaine fabriquée depuis 25 ans ou plus. Évitez les nettoyants abrasifs lorsque vous lavez la porcelaine à la main.

«Empilez toujours vos assiettes entre des coussinets de caoutchouc mousse pour éviter qu'elles ne s'abîment», conseille Alice Kolator, porte-parole de Lenox, un fabricant de porcelaine et de cristal, installé à Lawrenceville dans le New Jersey.

Portes en aluminium et en bois

L'embrasure d'une porte est semblable à un entonnoir qui mènerait à votre intimité. Tous ceux qui pénètrent chez vous doivent y circuler. C'est de surcroît un composant du système d'aération de la maison. Pour cette raison, une porte est vulnérable à la poussière, aux particules graisseuses et aux saletés.

Technique: Le bois est le matériau le plus utilisé pour la fabrication des portes. Il est relativement facile à nettoyer, surtout s'il est peint, verni ou enduit de polyuréthane.

Époussetez régulièrement vos portes de bois pour prévenir l'adhésion des particules de saleté à leurs surfaces. Nettoyez-les, le cas échéant, à l'aide d'un chiffon légèrement humecté d'une solution composée d'eau chaude et de quelques giclées de détergent liquide pour la vaisselle. Lavez de haut en bas. Rincez à fond à l'aide d'un chiffon imbibé d'eau fraîche.

Si vos portes sont fabriquées en bois brut, qu'elles ne sont pas protégées par un enduit de peinture ou de polyuréthane, époussetez-les simplement à l'aide d'un chiffon légèrement humide; ensuite, enduisez-les d'huile de graines de lin bouillies. Appliquez-la sur une petite surface à la fois. Servez-vous d'un chiffon propre pour appliquer l'huile dans le sens des fibres du bois, jusqu'à ce qu'elles ne puissent plus l'absorber. Pliez un autre chiffon et polissez la surface jusqu'à ce qu'elle soit sèche.

Nettoyez les portes d'aluminium comme vous le feriez d'une porte de bois peint: passez d'abord un coup de chiffon humide, puis lavez-les à l'aide d'une solution détergente ou d'un nettoyant tous usages en aérosol. «En général, il suffit d'enlever les particules de poussière accumulées en surface à cause de la pollution et d'une pellicule grasse», explique Marry Keener, adjointe au directeur de la gestion des établissements à l'université de l'Arizona à Tucson. «Le nettoyant tous usages déloge bien la graisse.»

Si une porte d'aluminium est dotée d'une moustiquaire, enlevez-la de temps en temps et nettoyez-la avec le boyau d'arrosage. Servez-vous d'une brosse à récurer en nylon ou en fibres végétales pour déloger les saletés persistantes.

Mise en garde: Portez des gants de caoutchouc lorsque vous manipulez l'huile de graines de lin et travaillez en un endroit bien aéré. Lisez attentivement les indications du fabricant et les précautions d'usage.

Porte-documents

Tout comme une bonne paire de chaussures, un porte-documents doit faire l'objet d'un entretien régulier pour être prêt à subir les rudes coups du climat.

Technique: Selon George Mooers, responsable d'une boutique Tandy Leather and Crafts à Torrence en Californie, le moyen le plus facile de nettoyer un porte-documents en cuir consiste à employer une éponge humide et un nettoyant liquide pour le lave-vaisselle ou du savon pour les articles délicats, genre Woolite. Faites gicler un peu de détergent sur une éponge et frottez la surface. Ensuite, à l'aide d'une éponge imbibée d'eau fraîche, essuyez le résidu savonneux. Si cela n'apporte pas le résultat escompté, faites l'essai d'un nettoyant pour le cuir (en vente dans les bagageries et les cordonneries).

Environ tous les trois à six mois, selon la fréquence à laquelle vous vous servez de votre porte-documents et celle à laquelle il est exposé aux rigueurs climatiques, vous devriez l'enduire d'un cosmétique revitalisant conçu pour le cuir. N'importe quelle marque de qualité fera l'affaire. Il suffit de suivre le mode d'emploi paraissant sur le conditionnement. «Même une crème pour cirer les bottes fera l'affaire, dit M. Mooers. Si on ne traite pas le cuir, il finit par perdre les huiles qui l'imprègnent et se dessèche.»

Si votre porte-documents est en vinyle ou en une autre matière synthétique, lavez-le à l'aide d'un détergent liquide pour la vaisselle ou avec Woolite. Mais, plutôt que d'y appliquer du revitalisant par la suite, servez-vous d'un protecteur pour vinyle et pour pneus du genre Armor All.

Il ne faut pas employer de détergent sur le suède et le nubuck, mais plutôt un nettoyant et un protecteur conçus expressément pour ces matières.

Nettoyez la poignée et les fermoirs en fonction du matériau dont ils sont faits. (Voir Laiton et Chrome).

Conseils pour épargner du temps: On fait disparaître rapidement les traces laissées par les stylos à bille sur du cuir en les frottant à l'aide d'un chiffon imbibé de fixatif pour cheveux, nous dit M. Mooers. Les produits chimiques présents dans le fixatif font se décomposer l'encre. Les taches d'encre laissées sur le suède et le nubuck peuvent cependant être indélébiles.

En moins de deux: Vous pouvez camoufler les égratignures légères d'une surface du cuir à l'aide d'un feutre de même couleur. S'il s'agit

Comment saisir la portée de votre porte-documents?

Considérez votre porte-documents comme un bureau miniature plutôt que comme un fourre-tout. Voilà le conseil que nous prodigue Barbara Hemphill, experte-conseil en organisation et auteur de *Taming the Paper Tiger*. Présidente de sa propre entreprise, Mme Hemphill nous offre les conseils suivants pour que notre porte-documents ne devienne pas un capharnaüm.

- Lorsque c'est possible, ouvrez votre porte-documents à proximité d'une corbeille à papiers. Posez-vous sans cesse la question suivante: «Quelle est la pire chose qui puisse m'arriver si je n'ai plus ce document?» Si vous pouvez vivre sans, jetez-le à la corbeille!
- Prenez avec vous un classeur à soufflets dans lequel vous insérerez les documents que vous souhaitez archiver. Dressez un index du contenu de ce classeur afin que votre secrétaire puisse déterminer rapidement où classer les documents ou dossiers que vous rapportez ainsi au bureau, aux fins d'archivage.
- Prenez avec vous un classeur dans lequel vous rangerez les choses à faire, sous différents intitulés: Téléphoner, Discuter, Lire, Rédiger, concernant les documents qui nécessitent une intervention directe.
- Rangez dans votre porte-documents un bon assortiment de fournitures de bureau dont vous pourriez avoir besoin au cours d'un déplacement. Par exemple, une agrafeuse miniature, un bloc-notes autocollant, un feutre pour surligner, du papier, des enveloppes et des timbres. Mettez-y également une provision d'autocollants sur lesquels votre adresse est imprimée, au cas où il vous faudrait poster du courrier.

d'égratignures qui n'atteignent pas la surface de couleur, vous n'avez qu'à les frotter du bout du doigt. Les huiles naturelles de la peau les feront disparaître. S'il s'agit d'éraflures, camouflez-les avec du cirage à chaussures de même couleur.

Mise en garde: N'employez jamais un nettoyant surpuissant ou un tampon abrasif sur du cuir.

Poterie et faïences

L'entretien des faïences n'a rien de sorcier. Par contre, celui des poteries — exemptes de vernis — exige une technique différente et de la délicatesse.

Technique: Si une faïence est vernissée, il suffit de la laver à l'eau chaude avec un peu de détergent liquide pour la vaisselle et une éponge ou une brosse aux soies végétales, comme on le ferait d'une porcelaine. «Une poterie est d'autant plus fragile que son temps de cuisson fut bref. Il faut alors la mouiller le moins possible», nous prévient Ellen Saltzman, conservatrice d'objets précieux au Metropolitan Museum of Art de New York. «Sinon, elle risque de se dégrader. Si elle est ébréchée, le vernis risque de s'écailler.»

Lavez les faïences fragiles comme la porcelaine. Plongez un chiffon de coton, un tampon d'ouate ou un coton-tige dans de l'eau chaude contenant du détérgent liquide pour la vaisselle, puis nettoyez délicatement la surface de l'objet. S'il y a des éléments qui n'ont pas été cuits, tapotez-les au lieu de les frotter, ou passez délicatement une gomme à effacer en vinyle blanc, en vente dans les papeteries. N'employez pas une gomme rose, comme celles qui se trouvent à l'extrémité des crayons, car elle est trop abrasive et laisserait des traces.

Conseils pour épargner du temps: La salive, qui contient un enzyme appelé «amylase», est un bon produit nettoyant. «J'ai l'impression parfois d'avoir fréquenté l'université pendant quatre ans pour y apprendre à nettoyer en crachant», rigole Mme Saltzman. Imbibez de salive un coton-tige ou crachez dans un mouchoir de coton et frottez les saletés!

Poubelles

Rien de tel que l'odeur des poubelles pour vous rappeler qu'il est temps de les nettoyer. Le meilleur moment bien entendu, c'est tout de suite après le passage des éboueurs.

Technique: Un puissant jet d'eau à l'intérieur du réceptacle aidera à déloger les saletés qui sont en train de s'incruster. Jetez l'eau sale et vaporisez l'intérieur généreusement d'un désinfectant. Laissez au produit le temps d'agir. Il y a au moins des milliards de bactéries dans une poubelle. Frottez ensuite l'intérieur à l'aide d'une brosse. N'y laissez pas une seule goutte d'eau, elle deviendrait un terrain de culture idéal pour les futures bactéries.

Conseils pour épargner du temps: Saupoudrez le fond de la poubelle de borax, un minerai naturel contenant du sodium, du bore, de l'oxygène et de l'eau. Capable d'absorber l'humidité, le borax élimine les odeurs, selon la Dial Corporation de Phœnix.

En moins de deux: Si vous n'avez pas de désinfectant sous la main, vous pouvez toujours utiliser du borax mélangé à de l'eau pour nettoyer la poubelle. Cependant, le borax ne tue pas les germes.

Poupées

Il existe différentes sortes de poupées, des pièces de collection aux visages de porcelaine et d'autres qui ressemblent à de véritables nouveau-nés. Certaines ont des cheveux. La plupart portent des vêtements. Les nettoyer consiste à faire disparaître les saletés et les taches sans abîmer les étoffes, sans écailler la peinture et sans les endommager d'une quelconque manière.

Technique: La matière la plus communément utilisée pour fabriquer les poupées, et la plus facile à nettoyer, est le vinyle de caoutchouc dont on fabrique leur peau depuis les années 1960. Bien sûr, avant de nettoyer le vinyle, il faut déshabiller la poupée.

Nettoyez le vinyle à l'aide d'un nettoyant sans abrasif et sans javellisant. La formule sans javellisant Soft Scrub fait du bon travail, de même qu'une pâte de bicarbonate de soude dilué dans un peu d'eau. À l'aide d'un chiffon blanc propre imprégné du nettoyant, frottez délicatement le vinyle jusqu'à ce qu'il soit propre. Rincez-le à l'aide d'un chiffon propre et humide. Évitez de vous attarder sur les surfaces peintes tels que les yeux, les cils et la bouche dont la couleur pourrait déteindre.

Certaines poupées ont des membres et une tête de vinyle, mais leur corps est fait de bourre. «Vous pourriez gâter le tissu en cherchant à le laver», nous prévient Susan Fritz, copropriétaire de la Denver Doll Hospital, une entreprise chargée de la restauration et de l'entretien des poupées. «Si vous trempez l'étoffe qui constitue le corps, l'eau laissera des cernes jaunes.» Plutôt, confiez-la à un nettoyeur de poupées qui la démantibulera, retirera la bourre et la nettoiera avant de la reconstituer. Consultez le bottin des Pages Jaunes pour trouver un restaurateur de poupées ou demandez à un marchand de jouets de vous orienter chez un réparateur digne de confiance.

Les poupées plus anciennes, qui remontent au début du siècle, sont difficiles à nettoyer. Elles sont souvent fabriquées de matériaux divers

CONSEIL D'EXPERT

Itsi bitsi, petit bigoudi!

Susan Fritz dirige avec sa mère l'hôpital de poupées de Denver, spécialisé dans la restauration et l'entretien des poupées. Voici comment elle met la touche finale au traitement de beauté de ses pensionnaires.

«Nous coiffons les poupées comme on le ferait pour des petites filles, dit-elle. Si une poupée a une longue chevelure bouclée, nous lui faisons un shampooing et lui démêlons les cheveux. Nous lui mettons des bigoudis réservés aux permanentes, étant donné qu'ils sont plus petits que les autres. À ouvrir l'un de nos tiroirs, vous croiriez que nous tenons un salon de coiffure. Il déborde de bigoudis de différentes grosseurs, de papillotes et de pinces à cheveux.

«Vers la fin des années 1940, on vendait une poupée appelée Toni qui était commercialisée par la société qui fabriquait le nécessaire à permanente de Toni. Elle était vendue avec des bigoudis à permanente, la solution — il s'agissait en fait d'eau sucrée —, les papillotes, bref tout le nécessaire. Les fillettes pouvaient coiffer leurs poupées. La poupée Toni connut un énorme succès. Aujourd'hui, elle est devenue une pièce de collection.»

tels que le bran de scie, les rognures de bois et la colle. Elles se détériorent et leurs surfaces peintes s'écaillent au contact de l'eau.

«L'eau porte un coup fatal à ces poupées», dit Mme Fritz. Frottez-en la saleté à l'aide d'une gomme à effacer en vinyle blanc comme on en trouve dans les boutiques de matériel d'artistes. N'employez pas l'efface fixée à un crayon qui serait trop abrasive. Et prenez garde de ne pas effacer ses traits!

Certaines parmi les plus anciennes poupées sont faites de porcelaine biscuit. Étant donné que le matériau a été cuit au four, on peut le laver à l'eau mais en procédant précautionneusement. Frottez-le délicatement avec un chiffon imbibé d'un nettoyant non abrasif et non javellisant. Évitez de trop le mouiller et ne trempez aucune partie en tissu. Faites preuve de délicatesse lorsque vous nettoyez les traits du visage, même s'ils sont cuits.

On lave facilement la plupart des vêtements de poupées, à moins qu'ils ne soient anciens ou abîmés. «On procède comme pour une lessive normale, sauf que les vêtements sont minuscules, dit Mme Fritz. Certaines craignent de laver les vêtements de leurs poupées mais il n'y a qu'à faire comme pour vos propres vêtements.»

Si les vêtements sont lavables, assurez-vous au préalable de la solidité de la couleur en mouillant un bout de tissu et en les pressant entre les plis d'un mouchoir blanc. Si la couleur déteint, lavez-les en eau froide. Sinon, employez de l'eau tiède. Laissez les vêtements tremper pendant une heure ou moins dans une solution de deux cuillerées à soupe de détergent à lessive par litre d'eau.

Rincez-les par trempage en eau tiède. Purgez l'eau de rinçage et répétez jusqu'à ce qu'il n'y ait plus de trace de détergent dans l'eau. Roulez les vêtements trempés dans une serviette propre pour les essorer, puis posez-les à plat sur la serviette et laissez-les sécher à l'air libre. S'ils sont froissés, repassez-les avec précaution à faible température, avec un peu d'amidon si cela est nécessaire.

Mise en garde: «Le javellisant liquide est interdit d'usage lorsqu'on lave les vêtements d'une poupée ancienne, même pour le blanc», nous met en garde Mme Fritz. Les vieilles étoffes sont plutôt délicates. Le javellisant pourrait les abîmer davantage.

Si les vêtements sont taillés dans de la soie, du taffetas, du velours ou dans une étoffe qui n'est pas lavable, portez-les chez un teinturier. Il vous toisera peut-être d'un regard bizarre, mais il saura quoi faire. Sinon, confiez-les à un nettoyeur de poupées.

La plupart des cheveux de poupées sont également lavables. Employez n'importe quel shampooing ordinaire. «Shampouinez votre poupée comme vous le feriez pour un petit enfant», poursuit Mme Fritz. Travaillez à côté d'un évier et efforcez-vous de ne mouiller que les cheveux. Évitez de mouiller son corps. N'employez pas de revitalisant: cela laisse des traces, attire la poussière et peut abîmer les cheveux synthétiques. Lorsque le shampooing est terminé, démêlez les cheveux et coiffez-les, le cas échéant, en employant des bigoudis miniatures. «Laissez les cheveux sécher à l'air libre, dit Mme Fritz. Mais, si vous êtes pressée par le temps, un sèche-cheveux réglé à faible température fera l'affaire.»

Poussière

Considérez chaque grain de poussière que vous époussetez comme une saleté de moins qui s'infiltrera dans vos poumons. Faire les poussières ne consiste pas seulement à enlever la saleté indésirable qui ternit le lustre des meubles. En enlevant la poussière, vous améliorez la qualité de l'air ambiant, ce qui n'est pas rien quand on sait que les symptômes de l'asthme sont souvent provoqués par la poussière et d'autres allergènes flottant dans l'air.

Technique: Époussetez de haut en bas à l'aide d'un chiffon doux légèrement humide, de sorte que la poussière y adhère mieux. En ce qui concerne les tentures et les fauteuils, employez un plumeau ou le suceur à épousseter de l'aspirateur. Ne négligez aucun objet jusqu'à ce que tout soit exempt de poussière.

Ensuite, passez l'aspirateur sur les parquets de bois franc à l'aide du suceur à planchers. N'employez pas un balai ou une vadrouille qui ne ferait que diffuser la poussière et l'infiltrer dans les interstices. Si le sol est moquetté, passez l'aspirateur chaque jour là où l'on circule beaucoup, et une fois la semaine ailleurs. Une fois par mois, retournez les tapis et passez l'aspirateur sur leur envers. Si le tapis se trouve en un lieu où l'on circule beaucoup, passez l'aspirateur sur son envers une fois par semaine. Utilisez un aspirateur de qualité doté d'un bon filtre et de brosses rotatives qui ramassent toutes les particules.

D'où vient la poussière?

«Tout et rien font de la poussière», affirme Claudia Ramirez, ancienne vice-présidente administrative de l'*Association of Specialists in Cleaning and Restoration* à Annapolis Junction dans le Maryland. Cela peut être de minuscules particules de saleté, des fibres d'étoffe, des squames de peau morte, des phanères animaux, des particules d'insectes, de la fumée et des cendres, du pollen, des spores végétaux, des champignons microscopiques, des bactéries, des acariens de poussière, et le reste! Certaines de ces particules tirent leur origine de l'intérieur de la maison; d'autres migrent de l'extérieur et s'infiltrent par les fenêtres, les portes, les conduits d'aération, et leur quantité augmente sensiblement s'il se trouve un chantier de construction à proximité.

Horrible, non? Cela peut le devenir, surtout si vous souffrez d'asthme ou d'allergies ou si certaines parties de votre maison servent de pépinière aux bactéries et à d'autres bestioles qui empestent l'air. Voyez la moisissure, par exemple: elle provient d'un champignon naturellement présent dans la poussière. Lorsque ce champignon trouve un terreau hospitalier, un sous-sol sombre et humide par exemple, il peut rapidement faire des petits et s'incruster au coton, au cuir et à d'autres matières organiques.

Il y a d'autres créatures microbiologiques, les acariens de poussière notamment, qui subsistent grâce aux squames desséchées et aux cheveux morts qui se partagent le territoire avec la poussière. Ils nichent dans les coussins et les matelas, et causent mille ennuis à ceux qui leur sont allergiques.

«Grâce à la technologie récente, les aspirateurs sont dotés d'excellents systèmes de filtration multiphasés», nous dit encore Mme Ramirez. Les filtres d'échappement retiennent les fines particules qui ne sont pas retenues dans le sac-filtre et les empêchent de retourner dans l'air. Il importe cependant de nettoyer ou de remplacer les filtres. «Pareillement au sèche-linge, explique-t-elle, qui fonctionne moins bien lorsque la charpie embourbe le filtre.» N'attendez pas qu'il soit trop plein pour changer le sac-filtre. Il filtre mieux la poussière présente dans l'air si on le vide ou le change alors qu'il n'est plein qu'à moitié ou qu'aux deux-tiers. Lorsque vous changez un sac-filtre pour la troisième fois, retournez le sac non jetable à l'envers et remuez l'excédent de peluches et de poussière. Ainsi, le moteur ne forcera pas et il amassera mieux la poussière.

La climatisation et le chauffage font davantage que de chauffer ou rafraîchir votre maison. Ils font également circuler l'air et le filtrent. Afin de réduire la quantité de poussière dans votre maison, il importe que leurs filtres soient propres. En fait, les anciens filtres en fibres de verre que l'on trouve dans les systèmes de chauffage et de climatisation ne retiennent que les gros poissons et laissent passer les petits. Ils ne retiennent pas les fines particules qui déclenchent les allergies ou sont infestés d'organismes vivants potentiellement dangereux.

Il serait préférable de choisir les filtres à pans plissés ou électrostatiques qui existent maintenant, nous dit Cliff Zlotnik, un professionnel de l'entretien des conduits d'aération qui possède une entreprise de restauration et d'entretien résidentiels à Braddock en Pennsylvanie. Quel que soit le type de filtre qui se trouve chez vous, nettoyez-le régulièrement, disons une fois par mois, et remplacez-le lorsqu'il est usé. Ces simples mesures accroîtront l'efficacité de votre chauffage et de votre climatisation, vous permettront d'économiser de l'énergie et prolongeront la durée de votre matériel.

N'oubliez pas le plateau qui se trouve sous le condenseur du climatiseur. «On trouve là de l'humidité, de l'obscurité et la chaleur dégagée par les serpentins: une véritable éprouvette pour créatures microbiologiques», ajoute Mme Ramirez. Nettoyez souvent le plateau en le dégageant, en vidant l'eau qu'il contient et en le lavant à l'aide d'une éponge ou d'un chiffon et d'un peu de savon doux.

Conseils pour épargner du temps: Afin de réduire l'électricité statique qui attire la poussière, humectez un chiffon antistatique comme on en met dans le sèche-linge et passez-le sur les surfaces plastifiées.

CONSEIL D'EXPERT

La vengeresse masquée

Claudia Ramirez n'est pas dupe des petites choses grouillantes de vie qui prolifèrent dans la poussière qui envahit nos maisons. Ancienne vice-présidente administrative de l'*Association of Specialists in Cleaning and Restoration* à Annapolis Junction dans le Maryland, elle a dû, dans le cadre de ses fonctions, étudier ce qui touche la qualité de l'air ambiant. Voici comment elle livre combat aux agents biologiques nuisibles dans sa propre maison.

«Je fais régulièrement l'époussetage, dit-elle. Dans la salle de bains, qui est moquettée, j'actionne le ventilateur afin de minimiser le degré d'humidité. Je ne veux pas leur fournir un habitat propice à leur installation. Je souffre d'allergies, aussi, lorsque je fais un grand ménage, je porte un masque de plâtrier pour filtrer le plus possible les allergènes.»

Poutres apparentes

Elles ont de la gueule, du caractère et elles ramassent la poussière!

Technique: Passez l'aspirateur régulièrement sur les poutres à l'aide de la buse à épousseter. Si le bois en est sali ou couvert de peinture, vous pouvez les laver à l'aide d'une serviette et d'eau contenant un nettoyant tous usages tel que Spic and Span. En ce qui concerne les proportions, respectez le mode d'emploi du fabricant. Si le bois des poutres est brut, accordez-leur un brossage vigoureux. Si vous lavez des poutres de bois brut, trempez la serviette dans l'eau additionnée de nettoyant, mais essorez-la bien après. L'on doit éviter que l'eau n'infiltre le grain du bois.

Mise en garde: Couvrez le sol d'une bâche de toile avant de nettoyer les poutres. Sans cela vous risqueriez de perdre pied sur une bâche de plastique.

Puits de lumière

Pour que le jour filtre dans votre demeure, il faut nettoyer les puits de lumière une ou deux fois par année. Si vous négligez de le faire, les puits de lumière — en particulier le modèle de plexiglas bombé — risquent d'être abîmés de façon permanente par la sève des arbres, la prolifération de mousse ou de moisissure, voire la pluie et la saleté en suspension dans l'air qui se fixe au verre après qu'il ait chauffé pendant des heures au soleil. «À trop tarder, vous risquez de devoir le remplacer», nous prévient Karen J. Blough, propriétaire de Blough's Cleaning Services à Reading en Pennsylvanie, qui entretient des puits de lumière depuis 1989.

La surface intérieure d'un puits doit également être lavée, puisqu'il s'y forme une fine pellicule grasse en provenance des fumets de cuisson, des cheminées et de la poussière ambiante.

Technique: À l'intérieur, déplacez les meubles et posez une bâche de plastique sur le sol vis-à-vis du puits, laquelle recueillera les gouttes d'eau qui tomberont. Les puits de lumière sont presque inaccessibles, car ils percent souvent des plafonds en voûte sur un plan angulaire. Servez-vous d'un racloir de calibre professionnel, alliant une lame de caoutchouc et une éponge, fixé à un manche télescopique. Installez une échelle faisant entre deux et trois mètres sous le puits, de sorte que vous puissiez l'atteindre avec le racloir. Montez les degrés de l'échelle et enlevez la moustiquaire, le cas échéant, à l'aide d'une brosse ou de l'aspirateur. Faites tremper le racloir dans une solution composée de 65 ml d'ammoniaque moussant et d'une giclée de détergent liquide pour la vaisselle dans quatre litres d'eau, et essorez le surplus. Appliquez la solution nettoyante sur la face intérieure du puits par traits fermes. Raclez-la. Essuyez les angles et le pourtour à l'aide d'un chiffon absorbant enroulé à une extrémité du manche télescopique.

Au dehors, installez une échelle vis-à-vis la partie la plus basse du toit et montez-y. Appliquez la même solution ammoniaquée à l'aide d'un racloir ordinaire en employant la même technique. Récurez toute tache tenace avec un tampon de nylon. Épongez les gouttes avec un chiffon absorbant. Il ne faut nettoyer les puits de plexiglas bombés qu'avec des chiffons de coton doux pour éviter de les égratigner.

Conseils pour épargner du temps: Une pellicule protectrice couvre les fenêtres neuves; la concentration d'ammoniaque devra être plus élevée s'il s'agit d'un premier lavage. «Sinon, vous laisserez des traînées et vous devrez les laver à trois ou quatre reprises», dit Mme Blough. Elle conseille d'ajouter de petites quantités d'ammoniaque ou de détergent à la solution, jusqu'à ce que le verre soit exempt de traînées.

Si vous pouvez atteindre la surface extérieure du puits avec le boyau d'arrosage, donnez-lui une douche rapide lorsque vous arrosez les fleurs ou que vous lavez l'auto.

En moins de deux: Si vous ne possédez pas de racloir, appliquez la solution ammoniaquée à l'aide d'une vadrouille-éponge. Assurez-vous au préalable qu'elle est propre et sans traces de savon. Vous pouvez allonger le manche du racloir à l'aide d'un vieux manche à balai.

Mise en garde: Prenez garde lorsque vous grimpez à une échelle et que vous lavez les ouvertures sur le toit. Ne portez pas de vêtements amples ou flottants et portez des chaussures à semelles de crêpe. Vous devriez porter des lunettes de protection afin de protéger vos yeux contre les gouttes d'ammoniaque qui pourraient voler.

Radiateurs

Chauffer votre résidence à partir de radiateurs engorgés équivaudrait à conduire votre automobile en emportant une tonne de briques dans le coffre l'année durant. C'est pur gaspillage d'énergie. «La poussière qui s'accumule sur les radiateurs agit à la manière d'un isolant», explique M. John Morrill, directeur de l'exploitation auprès de l'American Council for an Energy-Efficient Economy à Washington et coauteur de *Consumer Guide to Home Energy Savings.* Cela empêche les radiateurs de remplir leur fonction, c'est-à-dire d'irradier la chaleur de façon efficace. En conséquence, un entretien régulier vous permettra de tirer profit de l'argent que vous dépensez pour le chauffage.

Technique: Passez régulièrement l'aspirateur sur les radiateurs et les plinthes chauffantes contenant de l'eau chaude. Utilisez la brosse pour épousseter le dessus du radiateur et le suceur plat entre les colonnes. «Les plinthes irradient la chaleur mais elles fonctionnent également par convection, explique M. Morrill. L'air circulant sous elles, est chauffé, puis soufflé vers le haut. Voilà pourquoi il importe d'assurer leur propreté.» L'on doit également veiller à ce que l'espace entourant les radiateurs soit libre de tout détritus et objet, de sorte que la chaleur soit bien répartie.

Il faut purger les radiateurs à eau chaude (par opposition à ceux dans lesquels circule de la vapeur) à quelques reprises pendant la froide saison. «Cela permet d'évacuer l'air qui y est retenu, de sorte que seule l'eau chaude y circule; l'on évite ainsi les bulles d'air qui répandent peu de chaleur», explique-t-il encore. À l'aide d'une clé à radiateur (en vente dans une bonne quincaillerie), ouvrez lentement la valve de réglage se trouvant sur le haut du radiateur. Tenez un gobelet qui ne craint pas la chaleur sous la valve; lorsque l'air en sera purgé, l'eau suivra. Revissez la valve.

Si un radiateur est rongé par la rouille, chaussez des lunettes de protection et raclez la surface à l'aide d'une brosse métallique; poncez ensuite à l'aide de papier de verre. Plus la surface est rouillée, plus grossier doit être le papier de verre. Si vous ne constatez aucune fuite, suivez les directives concernant la peinture. Afin de prévenir une éventuelle apparition de la rouille, assurez-vous qu'il n'en reste aucune trace. Le cas échéant, enduisez le métal d'un apprêt antirouille ou d'une peinture contre la rouille. Employez une bombe aérosol afin d'atteindre les endroits inaccessibles à un pinceau. Voilà une occupation à entreprendre pendant les mois de l'année où vous ne chauffez pas la maison.

En moins de deux: S'il est préférable de passer l'aspirateur sur les radiateurs l'année durant, cela importe davantage pendant l'hiver, alors qu'ils fonctionnent.

Mise en garde: Prenez garde lorsque vous purgez ou nettoyez un radiateur, l'eau retenue à l'intérieur peut être bouillante.

Rainures de portes coulissantes

L'accumulation de poussière et de saleté entrave le glissement des portes coulissantes. Qui plus est, les rainures attirent et retiennent l'eau et l'humidité qui peuvent abîmer et la base et la porte. Afin que la porte coulisse en douceur, n'oubliez pas de nettoyer les rainures inférieures et supérieures.

Technique: Passez l'aspirateur pour déloger la poussière des rainures et pulvérisez après coup un nettoyant tous usages. Laissez-le agir pendant quelques minutes, puis épongez la crasse délayée avec un chiffon humide. Si vos doigts ne peuvent atteindre le fond des rainures, entourez d'un chiffon l'extrémité d'un manche d'une cuiller de bois et passez-le en allers et retours dans les rainures. Il faudra peut-être recommencer à quelques reprises pour obtenir des résultats éclatants. Lorsque les rainures sont propres, déplacez la porte de gauche à droite afin de déloger la saleté qui encrasserait les billes ou roulettes. Ensuite, essuyez les rainures une dernière fois.

Conseils pour épargner du temps: Nettoyez régulièrement les rainures à l'aide du suceur plat ou à épousseter de votre aspirateur.

Mise en garde: Après un lavage, lubrifiez les rainures en y pulvérisant du silicone qui n'attire pas la poussière et la saleté. Une fine couche suffira.

Râpes à fromage, à gingembre et à agrumes

Ainsi qu'il en est de tous les ustensiles de cuisine, il faut en nettoyer toute trace d'aliment pour éviter l'apparition de bactéries et le mélange des saveurs.

Technique: Nettoyez les râpes à l'aide d'une brosse de nylon ou de fibres végétales et d'eau chaude savonneuse. Récurez les parois intérieures et extérieures dans le sens des aspérités, non en sens inverse, pour ne pas abîmer les soies de la brosse. Une brosse de fibres fait nettement mieux l'affaire qu'une éponge ou un tampon à récurer. Les fibres s'infiltrent entre les aspérités et y délogent les particules d'aliments. Asséchez la râpe avant de la ranger.

Conseils pour épargner du temps: Les surfaces aux plus fines aspérités, celles que l'on emploie pour râper le parmesan, le gingembre et l'écorce de citron, sont plus difficiles à nettoyer. Afin de vous faciliter cette tâche, fixez une pellicule de cellophane autour de la râpe, râpez par exemple un morceau de fromage, puis déballez la râpe. «Lorsqu'on râpe l'écorce d'un citron en vue de préparer un gâteau, le zeste adhère à la cellophane et non à la râpe», confie Michael Beglinger, chef à la Deutsche Bank à New York. «Les aspérités percent la pellicule, mais on ne retrouve pas de plastique dans les aliments râpés.»

Raquettes de tennis

Vous ne jouez pas mal, bien sûr! Mais le choix du court sur lequel vous jouez entraînera un nettoyage plus ou moins facile de votre raquette. «En général, on ne joue pas sous la pluie ou par un temps qui salirait la raquette», dit David Sparrow, ancien rédacteur en chef au magazine *Tennis World* et actuel rédacteur en chef du magazine *Men's Journal* à New York. Cela vaut pour la plupart des raquettes, à l'exception des raquettes de tennis sur un court d'argile.

Technique: Essuyez la tête de la raquette à l'aide d'un chiffon légèrement humide. «L'argile a tendance à s'incruster dans les angles du tamis et autour des œillets, surtout si vous êtes du genre à raser le sol avec votre raquette», explique M. Sparrow qui fut ramasseur pour le *U.S. Open* dans les années 1980. Servez-vous d'un instrument pointu, par exemple une lime ou un coupe-papier, pour la déloger. (Employez le même instrument pour racler l'argile dans les rainures des semelles de vos tennis.)

Essuyez le manche avec un chiffon sec pour y enlever la poussière et la saleté. L'humidité pourrait altérer les qualités du cuir ou du matériau synthétique. Si vous ajoutez une autre poignée sur le manche, ainsi que le font plusieurs joueurs, changez-la de temps en temps.

Conseils pour épargner du temps: Si vous jouez sur un court d'argile, posez du ruban protecteur sur la tête de votre raquette pour éviter que l'argile n'obstrue les rainures et trous du cadre. Cette précaution vous fera épargner du temps.

Mise en garde: Ne mouillez jamais le tamis de votre raquette. L'humidité peut l'abîmer irrémédiablement, surtout s'il est fabriqué à partir de viscères.

Rayonne

Les fibres de rayonne sont synthétiques mais organiques à l'origine; elles dérivent de la cellulose extraite de la pulpe des arbres. En raison des différents agencements et traitements auxquels la rayonne est soumise, le nettoyage dépend du type de vêtement en cause.

Technique: En général, la rayonne exige un nettoyage à sec. Même s'il s'agit de faire disparaître une petite tache, il est préférable de nettoyer à sec le vêtement. Étant donné que la rayonne est une matière très absorbante, plus encore que le coton, elle a tendance à froisser et à cerner sous l'effet de l'humidité. Aussi, éponger une tache avec une chiffon humide risque d'empirer la situation.

«On trouve des vêtements qui ont été traités à la résine, de sorte que la fibre est moins absorbante», dit Roman L. Hornc, représentant du service technique auprès de la Lenzing Fibers Corporation à Lowland dans le Tennessee, l'un des rares fabricants de rayonne aux États-Unis. Un vêtement de rayonne traitée à la résine sera lavable. Lisez l'étiquette cousue au vêtement pour connaître les directives du fabricant concernant son entretien. Si l'étoffe est lavable, il faut d'ordinaire laver le vêtement au programme des tissus délicats ou encore à la main. Dans ce dernier cas, faites pénétrer délicatement la mousse du savon au travers de l'étoffe, laissez tremper en eau tiède ou froide et rincez à l'eau tiède. Ne l'essorez pas et ne l'étirez pas alors qu'il est mouillé. Remuez légèrement le vêtement et mettez-le à sécher sur un cintre qui ne rouillera pas. Sinon, faites-le simplement sécher à plat. Repassez l'envers du vêtement alors qu'il est encore humide en réglant le fer à une chaleur moyenne. S'il faut vraiment repasser l'endroit, posez un linge sur le vêtement.

En moins de deux: En raison de la présence potentielle de résidus chimiques, il vaut mieux confier le nettoyage d'un article en rayonne à un teinturier. Ayez toutefois un détachant du commerce à portée de la main pour enlever les taches légères. Badigeonnez la tache avec le produit (Carbona Stain Devils ou K2r) et un chiffon blanc propre. Assurez-vous d'abord de la solidité de la couleur en faisant un essai là où la chose se verra peu. Si un cerne se forme autour de la tache, portez le vêtement chez un teinturier.

Mise en garde: Avant d'employer un détachant, lisez attentivement le mode d'emploi du fabricant et observez les précautions d'usage.

Réfrigérateurs et congélateurs

Nous avons plusieurs bonnes raisons de nettoyer le réfrigérateur et le congélateur. Il faut éponger les déversements et jeter les aliments impropres à la consommation avant qu'ils ne commencent à dégager de vilaines odeurs. L'époussetage du serpentin de l'évaporateur favorise la bonne marche de l'appareil, vous fait épargner, et réduit les risques de bris du compresseur, qui peut se chiffrer à plusieurs centaines de dollars pour la plupart des frigos et des congélateurs.

Technique: Faites l'entretien du frigo environ une fois par mois, en observant les recommandations du fabricant. L'idéal consiste à nettoyer le frigo avant de faire l'épicerie, alors qu'il contient peu de choses. Jetez les aliments gâtés. Démontez les clayettes et les bacs amovibles, l'œufrier, les bacs, et lavez-les à l'eau chaude et savonneuse, de préférence un détergent liquide pour la vaisselle. Lavez les parois intérieures à l'aide d'une solution composée de deux cuillerées à soupe de bicarbonate de soude délayé dans 250 ml d'eau chaude. Rincez et asséchez. Passez un coup de chiffon sur les bocaux, bouteilles et autres récipients. «Si vous employez régulièrement le bac à viande et que le jus des viandes y coule, lavez-le plus souvent, vraisemblablement une fois par semaine ou avant d'acheter de nouveau de la viande», conseille

Martha Reek, première économiste à la Whirlpool Corporation à Evansville dans l'Indiana. Lavez hebdomadairement les autres bacs et casiers pour en assurer l'hygiène. Nettoyez les replis du joint d'étanchéité entourant la porte à l'eau chaude et savonneuse; rincez et asséchez. Si votre frigo est doté de bondes de vidange amovibles, enlevez-les et faites gicler de l'eau chaude à l'intérieur de la vidange à l'aide d'un poire à jus.

La solution à base de bicarbonate de soude contribuera à éliminer les odeurs, mais les parois de plastique et les rainures difficiles à nettoyer peuvent absorber les mauvaises odeurs et exigent parfois des efforts supplémentaires. «Il y a peut-être eu une panne de courant pendant vos vacances, dit Mme Reek, et les aliments sont restés toute la semaine dans le frigo.» Saupoudrez une boîte de format moyen de bicarbonate de soude ou quelques centimètres de charbon activé (que l'on trouve dans les animaleries, au rayon des aquariums) sur une casserole peu profonde que vous poserez sur une clayette et laissez agir pendant quelques jours. Vous pouvez faire de même, en remplaçant le bicarbonate par des grains de café frais moulus.

Nota bene: L'odeur des grains de café risque de se transmettre aux glaçons et à la crème glacée. Jetez-les ou emballez-les de plastique hermétique afin d'éviter cet inconvénient.

Si vous songez à remplacer votre frigo en raison d'odeurs persistantes, tentez d'abord ceci. Videz votre réfrigérateur et nettoyez-le rigoureusement selon les directives du fabricant. Un second frigo où ranger vos provisions vous serait ici d'un grand secours. Bourrez de papier journal toutes les clayettes de celui qui est nauséabond. Déposez une tasse d'eau sur la clayette supérieure ou humectez légèrement le papier journal et laissez ainsi pendant cinq ou six jours en ne débranchant pas l'appareil. Remplacez le papier journal aux deux jours. Ce truc comporte des inconvénients mais il est efficace. Le système de réfrigération fera circuler de l'air humide entre les épaisseurs de papier journal qui absorberont alors les molécules causant les odeurs.

Dégivrez le congélateur lorsque la glace fait environ 0,5 cm d'épaisseur. Ainsi, le moteur fonctionnera mieux. Enlevez les produits congelés et rangez-les temporairement dans une glacière ou emballez-les de plusieurs épaisseurs de papier journal afin de les isoler. Réglez la commande de température à «Dégivrage». Attendez que le congélateur soit entièrement dégivré. Afin d'accélérer le procédé, posez des casseroles pleines d'eau bouillante à l'intérieur du congélateur. Ne brisez pas la glace à l'aide d'un objet pointu, vous pourriez endommager le congélateur. Videz l'eau qui s'accumule à mesure que fond la glace, puis essuyez l'intérieur à l'aide de la solution composée de bicarbonate de soude, rincez et asséchez. Essuyez toute trace d'humidité avant de remettre le contact et de recharger les vivres à l'intérieur du congélateur.

Il importe encore plus de nettoyer le serpentin de l'évaporateur du frigo-congélateur. La poussière s'y accumule et agit comme un isolant, de sorte que le compresseur fonctionne davantage pour que le gaz réfrigérant circule à l'intérieur du système de refroidissement. Époussetez-le au moins une fois l'an (deux fois si vous avez un animal de compagnie) à l'aide du suceur plat ou de la brosse à épousseter de l'aspirateur. Déterminez le type de condensateur dont est doté votre appareil, à savoir un condensateur statique fixé à l'arrière ou un condensateur doublé d'un éventail fixé sous l'appareil. Si le condensateur est fixé sous le frigo, enlevez le protecteur de la grille sur le devant, habituellement maintenu en place par des clips à ressorts, et passez-y l'aspirateur. Si le condensateur est fixé à l'arrière, avancez le frigo et vous l'atteindrez sans problème, puis passez-y l'aspirateur.

Lorsque vous remettrez le frigo en place, assurez-vous qu'il se trouve suffisamment d'espace entre le mur et lui pour que l'air puisse y circuler. (Consultez le manuel du fabricant à cet égard.)

Finalement, si votre frigo est doté d'un plateau où s'écoule l'eau de condensation (on le trouve d'ordinaire sous l'appareil), lavez-le en eau chaude et savonneuse. Vous y supprimerez toute bactérie qui pourrait y proliférer et préviendrez la formation de bestioles microscopiques.

Conseils pour épargner du temps: Épongez les déversements dès qu'ils surviennent. Le fait de nettoyer régulièrement ici et là vous fera épargner beaucoup de temps lors des grands nettoyages.

En moins de deux: «Si vous n'avez pas le temps d'un nettoyage mensuel rigoureux, passez au moins un coup de chiffon», nous conseille Mme Reek. Déloger les aliments et breuvages incrustés, mettre un couvercle sur les contenants et se défaire des aliments gâtés vous permettront de contrôler les odeurs.

Mise en garde: Débranchez l'appareil avant de nettoyer le serpentin de l'évaporateur afin d'éviter un choc électrique. Lisez attentivement et observez les recommandations du fabricant concernant l'entretien du frigo et du congélateur.

Remises de jardin

On estime à 65 millions le nombre de foyers étasuniens qui ont pris part à des activités de jardinage en 1996. Voilà pourquoi les remises de jardin sont devenues un élément presque constant des arrière-cours. Sans compter qu'il est impossible de remiser davantage de choses dans le garage! Sous l'angle pratique, les remises ne nécessitent pas un entretien sanitaire; elles doivent simplement être en ordre. La remise moyenne mesure environ 3 mètres par 2,5 mètres, ce qui laisse 7,5 mètres carrés à l'entreposage. Il s'agit donc d'assigner une place à chaque chose et de veiller à ce que chaque chose soit à sa place, tout en se réservant un espace où circuler.

Technique: Entretenez l'extérieur de la remise conformément aux recommandations du fabricant. Si elle comporte des fenêtres, lavez-les une fois par année. Si elle est couverte d'un revêtement métallique, lavez-la chaque printemps avec le boyau d'arrosage. Si son sol est en bois, passez-y la brosse de façon régulière ou peignez-le pour le protéger contre les saletés, les huiles et les produits chimiques.

En général, les remises de métal usinées ne nécessitent pas d'entretien. Les structures de bois, par contre, peuvent exiger d'être peintes après quelques années et peuvent recevoir des visiteurs indésirables. Au printemps et à l'automne, vérifiez votre remise si elle est en bois et voyez s'il s'y trouve des trous ou des orifices par lesquels de petits animaux nuisibles pourraient pénétrer pour y habiter.

«Une place pour chaque chose et chaque chose à sa place», nous recommande Linda Joan Smith, auteur de *The Potting Shed.*

Afin d'optimiser l'emploi d'un espace restreint, établissez un plan sur papier et suivez ces quelques conseils:

- Remisez les semences de gazon, de fleurs et les graines pour nourrir les oiseaux en des récipients étanches que les animaux ne peuvent ronger ou renverser.
- Fixez des crochets et des tablettes murales sur lesquelles ranger les outils et produits divers. Ne les rangez cependant pas trop à proximité de la porte, vous risqueriez de les renverser en entrant ou sortant de la remise.
- Conservez suffisamment d'espace libre au sol pour pouvoir accomplir de petits travaux, par exemple changer le fil d'un taille-bordure.

UNE HISTOIRE PROPRE, PROPRE, PROPRE

Des remises de jardin souterraines

Les origines des remises de jardin si populaires de nos jours remontent à près de mille ans. Les premières remises de jardin furent construites au Moyen Age alors que l'on cultivait dans les monastères d'Europe des jardins imposants et qu'il fallait un lieu dans lequel entreposer les outils.

En Amérique, les remises de jardin ont connu la popularité vers la fin du XIXe siècle, lorsque les jardins victoriens étaient à la mode. Toutefois, au début du XXe siècle, les charmantes remises du siècle précédent firent place à des remises à outils alors que les Nord-Américains laissèrent tomber les allées fleuries à l'anglaise au profit de la pelouse. De nos jours, la raison d'être des remises de jardin se transforme encore à mesure que les jardiniers y voient autre chose qu'un espace de rangement. «Ce n'est plus seulement l'endroit où ranger la tondeuse à gazon, mais l'endroit où les jardiniers travaillent», explique Mme Smith.

- Rangez la terre et les terreaux dans des contenants de plastique étanches pour les préserver de l'humidité. De plus, les contenants peuvent être superposés.

Conseils pour épargner du temps: Afin de trouver rapidement ce dont vous avez besoin, faites la rotation de vos outils en fonction de la saison. Inversez la place de la tondeuse à gazon et de la souffleuse à neige selon la saison.

En moins de deux: Il vous faut du rangement supplémentaire? L'espace entre les arcs à treillis peut servir à ranger des choses légères dont vous vous servez rarement.

Mise en garde: Les remises de jardin font de coquettes maisons de jeu pour les enfants. Rangez les objets tranchants ou pointus hors de leur atteinte. Rangez les herbicides et insecticides dans une armoire à verrou pour éviter les déversements ou empoisonnements accidentels. Si votre jardin s'agrémente d'une piscine, ne rangez jamais les produits chimiques servant à son entretien dans la remise où vous tenez les fournitures de jardinage. Les produits nécessaires à la piscine devraient se trouver en un endroit distinct, destiné seulement à leur intention, dans le garage par exemple. Désignez clairement l'endroit comme tel. Les granules chimiques servant à l'entretien d'une piscine sont extrêmement inflammables; assurez-vous de bien rincer leurs récipients avant de les mettre au rebut.

Résine

Si vous avez élevé un enfant qui grimpait aux arbres, vous savez ce qu'est la résine. Il s'agit de la sève poisseuse de certains végétaux, notamment des pins et autres conifères, qu'ils produisent afin de se protéger contre le pourrissement et les intempéries. La résine n'est pas hydrosoluble, voilà pourquoi il est pratiquement impossible de la faire disparaître au lavage. Il faut employer un solvant plus puissant, selon le Dr Ann Lemley, chimiste et présidente du département des textiles et de l'habillement à l'université Cornell à Ithaca, dans l'État de New York.

Technique: En premier lieu, raclez délicatement le plus gros de la matière résineuse. Puis, épongez avec de l'alcool à friction à condition que la solidité de la couleur de l'étoffe soit acquise. Posez la tache contre une épaisseur de coton absorbant. Imbibez d'alcool un autre chiffon de coton blanc et épongez l'envers de l'étoffe, de manière à repousser la résine sur l'endroit. À mesure que l'alcool dissout la résine, l'étoffe sur laquelle le vêtement est posé l'absorbera. S'il s'agit d'une petite tache, un tampon d'ouate ou un coton-tige fera l'affaire. Afin de déloger des traces de résine sur une moquette, ne versez jamais l'alcool sur celle-ci mais plutôt sur une serviette, à défaut de quoi il imbibera les fibres du sous-tapis et attirera davantage la saleté.

Nota bene: Avant d'employer un produit nettoyant, éprouvez-le en un endroit soustrait à la vue. Lisez attentivement le mode d'emploi du fabricant et les précautions d'usage.

UNE HISTOIRE PROPRE, PROPRE, PROPRE

Miracle à Noël

Le Dr Ann Lemley, chimiste et présidente du département des textiles et de l'habillement à l'université Cornell à Ithaca dans l'État de New York, explique comment la recette miracle pour déloger les traces de résine lui fut inspirée. «Je portais mon sapin de Noël haut de trois mètres et demi lorsqu'une coulée de résine s'est logée dans mes cheveux. J'ai bien sûr songé qu'un shampooing ne suffirait pas à l'éliminer. J'ai alors fait appel à ma logique de chimiste et j'ai saisi le flacon d'alcool. Les semblables s'éliminent les uns les autres et le contenu de la résine est similaire à celui de l'alcool. L'alcool a eu raison de la résine!»

Revêtements extérieurs

Vous voulez redonner un air de jeunesse à votre maison et peut-être éviter la corvée de peinture ? Nettoyez son revêtement extérieur. La saleté provenant de la pollution, de la poussière, du pollen, des arbres et même de la pluie s'accumule sur le revêtement, en particulier sur le dessous. Si le revêtement est seulement poussiéreux, un bon lavage pourrait vous épargner l'intervention des peintres.

Si le revêtement est légèrement sale, une forte pluie pourrait y remédier. Mais en général, il faut le nettoyer chaque année, en particulier si vous habitez une région urbaine ou en forêt.

Technique: Commencez par le haut en descendant. En présence d'une saleté superficielle, arrosez une section du revêtement avec le boyau d'arrosage et récurez-le délicatement à l'aide d'une brosse souple à long manche. N'oubliez pas de récurer le dessous, où la saleté s'accumule. Rincez afin de déloger la saleté détachée sous l'action de la brosse. Travaillez par section, à portée de main. Si vous habitez une région où les industries crachent des saletés dans l'air, employez une solution faite de détergent domestique et d'eau pour récurer le revêtement, puis rincez avec le boyau d'arrosage.

Conseils pour épargner du temps: Passez outre au récurage et employez un pulvérisateur à pression pour laver le revêtement en quelques minutes plutôt qu'en quelques heures. Un pulvérisateur pressurisé se fixe au boyau d'arrosage et déloge la crasse sous la force de l'eau projetée. On peut louer ce type d'instruments dans une quincaillerie, moyennant un prix qui varie selon les endroits.

En moins de deux: Si vous n'avez pas le temps de frotter toute la maison, nettoyez les endroits les plus sales. Repérez les endroits sales sur les parties ombragées de la maison, les traces de fumée autour de la cheminée ou les éclaboussures de boue sur les fondations.

Mise en garde: S'il vous faut employer une échelle, portez des chaussures aux semelles de crêpe. Les nettoyants composés de solvants organiques tels qu'un javellisant chloré, un détachant liquide, un dissolvant à vernis à ongles ou un produit pour cirer les meubles, peuvent gâcher un revêtement de vinyle.

Une zone d'ombre: se débarrasser des mousses et moisissures

Les moisissures et les mousses apparaîtront vraisemblablement dans les endroits ombragés de votre maison, là où le taux d'humidité est élevé et l'ensoleillement minimal, en particulier la face exposée au nord. Les moisissures et les mousses paraîtront d'abord comme des points noirs sur le revêtement, tandis que les mousses se verront à leur couleur verte.

Pour les éliminer et décourager toute prolifération éventuelle sur les revêtements en aluminium ou en bois, récurez-les avec la solution suivante que nous recommande un fabricant de revêtement d'aluminium établi à Pittsburgh: 80 ml de détergent à lessive, 170 ml de phosphate trisodique, un litre de javellisant domestique et trois litres d'eau.

En exerçant une pression moyenne, frottez à l'aide d'une brosse souple et rincez à l'eau fraîche. Respectez scrupuleusement les proportions, car une concentration plus forte des composants pourrait abîmer la peinture du revêtement.

N'employez aucun produit contenant un javellisant ou des solvants organiques qui risqueraient d'abîmer un revêtement de vinyle. On recommande plutôt une solution faite de trois parties de vinaigre et de sept parties d'eau ou encore un nettoyant tous usages non abrasif, par exemple Fantastik.

Rideaux

Vos rideaux sont davantage que des parures de fenêtres. Considérez-les en quelque sorte comme un élément de votre système d'aération qui filtre la poussière qui circule entre l'extérieur et l'intérieur. Leur nettoyage en prolongera la durée qui est de cinq ans pour les rideaux doublés, de quatre ans pour ceux qui ne le sont pas, et de trois ans pour les rideaux de mousseline.

Technique: Faites toujours nettoyer les rideaux assortis en même temps. «Vous pouvez y enlever la poussière à l'aide de votre aspirateur», nous dit Maria Ungaro, directrice des programmes pour la Window Coverings Manufacturers Association à New York. Une fois par mois, passez l'aspirateur sur vos rideaux à l'aide du suceur pour épousseter. Travaillez de haut en bas, en accordant un soin particulier aux plis et à l'ourlet où la poussière a tendance à s'accumuler. Posez une main sur la doublure et atténuez la force de succion de manière à éviter que l'étoffe n'obstrue le conduit. Fixez une buse de rallonge pour atteindre la tringle, le cas échéant.

Au moins une fois l'an, faites laver vos rideaux soit à la machine, soit en les portant chez un teinturier, selon l'étoffe dont ils sont faits. Suivez les indications du fabricant concernant l'entretien. Si vous les lavez à la machine, faites-les légèrement sécher par culbutage et ensuite pendez-les à la tringle afin qu'ils se froissent moins. Leur repassage sera moins exigeant.

Conseils pour épargner du temps: Si vos rideaux ne sont pas souillés, plutôt que de les laver, rafraîchissez-les en les passant au sèche-linge, au programme dit «Air Fluff», sans chaleur.

En moins de deux: Si vous n'avez pas le temps de passer l'aspirateur sur chacun de vos rideaux, remuez-les un peu pour en déloger la poussière.

Robinetterie de la salle de bains et de la cuisine

Les traces de gras et de savon n'ont aucun scrupule à ternir le brillant d'un robinet ou d'un mitigeur. Et, pour peu qu'on les y laisse, les bactéries y pulluleront autant qu'à l'intérieur d'une yaourtière. Il faut éliminer ces indésirables avant qu'elles ne s'incrustent.

Technique: Nettoyez régulièrement les robinets, mitigeurs, leviers, enjoliveurs, pommes de douche et autres accessoires de robinetterie à l'aide d'un nettoyant tous usages ou d'un nettoyant pour baignoire et carreaux tels que Comet pour salle de bains, ainsi qu'une éponge ou un chiffon doux. N'employez jamais de nettoyant et de tampon à récurer abrasif dans la salle de bains. Pulvérisez le nettoyant, laissez-le agir pendant quelques instants, puis épongez-le. Le produit devrait accomplir presque tout le travail à lui seul. Nettoyez les fentes et interstices avec une brosse souple. Rincez à l'aide d'une éponge ou d'un chiffon trempé dans l'eau.

Simplifiez votre tâche en employant un seul produit plutôt que plusieurs. «Les dissolvants à savon en aérosol, Tilex par exemple, font presque de la magie», dit Jim Brewer, conseiller technique pour le compte de *Cleaning and Maintenance Magazine.* «Le principe consiste à faire disparaître trois choses: l'huile, le savon et les dépôts minéraux, sans compter les moisissures occasionnelles. Autrefois, il fallait laver deux fois la robinetterie, mais les nouveaux nettoyants sont composites. Ils éliminent d'un coup les trois indésirables, en plus de la moisissure.» Il faut bien aérer la pièce où vous faites usage de ces produits: ouvrez portes et fenêtres, et activez le ventilateur de plafond.

Conseils pour épargner du temps: Asséchez la robinetterie de la cabine de douche ou de la baignoire à l'aide de votre serviette de ratine après chaque douche. En acquérant cette habitude, vous vous éviterez la peine de déloger les accumulations de savon.

Mise en garde: «La règle d'or consiste à ne jamais employer deux produits pouvant contenir des composants réactifs tels que l'ammoniaque et le chlore en même temps», explique M. Brewer. «L'ammoniaque dégage au contact du chlore un gaz moutarde, très toxique. J'ai failli trépasser en associant ces produits. Après quoi, j'ai été malade des semaines durant.» Ne reniflez jamais le contenu d'une bouteille pour chercher à savoir ce qu'elle contient et lisez attentivement les indications du fabricant pour connaître les précautions d'usage.

Robots de cuisine

«La plupart des robots de cuisine sont difficiles à nettoyer en raison des dispositifs de sûreté», dit Michael Beglinger, chef à la Deutsche Bank de New York. Pour trancher la question, disons qu'il faut nettoyer le robot aussitôt que l'on en a terminé, de manière à faire disparaître toute trace d'aliment avant qu'il ne s'encroûte.

Technique: En premier lieu, lisez les directives concernant l'entretien dans le manuel d'utilisation de l'appareil fourni par le fabricant. En général, il faut désassembler l'appareil et laver les éléments amovibles en eau chaude et savonneuse. Lavez le couteau, le bol, le couvercle, l'entonnoir et le poussoir aussitôt que vous avez terminé. Essuyez le bloc-moteur à l'aide d'une éponge ou d'un chiffon imprégné d'eau savonneuse. Rincez à l'eau fraîche. Ne récurez rien à l'aide d'un tampon métallique ou d'une poudre abrasive. Vous abîmeriez la surface de plastique.

Si des aliments ont séché et sont incrustés dans le bol et sur les autres composants, mettez-les à tremper, à l'exception du bloc-moteur, dans l'eau chaude et savonneuse. Récurez-les avec une brosse de nylon ou de fibres végétales.

Conseils pour épargner du temps: Rangez les composants amovibles au lave-vaisselle. (Lisez d'abord le manuel d'utilisation pour vous assurer qu'ils vont au lave-vaisselle.) Pour plus de sûreté, rangez-les dans le panier supérieur. Ils risqueraient de fondre s'ils étaient trop à proximité de l'élément chauffant qui se trouve au bas de l'appareil.

Mise en garde: Débranchez le robot avant de le nettoyer. Ne tentez pas d'aiguiser le couteau à moins que le fabricant ne le recommande. Le couteau et les disques de la plupart des nouveaux modèles sont aiguisés en permanence. Évidemment, le couteau et les disques sont extrêmement tranchants. Il faut donc les manipuler avec prudence.

Rouille

La rouille est pratiquement une créature vivante. «Si on laisse la moindre parcelle de rouille sur une surface, la corrosion continuera de se répandre», dit Bob Hanbury, rénovateur et ancien animateur de la tribune radiophonique *House Calls*, diffusée à partir de Newington dans le Connecticut. La rouille, fruit de l'oxydation du métal, continue de proliférer même après qu'on l'ait enduite de peinture. Le but visé, conséquemment, consiste à décaper toute la rouille jusqu'au métal et à apprêter celui-ci afin de prévenir la corrosion éventuelle.

Technique: Enlever la rouille est fonction de l'objet en cause et de la gravité du problème. Si la couche de rouille est mince, il suffit de la poncer avec un papier de verre fin. «Plus la corrosion est abondante, plus le papier de verre doit être grossier, affirme M. Hanbury. Commencez le travail avec le papier le plus fin qui soit, c'est-à-dire 100 ou 200 grains, et, si cela ne suffit pas, changez-le pour du plus grossier, soit 60 ou 80 grains.» En raison de son renfort en étoffe solide, le papier d'émeri donne de bons résultats sur le métal.

Si la rouille est superficielle, vous pourriez employer un dissolvant de rouille du commerce — Naval Jelly — que l'on trouve dans la plupart des quincailleries.

Si la rouille est épaisse et galeuse, raclez le surplus à l'aide d'une brosse de métal ou d'un tampon métallique fixé à un perceuse électrique. «Le tampon activé à l'électricité éliminera davantage de rouille que si vous utilisez seulement votre huile de bras», dit Clint Sargeant, coordonnateur de la production à la J.J. Swartz Company, une entreprise de rénovation et de restauration après incendie établie à Decatur dans l'Illinois. «Vous enlèverez même la surface du métal, de sorte que vous serez assurés qu'il ne se trouvera plus aucune rouille.»

Après coup, poncez jusqu'à ce que le métal brille. Poncez le pourtour en biseau, de sorte que la surface aplanie, une fois peinte, ne trahira pas son ancienne condition.

Si la rouille a grugé de grandes surfaces, masquez-les avec de la pâte de fibre de verre comme on en trouve dans les trousses de réparation automobile. Nettoyez et poncez la surface rouillée. (Si cela est possible, forez quelques petits trous sur la surface touchée de manière à ancrer la fibre de verre.) À l'aide d'un couteau de vitrier, appliquez la pâte sur la surface rongée. Quand elle est sèche, poncez-en la surface afin de l'égaliser avant de lui donner une couche d'apprêt et de la peindre.

Lorsqu'il ne reste plus trace de rouille, appliquez un apprêt antirouille sur le métal, tel que Derusto, puis peignez-le. À défaut d'appliquer un apprêt, la corrosion risque de réapparaître et de faire écailler la peinture. Certaines marques de peinture contiennent un apprêt antirouille. Lisez attentivement et observez les conseils du fabricant. Travaillez en un endroit bien aéré et portez des gants et des lunettes de protection lorsque vous appliquerez la peinture.

Mise en garde: Lorsque vous raclez la rouille avec une brosse de métal ou un tampon métallique fixé à une perceuse électrique, portez des lunettes de protection pour éviter que des parcelles de rouille ou de métal ne volent dans vos yeux. Portez également des gants résistants. Sinon, la roulette risque de sauter et de vous blesser la main.

Sacs à main

Pareillement aux valises, les sacs à main peuvent subir de mauvais traitements. Contrairement aux valises, toutefois, ils sont souvent en cuir et il est difficile de les nettoyer sans les abîmer.

Technique: Si un sac à main n'est pas en cuir, peut-être est-il fait d'étoffe ou d'un matériau synthétique tel que le vinyle ou le nylon que l'on peut nettoyer avec un peu d'eau. Ne mouillez pas trop votre sac. Nettoyez-le plutôt en l'épongeant avec un chiffon humide. S'il est taché, épongez-le avec un chiffon savonneux, puis rincez-le à l'aide d'un chiffon humide.

Cependant, la plupart des sacs à main sont en cuir, soit à gros grain ou verni, soit en suède ou en peau d'un animal exotique. Il y a peu de choses que l'on puisse faire pour nettoyer le cuir. Employez un cosmétique pour le cuir, du genre Lexol pH, en vente dans les cordonneries et chez les marchands de chaussures. Appliquez le cosmétique à l'aide d'un chiffon humide, puis ajoutez un revitalisant de même marque. Si le sac est de couleur havane, éprouvez d'abord le cosmétique en un endroit soustrait à la vue.

Afin de nettoyer un sac de cuir verni, faites appel au produit cirant Pledge, nous conseille Henry Goldsmith, professeur adjoint au département de design des accessoires au Fashion Institute of Technology de New York. Pulvérisez-le sur le sac et frottez à l'aide d'un chiffon blanc propre. N'employez pas de produit cirant citronné qui laisse une pellicule, selon M. Goldsmith.

Cirez vos sacs en crocodile avec une pâte à astiquer l'automobile telle que Simoniz. Appliquez-en un peu du bout des doigts et polissez le sac à l'aide d'un chiffon blanc propre. «Autrefois, je fabriquais des sacs de croco qui se détaillaient entre 3 000 et 6 000 $, dit M. Goldsmith. Un bon cirage avec la pâte pour automobile protège le sac et lui donne du lustre.»

Le nettoyage de l'intérieur du sac est également fonction du matériau dont il est fait. On peut sans risque nettoyer l'intérieur de la plupart des sacs à main à l'aide d'un chiffon ou d'une éponge légèrement humide. Ouvrez le sac le plus possible ou sortez-en délicatement la doublure. N'employez pas d'eau sur la soie. Secouez le sac à l'envers et donnez un coup de chiffon sec.

Si vous renversez une substance qui risque de laisser une tache sur un sac, il faut vite l'éponger à l'aide d'une serviette blanche propre. S'il s'agit d'une trace de graisse, posez le sac à plat, saupoudrez-y de la fécule de maïs et laissez agir jusqu'au lendemain. La fécule absorbera peut-être une part de graisse. Vous pourriez également poser un essuie-tout blanc et propre sur la tache de graisse et lui donner un coup de fer chaud, réglé à la température minimale pour le coton. Changez plusieurs fois l'essuie-tout jusqu'à ce qu'il n'y ait plus de trace de gras. «Le cuir est une matière poreuse, explique M. Goldsmith. Ce truc délogera une partie de la graisse mais pas toute et effacera les faux plis.»

S'il s'agit d'un sac en suède, épongez le plus possible et laissez la tache sécher pendant quelques jours. Brossez délicatement les poils du suède à l'aide d'une brosse de laiton ou d'un papier de verre extra-fin. En bouffant les poils, vous pourriez faire disparaître la tache.

Si le cuir d'un sac est décoloré, procurez-vous un aérosol pour le cuir appelé Nu-Life. «C'est de la couleur en aérosol destinée aux articles de cuir», explique M. Goldsmith. Choisissez la couleur qui se rapproche le plus de celle du sac en question et suivez le mode d'emploi paraissant sur la bombe aérosol. Il est possible de camoufler la décoloration du suède en y frottant une craie de même couleur.

Si une tache ne part pas, confiez votre sac à un teinturier spécialisé dans les articles de cuir. Mais sachez à qui vous avez affaire. De nos jours, nombre de teintureries ne sont que des points de chute et les articles qu'on leur confie sont acheminés chez un sous-traitant. Assurez-vous que votre teinturier confie les articles de cuir à un spécialiste. Certains teinturiers tentent de nettoyer le cuir eux-mêmes pour éviter de payer un sous-traitant et ils risquent d'abîmer votre sac.

Mise en garde: Éprouvez d'abord une méthode ou une solution de nettoyage en un endroit peu apparent de votre sac à main.

Sacs de couchage

Les sacs de couchage sont bourrés de duvet d'oies ou d'une bourre synthétique. Les sacs de duvet doivent être nettoyés plus souvent pour que la bourre conserve son aspect bouffant et sa propriété isolante.

Technique: Ne nettoyez votre sac de couchage que lorsque la chose est nécessaire. Bien qu'il soit destiné à la rude vie des coureurs des bois, il n'est pas fabriqué en fonction des rigueurs imposées par l'agitateur d'un lave-linge domestique. Rendez-vous à la buanderie et lavez-le dans une machine format géant, au chargement frontal, en eau chaude au programme pour tissus délicats. Il faut laver un sac de duvet avec un détergent doux, selon la America Down Association de Sacramento en Californie. Lavez-le une seconde fois, sans détergent cette fois, afin qu'il soit bien rincé. Faites-le sécher au sèche-linge à température moyenne. Faites preuve de patience. Un sac de duvet met du temps à sécher. À défaut d'être complètement sec, le duvet s'affaissera et fera un terreau propice à l'éclosion de moisissures.

Conseils pour épargner du temps: Afin de réduire le lavage au minimum, tapissez l'intérieur de votre sac d'un drap plié et ne le posez pas directement sur le sol. Lorsque vous faites du camping, remuez-le vigoureusement chaque jour et pendez-le à l'air frais. Ne rangez pas votre sac de couchage dans le sac prévu à cet effet, pour éviter que la bourre ne se comprime trop. Lavez les taches par endroits avant de recourir à la machine à laver.

En moins de deux: Si vous n'habitez pas à proximité d'une buanderie, vous pouvez laver votre sac de couchage dans la baignoire.

Prenez garde lorsque vous manipulerez le sac trempé car son étoffe risque de se déchirer sous le poids. Assurez-vous de le rincer à fond.

Mise en garde: Ne le faites pas nettoyer à sec. Les solvants priveraient les plumes de leurs huiles naturelles et sont très toxiques. Si l'étiquette d'entretien exige un nettoyage à sec, faites-le aérer pendant au moins une semaine avant de vous y coucher à nouveau. Pour éviter que l'étoffe ne se déchire pendant que vous le manipulez, roulez le sac trempé en une boule avant de le mettre au sèche-linge.

Sauce au jus de viande

ACTION D'URGENCE

Rincez ou épongez à l'eau froide une tache de sauce au jus de viande.

Du calme! Vous vous êtes certes mis dans l'embarras devant les autres convives, mais une tache de sauce n'est pas la fin de monde. «Même si une tache de sauce au jus de viande contient du gras, qui peut s'avérer tenace, elle est classée parmi les taches à base de protéines», dit Jane Rising, instructrice au département de l'éducation à l'International Fabricare Institute à Silver Spring dans le Maryland. En bref comme en mille, les solutions à base aqueuse feront l'affaire sur les étoffes lavables.

Technique: Raclez le surplus de gras. Si l'article est lavable, mettez-le à tremper en eau froide pour y déloger le plus possible la saleté. Plus une tache est ancienne, plus il faudra la laisser tremper, sûrement plusieurs heures. Préparez d'abord une solution composée d'un quart de cuillerée à thé de détergent liquide translucide pour la vaisselle, de quelques gouttes d'ammoniaque et de 125 ml d'eau chaude. Appliquez cette solution directement sur l'étoffe, puis étendez le vêtement à plat sur une surface solide et tapotez la tache à l'aide du dos d'une cuiller. Cela favorisera la pénétration du nettoyant entre les fibres, là où se dissimulent les saletés. Ne frottez pas l'étoffe contre elle-même, cela écorcherait les fibres. Ensuite, lavez selon les indications du fabricant, soit à la machine, soit à la main, à l'eau la plus chaude que l'étoffe puisse supporter sans danger. Si la tache n'est pas entièrement dissoute, répétez l'opération précédente, à l'aide d'un détersif à lessive contenant des enzymes cette fois (ou d'une pâte faite de granules à lessive délayées dans un peu d'eau). Les enzymes dévorent les substances à base de protéines comme la sauce au jus de viande. Appliquez la pâte directement sur la tache, tapotez un peu et lavez l'article en question.

S'il s'agit d'une étoffe qui n'est pas lavable, portez-la à un teinturier professionnel ou épongez-la à l'aide d'une serviette de ratine blanche et d'un détachant du commerce tel que Carbona Stain Devils ou K2r que l'on trouve au supermarché, à la quincaillerie et dans les magasins à rayons. Lisez attentivement le mode d'emploi avant d'utiliser ces produits et travaillez dans un lieu bien aéré en portant des gants de caoutchouc ou de latex. Épongez l'envers de l'étoffe pour en faire sortir la tache.

Si une tache macule une moquette ou un tapis, épongez-la d'abord avec une serviette de ratine blanche et un détachant du commerce. Si cela ne fonctionne pas, épongez-la avec une solution composée de 65 ml de détergent translucide pour la vaisselle et de 250 ml d'eau tiède. Rincez en épongeant à l'aide d'une serviette propre et d'eau; épongez de nouveau, avec une serviette sèche cette fois. N'employez pas de détersif à lessive car ils contiennent souvent des agents de blanchiment optiques qui peuvent javelliser les fibres des moquettes et des tapis. Si les deux premières solutions ne font pas l'affaire, versez deux cuillerées à soupe d'ammoniaque dans 250 ml d'eau. À nouveau, rincez en épongeant et asséchez.

En moins de deux: S'il s'agit d'un vêtement lavable, passez à la deuxième étape et appliquez une pâte d'enzymes sur la tache et lavez le vêtement.

Mise en garde: Assurez-vous de rincer abondamment entre les applications de deux produits nettoyants. Au contact, certaines substances chimiques peuvent dégager des émanations toxiques, en particulier l'ammoniaque et le javellisant chloré. Lisez attentivement les indications du fabricant pour en connaître le mode d'emploi et les précautions d'usage. Avant d'employer une solution nettoyante, éprouvez-la en un endroit peu visible de l'article taché.

Sèche-cheveux

Garder un sèche-cheveux propre de toute poussière, cheveux ou peluches n'est pas simple.

Technique: Débranchez le sèche-cheveux. Essuyez-en l'extérieur à l'aide d'un chiffon humide pour y enlever la poussière. S'il s'agit de saleté tenace, employez une éponge ou un chiffon imprégné d'eau savonneuse et rincez-le à l'eau claire. Ne lavez jamais l'intérieur d'un sèche-cheveux.

Enlevez les peluches et les cheveux des grilles de devant et de derrière — l'entrée et la sortie d'air — à l'aide d'une brosse souple et sèche. Une vieille brosse à dents fera l'affaire. Ne nettoyez pas les grilles à l'eau et au savon, à moins qu'elle soient amovibles, nous conseille Nancy Drake, chef de produit chez Sunbeam à Delray Beach en Floride.

Nettoyez les accessoires, la buse, la brosse à peignes, le diffuseur à l'eau chaude et au savon comme vous le feriez d'une brosse ou d'un peigne. Employez du savon pour les mains ou du détergent liquide pour la vaisselle. Si des cheveux y sont emmêlés, laissez-les tremper pendant quelque temps. Récurez-les délicatement à l'aide d'une brosse dans l'eau savonneuse. Asséchez-les avec une serviette douce avant de les utiliser.

Mise en garde: Pour éviter les chocs électriques, assurez-vous que le sèche-cheveux est débranché avant de le nettoyer. Ne le plongez jamais dans l'eau.

Skis

Veillez à ce que vos skis soient propres et vous dévalerez les pentes comme un champion olympique.

Technique: Essuyez la saleté superficielle à l'aide d'un chiffon humide. Si les pentes étaient peu neigeuses et que les skis sont boueux, arrosez-les avec le boyau de jardin. Un nettoyant de base enlèvera les taches tenaces et la vieille cire accumulée. On s'en procure dans les boutiques de ski, nous dit Bret Williamson, responsable des locations et de l'atelier de réparation à la station balnéaire de Killington dans le Vermont. Dans un endroit bien aéré, pulvérisez le nettoyant sur les skis et essuyez-les avec un chiffon propre. Laissez-les sécher à l'air libre pendant quelques minutes.

Les mécanismes de fixation des skis d'aujourd'hui sont scellés et ne nécessitent donc plus de lubrification et de nettoyage. En fait, n'y appliquez rien du tout, nous conseille M. Williamson. Les fabricants de ski graissent et lubrifient les fixations lors de leur fabrication. Des lubrifiants tels que le WD-40 ou le silicone décomposent la graisse et réduisent à rien le lubrifiant.

En fait, toute autre tâche liée à l'entretien des skis devrait être confiée à un technicien chevronné.

En moins de deux: Afin de prévenir les maux de tête que vous cause l'entretien des skis, notamment la rouille, asséchez complètement vos skis avant de les remiser.

Mise en garde: Lisez attentivement les conditionnements des produits pour en connaître le mode d'emploi et les précautions d'usage.

Soie

La soie est symbole d'élégance et de beauté depuis sa découverte il y a quatre mille ans. Il s'agit de la plus résistante des fibres naturelles. Un filament de soie est plus résistant que son équivalent d'acier, selon l'Association internationale de la soie établie à New York. Cela semble paradoxal qu'une fois tissée, cette fibre serve à fabriquer des vêtements réputés pour leur délicatesse, qui se froisseront et goderont au contact d'une seule goutte d'eau. Plusieurs délaissent les vêtements de soie, croyant qu'il faut absolument les nettoyer à sec (et, hormis le suède et le cuir, la soie est l'étoffe dont le nettoyage à sec est le plus onéreux).

Mais il n'en est pas toujours ainsi. Réagissant à la demande des consommateurs, les fabricants commercialisent désormais des vêtements faits de différents types de soie que l'on peut laver soi-même. Les tissés de soie, communément employés pour confectionner les dessous féminins, et le crêpe de Chine non traité, sont des soies naturelles que l'on peut laver à la main. Par contre, les soies qui ont reçu un traitement chimique, par exemple le taffetas et le crêpe de Chine traités, doivent être nettoyés à sec, car l'eau peut les abîmer.

L'étiquette conseillant l'entretien d'un grand nombre de vêtements de soie dit «Nettoyer à sec», même si on peut les laver. Avant de plonger un chemisier de prix dans un bac d'eau, éprouvez la solidité de sa couleur. Comment savoir si la couleur d'un vêtement tient bien? Trempez un coton-tige humecté d'eau fraîche et appuyez-le sur l'envers d'une couture. Pressez ensuite l'endroit mouillé sur un linge ou un essuie-tout blanc à l'aide d'un fer chaud. Si aucune couleur ne déteint, la soie peut être lavée.

Technique: L'Association recommande la méthode suivante pour laver à la main les vêtements de soie. Faites mousser des flocons de savon blanc dans de l'eau tiède. Agitez délicatement le vêtement en y faisant pénétrer la mousse. Ne frottez pas; les fibres de soie s'abîment

> **TRUCS ÉCONOMIQUES**
>
> ## La conservation par la délicatesse
>
> Aussi belle que coûteuse, la soie fait un investissement que vous souhaitez préserver le plus longtemps possible.
>
> «La soie est d'une rare longévité», nous dit-on à l'Association internationale de la soie à New York. «Cette magnifique étoffe qui nous est venue des temps anciens atteste de sa résistance extraordinaire au vieillissement.»
>
> Suivez les conseils suivants afin de prolonger la beauté de vos vêtements de soie:
>
> - Pendez toujours vos vêtements de soie sur des cintres rembourrés et couvrez-les d'une housse de plastique. Le pliage des vêtements risque d'abîmer les fibres continues qui tissent la soie.
> - N'utilisez jamais de naphtaline. La soie en absorbera l'odeur qui ne partira plus au lavage.
> - Rangez vos choses en soie à l'abri de la lumière qui peut en abîmer les fibres et décolorer l'étoffe.

facilement. Rincez deux ou trois fois en eau tiède jusqu'à ce qu'il n'y ait plus trace de savon. Enroulez le vêtement dans une serviette de ratine afin de l'essorer le plus possible, puis faites-le sécher sur un fil à l'ombre et loin d'une source de chaleur, jusqu'à ce qu'il soit encore un peu humide.

La soie naturelle ne doit pas tremper plus de trois à cinq minutes, tandis que la soie dite lavable ne doit pas être dans l'eau plus de deux minutes. Les alcalis tels que les savons, les shampooings, les détergents et les dentifrices peuvent décolorer ou abîmer la soie.

Repassez vos vêtements de soie avec un fer réglé à la chaleur minimale pendant qu'ils sont légèrement humides. Repassez-les toujours sur l'envers avec un fer minimalement chaud. Repassez les coutures intérieures et le col en protégeant l'étoffe à l'aide d'un linge à repasser.

Laissez à un teinturier le soin de les détacher.

Conseils pour épargner du temps: On peut laver en sûreté la plupart des vêtements de soie lavable dans un lave-linge au programme des tissus délicats, avec un savon ou un détergent non alcalin. Aussitôt après, pendez-les à des cintres pour leur redonner leur forme et prévenir le froissement.

En moins de deux: Le nettoyage par endroits risque de faire déteindre l'étoffe par endroits également, mais il est possible d'y remédier en y soufflant de la vapeur. Tenez l'endroit pâli au-dessus du nuage de vapeur qui s'échappe d'une bouilloire ou pulsez quelques jets d'un pistolet à vapeur pendant trois à cinq secondes. Attention de ne pas humecter l'étoffe. La couleur devrait revenir en 30 secondes.

Mise en garde: Quel que soit le type de soie, les spécialistes conseillent de nettoyer à sec les vêtements de prix tels que les robes du soir, les soies de couleurs vives, les soies brodées et les soies gaufrées. Voici d'autres mises en garde concernant le nettoyage de la soie:

- L'alcool peut décolorer les étoffes. Laissez sécher les traces de parfum, de fixatif et d'autres produits de toilette avant de les porter chez le teinturier. Il faut sans tarder nettoyer à sec les traces laissées par les boissons alcoolisées.
- Les sels présents dans la transpiration peuvent abîmer et tacher la soie. Si vous transpirez beaucoup, portez des coussinets sous les aisselles lorsque vous passez un vêtement de soie. Faites nettoyer le plus vite possible vos vêtements tachés de sueur.
- Ne faites jamais usage d'un javellisant chloré sur de la soie. Il l'abîmerait de façon irrémédiable.
- Éprouvez la solidité de la couleur d'un crêpe de Chine sur l'ourlet ou un revers. On peut laver sans danger un crêpe de Chine non traité, alors qu'un lavage laisserait des traînées sur un crêpe non traité.
- La soie imprimée possède une clarté et une profondeur inégalées par aucune autre étoffe. Mais les pigments se déplacent et la couleur déteint souvent. Ne lavez jamais un vêtement de soie de couleur pâle avec un de couleur vive. Éprouvez toujours la solidité des couleurs d'une soie multicolore avant de la laver. Ne laissez jamais un vêtement de soie trempé ou humide pendant une période prolongée.
- Faites sécher et rangez la soie loin de toute source de lumière pour éviter qu'elle ne pâlisse.

Sols de brique, de béton, de bois franc, de mosaïque, de vinyle

Les sols sont nos souffre-douleur. Ils supportent nos armoires monstrueuses, les pianos et les canapés ventrus. Ils endurent nos pas de course et de danse, nos coups de pieds de colère. À moins que vous n'habitiez une station spatiale, ils reçoivent tous les déversements.

Malgré cela, nous souhaitons leur conserver une belle apparence. Non seulement la propreté des sols est garante de leur belle allure, mais elle leur épargne les éraflures occasionnées par le gravillon et les saletés. Un sol propre dure plus longtemps.

Technique: Passez souvent la vadrouille ou l'aspirateur sur le sol, quel qu'en soit le type de revêtement, et chaque jour là où l'on circule le plus, pour réduire les saletés au minimum. N'employez pas d'abrasif qui pourrait érafler la surface.

Sol de brique

La brique étanchée est d'entretien plus facile que celle qui ne l'est pas. Quel que soit le type de revêtement, passez la vadrouille sèche ou l'aspirateur régulièrement, et passez une vadrouille humide périodiquement. S'il s'agit de nettoyer un sol vraiment sale, trempez la vadrouille dans un nettoyant alcalin tel que Spic and Span ou une autre marque qui contient du phosphate trisodique. Rincez le sol de toute solution nettoyante.

Sol de béton

Les sols de béton se retrouvent en général dans les sous-sols et les garages. On a tendance à les oublier lorsqu'on fait l'entretien. Mais ils ont besoin d'un nettoyage régulier, au même titre que les sols faits d'un matériau de meilleure qualité. En fait, un vigoureux récurage une fois de temps en temps améliorera grandement l'apparence du béton.

Balayez souvent un sol de béton. Lavez-le au besoin à l'aide d'une vadrouille ou d'une brosse drue et d'une giclée de détergent liquide pour la vaisselle dans un seau d'eau chaude. Si le sol est très sale, employez du phosphate trisodique (en vente dans les quincailleries). Suivez les indications du fabricant afin de déterminer le degré de concentration nécessaire.

«Le récurage est malheureusement souvent nécessaire et il faut parfois y procéder à plus d'une reprise», dit Mary Hurd, ingénieur à Farmington Hills dans le Michigan et experte-conseil pour une publication dite *Concrete Construction*. Récurez le béton à l'aide d'une brosse de nylon ou de fibres végétales drues. N'employez pas de brosse métallique qui pourrait laisser des particules qui finiraient par rouiller et tacher la surface. Rincez abondamment le sol après avoir employé un nettoyant.

Mise en garde: Portez des lunettes de protection, des gants et des vêtements couvrant les bras et les jambes lorsque vous manipulez du phosphate trisodique. Lisez attentivement les indications du fabricant concernant le mode d'emploi et les précautions d'usage.

Lavage du plancher sous l'Ancien Régime

Que diriez-vous si l'on vous proposait de verser vos bocaux à épices sur le sol afin de le nettoyer? La Britannique Hannah Glasse, auteur de *Servants Directory* paru en 1760, recommandait ceci aux servantes chargées de cette besogne: «Prenez des feuilles de menthe et de mélisse; balayez d'abord le sol puis répandez-y les feuilles; à l'aide d'une brosse drue, astiquez bien les carreaux en frottant les feuilles sur toute la surface. Lorsque les carreaux sont secs, balayez les feuilles et récurez-les à l'aide d'une brosse sèche afin de les assécher. Ils auront pris une belle couleur brune, semblable à de l'acajou, et n'auront plus besoin d'être lavés. Les feuilles auront laissé un agréable parfum dans la pièce.»

Les parquets de bois franc

La plupart des parquets sont enduits d'un apprêt scellant qui a pénétré les pores du bois et d'une couche de polyuréthane, de laque ou de vernis. D'autres sont seulement encaustiqués. Passez la vadrouille ou l'aspirateur souvent pour éviter que la saleté n'abîme la couche protectrice. Épongez sur-le-champ les déversements de liquides et les traces de boue. Évitez de trop mouiller même les parquets bien étanchés. Asséchez-les à l'aide d'une serviette.

N'appliquez pas d'encaustique sur un parquet enduit d'uréthane. L'encaustique vous empêcherait d'appliquer une éventuelle couche d'uréthane, ce qui permet de rajeunir l'éclat sans décaper, poncer et vernir de nouveau. Choisissez avec précaution les nettoyants que vous utilisez. «Si on achète un produit dont le conditionnement annonce 'Nettoyant pour parquet de bois franc', il s'agit souvent d'essence minérale allongée de cire», explique Daniel Boone, directeur technique de la National Wood Flooring Association à Ellisville dans le Missouri. «Le résultat sera plaisant à l'œil, mais vous ne pourrez plus jamais vernir le parquet et vous annuleriez de fait la garantie du fabricant.»

Boone conseille plutôt d'employer le nettoyant recommandé par le fabricant de votre parquet en fonction de son type de recouvrement. «Si vous installez un parquet de type A, alors vous le lavez avec le nettoyant de type A ou ce que le fabricant recommande pour laver un parquet de type A», insiste-t-il.

Si vous ignorez le type de recouvrement ou le nom du fabricant, employez un nettoyant tous usages, notamment celui de marque Woodwise, que l'on trouve dans les quincailleries et chez les fournisseurs de matériel de construction.

Faites de même pour les parquets encaustiqués. Employez une encaustique recommandée par le fabricant. N'employez jamais un nettoyant à base aqueuse qui pourrait laisser des traces blanchâtres sur le bois. Afin de faire disparaître de telles traces d'un parquet de bois encaustiqué, frottez-les délicatement et en mouvements circulaires avec un tampon métallique extra-fin (n° 000) et un peu d'huile minérale. Assurez-vous que la pièce dans laquelle vous travaillez est suffisamment aérée. Appliquez ensuite une couche d'encaustique et polissez.

Mise en garde: Lisez attentivement les indications du fabricant pour connaître le mode d'emploi et les précautions d'usage.

Les sols de mosaïque

La mosaïque en question est faite de ciment et de petits éclats de marbre et de granit. Étant donné la porosité du ciment, il a tendance à absorber les taches et, pour cette raison, on l'enduit d'un apprêt étanche. Il existe de nouveaux types de mosaïque pour le sol, faits de résines de synthèse ou de résines époxydes qui remplacent le ciment, qui tachent moins facilement.

Passez la vadrouille ou l'aspirateur régulièrement. Passez une vadrouille humide imprégnée d'un nettoyant neutre, c'est-à-dire qui ne soit ni acide, ni alcalin. On conseille un savon doux tel que le savon à l'huile Murphy. En général, il faut éviter les nettoyants tous usages, les détergents et les décapants à cire. À l'aide d'une vadrouille humide, appliquez le savon et laissez-le agir pendant plusieurs minutes. Épongez la solution souillée et renouvelez souvent l'eau de rinçage. Vous enlèverez ainsi toute la saleté et la vadrouille ne laissera pas de traces.

Si le sol de mosaïque est vraiment sale, vous pourriez envisager la location d'un appareil à décaper et faire usage d'un produit plus puissant qu'un nettoyant neutre.

Mise en garde: N'employez jamais un produit à base de gelée de pétrole tel que Endust ou Pledge pour épousseter un sol de mosaïque. L'huile pourrait en pénétrer la surface et y laisser des taches permanentes. Le savon à l'huile Murphy fait l'affaire car il est fabriqué à partir d'huile végétale.

Les sols de vinyle

La majorité des sols de vinyle que l'on installe désormais dans les résidences n'ont pas besoin de cirage. Qu'ils soient fabriqués en rouleaux ou en carreaux, les revêtements de vinyle sont enduits d'un apprêt de polyuréthane qui fournit son propre éclat. Il faut cependant entretenir souvent le sol pour lui conserver sa brillance.

Si le sol est quelque peu sale, passez d'abord la vadrouille ou l'aspirateur, puis une vadrouille-éponge trempée dans de l'eau chaude contenant un nettoyant conçu pour ce type de revêtement. Suivez bien les indications du fabricant. Lavez une section à la fois. Rincez la vadrouille dans l'évier ou dans un autre seau avant de la replonger dans le seau contenant le nettoyant. Ainsi, l'eau de lavage restera propre plus longtemps. Essorez bien la vadrouille entre chaque étape. Un rinçage n'est habituellement pas nécessaire après un nettoyage superficiel. Pour en être assurés, lisez les recommandations du fabricant.

Si un nettoyage rigoureux est nécessaire, commencez par ramasser les saletés à l'aide d'une vadrouille ou d'un aspirateur. Puis, appliquez un nettoyant surpuissant, selon les indications du fabricant. Vadrouillez toute la surface, en essorant les franges de temps en temps. À l'aide d'une vadrouille propre et d'un seau d'eau fraîche, rincez le sol pour y enlever toute trace de nettoyant. Évitez d'employer les produits censés laver et cirer en une étape, les détergents liquides pour la vaisselle et les nettoyants à base huileuse. Ils laissent une pellicule qui attirera la saleté et ternira l'éclat du revêtement, selon Brian Quigley, directeur des relations avec les consommateurs à la Congoleum Corporation, fabricant de sols de vinyle à Mercerville dans le New Jersey.

Éventuellement, tous les apprêts finissent par perdre leur brillance étant donné que l'enduit ternit. L'usure peut également ternir le reflet d'un sol de vinyle. Vous pouvez le rajeunir en appliquant un apprêt à sol d'acrylique recommandé par le fabricant, qui contribuera à protéger votre sol contre l'abrasion. Pour obtenir de meilleurs résultats, n'appliquez qu'une mince couche de cet apprêt en vous conformant aux indications du fabricant.

Nettoyez les déversements ou frottez les éraflures à mesure qu'ils surviennent pour éviter qu'ils ne deviennent permanents. Trempez un chiffon ou un essuie-tout propre dans le nettoyant pour le sol. On conseille d'effacer les traces d'adhésif et les éraflures avec un peu d'essence à briquet. Il s'agit toutefois d'un solvant inflammable qu'il faut manipuler avec soin.

Sous-sol

La méthode que vous choisirez pour nettoyer votre sous-sol dépend du fait qu'il soit aménagé ou pas, moquetté ou pas, et de l'utilisation que vous en faites. Il existe toutefois une question incontournable, quel que soit le sous-sol: l'humidité. Il paraît essentiel qu'un sous-sol soit aussi sec que possible. Il importe de nettoyer sans tarder après une fuite d'eau ou une inondation et ce, afin de minimiser les risques de bris, de moisissure et de bactéries potentiellement dangereuses.

Technique: La première chose à faire pour nettoyer un sous-sol qui ne l'a pas été depuis longtemps consiste à déloger les toiles d'araignées. Commencez toujours par le plafond et descendez le long des murs. Un balai ou une brosse souple est l'outil idéal pour déloger les toiles d'araignées des murs, des tuyaux et des chevrons. Une brosse à soies rigides fera l'affaire pour nettoyer un sol de ciment. Afin de minimiser le déplacement de la poussière, répandez sur le sol un peu d'eau, de bran de scie ou d'un composé prévu à cette fin, en vente chez les marchands de produits d'entretien commerciaux et chez certains garagistes. Si le sol est assez encrassé et nécessite davantage qu'un coup de balai, brossez-le à l'aide d'un mélange de détergent liquide pour la vaisselle et d'eau, ou d'un nettoyant tous usages allongé d'eau. Vous pouvez également diluer un peu de phosphate trisodique ou de métasilicate de sodium (en vente dans les quincailleries) dans un seau d'eau chaude. Respectez les proportions recommandées par le fabricant du produit. Portez un pull à manches longues ainsi que des gants de caoutchouc et des lunettes de protection lorsque vous utilisez ces produits. Observez à la lettre le mode d'emploi et les précautions d'usage.

Pour garantir la sûreté de l'air ambiant, assurez-vous que les appareils alimentés au gaz, notamment le chauffe-eau, le fourneau et le sèche-linge, sont bien raccordés aux canalisations menant à l'extérieur. Vous préviendrez de la sorte l'accumulation de dioxyde d'azote — qui peut entraîner des lésions des voies respiratoires — ou d'oxyde de carbone — qui peut être nocif, voire fatal. Demandez à la compagnie du gaz de réviser ces appareils régulièrement. Le sous-sol est la plaque tournante de l'infiltration du radon dans les maison. Le radon est un gaz inodore, incolore et radioactif qui filtre depuis le sol et la pierre environnants, et qui contient des traces d'uranium ou de radium. Si votre maison n'a subi aucun test de dépistage du radon, vous devriez y remédier sans tarder.

L'humidité et l'inondation

Afin de réduire le degré d'humidité de votre sous-sol, profitez des jours ensoleillés où l'air est sec (plus sec que celui de votre sous-sol) et ouvrez les fenêtres et les portes. Un déshumidificateur électrique contribuera à assécher l'air ambiant.

Après une inondation, il faut d'abord déterminer la source et le degré de propreté de l'eau indésirable. On trouve quatre types d'eau qui inondent en général les sous-sols: propre, grisâtre, noirâtre et fluviale.

«Je suis un véritable expert car j'ai subi presque tous ces types d'inondations chez moi», raconte Cliff Zlotnik, proprio de Unsmoke/Restorx, une entreprise de restauration et de nettoyage sise à Braddock en Pennsylvanie.

L'eau propre qui s'échappe d'un tuyau crevé, d'un évier ou d'une baignoire qui déborde est, de toutes, la moins dommageable. L'eau grisâtre contenant un détergent ou des aliments provient de l'évier de cuisine, du lave-vaisselle ou de la machine à laver. L'eau noirâtre est contaminée et provient des égouts. L'eau fluviale provient de l'extérieur et contient de la boue, des fertilisants, des saletés et autres détritus.

Il faut agir prestement, même s'il s'agit d'un déversement d'eau propre, afin d'éviter des dégâts importants. Si le sol est moquetté, sortez tous les meubles de la pièce. L'eau risquerait de faire déteindre les pattes des meubles sur la moquette. Marchez le moins possible sur une moquette détrempée. L'adhésif au latex posé sous la moquette amollit au contact de l'eau et une pression excessive pourrait entraîner la séparation du renfort.

Retirez le plus d'eau possible à l'aide d'un aspirateur conçu à cet effet. On loue ce genre de machine dans une quincaillerie. Vous pourriez également louer plusieurs déshumidificateurs et les laisser fonctionner continuellement dans le sous-sol. Prenez toutefois garde aux ventilateurs. Un trop grand nombre ferait simplement s'évaporer l'eau de la moquette et cette vapeur abîmerait alors les meubles, les tableaux, les livres et autres objets qui n'ont pas été directement touchés par l'inondation. Voyez s'il y a des indices de condensation d'eau sur les carreaux des fenêtres et les surfaces métalliques.

Advenant que l'eau ayant inondé le sous-sol soit contaminée, il faudra enlever la moquette comme il faudra remplacer la base des murs qui auraient été entachés par l'eau des égouts. Le gypse absorberait l'eau contaminée et pourrait poser un danger pour la santé. Afin de nettoyer et désinfecter un sol de béton qui a été inondé par l'eau des égouts, récurez-le à l'aide d'un composé à base d'ammonium quaternaire. Portez des gants de protection lorsque vous faites usage de ce produit et suivez le mode d'emploi. Pour un nettoyage plus en profondeur, vous pourriez louer une machine à laver sous pression afin d'appliquer l'ammonium quaternaire.

Si l'inondation est causée par les eaux fluviales, il faut attendre qu'elles se soient résorbées avant d'entreprendre les travaux dans votre sous-sol. Sinon, acheminer vers l'extérieur l'eau qui se trouve dans votre sous-sol alors que le terrain est toujours inondé exercerait une pression supplémentaire sur les fondations de la maison qui risqueraient alors de se fissurer. Vous devriez en pareil cas faire une marque au mur à l'aide d'une craie ou d'un feutre. Enlevez un peu d'eau, attendez et voyez si le niveau d'eau est revenu à hauteur de la marque. Le cas échéant, il sera préférable d'attendre plus longtemps.

En moins de deux: Pour réduire le degré d'humidité ambiante pendant une inondation, le chlorure de calcium offre une bonne solution de rechange aux déshumidificateurs mécaniques. Le chlorure de calcium (en vente dans les quincailleries) est reconnu pour faire fondre la glace, mais il absorbe également l'humidité présente dans l'air. Enfilez des gants de caoutchouc et emplissez une vieille taie d'oreiller de pastilles de chlorure de calcium que vous pendrez à un tuyau ou au plafond. Posez un grand seau sous la taie afin de recueillir les gouttelettes d'eau salée qui s'échapperaient. Vous n'aurez qu'à verser cette eau salée dans la cuvette. Lorsque la taie d'oreiller sera vide, vous la mettrez au rebut.

Mise en garde: Portez toujours des bottes et des gants de caoutchouc pendant que vous travaillez dans un sous-sol inondé, et soyez particulièrement prudents s'il se trouve des appareils électriques dans l'eau. Ne débranchez jamais un appareil électrique avec vos mains nues. Enfilez des bottes et des gants de caoutchouc et servez-vous d'un manche ou d'un bâton de bois pour tirer sur le cordon électrique.

Stores

Les fenêtres laissent filtrer davantage de chaleur et de froid que les murs. Étant donné que la poussière et les polluants en suspension dans l'air se retrouvent principalement là où s'effectuent les transferts d'énergie, les stores sont pour ainsi dire des aimants à poussière.

Technique: Quel que soit le matériau dont un store est fabriqué, l'époussetage constitue la première étape de son nettoyage. Pour l'entretien routinier d'un store vénitien ou à lames verticales, époussetez-le à l'aide d'un chiffon en laine d'agneau ou d'un pinceau souple. Sinon, passez l'aspirateur en employant la buse à soies. Fermez les lames et nettoyez un côté; puis tournez les lames de l'autre côté et répétez l'opération.

Un store s'encrasse dans la cuisine tandis que dans une autre pièce il devient brunâtre au contact de la nicotine. Si vos stores sont faits d'une matière synthétique telle que le vinyle, ou de métal enduit de peinture cuite, vous pouvez les laver avec un nettoyant tel que Windex ou Formula 409 et un chiffon propre. Vous pouvez également préparer votre propre nettoyant en mélangeant quelques centilitres de phosphate trisodique (en vente dans les quincailleries) dans un seau d'eau. Protégez vos yeux, portez des gants de caoutchouc et un pull à manches longues, et respectez les consignes paraissant sur le conditionnement du produit. Frottez les lames à l'aide d'un chiffon trempé dans la potion, puis répétez l'opération, cette fois avec un chiffon trempé dans l'eau claire. Si vous avez du mal à pénétrer entre les lames, servez-vous d'un pinceau propre, ou enroulez un carré de ratine ou un essuie-tout sur un abaisse-langue en bois.

Si un store à lames de bois nécessite davantage qu'un simple époussetage, employez un chiffon trempé dans la solution de phosphate trisodique. Mais ne laissez pas l'eau tremper le bois.

Pour un grand nettoyage de lames couvertes d'étoffe, mélangez de 90 à 120 g de détergent liquide pour la vaisselle à un seau d'eau. Fouettez-les jusqu'à ce qu'une mousse se forme. Saisissez une éponge humide et écumez un peu de mousse, sans tremper l'éponge dans l'eau. Frottez bien les lames avec cette mousse, puis essuyez-les à l'aide d'une ratine propre. «Vous enlèverez la saleté tout en asséchant les lames», explique Cliff Zlotnik, propriétaire de Unsmoke/Restorx, une entreprise de restauration et de nettoyage sise à Braddock en Pennsylvanie.

On peut laver dans la baignoire les stores à lames miniatures enduites de métal ou de vinyle. Ouvrez le store sur toute sa longueur et sortez-le de son support mural. Posez-le délicatement dans la baignoire emplie d'eau chaude dans laquelle vous avez dilué de 500 à 750 ml de détergent en poudre pour le lave-vaisselle. La baignoire doit être suffisamment remplie pour que le store puisse être submergé. Tenez-le par son boîtier et trempez-le en le ressortant à plusieurs reprises, de manière à ce que la saleté se dissolve. Lavez chaque lame à l'aide d'une éponge. Portez des gants de caoutchouc pour ne pas irriter vos mains au contact du détergent.

Lorsque le store est propre, videz la baignoire de l'eau savonneuse et emplissez-la à moitié d'eau fraîche. Trempez à nouveau le store plusieurs fois jusqu'à ce qu'il soit bien rincé, puis évacuez l'eau de la baignoire. Si cela est nécessaire, rincez de nouveau selon la même méthode. Rassemblez les lames du store et posez-le à sécher à la verticale dans un coin de la baignoire pendant quelques heures. Si les lames sont encore humides, mettez le store en place et essuyez-les à l'aide d'un chiffon propre.

En moins de deux: Si vous n'avez pas le temps de les laver ou si vos stores sont vraiment sales, il existe des services de nettoyage professionnels qui font appel aux ultrasons pour accomplir le travail. Vous pourriez profiter d'un rabais si vous portez vos stores chez le nettoyeur et les y cueillez en personne.

Mise en garde: Vous devriez éprouver la solution de nettoyage là où la chose ne se remarquera pas avant de nettoyer un store dans son entièreté. Imbibez-en un coton-tige et faites un essai sur l'envers d'une lame. Cela vaut particulièrement pour les stores de tissu et de bois peint. Ils sont souvent importés et nul ne sait quelle peinture ou teinture fut employée.

Stratifié

Souvent désigné par sa marque de fabrique Formica, le stratifié couvert de résine artificielle fut inventé dans le but de faciliter la tâche de la ménagère. N'est-il pas réconfortant de songer que quelqu'un avait son sort à cœur!

Technique: Essuyez les dégâts avec une éponge humide. Lavez avec une éponge savonneuse ou un nettoyant exempt d'abrasif. «Employez un germicide sur le comptoir de la cuisine car c'est surtout à cet endroit que les germes se retrouvent», dit Kay Weirick, directrice de l'entretien à l'Hôtel Bally de Las Vegas et membre du comité consultatif technique du magazine *Executive Housekeeping Today*. Elle recommande de lire les conditionnements des produits d'entretien destinés à la cuisine et d'en choisir un qui détruit les germes.

Afin de détacher un comptoir de stratifié, saupoudrez du bicarbonate de soude sur un chiffon humide et frottez délicatement. Si la tache est tenace, mouillez la surface et pulvérisez ou saupoudrez un nettoyant qui contient du javellisant tel que Comet avec javellisant. Laissez agir pendant une dizaine de minutes, puis rincez à l'eau fraîche. Si vous le laissiez plus longtemps, le javellisant ferait pâlir la couleur du comptoir.

Ne tranchez aucun aliment sur un comptoir de stratifié. La saleté s'infiltrerait dans les marques de couteau, des taches et des bactéries apparaîtraient.

Suède

Un simple entretien préventif fera en sorte que vos vêtements de suède ne seront ni lustrés, ni plats.

Technique: Il faut brosser les chaussures et vêtements de suède à l'aide d'une brosse au bout de plastique ou de caoutchouc avant de les ranger au placard. Le suède devient lustré lorsqu'il est sale et un brossage en fait bouffer les poils, détache et enlève la poussière et lui redonne sa riche texture.

Enlevez les taches et les traces d'huile sans tarder avant qu'elles puissent pénétrer le cuir. Servez-vous de nettoyants à base de solvant (semblables à ceux qu'emploient les teinturiers) qui sont formulés pour le suède. Les blocs qui absorbent l'huile (mais qui usent le cuir) afin de restaurer le bouffant et d'enlever la tache sont en vente dans les cordonneries et les supermarchés.

Conseils pour épargner du temps: L'entretien préventif vous fera gagner du temps et prolongera la durée de vos articles de suède. Avant de passer des chaussures ou un vêtement de suède, enduisez-les d'un apprêt imperméable et antitaches. «Ainsi, les taches qui ne manqueront pas de maculer l'article seront plus faciles à déloger», explique Mitch Lebovic, rédacteur en chef du magazine bostonnais *Shoe Service*. «Aussitôt que vous vous apercevez que l'eau ne perle plus à la surface, enduisez-les de nouveau.»

En moins de deux: Brossez le suède avec une serviette de ratine ou une vieille brosse à dents. On emploiera une gomme à effacer ou un papier de verre fin en remplacement d'une pierre pour faire disparaître les traces de saleté et les taches. Afin de raviver la couleur d'un suède fade, passez-le rapidement sous la vapeur d'une bouilloire. Prenez garde à ne pas laisser se former de condensation.

Mise en garde: L'eau et le suède sont ennemis. Si le suède devient mouillé, laissez-le sécher loin de toute source de chaleur, puis brossez-le afin d'effacer toute tache d'eau. Si les taches subsistent, confiez le vêtement à un teinturier spécialisé.

Le crèmes nettoyantes pour le cuir sont conçues en fonction de sa texture lisse. Ne les employez pas pour nettoyer le suède, elles gâteraient la peau.

Suie

ACTION D'URGENCE

Prenez les mesures suivantes sans plus tarder.

- **Changez le filtre de l'appareil de chauffage. (Conservez l'ancien afin de le montrer au technicien de service.)**
- **Passez l'aspirateur sur les fauteuils et canapés, les tentures, la moquette et les sols. Employez le suceur à épousseter doté de longues soies. Il faudrait probablement nettoyer ce dernier à plusieurs reprises en cours de route. Faites en sorte que le tube métallique de l'aspirateur ne touche pas les surfaces; il pourrait lais-ser des traces de suie et tacher.**
- **À l'aide de ruban cache, fixez une double épaisseur de mousseline à fromage sur les sorties d'air pour empêcher la propagation de la suie.**
- **Couvrez les fauteuils et canapés de draps ou de housses propres.**

La suie est un mélange d'huile et de carbone qui se dépose souvent sous forme de fine poussière homogène, en provenance du carburant qui n'a pas brûlé dans une fournaise qui fonctionne mal. On confond souvent la fumée et la suie. Toutefois, la fumée est conduite par la chaleur et s'infiltre dans les endroits les plus fermés, par exemple les tiroirs, alors que la suie se déplace au gré des courants d'air et se pose sur les surfaces. On peut distinguer la fumée et la suie en ceci que cette dernière est inodore.

«La suie peut s'accumuler parce qu'elle est sans odeur désagréable comme l'est la fumée», dit Martin L. King, expert-conseil en restauration à Arlington en Virginie. La suie est en général répartie également, alors que les traces de fumée se concentrent près de la source d'incendie.

Technique: Si le problème survient par suite du mauvais fonctionnement de la fournaise, son nettoyage peut être couvert par votre contrat d'assurance habitation et vous auriez intérêt à embaucher un professionnel pour le faire. Il y a peu de place à l'erreur lorsqu'on nettoie de la suie; une traînée grasse risque de devenir permanente.

Enlevez autant de suie que possible de toutes les surfaces en utilisant une méthode sèche, par exemple en passant l'aspirateur. Là où l'aspirateur ne peut se rendre, soufflez sur la suie à l'aide d'une bonbonne d'air comprimé.

Après l'aspirateur, lavez les surfaces dures telles que les meubles de bois, comptoirs, éviers, électroménagers, luminaires, parquets de bois franc, sols résistants et fenêtres à l'aide d'une serviette trempée dans un dégraissant allongé d'eau chaude. Lavez pour soulever la saleté, en un mouvement vers le haut, non pas circulaire.

Vous devriez confier le lavage des murs et plafonds à un professionnel. «L'individu moyen n'a ni les compétences ni la patience qu'il faut, car il s'agit d'un travail long et fastidieux», dit M. King. «Au début, tout va bien puis, peu à peu, on cherche à prendre des raccourcis.» Si vous êtes déterminé à faire vous-même ce travail, employez des éponges sèches que vous trouverez chez un fournisseur de matériel d'entretien professionnel.

Il est difficile de nettoyer les étoffes. En premier lieu, il faut passer l'aspirateur ou secouer les choses salies. Si elles sont lavables, appliquez un traitement prélavage sur les taches et lavez en eau la plus chaude que l'étoffe puisse supporter sans risque. Ajoutez 125 ml de bicarbonate de soude, un alcalin puissant qui décuple le pouvoir nettoyant de l'eau, afin de bien dégraisser les tissus. Sur la moquette, il faut d'abord passer l'aspirateur avant d'y saupoudrer une poudre nettoyante (Host ou Capture) que l'on trouve dans les centres de rénovation domiciliaire.

Conseils pour épargner du temps: La tâche vous semblera insurmontable si vous employez un suceur à épousseter dont les soies ne font que 7,5 cm. S'il faut couvrir une importante superficie, un plumeau vous permettra de repousser la suie sur le sol où vous la ramasserez à l'aide d'une vadrouille ou d'un balai.

En moins de deux: En l'absence de mousseline, vous pouvez fixer sur les bouches d'aération un tissu fin et léger à travers lequel l'air peut circuler, un mouchoir par exemple. Il s'agit d'empêcher la suie d'être soufflée dans la maison en attendant que les conduits d'aération soient nettoyés.

Mise en garde: Ne nettoyez pas les choses suivantes. Il faut en laisser le soin à des spécialistes de la restauration.

- Les appareils électroniques (ordinateur, téléviseur, chaîne stéréo nécessitent tous un nettoyage interne)
- Les murs et plafonds
- Les conduits d'aération
- Les œuvres d'art
- Les pianos et les orgues

Surfaces peintes

Murs et surfaces peintes attirent la crasse et la saleté comme des aimants. «Les chiens se frottent aux murs et les enfants y laissent des traces de doigts sales», dit Kay Weirick, directrice de l'entretien à l'Hôtel Bally de Las Vegas et membre du comité consultatif technique du magazine *Executive Housekeeping Today*. «Le nettoyage d'une surface peinte est fonction du type de peinture qui la couvre.»

Technique: Passez un chiffon ou l'aspirateur sur la surface pour y enlever les poussières. Quel que soit le type de peinture, éprouvez votre nettoyant en un endroit peu apparent avant d'en faire usage. Épongez-le et laissez-le sécher avant de procéder à l'inspection. En présence de peinture lustrée ou semi-lustrée, employez un nettoyant tous usage ou une solution composée de détergent liquide pour la vaisselle et d'eau chaude. Commencez à laver à la base et remontez le mur, de sorte que le nettoyant ne goutte pas contre la paroi sale, auquel cas il pourrait laisser des traînées difficiles à faire disparaître par la suite. Rincez à l'aide d'une éponge ou d'un chiffon humide; asséchez avec une serviette de ratine propre.

Dans la mesure du possible, évitez les retouches de peinture car, même si vous avez un reste de peinture de même couleur, cela y paraît lorsque la peinture a plus d'un an.

S'il s'agit d'une peinture mate, faites disparaître les marques légères avec une gomme à effacer en vinyle. L'eau pourrait faire lever ou tacher la peinture mate.

Surfaces vernies

Selon Ian Turner, expert en restauration pour la Garrett Wade Company, une maison spécialisée en matériaux d'approvisionnement pour les travailleurs professionnels du bois à New York, les finis à base d'huile, contrairement aux finis à base de résine de synthèse ou à la nitrocellulose, ne laissent pas apparaître de cernes blancs de moisissure. C'est ce qui en fait des finis durables pour les surfaces sujettes aux éclaboussures et à l'humidité telles les tables de salle à manger.

Technique: Afin de protéger le fini, cirez deux fois l'an avec une bonne cire d'abeilles ou un mélange de Palmier à cire tel le BriWax, disponible dans toutes les quincailleries réputées. À l'aide d'un chiffon doux, appliquez la cire par mouvements circulaires. Laissez pénétrer quelques minutes puis frottez à l'aide d'un chamois ou d'un chiffon doux et sec. En suivant ce procédé, vous n'aurez aucune accumulation de cire sur vos meubles. «Les gens croient que la cire nouvellement appliquée s'ajoute à l'ancienne, nous dit Ian Turner. C'est faux. En frottant bien la cire à chaque application, on l'enlève presque totalement. Ce qui reste n'est qu'une fine pellicule qui elle, sert de couche protectrice au verni.»

Vous voyez des marques de doigts ou des petites taches ? Il suffit de laver la surface salie à l'aide d'un chiffon humide, bien essoré, que vous aurez trempé dans une solution d'eau chaude à laquelle vous aurez ajouté quelques gouttes de liquide à vaisselle.

Cire ou laque? Comment être certain?

De nombreuses surfaces offrent l'apparence d'un fini verni. Cependant, plusieurs peuvent contenir une couche de résine de synthèse ou de nitrocellulose. Ian Turner, expert en restauration pour la *Garrett Wade Company*, une maison spécialisée en matériaux d'approvisionnement pour les travailleurs professionnels du bois à New York, nous offre un petit test facile. En effet, mieux vaut savoir si la surface que l'on s'apprête à nettoyer est réellement vernie ou non, surtout si le meuble est une antiquité rare. Dans un endroit peu apparent, appliquez une goutte d'alcool dénaturé. Si la surface devient collante, c'est qu'elle contient de la laque. Puis, dans un autre endroit peu apparent, appliquez une goutte d'acétone (dissolvant à vernis à ongles). Si la surface devient collante, c'est qu'elle contient de la laque. Si aucune réaction n'apparaît, c'est que vous avez affaire à une surface véritablement polie à la cire.

FROTTEZ-MOI ÇA!

Quand le vernis disparaît

Les experts en finition du bois vous recommandent d'éviter de nettoyer les surfaces vernies avec les objets suivants:

- Savons à l'huile. Ils peuvent laisser une pellicule collante sur le fini.
- Poli à meubles en vaporisateur. Certaines marques peuvent contenir du silicone pour aider à lustrer les meubles. Un usage répété ternira le bois et créera une accumulation qui éventuellement laissera des rayures sur le fini.

Si le bois verni vous semble terne même après un bon nettoyage, vous pouvez en essuyer la surface avec un chiffon légèrement imbibé de boisson gazeuse. «Parfois, nous explique M. Turner, le grain du bois disparaît sous des années de cire et de poussière. L'usage de boisson gazeuse enlève la cire et la poussière d'une façon efficace, sans toucher le verni.»

Conseils pour épargner du temps: Entre deux nettoyages au chiffon humide, ce qui, soit dit en passant, ne doit être fait que par nécessité, il est préférable de simplement essuyer la surface à l'aide d'un chiffon doux et sec. Cela suffit à enlever toutes traces de poussière et à redonner au vernis son lustre initial.

Époussetez régulièrement à l'aide d'un plumeau ou de la brosse à épousseter de votre aspirateur. Ayez la main légère! Cela évite les égratignures. De plus, quand vous appliquez de la cire, l'utilisation d'un petit polisseur électrique vous évitera de gaspiller du temps et de l'énergie.

En moins de deux: Si, malgré tout, vous voyez apparaître des cernes blancs, il se peut que la coupable soit la cire utilisée et non le fini du bois. Dans ce cas, enlevez toute la cire à l'aide d'un chiffon trempé dans une boisson gazeuse. Utilisez un tampon métallique superfin (n° 0000) pour les petits recoins et les endroits d'accès difficile. N'oubliez pas de toujours frotter dans le sens du grain.

Mise en garde: Évitez de vous servir d'un essuie-tout pour nettoyer une surface vernie, car cela égratigne le fini.

Systèmes de chauffage

L'entretien du système de chauffage a très peu à voir avec l'embellissement d'une propriété. Il s'agit strictement d'une question pratique qui compte de nombreux avantages. Un entretien régulier et des mises au point faites par un professionnel réduiront vos factures de chauffage

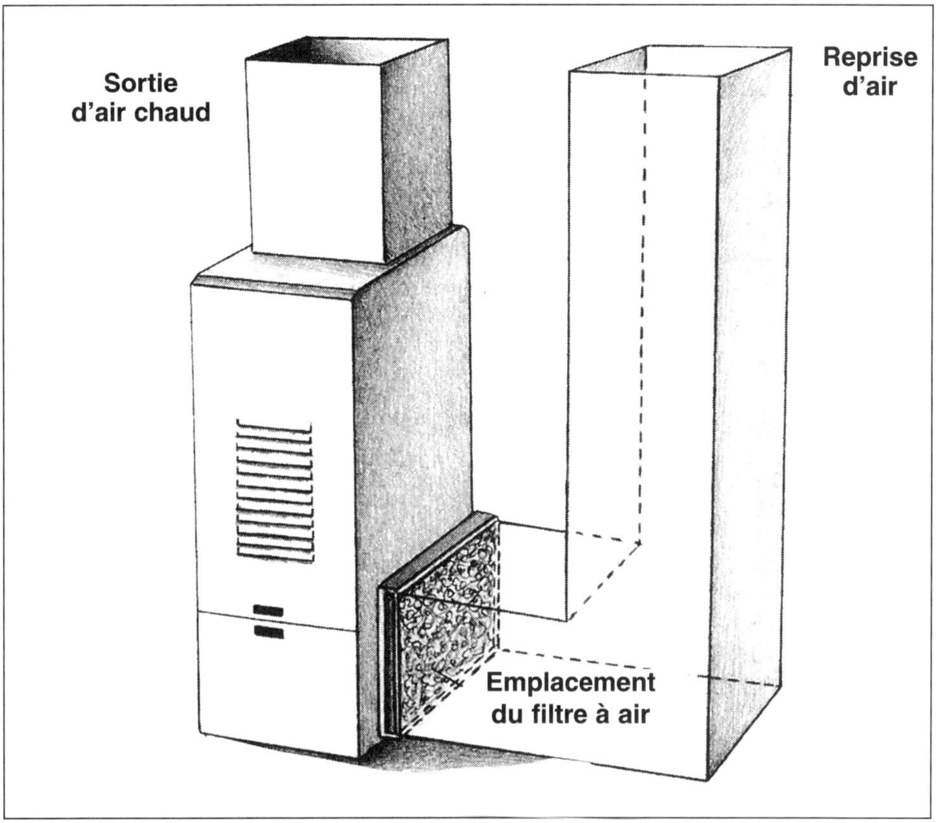

Remplacez le filtre au moins deux fois l'an, au printemps et à l'automne. Peu coûteux, il est facile de l'installer.

et frais de réparation, et éloigneront les pannes. Vous prolongerez de plus la durée de votre système de chauffage et vous réduirez les émissions d'oxyde de carbone, de fumée et d'autres polluants.

__Technique:__ À vrai dire, il y a peu de choses que le propriétaire d'une maison peut faire lui-même afin de nettoyer sa fournaise, sinon remplacer le filtre sur les modèles à air pulsé. L'air doit librement circuler pour que le chauffage soit efficace. À mesure que la poussière s'accumule dans les filtres et les bouches de soufflage, le ventilateur doit forcer davantage, ce qui fait monter le total de la facture et peut provoquer une panne de ventilateur. Les filtres à air se détaillent à bon marché dans les quincailleries, et leur installation est facile. Voyez les recommandations du fabricant pour connaître les dimensions du filtre qui convient sur votre fournaise.

«En principe, il faudrait nettoyer les filtres une fois par mois», nous dit John Morrill, directeur de l'exploitation à l'American Council for an

Le filtre ou la vie!

Voici qui vous incitera à nettoyer votre filtre de fournaise. Si un filtre neuf ne retient pas les saletés présentes dans l'air, vos poumons devront s'en charger.

«Les poumons humains font d'excellents filtres», affirme John Morrill, directeur de l'exploitation pour l'*American Council for an Energy-Efficient Economy* à Washington. «Je conseille toujours aux gens de remplacer le filtre de leur fournaise régulièrement, soit au moins deux fois par année, parce que lorsqu'il est sale, les poussières se retrouvent dans l'air ambiant. Tôt ou tard, elles se retrouveront dans leurs poumons. Nul ne souhaite que ses poumons recueillent ce qu'un filtre jetable vendu à 2 $ peut retenir.»

Energy-Efficient Economy à Washington. «Toutefois, étant moi-même propriétaire d'une maison dotée d'un générateur d'air pulsé, je dois avouer honnêtement que je n'ai jamais nettoyé le filtre aussi souvent.»

Il serait plus réaliste de vous conseiller de remplacer le filtre deux fois l'an, lors des grands ménages du printemps et de l'automne, et plus souvent s'il y a des animaux de compagnie ou des fumeurs à la maison. «Tout ce qui circule dans l'air et salit l'intérieur se retrouve éventuellement dans les filtres», explique M. Morrill.

Pour les mêmes raisons qu'il est nécessaire de remplacer les filtres, il faut nettoyer régulièrement la reprise d'air et les bouches de soufflage de toute la maison. Nettoyez les bouches de soufflage chaque fois que vous passez l'aspirateur. Deux fois par année, retirez les capuchons et passez l'aspirateur des deux côtés de la grille, de même qu'à l'intérieur du conduit. L'air pourra y circuler plus librement.

En plus de changer les filtres, faites vérifier régulièrement la fournaise par un professionnel. Une mise au point complète comportera un test d'efficacité, un nettoyage rigoureux et les modifications qui s'imposent. Il en coûte en général entre 60 et 120 $US et cela réduira votre facture de chauffage dans une proportion de 5 à 10 p. cent. «En plus de vous faire réaliser une économie d'énergie, une mise au point prolongera la durée de votre installation, précise M. Morrill. Il s'agit d'une mesure de sûreté vous assurant que la combustion se fait dans les règles, que le conduit n'est pas obstrué et que l'oxyde de carbone ne fuit pas.»

Observez les recommandations du fabricant concernant la fréquence des mises au point, ou demandez conseil au détaillant qui a fait l'installation. En général, on doit faire réviser une fois l'an une chaudière qui fonctionne au mazout et une chaudière électrique, et une fois aux deux ans une chaudière qui chauffe au gaz et un générateur d'air chaud électrique. Votre fournisseur de mazout ou de gaz dispose peut-être de techniciens dûment formés pour procéder à la mise au point de votre appareil. Sinon, demandez-lui le nom d'une entreprise qui fournit ce service.

Nota bene: Assurez-vous que le technicien remplace le filtre ou faites-le vous-même. Les professionnels estiment généralement qu'il s'agit là d'une responsabilité du propriétaire et omettent de s'en charger, même dans le cadre d'une mise au point complète.

En ce qui concerne les chaudières, qui chauffent en faisant circuler de l'eau chaude ou de la vapeur à l'intérieur des radiateurs, elles ne sont pas dotées de filtre. Nettoyez et purgez les radiateurs de façon régulière (voir Radiateurs) et demandez à un professionnel de vérifier la chaudière à raison d'une fois l'an si elle fonctionne au mazout et aux deux ans si elle fonctionne au gaz.

Conseils pour épargner du temps: Procurez-vous un emballage réunissant 10 filtres à fournaise et rangez-les à la cave ou au grenier. Vous économiserez et serez plus enclin de les remplacer en temps opportun.

Tableaux

À moins de posséder les qualifications d'un expert en restauration, il y a peu de choses que l'on puisse faire pour nettoyer un tableau. Étant donné la pléthore de matériaux pouvant servir à la peinture, un produit utile dans un cas peut causer un tort irréparable dans un autre. Le principal objectif consiste donc à éviter que la poussière s'y accumule.

Technique: Époussetez les tableaux à l'huile dans le cadre de l'entretien régulier, à la seule condition qu'il s'agisse d'œuvres que l'époussetage n'abîmera pas. «Même un plumeau peut détacher des écailles de peinture, les aspérités laissées par les coups de pinceaux ou abîmer la surface d'un tableau fragile», nous prévient Julie Barten, conservatrice au musée Guggenheim de New York. Employez un pinceau très souple, par exemple un pinceau large en écureuil, que vous trouverez dans les boutiques de matériel d'artiste.

Les tableaux sont parfois protégés d'une couche de vernis qui peut se décolorer au fil du temps. Ne cherchez pas à nettoyer ou à décaper ce vernis. En présence d'une tache ou d'une décoloration qui vous laisse perplexe, consultez un restaurateur de tableaux professionnel.

Taches

Quand vient le temps de s'attaquer aux taches, nous sommes souvent bombardés de recommandations contradictoires. Il existe des douzaines de remèdes aux taches; aussi aucun remède universel ne vaut pour toutes. Un truc qui fonctionne dans un cas empirera l'autre. Un pain de savon ordinaire nous en fournit un exemple éloquent: imbattable pour déloger les taches laissées par un assouplissant, il fixera une tache de fruit.

«Il y a davantage que la tache, il faut considérer l'étoffe ou le revêtement et depuis quand la tache s'y trouve», fait remarquer Carol Seelaus, instructrice en nettoyage rapide à l'université Temple de Philadelphie. À l'exception de la boue et de la pâte à modeler, on a beaucoup plus de chance de faire disparaître les taches quand on s'y met sans tarder que si elles ont le temps de sécher et de s'incruster dans l'étoffe ou sur une surface. La rapidité d'action est donc de mise.

Mais lorsqu'il s'agit de détacher, la rapidité d'action est relative. Selon le type de tache, on peut disposer de quelques minutes, quelques heures ou quelques jours avant qu'elle ne se fixe. Des breuvages tels que Hawaiian Punch sont extrêmement tenaces, nous dit Margaret Dasso, propriétaire de Clean Sweep, un service d'entretien professionnel à Lafayette en Californie et coauteur du livre *Dust Busters.* Si vous traitez la tache dans les minutes qui suivent, vous serez peut-être en mesure de la faire disparaître. Les fabricants du breuvage soi-disant hawaïen conseillent de rincer immédiatement le vêtement taché à l'eau froide et de le mettre à tremper dans un produit de prélavage aux enzymes tel que Biz. Lavez le vêtement à l'eau la plus chaude qu'il puisse supporter sans danger. Assurez-vous que la tache a disparu avant de mettre le vêtement au sèche-linge. Sur un tapis, mouillez la tache avec du soda tonique et épongez avec des serviettes blanches et propres. En présence d'une tache de vinaigrette à l'huile, il faut agir prestement mais il faut compter quelques jours avant que l'huile ne s'oxyde et ne noircisse l'étoffe de façon permanente.

Technique: Afin d'obtenir de meilleurs résultats, observez les conseils suivants:

En premier lieu, identifiez le type de tache. «Vous avez une bonne longueur d'avance si vous savez de quoi il s'agit», nous dit Beth McIntyre, économiste chez Maytag Appliances à Newton dans l'Iowa. Voyez la couleur de la tache. Regardez la surface. Est-elle imbibée ou encroûtée? Les taches croûteuses qui blanchissent lorsqu'on les gratte sont souvent à base de sucre. Si vous ne pouvez identifier un type de tache, essayez de voir s'il s'agit d'une tache protéique, graisseuse, hydrosoluble, cireuse, chimique ou d'une combinaison de divers éléments. Un traitement inopportun risque de fixer certaines taches. Si vous pouvez catégoriser la tache, allez-y du traitement approprié.

Attendez avant de la mouiller. Retirez le plus de matière possible avant de mouiller l'étoffe ou la surface, que ce soit avec de l'eau ou un solvant qui commencerait à la dissoudre aussitôt et l'étendrait à d'autres fibres. Épongez les liquides et raclez ou soulevez autant de matières solides que vous le pouvez.

Prenez garde à la chaleur. La chaleur du sèche-linge, voire celle de l'eau, peut fixer certaines taches. Aussi, tenez-vous-en à l'eau fraîche ou tiède lorsque vous épongez une tache dont vous ignorez le type. Après la lessive, laissez sécher les articles qui étaient tachés à l'air libre pour vous assurer que les taches ont disparu.

Les sept taches capitales

Prenez garde! Non seulement ces taches s'incrustent jusqu'au cœur des fibres, elles dégradent et décolorent de façon permanente les meubles, les tapis, les sols et les tissus de recouvrement, nous prévient Carol Seelaus, instructrice en nettoyage rapide à l'université Temple de Philadelphie.

1. L'acide (nettoyants à carreaux, à cuvette, urine et vomi).
2. Le peroxyde de benzoyle (traitement contre l'acné, détachant antiâge).
3. Le javellisant (détergent pour lave-vaisselle, chlore).
4. La teinture à cheveux.
5. Les infusions et tisanes.
6. L'engrais liquide pour les plantes d'intérieur.
7. Les alcalis puissants (débouche-tuyaux, lessive, décape-four).

«Lorsqu'on lave et que l'on fait sécher par inadvertance une tache, il devient très difficile de la faire disparaître par la suite, parce que la chaleur du sèche-linge l'a fixée», explique Mme McIntyre. La chaleur du sèche-linge fixera les taches à base de sucre, de protéines et une pléthore d'autres sortes. La chaleur du fer à repasser fixe définitivement les cernes de transpiration et fait ressortir une jolie teinte caca d'oie des vieilles taches de sucre. Il y a toutefois des exceptions. Les taches de graisse et d'huile doivent être lavées en eau très chaude.

Faites sortir la tache. Ne frottez jamais une tache. Le frottement abîme les fibres des étoffes et des tapis et fait pénétrer la tache plus profondément. Suivez les conseils suivants afin de bien faire sortir les taches des fibres et des surfaces.

- Épongez les taches fraîches avec un chiffon blanc propre.

Préparez votre trousse antitaches!

Soyez prêts à intervenir! Conservez ces outils et produits à portée de la main, nous conseillent des spécialistes de l'entretien.

Absorbants: Farine de maïs, fécule de maïs ou talc. A saupoudrer sur une tache de graisse; laisser le temps d'absorber, puis brosser ou passer l'aspirateur.

Alcool dénaturé ou isopropylique: Employer pour enlever les taches sur les tissus qui ne supportent pas l'eau. D'abord vérifier la solidité de la couleur.

Ammoniaque: Employer pure lorsqu'il faut une solution légèrement alcaline. Employer avec prudence. Ne jamais mélanger ammoniaque et chlore. Des émanations toxiques s'ensuivraient.

Détachant: Un détachant tel que Energine, Carbona Stain Devils ou K2r fait l'affaire pour enlever les taches de graisse des étoffes qui exigent un nettoyage à sec. On peut en faire usage sur presque toutes les étoffes car il ne fixera pas la tache. Prenez garde à son inflammabilité.

Détergent neutre: Un détergent liquide pour la vaisselle fait l'affaire. En employer un qui soit translucide au pH de 7. En mélanger deux ou trois gouttes dans 250 ml d'eau. Un détergent opaque ou coloré peut contenir une teinture ou un adoucissant.

Détergent prélavage: Proposé en aérosol, sous forme liquide, en gel ou en bâtonnet. Certains types agissent mieux sur certaines taches.

Eau: Un pulvérisateur plein d'eau à température ambiante fait le meilleur outil de secours. La majorité des taches sont hydrosolubles. Neuf fois sur dix, l'eau en vient à bout. Utiliser pour rincer une tache ou un solvant sur une étoffe ou une surface souillée.

Eau oxygénée à 3°: Afin de javelliser légèrement les étoffes qui ne supportent pas le javellisant. Il faut lui laisser le temps d'agir.

Enzymes digestifs: Certains enzymes dévorent les taches tenaces à base de protéines laissées par les aliments, le vomi et le sang. On se procure les enzymes dans les boutiques d'aliments naturels ou alors on emploie un détergent de prélavage tel que Biz. Employer de l'eau chaude. Ne mélanger avec aucun autre produit chimique. Plusieurs applications peuvent s'avérer nécessaires.

Javellisant chloré: produit puissant pour déloger une tache si l'étoffe peut le supporter.

Pain de savon: On en frotte les taches d'assouplissant pour les faire disparaître.

Vinaigre blanc: Quand un acide s'impose pour déloger une tache ou pour neutraliser une tache alcaline. Il neutralise également l'odeur de fumée.

- Rincez-les à l'eau fraîche ou tiède, ou encore avec le solvant qui convient.
- Faites-les tremper en eau froide.
- Faites geler les taches et enlevez les caillots durcis.
- Frappez-les à l'aide d'une brosse aux soies plates afin de rompre les particules, de sorte que le nettoyant pourra les soulever. On doit frapper en une série de coups à la verticale et non en allers et retours comme si l'on récurait.

Éprouvez la solidité de la couleur avant le traitement. Voyez si la teinture se décolore en un endroit soustrait à la vue, par exemple une couture ou un ourlet d'un vêtement ou une surface de la moquette dissimulée sous un canapé. Appliquez la solution nettoyante ou de trempage. Laissez imbiber pendant quelques minutes, puis épongez avec une serviette blanche propre. Voyez sur la serviette si l'étoffe se décolore ou si elle pâlit. La soie déteint plus souvent qu'autrement. Les produits de trempage du commerce peuvent provoquer la décoloration des teintures à base de néon.

Traitez les taches avant la lessive. Vous pouvez employer un produit prélavage tel que Shout ou Spray 'n Wash, ou en préparant le vôtre à partir d'un détergent liquide, en délayant du détergent en granules avec un peu d'eau pour en faire une pâte, ou en ajoutant du borax à l'eau de lessive.

Soyez persévérants. Il faudra peut-être vous y prendre à plus d'une reprise pour faire disparaître une tache. Si elle pâlit au bout d'un premier essai, recommencez!

Activez le lave-linge! Lavez aussitôt les articles lavables afin d'éliminer ce qui reste de la tache et du détachant.

Conseils pour épargner du temps: Afin de vous épargner du temps et des efforts, n'oubliez jamais la règle d'or du détachage: agissez sans tarder. Voici qui pourra vous aider:

- Sachez repérer les taches. Vérifiez les cols, les aisselles, les coudes, les genoux, les revers et les coutures des vêtements.
- Marquez l'endroit taché. Si vous n'avez pas le temps de traiter une tache avant le jour de la lessive, marquez-la avec une bande de ruban cache ou un papier autocollant avant de jeter le vêtement au panier à linge.
- Programmez votre lave-linge au cycle de trempage. Il n'est pas nécessaire que cela dure des heures pour qu'il soit efficace. Le

COMMENT? POURQUOI?

La chimie des traitements prélavage

Les traitements antitaches prélavage servent à affaiblir l'ennemi avant que la bataille ne commence. On les propose en contenants aérosol et à gâchette, sous formes de liquide, de gel et de bâtonnet. Leur principe actif consiste à suspendre les taches qui maculent les fibres, de sorte qu'elles partent plus facilement lors du lavage.

Mais tous les traitements prélavage ne se valent pas au chapitre antitaches. Leurs fabricants les commercialisent comme des produits généralistes alors que chaque marque vise un type de tache précis, selon Beth McIntyre, économiste chez *Maytag Appliances* à Newton dans l'Iowa.

Les traitements prélavage liquides et en aérosol sont des distillats du pétrole et sont plus efficaces sur les taches d'huile et de graisse. «Nous avons découvert que la graisse déloge mieux la graisse. La graisse repousse la graisse», explique Mme McIntyre. Il faut employer le liquide ou l'aérosol quelques minutes avant la lessive. Ces produits ne doivent pas sécher, à défaut de quoi ils perdent leur pouvoir antitaches.

Par contre, les gels et les bâtonnets sont fabriqués à base d'enzymes et agissent bien sur les taches à base de protéines telles que le sang, l'herbe, le lait pour nourrisson, les produits laitiers, les œufs et le chocolat. On peut employer un détachant en bâtonnet jusqu'à une semaine avant la lessive.

N'employez pas ce genre de produit pour détacher un article par endroits si celui-ci ne peut être lavé, par exemple les tissus de recouvrement, la moquette ou les vêtements qui exigent un nettoyage à sec.

cycle d'une durée de 20 à 30 minutes procure suffisamment d'action nettoyante.

- Si vous n'avez pas le temps de laver l'article tout de suite, les détachants en bâtonnets font du bon travail sur la plupart des taches, en autant qu'elles ne soient ni graisseuses, ni huileuses. Rangez un bâtonnet à proximité du panier à linge et enseignez à tous les membres de la maisonnée comment s'en servir.

__En moins de deux:__ Si vous ne parvenez pas à identifier le type de tache, Mme McIntyre conseille de faire tremper l'article en eau froide pendant 30 minutes afin de détacher la matière et d'y appliquer ensuite un traitement prélavage comme une pâte faite de détergent en granules et d'un peu d'eau. Lavez ensuite l'article en eau chaude.

Mise en garde: Pour le bien-être de votre famille, de même que pour mieux laver vos vêtements, lisez ceci:

- Ne mélangez jamais de produits chimiques. Il pourrait s'en dégager des émanations toxiques. L'exemple classique de cette réaction nous est fourni par le chlore et l'ammoniaque.
- Travaillez dans une pièce bien aérée et ne fumez pas lorsque vous employez un détachant chimique. Ce type de produit est inflammable.
- Prévenez les empoisonnements accidentels. Conservez les produits chimiques dans leurs contenants d'origine et rangez-les hors de la portée des enfants.
- Portez des gants lorsque vous manipulez des solvants. La peau peut absorber certains produits chimiques.
- Lorsque vous employez un javellisant (au chlore ou à l'oxygène), javellisez le vêtement au complet. Ainsi, si la couleur en est modifiée, elle le sera également.

Taches de café

ACTION D'URGENCE

Si vous renversez du café sur vous au travail ou alors qu'il vous est impossible de nettoyer la tache sur-le-champ, rincez-la tout de suite à l'eau froide. Il s'agit de la première étape de la méthode de nettoyage conventionnelle qui peut s'avérer la seule nécessaire.

La façon d'enlever le café dépend de la façon dont vous le buvez. Le café crème et le café au lait, en raison du produit laitier qu'il contient, forme une tache à base de protéines qui exige un nettoyage différent des taches de café noir.

Technique: Si du café noir a taché une étoffe, frottez-la à l'eau fraîche. Rincez à grande eau. Si la tache subsiste, frottez-la avec un détergent à lessive doux allongé d'eau. Rincez à grande eau. Elle s'y trouve encore!? Alors frottez-la de nouveau avec du détergent et de l'eau, auxquels vous ajouterez cette fois quelques gouttes de vinaigre blanc. Rincez abondamment. Comme dernière mesure, essayez un peu d'eau oxygénée. La raison pour laquelle il faut rincer à grande eau entre chaque étape consiste à éviter que n'entrent en contact des nettoyants potentiellement incompatibles.

Si la tache provient d'un café crème ou au lait, accomplissez les deux premières étapes ci-dessus. Ensuite, frottez la tache avec du détergent à lessive auquel vous ajouterez quelques gouttes d'ammoniaque. Rincez à grande eau. Pour terminer, frottez-la à l'aide d'un détergent aux enzymes du genre Tide.

Conseils pour épargner du temps: Si vous n'avez pas le temps ou la patience pour effectuer un bon nettoyage, vous feriez mieux de confier le vêtement à un teinturier compétent, surtout s'il s'agit d'un vêtement de prix.

Mise en garde: Ne passez jamais un vêtement au sèche-linge avant d'être sûr que la tache a disparu. «A cause de l'effet de la chaleur, il pourrait s'avérer impossible de déloger la tache par la suite», nous dit Jane Rising, instructrice au Service de l'éducation pour l'International Fabricare Institute à Silver Spring dans le Maryland. Éprouvez toujours la méthode de nettoyage en un endroit peu apparent avant de vous attaquer à la tache — même si vous avez déjà employé cette méthode auparavant — pour vous assurer que la couleur et l'étoffe peuvent supporter le nettoyage.

Taches de chocolat

Lorsque le chocolat fond sur vos vêtements et non dans votre bouche, une réaction prompte est votre seul espoir.

Technique: On est devant deux types de taches différents, selon qu'il s'agisse de chocolat au lait ou de chocolat noir. Pour le premier, rincez la tache à l'eau froide. Si vous n'obtenez aucun résultat de cette façon, frottez-la avec un peu de détergent à lessive et d'eau. Rincez abondamment. Si la tache subsiste, frottez-la à nouveau avec de l'eau et du détergent, auxquels vous ajouterez quelques gouttes d'ammoniaque. Rincez abondamment. Si la tache subsiste encore, recommencez à l'aide d'un détergent aux enzymes tel que Tide.

S'il s'agit d'une tache laissée par du chocolat noir, exécutez les deux premières étapes. Rincez abondamment. Si la tache subsiste, alors mélangez un peu de vinaigre blanc à l'eau et au savon, et frottez. Rincez abondamment. À titre de mesure finale, frottez la tache à l'aide d'un peu d'eau oxygénée.

Nota bene: Il est nécessaire de rincer à grande eau entre chaque étape pour éviter que n'entrent en contact des produits peut-être incompatibles.

Conseils pour épargner du temps: Si vous n'avez ni le temps ni la patience de nettoyer une tache avec lenteur et minutie, il vaut mieux confier le vêtement à un teinturier. Cela vaut également si la tache est importante ou tenace, ou s'il s'agit d'un vêtement auquel vous tenez. «S'il s'agit d'un article de prix, confiez-le à un teinturier», nous conseille Jane Rising, instructrice au service de l'éducation de l'International Fabricare Institute à Silver Spring dans le Maryland.

En moins de deux: Si vous faites une tache alors que vous êtes au travail ou en un endroit où il vous est impossible d'utiliser un nettoyant, rincez-la sans tarder à l'eau froide.

Mise en garde: Éprouvez toujours la méthode de nettoyage en un endroit peu apparent avant de vous attaquer à la tache — même si vous avez fait appel à cette méthode auparavant — pour vous assurer que la couleur et l'étoffe peuvent supporter le nettoyage. Si vous ne parvenez pas à faire disparaître une tache de chocolat, ne vous contentez pas du résultat. Une tache dont il reste trace attirera les insectes. Si votre méthode échoue, faites appel à un teinturier.

Taches d'eau

Une toute petite rencontre avec les composantes de H^2O peut endommager ou tacher le mobilier, les murs, les tapis, les meubles rembourrés et certains tissus. L'eau n'étant pas différente des autres types de taches, la promptitude de vos actions pourra vous épargner bien des dégâts.

Les meubles de bois

Les cercles blancs qui maculent certains meubles de bois sont des taches d'eau. Celles-ci surviennent lorsque l'humidité se trouve emprisonnée sous le fini. C'est ce qui lui donne son apparence laiteuse. La simple condensation d'une boîte de pizza chaude est suffisante pour créer une décoloration. Les taches d'eau indiquent que le fini du meuble contient de la laque, nous dit Ian Turner, un expert en restauration pour la Garrett Wade Company, une compagnie qui fournit en matériaux les travailleurs professionnels du bois. Normalement, ajoute-t-il, un fini au verni ne tachera pas de cette façon.

Technique: Certaines marques vont s'atténuer d'elles-mêmes, alors patientez quelques jours. Ceci permettra à l'humidité absorbée par le bois de s'évaporer. Si, par contre, la tache ne semble pas bouger, une marque blanche peut être enlevée en la frottant avec un abrasif doux auquel on aura ajouté un lubrifiant. Tout en ponçant légèrement dans le sens du grain, essayez une des combinaisons suivantes:

- De la cire en pâte ou une essence minérale et un tampon métallique superfin (n° 0000).
- Un petit carré de mousseline à fromage trempé dans de l'eau chaude contenant quelques gouttes d'ammoniaque. Essorez le chiffon à fond avant de frotter la tache délicatement.

Appliquez une couche de cire protectrice sur le meuble une fois que la tache est enlevée.

En moins de deux: Fabriquez votre propre pâte antitaches en combinant ces quelques ingrédients que vous avez à la maison:

- Du dentifrice en pâte (pas en gel) mélangé à de l'eau. Frottez la tache de ce mélange puis faites briller.
- Un peu de mayonnaise ou d'huile à salade mélangée à de la cendre froide de cigarette ou de cigare. Frottez ce mélange, laissez-le imprégner la tache quelque peu, puis essuyez.

Mise en garde: Ne succombez pas à la tentation d'utiliser des abrasifs plus performants lorsque vous avez affaire à des taches d'eau. Ceux-ci pourraient rayer, voire enlever le fini de votre meuble.

Les tapis et les meubles rembourrés

Lorsque les tapis et les fibres des meubles rembourrés sont extrêmement trempés puis sèchent lentement, certaines teintures utilisées apparaîtront alors à la surface. Celles-ci proviennent de la bourre ou de l'entoilage. Bien des raisons peuvent expliquer l'apparition de cercles bruns: accidents, traces de pluie ou de neige, inondations, ou même le fait d'avoir trop imbibé de produits nettoyants pour les tapis lors du lavage maison. Ces taches peuvent, en effet, n'apparaître qu'au nettoyage subséquent, selon The Association of Specialists in Cleaning and Restoration d'Annapolis Junction au Maryland.

Technique: L'appel à un professionnel est nécessaire. Un nettoyage effectué par des professionnels peut, habituellement, enlever les taches brunes sur des fibres synthétiques. Cependant, en ce qui concerne certaines fibres naturelles telles le coton ou la laine, ces taches peuvent être permanentes. Pour obtenir le nom et les coordonnées d'un technicien certifié, vous devez contacter l'Association of Specialists in Cleaning and Restoration, 10830 Annapolis Junction Road, Suite 312, Annapolis Junction MD 20701-1120.

Conseils pour épargner du temps: Si pour une raison ou une autre votre tapis ou vos meubles sont imbibés d'eau, prenez certaines précautions afin de minimiser les dégâts. «L' effet dévastateur de l'eau ne peut être réduit que par la rapidité d'action», nous dit Martin L. King, un consultant en restauration à Arlington en Virginie et le conseiller technique pour le National Institute of Disaster Restoration d'Annapolis au Maryland.

Faites sortir immédiatement autant d'eau que possible à l'aide de papier absorbant afin de prévenir que la bourre et l'entoilage ne soient imbibés à leur tour. Pour diminuer la probabilité de voir apparaître des taches de décoloration à la surface, asséchez le plus rapidement possible. Enlevez les coussins (et les housses si nécessaire) et appuyez-les quelque part. L'été, faites fonctionner le climatiseur afin de permettre un séchage maximal. L'hiver, sécher sera plus facile si vous alternez la chaleur avec l'air provenant des fenêtres ouvertes.

Taches de graisse

ACTION D'URGENCE

Enlevez l'excédent de graisse à l'aide d'un essuie-tout en prenant garde de ne pas l'étendre. Ensuite, épongez-la avec un essuie-tout trempé dans un dissolvant à base d'acétone. N'employez pas ce produit sur l'acétate. Le dissolvant grugerait l'étoffe.

Les produits à base de pétrole sont comme des aimants qui attirent la saleté. La gelée de pétrole, la lotion pour les mains et la graisse à moteur peuvent gâter les vêtements et la moquette si on ne s'en charge pas rapidement.

Technique: Un détachant est le meilleur produit pour faire disparaître les taches de graisse. Soit vous confiez le nettoyage à un teinturier, soit vous le faites vous-même à l'aide d'un détachant du commerce tel que Carbona Stain Devils ou K2r que l'on trouve au supermarché, à la quincaillerie ou dans les magasins à rayons. Lisez bien les indications avant d'en faire usage et travaillez dans un lieu bien aéré en portant des gants de caoutchouc ou de latex. Posez la tache face contre un chiffon doux et absorbant. Imprégnez de détachant un chiffon blanc, puis épongez l'envers de l'étoffe pour en faire sortir la graisse. À mesure que le détachant dissout la graisse, le chiffon de dessous l'absorbe. Si vous nettoyez un tapis, pulvérisez le détachant sur une serviette, jamais directement sur le sol, à défaut de quoi le produit irait imprégner le renfort du tapis ou le sous-tapis, et il y attirerait encore plus de saleté.

En moins de deux: Si vous n'avez plus de détachant sous la main, employez un dissolvant à vernis à ongles à base d'acétone. N'en faites cependant pas usage sur une étoffe composée d'acétate. «L'acétone fait se dissoudre l'acétate», explique Rajiv Jain, responsable du laboratoire pour l'Association of Specialists in Cleaning and Restoration à Annapolis Junction dans le Maryland. «La tache aura disparu, mais l'étoffe aussi!»

Mise en garde: Avant de faire usage d'un produit nettoyant, éprouvez-le en un endroit peu apparent de l'article sali.

Taches d'herbe

ACTION D'URGENCE

Épongez avec de l'alcool à friction. Si la couleur déteint, diluez une partie d'alcool dans deux parties d'eau.

L'herbe laisse des taches tenaces que l'on retrouve souvent aux genoux des pantalons des tout-petits. Tenaces mais pas imbattables, surtout si elles sont fraîches.

Technique: À l'aide d'une serviette blanche ou d'un tampon d'ouate propre, épongez la tache avec de l'alcool à friction, puis rincez abondamment. Voyez d'abord si la couleur risque de déteindre en frottant, à l'aide de la ratine imprégnée d'alcool à friction, en un endroit peu visible du vêtement taché. Si la teinture se transfère sur la serviette blanche, ou si le vêtement est en acétate, diluez une partie d'alcool dans deux parties d'eau. Si l'alcool n'apporte aucun résultat, faites l'essai d'un javellisant non chloré, sûr pour les couleurs. Si ce dernier ne donne rien, tentez l'essai avec un javellisant chloré mais seulement si le vêtement est javellisable.

«Le javellisant délogera la tache, assurément», lance le Dr Ann Lemley, présidente du département des textiles et habillements à l'université Cornell à Ithaca dans l'État de New York. Si le vêtement est lavable, lavez-le avec un détergent ordinaire dans l'eau la plus chaude que l'étoffe puisse supporter sans danger.

Mise en garde: Rincez rigoureusement un nettoyant avant d'en essayer un autre. Il faut éviter tout contact entre certains produits chimiques, notamment l'ammoniaque et le javellisant chloré, qui peuvent dégager des émanations toxiques. Lisez attentivement les indications sur les conditionnements des produits avant d'en faire usage.

> **Les travaux d'Hercule**
>
> **Une tonte présidentielle**
>
> Le nombre d'heures nécessaires à huit jardiniers afin de tondre les neuf hectares de pelouses entourant la Maison-Blanche: huit heures.

Taches d'huile

ACTION D'URGENCE

Épongez l'excédent d'huile à l'aide d'un essuie-tout en prenant soin de ne pas l'étendre. Ensuite, épongez la tache avec un essuie-tout imbibé de dissolvant à vernis à ongles à base d'acétone. N'en faites cependant pas usage sur de l'acétate, car le dissolvant trouerait l'étoffe.

L'huile est difficile à déloger, d'autant plus qu'elle attire la saleté. Il faut s'en charger sans tarder.

Technique: Le solvant employé pour le nettoyage à sec est le produit qui déloge le mieux les taches d'huile et de graisse. Confiez le vêtement taché à un teinturier ou chargez-vous-en vous-même en vous procurant un détachant du commerce tel que Carbona Stain Devils ou K2r, en vente dans les supermarchés, les quincailleries et les magasins à rayons. Posez la tache à plat contre un chiffon absorbant. Versez le détachant sur un autre chiffon blanc et propre, puis épongez l'envers de l'étoffe afin de repousser l'huile vers l'extérieur. À mesure que le détachant dissoudra la graisse, le chiffon absorbant sur lequel l'étoffe est posée l'absorbera. Si la tache macule un tapis ou une moquette, versez le détachant sur une serviette de ratine, non pas directement sur le tapis, sinon le détachant pourrait tremper le renfort ou le sous-tapis et y attirer davantage de saleté. Portez des gants de caoutchouc ou de latex et employez ce produit en un lieu bien aéré.

Nota bene: Avant d'employer un produit nettoyant, éprouvez-le en un endroit soustrait à la vue.

En moins de deux: Si vous n'avez pas de détachant sous la main, employez un dissolvant à vernis à ongles à base d'acétone. N'en faites cependant pas usage sur de l'acétate que le dissolvant rongerait.

Mise en garde: Rincez abondamment un nettoyant avant d'en appliquer un autre. Lisez attentivement les indications concernant le mode d'emploi et les précautions d'usage.

Taches de jus

Une tache laissée par une plante est une tache dite tannique. On retrouve dans cette catégorie les taches de raisins, de prunes, de tomates, d'agrumes et d'autres jus. Il est plus facile de déloger une tache tannique sur certaines étoffes, notamment le polyester, tandis qu'elle peut s'incruster sur du coton. Ici encore, le jus de raisins tache plus qu'un autre. Quoi qu'il en soit, on conseille d'agir sans tarder.

Technique: S'il s'agit d'une étoffe lavable, commencez par éponger la tache avec une serviette blanche propre imbibée d'eau chaude. Continuez jusqu'à ce qu'il n'y ait plus trace de jus sur la serviette blanche.

Ensuite, faites un traitement pré-lessive. Mélangez un quart de cuillerée à thé de détergent translucide pour la vaisselle et 125 ml d'eau chaude. Appliquez cette solution sur la tache, puis posez le vêtement à plat sur une surface solide et tapotez légèrement la tache avec le dos d'une cuiller. Cela permettra à l'eau savonneuse de s'infiltrer entre les fibres, là où résident les taches. Ne frottez pas l'étoffe, vous ne feriez qu'user les fibres. Lavez ensuite le vêtement à la main ou à la machine, à l'eau la plus chaude que l'étoffe puisse supporter en toute sûreté.

Si la tache subsiste encore, refaites le traitement précédent, cette fois avec une solution composée d'une cuillerée à soupe de vinaigre et de 125 ml d'eau chaude. À nouveau, lavez conformément aux indications.

S'il s'agit d'une étoffe qui n'est pas lavable, confiez le vêtement à un teinturier ou épongez la tache à l'aide d'une serviette de ratine blanche imprégnée de détachant tel que Carbona Stain Devils ou K2r, que l'on trouve au supermarché, à la quincaillerie ou dans les magasins à rayons. Épongez l'intérieur du vêtement pour en faire sortir la tache. Lisez les indications du fabricant avant d'utiliser ces produits et travaillez dans une pièce bien aérée sans oublier de porter des gants de caoutchouc ou de latex.

Si la tache macule un tapis ou la moquette, épongez-la d'abord avec la solution à base de détergent et d'ammoniaque, en vous servant d'une serviette de ratine propre. Puis rincez en vous servant encore une fois d'une serviette de ratine propre que vous aurez mouillée d'eau fraîche. N'employez pas un détergent à lessive car ils contiennent des agents de blanchiment optiques qui peuvent faire pâlir la teinture des fibres. Si la première solution ne donne rien, frottez la tache avec de l'eau oxygénée mais soyez prudents, car elle décolorera les fibres.

Mise en garde: Rincez comme il se doit un nettoyant avant d'en employer un autre. Certains produits chimiques, en particulier l'ammoniaque et le javellisant chloré, dégagent des émanations toxiques lorsqu'ils entrent en contact. Avant d'employer un nettoyant, éprouvez la solidité de la couleur en un endroit soustrait à la vue.

Taches de ketchup

Le ketchup est l'un des condiments les plus populaires qui soient. Hélas! cent fois hélas, les taches qu'il laisse comptent parmi les plus difficiles à déloger.

Technique: Raclez tout excédent de ketchup. Si l'article souillé est lavable, faites-le d'abord tremper en eau froide pour y enlever le plus de ketchup possible. Plus la tache a été faite il y a longtemps, plus il faut laisser tremper le vêtement, jusqu'à plusieurs heures d'affilée.

Ensuite, faites un traitement pré-lessive. Mélangez un quart de cuillerée à thé de détergent translucide pour la vaisselle et 125 ml d'eau chaude. Appliquez cette solution sur la tache, puis posez le vêtement à plat sur une surface solide et tapotez légèrement la tache avec le dos d'une cuiller. Cela permettra à l'eau savonneuse de s'infiltrer entre les fibres, là où résident les taches. Ne frottez pas l'étoffe, vous ne feriez qu'user les fibres. Lavez ensuite le vêtement à la main ou à la machine, à l'eau la plus chaude que l'étoffe puisse supporter en toute sûreté.

Si la tache subsiste, refaites le traitement précédent, cette fois avec une solution composée d'une cuillerée à soupe de vinaigre et de 125 ml d'eau chaude. À nouveau, lavez conformément aux indications. Si cela ne change rien, appliquez une pâte faite d'un détersif à lessive contenant des enzymes délayé dans un peu d'eau; tapotez avec le dos d'une cuiller et lavez.

S'il s'agit d'une étoffe qui n'est pas lavable, confiez le vêtement à un teinturier ou épongez la tache à l'aide d'une serviette de ratine blanche imprégnée de détachant tel que Carbona Stain Devils ou K2r, que l'on trouve au supermarché, à la quincaillerie ou dans les magasins à rayons. Épongez l'intérieur du vêtement pour en faire sortir la tache. Lisez les indications du fabricant avant d'utiliser ces produits et travaillez dans une pièce bien aérée sans oublier de porter des gants de caoutchouc ou de latex.

Si la tache macule un tapis ou une moquette, agissez sans tarder. Si la tache est fraîche, vous pourriez l'éponger à l'aide d'essuie-tout humides. Sinon, épongez-la avec une solution composée d'un quart de cuillerée à thé de détergent liquide pour la vaisselle et de 250 ml d'eau tiède (employez une serviette de ratine blanche). Rincez à l'aide d'une autre serviette imbibée d'eau fraîche. Si cela ne change rien, nettoyez la tache avec une solution composée de 2 cuillerées à soupe d'ammoniaque dans 250 ml d'eau tiède, en vous servant d'une serviette de ratine propre. N'employez pas un détergent à lessive.

«Si cela ne donne rien, frottez la tache avec de l'eau oxygénée à trois degrés», nous conseille Rajiv Jain, responsable du laboratoire à l'Association of Specialists in Cleaning and Restoration à Annapolis Junction dans le Maryland. Mais soyez prudent, car l'eau oxygénée risque de décolorer l'étoffe ou les fibres de la moquette.

Mise en garde: Rincez comme il se doit un nettoyant avant d'en employer un autre. Certains produits chimiques, en particulier l'ammoniaque et le javellisant chloré, dégagent des émanations toxiques lorsqu'ils entrent en contact. Avant d'employer un nettoyant, éprouvez la solidité de la couleur en un endroit soustrait à la vue. Ne préparez pas de solution plus concentrée qu'il ne faut et faites-en un usage modéré.

Taches sur les murs ou au plafond

L'eau qui coule dans les murs ou au plafond laissera un cercle brun après avoir séché.

Technique: Si c'est un tuyau qui a éclaté et que le plafond gondole, faites un petit trou et, sous l'orifice ainsi créé, placez un contenant qui récoltera l'eau qui s'en échappe. Après que l'eau ait séché, essayez de blanchir la tache en utilisant du javellisant. Vaporisez sur la tache un mélange contenant une partie de javellisant pour cinq parties d'eau. Autrement, du peroxyde hydrogéné peut tout aussi bien être utilisé.

Si votre tentative ne donne aucun résultat, il faut repeindre la partie entachée. En premier, appliquez une couche d'apprêt tel le B-I-N-Primer/Sealer, disponible partout où se vend la peinture. Ensuite, posez votre couleur. Si vous n'appliquez pas la couche d'apprêt, la tache brune traversera la couleur.

Conseils pour épargner du temps: Sur un plafond blanc, du cirage à chaussure blanc délicatement tamponné camouflera bien votre tache.

Taches d'œufs

ACTION D'URGENCE

Rincez ou épongez les œufs à l'eau froide.

La serveuse vient de renverser deux œufs au miroir sur vous? Pas de panique! Il s'agit d'une tache à base de protéines, donc plutôt facile à déloger. Vous devez cependant vous en charger sans tarder pour augmenter vos chances de la voir disparaître tout à fait.

Technique: Raclez l'excédent. S'il s'agit d'un vêtement lavable, mettez-le d'abord à tremper en eau froide afin d'enlever le plus possible de substance. Plus la tache a été faite il y a longtemps, plus longtemps il faut laisser tremper. On peut compter jusqu'à plusieurs heures de trempage.

«Ensuite, il faut un traitement préalable à la lessive», explique le Dr Ann Lemley, directrice du département des textiles à l'université Cornell à Ithaca dans l'État de New York. «Tel est le truc pour la plupart des taches d'aliments.» Mélangez un quart de cuillerée à thé de détergent liquide pour la vaisselle et plusieurs gouttes d'ammoniaque dans 125 ml d'eau chaude. Frottez-en directement l'étoffe, puis posez le vêtement à plat et tapotez délicatement la tache à l'aide du dos d'une cuiller. Cela favorisera la pénétration de la solution dans les fibres, où la tache est logée. Ne frottez pas l'étoffe, car vous écorcheriez les fibres. Ensuite, lavez le vêtement conformément aux indications du fabricant dans l'eau la plus chaude qu'il puisse supporter sans risque. Si la tache ne disparaît pas complètement, refaites le même traitement, en utilisant cette fois un détergent à lessive aux enzymes (ou une pâte faite de détergent en granules dilué dans un peu d'eau). Appliquez-le directement sur l'étoffe, tapotez et lavez.

S'il s'agit d'une étoffe qui n'est pas lavable, confiez le vêtement à un teinturier ou épongez la tache à l'aide d'une serviette de ratine blanche imprégnée de détachant tel que Carbona Stain Devils ou K2r, que l'on trouve au supermarché, à la quincaillerie ou dans les magasins à rayons. Épongez l'intérieur du vêtement pour en faire sortir la tache. Lisez les indications du fabricant avant d'utiliser ces produits et travaillez dans une pièce bien aérée sans oublier de porter des gants de caoutchouc ou de latex.

Si la tache macule un tapis ou une moquette, épongez-la d'abord avec la solution à base de détergent et d'ammoniaque, en vous servant d'une serviette de ratine propre. Puis rincez en vous servant encore une fois d'une serviette de ratine propre que vous aurez mouillée d'eau fraîche. N'employez pas un détergent à lessive car ils contiennent des agents de blanchiment optiques qui peuvent faire pâlir la teinture des fibres. Plutôt, si la première solution ne donne rien, préparez-en une autre avec deux fois plus d'eau que de vinaigre.

Nota bene: Avant d'employer un nettoyant, éprouvez la solidité de la couleur en un endroit soustrait à la vue.

En moins de deux: Dans le cas d'un vêtement lavable, passez tout de suite à la deuxième étape du traitement pré-lessive: appliquez un détergent aux enzymes directement sur la tache et lavez-le en machine.

Mise en garde: Rincez comme il se doit un nettoyant avant d'en employer un autre. Certains produits chimiques, en particulier l'ammoniaque et le javellisant chloré, dégagent des émanations toxiques lorsqu'ils entrent en contact.

Taches sur le tissu

L'eau tache les tissus ayant de l'entoilage ou un fini particulier qui donne plus de corps ou de brillance au matériel. Les finis ajoutés au matériel se présentent sous diverses formes. Certains peuvent être cireux tandis que d'autres peuvent sembler plastifiés au toucher. Les finis à base d'amidon — soluble dans l'eau — ajoutés à certains tissus pour leur donner plus de corps sont les plus fragiles pour ce qui est des taches. L'entoilage qu'ils contiennent, s'il est exposé à l'eau, forme un cercle ou alors gondole et plisse le tissu là où l'eau a pénétré. Les taches d'eau sont les ennemies des tissus fins tels les taffetas, les moirés, la soie et la rayonne.

Technique: Lorsqu'un accident se produit, lavez immédiatement le vêtement ou trempez-le entièrement pour le sécher plus tard, ainsi que vous le faites d'habitude. Les tissus non lavables peuvent être mouillés à la vapeur d'une bouilloire et repassés lorsqu'ils sont encore humides. Si la tache perdure, vous n'avez d'autre solution que d'apporter le vêtement chez le teinturier.

Taches de rouille

Les taches de rouille que l'on rencontre le plus souvent cernent les renvois des éviers de porcelaine et se retrouvent sur les vêtements, en raison des particules ferreuses présentes dans l'eau.

Technique: Afin de faire disparaître les cernes brunâtres et les traces de rouille superficielles autour des robinets, frottez à l'aide d'une éponge imprégnée de jus de citron ou de vinaigre blanc. Rincez à l'eau. Si cela ne donne aucun résultat, frottez-les à l'aide d'un chiffon imbibé de kérosène. Rincez alors à l'eau et au savon.

S'il s'agit de taches tenaces, par exemple sur des vêtements, un sol de vinyle, une allée cimentée, employez une solution d'acide oxalique à cinq degrés telle que Bondex, en vente dans les quincailleries. Pour fabriquer cette solution, mélangez 180 g de poudre d'acide oxalique dans quatre litres d'eau chaude. Appliquez la solution sur la tache de rouille à l'aide d'un linge, laissez agir pendant cinq minutes, puis rincez à l'eau. Répétez l'opération, le cas échéant.

Mise en garde: L'acide oxalique irrite la peau et les yeux, tant sous sa forme granuleuse que liquide. Portez une chemise à manches longues, des gants de caoutchouc et des lunettes de protection. Lisez et observez les conseils du fabricant concernant l'emploi et les précautions d'usage.

Un javellisant chloré ne supprime pas les taches de rouille mais, au contraire, il les fonce. «Le javellisant est un agent oxydant; aussi, il oxyde la rouille davantage», explique Rajiv Jain, responsable du laboratoire pour le compte de l'Association of Specialists in Cleaning and Restoration à Annapolis Junction dans le Maryland. L'eau oxygénée réagit de même. «Versée sur une étoffe rouillée, elle rongera la fibre.»

Taches de vin

ACTION D'URGENCE
selon nos experts-conseils

Vin rouge: saupoudrez généreusement la tache de sel. Laissez ainsi jusqu'à ce que le sel ait eu le temps d'absorber le vin, puis rincez à l'eau claire.
Vin blanc: Épongez autant que possible, puis mouillez la tache légèrement à l'eau claire.

Cependant, pour prévenir les taches, il est préférable de s'en tenir à ces quelques mesures préventives: apprenez à verser le vin comme le fait un sommelier, c'est-à-dire en tournant lentement le goulot de la bouteille juste avant de terminer de remplir le verre. Cela laisse les gouttes à l'intérieur. Déposez le bouchon sur une assiette ou un cendrier au lieu de le laisser sur la nappe.

Technique: Il est préférable de laver une tache de vin blanc avant qu'elle ne sèche. Ainsi, il est peu probable qu'elle ne devienne permanente. Rincez le dégât immédiatement. Appliquez un détergent neutre, non dilué tel le Tide Liquide et quelques gouttes de vinaigre blanc. Rincez. Lavez les nappes lavables dans de l'eau tiède. Celles qui doivent être nettoyées professionnellement devraient l'être si les taches demeurent. Selon le type de tissu et l'âge de la tache, les taches de vin blanc sont presque impossibles à enlever. Si vous utilisez le traitement sel et eau claire dès que l'accident se produit, alors l'application de détergent liquide combinée au rinçage à l'eau claire est la meilleure solution. Si la tache perdure, alors appliquez une pâte faite à partir de javellisant et de détersif à lessive à base d'enzymes tel le Biz (les instructions sont sur la boîte). Laissez tremper pendant 30 minutes dans un javellisant tout usage, puis lavez.

Pour les taches sèches sur un tissu plus épais (par exemple des nappes), placez la parcelle de tissu taché au-dessus d'un bol et couvrez-la de sel. Puis, versez de l'eau bouillante sur le sel jusqu'à ce que la tache disparaisse. Pour d'autres types de tissus, faites tremper avec quelques gouttes de vinaigre blanc puis épongez. Une autre méthode consiste à laisser tremper dans une solution de peroxyde hydrogéné (un javellisant léger) et quelques gouttes d'ammoniaque. N'oubliez pas de vérifier la durabilité des couleurs de votre tissu avant de procéder à quelque traitement que ce soit.

Pour ce qui est des tapis et des moquettes, il faut immédiatement recouvrir la tache de beaucoup de sel. Laissez sécher complètement avant de passer l'aspirateur.

En moins de deux: Pour des taches sèches sur un tissu lavable: versez du bicarbonate de soude directement sur la tache. Lavez tel qu'indiqué précédemment.

Mise en garde: Évitez de verser du vinaigre sur du coton, du lin, de la rayonne ou de l'acétate.

COMMENT ÇA MARCHE

Qu'est-ce qui donne sa couleur au vin rouge?

La couleur du vin n'est pas déterminée par la couleur du raisin. C'est la durée pendant laquelle les peaux de raisins demeurent en contact avec le jus qui détermine la couleur.

Un vin blanc peut être fabriqué à partir de raisins rouges, noirs ou blancs. On n'a qu'à enlever les peaux plus ou moins tôt au cours du processus de vieillissement pour obtenir la robe voulue.

Pour des vins rosés ou roses, on peut utiliser des raisins rouges ou noirs et n'enlever les peaux qu'après deux ou trois jours. Par contre, le vieillissement du vin rouge et l'obtention de sa couleur nécessitent un contact prolongé des peaux et du jus.

Tapis

On croit souvent que les tapis sont simplement des accessoires décoratifs. Ils servent également de filtres en retenant la saleté de sorte qu'elle ne flotte pas dans l'air que l'on respire. En conséquence, assurer leur entretien est davantage qu'une opération cosmétique.

«Un tapis est en quelque sorte l'équivalent d'un évier plein de vaisselle sale», dit Claudia Ramirez, ancienne vice-présidente administrative de l'Association of Specialists in Cleaning and Restoration à Annapolis Junction dans le Maryland. «Lorsque l'espace vient à manquer, un débordement s'ensuit.»

Technique: Les tapis sont surtout abîmés par la terre séchée qui constitue 90 p. cent des saletés que les fibres recueillent. Les granules de terre entaillent les fibres qui bientôt s'usent. La manière la pus sûre de conserver la propreté d'un tapis consiste à passer l'aspirateur correctement et avec régularité, soit quotidiennement là où la circulation est intense et au moins une fois la semaine ailleurs dans la maison. Servez-vous d'un aspirateur de bonne qualité doté d'un système de filtration et d'un balai-brosse rotatif qui ramasse les moindres particules. Procurez-vous un appareil muni d'un système de filtration électrostatique, dit HEPA, d'une brosse rotative ou surpuissante. Une fois par mois, retournez les tapis que vous nettoyez une fois la semaine et passez l'aspirateur sur leur envers; faites-le à raison d'une fois par semaine avec les tapis que vous nettoyez chaque jour. Afin de recueillir les saletés difficiles à aspirer, passez l'aspirateur dans le sens contraire des fibres. Passez-le de six à huit fois sur les endroits particulièrement sales.

Il y a plusieurs choses à connaître relativement au nettoyage par endroits. En premier lieu, il faut éponger et non frotter. Lorsque les fibres sont humides, elles encourent le risque d'être distordues. «Songez à vos cheveux qui s'ébouriffent en séchant», dit Mme Ramirez. Il en va de même avec les fibres d'un tapis: à la fin, elles semblent échevelées. Lorsque vous épongez un grande tache, abordez-la par son contour et tapotez vers son centre. On a tendance à éponger à partir du centre, là où la substance est plus présente, mais on ne réussit qu'à la répandre encore plus. Par essence, une tache cherche à s'étendre. Il faut plutôt contrer ce mouvement. Si une substance a imprégné jusqu'au renfort un tapis qui n'est pas fixé, posez-le sur une serviette blanche et épongez la tache de façon à ce qu'elle sorte de l'autre côté. Pour terminer, faites preuve de patience. Si vos efforts ne parviennent à faire disparaître la tache qu'en partie, tentez ce qui suit en respectant la séquence jusqu'à ce qu'elle ait disparu.

- Faites l'essai d'une petite quantité de détachant, en observant les recommandations du fabricant.
- Si cela est vain, mélangez une cuillerée à thé de détergent liquide pour la vaisselle exempt d'alcalis et de javellisant à 250 ml d'eau tiède. Rincez en épongeant à l'aide d'une serviette blanche trempée dans l'eau. Ne mouillez pas trop le tapis.
- Toujours aucun résultat? Préparez une solution composée d'une cuillerée à soupe d'ammoniaque domestique et de 125 ml d'eau. Rincez en épongeant comme on le dit précédemment.
- Poursuivez avec une solution composée de 80 ml de vinaigre blanc et de 160 ml d'eau qui neutralisera l'ammoniaque. Rincez en épongeant.
- En dernière instance, préparez une solution à partir d'un détergent à lessive contenant des enzymes (mais exempt d'agents de blanchiment) et d'eau, en observant les directives du fabricant. Laissez agir la solution le temps recommandé par le fabricant. Rincez en épongeant et jetez toute solution qui resterait.

Évitez de mouiller la moquette de façon excessive car le renfort pourrait rétrécir. Le rétrécissement provoque parfois des déchirures là où la moquette est fixée.

En présence de taches non huileuses sur des tapis de laine et de coton qui supportent l'eau, préparez d'abord une solution faite de 1/4 de cuillerée à thé de détergent liquide pour la vaisselle et de 250 ml d'eau chaude. Éprouvez la teinture du tapis à l'aide d'un coton-tige trempé dans la solution que vous appliquerez en un endroit soustrait à la vue. Éprouvez ainsi les différentes couleurs. Si l'une d'elles déteint sur l'embout ouaté, cessez sur-le-champ. Communiquez avec un teinturier spécialisé dans le nettoyage des tapis qui saura quoi faire, le cas échéant. Si la couleur ne déteint pas, épongez la tache à l'aide d'une serviette blanche trempée dans l'eau savonneuse. Lorsque la tache a disparu, épongez cette fois avec une serviette propre trempée dans l'eau afin d'enlever les résidus de détergent qui attireraient sinon la saleté et la poussière.

Les tapis de coton ou de laine dont la trame est en fils de coton rétrécissent ou ondulent lorsqu'on les nettoie avec de l'eau. Lorsque vous les nettoyez par endroits avec de l'eau, ne versez jamais directement la solution sur la tache; épongez-la à l'aide d'une serviette trempée dans l'eau savonneuse. Un excès d'eau mouillerait le renfort du tapis. L'humidité qui s'incruste dans un tapis risque de remonter éventuellement à la surface et, avec elle, des saletés dont vous ignoriez la présence.

Il est beaucoup plus facile de déloger la saleté que la boue. Si vos gamins laissent des traces de boue sur votre tapis d'Orient, attendez

MYTHE ET RÉALITÉ

Une légende plutôt chou!

Une chronique réputée conseilla un jour à ses lectrices de nettoyer leurs tapis en employant un chou! Une fois râpé et répandu sur la moquette ou le tapis, elle prétendait que les feuilles de chou faisaient office de cataplasme acide suffisamment doux toutefois pour éviter que les couleurs ne déteignent. De nos jours, les experts rejettent ces trucs qui favorisent plutôt les bactéries et les champignons microscopiques.

Selon une autre contre vérité, il vaudrait mieux ne jamais nettoyer la moquette et les tapis. Nombre de gens, parmi lesquels des marchands de tapis, sont d'avis qu'une moquette se salit plus rapidement à mesure qu'on la nettoie. Évidemment, il n'en est rien, à moins, peut-être, de les nettoyer avec du chou!

qu'elle soit sèche. Puis, soulevez-en le plus possible à l'aide d'un couteau dont la lame est émoussée ou avec le manche d'une cuiller, et passez ensuite l'aspirateur. S'il en reste encore des traces, faites appel à la solution savonneuse décrite précédemment.

Nettoyez vos tapis en profondeur à intervalles de 12 à 18 mois, soit vous-même, soit en en confiant le soin à un professionnel. Si vous optez pour un shampooing, enlevez d'abord les meubles ou encore, afin de prévenir les taches de rouille ou autres, couvrez les pattes des meubles d'une pellicule cellophane. Observez les recommandations du fabricant. N'excédez jamais le degré de concentration indiqué.

Lorsque vous avez terminé, rincez bien le shampooing ou le détergent et faites sécher complètement, sinon la saleté pourrait adhérer davantage aux fibres du tapis. Suivez les conseils du fabricant concernant l'emploi du produit et les précautions d'usage. Confiez les tapis de qualité, par exemple les tapis d'Orient, à un teinturier professionnel.

Conseils pour épargner du temps: Un aspirateur en bon état est plus efficace et plus rapide qu'un autre qui ne l'est pas. N'attendez pas que le sac-filtre soit trop plein avant de le remplacer. Videz-le ou changez-le alors qu'il est rempli à moitié ou aux deux-tiers. Lorsque vous avez vidé un sac-filtre non jetable à trois reprises, retournez-le et débarrassez-le des peluches et des saletés qui restent. Avant de démarrer l'appareil, assurez-vous que le filtre est exempt de peluches et de poussière.

En moins de deux: Si vous disposez de peu de temps, passez en priorité l'aspirateur là où la circulation est intense.

Mise en garde: Méfiez-vous des détachants du commerce qui contiennent des agents de blanchiment optiques. Il s'agit en réalité de teintures fluorescentes ou ultraviolettes qui contrent le jaunissement des fibres qui survient au fil du temps. Ces détachants confèrent un aspect de propreté, mais leur surutilisation finira par javelliser la teinture. Employés à répétition, les teintures jauniront.

Tapis de salle de bains

Les tapis de salle de bains en ratine sont semblables aux draps de bain épais. On peut généralement les laver avec les serviettes.

Technique: Il vaut mieux suivre les indications du fabricant. En général, un tapis de salle de bains sans envers de latex peut être lavé à la machine en eau chaude, en même temps que les serviettes de couleurs semblables, puis être séché par culbutage ou à l'air libre. Les tapis dont l'envers est en latex doivent être lavés à part et séchés par culbutage à faible température ou sur la corde.

Mise en garde: Il faut laver un tapis de salle de bains de couleur foncée avant de s'en servir la première fois pour éviter que la couleur ne déteigne sur les pieds mouillés. Lavez-le seul la première fois, au cas où il déteindrait.

Tapisserie à l'aiguille

L'opération consiste à nettoyer la tapisserie sans l'abîmer. Il est donc question d'époussetage et il faudra consulter un professionnel pour le reste.

Technique: Nettoyez les coussins, les fauteuils et tout ce qui comporte une tapisserie au petit point à l'aide de l'aspirateur lorsque vous faites le ménage hebdomadaire. Le suceur à épousseter convient très bien. Ne mouillez pas la tapisserie. Advenant un déversement accidentel, épongez le liquide le plus possible à l'aide d'une serviette de ratine blanche. Confiez la suite à un teinturier professionnel, nous conseille Marry Keener, adjointe au directeur de la gestion des installations à l'université de l'Arizona à Tucson.

En moins de deux: Sortez les coussins de tapisserie au grand air et frappez-les pour en remuer la poussière.

Tapisseries

Au fil du temps, la saleté en suspension dans l'air et la pollution finissent par salir et décolorer les tapisseries et autres textiles pendus aux murs tels que les courtepointes et les tapis. Les conservateurs recommandent d'user de la plus grande prudence lorsqu'on nettoie une tapisserie de laine, particulièrement s'il s'agit d'une œuvre de prix. Dès qu'elle est mouillée, la tapisserie est susceptible de se fendre et de s'étirer, si elle n'est pas soutenue de tous les côtés. En général, si la pièce est plus grande que votre baignoire, n'essayez pas de la nettoyer vous-même. Recourez aux services d'un teinturier qualifié ou d'un conservateur spécialiste des étoffes.

Technique: Pour éviter les déchirures et les distorsions, il est primordial que la pièce soit posée à plat pendant que l'on procède à son nettoyage. Vous pouvez donc la poser sur un cadre de nylon ou de fibre de verre (en vente dans les quincailleries) avant de la plonger dans la baignoire. Passez d'abord l'aspirateur doté du suceur à épousseter sur la pièce afin d'en détacher la saleté et les particules. Usez de délicatesse, à défaut de quoi vous useriez les fibres. Si la tapisserie est très délicate, posez un morceau de bas nylon ou un tamis de fibre de verre à l'extrémité du suceur. Ensuite, il est essentiel d'éprouver la solidité de la couleur. À l'aide d'un compte-gouttes, laissez tomber quelques gouttes d'eau tiède ou distillée sur chacune des couleurs, en particulier les tons de rouge. Épongez à l'aide d'un essuie-tout ou d'un chiffon blanc propre, par exemple de la mousseline ou de la toile pour literie afin de voir si la couleur déteint. Répétez le procédé à l'aide d'une solution détergente composée d'une cuillerée à savon à lessive dilué dans quatre litres d'eau. Étant donné que plusieurs détersifs du commerce contiennent des additifs, dont des agents de blanchiment qui peuvent laisser un résidu qui attirerait par la suite la saleté, les conservateurs emploient un nettoyant surfactant anionique au pH équilibré appelé Orvus. Si le test de la solidité de la couleur échoue, consultez un professionnel.

Posez la tapisserie à plat sur la moustiquaire et plongez-la dans l'eau de source ou distillée tiède pendant 10 minutes afin de détacher la saleté des fibres. Si votre baignoire est dotée d'une douchette, rincez la tapisserie sous un jet doux d'eau tiède, puis laissez se vider la baignoire. Répétez le rinçage jusqu'à ce qu'il ne reste plus de bulles de savon dans la baignoire. Afin de nettoyer l'envers de la tapisserie, enroulez-la sur un tube de plastique d'un diamètre d'au moins 10 cm et déroulez-la l'endroit contre la moustiquaire pour éviter les déchirures et distorsions. Répétez le procédé de rinçage avec jets d'eau tiède et égouttage de la baignoire, jusqu'à ce qu'il n'y ait plus de bulles de savon. On devrait procéder au rinçage final avec de l'eau de source purifiée ou de l'eau distillée, exempte de dépôts minéraux et de polluants qui risqueraient de rompre les fibres.

Sortez la tapisserie et la moustiquaire de la baignoire pour les poser sur une surface sûre où elle séchera. Afin d'accélérer le séchage, enroulez-la dans deux épaisseurs de mousseline ou de toile pour literie blanche et propre. Déroulez la tapisserie sur la moustiquaire où elle séchera. En actionnant un ventilateur ou un oscillateur, la tapisserie séchera plus vite, mais ne tentez jamais de brusquer les choses en mettant la tapisserie dans le sèche-linge.

Conseils pour épargner du temps: Nettoyer comme il se doit une tapisserie est une tâche ardue, et sauter l'une des étapes pour gagner du temps pourrait l'abîmer. Un coup d'aspirateur deux fois par mois préviendra l'accumulation de poussière et de saleté. Vous saurez qu'une tapisserie est propre en l'épongeant à l'eau fraîche après y avoir passé l'aspirateur. Versez-y quelques gouttes d'eau de source ou distillée, puis épongez avec un chiffon de mousseline ou de toile pour literie blanche pour vérifier la présence ou l'absence de saleté.

Mise en garde: Les fibres imbibées d'eau sont très fragiles. Ne pliez pas une tapisserie mouillée et ne la soulevez pas par sa bordure. Vous risqueriez de la déchirer ou de la déformer.

UNE HISTOIRE PROPRE, PROPRE, PROPRE

Une légende fumante

La légende veut qu'à la fin du XVIIe un ivrogne titubant ait renversé, dans un bar parisien, une lampe à l'huile sur une magnifique tapisserie. À mesure que le kérosène envahissait la tapisserie, ses couleurs devenaient plus vives et plus propres. Ainsi débuta le nettoyage à sec. Inutile de préciser que cette méthode ne vous est pas recommandée.

Taxidermie

Empêchez la poussière et la saleté de s'accumuler sur vos trophées de chasse en suivant ces simples mesures préventives. Exposez vos animaux empaillés loin de la lumière du soleil si vous ne voulez pas que votre ours noir finisse par ressembler à un ours polaire! Une pièce à température contrôlée et libre de toutes traces de fumée (foyer, cigarette, cuisine) et d'humidité (salle de bains, salle de lavage) est le meilleur endroit pour votre collection.

Technique: Au moins une fois par mois, enlevez la poussière de la fourrure en utilisant un pinceau d'artiste de 3 cm. Frottez d'un mouvement doux et régulier dans le sens du poil. Les yeux, les dents, le nez, les cornes et toutes autres surfaces dures doivent être nettoyées à l'aide d'un tissu légèrement humide (pas mouillé), ou alors à l'aide d'un chiffon antistatique tel qu'en utilisent les photographes. Faites attention car l'humidité peut étirer la peau ou la fourrure des animaux empaillés.

Bien que le principal ennemi de vos trophées de chasse soit la poussière, les petits insectes nuisibles qui se nourrissent de matière organique animale peuvent devenir un problème et ce, depuis que l'arsenic n'est plus utilisé dans le processus de préservation. Les musées congèlent régulièrement leurs pièces empaillées afin de tuer tout insecte ou larve. S'il est suffisamment grand, vous pouvez aussi utiliser votre congélateur afin d'enrayer toute infestation. Si en inspectant votre trophée, vous y trouvez de petites ailes ou des peaux de larves placez-le dans le congélateur, nous dit Catharine Hawks, une conservatrice en pratique privée de Falls Church en Virginie. Commencez par enlever toute nourriture du congélateur. Mettez ensuite votre pièce empaillée dans un sac de plastique fermé hermétiquement, afin d'éviter tout contact avec la moisissure, ce qui pourrait altérer la peau de l'animal. La congélation est plus efficace lorsqu'elle est effectuée à – 15 °C pendant au moins une semaine. Si votre congélateur ne congèle pas à une température aussi basse, il faut congeler plus longtemps. Si la température de congélation est de – 6 °C par exemple, vous avez besoin de 30 jours de congélation afin d'enrayer la prolifération d'insectes et leur développement subséquent. Prenez la température de votre congélateur en posant un thermomètre à confiserie dans un verre d'eau.

Conseils pour épargner du temps: La poussière s'enlève très bien à l'aide d'un sèche-cheveux qui pousse de l'air tempéré.

En moins de deux: Vous ne possédez pas de pinceau d'artiste? Une brosse quelconque à poils doux ou un plumeau fera tout aussi bien l'affaire. Souvenez-vous: il faut toujours nettoyer dans le sens du poil.

Mise en garde: Veillez à porter des gants de caoutchouc ou des gants chirurgicaux lorsque vous touchez vos trophées de chasse. Cela évite d'y transférer les huiles de la peau et donc d'attirer la poussière sur la fourrure. Si vous possédez une pièce empaillée avant les années 1970, sachez que celle-ci a été traitée à l'arsenic. Ne la nettoyez pas manuellement. La seule et unique méthode pour nettoyer efficacement ces trophées consiste à utiliser un aspirateur à filtre contre les particules d'air à efficacité maximale. Ces aspirateurs — fabriqués par Electrolux — ne renvoient pas la poussière dans l'air. Cependant, il serait sans doute aussi judicieux de faire appel à un conservateur professionnel pour l'entretien des pièces datant d'avant 1970. Pour en connaître un près de chez vous, contactez votre musée et demandez que l'on vous recommande quelqu'un.

Vous possédez des oiseaux empaillés? Ne brossez pas les plumes et ne les essuyez pas non plus. Cela risquerait de les endommager.

UNE HISTOIRE PROPRE, PROPRE, PROPRE

LONGUE VIE À TOI, TRIGGER!

Trigger, le célèbre cheval de Roy Rogers, a fait plus de 188 films et feuilletons télévisés. Vedette de plein droit s'il en est une, mort en 1965, la légende de ce palomino blond est bien plus qu'un simple souvenir vidéo. Vous pouvez en effet lui rendre visite et l'admirer au musée de Dale Evans à Victorville en Californie.

«Trigger est une pièce montée» nous dit Roy Rodgers fils, président directeur du musée administré par la famille. «Ne dites jamais de lui qu'il est empaillé.» Après sa mort à l'âge de 33 ans, la peau du célèbre cheval a été tendue sur un moule en fibre de verre qui souligne les particularités physiques de la structure osseuse et musculaire de Trigger.

Plus de 100 000 personnes viennent annuellement dans ce bled désertique pour l'admirer. Alors, il doit toujours être présenté sous son meilleur jour.

«Les pièces montées de ces dernières années sont d'entretien beaucoup plus facile qu'auparavant», nous dit M. Rogers. Une fois l'an il essuie deux fois de suite la fourrure de Trigger avec une solution d'alcool. «Cela enlève toutes traces de contaminants que l'on trouve dans l'air, qui décolorent la fourrure et lui enlèvent son lustre.»

La crinière et la queue sont délicatement brossées afin d'y enlever la poussière. Pour ce faire, on utilise un aspirateur normal à environ 6 cm des poils. Pour éviter que la fourrure n'entre en contact avec les huiles de la peau, M. Rogers porte des gants durant ce nettoyage.

En tant que directeur du musée familial, M. Rogers porte une attention toute particulière aux quelque 200 autres pièces montées et souvenirs. «Je fais un peu de tout. Si une toilette est engorgée, je suis appelé à la rescousse tout autant que pour autre chose. Et je porte aussi des gants pour ce genre de travail!»

Téléphones

Chaque fois que vous utilisez votre téléphone, vous entretenez avec lui un rapport intime. En effet, l'échange des huiles de la peau, des produits capillaires, des poussières, saletés et autres germes ressemble à s'y méprendre à une rencontre intimiste. C'est pourquoi nous devrions tous tenter de garder nos appareils plus propres.

Technique: Un linge trempé dans de l'alcool à friction ordinaire enlèvera toutes traces de saleté sur les téléphones de plastique. Non seulement votre appareil sera propre, il sera aussi désinfecté, l'alcool ayant cette double propriété. Prenez soin de verser l'alcool sur le linge, et non sur le téléphone, puis essuyez complètement. Enlevez la poussière à l'aide de cotons-tiges trempés dans de l'alcool. Cela les nettoiera, nous dit William Ruhe, propriétaire de Atlantic Telephone and Data Services à Whitehall, en Pennsylvanie.

Les bornes polaires métalliques à la base des téléphones sans fil ne devraient pas être trempées. Nettoyez-les à l'aide d'une gomme à effacer, nous suggère M. Ruhe.

Conseils pour épargner du temps: Il ne faut pas négliger de nettoyer le boudin du cordon, surtout pour ceux qui en possèdent des versions extra-longues du type marcher-partout-tout-en-parlant. Ceux-ci peuvent devenir particulièrement sales à force de traîner sur les planchers. Pour les nettoyer, il suffit de les désengager de la base de l'appareil et du combiné puis de les étirer en les passant entre les plis d'un linge que vous aurez préalablement vaporisé généreusement d'un nettoyant tous usages.

En moins de deux: Vous n'avez pas d'alcool à friction sous la main? Qu'à cela ne tienne, un nettoyant tous usages ou désinfectant de marque quelconque fera tout aussi bien l'affaire.

Mise en garde: Ne vaporisez jamais dans les trous du combiné, ni dans les boutons poussoirs. Les téléphones de plastique s'égratignent facilement, donc attention aux nettoyants abrasifs! Optez plutôt pour un chiffon doux.

Téléviseurs

L'Américain moyen passe en moyenne trois heures par jour devant son téléviseur. Plus l'appareil fonctionne souvent, plus il est poussiéreux. En effet, l'électricité statique produite par un appareil en marche joue un peu le rôle d'un aimant à poussière.

Technique: Il va sans dire que la poussière s'accumule sur l'appareil tout entier, et pas seulement sur l'écran. C'est pourquoi il faut nettoyer son téléviseur hebdomadairement, nous dit Carol Seelaus, instructrice en nettoyage rapide à la Temple University à Philadelphie et propriétaire de Somebody's Gotta Do It, un service de nettoyage professionnel. Polissez l'écran à l'aide d'un linge ou d'un essuie-tout humecté de nettoyant liquide pour le verre. Assurez-vous de bien rejoindre toutes les petites crevasses, encoignures et autres endroits difficiles d'atteinte autour des boutons, là où la poussière risque de s'accumuler. Ne négligez pas l'arrière du téléviseur, là où se ramassent tous

Téléphages, bougez de là!

Ahhhh! Vous voici finalement fin prêt pour une soirée décontractée devant la télé. Maïs soufflé dans une main, télécommande dans l'autre. «Chaque personne que je connais, nous dit Carol Seelaus, instructrice en nettoyage rapide de la Temple University à Philadelphie et propriétaire de Somebody's Gotta Do It, un service de nettoyage professionnel, a du maïs soufflé entre les coussins de son divan et de la graisse sur sa télécommande.»

La télécommande fait partie des objets négligés de la maison, comme le téléphone et les poignées de portes. Touchés fréquemment, peu souvent nettoyés, ce sont les éternels oubliés. Donc, la prochaine fois que vous vous retrouverez devant votre petit écran en vue d'une soirée télé, apportez avec vous de l'alcool à friction, quelques essuie-tout, deux ou trois cotons-tiges, et nettoyez votre télécommande. L'alcool s'évapore rapidement, aussi fait-il vraiment le meilleur nettoyant à utiliser sur des appareils électroniques, tout en présentant moins de risques de mouiller les composantes internes. Trempez le coton-tige dans l'alcool afin de nettoyer les boutons et autour des fentes; trempez l'essuie-tout pour nettoyer le boîtier de plastique. Ne versez jamais l'alcool sur le boîtier, sinon vous vous verrez dans l'obligation de vous lever chaque fois que l'émission présentée à l'écran ne vous intéressera plus!

les câbles, fils et autres raccords qui lient ensemble le lecteur de vidéocassette, les jeux vidéo et la télécommande. Les cabinets de bois peuvent être époussetés à l'aide de poli pour meubles.

Conseils pour épargner du temps: S'il n'y a pas d'empreintes digitales à nettoyer, époussetez votre appareil avec le suceur à épousseter lorsque vous passez l'aspirateur dans la salle de télé.

En moins de deux: Vous n'avez pas de chiffon antistatique? Qu'à cela ne tienne, un linge humecté de nettoyant liquide pour le verre tel le Windex amassera la poussière tout aussi efficacement. Cependant, assurez-vous que le linge soit vraiment humide, sinon vous ne ferez qu'étaler la poussière.

N'utilisez jamais d'objets pointus dans les fentes de ventilation du téléviseur dans le but de les nettoyer – ni pour quelque autre raison d'ailleurs. Ne vaporisez jamais un nettoyeur liquide directement sur l'appareil. Du liquide pourrait s'infiltrer dans les composantes électroniques et détruire votre appareil. En dernier lieu, ne tentez jamais de nettoyer votre appareil lorsqu'il fonctionne.

Tentes

Qu'elles soient de nylon ou de jute, les tentes sont faites pour la vie en pleine nature. Cependant, il faut garder en tête que camper signifie communier avec mère Nature, et non s'y vautrer. Vous négligez le nettoyage de votre tente? La poussière accumulée usera les fibres de nylon.

«Quel que soit l'endroit où se trouve le cumul de poussière, c'est là où l'usure de votre tente commencera», nous dit Eric Hagerman, éditeur associé pour le compte du magazine *Outside*. La poussière offre un milieu organique adéquat à l'émergence de moisissures, ce qui en retour causera une perte irréversible de la force des fibres du matériel de votre tente, provoquera des tavelures d'humidité et une odeur désagréable. Si les conditions sont réunies, à savoir l'humidité, la noirceur et la chaleur, la moisissure apparaîtra en deçà de 72 heures. Afin de prévenir cet état de choses, et pour que votre tente ne s'use avant le temps, vous devriez la laver et l'assécher au retour de chaque expédition de camping.

Technique: Vous voilà de retour d'un week-end de camping. Replantez votre tente une dernière fois, dans le garage, dans le sous-sol ou dans la cour. Lavez-la à l'aide d'une éponge trempée dans de l'eau savonneuse – un liquide à vaisselle tel le Dawn fait bien l'affaire puis rincez-la à l'eau claire avec une éponge. Ensuite, à l'aide d'une vieille serviette de bain, épongez l'excédent d'eau. «Laissez votre tente montée jusqu'à ce qu'elle soit vraiment très sèche», nous dit M. Hagerman. La remiser alors qu'elle est encore humide ne fait qu'inviter la moisissure. C'est la même chose si vous la rangez dans un endroit humide tel qu'un sous-sol, car même si la tente est sèche, le plancher est humide. Lorsqu'elle est sèche, roulez votre tente sans trop la serrer dans un sac ou une taie d'oreiller. Cela laisse passer l'air. «Si vous la rangez dans son sac habituel, vous encouragez la formation de moisissure», nous dit M. Hagerman.

Une fois l'an, de préférence à la fin de la saison de camping, protégez chaque couture d'un imperméabilisant, inspectez les fermetures à glissière et vaporisez de silicone celles qui accrochent.

Conseils pour épargner du temps: Écourtez le temps de séchage en utilisant un sèche-cheveux. Ou alors, suspendez vote tente sur une corde à linge double.

En moins de deux: Vous n'avez pas le temps de laver votre tente à l'éponge? Au moins, suspendez-la pour la faire sécher avant de la ranger.

UNE HISTOIRE PROPRE, PROPRE, PROPRE

Quand les tablettes de chocolat nous font la vie dure!

Les tentes de nylon en forme de dôme utilisées par Canyon Explorations de Flagstaff en Arizona, sont montées et démontées plus de 100 fois par saison en bordure de la rivière du Colorado dans le Grand Canyon. Le sable est l'ennemi numéro un du nettoyage. Il affaiblit le tissu et obstrue les fermetures à glissière. Cependant, le plus gros du sable peut être secoué. Par contre, les campeurs négligents sont la cause première des grands problèmes de nettoyage.

Mise en garde: N'utilisez ni solvant ni savon abrasif pour nettoyer votre tente. Cela endommage l'imperméabilité du tissu. Ne la lavez pas au lave-linge non plus. Cela risque fort de déchirer les coutures et de réduire en miettes les moustiquaires.

«Deux à trois fois par année, une tente nous revient complètement poisseuse et toute sale», dit Mark Piller, directeur des opérations. Le problème, c'est un restant de tablette de chocolat fondu sous la chaleur du soleil. Pour nettoyer ce type de dégât, il faut racler le chocolat dès que possible pour en enlever le plus possible, sinon la chaleur et le temps permettront à la tache causée par le chocolat de s'incruster dans les fibres. Épongez à l'aide d'une solution contenant un bouchon de liquide à vaisselle mélangé à un seau d'eau, pour enlever les parti-cules du tissu. Le liquide et le détergent travaillent plus efficacement sur des taches de ce type. Ensuite, naturellement, il faut rincer la tente, enlever le savon méticuleusement et la faire sécher. Assurez-vous que celle-ci soit bien sèche avant de la ranger.

Ternissures

On dit d'une statue de bronze vieillie ou ternie qu'elle a une certaine patine. Cela est considéré comme faisant partie du processus normal de vieillissement; on dit même que cela accentue la beauté des objets. Cependant, sur la plupart des métaux, l'enlèvement régulier de la ternissure est recommandé, par mesure préventive, afin de s'assurer que celle-ci ne s'incruste pas dans le fini.

La ternissure, aussi connue sous les noms de dédorage ou désargentage, est le procédé de décoloration qui survient lorsque le métal réagit aux sels et acides, voire même à l'oxygène. Au fil du temps, toute la brillance du cuivre, de l'argent, de l'or et du laiton noircit, ou plutôt se ternit. Pour ce qui est de l'aluminium qui lui, réagit au sel présent dans l'air, la ternissure se présente sous la forme d'une croûte blanchâtre.

Technique: Vous voulez garder vos métaux brillants de propreté? Alors lavez-les et polissez-les régulièrement. Utilisez un produit commercial spécifique à chacun des métaux ou alors faites votre propre pâte à l'aide de divers produits ménagers. (Voyez les conseils spécifiques à chaque métal sous la rubrique appropriée.)

Il existe quatre méthodes de base pour redonner à vos métaux leur brillance d'origine.

- La première est l'abrasion. Combinez un récurant abrasif et la force du poignet pour frotter.
- La deuxième consiste à tremper l'objet à nettoyer dans une solution acide.
- La troisième consiste à appliquer une pâte alcaline sur la surface à nettoyer et à frotter. Laissez sécher puis rincez.
- La quatrième consiste à submerger l'objet dans une solution acide.

Ce que l'on trouve dans le garde-manger peut parfois servir de base à un bon poli maison: jus de citron, vinaigre, sel, crème de tartre, bicarbonate de soude, huile d'olive et même la pâte dentifrice. Appliquez le poli ou la pâte à l'aide d'une éponge, d'un linge propre ou d'une brosse à poils doux.

Pour ce qui est du laiton ou du cuivre qui nécessitent un abrasif plus fort que l'argent, mélangez 5 ml de sel et 15 ml de farine avec suffisamment de vinaigre pour faire une pâte. Appliquez vigoureusement celle-ci à l'aide d'une éponge, puis laissez sécher. Rincez ensuite le tout dans de l'eau chaude et polissez à l'aide d'une serviette propre jusqu'à ce que cela brille.

Même si différents métaux nécessitent différents degrés d'abrasion et de frottage, vous pouvez utiliser un nettoyant tous usages pour le métal tout aussi efficacement. Frottez de la craie à tableau sur un morceau de tissu humide et rugueux et polissez la surface. Cela enlève la saleté et la graisse sans égratigner.

<u>Conseils pour épargner du temps:</u> Vous voulez épargner du temps et vos muscles? Alors optez pour la méthode de submersion totale. Les taches sur de l'aluminium peuvent être enlevées en faisant frémir, sur feu doux pendant une heure environ, de l'eau contenant un ingrédient acide tel deux demi-tomates ou deux ou trois demi-citrons ou encore un pamplemousse coupé en quartiers, plus 250 à 500 ml de rhubarbe fraîchement coupée.

<u>En moins de deux:</u> Les qualités acides du jus de citron pur aideront à enlever toutes traces de ternissure sur le laiton, le cuivre ou le bronze. Le zeste blanc de sa chair servira quant à lui à polir le chrome.

<u>Mise en garde:</u> Le bicarbonate de soude et les détergents à base de soude ne sont pas recommandés pour nettoyer l'aluminium.

Terre

ACTION D'URGENCE

Si elle est sèche, brossez-en le plus possible avant le lavage. Si elle est boueuse, laissez-la sécher avant toute chose. À tenter de nettoyer de la terre mouillée sur un vêtement, vous ne réussiriez qu'à l'incruster davantage dans les fibres. Il est plus facile d'enlever de la terre lorsqu'elle est sèche à l'aide de l'aspirateur ou d'une brosse.

En Amérique du Nord, on retrouve cinq principaux types de sol: le sable, le calcaire, l'argile, la vase et la tourbe. En général, les sols composés de particules plus fines, notamment l'argile et la vase, tachent plus rapidement que les sols granuleux tels que le calcaire. «Les particules plus petites pénètrent plus profondément à l'intérieur des fibres», explique Beth McIntyre, économiste à l'emploi de Maytag Appliances à Newton dans l'Iowa. Quel que soit le type de sol dont provient la tache, la technique de nettoyage reste la même.

<u>Technique:</u> Brossez la saleté superficielle avant qu'elle ne s'incruste. Faites tremper en eau froide pendant quelques minutes afin de déloger les particules. Apposez ensuite une pâte faite de détergent en granules et d'un peu d'eau. «Les détergents en granules délogent la terre et la boue mieux que les détersifs liquides», dit Mme McIntyre. Lavez en eau la plus chaude que puisse supporter l'étoffe. Vous pouvez ajouter un javellisant sûr pour toutes les étoffes afin de renforcer la puissance nettoyante du détergent. Assurez-vous que la tache a disparu avant de mettre le vêtement à sécher.

Conseils pour épargner du temps: Il n'est pas utile que les vêtements trempent pendant des heures avant le lavage. Le gros de l'action nettoyante survient au cours de la première demi-heure, selon Mme McIntyre. Réglez votre lave-linge au cycle de trempage prélavage afin de vous épargner temps et efforts. Les programmes des lave-linge, dont la durée de trempage est prévue pour 20 à 30 minutes, sont suffisants.

En moins de deux: Si la tache subsiste, préparez la pâte avec du détergent en granules et de l'ammoniaque en remplacement de l'eau, nous conseille Jane Rising, instructrice au département de l'éducation de l'International Fabricare Institute à Silver Spring dans le Maryland. Lavez selon les directives précédentes. (Si le détergent contient un javellisant chloré, ne le délayez pas avec de l'ammoniaque. Des émanations toxiques s'en dégageraient.

Mise en garde: Usez de précautions lorsque vous préparez une pâte à partir d'un détergent en granules qui contient un javellisant. Ce dernier peut faire pâlir l'étoffe; aussi, ne laissez pas la pâte sur le vêtement pendant plus de 5 à 10 minutes. Lisez attentivement le mode d'emploi et les précautions d'usage paraissant sur le conditionnement d'un produit.

Timbres

Chez les philatélistes, le nettoyage des timbres signifie en supprimer les sceaux de la Poste pour en faire un usage frauduleux et illégal. Cependant, le nettoyage peut également consister à décoller un timbre de l'enveloppe sur laquelle il est apposé.

Technique: Afin de décoller un timbre affranchi d'une enveloppe, découpez-le en laissant une mince bordure de papier autour du timbre. Faites-le tremper dans un bol d'eau tiède. «Faites le test comme pour le bain de bébé; si l'eau est trop chaude pour votre poing, elle est trop chaude pour les timbres », dit Carol Cervenka, secrétaire trésorière de l'International Society of Worldwide Stamp Collectors à Caddo Mills au Texas, qui collectionne les timbres depuis plus de 50 ans. Lorsque le liant entre le timbre et l'enveloppe est dissout, tirez délicatement le timbre de son bain du bout des doigts. (Vos mains doivent être propres.) Posez le recto contre un essuie-tout blanc (la teinture d'un essuie-tout de couleur pourrait se transférer au timbre et le gâter). Si la bordure blanche du timbre commence à onduler, couvrez-le d'un autre essuie-tout sur lequel vous poserez un livre lourd.

Les timbres font souvent de la moisissure en raison du saccharose que contient leur gomme. Aussi, laissez-les sécher pendant 24 heures. Vous pouvez alors ranger les timbres sans colle dans une petite boîte jusqu'à ce que vous ayez le temps de les mettre dans un album. Employez un dessiccatif comme on en trouve dans les flacons de vitamines en comprimés pour chasser l'humidité de la boîte. Manipulez les timbres à l'aide d'une petite pince et non avec les doigts, dont les huiles organiques provoqueront éventuellement la décoloration. Les pinces à épiler sont déconseillées car leur surface intérieure abrasive risque d'abîmer les timbres.

Conseils pour épargner du temps: Attendez d'avoir plusieurs enveloppes avant de procéder au nettoyage. Le volume vous fera épargner du temps.

En moins de deux: Afin de réchapper les timbres abîmés par la moisissure, préparez un bac contenant huit litres d'eau tiède, une généreuse cuillerée à thé d'eau de Javel et quelques gouttes de détergent liquide pour la vaisselle. Faites-les tremper pendant 30 secondes. Agitez délicatement l'eau afin de détacher la saleté. Rincez-les dans un second bac contenant de l'eau tiède. Ne les rincez pas à l'eau courante car vous risqueriez de les abîmer davantage. Faites-les sécher comme nous l'avons expliqué précédemment.

Mise en garde: Il s'agit d'un geste illégal que d'effacer de façon intentionnelle le sceau d'affranchissement des timbres-poste. Ne mettez pas à tremper des timbres apposés sur des enveloppes de couleurs vives, en particulier les enveloppes rouges des cartes de Noël. La teinture colorerait l'eau de trempage et les timbres. Il appert que les enveloppes du courrier aérien, bordées des stries rouges et blanches, déteignent à l'eau. Pour éviter cet inconvénient, employez un produit du commerce servant à détacher les timbres (en vente dans les boutiques spécialisées dans le matériel de philatélie). Si vous tenez à faire tremper de telles enveloppes, procédez un timbre à la fois.

Tiroirs

Enlever les tiroirs d'une commode sous-entend qu'il faudra les remettre en place. Puisque réaligner les billes de roulement sur la glissière peut être ardu — la plupart des tiroirs fonctionnent désormais sur un roulement à billes —, voici une besogne que l'on accomplit en partie ou pas du tout.

Technique: La méthode la plus facile pour nettoyer des tiroirs tient dans un aspirateur portable ou un aspirateur auquel est fixé un suceur à épousseter, selon Marry Keener, adjointe au directeur de la gestion des installations à l'université de l'Arizona à Tucson. Enlevez le contenu de chaque tiroir et passez-y l'aspirateur. C'est là tout le nettoyage nécessaire.

Si un tiroir nécessite un nettoyage plus rigoureux, essuyez-en l'intérieur à l'aide d'une éponge savonneuse; rincez à l'eau fraîche. Asséchez-le bien avant d'y remettre vos effets personnels.

Tissus d'ameublement

Les taches sur les tissus d'ameublement ne sont visibles que lorsque ceux-ci sont vraiment sales. Alors mieux vaut adopter une routine régulière de nettoyage. Si la saleté de votre ameublement est visible à l'œil nu, un simple nettoyage à l'aspirateur ne suffira probablement pas. Il faudra alors passer au plan B.

Le nettoyage des tissus d'ameublement est un art qui requiert patience et habileté, et à moins de savoir quoi faire dans tous les cas difficiles — la teinture qui lâche, l'apparition de taches jaunes, brunes, ou de cernes d'eau — mieux vaut faire appel à un spécialiste.

Il y a beaucoup d'inconnus lorsqu'on s'apprête à nettoyer son ameublement. Vous ne savez pas ce qu'il y a sous le tissu qui recouvre vos meubles. La bourre utilisée peut contenir de la couleur qui rejaillira en surface si, par exemple, vous mouillez trop le tissu pendant que vous le nettoyez. Une fois sec, des taches brunes peuvent apparaître sur le tissu, ou celui-ci peut rétrécir.

«Les vices cachés peuvent resurgir», nous dit Claudia Ramirez, ancienne vice-présidente administrative de l'Association of Specialists in Cleaning and Restoration d'Annapolis Junction dans l'Etat du Maryland. Parfois, lors de la fabrication, on utilise des stylos pour numéroter les coussins. «Pendant que vous nettoyez, vous pouvez très bien voir apparaître un numéro sur votre tissu», nous dit-elle.

Les tissus d'ameublement sont souvent composés d'un mélange de fibres qui réagissent différemment au lavage. Mieux vaut faire un test au préalable en un endroit peu apparent avant d'appliquer quelque produit nettoyant que ce soit. Bien que les fibres synthétiques telles le

FROTTEZ-MOI ÇA

Les mousses détachantes: une idée décapante?

L'Association of Specialist in Cleaning and Restoration d'Annapolis Junction, dans l'Etat du Maryland, souligne que certaines mousses nettoyantes de fabrication commerciale pour tissus d'ameublement contiennent des agents de blanchiment fluorescents dont l'usage donne au tissu une apparence initiale de propreté immaculée, mais qui jaunissent à la longue ou à la suite d'une exposition aux rayons ultraviolets.

«A l'œil, les agents de blanchiment font croire que le tissu est immaculé car il apparaît plus propre», nous dit Claudia Ramirez, ancienne vice-présidente administrative de l'*Association of Specialists in Cleaning and Restoration* d'Annapolis Junction dans l'Etat du Maryland. «Ce qui est perçu comme étant vrai est considéré comme étant la réalité. Alors si le tissu semble plus propre c'est qu'il l'est.»

Bien que les mousses nettoyantes peuvent enlever une certaine quantité de saleté, elles laissent des résidus qui peuvent causer le jaunissement. Si cela vous arrive, parlez-en à un teinturier professionnel.

nylon, le polyester et l'oléfine résistent bien au nettoyage à l'eau, les fibres naturelles telles le coton, la soie, le lin et la laine risquent de rétrécir, tacher, ou perdre de leur couleur.

Si toutefois vous êtes déterminé et que vous voulez essayer de nettoyer votre tissu d'ameublement, deux méthodes s'offrent à vous: le nettoyage à l'eau chaude ou le shampooing à grande eau.

Le nettoyage à l'eau chaude

Appelé aussi nettoyage à la vapeur, ce procédé (pourtant sans vapeur) consiste à extraire saletés et résidus des tissus à l'aide d'une machine qui les imbibe d'un mélange d'eau chaude et de détergent spécialement conçu à cet effet, pour l'aspirer par la suite. Ce procédé est efficace surtout pour enlever les résidus laissés par les nettoyages antérieurs. Cependant, avant de commencer, n'oubliez pas de vérifier la solidité des couleurs en appliquant, dans un endroit discret, un peu d'eau que vous épongerez par la suite à l'aide d'un linge blanc. Si la couleur de votre tissu ne lâche pas, essayez de nouveau en utilisant cette fois-ci un peu du mélange d'eau et de détergent. Si, lors de l'un ou l'autre test, la couleur de votre tissu apparaît sur le linge blanc, consultez un professionnel.

Si votre tissu passe le test, les experts de la *Michigan State University Extension* de East Lansing suggèrent de procéder avec la technique du lavage à l'eau chaude en faisant attention à ne pas trop imbiber le tissu. Cette mise en garde est importante, car un tissu trop mouillé risque de déteindre ou de voir sa couleur s'altérer à cause du bois utilisé pour le cadre ou la bourre des coussins. Cela augmente aussi le risque de moisissure.

Une fois le nettoyage terminé, ouvrez les fenêtres et utilisez des ventilateurs pour accélérer le séchage. Le tout ne devrait pas excéder vingt-quatre heures.

Le shampooing à grande eau

Les experts de la Michigan State University Extension conseillent d'utiliser une marque commerciale telle le nettoyant pour meubles Scotch Gard, ou de préparer votre propre shampooing avec une demi-cuillerée à thé de détergent liquide pour la vaisselle que vous ferez mousser dans un quart de litre d'eau tiède. Vérifiez avant tout la solidité des couleurs, puis appliquez la mousse à l'éponge ou à la brosse douce en frottant délicatement dans la trame du tissu. Ne travaillez qu'une toute petite partie à la fois en rinçant au fur et à mesure que vous avancez à l'aide d'une éponge trempée dans de l'eau propre. Faites attention à ne pas trop imbiber le tissu tout en vous assurant d'enlever toutes traces de savon. Cette étape est importante: s'il reste des résidus dans votre tissu, la saleté et les taches vont réapparaître plus rapidement.

Conseils pour épargner du temps: Vous pouvez réduire vos coûts d'entretien et le temps et l'énergie que cela nécessite si vous adoptez une routine régulière. Par exemple, passez l'aspirateur une fois par semaine sur votre fauteuil préféré et une fois par mois pour tout le mobilier utilisé lors d'occasions spéciales. La poussière sur les tissus ne se voit pas autant que celle sur les meubles de bois mais cela ne veut pas dire qu'elle n'est pas là. Les acariens de poussière sont présents avec leurs petits camarades.

«Passer l'aspirateur enlève la saleté en surface avant qu'elle n'atteigne l'intérieur de la fibre», nous dit Mme Ramirez. De plus, du point de vue sanitaire, c'est préférable. «Lorsque vous vous assoyez dans votre fauteuil préféré, vous y laissez des petites peaux mortes. Les acariens, de petites bestioles invisibles à l'œil nu, s'en nourissent. Les excréments et les autres déchets qu'ils y laissent sont sources d'allergies», nous explique Mme Ramirez.

Le nettoyage à l'aspirateur doit se faire de façon systématique: les deux faces des coussins, le dos du meuble et ses côtés, les bras et l'assise sous les coussins. Un appareil muni d'accessoires pour le mobi-lier et d'une caisse à sacs jetables est préférable, puisqu'il est conseillé de changer le sac dès qu'il est plein aux trois-quarts.

En moins de deux: Si vous ne possédez pas d'aspirateur à caisse, vous pouvez toujours brosser votre mobilier rembourré. Prenez l'habitude de nettoyer les taches aussitôt que possible. D'abord enlevez tout excès, puis en travaillant depuis le centre de la tache, appliquez à l'éponge le mélange d'eau et de détergent liquide mousseux pour les tissus lavables à l'eau, ou utilisez un nettoyant à base de solvant pour les tissus qui nécessitent un nettoyage à sec. Épongez fréquemment et faites attention à ne pas trop imbiber l'endroit où il y avait la tache car cela risquerait de faire apparaître des cernes de décoloration.

Mise en garde: Il arrive que les coussins soient munis d'une fermeture à glissière. À première vue, il est logique de croire que les housses sont amovibles. Cependant cette idée est erronée. Vous ne devriez pas enlever les housses de vos coussins pour les nettoyer. Elles risquent de rétrécir et donc d'être inutilisables subséquemment.

Les produits détachants ne doivent être utilisés que dans des cas bien précis. Ne nettoyez jamais un meuble entier avec ces produits. Cela dégagerait trop de vapeurs toxiques. Lisez les étiquettes attentivement afin d'utiliser ces produits d'une manière sûre et efficace.

Les codes de nettoyage enfin décodés

Les meubles achetés depuis quelques années sont livrés avec des étiquettes portant des guides pour le nettoyage des tissus. Regardez sous les coussins. Certains fabricants ont volontairement adopté l'idée d'indiquer la façon de nettoyer les tissus d'ameublement selon un code uniformisé.

W: Utiliser un nettoyant à base d'eau.

S: Utiliser un solvant ou nettoyage à sec seulement.

W-S: Utiliser au choix une des deux méthodes préalables.

X: Aspirateur seulement. Nettoyant à base d'eau ou de solvant déconseillé.

L'une des difficultés de ces codes, c'est qu'ils sont basés sur la solidité des couleurs, dit Claudia Ramirez, ancienne vice-présidente administrative de l'*Association of Specialists in Cleaning and Restoration* d'Annapolis Junction dans l'Etat du Maryland. Les codes ne sont aucunement responsables du rétrécissement ou de l'apparition de taches brunes, deux des pro-blèmes les plus courants en matière de nettoyage de tissu d'ameublement, surtout en ce qui concerne les fibres naturelles.

Toiles d'araignées

Selon *The Gale Book of Average*, il ne faut pas plus de 30 à 60 minutes à une araignée pour tisser sa toile. Donc, en théorie, si des araignées logent chez vous, vous pourriez enlever les toiles d'araignée pour les voir réapparaître en moins d'une heure.

Technique: L'aspirateur est le meilleur outil pour enlever les toiles d'araignée, mais n'importe quel accessoire à épousseter vous permettra de déloger les toiles des murs, arêtes et plafonds. N'appuyez pas trop pour éviter de laisser des traces ou des carcasses écrasées sur les murs. Allez-y plutôt d'un mouvement pour soulever les toiles et les éloigner de la surface. Secouez le chiffon ou le plumeau ou donnez-lui un coup d'aspirateur.

Conseils pour épargner du temps: Moins il y a d'araignées, moins il y a de toiles. La propreté et l'hygiène sont essentielles au contrôle des araignées. Nettoyez les tas de bois, de pierres, de rebuts, de compost, les vieux cartons et autres saletés qui attirent les araignées. Assurez-vous que les fentes et fissures, le sous-sol et le porche soient aussi secs que possible.

Mise en garde: En présence d'araignées vivantes, portez des gants de jardinage pour éviter leurs piqûres.

Toile de lin

La toile de lin est très absorbante et résistante, et elle est perméable à l'air, mais elle comporte également des inconvénients. Elle se froisse facilement et son entretien n'est pas aussi simple que celui du coton, une autre fibre naturelle.

Technique: Certains articles de lin sont lavables, tandis que d'autres exigent un nettoyage à sec. Lisez donc l'étiquette relative à l'entretien avant toute chose. En général, on conseille le nettoyage à sec pour les tentures, les tissus de recouvrement, les articles décoratifs et les vêtements de lin délicats. On peut laver en eau chaude les mouchoirs, les serviettes de table et certains vêtements de lin, que ce soit à la main ou en machine. Lavez les articles de couleurs en eau froide. Employez un détergent à lessive doux et un javellisant oxygéné tel que Chlorox, si nécessaire. Un javellisant chloré ferait jaunir la toile.

«Les fibres du lin contiennent de la pectine, comme celle qui fait se solidifier les aspics, et, si vous l'enlevez au lavage, la toile devient molle», explique Pauline Delli-Carpini, directrice de l'exploitation chez Masters of Linen, une association commerciale établie à New York. «Cela devient votre griffe personnelle, selon que vous préfériez une toile impeccable ou une toile lâche et froissée.»

On favorise également le nettoyage à sec afin d'épargner le temps du repassage, car le lin froisse à rien. Quant à savoir pourquoi il est si froissable, Mme Delli-Carpini ajoute: «... une fibre de lin n'est pas élastique comme peut l'être la laine, qui compte de nombreuses boucles». Les plus récentes étoffes au pressage permanent et à l'apprêt intachable, composées de lin à 65 p. cent et de polyester pour le reste, sont d'entretien plus facile.

Si vous lavez un article de lin, mettez-le à sécher au sèche-linge à la plus faible température ou au cycle des tissus délicats, pendez-le sur le fil à linge ou enroulez-le dans une serviette de ratine. Quoi qu'il en soit, sortez-le du sèche-linge avant qu'il ne soit trop sec et qu'il soit impossible de faire disparaître les faux plis. Qui plus est, un fer chaud glisse mieux sur une étoffe humide. N'essorez jamais un article de lin. Voici quelques conseils portant sur le repassage:

Repassez l'envers d'un article de lin de couleur foncée pour éviter que l'étoffe ne devienne luisante.

Nettoyez la semelle du fer à repasser pour éviter de tacher l'étoffe.

Repassez l'article de lin de manière à le défroisser sans pour autant l'assécher, puis pendez-le sur un cintre pour qu'il sèche complètement.

Lorsque vous repassez un grande nappe, à mesure que vous y passez le fer, étendez-la sur une table à proximité de la planche à repasser afin d'éviter les faux plis.

Sortez les articles de lin du sèche-linge avant qu'ils ne soient secs et repassez-les sans tarder.

Rangez vos articles de lin dans un sac de plastique au frigo ou au congélateur de six à 24 heures avant de les repasser. «Lorsque vous les sortez du sac et que vous entreprenez le repassage, explique Mme Delli-Carpini, le contact entre le froid et le chaud permet au fer de mieux glisser sur la toile.»

Le fer glissera mieux sur l'étoffe si vous pulvérisez un produit appelé Magic Sizing.

Toile de stores

Ici, un simple époussetage fera beaucoup. Accompli de façon régulière, il reportera l'éventualité d'un nettoyage rigoureux.

Technique: Enlevez les poussières à l'aide d'un plumeau ou avec le suçoir approprié de votre aspirateur électrique. «Époussetez vos stores une fois la semaine, à moins que vous n'habitiez une région très poussiéreuse. Il faudrait alors le faire plus souvent», dit Kay Weireick, directrice de l'entretien à l'Hôtel Bally de Las Vegas et membre du comité consultatif technique pour le compte du magazine *Executive Housekeeping Today*.

Nettoyez les stores de vinyle à raison d'une ou deux fois l'an à l'aide d'une éponge ou d'un chiffon doux imprégné de nettoyant tous usages ou encore d'une solution composée de 65 ml de vinaigre et d'un litre d'eau chaude.

Il existe plusieurs sortes de stores d'étoffe parmi lesquels certains peuvent être lavés et repassés, alors que d'autres doivent être nettoyés à sec. Lisez les étiquettes concernant l'entretien ou téléphonez au fabricant pour vous assurer des soins qui conviennent. Prenez garde si vous tentez de nettoyer un store par endroits seulement. Avant de procéder au nettoyage, éprouvez le produit en un endroit du store soustrait à la vue.

Toilettes

Non, cela ne fait pas aussi mal qu'une chirurgie dentaire, mais jamais travail ménager n'a eu aussi peu d'attraits que celui de nettoyer la cuvette des toilettes. «La plupart des gens répugnent à nettoyer les cuvettes d'appareils sanitaires», nous dit Kent Gerard, un consultant en services de nettoyage d'Oakland en Californie. « Ils se pincent le nez et le font le plus rapidement possible.»

C'est sans doute la raison pour laquelle les fabricants de nettoyants pour les appareils sanitaires cherchent toujours à nous montrer le côté ludique de cette tâche. Rappelez-vous cette ménagère estomaquée de trouver en 1970 un bateau miniature flottant allègrement dans sa cuvette d'un bleu cristallin. Le Ty-D-Bol man — entièrement vêtu de son habit de capitaine de navire — nous assurait que plus jamais nous n'aurions à nous abaisser à cette tâche ingrate. Ce petit gadget, le nettoyant pour cuvette automatique, nous affranchissait d'un seul coup! Il n'avait pas complètement tort. Ces nettoyants automatiques de

Tenez ces germes bien enfermés

Pour éviter que votre salle de bains soit contaminée par toutes sortes de bactéries et virus volatils, abaissez le siège lorsque vous tirez la chasse d'eau.

Des études dirigées par le Dr Charles Gerba, professeur de microbiologie à l'Université de Tucson en Arizona, montrent qu'effectivement le mécanisme de la chasse d'eau rejette dans l'air des millions de gouttelettes infestées de germes qui s'accrochent à tout. Vous pouvez attraper la diarrhée ou même le virus de l'Hépatite A simplement en touchant les surfaces où la bactérie ou la gouttelette infestée s'est déposée. Votre brosse à dents par exemple, ou vos poumons, en respirant ce voile léger émis par la cuvette.

Abaisser le siège n'est qu'un moyen de prévention. Le Dr Gerba conseille également de garder le couvercle fermé jusqu'au prochain usage. Cette émission demeure prête à se volatiliser pour quelque temps encore à la suite de sa formation. En ouvrant le couvercle trop tôt, vous risquez de recevoir le tout en plein visage. Si vous ne désirez vraiment pas faire étalage de votre nouveau savoir en suspendant un écriteau implorant vos usagers de rabattre le siège après usage, l'emploi d'un nettoyant automatique pour cuvettes tel le Ty-D-Bol ou le 2000 Flushes demeure l'un des moyens efficaces d'enrayer le nombre de bactéries propulsées dans l'air.

cuvettes aident à garder la fraîcheur, empêchent les taches et peuvent même allonger le temps entre deux nettoyages. N'empêche qu'un petit coup de brosse et mettre du détergent liquide tel Comet ou Ajax avec javellisant sont indispensables régulièrement. Le bon côté des choses vient du fait que les cuvettes ne sont pas aussi insalubres que l'on croit. «Côté salubrité, la toilette est encore mieux qu'un comptoir si on veut y manger un sandwich», nous dit le Dr Charles Gerba, professeur de microbiologie à l'Université de Tucson en Arizona, dont plusieurs recherches ont porté sur les germes présents dans les maisons.

Technique: Pour bien nettoyer sa cuvette si celle-ci a été tachée par l'eau dure, la rouille, la négligence, vous devez en retirer l'eau. Cela peut se faire de deux façons: forcer l'évacuation d'eau à l'aide d'un siphon, ou alors fermer la valve d'alimentation et actionner la chasse. Les bactéries et les germes qui vivent dans votre cuvette adhèrent aux parois et certaines nichent dans les pores de la porcelaine. Pour les tuer efficacement, faites couler de l'eau bouillante dans votre cuvette et laissez-la se vider. «L'eau chaude ouvre les pores de la peau lorsque l'on veut laver son visage en profondeur, et il en va de même pour les cuvettes sanitaires», nous dit M. Gerard. En utilisant une petite brosse et un

Six petits secrets bien gardés concernant la toilette

1. La partie la plus sale de la cuvette se trouve sous le siège, suivie de près par la base de l'appareil et enfin le sol tout autour.
2. Une personne normale utilise la toilette en moyenne sept fois par jour.
3. Plus votre appareil est vieux, plus il doit être nettoyé souvent. «Plus un appareil est vieux, plus il devient poreux, et les taches s'y incrustent facilement. Plus il est vieux, plus vous devez le nettoyer», nous dit Kent Gerard, un consultant en service de nettoyage d'Oakland en Californie.
4. Dans les toilettes publiques, la première toilette est sans doute la plus propre et celle du milieu la moins propre, car les gens les utilisent quantitativement plus souvent.
5. Les toilettes pour femmes sont plus sales que celles pour hommes. Le sol du cubicule et le réservoir à eau chaude sont les endroits où il y a le plus de bactéries vivantes, tandis que les siège et le haut des côtés sont plus propres vu que la majorité des femmes les couvrent de papier ou les essuient avant usage.
6. Les toilettes publiques les plus propres, sont celles des restaurants franchisés, tandis que les plus insalubres sont celles des postes d'essence.

nettoyant liquide qui contient un javellisant, frottez la cuvette sans oublier les replis, là où les germes d'origine minérale apparaissent. Après avoir frotté partout, ouvrez la valve d'approvisionnement d'eau une fois de plus et laissez la cuvette se remplir avant de tirer la chasse une dernière fois. Selon Bill. R. Griffin, président de Cleaning Consultant Services à Seattle, la meilleure façon de nettoyer une cuvette consiste à s'armer de liquide nettoyant, d'un tampon à récurer, d'une main gantée et de se laisser aller. Et pour des résultats vraiment efficaces, il faut répéter l'expérience au moins deux fois la semaine.

La plupart des germes avec lesquels nous entrons en contact se trouvent sur le siège et l'extérieur de la cuvette; alors mieux vaut tout vaporiser d'un désinfectant: le couvercle, le haut, le bas, le siège, sous le siège, les bords près des pentures où des millions de petits microbes se retrouvent, à la base, autour du réceptacle et sur la poignée de la chasse d'eau. Laissez agir le désinfectant quelques minutes pour qu'il parvienne à toucher tous ces microbes. Ensuite essuyez à l'aide d'un chiffon propre ou d'un essuie-tout. Faites attention aux éponges pleines elles aussi de micro-organismes. Elles peuvent infecter de nouveau votre bel appareil complètement sanitaire.

Conseils pour épargner du temps: Vous partez en week-end? Versez 250 ml d'eau de Javel dans la cuvette, baissez le couvercle et tirez la chasse à votre retour. Ceci est un bon vieux truc pour chasser les vieilles taches. «Le fait d'y laisser tremper du javellisant quelques jours fait vraiment des miracles pour certaines taches», nous dit M. Gerard.

En moins de deux: Si vous n'avez aucun produit pour récurer la toilette, vous pouvez enlever les germes de façon tout aussi efficace. Lorsque vous tirez la chasse d'eau, il reste toujours quelques bactéries attachées aux parois de la cuvette. Vous pouvez les enrayer presque complètement en frottant les parois à l'aide d'une brosse avant de tirer de nouveau la chasse d'eau, nous avise M. Gerard.

Si vous habitez un endroit où l'eau est calcaire, votre cuvette sera agrémentée d'un cerne blanc tout autour, là où le niveau d'eau s'arrête. La cause en est l'accumulation de minéraux. Si les nettoyants acides et les brosses n'en sont pas venus à bout, il vous reste toujours la pierre ponce. Mouillez la pierre ponce dans l'eau et frottez-la sur le cerne. Assurez-vous que la pierre soit toujours bien mouillée et travaillez systématiquement autour de la cuvette. La pierre ponce ne peut être utilisée que sur une cuvette en porcelaine blanche vitrifiée, les porcelaines de couleur ou celles qui ont été cuites, ou encore les cuvettes en plastique ne se prêtent pas à ce nettoyage. Vous pourriez rayer la cuvette. La pierre ponce est vraiment la solution in extremis, le dernier recours. Rien ne vaut le bon vieux nettoyage hebdomadaire.

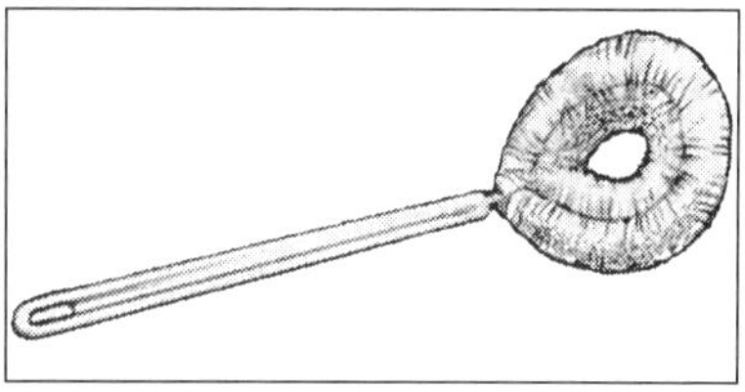

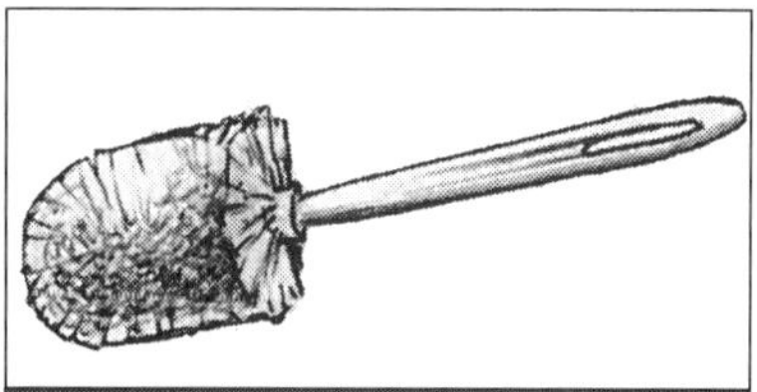

LA MEILLEURE BROSSE

La brosse ovale traditionnelle est retenue par un fil de métal qui, avec le temps, peut causer des égratignures noires sur la cuvette. Un meilleur choix serait d'opter pour une brosse ronde (celle du bas) en soies de nylon attachées à un manche de plastique.

Mise en garde: Ne vaporisez pas de nettoyant pour le siège ou le bord de la cuvette au moment ou vous récurez la cuvette avec un nettoyant acide contenant de l'hydrochlorure. Il se produirait une réaction chimique dangereuse. Pour éviter ce mélange, utilisez le nettoyant acide soit avant de nettoyer le siège et les parois, soit après. Si vous choisissez la première option, assurez-vous de bien chasser l'eau et de rincer par la suite. Dans la plupart des cas, un nettoyage routinier à raison de deux fois la semaine éliminera le recours aux nettoyants acides forts, nous dit M. Griffin.

Les nettoyants de cuvettes automatiques contenant du javellisant sont idéaux pour tuer les germes, mais ils usent facilement les pièces, surtout si elles sont en plastique.

Tondeuses à gazon

Ici, la tâche la plus importante consiste à déloger les brins d'herbe sous le carter; il faut toutefois se souvenir de quelques autres petites choses.

Technique: Raclez les brins d'herbe fraîchement coupés après chaque utilisation de la tondeuse à moteur. «Quand il s'agit de gazon frais, le nettoyage n'exige pas plus d'une ou deux minutes», dit Ed Cole, responsable du Service et du soutien à la clientèle pour la société Toro à Bloomington dans le Minnesota. Servez-vous d'une cale en bois ou d'un racloir de plastique plutôt que d'un instrument de métal. Aiguisez l'extrémité d'un goujon de bois afin de pénétrer dans les interstices. Pour obtenir accès au dessous du carter d'une tondeuse à moteur, retournez-la, retirez le câble de la bougie (et la clef de contact des modèles électriques) et faites rouler l'appareil sur du papier journal. Faites osciller la tondeuse à 30 degrés dans une direction, puis appuyez-la sur une surface solide telle qu'un bloc de ciment ou une bûche. «Ne la tournez pas sur le côté parce qu'une fuite d'essence pourrait abîmer le moteur», nous prévient M. Cole. Jouez de prudence et brûlez autant d'essence que vous le pouvez à tondre la pelouse avant de procéder au nettoyage. Si votre tondeuse est électrique, débranchez-la et retirez la clef de contact avant toute chose.

Étant donné que les tondeuses à moteur sont souvent dotées d'un mécanisme de recyclage des brins d'herbe, lequel les déchiquette davantage, ceux-ci sont plus susceptibles d'y adhérer qu'aux tracteurs. En conséquence, foin n'est besoin de nettoyer sous le carter des tracteurs à gazon après chaque utilisation. Nettoyez-le plutôt, à plusieurs reprises au cours d'une saison, notamment après une pluie de printemps ou d'automne, lorsque la pelouse est trempée. Vous devrez démonter le boîtier de la tondeuse. Pour ce faire, suivez attentivement les conseils du fabricant. Aiguisez les lames à quelques reprises au cours d'une saison, plus souvent si le sol de votre pelouse est sablonneux, car le sable peut émousser les lames plus rapidement. Vous devriez aiguiser les lames et racler les brins d'herbe sous le carter en même temps. Si votre tracteur à gazon en est un qui fait du paillis, faites-en la vérification après chaque utilisation et nettoyez-le le cas échéant.

Une fois par saison, faites la grande toilette de votre tondeuse sans toutefois employer trop d'eau. L'eau risque d'abîmer certains composant du moteur et, en ce qui concerne les tracteurs, le tableau de commande, les phares et autres éléments électriques. Réglez le boyau d'arrosage de sorte qu'une fine bruine en jaillisse plutôt qu'un jet dru. Ne vous servez jamais d'un pulvérisateur d'eau pressurisée pour nettoyer une tondeuse à gazon. Enlevez la saleté et les accumulations d'herbe séchée à l'aide d'un chiffon trempé dans de l'eau savonneuse. Lorsque vous en avez terminé du lavage de votre tondeuse, faites tourner le moteur pendant quelques minutes afin que l'eau se dégage des courroies et des poulies.

De plus, il convient de nettoyer régulièrement le filtre à air de sa tondeuse à gazon. S'il importe d'observer les indications du fabricant à cet égard, la plupart des filtres à air ont besoin d'un nettoyage au bout de 25 heures d'utilisation, plus souvent là où l'air est poussiéreux. Si votre tondeuse est dotée d'un filtre de mousse, retirez-le, lavez-le dans un seau empli d'eau savonneuse (le détergent liquide pour la vaisselle fait l'affaire) et laissez-le sécher complètement. Il faut en général distribuer l'équivalent d'une cuillerée à thé d'huile dans le filtre avant de le remettre en place. Ici encore, suivez les conseils du fabricant relatifs à la sorte d'huile et à la quantité à employer.

Un coup de boyau d'arrosage sous le carter de la tondeuse électrique suffira à en déloger les brins d'herbe. Posez la tondeuse sur une surface plate et retirez le bac de ramassage. Faites démarrer le moteur. Lancez le jet d'eau sur le sol devant la roue arrière droite (ou du côté opposé à la soufflerie).

L'huile du moteur finit par s'encrasser. Il faut donc la vidanger de temps en temps, selon les directives du fabricant.

Conseils pour épargner du temps: «La nature humaine étant ce qu'elle est, la plupart des gens rêvent de boire une bière fraîche après avoir tondu la pelouse, dit M. Cole. Mais il est préférable de nettoyer la tondeuse en deux temps trois mouvements tout de suite après le travail, plutôt que d'attendre que les brins d'herbe se soient encroûtés sous le carter.»

En moins de deux: Vous nettoierez rapidement l'extérieur de la tondeuse à l'aide d'une souffleuse à feuilles. Afin de déloger les brins d'herbe sous le carter de la tondeuse à moteur, posez-la sur une surface plane près du boyau d'arrosage et retirez le bac de ramassage. Faites démarrer le moteur. Dirigez le jet d'eau sur le sol devant la roue arrière droite (ou du côté opposé du bac de ramassage). En pivotant, la lame conduira l'eau sous le carter et y nettoiera les brins d'herbe. N'employez pas trop d'eau. Laissez tourner le moteur pendant quelques minutes pour faire sécher les poulies et les courroies.

Ne faites rien de cela si votre tondeuse est mue à l'électricité. Dans ce cas, il suffit de la tourner et de racler les brins d'herbe à l'aide d'une cale de bois ou d'un racloir de plastique.

Traces de craies de cire

Bien sûr, vous voulez que votre Riopelle en herbe donne libre cours à son génie. Sauf que vous ne voulez pas que ses traits de génie laissent des traces sur les murs ou le mobilier!

Technique: Chez Binney & Smith, où l'on fabrique des craies de cire pour les enfants depuis 1903, on prétend que le nettoyant et lubrifiant pour pièces automobiles WD-40 est efficace pour déloger les traces de craies de cire d'un grand nombre de surfaces. «WD-40 est un agent pénétrant qui s'infiltre entre la surface et la cire du crayon», explique Patrick Morris, porte-parole de Binney & Smith à Easton en Pennsylvanie. «Le trait de craie est plus facile à effacer.»

Pour déloger des traces de craies de cire d'une surface de brique ou de béton, pulvérisez du lubrifiant sur la marque et frottez à l'aide d'une brosse à soies roides. Puis pulvérisez à nouveau un peu de lubrifiant et essuyez à l'aide d'un chiffon. S'il s'agit de traces de craies de cire laissées sur une surface lisse, notamment du verre, de la porcelaine, du métal, un sol de vinyle sans cire, un mur peint ou une boiserie peinte, des carreaux ou du marbre, pulvérisez du WD-40 et essuyez à l'aide d'un chiffon doux. Si la tache subsiste, employez une éponge pour laver la surface avec de l'eau chaude et du détergent liquide pour la vaisselle. Effectuez des mouvements circulaires et rincez. Dans tous les cas, il faut agir sans tarder.

Prenez garde à employer un lubrifiant sur une étoffe, nous prévient Jane Rising, instructrice au Service de l'éducation de l'International Fabricare Institute à Silver Spring dans le Maryland. «On ne peut le rincer et il laisse une odeur», dit-elle. Essayez plutôt de traiter la tache à l'aide d'un chasse-tache prélessive, puis lavez le vêtement à l'eau la plus chaude que l'étoffe puisse supporter sans danger. Si la tache ne part pas, frottez-la à l'aide d'un détachant du commerce, par exemple Carbona Stain Devils ou Energine.

Mise en garde: Faites un essai en un endroit peu visible avant de procéder sur toute la surface. Vous préviendrez ainsi tout risque d'abîmer la surface en cours de nettoyage. N'allongez jamais d'eau les détachants car ils sont incompatibles. Laissez les enfants faire leurs saletés et chargez-vous de les nettoyer. On peut être tenté de leur demander de réparer leurs dégâts, mais il vaut mieux que les tout-petits ne manipulent pas de nettoyants, surtout les produits chimiques.

Traces de crayon

«Les crayons laissent des traces de graphite qui est constitué de couches superposées», explique Rajiv Jain, responsable du laboratoire pour le compte de l'Association of Specialists in Cleaning and Restoration à Annapolis Junction dans le Maryland. «Puisque les traces sont superficielles, il faut employer un moyen mécanique pour les effacer, par exemple des surfactants.» Autrement dit, aucun produit chimique ne peut les dissoudre.

Technique: S'il s'agit de traces de crayon sur une étoffe, épongez-les avec une serviette blanche trempée dans une solution composée d'une cuillerée à thé de détergent liquide pour la vaisselle et de 250 ml d'eau tiède. Ne frottez pas l'étoffe, vous risqueriez d'étendre la saleté. Lavez l'article selon les indications du fabricant.

Si les traces maculent un mur, frottez-les à l'aide d'une éponge trempée dans de l'eau savonneuse. «L'éponge a juste assez de mordant pour déloger la saleté», dit Jim Weissenborn, président directeur général de la General Pencil Company à Redwood en Californie.

S'il s'agit de surfaces qui ne sont pas lavables, effacez-les délicatement à l'aide d'une gomme à effacer en vinyle blanc que vous trouverez chez un fournisseur de matériel d'artiste. N'utilisez pas la gomme à effacer rose qui est plutôt abrasive. Une gomme à effacer en vinyle blanc convient aux surfaces peintes, au papier mural, voire aux étoffes.

COMMENT? POURQUOI?

Passe-moi le ballon, j'ai fait une faute!

La gomme à effacer est en fait une variante du nettoyage à sec, selon la comparaison de Jim Weissenborn, président directeur général de la General Pencil Company à Redwood en Californie.

«Par adhésion, la gomme à effacer déloger des substances telles que le graphite présent dans le plomb de différentes surfaces, explique-t-il. En fait, vous pourriez employer un ballon de caoutchouc pour effacer quelque chose qui soit abrasif. Longtemps, les gommes à effacer roses que nous avons connues à la petite école contenaient du plomb et de la pierre ponce. Les anciennes gommes grises qui servaient à supprimer les fautes de frappe de la machine à écrire contenaient quantité de pierre ponce qui servait à absorber l'encre du papier. En réalité, elles ponçaient la moitié de l'épaisseur de la feuille! De nos jours, les gommes à effacer sont très souvent faites de plastique ou de vinyle et sont exemptes de pierre ponce. Elles éraflent moins la surface. Elles suppriment ce qui se trouve à la surface de la feuille sans abîmer le papier lui-même. On trouve même des gommes à effacer destinées aux étoffes.»

Traces de déodorant

Vous nourrissiez les plus nobles intentions lorsque vous avez mis du déodorant: vous vouliez mettre les nez délicats à l'abri. Mais, en retour, vous obtenez des cernes blanchâtres sur vos pulls. Certaines de ces taches peuvent être pires que d'autres, selon le type de déodorant que vous employez. Toutes sont cependant égales, en ceci qu'elles finiront par jaunir et s'incruster de façon permanente à défaut de les nettoyer comme il se doit.

Technique: S'il s'agit d'un vêtement lavable, appliquez un détersif liquide (ou une pâte faite de détergent en granules dilué dans un peu d'eau) directement sur les traces de déodorant. Posez le vêtement à plat sur une surface dure et tapotez la souillure avec le dos d'une cuiller. «L'idée consiste à intervenir entre les fibres et en leur intérieur, là où le produit se trouve», explique le Dr Ann Lemley, directrice du département des textiles à la Cornell University à Ithaca dans l'État de New York. Ne frottez pas le matériel, vous écorcheriez les fibres. Ensuite, lavez le vêtement à la machine ou à la main à l'eau la plus chaude qu'il puisse supporter sans risque. S'il s'agit d'un vêtement javellisable, lavez-le d'abord avec un javellisant sûr pour les couleurs, ensuite avec un javellisant chloré si le premier n'a rien donné. Tous deux délogent les traces de déodorant.

Le nettoyage à sec réussit bien à faire disparaître ces vilaines traces. Vous devriez y songer, même pour les vêtements que vous ne confiez pas d'ordinaire au teinturier. «Vous serez étonnés, dit le Dr Lemley. Les soies lavables à la main sont souvent tachées de déodorant. Vous les nettoyez à sec une fois par année et les traces disparaissent comme par magie!»

Nota bene: Avant d'employer une solution nettoyante, éprouvez-la en un endroit peu apparent du vêtement.

En moins de deux: Tapotez la tache à l'aide d'un tampon d'ouate imprégné de détachant tel que Carbona Stain Devils ou K2r que l'on trouve au supermarché, à la quincaillerie et dans les magasins à rayons. Épongez de l'intérieur du vêtement pour faire sortir le déodorant. Portez des gants de caoutchouc ou de latex et employez ces produits dans une pièce bien aérée.

Mise en garde: Rincez abondamment un produit nettoyant avant d'en employer un autre. Il peut être dangereux de mélanger certaines substances chimiques, notamment l'ammoniaque et le chlore, qui dégageront des émanations toxiques. Lisez attentivement les indications du fabricant et les précautions d'usage.

Traces de maquillage

La graisse est le principal composant des rouges à lèvres et autres cosmétiques. Afin de faire disparaître la plupart des traces de maquillage, il faut s'attaquer à cette graisse, puis se charger des résidus non gras.

Technique: Un détachant est le meilleur produit pour déloger les taches de graisse, selon le Dr Ann Lemley, présidente du département des textiles et des habillements à l'université Cornell à Ithaca dans l'État de New York. Confiez le vêtement taché à un teinturier ou chargez-vous-en vous-même en vous procurant un détachant du commerce tel que Carbona Stain Devils ou K2r, en vente dans les supermarchés, les quincailleries et les magasins à rayons. Portez des gants de caoutchouc ou de latex et employez ce produit en un lieu bien aéré. Posez la tache à plat contre un chiffon absorbant. Versez le détachant sur un autre chiffon blanc et propre, puis épongez l'envers de l'étoffe afin de repousser le maquillage vers l'extérieur. À mesure que le détachant dissoudra la graisse contenue dans le maquillage, le chiffon absorbant sur lequel l'étoffe est posée l'absorbera.

CONSEIL D'EXPERTE

Du savon comme démaquillant

Avant d'être nommée adjointe au directeur de la gestion des installations à l'université de l'Arizona à Tucson, Marry Keener était directrice de l'entretien au chic hôtel Loews Ventana Canyon Resort à Tucson, où elle supervisait la lessive de 1,25 million de kilos de linge sale par année et où les traces de maquillage ne manquaient pas. Voici son conseil en vue de supprimer les traces de maquillage sur les étoffes lavables: «Un pain de savon est ce qu'il y a de mieux en guise de traitement préalable à la lessive sur les traces de maquillage. Il n'est pas nécessaire de mouiller la tache. Vous n'avez qu'à y frotter un pain de savon amolli dans sa soucoupe et à laver le vêtement selon les indications. Il en coûte beaucoup moins cher que les détachants du commerce, et le savon fait disparaître le mascara et le rouge à lèvres comme par magie.»

Afin d'enlever les dernières traces de maquillage, le Dr Lemley nous conseille de les éponger avec une solution composée de 1/4 de cuillerée à thé de détergent liquide pour la vaisselle et de 375 ml d'eau froide, dont vous aurez imbibé une serviette de ratine blanche. Lavez ensuite le vêtement selon les indications. Si les traces de maquillage n'ont pas complètement disparu, refaites la même chose, en employant cette fois une solution préparée avec une cuillerée à thé d'ammoniaque et 125 ml d'eau froide. À nouveau, lavez le vêtement en observant les indications relatives à son entretien.

Si un tapis est taché, versez le détachant sur une serviette et non pas sur les fibres du tapis. Sinon, il imprégnerait le tissu de renfort ou le sous-tapis et attirerait davantage la saleté.

Nota bene: Avant de faire usage d'un nettoyant, éprouvez-le toujours en un endroit peu apparent pour vous assurer qu'il n'abîmera pas l'objet en question.

Mise en garde: Rincez abondamment avant d'utiliser une autre solution nettoyante. Au contact, certains produits chimiques — en particulier l'ammoniaque et le javellisant chloré — peuvent dégager des émanations toxiques. Lisez attentivement le conditionnement d'un produit pour en connaître le mode d'emploi et les précautions d'usage.

Traces de moutarde

ACTION D'URGENCE

Rincez ou épongez la moutarde avec de l'eau froide.
Ne vous laissez pas duper par le ton de jaune pâle de la moutarde. Elle compte parmi les substances les plus tenaces qui soient. «La moutarde contient des pigments dispersants, de ceux que l'on emploie pour teindre le polyester», explique Rajiv Jain, responsable du laboratoire pour le compte de l'*Association of Specialists in Cleaning and Restoration* à Annapolis Junction dans le Maryland. «Ces pigments transmettent la couleur en la dispersant dans la structure des fibres.»

Technique: Raclez le plus de moutarde que vous pouvez. S'il s'agit d'un article lavable, faites-le tremper en eau froide afin de le détacher le plus possible, puis mélangez 1/4 de cuillerée à thé de détergent translucide pour la vaisselle dans 125 ml d'eau chaude. Appliquez directement sur la tache, puis posez le vêtement à plat sur une surface solide et tapotez la tache avec le dos d'une cuiller. Cela permet à la solution de pénétrer entre les fibres, là où la substance s'incruste. Ne frottez pas l'étoffe, vous abîmeriez les fibres. Après quoi, lavez le vêtement selon les indications du fabricant, à la machine ou à la main, dans l'eau la plus chaude que l'étoffe puisse soutenir sans danger. Si la tache ne disparaît pas tout à fait, refaites le traitement précédent, en employant cette fois une solution composée pour une part de vinaigre et pour deux parts d'eau. N'employez jamais d'ammoniaque ou toute autre substance alcaline qui risquerait de foncer la tache de moutarde. «Il se peut qu'elle ne disparaisse pas complètement, dit M. Jain, selon la quantité qui fut renversée et le temps écoulé depuis l'incident.» Plus une tache est importante, plus elle est ancienne, plus on aura du mal à l'enlever.

En présence d'une étoffe qui n'est pas lavable, soit vous la confiez à un teinturier, soit vous employez un détachant du commerce tel que Carbona Stain Devils ou K2r, avec lequel vous épongerez la tache à l'aide d'une serviette de ratine blanche imbibée d'eau. Épongez l'envers de l'étoffe, de sorte que la moutarde remonte à la surface. Portez des gants de caoutchouc ou de latex et employez ces produits en un lieu bien aéré.

Si une tache macule une moquette ou un tapis, épongez-la en premier lieu avec une serviette de ratine blanche et la solution détergente.

Rincez en épongeant à l'aide d'une serviette propre et d'eau fraîche; épongez de nouveau, avec une serviette sèche cette fois. N'employez pas de détersif à lessive car ils contiennent souvent des agents de blanchiment optiques qui peuvent javelliser les fibres des moquettes et des tapis. Si les deux premières solutions ne font pas l'affaire, épongez la tache à l'aide d'une solution composée d'une part de vinaigre blanc et de deux parts d'eau. À nouveau, rincez en épongeant et asséchez avec une serviette de ratine.

Nota bene: Avant de faire usage d'un nettoyant, éprouvez-le en un endroit peu apparent de l'article taché.

Mise en garde: Rincez abondamment un produit de nettoyage avant d'en utiliser un autre. Au contact, certaines substances chimiques, en particulier l'ammoniaque et le javellisant chloré, dégagent des émanations toxiques. Lisez attentivement les indications du fabricant pour connaître le mode d'emploi d'un produit.

Traces de sang

Ainsi qu'il en est de toutes les taches, plus on agit promptement, plus on a de chance de les faire disparaître. Mais faites preuve de patience et suivez bien les recommandations. «On ne peut pas déloger rapidement une trace de sang», prévient Jane Rising, enseignante au service de l'éducation de l'International Fabricare Institute à Silver Spring dans le Maryland.

Technique: En premier lieu, épongez la tache à l'eau froide; ensuite, épongez-la avec un détergent liquide pour la vaisselle dilué dans de l'eau. Rincez à grande eau. Si la tache subsiste, ajoutez quelques gouttes d'ammoniaque à l'eau contenant le détergent. Rincez encore à grande eau. Si la tache ne disparaît pas et que la teinture de l'étoffe est solide, mettez-la à tremper dans un détachant à base d'enzymes tel que Shout. Éprouvez au préalable la solidité de la couleur en un endroit soustrait à la vue. Rincez à grande eau.

Si rien ne réussit, épongez la tache avec un javellisant contenant de l'eau oxygénée, en autant que le javellisant soit inoffensif sur l'étoffe et la couleur en question. Sinon, laissez tremper la tache dans un javellisant sans chlore sûr pour la couleur, tel que Biz, pendant plusieurs heures, voire une nuit. Délayez une demi-tasse de Biz dans 7 l d'eau chaude.

Si vous n'obtenez aucun résultat, faites l'essai d'un détachant à rouille tel que Whink ou Rit et suivez les indications paraissant sur l'étiquette du vêtement. Il importe de rincer à grande eau entre chacune des étapes, de sorte que les différents produits n'entrent pas en contact les uns avec les autres. Suivez les indications sur l'étiquette du vêtement. Si vous avez enduit l'étoffe d'un apprêt antitache en aérosol tel que Scotchgard, pulvérisez-la de nouveau lorsque le traitement sera terminé.

Si vous tentez de déloger des traces de sang sur un vêtement qui a reçu un traitement antitache lors de sa confection, observez à la lettre les indications du fabricant afin de protéger la garantie. S'il s'agit d'un tissu de recouvrement, lisez l'étiquette sous un des coussins et vérifiez le code de nettoyage. «W» signifie qu'il faut employer un nettoyant à base aqueuse; «S» nous prévient d'employer un solvant et non pas un nettoyant à l'eau; «W-S» nous dit d'employer indifféremment un nettoyant à base aqueuse ou un solvant; enfin, «X» signifie de n'en employer aucun, simplement de passer l'aspirateur. En général, on peut déloger une tache à base aqueuse — telle que du sang — sur une moquette qui a reçu un traitement antitache lors de sa fabrication en employant la méthode qui suit: épongez-en le plus possible à l'aide d'essuie-tout; mélangez un quart de cuillerée à thé de détergent pour le lave-vaisselle à 250 ml d'eau tiède. (N'employez pas un détergent à lessive car il contient peut-être des agents de blanchiment et d'autres additifs.) Épongez en partant de la circonférence en direction du centre de la tache. Servez-vous d'essuie-tout blanc ou de serviettes de ratine blanche. Epongez jusqu'à ce qu'ils n'absorbent plus de sang et rincez — s'il s'agit de serviettes — à l'eau fraîche. Si la tache a disparu, posez des essuie-tout blancs sur la surface humide ainsi qu'un objet plat faisant un poids, et remplacez les essuie-tout de temps en temps, jusqu'à ce que la moquette soit sèche. Les essuie-tout de papier absorberont les taches incrustées dans les poils de la moquette. Devant une tache tenace, délayez deux cuillerées à soupe d'ammoniaque qui ne mousse pas dans 250 ml d'eau tiède. Rincez et épongez tel que prescrit. Répétez immédiatement l'opération, cette fois avec un mélange composé de 250 ml de vinaigre blanc et 500 ml d'eau afin de neutraliser l'ammoniaque. Épongez et rincez encore, et posez des essuie-tout sous un objet lourd, que vous changerez régulièrement, jusqu'à ce que la moquette soit sèche.

En moins de deux: Si vous souillez une étoffe de légères traces de sang alors que vous êtes au travail ou quelque part où vous n'avez pas de nettoyant sous la main, «...épongez-les sans tarder avec de l'eau, conseille Mme Rising. Souvent, cela suffira.»

Mise en garde: Ne frottez ou brossez jamais une tache car vous risqueriez de la répandre ou d'abîmer l'étoffe. Rincez abondamment entre chaque étape du nettoyage. Si vous employez un javellisant, assurez-vous qu'il n'en reste plus trace. Un reste de javellisant finirait par abîmer l'étoffe. N'oubliez pas d'éprouver un produit de nettoyage en un endroit soustrait à la vue avant de procéder au nettoyage intégral, même si vous avez déjà fait usage de ce produit, pour vous assurer que l'étoffe et la teinture peuvent supporter le traitement. Lisez les indications paraissant sur l'étiquette d'un vêtement pour savoir comment le laver. Suivez le mode d'emploi et les précautions d'usage des produits utilisés.

Transpiration

«La transpiration contient des sels de chlorure qui peuvent altérer tant l'étoffe que la fibre», explique Jane Rising, instructrice au département de l'éducation de l'International Fabricare Institute à Silver Spring dans le Maryland. «Au départ, la tache est acide et elle devient alcaline avec le temps. Les alcalis peuvent abîmer la soie et d'autres fibres.» La transpiration attire également les mites. Il faut donc faire disparaître les traces de transpiration le plus vite possible.

Technique: Si un article lavable porte des traces de sueur tenaces, mettez-le à tremper pendant plusieurs heures dans une solution faite d'eau chaude et d'un traitement pré-lessive contenant des enzymes. Assurez-vous que l'eau soit chaude tout au long du trempage. Ensuite, lavez l'article selon les indications du fabricant dans l'eau la plus chaude qu'il puisse supporter sans danger.

En ce qui concerne les articles qui exigent un nettoyage à sec, notamment les vêtements de soie, portez-les chez le teinturier sans tarder.

Nota bene: Avant d'employer un nettoyant, faites-en d'abord l'essai en un endroit peu apparent de l'article souillé.

Treillis

Les tonnelles et clôtures à claire-voie se trouvent au jardin, exposées aux rigueurs du climat. Le truc consiste à les nettoyer sans abîmer les buissons, les vignes ou le lierre qui y montent.

Technique: Nettoyez les treillis couverts de végétaux pendant leur période de dormance, lorsque la vigne et le lierre sont défeuillés. «Si cela est possible, nettoyez la tonnelle après l'émondage», dit Fred Garrett, coordonnateur du programme d'aménagement paysager au Sandhills Community College de Pinehurst en Caroline du Nord. «À cette période, le treillis est davantage en évidence.»

Afin de nettoyer la terre et les saletés d'un treillis, servez-vous du boyau d'arrosage. Réglez le pistolet de sorte que le jet d'eau soit dru. S'il faut récurer, employez une brosse de nylon et un savon à l'huile végétale, par exemple le savon à l'huile Murphy, qui ne causera aucun tort aux arbustes. Rincez bien toutes les lattes du treillis, car le savon pourrait entraîner la prolifération de champignons microscopiques.

Conseils pour épargner du temps: Louez un pulvérisateur à pression moyenne auprès d'un marchand spécialisé. Vous gagnerez du temps. Mais prenez garde! N'employez aucun savon ni produit chimique, seulement de l'eau; n'approchez pas trop le treillis et ne maintenez pas trop longtemps le pulvérisateur au même endroit.

Vaisselle

Si vos invités remarquent votre vaisselle, il faut que ce soit parce qu'elle est bien astiquée. Pas question de couteaux et fourchettes tachés! Nous n'irons donc pas avec le dos de la cuiller.

Technique: Lavez la vaisselle sans tarder. Si vous la lavez à la main, commencez d'abord par les verres et les couverts. Sinon, changez l'eau de vaisselle avant de les laver. Les ustensiles doivent tremper dans l'eau chaude afin que s'en détachent les aliments incrustés. Lavez-les à l'eau chaude et savonneuse à l'aide d'une éponge ou d'un chiffon. Ne vous servez jamais d'abrasif, pas même sur l'acier inoxydable. Un abrasif dépolirait la surface du métal. Rincez les couverts à l'eau chaude. Déposez-les manches en bas dans un panier à couverts pour qu'ils sèchent à l'air libre et distancez-les le plus possible, de manière à ce que l'air puisse circuler entre eux.

Lorsque vous chargez le lave-vaisselle, déposez les couverts manches vers le bas. «De cette façon, lorsque l'eau s'en égoutte, elle ne laisse pas de trace sur le creux des cuillers, les dents des fourchettes ou les lames des couteaux», explique Kari Kinder, adjointe au directeur du réputé Culinary Institute of America à Hyde Park dans l'État de New York. Ne saupoudrez jamais le détergent pour le lave-vaisselle directement sur les couverts, cela pourrait les piqueter.

Si vous utilisez le lave-vaisselle, ne disposez pas de plat ou d'ustensiles en argent de sorte qu'ils touchent à ceux en inox. L'argent ternirait au contact de l'acier inoxydable. Pour cette même raison, veillez à ce que toutes les lames de couteaux d'argent pointent vers le haut. Si les manches sont d'argent, les lames sont souvent en inox. Afin de les faire reluire davantage, polissez vos couverts à l'aide d'un coton doux au sortir du lave-vaisselle.

La vaisselle doit être désinfectée, reluire de propreté et sortir indemne du mode de lavage. De plus, étant donné que vous avez beaucoup de pain sur la planche, vous ne voulez pas que cette corvée quotidienne prenne trop d'un temps précieux.

Technique: Du point de vue de la propreté, le lavage automatique est assurément la façon de faire. Mais ce n'est pas toujours possible ou commode. Voici comment accomplir un boulot impeccable quelle que soit la méthode retenue.

Le lavage à la main

Emplissez l'évier ou un bac d'eau la plus chaude que vous puissiez supporter. «L'eau bouillante tue les bactéries et déloge mieux la graisse», affirme Kari Kinder, adjointe au directeur des aliments et breuvages au réputé Culinary Institute of America à Hyde Park dans l'État de New York. Pendant que l'eau coule du robinet, ajoutez une ou deux giclées de détergent liquide de façon à produire une mousse épaisse. Portez des gants de caoutchouc afin de protéger vos mains de l'eau chaude, de minimiser les écorchures aux ongles et pour vous permettre de mieux saisir les objets fragiles pendant que vous les lavez. Commencez par laver les choses les moins sales — d'ordinaire, les verres et les couverts — suivies des assiettes et des bols, puis des plats de service et, pour terminer, les chaudrons et casseroles. Selon ce que vous préférez, vous pouvez laver la vaisselle sous l'eau ou alors hors de l'eau en vous aidant de divers tampons à récurer: mailles de plastique, mailles de métal, éponge tapissée d'une surface rugueuse, chiffons, tampons métalliques fins et brosses. Assurez-vous cependant que le tampon choisi n'est pas trop abrasif pour la surface à récurer. Changez l'eau de trempage lorsqu'elle est devenue trop graisseuse, qu'elle a refroidi ou que la mousse a disparu.

Ensuite, emplissez l'évier ou un bac d'eau chaude qui servira au rinçage et trempez-y la vaisselle ou encore empilez-la sur un égouttoir posé sur un plateau à égoutter et arrosez-la d'eau chaude. N'oubliez pas de rincer l'intérieur des bols, des tasses et des verres. Vous pouvez les laisser sécher à l'air libre, mais les essuyer à l'aide d'un linge propre et sec garantira qu'il ne reste aucune trace d'eau.

Lavage au lave-vaisselle

Il est important de bien corder la vaisselle dans les paniers de rangement. La plupart des nouveaux modèles n'exigent pas de rinçage préalable. Si vous emplissez le lave-vaisselle avec l'intention de laver plus tard, activez le programme de rinçage. En termes de positionnement, l'objectif consiste à permettre au bras gicleur d'atteindre les saletés tenaces. «Selon le positionnement du bras gicleur de votre appareil, il est possible qu'il n'atteigne pas la face sale des assiettes», remarque Mme Kinder. Vous devez consulter le guide du fabricant pour connaître tout du rangement optimal de votre appareil, mais voici quelques conseils qui valent généralement pour tous les modèles.

- Disposez la face sale des assiettes en direction du centre ou de la source d'eau.
- Ne posez pas un article de grande taille de telle sorte qu'il en cache un plus petit.
- Disposez les tasses, bols et verres culs en l'air.
- Ne surchargez pas le panier à couverts.
- Assurez-vous que les choses délicates ne bougeront pas, pour éviter les bris et les ébréchures.
- Ne surchargez pas l'appareil, cela entraverait la libre circulation de l'eau.

La température de l'eau doit être d'au moins 55 °C. Pour vous en assurer, placez un thermomètre à viande au fond de l'évier et faites couler l'eau chaude jusqu'à ce que le mercure se soit stabilisé. (Un conseil: Avant d'activer le lave-vaisselle, purgez l'eau froide qui se trouverait dans les conduits en faisant couler l'eau chaude pendant une minute dans l'évier.)

Le seul détergent qu'il faut employer est celui conçu expressément pour le lave-vaisselle. Cela peut sembler une évidence, mais la chose a son importance. Les granules bleus ou verts peuvent ressembler à ceux du détergent à lessive, mais ils sont formulés en vue de mousser le moins possible. D'autres détergents ou savons peuvent inhiber l'action nettoyante, voire provoquer un débordement, ce qui abîmerait l'appareil et le sol de la cuisine. Assurez-vous que le distributeur de détergent est propre et sec avant d'y déposer les granules, à défaut de quoi le détergent pourrait s'y encroûter. Ne saupoudrez jamais le détergent à l'intérieur de l'appareil, directement sur les couverts et articles de métal. Il pourrait laisser des taches.

L'eau dure contient des minéraux qui peuvent laisser des taches ou une pellicule sur la vaisselle. En moyenne, la dureté de l'eau se chiffre entre 61 et 120 milligrammes de calcium et de magnésium au litre. Communiquez avec le Service de l'aqueduc de votre municipalité pour connaître le degré de dureté de votre eau courante. Si elle l'est plus que la moyenne et qu'elle tache votre vaisselle, ajoutez davantage de détergent ou employez un produit de rinçage grâce auquel l'eau perle et s'évapore plus rapidement.

Afin d'améliorer le rendement de votre lave-vaisselle, évitez de prendre un bain ou d'activer la machine à laver en même temps qu'il fonctionne. La vaisselle risque d'être mal lavée si la pression d'eau est insuffisante.

Conseils pour épargner du temps: Raclez bien le fond des assiettes et rincez-les avant de les laver à la main. Sinon, les restes se retrouveront dans votre eau de lavage et vous aurez du mal à enlever la graisse. Ajoutez un capuchon de vinaigre à l'eau de vaisselle pour renforcer le détergent et mieux éliminer la graisse. «En ce qui touche le séchage, poursuit Mme Kinder, l'eau chaude accélère le procédé parce qu'elle perle et qu'elle s'évapore.» Si vous employez un produit de rinçage dans le lave-vaisselle, la vaisselle et les couverts sécheront plus rapidement et sans taches.

Mise en garde: Ne rangez pas des couverts d'inox et d'argent dans un même panier à couverts. Un contact direct entre ces métaux peut abîmer l'argent de façon permanente. Étant donné que les lames de bien des couteaux plaqués argent sont en inox, orientez toutes les lames dans la même direction lorsque vous emplissez le panier à couverts.

Vases et bouteilles

La saleté difficile d'accès — par exemple ces résidus qui sèchent sur les côtés intérieurs des vases et bouteilles — semble impossible à déloger. Cependant, avant de tout recycler, essayez ces trucs simples et efficaces.

Technique: Saviez-vous que même si votre main (ou ne serait-ce qu'un seul doigt) ne peut s'engager dans le col d'une bouteille, vous pouvez la récurer en utilisant des haricots, du riz sec ou même du sable? Remplissez la bouteille jusqu'à la demie d'eau chaude bien savonneuse, ajoutez une poignée de votre récurant maison préféré et agitez vigoureusement. La saleté n'y paraîtra plus. Si le contenant est vraiment très sale, avant de le nettoyer, laissez-le tremper une nuit dans une solution d'ammoniaque ou dans un mélange d'eau et de détergent pour lave-vaisselle, à raison de 15 ml de détergent pour 250 ml d'eau.

Pour enlever les taches, laissez toute une nuit dans le vase une tasse de thé noir bien fort et 45 ml de vinaigre ordinaire. Robert Montgomery a nettoyé plus de 250 bouteilles antiques qu'il a trouvées enfouies dans la terre dans le sud-est de la Pennsylvanie. Selon lui, si les parois d'un vase ou d'une bouteille semblent laiteuses, cela signifie qu'il y a une accumulation de minéraux. Pour enlever ce nuage, il suffit de remplir le contenant d'eau à laquelle on aura ajouté 15 ml ou 30 ml de détergent pour lave-vaisselle et de laisser le tout fermenter une nuit. Une autre solution consiste à remplir la bouteille — ou le vase — d'eau à laquelle on aura ajouté 10 ml d'ammoniaque. Ou encore, ajoutez-y un comprimé effervescent pour nettoyer les dentiers et agitez! Si malgré tout le nuage persiste, un détachant commercial à base de chaux et de minerai, tel le CLR, qui contient de l'acide phosphorique, devrait réussir là où les autres ont échoué.

Conseils pour épargner du temps: Une journée pour laisser tremper votre vase incrusté de saletés, c'est déjà trop long? Alors, les brosses pour bouteilles sont la solution pour vous. Disponibles dans plus d'une douzaine de formats, on peut se les procurer dans presque toutes les quincailleries. «Ces brosses, nous dit M. Montgomery, ont l'avantage d'être flexibles et réglables. Procurez-vous-en un éventail de tailles variant de petites à grandes, ajustez l'angle dont vous avez besoin pour votre bouteille et... nettoyez.»

En moins de deux: Il arrive parfois que les vases anciens soient maculés d'une couche laiteuse qui ne veut tout simplement pas disparaître. Si vous désirez cacher cette tache, essayez ce truc utilisé depuis

CONSEIL D'EXPERTE

Louise Wrinkle a l'habitude d'amener un peu de soleil à l'intérieur de sa maison de l'Alabama en y mettant des fleurs provenant de son splendide jardin, que vous avez certainement pu admirer dans l'un de ces magazines de décoration haut de gamme. Horticultrice, juge pour le *Garden Club of America* de New York depuis longtemps, elle nous offre ces quelques conseils pour préserver l'état et la fraîcheur de nos fleurs coupées — et nos mains de jardinière.

«Lorsque vous emplissez d'eau un vase sale, cela encourage la formation d'algues, ce qui bouche la tige et amène la fleur à se faner plus rapidement. Pour remédier à ce problème, utilisez un détachant pour dentier tel le Polident. Il n'y a rien de tel pour rendre vos vases ou bouteilles ultra propres. Il suffit de dissoudre un ou deux comprimés dans un vase à moitié rempli d'eau, de bien frotter l'intérieur, et le tour est joué!

«Un autre truc consiste à ajouter trois ou quatre gouttes d'eau de Javel dans l'eau. Cela empêche la formation de bactéries. J'utilise un vieux compte-gouttes que j'emplis de Javel, peu importe la marque et je le range sur mes étagères, tout près de mes vases. Ainsi, je ne dois pas toujours me pencher sous l'évier à la recherche de cette énorme bouteille.

« Lorsque vous avez terminé de couper vos fleurs, lavez-vous les mains avec le détachant à dentiers. Cela enlève les taches vertes et brunes et rend les mains propres et douces.»

longtemps par les collectionneurs de vases anciens. Nettoyez votre bouteille autant que faire se peut puis asséchez-la. Ensuite, versez-y quelques gouttes d'huile végétale que vous ferez rouler dans la bouteille. Cela masquera l'effet nuage causé par le magnésium et le calcium.

Vasques pour les oiseaux

Étant donné que les oiseaux sont sensibles aux bactéries qui prolifèrent dans les vasques remplies d'eau, la société de protection de la nature de New York recommande de les nettoyer régulièrement.

Technique: On doit récurer une vasque une fois par semaine à l'aide d'une brosse ou d'une éponge. Changez l'eau aux deux jours. Pendant l'été, vous feriez mieux de changer l'eau chaque jour.

Mise en garde: Évitez d'employer un nettoyant ou un produit chimique. S'il faut employer un savon, que ce soit avec parcimonie, et rincez la vasque à grande eau car les oiseaux sont très sensibles aux produits chimiques.

Véhicules récréatifs

Assurer l'entretien de votre véhicule récréatif contribuera à protéger votre investissement et améliorera son rendement sur la route.

Technique: En premier lieu, il faut considérer l'extérieur. Afin de déloger la saleté de la route, lavez le véhicule comme vous le feriez pour une automobile, à l'aide du boyau d'arrosage, d'une brosse souple ou de vieux chiffons de coton, d'un seau et d'une ou deux giclées de détergent liquide pour la vaisselle. Lavez-le une fois par mois, à moins que le véhicule ne soit garé pendant un long moment. Afin de nettoyer les endroits difficiles à atteindre, employez un escabeau ou une brosse à manche long comme on en emploie pour laver les carreaux et les revêtements extérieurs.

«Lorsque faire se peut, nous lavons notre VR au terrain de camping», dit Ron Hofmeister, coauteur avec son épouse Barb de: *An Alternative Lifestyle: Living and Traveling Full-Time in a Recreational Vehicle.* «Nous emportons une courte échelle en aluminium partout où nous allons.»

Récurez les saletés et les insectes écrasés contre la grille et le pare-brise à l'aide d'un tampon à récurer la vaisselle. N'employez jamais un tampon métallique qui abîmerait la peinture. Pour terminer, n'oubliez pas de laver le toit. On trouve souvent une échelle qui y conduit à l'arrière du véhicule. Prenez garde où vous posez le pied et ne montez pas là-haut les jours de grand vent.

Si laver un VR a beaucoup en commun avec le lavage d'une auto, le nettoyage de l'intérieur ressemble à celui d'une maison, sauf qu'on y est à l'étroit. «Nous optons pour un nettoyant tous usages, dit M. Hofmeister. Inutile de transporter cinq contenants différents. Nous employons du détergent liquide pour la vaisselle pour laver le VR et le reste.» Prenez également un aspirateur portable pour nettoyer la moquette et les banquettes. Faites le ménage plus souvent si votre véhicule est garé sur de la terre battue plutôt que sur la pelouse ou le ciment.

Conseils pour épargner du temps: Une ou deux fois l'an, enduisez votre VR d'une couche de cire, l'entretien en sera plus facile.

En moins de deux: Lorsque vous voyagez, embauchez un professionnel de temps en temps. «Étant donné que nombre de conducteurs

CONSEILS D'EXPERTS

Technique modifiée selon le paysage

Ron et Barb Hofmeister, coauteurs de: *An Alternative Lifestyle: Living and Traveling Full-Time in a Recreational Vehicle* ont passé les années 1990 à traverser les États-Unis à bord de leur véhicule récréatif. Voici les observations de Ron sur la manière dont l'endroit où l'on se trouve influe sur l'entretien du véhicule.

«Normalement, il faut laver l'extérieur du véhicule une fois par mois, mais cela dépend de l'endroit où l'on se trouve. Barb et moi étions à San Padre au Texas l'hiver dernier, où reflue l'air salin en provenance du golfe du Mexique. J'ai rincé le véhicule aux deux jours. Il faut voir également si l'on roule ou si l'on est fixé quelque part. Sur la route, le véhicule se salit beaucoup plus vite. Immobilisé, je le lave une fois tous les trois ou quatre mois.

«Les régions traversées décident aussi de l'entretien. En Floride, au cours des mois de mai et de novembre, on trouve des insectes qui se suicident sur le pare-brise tout en s'accouplant. Ils sont très acides, à tel point que les oiseaux n'en gobent pas. On a du mal à les déloger sans abîmer la peinture. J'emploie un tampon à récurer en étoffe et un peu de détergent, mais jamais un tampon de métal. Imaginez le résultat sur la carrosserie!»

de VR sont des retraités qui prennent du bon temps, cela tombe sous le sens», dit M. Hofmeister. Voyez les réclames que les hommes à tout faire affichent sur les babillards des terrains de camping. «Nous avons fait shampouiner la moquette par un nettoyeur professionnel. Il nous en a coûté 30 $. Évidemment, la moquette chez nous est en modèle réduit!»

Velcro

En laboratoire, le velcro de type industriel subit plus de 10 000 déchirures et fermetures, et ce, sans en louper une! Cependant, nous savons que dans la vie de tous les jours il n'en va pas de même. Dans un monde où les cheveux, la peluche et les débris de toutes sortes sont notre lot quotidien, plusieurs agrafes de ce type (la marque Velcro étant la plus connue de toutes) perdent de leur mordant, de leur facilité à s'agrafer avec autant d'adhésion bien avant leur expiration. Les agrafes des chaussures et des sandales sont parmi les plus susceptibles de ramasser la poussière des tapis et planchers. Cette dernière s'emmêlant sur le côté crochet du Velcro, elle est souvent la cause principale du manque d'adhérence. Ce n'est pas, comme on est porté à le croire, dû au côté duveteux de la bande. On peut remédier à cette situation et redonner à l'agrafe un peu de son adhérence première, mais il serait illusoire de croire que l'on peut redonner la même adhérence qu'au début. Il suffit de nettoyer le côté de la partie crochet de la bande.

Technique: La compagnie Velcro suggère de prendre un petit morceau propre de bande — côté crochet — et de l'utiliser comme ventouse nettoyante. Passez cette bande velcro comme vous le feriez d'un peigne dans la partie à nettoyer. Cela aidera à enlever les fibres et autres débris coincés dans les crochets. Un petit morceau ne coûte que quelques sous.

Conseils pour épargner du temps: Pour un nettoyage ultra rapide: tenez la bande velcro bien à plat sur une surface lisse et passez l'aspirateur. De plus, sachez qu'il est préférable de toujours bien fermer les bandes ensemble. Cela empêche la poussière et les peluches de s'emmêler dans les petits crochets.

En moins de deux: Si vous n'avez pas un petit morceau de velcro sous la main, utilisez alors un peigne fin pour nettoyer les petits crochets.

Mise en garde: N'oubliez pas de toujours attacher les bandes avant de procéder au lavage. Cela protège non seulement les crochets de la bande de tous les débris circulant dans l'eau du lavage, mais également les autres vêtements qui se retrouveront immanquablement attachés au velcro.

Ventilateurs de plafond, de fenêtre et de parquet

Les ventilateurs, en raison de leur rôle, attirent et remuent la poussière. Alors que l'air circule entre les hélices, des particules de saleté y adhèrent. En désencrassant un ventilateur, on améliore son apparence et son efficacité.

Technique: Époussetez régulièrement les ventilateurs posés aux fenêtres et ceux de parquet, de manière à contrer l'accumulation de poussière. Passez le suceur à épousseter des deux côtés du grillage afin d'enlever les particules libres. Pour enlever la poussière des hélices, utilisez un pistolet à air comprimé ou un sèche-cheveux. Un bon entretien des hélices vous assure du bon fonctionnement du ventilateur.

Deux ou trois fois l'an, enlevez les grillages (si c'est possible) et nettoyez-les d'un coup de boyau d'arrosage, à l'aide d'une brosse de nylon ou de fibres végétales. Essuyez les hélices et les éléments de plastique avec un chiffon humide et du nettoyant tous usages. Pulvérisez un peu de lubrifiant, par exemple du WD-40, à la base du mécanisme de rotation des hélices.

De même, époussetez régulièrement l'échappement avec ce qui convient le mieux, soit un chiffon, soit l'aspirateur. Si c'est possible, enlevez le boîtier deux fois l'an et essuyez les hélices et les composants autres qu'électriques à l'aide d'un chiffon humide et de nettoyant tous usages.

Une hotte attire la graisse de cuisson et nécessite un entretien plus rigoureux. Essuyez-la chaque semaine à l'aide d'une éponge savonneuse afin d'enlever l'accumulation de gras. Tous les deux mois, faites tremper les composants amovibles, autres qu'électriques, dans un évier empli d'eau chaude et de quelques giclées de détergent liquide pour la vaisselle. Récurez délicatement les dépôts graisseux à l'aide d'une éponge ou d'un tampon de mailles de plastique. Donnez un coup d'éponge savonneuse aux éléments inamovibles. N'employez pas un tampon métallique, il rayerait l'inox, l'émail et le plastique.

Si votre hotte ne comporte pas de conduit d'aération, replacez le filtre tous les trois ou quatre mois. Sinon, lavez-le selon les indications du fabricant.

Les ventilateurs de plafond accumulent autant de saletés que les autres, parfois plus s'ils sont exposés à la fumée de cigarettes, à la fumée d'une cheminée ou aux relents d'une cuisine. Il est cependant difficile de nettoyer un ventilateur de plafond. Fixé à un plafond haut de deux mètres, il représente un péril pour tous les braves qui s'attaquent à la poussière.

Il existe une brosse à long manche conçue expressément pour nettoyer les hélices de ventilateurs de plafond. La tête de la brosse a la forme d'un U entre les branches duquel l'hélice peut être insérée. On se la procure à la quincaillerie et dans les boutiques où l'on vend des ventilateurs de plafond. Époussetez votre ventilateur de plafond une fois par mois. Puis, à deux ou quatre reprises au cours d'une année, nettoyez-le mieux encore. Lavez les hélices avec de l'eau chaude et un nettoyant tous usages ou quelques giclées de détergent liquide pour la vaisselle. Asséchez-les bien, à défaut de quoi elles amasseraient encore plus la saleté!

Mise en garde: Éteignez et débranchez le ventilateur avant d'entreprendre son entretien. Aucun produit nettoyant ne doit entrer en contact avec le moteur.

Verrerie

Les invités s'offusquent lorsqu'ils décèlent de légères taches sur leurs verres ou leurs tasses. «Les verres sont la proie des taches», avoue Kari Kinder, adjointe au directeur du réputé Culinary Institute of America à Hyde Park dans l'État de New York.

Technique: Les verres sont généralement les moins sales parmi les accessoires de table qu'il nous faut laver. Lorsque vous lavez la vaisselle à la main, lavez-les en premier lieu. Si vous préférez les laver en dernier, renouvelez l'eau de vaisselle. Lavez les verres en eau chaude afin d'en déloger le gras. Employez une éponge molle, jamais un tampon à récurer. L'eau de rinçage doit être la plus chaude possible, de sorte que les gouttes d'eau perlent à la surface du verre et s'en évaporent. Si l'eau de vaisselle est graisseuse, rincez vos verres sous l'eau du robinet.

Mettez-les à sécher sur l'égouttoir, tiges vers le haut. Il est essentiel de les poser sur un égouttoir pour éviter qu'une buée ne se forme à l'intérieur des ballons. La buée laisserait une fine pellicule et les verres perdraient leur éclat.

Si vous les passez au lave-vaisselle et que vous constatez qu'il y reste des traces de chaux (signe que l'eau est dure), versez un produit de rinçage dans le compartiment réservé à cet effet. Le produit de rinçage fait perler l'eau à la surface du verre qui s'en écoule mieux pendant le cycle de séchage. Moins il reste d'eau sur un verre, moins il risque d'être taché.

En moins de deux: Si vous lavez les verres vous-même, il est préférable de les laisser sécher à l'air libre plutôt que de les essuyer avec un linge qui peut être graisseux et receler des bactéries. Si le temps presse, essuyez avec un linge propre et doux.

Vinyle

Saviez-vous que c'est en 1928 que le vinyle a fait ses débuts? On le trouvait surtout sous forme de nappes, sacs fourre-tout et rideaux de douche. Comme il ne requiert à peu près pas d'entretien, on trouve aujourd'hui le vinyle presque partout, des planchers aux pièces d'ameublement de toutes sortes. D'ailleurs, environ 20 p. cent des maisons construites ces dernières années ont un extérieur recouvert de panneaux de vinyle. Bien que sa facilité d'entretien ait fait sa renommée, il n'en demeure pas moins que le vinyle peut durcir et s'effriter avec le temps si vous n'en prenez pas soin.

Technique: Selon les experts du Michigan State University d'East Lansing, si les panneaux ne sont que légèrement sales, il suffit de les laver à l'aide d'un savon doux (tel le liquide à vaisselle) et de l'eau. Utilisez une brosse souple pour déloger la saleté accumulée dans les crevasses et les surfaces texturées. Rincez à l'eau claire et essuyez. Les nettoyants à vinyle tel le Armor All Protectant (vendus dans les magasins où l'on trouve des fournitures et des accessoires pour automobiles) sont utiles pour déloger les taches tenaces, et les conditionneurs retrouvés dans ces produits aident à renouveler l'élasticité des éléments plastiques qui gardent au vinyle sa douceur apparente.

Conseils pour épargner du temps: Pour redonner aux vieilles surfaces leur éclat des beaux jours, les manufacturiers des produits Naugahyde recommandent de vaporiser la surface d'une mince couche de cire pour meubles, de laisser pénétrer 30 secondes et de faire briller en essuyant doucement.

Mise en garde: Certains nettoyants domestiques et autres décapants vont enlever les éléments plastiques du vinyle, ce qui le durcira et le fera craquer. Il vaut mieux éviter l'usage de l'acétone, de diluants à peinture et de produits de dégraissage pour enlever les taches.

Vitres

Étant donné que le verre n'est pas poreux, le lavage des carreaux est chose facile. Il faut les laver régulièrement car des taches peuvent apparaître sur le verre. «La pluie acide et d'autres polluants chimiques peuvent décolorer le verre, voire y graver des traces», dit Jim Brewer, responsable de l'entretien à l'université du Texas à Arlington et conseiller technique pour le compte de *Cleaning and Maintenance*

CONSEIL D'EXPERT

Pas de traînée sur le campus!

Marry Keener est adjointe au directeur de la gestion des installations à l'université de l'Arizona à Tucson et membre du comité de consultation technique du magazine *Executive Housekeeping Today*. Lorsqu'elle en a terminé avec les saletés laissées par les 35 000 étudiants de l'université, voici comment elle fait pour laver ses propres vitres. «Je n'emploie pas un nettoyant pour le verre parce que l'ammoniaque laisse des traînées. On précise sur certains de ces produits qu'il ne faut pas laver les carreaux au soleil. Ici, nous avons du soleil 365 jours par an. Je me sers plutôt d'un détergent liquide pour la vaisselle. Il est conçu pour laver la porcelaine la plus fine sans laisser de traces; il n'est pas abrasif et n'abîme les mains d'aucune façon. Il déloge les taches sans efforts.

«J'en verse une giclée dans un seau partiellement empli d'eau. Il vaut mieux en mettre moins que trop. Je prends un racloir pour ne pas laisser de peluches. Neuf laveurs de carreaux professionnels sur dix emploient du détergent pour la vaisselle, à un prix économique!»

Magazine. Des carreaux qui ont été négligés depuis de nombreuses années ne brilleront probablement pas comme lorsqu'ils étaient neufs.

Technique: Lavez les vitres à l'aide d'une giclée de détergent liquide pour la vaisselle dans un seau d'eau chaude ou de 250 ml de vinaigre pour 4 litres d'eau. Les nettoyants à base ammoniaquée laissent souvent des traînées que l'on remarquera, particulièrement les journées ensoleillées. Pour ne pas laisser de peluches sur la vitre, asséchez-la à l'aide d'un racloir ou de papier journal. (Si l'encre déteint sur vos doigts, prenez garde de ne pas salir le cadre de la fenêtre.)

Lorsque vous lavez un panneau vitré à la verticale, procédez de haut en bas. Appliquez le nettoyant avec une éponge ou un chiffon propre, puis récurez la crasse accumulée à l'aide d'une brosse aux soies longues en fibres végétales. Si vous faites les carreaux de l'intérieur, posez une serviette sur l'appui de fenêtre sur laquelle tomberont les gouttes d'eau.

Lorsque vous nettoyez un dessus de table en verre, prenez un papier journal plutôt qu'un racloir. N'oubliez pas le dessous de la table qui n'est pas exempt de saleté.

Délogez délicatement les traces de peinture et de substances gluantes à l'aide d'une lame de rasoir. «La peinture adhère au verre en raison d'un vide; une lame de rasoir perce sous le pourtour de la trace et le vide cesse d'exister», explique M. Brewer. N'employez pas un couteau de vitrier qui pourrait abîmer le verre.

Conseils pour épargner du temps: Si vous lavez les carreaux à l'aide d'un racloir, ayez deux chiffons sous la main. «Fourrez-en un dans chacune de vos poches arrière, conseille M. Brewer. L'un pour assécher la lame du racloir et l'autre pour assécher les angles des carreaux.»

Volets

Quand ils sont très sales, il n'existe pas de moyen facile de nettoyer des volets. Il faudra nettoyer chacune de ces charmantes jalousies qui enjolivent vos fenêtres.

Technique: Il faut beaucoup d'eau et d'énergie consacrée au récurage pour atteindre les interstices des volets. Aussi, lorsque faire se peut, enlevez-les donc des fenêtres et posez-les sur une table ou un comptoir que vous aura tapissé au préalable d'une serviette de ratine. Pulvérisez chaque volet de nettoyant tous usages en visant bien les interstices. Laissez agir la solution pendant quelques minutes avant de nettoyer chacune des lattes. À partir du haut, frottez chacune des lattes à l'aide d'une serviette de ratine ou d'une petite brosse. «Une petite brosse est nécessaire parce que, aussitôt que l'on vaporise le nettoyant, la saleté se met à couler dans les fentes et fissures», explique Carol Seelaus, instructrice en nettoyage rapide à l'université Temple de Philadelphie et propriétaire de Somebody's Gotta Do It, une service d'entretien résidentiel.

Pulvérisez de l'eau sur les volets pour y enlever la saleté détachée et le nettoyant. Asséchez-les avec un linge propre. Asséchez les endroits d'accès difficile en y appliquant un chiffon absorbant enroulé autour du manche d'une spatule de bois.

Conseils pour épargner du temps: Enlevez régulièrement les poussières de vos volets et vous n'aurez pas à les récurer, nous dit Mme Seelaus. Plus la poussière et la saleté se posent longtemps sur une surface, plus l'aspirateur a du mal à les aspirer. Une fois par mois, passez l'aspirateur sur les deux faces de vos volets à l'aide du suceur à épousseter en procédant de haut en bas et sur les côtés. Les citadins devraient le faire plus souvent.

En moins de deux: Employez une vieille brosse à dents plutôt qu'une brosse à coulis de jointoiement. Si vous n'avez pas de spatule de bois, employez une règle de bois ou de plastique.

Vomi

ACTION D'URGENCE

Agissez rapidement. Tout comme l'eau de javel, les acides contenus dans l'estomac peuvent altérer de façon permanente la couleur des tissus. Enlevez l'excès en grattant et en épongeant le plus gros. Puis diluez les acides avec de l'eau et épongez, nous conseille Carol Seelauss, instructrice en nettoyage rapide à *Temple University* de Philadelphie et présidente d'une entreprise de nettoyage professionnel appelée *Somebody's Gotta Do It.* Sur les vêtements et autres tissus lavables, lavez l'endroit souillé à grande eau. De l'eau ni trop froide ni trop chaude. Ailleurs, tel que sur des moquettes ou des meubles, satu-rez d'eau à l'aide d'une éponge puis épongez le tout pour enlever l'excédent de liquide.

Saviez-vous que notre facilité d'adaptation passe d'abord et avant tout par ce trait particulier que nous partageons: notre capacité de vomir? Cela nous aide à prévenir la maladie et nous empêche de mourir de quelque chose que nous avons ingéré. Le prix en vaut-il la chandelle? C'est sans doute ce que se demandent ces pauvres gens qui doivent nettoyer ces morceaux de nourritures partiellement digérés qui, tels des morceaux d'un bouilli, composent ces tas d'acides et d'enzymes nauséabonds.

Technique: Après avoir enlevé l'excédent, grattez l'endroit et imbibez-le d'eau. Laissez tremper tout article lavable de 30 à 60 minutes dans un litre d'eau tiède auquel vous aurez ajouté 5 ml de détergent à lessive et 30 ml d'ammoniaque. Le temps écoulé, rincez avec de l'eau fraîche. Si la tache persiste, faites tremper le vêtement dans un liquide enzymatique tel le BIZ . Ces produits utilisés spécifiquement lorsque nous voulons laisser tremper les vêtements «digèrent» les taches. À la suite de quoi, on lave le vêtement dans de l'eau tiède. Si la tache est colorée, cela peut provenir du colorant alimentaire utilisé dans un des aliments ingéré ou bu. Si le tissu semble s'être éclairci, les acides de l'estomac sont en cause. Il n'y a rien à faire.

Lorsque l'accident se produit sur une moquette, un tapis ou un meuble recouvert de tissu, avant de tenter quoi que ce soit, saturez l'endroit d'un mélange d'eau et de liquide capable de digérer les enzymes et les bactéries tel que Odormute, disponible dans certaines animaleries. Ce mélange à enzyme naturel a la propriété particulière d'altérer chimiquement la source de l'odeur afin de l'éliminer et non seulement la masquer. Demandez à n'importe quelle personne qui a déjà eu la chance de nettoyer des biscuits rendus, le vomi a cette caractéristique bien précise d'avoir une odeur qui perdure. Les fabricants de Odormute soutiennent que l'usage de détergent ou de tout autre produit nettoyant avant l'application d'un produit qui digère les enzymes aura pour effet de fixer l'odeur de vomi indéfiniment.

Conseils pour épargner du temps: Vous vous souvenez de cet élève qui avait vomi en classe à l'école primaire? Vous vous rappelez que le concierge était tout de suite arrivé et qu'il avait saupoudré partout cette substance puante qui ressemblait à de la sciure de bois et absorbait le vomi liquide?

Si l'accident se produit sur une surface dure, un plancher par exemple, une poudre brune appelée Z Goop, disponible chez les fournisseurs de produits nettoyants industriels, absorbera le plus gros du dégât de façon à ce qu'il puisse être facilement balayé et mis à la poubelle. Si ce produit n'est pas disponible, les grains de litière à chats font tout aussi bien l'affaire.

En moins de deux: Le Borax, un minerai naturel ajouté aux détergents pour en exacerber la puissance nettoyante, peut neutraliser efficacement certaines des odeurs imprégnées dans les tapis et les meubles. Après avoir imbibé d'eau l'endroit affecté puis épongé le surplus,

UNE HISTOIRE PROPRE PROPRE PROPRE

Qu'arrive-t-il lorsque votre lunch se retrouve dans l'espace?

Pendant les premiers jours d'un voyage dans l'espace, de 40 à 50 p. cent des astronautes souffrent du mal des transports intersidéral (MTI). Tout comme le mal des transports ou le mal de mer sur Terre, le MTI peut occasionner des nausées et faire vomir. Cependant, contrairement au mal des transports terriens, l'éruption de vomi, en ce qui concerne le MTI, peut arriver soudainement. Il n'y a pas nécessairement de symptômes avant-coureurs.

Dans la microgravité de l'espace, la difficulté lors d'un incident de ce type réside non pas dans le dilemme de savoir comment on l'essuiera, mais plutôt dans le comment on ravalera le tout rapidement afin que cela ne devienne pas une pluie de météorites humains flottant librement dans l'espace restreint de la cabine de la navette spatiale. Chaque astronaute a des sacs prévus à cet effet. Cependant dans le cas ou même cela ne suffirait pas, la cabine est dotée d'un aspirateur qui se charge de purifier l'air des vapeurs sidérantes de ces mini-astéroïdes.

saupoudrez complètement l'endroit atteint de Borax. Laissez sécher puis passez l'aspirateur. N'oubliez pas de vérifier en un endroit discret la solidité des couleurs en y appliquant une pâte de borax et d'eau.

Mise en garde: N'utilisez pas d'ammoniaque pour nettoyer du vomi sur de la soie ou de la laine.

Wagonnettes d'enfants

Combien d'efforts mettez-vous à nettoyer les wagonnettes d'enfants? Cela varie selon que vous possédez une wagonnette de métal léger peu coûteuse ou le modèle fait en chêne équipé de pneus à air et d'un volant à conduite sécuritaire. «Une wagonnette de qualité peut traverser plusieurs générations», nous dit Pete Furlong, propriétaire du Wagon Man à Springfield en Oregon.

Technique: Pour nettoyer les wagonnettes de bois, utilisez un chiffon doux trempé dans un mélange d'eau et de savon léger tel le savon à l'huile Murphy. Il faut bien sécher pour ne pas altérer le fini.

Les wagonnettes de métal peuvent être nettoyées avec le même savon que vous utilisez pour laver votre voiture. Séchez puis appliquez une couche de vernis antirouille.

Les wagonnettes de plastique, spécialement celles laissées à l'extérieur tout le temps, peuvent avoir une couche de poussière qui se trouve littéralement incrustée dans les fentes des moulures. Le seul moyen d'enlever cette couche est d'utiliser une brosse à poils durs trempée dans un seau d'eau auquel vous aurez ajouté un capuchon de liquide pour lave-vaisselle.

N'oubliez pas la poignée et les roues! Nettoyez et protégez les poignées de métal et les pneus de caoutchouc avec une couche protectrice de silicone. Cela empêchera la poussière d'adhérer ensuite.

Conseils pour épargner du temps: Le plus facile c'est naturellement de les passer sous le boyau d'arrosage. Assurez-vous simplement de bien sécher les wagonnettes de métal ou de bois. «Le plus gros de la poussière résulte de les avoir laissées à l'extérieur sans aucune protection», nous explique Furlong. Écourtez votre temps de récurage et entreposez vos wagonnettes dans un endroit où elles seront au sec, par exemple le garage ou la maison ou encore sous le couvert du porche.

En moins de deux: Si vous n'avez pas d'endroit où entreposer à l'intérieur, retournez la wagonnette à l'envers. Cela empêchera la pluie et la poussière de salir la boîte.

Section III

Outils et matériel d'entretien

Le choix des armes pour la chasse à la saleté

Armes chimiques et matériel de guerre domestique

Si votre intention est de nettoyer vite et bien, vous devez d'abord vous familiariser avec les outils et le matériel d'entretien. La plupart des tâches ne nécessitent que le matériel de base, à savoir un nettoyant tous usages, un tampon à récurer et un désinfectant. Parfois, le nettoyage d'une tache ou d'un déversement exigera un matériel plus sophistiqué, par exemple un détachant, de l'huile de lin ou de l'eau oxygénée.

Le fait d'employer les outils appropriés à une tâche vous fera réaliser des économies et vous assurera de mener votre tâche à terme vite et sans danger. Ainsi, vous aurez davantage de temps à consacrer à votre famille, à votre travail et à vos loisirs.

Les trucs et conseils réunis dans cette section proviennent de Bill R. Griffin, président de Cleaning Consultant Services, établi à Seattle, spécialisé dans les livres, vidéos, logiciels et ateliers portant sur l'entretien.

Choisissez le bon outil

Au chapitre du nettoyage, la vieille règle vaut encore: choisir l'outil en fonction de la tâche à exécuter. Les avantages en sont substantiels.

Économie de temps. Disons qu'il vous faut enlever de l'adhésif ou des taches de peinture d'un carreau de fenêtre. Si vous tentez de les récurer, de les faire disparaître à l'aide d'un nettoyant ou de les gratter avec la lame d'un canif, vous y mettrez la journée. Mais si vous employez le bon outil, en l'occurrence une lame de rasoir insérée dans un porte-lame, il suffira de quelques minutes.

Économie d'argent. Choisir le nettoyant qui convient se traduit parfois par des économies substantielles. Par exemple, si vous projetez de récurer les moisissures qui maculent le jointoiement des carreaux de la salle de bains, vous pourriez acheter un produit conçu à cette fin. Mais il pourrait vous en coûter jusqu'à 25 cents pour 30 grammes. Préparer votre propre solution antimoisissures ne vous coûtera que quelques cents. (Allongez 3 cuillerées à soupe de javellisant dans 250 ml d'eau et videz dans un pulvérisateur.)

Évitez d'endommager les surfaces. Commencez toujours en usant d'une méthode de nettoyage en douceur et augmentez l'intensité du traitement seulement si la manière douce a échoué. Faites toujours un essai au préalable en un endroit soustrait à la vue avant d'accomplir tout le travail. L'emploi d'un outil ou d'un produit puissant peut endommager la chose que vous tentez de nettoyer. Ainsi, récurer un évier de porcelaine tachée à l'aide d'un tampon métallique en égratignera la surface. Remplacer un évier coûtera plus cher que l'achat d'un tampon à récurer en plastique.

Cinq types de produits utiles au nettoyage

Le rayon des produits nettoyants du supermarché croule sous une pléthore de contenants de toutes sortes. Mais voici un secret: il n'existe que cinq types de nettoyants chimiques. Dès lors qu'on les connaît, on peut choisir celui qui convient à la tâche qui nous attend et réaliser des économies par surcroît. Voici la liste de ces cinq types de produits.

PRINCIPE ACTIF

L'échelle pH

Nul besoin de détenir un Ph.D. pour comprendre le principe du pH! Voici une liste de produits jumelés à leurs indices pH.

pH	Produits
acide	
0 à 1	Acides nitrique, sulfurique et chlorhydrique
1 à 2	Acides sulfamique et phosphorique
2,0	Agrumes
2,5	Boissons gazeuses
3,0	Vinaigre
3,7	Vin rouge
6,5	Lait
neutre	
7,0	Nettoyants neutres
alcalin	
8,0	Blanc d'œuf
9,5	Savon
10	Bicarbonate de soude
12	Ammoniaque domestique
12,8	Javellisant liquide
13 à 14	Soude caustique, décapant à parquet

Les surfactants: On les désigne également comme agents tensioactifs sur certains conditionnements. Les surfactants apportent leur puissance aux poudres à récurer; ils provoquent ce que les chimistes appellent la mouillabilité. Essentiellement, les surfactants affaiblissent la tension superficielle de l'eau sur les articles à nettoyer, de sorte qu'elle y coule rondement et qu'elle infiltre les fissures, les interstices et les pores du matériau. Dès lors que le liquide a pénétré, les autres substances chimiques présentes dans le nettoyant peuvent s'y infiltrer et dissoudre les saletés. «Il suffit alors d'éponger le liquide souillé pour faire disparaître une tache avec lui», explique Mahilal Dahanayake, premier directeur, Surfactants industriels et domestiques chez Rhône-Poulenc à Princeton dans le New-Jersey, où l'on fabrique le surfactant basique qui entre dans la composition de nombre de produits, des shampooings aux détergents, des nettoyants surpuissants aux pains de savon.

Les alcalis: La plupart des nettoyants contiennent des alcalis et non pas des acides. Afin de comprendre pourquoi, il faut posséder quelques notions sur l'échelle pH. Cette échelle graduée de zéro à 14 mesure le taux d'acidité ou d'alcalinité d'une solution aqueuse. Si le pH est de sept, la solution est neutre. Cette dernière est acide si le pH est inférieur à sept et alcaline s'il est supérieur à cette marque. Les substances dont le pH est aux extrémités de cette échelle, telles que l'acide sulfurique et la soude caustique, sont très actives et corrosives. Voici où nous voulons en venir. Les taches constituées d'acides (toutes les graisses et les huiles sont faites d'acides gras et de glycérol) se dissolvent lorsqu'on leur amalgame des alcalis. Toutes les taches dites alcalines se dissolvent lorsqu'on leur associe des acides. Étant donné que la majorité des taches sont acides (du gras animal à la boue), la plupart des nettoyants tirent leur puissance des alcalis. «Les alcalis gobent les molécules de gras et d'huile, les réduisent en particules plus petites qui se retrouvent en suspension et qui se délogent alors plus facilement», explique le Dr Dahanayake.

Les acides: On trouve moins de taches alcalines, c'est pourquoi moins de nettoyants sont préparés à partir d'une base acide. Certains types de saletés, notamment les dépôts calcaires, les traces laissées par le savon, la rouille, les tanins (les taches de café et de thé), les boissons alcoolisées, la moutarde, sont alcalins et doivent être traités avec un nettoyant acide. Le degré d'acidité d'un tel nettoyant va de la douceur d'une solution d'eau et de vinaigre à la surpuissance de l'acide sulfurique.

Les solvants: Le principe chimique des solvants diffère de celui des alcalis et des acides. Plutôt que neutraliser les saletés, les solvants les dissolvent. Presque tous les solvants sont distillés à partir de produits du pétrole ou de végétaux. On les emploie principalement pour dissoudre des taches et substances huileuses ou graisseuses, que ce soient des taches d'herbe ou de vernis à l'huile. Parmi les solvants répandus, on trouve les diluants à laque et à peinture (dérivés des produits du pétrole), l'acétone, l'alcool et la glycérine (dérivés des végétaux et des

Les produits chimiques nettoyants: Quelle est la recette de leur succès ?

Voici l'inventaire des principaux produits nettoyants, leurs compositions et leurs raisons d'être.

NETTOYANTS TOUS USAGES

Poudres abrasives

Composants: De fines particules de minéraux tels que le calcite, le quartz et la silice. Également des surfactants et parfois des javellisants.

Utilisations: Afin de déloger des quantités importantes de saletés des surfaces solides.

Abrasifs liquides

Composants: Suspension de particules d'abrasifs solides dans un liquide consistant, contient plus de surfactants qu'un abrasif en poudre.

Utilisations: Afin de nettoyer les surfaces dures telles que les éviers, baignoires et comptoirs qu'un abrasif en poudre risque d'égratigner.

Poudres et liquides non abrasifs

Composants: Des surfactants, des agents d'accumulation (qui adoucissent l'eau dure et maintiennent les particules de saleté en suspension) et des tampons de sels alcalins. Parfois des désinfectants, de l'ammoniaque, de l'huile de pin et des solvants organiques. Habituellement allongés d'eau.

Utilisations: Afin de nettoyer de vastes surfaces lavables telles que les parquets, les murs, les comptoirs et les lambris de bois.

Aérosols non abrasifs

Composants: Des surfactants, des agents d'accumulation (qui adoucissent l'eau dure et maintiennent les particules de saleté en suspension) et des solvants organiques. Nul besoin de les diluer.

Utilisations: Afin de déloger les taches graisseuses sur de petites surfaces telles que les murs autour des électroménagers, les cuisinières et les plaques d'interrupteurs électriques.

AUTRES PRODUITS NETTOYANTS

Ammoniaque

Composant: hydroxyde d'ammonium (les nettoyants à base d'ammoniaque sont en général dilués d'un détergent).

Utilisations: Étant donné qu'elle ne laisse aucune traînée, elle convient au nettoyage du verre et des appareils reluisants, de même que pour déloger la saleté des sols ne nécessitant aucun cirage. Également efficace comme détachant. Éviter d'utiliser sur le plastique translucide.

Bicarbonate de soude

Composant: Bicarbonate de soude.

Utilisations: Abrasif léger servant au nettoyage de surfaces moins dures telles que la fibre de verre. Également utile pour désodoriser le réfrigérateur, le congélateur et la litière du chat.

Borax

Composant: Borate de soude.

Utilisations: Sel légèrement alcalin hydrosoluble employé comme abrasif léger. On l'ajoute à la lessive pour en exacerber la puissance nettoyante.

NETTOYANTS POUR LA CUISINE, LA SALLE DE BAINS, LE VERRE ET LES MÉTAUX

Javellisants

Composants: Hypochlorite de sodium (javellisant liquide).

Utilisations: Afin de déloger les taches sur les étoffes et les surfaces dures. Détruit les bactéries, virus et champignons.

Désinfectants et nettoyants désinfectants

Composants: Agents antimicrobiens tels que l'huile de pin, l'hypochlorite de sodium, les composés d'ammonium quaternaire ou des phénols. Les nettoyants désinfectants contiennent des surfactants et des agents d'accumulation (qui adoucissent l'eau dure et maintiennent les saletés en suspension).

Utilisations: Afin de nettoyer et de désinfecter les surfaces dures telles que les parquets, éviers, douches et baignoires.

Déboucheurs de canalisations sanitaires

Composants: Certains déboucheurs sont formulés en vue de réduire l'accumulation de saletés. Ils contiennent des enzymes qui digèrent les matières organiques. Les déboucheurs habituels (en cristaux ou liquides) contiennent des lessives ou acides puissants faits à partir d'hydroxyde de soude ou hypochlorite de sodium destinés à désengorger le tuyau.

Utilisations: Afin de prévenir l'obstruction des canalisations et de dissoudre les accumulations de saletés.

Nettoyants pour le verre et les surfaces multiples

Composants: Des surfactants, des solvants doux, de l'alcool (pour accélérer le séchage) et parfois de l'ammoniac (pour empêcher la formation de traînées).

Utilisations: Afin de nettoyer le verre, le chrome, l'inox et les autres surfaces reluisantes.

Dissolvants d'eau dure

Composants: Poudres et aérosols contiennent des acides citriques, oxaliques, sulfamiques ou hydroxyacétiques. Ils contiennent également des surfactants et des solvants organiques.

Utilisations: Afin de dissoudre les minéraux, les dépôts calcaires et la rouille laissés après évaporation de l'eau dure.

Décape-four

Composants: Des surfactants et un alcali puissant tel que l'hydroxyde de sodium (lessive) ou des sels moins alcalins (conjugués à la chaleur du four).

Utilisations: Afin de nettoyer les parois du four et les clayettes.

Nettoyants à cuvette

Composants: Des surfactants doublés d'oxydants ou d'acides; les formules désinfectantes contiennent également des agents antimicrobiens tels que des sels d'ammonium quaternaire.

Utilisations: Afin de déloger les dépôts de saleté, nettoyer et parfois désinfecter.

Nettoyants pour la baignoire, les carreaux et l'évier

Composants: Des surfactants et des solvants. Certains produits contiennent des oxydants tels que l'hypochlorite de sodium et des agents antimicrobiens afin de détruire les moisissures. Certains sont formulés à l'aide de composants alcalins tels que le carbonate de sodium, le silicate de sodium et l'hydroxyde de sodium.

Utilisations: Afin de déloger les dépôts calcaires, les traces de savon, les taches de rouille et la décoloration causée par la moisissure.

PRODUITS POUR LES SOLS ET LES MEUBLES

Shampooings pour la moquette

Composants: Des surfactants et un polymère qui contribue au séchage du produit sous une forme cassante qu'un coup d'aspirateur éliminera de la moquette.

Utilisations: Afin de déloger les taches huileuses et graisseuses de la moquette.

Produits pour l'époussetage

Composants: Une huile d'hydrocarbure qui attire la poussière et parfois un solvant organique et de l'eau pour déloger les taches.

Utilisations: Ramasser les poussières et les retenir au chiffon.

Produits d'entretien des sols

Composants: Les nettoyants contiennent des surfactants et des agents d'accumulation (qui adoucissent l'eau dure et maintiennent les particules de saleté en suspension). Les produits qui servent à polir contiennent des particules de polyéthylène ou de carnauba et des polymères tels que du polyacrylate. Des décapants à parquet contiennent de l'ammoniac.

Utilisations: Afin de déloger la saleté, décaper, polir et protéger la surface du sol.

Nettoyants et polis à meubles

Composants: Silicone liquide, cire, huile de citron, huile d'Aleurites Fordii et un solvant d'hydrocarbure afin de déloger les taches d'huile et une part de l'accumulation de vieille cire.

Utilisations: Afin d'enlever la poussière et les taches, faire reluire et protéger contre les gouttes d'eau.

animaux), et certains détachants. Bien qu'ils soient efficaces, les solvants sont souvent inflammables, généralement toxiques et néfastes à l'environnement. Pour cette raison, les professionnels de l'entretien et les fabricants de nettoyants domestiques ont réduit leur emploi ces dernières années.

Les désinfectants: Les désinfectants chimiques ont la propriété de supprimer les germes. Pour la plupart, il s'agit d'éradiquer les germes qui causent les odeurs, des maladies, tachent les vêtements et gâtent les aliments. (Certains germes tels que les bactéries qui prolifèrent dans l'estomac sont nécessaires à la santé.) Les produits commercialisés à titre de désinfectants doivent d'abord recevoir l'imprimatur de l'Office de la protection environnementale. On compte trois principaux types de désinfectants domestiques sur le marché; les plus répandus sont les composés d'ammonium quaternaire. Ces derniers peuvent être facilement combinés à des détergents au pH de neuf ou 10 sans perdre leur puissance germicide. C'est pourquoi on les retrouve dans les désinfectants pour la cuisine et la salle de bains.

Ne tentez pas de fabriquer vos désinfectants maison. Le dosage de produits chimiques n'est pas une mince affaire. Vous risqueriez entre autres de détruire les effets germicides des substances chimiques. Sans compter le risque réel de fabriquer des cocktails toxiques ou volatils. Au nombre des autres désinfectants communs, on trouve les javellisants liquides et quelques nettoyants à l'huile de pin véritable.

Un portable pour réparer les dégâts

C'est chose aisée que d'assembler un nécessaire de nettoyage portable avec lequel réparer environ 90 p. cent des dégâts domestiques. Il s'agit en quelque sorte de l'infanterie légère de votre armée de nettoyage, selon les mots de John Becker, chef du Service des ventes chez Easterday Janitorial Supply Co. à San Francisco. Cette trousse de nettoyage devrait être prête à l'emploi dans une boîte ou, mieux, dans un caddie qu'il sera facile de dépêcher sur les lieux du dégât. M. Becker, qui enseigne aux concierges les trucs du métier, leur conseille d'avoir sous la main un nécessaire de nettoyage répondant à trois principes, que voici:

Se protéger: Le récurage et l'emploi de produits chimiques peuvent abîmer les mains et s'avérer potentiellement dangereux pour les yeux. Aussi, votre nécessaire de nettoyage devrait comporter une bonne paire de gants de caoutchouc et des lunettes de protection que vous chausserez le cas échéant.

Avoir les nettoyants de base: M. Becker nous recommande de réunir trois nettoyants dans notre trousse: un nettoyant tous usages (doux, du genre détergent pour le lave-vaisselle), un nettoyant pour le verre et un désinfectant. Afin que la trousse soit complète et puisse servir dans la salle de bains, ajoutez-y un pulvérisateur contenant une solution composée d'un litre d'eau et de trois cuillerées à table de javellisant chloré, un nettoyant pour la cuvette (un qui soit plutôt acide et que vous n'emploierez que pour la cuvette). Ne mélangez jamais ces produits.

Disposer de tampons à récurer: Votre nécessaire doit comporter une éponge à l'endos de laquelle se trouve un tampon à récurer en nylon qui soit blanc ou havane (cela indique un degré d'abrasion sûr pour la plupart des surfaces). Ajoutez également une brosse à récurer en nylon et votre nécessaire de nettoyage sera complet.

DES SOLUTIONS SENSÉES

Le moment est venu de parfaire votre stratégie de nettoyage pour atteindre au raffinement. Voici quelques trucs axés sur des instruments qui vous permettront d'épargner temps, argent et efforts.

Des solutions à portée de main

Depuis plusieurs générations, certains produits de consommation courante servent de nettoyants ou de détachants, notamment le vinaigre, le bicarbonate de soude, le cola et l'alcool à friction. Pour la plupart, ils apportent de bons résultats. Parfois, il est préférable d'employer un bon nettoyant ordinaire tel que le détergent liquide pour le lave-vaisselle. Voici la vérité (et quelques mises en garde) concernant l'emploi de ces produits.

L'alcool: L'alcool isopropylique est un solvant qui peut déloger toutes les taches à base de teinture d'une étoffe. Prenez garde toutefois: il peut pâlir la teinture de l'étoffe que vous tentez de nettoyer. Tentez d'abord un essai en un endroit discret avant de procéder, surtout sur la soie et l'acétate.

Le cola: En moins de deux, l'acide phosphorique présent dans le cola nettoiera les taches alcalines telles que celles que l'on trouve dans la cuvette. Mais prenez garde: le sucre et le colorant caramel qu'il contient laisseront des traces si le cola sèche sur la surface.

Le fixatif: Le fixatif à cheveux peut dissoudre l'encre en raison de l'alcool, des solvants et des résines qu'il contient. Employez un fixatif pour hommes sans parfum afin de déloger une tache d'encre sur du vinyle. En fait, les marques les moins chères sont les plus efficaces. Pulvérisez du fixatif sur les taches d'encre avant de faire la lessive. Lavez sans tarder une étoffe qui a reçu du fixatif à cheveux, à défaut de quoi elle pourrait roidir de façon permanente.

Épices pour attendrir la viande: Les enzymes digèrent les taches laissées par les aliments tels que la viande, les œufs, le sang et le lait qui sont principalement composées de protéines. Les enzymes dites nettoyantes agissent tout aussi bien, sinon mieux, et sont exemptes des épices et du colorant présents dans le produit servant à attendrir la viande.

Dissolvant à vernis à ongles: Ce produit contient un solvant — l'acétate amylique — et parfois de l'acétone. Au même titre qu'il enlèvera le vernis de vos ongles, il peut l'enlever d'une étoffe. Il sert aussi à décaper la colle employée pour faire des modèles réduits. Mais prenez garde: certains dissolvants à vernis à ongles contiennent de l'huile qui peut laisser une tache sur l'étoffe. Et les solvants détruiront les étoffes faites d'acétate.

Atteignez les coins et recoins d'accès difficile

Les endroits d'accès difficile ont ceci de particulier que la crasse et la saleté s'y délogent plus difficilement. Bien sûr, la poussière et la saleté qui circulent dans la maison finiront par adhérer au plafond, aux poutres, aux moulures, aux fissures et aux interstices. Deux méthodes sont utiles pour atteindre les saletés dans les endroits d'accès difficile.

Se munir d'une extension. Lancez-vous dans l'aventure à l'aide d'un outil grâce auquel vous pourrez rejoindre les endroits autrement inatteignables. À cet effet, la tige d'extension de l'aspirateur convient à merveille. Employez la buse dotée de soies pour déloger les toiles d'araignée au plafond et la poussière derrière les canapés. On se procure des tiges d'extension additionnelles chez un marchand spécialisé dans la vente et la réparation d'aspirateurs.

Travailler en hauteur. Il existe trois démarches solides, et nous soulignons le mot «solide». S'il s'agit d'atteindre un endroit à peine plus haut que votre portée, montez sur un tabouret de bois qui soit solide ou sur une caisse de bois renforcée. Pour atteindre un endroit plus élevé, employez un escabeau léger. Un modèle en aluminium faisant 1,5 m de haut est idéal. Résistant mais léger, il permet d'atteindre un plafond de 2,5 m de haut sans risque d'abîmer le mobilier ou les portes lorsqu'on le déplace d'une pièce à l'autre. En prévision d'un travail pour lequel vous devrez passer un bon moment dans les hauteurs, prenez la peine d'assembler un échafaudage à l'aide d'une planche de 5 cm d'épaisseur posée sur les degrés supérieurs de deux escabeaux. Ainsi, pour pourrez nettoyer en hauteur sur toute la largeur d'un pan sans avoir à descendre et monter sans cesse.

Faites bon usage de vos outils

Finalement, avant de dresser l'inventaire des outils et produits chimiques nécessaires, voici quelques conseils concernant les appareils et l'équipement nécessaires à l'entretien.

Pour les travaux peu fréquents, louez les appareils et outils. Certains travaux, par exemple le shampooing de la moquette, le nettoyage au jet d'eau ou pour désengorger un tuyau, nécessitent un appareil ou des connaissances particulières. Vous devriez songer alors à le louer plutôt qu'à en faire l'achat. Pourquoi ? Vous réaliserez des économies d'argent et d'espace dans votre cagibi, nous dit M. Griffin. «À moins d'en faire usage presque à plein temps, l'achat d'un de ces appareils n'en vaut pas la peine.» Si vous projetez d'employer un appareil moins de six fois au cours d'une année, faites-en la location.

Entretenez vos appareils et outils. Bien entendu, il faut entretenir son nécessaire de nettoyage qui n'est pas exempt de se frotter à la saleté. Il faut nettoyer certains outils juste après s'en être servis. Ainsi, rincez les seaux, vadrouilles et éponges avant de les ranger. Faites une lessive exprès pour vos vêtements de travail et les chiffons utilisés. Ainsi, vos autres effets ne tremperont pas dans la crasse qui les macule. Nettoyez chaque fois le filtre du sèche-linge afin que la charpie n'obstrue pas la circulation d'air à l'intérieur de l'appareil.

D'autres outils ont besoin d'un entretien régulier. Ainsi en est-il de l'aspirateur dont il faut changer le sac régulièrement, de même qu'il faut périodiquement enlever les cheveux et fils qui s'empêtrent dans la brosse cylindrique de la buse. Assurez-vous que vos appareils et accessoires sont en bon état.

Outils et matériaux de A à Z

Voici en ordre alphabétique la liste de tout le matériel dont vous aurez besoin pour procéder à l'entretien de la maison. Les usages concernant ces articles sont décrits ici en termes généraux. Vous trouverez certains de leurs emplois particuliers sur l'autre liste, intitulée: Les Saletés.

Abrasifs

Utilisations: Les nettoyants abrasifs contiennent de fines particules de sable qui servent à déloger la saleté d'une surface sous l'action du ponçage. La plupart des nettoyants abrasifs, dont la poudre à récurer et le dentifrice, contiennent également des produits chimiques qui exercent une action nettoyante. Les tampons à récurer en nylon codés selon une couleur contiennent des abrasifs. Les tampons bruns et noirs sont les plus rudes; les bleus et les verts sont un peu moins rugueux; les rouges sont au centre de l'échelle; les tampons blancs, havane et jaunes sont les moins abrasifs. Employez un tampon blanc pour éviter d'égratigner une surface.

Il faut employer des abrasifs sur des matières qui résistent aux éraflures. On peut nettoyer les éviers, les carreaux de la douche, la baignoire et la cuvette avec la plupart des crèmes ou liquides abrasifs sur le marché sans craindre de les abîmer. Cela dit, les abrasifs peuvent causer d'infimes égratignures et dépolir les surfaces

Que contient votre arsenal de nettoyage?

Voici une liste des produits nettoyants qui devraient se trouver dans toute maison bien tenue:

- un nettoyant tous usages
- un nettoyant désinfectant
- un nettoyant pour le verre
- un nettoyant neutre
- un balai-éponge
- un chiffon à poussière en laine d'agneau
- un balai de cuisine
- des gants de caoutchouc
- une brosse et un bol pour nettoyer la cuvette
- un détachant à moquette
- des pulvérisateurs à gâchette
- un aspirateur vertical
- une raclette
- une éponge à endos abrasif (blanche)
- des serviettes de ratine (blanches)

brillantes. On s'en servira seulement lorsque des méthodes plus douces ont échoué, auquel cas on commencera par les produits les plus doux. On serait avisé d'en faire l'essai en un endroit peu visible avant de s'attaquer à l'ensemble.

C'est probablement leur résistance qui fait des nettoyants abrasifs les préférés des militaires. Les nettoyants surpuissants sont l'un des trois produits nettoyants employés dans la Marine américaine, les deux autres étant le nettoyant pour le verre et un nettoyant tous usages. Il importe de bien rincer l'évier et la baignoire après avoir employé un abrasif; si on y passe un doigt et qu'il y adhère une poudre blanche, les matelots doivent recommencer! Le truc consiste à ne pas mettre trop d'abrasif et à rincer abondamment.

Conseils concernant l'achat: Pour la saleté plus costaude, procurez-vous un nettoyant liquide qui contient un javellisant. Les différences entre les marques sont minimes; aussi, achetez en fonction du prix. Un nettoyant liquide giclera facilement dans les endroits d'accès difficile, notamment sous le pourtour de la cuvette.

Mise en garde: En raison même de leur nature, les abrasifs peuvent égratigner et ternir les surfaces dures telles que la porcelaine et l'émail. Ils endommageront l'acier inoxydable, la fibre de verre, les surfaces stratifiées comme le Formica et les comptoirs de marbre. Employez d'abord une méthode douce. Ainsi qu'il en est de tous les produits contenant de l'eau de Javel, ne mélangez jamais un nettoyant javellisant avec un produit à base d'ammoniaque car des émanations toxiques en résulteraient.

Absorbants

Utilisations: Habituellement fabriqués de matières granuleuses ou poudreuses, les absorbants exercent une action semblable à celle d'un aspirateur qui fonctionnerait lentement. Lorsqu'on le verse sur une tache ou une surface poreuse, l'absorbant s'imprègne de la substance qui fait tache, de sorte qu'on puisse en faire disparaître la poudre par la suite, soit à l'aide d'un balai, d'une brosse ou d'un aspirateur.

Il faut employer un absorbant pour déloger les taches qui sont encore humides, en particulier de graisse ou d'huile. Dans plusieurs cas, il faut saupoudrer la tache, y poser une ratine ou un chiffon sec. Déposez ensuite un livre ou un objet pour y faire poids et laissez agir pendant plusieurs heures, voire pendant toute une nuit. L'emploi d'un absorbant est indiqué comme première mesure avant de recourir à une méthode plus forte. Il permet de nettoyer les pires dégâts, qu'il s'agisse d'un déversement d'huile sur le sol du garage ou de vomi sur la moquette. Les granules de litière pour chats et le bran de scie sont indiqués pour ce genre de travail. Pour les travaux plus délicats, par exemple déloger une tache de sauce sur un blazer de laine exigeant un nettoyage à sec, on emploiera plutôt du talc ou de la fécule de maïs comme absorbant. Le sel déloge les taches de couleur et de sucre (jus de fruits, sucette glacée et gelée à saveur de fruits) des moquettes et des vêtements.

Conseils concernant l'achat: Il y a bien sûr les produits du marché, mais souvent des produits de consommation courante tels que le talc, la fécule de maïs et le sel font tout autant l'affaire. S'il s'agit d'un dégât important, employez des granules de litière à chats (pas la sorte qui s'agglutine) ou un produit commercialisé sous le nom de Quicksorb.

Mise en garde: Si vous employez un absorbant à l'extérieur, faites en sorte qu'il ne se retrouve pas dans une plate-bande fleurie. Prenez garde lorsque vous saupoudrez du talc ou de la fécule sur une étoffe; on a parfois du mal à les en retirer.

Acide citrique

Utilisations: La substance qui donne aux agrumes leur saveur se retrouve également dans certains nettoyants commerciaux. Toutefois, le moyen le plus facile de l'employer consiste à trancher un citron. Le jus de citron fait un détachant naturel aux taches alcalines causées par le café, le thé et les alcools. Délayez du jus de citron et du sel de manière à former une pâte et imbibez-en les taches tenaces restées sur les étoffes délicates: vin rouge, rouille... Laissez agir 5 à 10 minutes en conservant l'humidité, puis ricez avec précaution.

Alcool

Utilisations: L'alcool est un solvant plutôt pur qui fait un antiseptique et un nettoyant efficaces.

L'alcool déloge la graisse; il est particulièrement efficace pour enlever les empreintes digitales laissées sur le verre (mélangez une partie d'alcool et quatre parties d'eau; nettoyez à l'aide d'un chiffon et rincez avec une raclette). Il entre communément dans la composition des nettoyants pour le verre parce qu'il sèche rapidement sans laisser de traînée. L'alcool dissout également les huiles organiques et les traces de maquillage laissées sur les bijoux brillants, bien qu'il abîmera les bijoux de métal laqué. L'alcool fait un bon détachant. Il effacera les traces d'herbe, de mine de plomb, quelques types d'encre et de teinture. Comme on le fait avec tous les détachants, il faut d'abord en faire l'essai en un endroit qu'on ne remarquera pas pour s'assurer qu'il n'abîmera pas l'étoffe ou la surface que l'on s'apprête à nettoyer. L'alcool fera se dissoudre en moins de deux les traces d'adhésif laissées par les autocollants sur le verre et les surfaces dures.

Conseils concernant l'achat: Procurez-vous de l'alcool dénaturé ou isopropylique vendu en pharmacie. Évitez l'alcool à friction qui peut contenir une teinture, une fragrance ou une trop grande quantité d'eau.

Mise en garde: L'alcool isopropylique est toxique et inflammable. Il faut l'employer uniquement dans une pièce bien aérée et jamais à proximité d'une flamme nue, notamment les brûleurs de la cuisinière. Employé comme solvant, il peut dissoudre les plastiques et les adhésifs. Il peut également abîmer certaines étoffes. Ne l'employez pas sur de la laine. Allongez-le d'une partie égale d'eau avant de l'employer sur de la soie et de l'acétate. Lisez toujours le mode d'emploi afin de savoir comment employer un produit et en connaître les précautions d'usage.

Ammoniaque

Utilisations: L'ammoniaque est l'un des produits chimiques que l'on retrouve à la base d'un tas de nettoyants et qui a plusieurs usages. Voici un survol des trois principales tâches qu'accomplit l'ammoniaque à l'heure du grand ménage.

Un nettoyage général

Les nettoyants à l'ammoniaque (hydroxyde ammoniacal) sont habituellement formulés avec un détergent qui les rend savonneux et qui couvre les fortes vapeurs qu'elle dégage. L'ammoniaque galvanise les propriétés alcalines d'un nettoyant, de sorte qu'il peut déloger la graisse. Employez un nettoyant à l'ammoniaque pour laver les sols qui n'exigent aucun cirage, les murs et pour un nettoyage léger de la salle de bains. En général, on verse 250 ml d'ammoniaque dans 4,5 l d'eau. Des concentrations plus fortes servent à décaper la cire accumulée sur les sols. S'il s'agit d'une tâche plus difficile, par exemple dégraisser la hotte, employez un produit tel que Formula 409. Autre conseil: les émanations d'ammoniaque peuvent servir à quelque chose. Le nettoyage du four sera plus facile si on y a laissé une casserole contenant de l'ammoniaque pendant une nuit. Bien sûr, il ne faut pas mettre le four à chauffer pendant ce temps et prendre garde aux fortes émanations lorsqu'on ouvrira la porte du four.

Le nettoyage des carreaux

Étant donné que l'ammoniaque est, selon le jargon des chimistes, un alcali volatil, il ne laisse en séchant aucun résidu solide. Voilà pourquoi il entre dans la composition des nettoyants pour le verre et de certains nettoyants pour les surfaces brillantes. Grâce à l'ammoniaque qu'il contient, le produit ne laisse aucune traînée sur le verre. Vous pouvez préparer votre nettoyant pour le verre en versant 30 g d'ammoniaque transparente dans une pinte d'eau. Versez le liquide dans un vaporisateur à gâchette ou employez une éponge et une raclette.

Pour déloger les taches

L'ammoniaque est légèrement javellisante, ce qui en fait un détachant efficace pour déloger plusieurs types de saletés sur différentes étoffes et surfaces. Afin de fabriquer votre détachant, versez une cuillerée à soupe d'ammoniaque domestique dans 250 ml d'eau. Vous aurez là un détachant capable de supprimer nombre de taches causées par des tas de choses, notamment les boissons alcoolisées, l'encre, la moutarde et la sauce tomate.

Conseils concernant l'achat: On trouve l'ammoniaque transparente chez les marchands spécialisés dans les produits d'entretien commerciaux et dans les supermarchés. Lisez bien les conditionnements des nettoyants pour le verre pour vous assurer qu'ils contiennent de l'ammoniaque.

Mise en garde: Usez de prudence lorsque vous manipulez de l'ammoniaque. Elle est toxique si ingérée et ses émanations peuvent endommager les muqueuses des voies nasales, des yeux, de la gorge et des poumons. Assurez-vous au préalable que la pièce où vous travaillez est bien aérée. Portez toujours des gants de caoutchouc et des lunettes de protection parce que l'ammoniaque irrite la peau. Ne mélangez jamais de l'ammoniaque avec un produit javellisant: leur interaction provoquerait des émanations toxiques.

L'ammoniaque décape la vieille cire des planchers; aussi ne l'employez pas sur un sol ciré à moins de vouloir le décaper. Diluez-la selon le mode d'emploi paraissant sur le conditionnement et portez des gants de caoutchouc. Employez-la dans une pièce bien aérée. L'ammoniaque peut abîmer les surfaces vernies, le marbre, le plastique et le cuir. L'ammoniaque foncera les casseroles en aluminium: évitez donc de les y faire tremper. Elle peut aussi altérer la couleur de certaines teintures. Avant de l'employer comme détachant, faites-en l'essai en un endroit peu apparent. L'ammoniaque fera brunir certains tissus de recouvrement, de même que les moquettes et tapis de fibres naturelles. Lisez toujours le mode d'emploi et les précautions d'usage avant de l'utiliser.

La genèse divine de l'ammoniac

L'histoire du mot ammoniac est plus extraordinaire qu'un polar d'Agatha Christie.

Ce nom dérive de celui du dieu Ammon, vénéré dans l'Égypte antique. Le principal temple d'Ammon était situé dans le désert de Libye, à environ 385 km à l'ouest de là où se trouve Le Caire aujourd'hui. Le sous-sol en était bardé de strates de sel naturel auquel étaient incrustés d'étonnants cristaux transparents que l'on considérait comme des joyaux. Ce sel sera bientôt exporté dans tout l'Occident où on le connaîtra sous l'appellation de «sel ammoniac», ce qui signifie «sel d'Ammon». De nos jours, les chimistes parlent plutôt de chlorure ammoniacal.

On découvrit plus tard le gaz d'ammoniac que l'on produit systématiquement en chauffant du chlorure ammoniacal. Au milieu du XVIIIe siècle, trois chimistes français proposèrent d'appeler ce gaz «ammoniaque». À la fin du même siècle, le mot fut traduit en anglais. L'ammoniaque était là pour y demeurer.

Aspirateurs

Utilisations: L'aspirateur tient un rôle prépondérant dans toute entreprise de nettoyage: ramasser la saleté, la contenir et la mettre au rebut. Différents modèles d'aspirateur ont été mis au point en fonction de tâches précises. Voici un survol des principaux modèles.

L'aspirateur vertical: Le modèle le plus populaire d'entre tous, il excelle au nettoyage de la moquette et des tapis. Grâce à ses tapettes et à sa puissante succion, ce modèle détache puis extrait la poussière et la saleté qui formeraient sinon une accumulation de crasse qui abîmerait les fibres avec le temps. La plupart des modèles verticaux empruntent aux principes du modèle commercial et comportent des boyaux, tubes flexibles et suceurs qui aspirent sur différents types de surfaces.

La boîte de métal: Ce modèle employé par les professionnels est en général plus puissant et plus pratique pour nettoyer les escaliers, les endroits d'accès difficile et les sols sans revêtement. Plusieurs modèles sont dotés des accessoires de l'aspirateur vertical et comptent un suceur puissant qui aspirera les saletés dissimulées dans la moquette.

L'aspirateur pour liquides et solides: Comme l'appellation l'indique, ce modèle renifle les dégâts secs autant que liquides. Il est pratique dans le sous-sol s'il y a risque d'inondation, pour faire le ménage après des travaux de rénovation ou lorsqu'on décape le parquet. Il existe un modèle qui sert également à détacher vite et bien.

Conseils concernant l'achat: L'achat d'un aspirateur peut s'avérer une affaire compliquée. Recherchez une marque réputée. Procurez-vous un modèle facile à manipuler, à interrupteur et à hauteur réglable selon les sols à nettoyer. Le cordon doit s'enrouler facilement à l'intérieur et le sac doit être facile à remplacer. Jaugez son poids, car vous devrez monter et descendre l'escalier. Évaluez également le bruit émis par le moteur et voyez s'il est acceptable.

Lorsque vous irez faire l'essai de différents modèles en prévision d'un achat, prenez avec vous différents types de saletés usuelles, par exemple des poils de votre chien, du sable et des miettes de gressins. Faites également l'essai du modèle que vous projetez d'acheter sur une moquette et sur un sol dur; voyez comment il s'acquitte des coins et s'il se faufile bien sous les meubles. Informez-vous sur la largeur qu'il peut nettoyer. Plus il est large, moins vous aurez à l'utiliser longtemps. Mais il y a un hic: plus le suceur à tapis est large, plus la force de succion est réduite, donc moins le tapis sera propre. On recommande d'employer un suceur de 30 cm ou moins. Renseignez-vous auprès du vendeur à propos de sa puissance de ventilation (exprimée en pieds cubes à la minute). Plus cette puissance est élevée, mieux l'aspirateur nettoie. Les modèles plus robustes, aux moteurs plus puissants et aux accessoires plus solides, sont vendus chez les marchands spécialisés dans les produits d'entretien commerciaux.

Mise en garde: L'efficacité d'un aspirateur diminue à mesure que le sac se remplit. De récentes innovations au chapitre des sacs filtres permettent la filtration de particules plus fines. Le sac peut se remplir davantage, ce qui entraînera un décroissement de la ventilation. Remuez le sac filtre de temps en temps pour déplacer les saletés et favoriser la ventilation à l'intérieur du sac. Les saletés qui obstruent les buses et les brosses peuvent entraîner une surchauffe du moteur qui pourra brûler. Plusieurs modèles sont dotés d'un dispositif d'arrêt automatique pour éviter cela mais, le cas échéant, éteignez vite l'aspirateur.

Balais

Utilisations: Bien sûr sa conception est plutôt rudimentaire, mais il n'y a rien de plus commode qu'un balai pour enlever efficacement les saletés sur un sol lisse, un patio ou une entrée de garage. On utilisera également un balai pour déloger les saletés dans les coins d'une pièce moquettée et sur les plinthes avant d'y passer l'aspirateur.

Employez un balai de nylon taillé en angle pour balayer une petite superficie et les coins d'une pièce moquettée. Vous atteindrez mieux les angles des coins, les soies souples délogent les poussières les plus fines et la pointe taillée en angle favorise un meilleur contact avec la surface du sol.

Afin de balayer à l'extérieur et sur une surface rugueuse, employez un balai-brosse aux soies roides en plastique, en nylon ou en fibres.

Conseils concernant l'achat: Pour le balayage intérieur, évitez d'acheter les balais traditionnels faits de brindilles ou de crins: ils laissent parfois des brins derrière eux. Achetez plutôt un balai de nylon dont la frange est taillée en angle. Il vous en coûtera peu, surtout si vous vous le procurez dans une grande surface spécialisée dans la réno-déco. Pendez-le dans l'armoire

Un trait de génie

Lorsqu'on a balayé autant de foin, de bran de scie et de fumier de cheval que Pete Cimini et ses employés, on a appris quelques trucs du métier qui facilitent la tâche. M. Cimini dirige les écuries des Ringling Bros. et du cirque Barnum and Bailey à Vienna en Virginie. Voici la technique qu'il conseille pour bien balayer des grandes surfaces.

C'est tout simple. Ne commencez pas d'un côté de la surface pour balayer une certaine largeur jusqu'à l'autre côté, et ainsi de suite en allers et retours. Commencez plutôt le travail dans un coin et donnez un coup de balai de la longueur de votre bras. Faites un pas de côté afin de donner un autre coup de la longueur de votre bras. Continuez de vous déplacer de côté après avoir donné un coup de balai. Lorsque vous aurez rejoint l'autre côté de la pièce à balayer, faites un pas devant, donnez un coup de balai et déplacez-vous de la sorte jusqu'à l'autre extrémité. «Essayez cela, dit M. Cimini, et vous épargnerez un temps fou. Vous verrez !»

UN CONSEIL D'EXPERT

Pour un balayage aux proportions éléphantesques

Disons que vous venez d'abattre une cloison en plâtre, qu'il vous faut enlever les débris laissés par un ouragan ou que vous êtes chargé de l'entretien sanitaire des pensionnaires d'un cirque. Un balai-brosse peut repousser des tas d'immondices et de lourds détritus, mais il faut appeler des renforts lorsque la tâche est herculéenne. Employez d'abord une pelle pour dégager le principal, puis balayez le reste, nous conseille un type qui s'y connaît. En effet, Pete Cimini dirige les écuries des cirques *Ringling Bros.* et *Barnum & Bailey* à Vienna en Virginie. Il a 20 employés sous sa charge, dont l'une des tâches consiste à nettoyer l'enclos des éléphants.

«Imaginez l'orifice du panier pour jouer au basket. Un tas de bouse peut faire 12,5 kg, dit-il. Si vous tentez de balayer 12,5 kg de fumier, votre balai sera bon pour la casse.»

par l'anneau qui se trouve à l'extrémité du manche, de sorte que les soies ne s'écrasent pas. Pour les tâches qui nécessitent des soies plus fines, employez un balai dont les brindilles du centre sont en nylon souple tandis que les brindilles extérieures sont roides.

Mise en garde: Si vous utilisez un balai-brosse, changez régulièrement de côté, de sorte que vous n'usiez pas toujours les brindilles sous un seul angle. Lorsque la chose convient, employez l'aspirateur plutôt qu'un balai. La qualité de l'air dans la maison y gagnera et le nettoyage sera plus rigoureux.

Balais mécaniques

Utilisations: Un balai mécanique (un appareil à brosses roulantes, monté sur un petit chariot) est utile pour ramasser rapidement les petites saletés sans avoir à sortir l'aspirateur traîneau. Cet appareil léger fait appel au principe de rotation, tout comme l'aspirateur électrique, toutefois sans la force de succion. Il s'avère pratique dans un sous-sol aménagé en salle de jeux et dans une pièce où les enfants font du bricolage et prennent leur collation.

Conseils concernant l'achat: En général, on trouve les balais brosses chez les fournisseurs de produits d'entretien ménager.

Mise en garde: Ne comptez pas sur un balai mécanique pour assurer l'entretien régulier de votre moquette. Il ne délogera pas les saletés en profondeur. N'oubliez pas de le vider et de nettoyer les brosses régulièrement. Son efficacité décroît à mesure qu'il s'emplit.

Bicarbonate de soude

Utilisations: Le bicarbonate de soude est employé en pâtisserie pour faire lever la pâte, mais ce n'est là qu'un de ses nombreux usages. Le bicarbonate de soude ou de sodium se révèle un substitut plus qu'adéquat à de nombreux nettoyants domestiques, et trouve aujourd'hui de nombreux adeptes, selon John Becker, chef du Service des ventes chez Easterday Janitorial Supply Company à San Francisco. «Nous revenons aux façons de faire de grand-maman, dit-il. Elle se débrouillait fort bien avec des produits tels que le bicarbonate de soude.»

Le bicarbonate de soude est légèrement alcalin et abrasif, et sans danger sur la plupart des étoffes et surfaces. Il trouve trois emplois de base: il exacerbe la puissance nettoyante et javellisante de la lessive; il fait un abrasif et un détachant doux sur les surfaces dures; enfin, il sert de désodorisant en nombre d'endroits.

Si le bicarbonate de soude nettoie, il n'a pas la vigueur d'un détergent. Faites des essais avec différentes saletés sur différentes surfaces afin de déterminer s'il convient à la tâche à accomplir. Le bicarbonate de soude fera reluire la plupart des métaux, exception faite de l'aluminium.

Survoltez votre lessive! Afin d'en accroître la puissance nettoyante et pour désodoriser, ajoutez 250 ml de bicarbonate de soude à votre détergent liquide. Il contribuera au blanchiment des chaussettes et autres étoffes résistantes. Vous pouvez employer moins de javellisant en employant du bicarbonate de soude. Plutôt que de verser une tasse de javellisant, mélangez moitié javellisant et moitié bicarbonate de soude afin de décupler son action javellisante.

Pour nettoyer les surfaces dures: Afin de nettoyer légèrement les surfaces de la cuisine et de la salle de bains, préparez une potion à partir de quatre cuillerées à soupe de bicarbonate de soude et 1 l d'eau chaude. Essuyez à l'aide d'un chiffon propre, puis rincez. Pour nettoyer une surface plus sale, préparez une pâte en employant bicarbonate de soude et eau chaude en parties égales. Vous pouvez également appliquer un cataplasme fait d'eau et de bicarbonate de soude, qui détachera la porcelaine, les comptoirs et autres surfaces dures.

Pour désodoriser: Le bicarbonate de soude absorbe les odeurs dans le réfrigérateur, la moquette et la litière des animaux de compagnie. Afin de désodoriser l'intérieur du frigo, détachez le dessus d'une boîte de bicarbonate de soude et rangez-la sur une clayette. Vous pouvez également en laisser une boîte ouverte à l'intérieur des penderies et des cagibis. Changez de boîte tous les trois mois. Pour désodoriser la moquette, saupoudrez-y le bicarbonate, laissez-le agir pendant 15 minutes et passez l'aspirateur. Afin d'atténuer le plus possible les odeurs provenant de la litière du chat, versez-y du bicarbonate de soude avant d'y déposer les granules.

Conseils concernant l'achat: Même vendu sous une marque réputée, le bicarbonate de soude coûte peu à l'achat. Sauf que les marques maison coûtent encore moins et font tout autant l'affaire. Assurez-vous toutefois que la marque que vous vous proposez d'acheter satisfait aux normes de pureté de la pharmacopée étasunienne et porte le sceau «USP».

Borax

Utilisations: Le borax est un sel hydrosoluble légèrement alcalin. Ses cristaux blancs entrent dans la composition de quelques détergents et savons à mains de type industriel. Allongé d'eau, le borax peut être employé comme nettoyant domestique. On l'emploie plus souvent afin de multiplier la puissance nettoyante de la lessive. Ainsi, du borax ajouté à l'eau de la lessive contribuera à enrayer l'odeur des couches souillées. Vous pouvez également en ajouter une cuillerée à thé au détergent à lave-vaisselle pour en augmenter l'alcalinité et mieux laver.

Conseils concernant l'achat: Les cristaux blancs sont incorporés en petite quantité à certains détersifs pour la lessive et à plusieurs solutions de trempage pour les couches. Assurez-vous qu'ils s'y trouvent en lisant le conditionnement d'un produit. Vous pouvez aussi acheter du borax pur à l'épicerie ou à la pharmacie.

Mise en garde: Le borax ne fait pas un nettoyant domestique aussi efficace qu'un détergent ou un nettoyant tous usages. Certains savons liquides pour laver les mains sont rudes pour la peau. Respectez le mode d'emploi et les précautions d'usage.

Brosses métalliques et brosses à récurer

Utilisations: Une brosse métallique est l'ustensile indiqué pour nettoyer un objet ou une surface recelant des aspérités, de petits trous, des inégalités. Les soies de la brosse atteindront le fond des fissures et interstices. Employez une brosse aux soies synthétiques afin de désincruster l'enduit de jointoiement entre les carreaux et entre les fissures de la cuisinière. Par contre, on emploiera une brosse métallique sur une surface rude telle que le gril d'un barbecue. Une brosse métallique sert également au décapage de la peinture.

Conseils concernant l'achat: On trouve tous les types de brosses dans les quincailleries. Procurez-vous une brosse à récurer aux soies synthétiques ou naturelles fixées sur une monture de plastique qui soit confortable. Achetez une brosse métallique dotée d'une monture de bois ou de plastique.

Mise en garde: Faites en sorte d'apparier la brosse à la surface à nettoyer. Une brosse aux soies trop raides risque d'abîmer une surface délicate, une autre aux soies trop souples sera abîmée par la surface sur laquelle on la passera. Rincez vigoureusement vos brosses après l'utilisation, avant que la saleté ne sèche et durcisse les soies.

Cataplasmes

Utilisations: On appelle cataplasme une pâte employée pour absorber une tache incrustée sur une surface dure telle que du stratifié, du béton non étanché, du marbre, du granit et autres pierres poreuses. On fabrique un cataplasme en amalgamant différents dosages d'absorbants en poudre ou en granules, ainsi que des solvants ou acides liquides. La préparation du cataplasme type nécessite du bicarbonate de soude et du jus de citron (pour désincruster les taches sur du stratifié), des granules de litière pour chats et du diluant à peinture (pour déloger les taches sur le béton), et de la craie ou du talc allongé de diluant à peinture ou d'essence à briquets (pour détacher les surfaces poreuses). Il suffit de déposer cette pâte sur la tache, parfois plusieurs fois de suite, et de la laisser sécher. Puis on l'essuie, on la brosse ou on y passe l'aspirateur.

Conseils concernant l'achat: La plupart des composants d'un cataplasme, par exemple les granules de litière pour chats, le bicarbonate de soude, la craie, l'essence à briquets et le jus de citron, sont vendus dans les épiceries, les magasins à rayons, les pharmacies et les quincailleries. On peut également se procurer un cataplasme du commerce chez les tailleurs de pierre et les marbriers.

Mise en garde: Avant de procéder sur toutes les taches, éprouvez le cataplasme en un endroit peu visible. Si vous préparez un cataplasme à partir d'un solvant volatil, assurez-vous au préalable que la pièce soit bien aérée. De plus, couvrez un cataplasme à base de solvant d'un chiffon humide ou d'une pellicule plastique pour éviter qu'il ne sèche trop rapidement. Lisez attentivement le mode d'emploi et les précautions d'usage.

Chamois

Utilisations: Ces peaux chamoisées sont idéales pour assécher le verre et le chrome sans y laisser de peluches. Il faut humecter une peau ou un gant de chamois avant de l'utiliser.

Conseils concernant l'achat: Les quincailleries et les fournisseurs d'accessoires automobiles en offrent habituellement une bonne sélection.

Mise en garde: Lavez toujours votre chamois en eau chaude et savonneuse après l'avoir utilisé. Un détergent en supprimera l'huile essentielle qu'il contient. Essorez-le délicatement et faites-le sécher à plat.

Chiffons

Utilisations: Pour un nettoyage léger, qu'il s'agisse d'épousseter, d'éponger ou de faire briller, rien n'égale un chiffon doux. Repliez plusieurs fois un chiffon de format essuie-mains de sorte qu'il corresponde à la grandeur de votre main. Lorsque la surface est salie, retournez-le et ainsi de suite, jusqu'à ce que le chiffon soit sale dans son entier. Prenez-en alors un propre.

Conseils concernant l'achat: Les meilleurs chiffons sont en coton parce qu'il est absorbant. Les tissus synthétiques, nylon, polyester et rayonne, sont conçus pour n'être pas absorbants. Les vieux t-shirts, les couches et la flanelle font de bons chiffons. On trouve également des carrés de coton dans presque toutes les quincailleries. Les serviettes de ratine blanches sont idéales en raison de l'absence de teinture et de leur pouvoir d'absorption.

Mise en garde: N'oubliez pas de laver vos chiffons après vous en être servi, à défaut de quoi la crasse et les produits chimiques s'y accumuleront. Passez-les à la machine à laver avec un javellisant.

Chiffons à polir et à cirer

Utilisations: Les chiffons à polir ont un double emploi: ils servent à appliquer le produit cirant et à polir l'objet en question. Vous pouvez employer le même chiffon pour remplir ces deux tâches, en le repliant de manière à polir sur une surface propre. Sinon, utilisez deux chiffons.

Conseils concernant l'achat: Afin de polir un meuble, une surface métallique ou votre auto, employez un carré d'étoffe naturelle et absorbante, de la flanelle de coton ou une couche de coton, par exemple. Les chiffons à polir sont en général fabriqués en coton ou en feutrine et sont commercialisés en fonction de tâches délicates, notamment le polissage de l'argenterie. On vend aussi des chiffons qui sont enduits de produit d'entretien pour les métaux. Vous les trouverez dans une quincaillerie.

Mise en garde: Les étoffes synthétiques telles que le polyester, le nylon et la rayonne font de piètres chiffons à polir. Elles ne sont pas suffisamment absorbantes. Évitez les étoffes teintes ou imprimées. Les solvants présents dans certains produits cirants risquent de les faire déteindre. De plus, ne vous servez pas de chiffons auxquels sont fixés des boutons, des agrafes ou des glissières.

Chiffons à poussière et époussettes

Utilisations: Un chiffon à poussière nous sert, non pas à répandre la poussière, mais à la retenir et à en disposer. Un bon chiffon à poussière doit donc attirer la poussière et la retenir. Il doit également atteindre les fissures et interstices.

L'un des meilleurs outils pour l'époussetage consiste en un carré de flanelle de coton blanche sur lequel on vaporise un produit nettoyant (par exemple Endust), de sorte que le chiffon soit humecté sans être trempé. Idéalement, il faudrait pulvériser le produit et conserver le chiffon dans un sac hermétique pendant une nuit avant d'épousseter, le temps que l'huile puisse saturer le chiffon uniformément.

Pour épousseter les bibelots et les endroits d'accès difficile, employez une époussette en laine d'agneau. Il existe également des chiffons à poussière électrostatiques, qui attirent les particules grâce à l'électricité statique; on les trouve chez les marchands spécialisés dans les produits d'entretien commerciaux.

Conseils concernant l'achat: On se procure les produits aérosol au supermarché. On les trouve également chez les marchands de produits d'entretien commerciaux sous forme liquide que l'on verse dans un vaporisateur. Une époussette en laine d'agneau retient mieux les poussières qu'un plumeau. Ce dernier répandra les poussières plutôt qu'il ne les retiendra. Il faut donc en proscrire l'emploi. On se procurera une époussette à la quincaillerie ou chez un marchand de produits spécialisés.

Mise en garde: Rangez les chiffons à poussière traités dans leurs sacs de plastique pour éviter qu'ils ne laissent des empreintes d'huile sur les surfaces avec lesquelles ils entrent en contact.

Cires et produits de cirage

Utilisations: Le polissage et le cirage ont perdu en popularité ces dernières années en raison du perfectionnement des matières et surfaces qu'il fallait auparavant cirer. Cela dit, si vous voulez vraiment faire reluire certains meubles, vos parquets ou votre bagnole, vous devez sortir l'encaustique, la cire et faire appel à l'huile de coude.

L'automobile

L'apprêt des carrosseries automobiles est beaucoup plus résistant aujourd'hui qu'il y a 10 ans à peine, aussi le cirage importe moins à présent. Cependant, un bon cirage fera reluire votre auto comme un sou neuf, tandis qu'un modèle plus ancien y gagnera car la cire détachera la couche de peinture oxydée. Les cires pour automobiles actuelles sont aussi perfectionnées que les peintures qu'elles sont censées nettoyer et protéger. Elles sont composées d'un savant dosage de cire, de silicone et de polymères.

Les meubles

Faire les poussières à l'aide d'un chiffon propre et d'un produit aérosol tel que Endust fera briller la plupart de vos meubles. Le produit en question protégera le bois des meubles, contrairement à l'époussetage au chiffon sec qui peut égratigner et ternir les surfaces. Lorsque le bois est terni ou égratigné, un bon cirage avec de l'encaustique en ravivera l'éclat. Les produits tels que Pledge contiennent de la cire et un nettoyant; ils nettoient et font reluire. Évitez cependant de trop en utiliser car ils attirent la poussière. Vous feriez mieux d'encaustiquer les meubles anciens et les antiquités car la pâte emplira les fentes et fissures. Il s'agit d'un travail plus long, d'autant qu'il faut polir après coup.

Les sols et parquets

Les nouveaux revêtements de sol en vinyle ou en stratifié ne nécessitent aucun cirage mais on aura avantage à leur appliquer de temps à autre une couche de produit conçu pour en raviver le lustre. Choisissez toujours un nettoyant en fonction du type de revêtement que vous devez laver. Le linoléum, le bois franc et le liège doivent être décapés et cirés de façon régulière. La plupart des cires que l'on vous vendra à présent ne contiennent pas de cire à proprement parler, mais des polymères translucides (Future par exemple). Ce genre de produit peut être employé sur un revêtement de vinyle ou qui ne requiert aucun cirage mais pas sur le bois franc ou le liège. On l'applique sous forme liquide et son lustre apparaît à mesure qu'il sèche et durcit. Les parquets qui ne sont pas scellés d'un enduit durcissant peuvent être cirés à l'aide d'une cire en pâte ou liquide conçue pour les parquets de bois. Assurez-vous que la cire ne contient pas d'eau qui pourrait abîmer le sol. Essorez bien la vadrouille à franges avant d'appliquer le produit cirant sur le bois ou le stratifié; un excédent d'humidité abîmera également le sol.

Conseils concernant l'achat: Les produits pour cirer et épousseter les meubles sont vendus dans les supermarchés, les pharmacies et les magasins à rayons. Vous trouverez les cires plus spécialisées dans les quincailleries. Pour faire reluire un sol ne requérant aucun cirage, procurez-vous un produit à base de polymères tel que Future. N'appliquez pas n'importe quelle sorte d'enduit sur un sol stratifié. Si vous voulez vraiment cirer un parquet, vous pourriez employer une cire liquide dont l'application est plus facile mais qui ne protège pas autant que la cire en pâte. Vous trouverez les produits nécessaires au supermarché, à la pharmacie, la quincaillerie et dans les magasins à rayons. Vous feriez mieux de vous procurer les cires et apprêts pour automobiles chez un marchand spécialisé dans les produits automobiles ou à la quincaillerie.

Mise en garde: Soyez fidèle à une marque et à un type de produit cirant pour les meubles. Le fait d'en changer régulièrement pourrait abîmer la surface du bois. Lisez toujours le mode d'emploi et les précautions d'usage.

Colas

Utilisations: L'acide phosphorique que contiennent les colas fait un nettoyant plutôt efficace pour déloger les taches alcalines, par exemple dans la cuvette et sur les pneus à flancs blancs.

Conseils concernant l'achat: Le cola sans nom est le meilleur marché et contient autant d'acide phosphorique que les marques réputées.

Mise en garde: Le colorant à base de caramel et le sucre peuvent tacher. Les nettoyants à base d'acide phosphorique sont préférables, à moins qu'il ne s'agisse d'une urgence.

Concentrés

Utilisations: Pareillement à leurs congénères qui sont dilués, les concentrés font des merveilles comme nettoyants pour le verre, nettoyants surpuissants, nettoyants désinfectants et nettoyants neutres (pour un léger nettoyage qui laissera un minimum de résidu). Allongez le concentré d'eau et embouteillez-le dans un vaporisateur.

Conseils concernant l'achat: À quantités égales, un concentré est beaucoup moins cher qu'un nettoyant dilué proposé sur les tablettes au supermarché. On se procure les concentrés chez les marchands spécialisés dans les produits d'entretien. Certains vous consentiront un prix de gros.

Mise en garde: Assurez-vous de bien mesurer la quantité nécessaire. Un excédent de produit chimique laisserait des traces. Versez d'abord l'eau dans le vaporisateur, le concentré ensuite. Vous éviterez ainsi de trop faire mousser et d'éclabousser le produit chimique. Lisez bien le mode d'emploi et les précautions d'usage.

Cordes à linge

Utilisations: Le linge séché au grand air dégage un meilleur arôme que celui que l'on sort du sèche-linge. Sans parler de l'économie d'énergie électrique. Une corde à linge sert également à pendre les paillassons et tapis que l'on veut nettoyer.

Conseils concernant l'achat: Procurez-vous une corde enduite de plastique qui ne salira pas la lessive et dont le calibre convient aux pinces à linge. On trouve le nécessaire dans une quincaillerie. Procurez-vous également un tendeur de réglage afin de resserrer la tension de la corde.

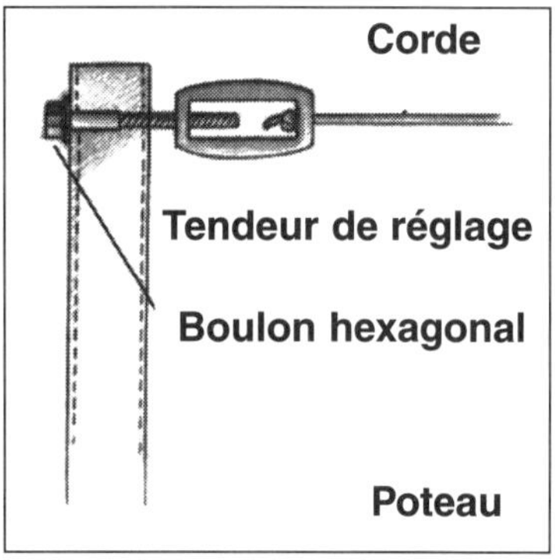

Fixer un tendeur de réglage à une extrémité de la corde afin de resserrer la tension, le cas échéant.

Dentifrice

Utilisations: Étant donné qu'il s'agit d'un abrasif léger, le dentifrice peut nettoyer bien d'autres choses que les dents. Il peut servir à nettoyer en douceur du métal finement ciselé et, allongé d'eau, à polir les traces laissées par l'eau sur les meubles de bois. On l'emploie également pour déloger la crasse qui noircit l'enduit de jointoiement entre les carreaux de la douche.

Conseils concernant l'achat: Procurez-vous un dentifrice blanc sans saveur. Un dentifrice coloré pourra laisser des taches.

Mise en garde: Pareillement à tous les abrasifs, le dentifrice peut érafler et ternir les surfaces, surtout si l'on frotte avec trop de vigueur. Il est préférable de faire un essai là où la chose ne sera pas apparente. Diluez-le avec de l'eau. Employez d'abord du bicarbonate de soude.

Désinfectants

Utilisations: La raison d'être des désinfectants est fort simple: tuer les germes. Cela dit, la désinfection peut se complexifier étant donné que les germes — ces micro-organismes indésirables et dangereux — présentent des formes étonnamment variées et sont fort intelligents. Ils sont très compétents en leurs domaines de prédilection, à savoir se reproduire, causer des maladies, faire naître des odeurs nauséabondes, gâter les aliments, faire s'incruster des taches et gaspiller des étoffes. Afin de les combattre, les fabricants ont élaboré une gamme de produits désinfectants.

Les nettoyants antibactériens: Ils sont les plus populaires et les plus répandus des désinfectants. Ils sont pour la plupart formulés à partir d'un composé d'ammonium quaternaire qui se lie facilement à la saleté et de produits chimiques dégraissants. L'ammonium quaternaire peut enrayer une vaste gamme de germes. Ces produits servent à nettoyer et désinfecter de grandes surfaces telles que des parquets et des comptoirs. On les emploie également pour désinfecter la cuvette, les éviers et la baignoire.

Les fongicides: Les champignons microscopiques produisent des moisissures et du mildiou. Il s'agit en réalité de micro-organismes appartenant au règne végétal. Les fongicides éradiquent ces créatures avant qu'elles ne fassent trop de dégâts. Le javellisant chloré est l'un des fongicides les plus efficaces. Dilué à raison de trois cuillerées à soupe dans 1 l d'eau, embouteillé dans un vaporisateur, le javellisant chloré détruit la moisissure en même temps qu'il pâlit les taches laissées par cette dernière. Les désinfectants qui contiennent de l'ammonium quaternaire sont également très efficaces pour combattre les moisissures. Ils parviennent à supprimer les champignons avant qu'ils ne deviennent des moisissures. Pour terminer, l'air sec et la lumière sont peut-être les meilleurs fongicides qui soient, étant donné que les champignons microscopiques prolifèrent dans l'obscurité et l'humidité.

Les germicides: Voici un synonyme de «désinfectant». Les produits commercialisés sous l'appellation de «germicides» pour les surfaces dures telles que les comptoirs, les frigos et les poignées de portes, doivent également être inscrits à titre de désinfectants auprès de l'Agence de protection environnementale. On ne peut qualifier de germicide un produit qui ne serait pas désinfectant.

Conseils concernant l'achat: Lorsque vous achetez un désinfectant, assurez-vous qu'il porte un numéro d'inscription de l'APE. Cela vous indiquera que le produit est officiellement inscrit comme germicide. Selon la définition qu'en donne l'APE, un désinfectant est un produit qui élimine 100 p. cent des germes ciblés sur une surface exempte de taches tenaces. L'efficacité d'un détergent se vérifie en présence de matières organiques telles que des aliments, du lait, des cheveux, des excréments, de l'urine ou des squames. De plus, assurez-vous qu'un produit contient un désinfectant actif, par exemple de l'ammonium quaternaire ou de l'huile de pin.

Mise en garde: N'essayez pas de fabriquer votre propre désinfectant. Combiner des produits chimiques n'est pas une mince affaire. Vous risqueriez d'annuler leur effet germicide. Sans compter le risque bien réel de créer des potions toxiques ou volatiles. Avant d'employer un désinfectant, lisez attentivement le mode d'emploi et les précautions d'usage.

Certains désinfectants peuvent irriter la peau ou les yeux. Ainsi qu'il en est de tout nettoyant, portez des gants de caoutchouc lorsque vous manipulez un désinfectant, surtout si vous avez la peau sensible. Souvenez-vous qu'il faut du temps avant que l'action germicide soit évidente. Laissez agir le produit une dizaine de minutes avant d'éponger la surface et de rincer abondamment à l'eau fraîche.

Détachants

Utilisations: Les détachants sont proposés sous deux formes: liquide et sèche. Les détachants liquides tels que Whink instantané (pour les vêtements) et Whink moquette et tissus de recouvrement servent à déloger les taches laissées par le café, le cola et les jus de fruit. Ils sont formulés à partir de détergents aqueux. Les détachants secs tels que Carbona Stain Devils et K2r, fabriqués à partir de solvants, sont efficaces contre la graisse, l'huile, le goudron et autres saletés solubles au solvant.

Conseils concernant l'achat: On trouve ces produits dans les supermarchés, quincailleries, grandes surfaces, etc., au rayon des shampooings à moquette. Procurez-vous les marques Afta, Carbona Stain Devils, Energine, K2r, Renuzite et Thoro. Vous trouverez également à moins cher des détachants de type industriel chez un marchand spécialisé.

Mise en garde: Selon le type de tache à désincruster, vous devrez peut-être employer un détachant chimique ou recourir aux services d'un professionnel. Un détachant à base de solvant est inflammable et doit être employé dans un lieu bien aéré. De plus, un tel solvant doit être employé en petite quantité sur la moquette et le tissu de recouvrement parce que le solvant abîme la mousse, l'adhésif au latex et la colle à moquette. Lisez attentivement le mode d'emploi et les précautions d'usage.

Détergents

Utilisations: On a mis au point les détergents pour accomplir la même chose que le savon, c'est-à-dire décomposer et laisser en suspension les particules de saleté, sans qu'elles ne forment un caillé indissoluble. On emploie différents détergents pour accomplir différentes tâches: laver la vaisselle à la main, laver la vaisselle à la machine et faire la lessive.

Détergent pour le lave-vaisselle: Il s'agit d'un détergent fort et puissant, d'ordinaire plutôt alcalin (entre 12 et 14 à l'échelle pH). Il est efficace pour désinfecter la vaisselle. Il est également utile pour certains grands travaux de nettoyage, par exemple faire tremper les filtres à air électroniques des systèmes de chauffage et de climatisation.

Détergent liquide pour la vaisselle: Il s'agit du détergent le plus doux qui soit. C'est presque un nettoyant neutre (son pH est légèrement alcalin) conçu pour déloger la graisse et la saleté; il se rince facilement. Il fait aussi un excellent nettoyant pour travaux légers qui convient à toutes les surfaces lavables.

Détergent à lessive: Le détergent à lessive nous est proposé en une gamme époustouflante de formules: avec javellisant, avec enzymes, avec ou sans phosphate, liquide ou en granules. Les différences entre ces variantes sont minimes. La publicité joue un rôle prépondérant dans notre perception de ces produits. Notons que les granules sont plus efficaces pour prévenir les taches de minéraux tels que le fer.

Conseils concernant l'achat: Le principe de l'essai et de l'erreur vous permettra de découvrir la marque qui vous convient le mieux. Accordez de l'importance à un prix avantageux.

Mise en garde: N'employez pas trop de détergent liquide pour procéder à l'entretien général: il mousserait trop. Lorsque vous employez un détergent à lave-vaisselle pour faire un grand travail de nettoyage, portez des gants afin de protéger vos mains.

Eau de seltz

<u>**Utilisations:**</u> Étant donné que l'eau de seltz contient un peu d'acide citrique, on l'emploie comme détachant minute sur les taches alcalines laissées par le café, le thé et l'alcool. Par contre, un mélange d'eau et de vinaigre blanc coûte moins cher et s'avère plus efficace.

<u>**Conseils concernant l'achat:**</u> Il suffit de passer à la section des breuvages de votre supermarché !

<u>**Mise en garde:**</u> Assurez-vous que la boisson gazeuse que vous achetez ne contient que de l'eau de seltz. Plusieurs eaux gazeuses du commerce contiennent du sucre qui pourrait tacher ou salir les étoffes.

Eau oxygénée

<u>**Utilisations:**</u> L'eau oxygénée est un type de javellisant qui détache bien les vêtements, en particulier les taches de sang et de roussi. Bien entendu, l'eau oxygénée est antiseptique.

<u>**Conseils concernant l'achat:**</u> Achetez l'eau oxygénée à trois degrés vendue en pharmacie. N'achetez que la quantité nécessaire dans un avenir rapproché puisque sa force décroît au fil du temps.

<u>**Mise en garde:**</u> On peut l'employer sur la plupart des étoffes, voire la soie, l'acétate et la laine qui ne supportent pas l'eau de Javel. Faites toujours un essai là où les conséquences seraient moindres, avant de traiter tout un vêtement.

Enzymes digestifs

<u>**Utilisations:**</u> En fait, les enzymes gobent et «digèrent» certains types de taches. Ils sont formidables pour supprimer des matières organiques telles que l'urine, le vomi, l'alcool, le sang et les matières fécales de surfaces poreuses (les vêtements et la moquette, notamment). On emploie un détergent contenant des enzymes pour faire tremper le linge avant la lessive et aussi comme détachant (si on en fait une pâte), même sur des vêtements qui exigent un nettoyage à sec. Il existe quelques débouche-tuyaux à base d'enzymes, dont l'action est plus lente mais plus sécuritaire et moins dommageable pour les canalisations et pour l'environnement. Ils contiennent des bactéries

favorables qui se logent dans les canalisations où elles gobent les saletés organiques qui encrassent les tuyaux.

Conseils concernant l'achat: On trouve des détergents et des javellisants à base d'enzymes au supermarché. On peut également se procurer un produit à base d'enzymes qui digèrent les bactéries (les enzymes protéolytiques) pour déloger les taches protéiques telles que les jus de viandes, les œufs, le sang ou le lait, ou un produit à base d'enzymes amylolytiques pour déloger les taches de fécule et d'hydrates de carbone. On trouve ces produits dans les supermarchés et les quincailleries.

Mise en garde: N'employez pas de produits à base d'enzymes digestifs sur la laine ou la soie. Ils goberaient l'étoffe en même temps que la tache. Les débouche-tuyaux à base d'enzymes sont efficaces pour assurer l'entretien des canalisations mais ne sont pas assez puissants pour désengorger les canalisations obstruées.

Eponges

Utilisations: Les éponges sont efficaces pour nettoyer les surfaces lisses, qu'il s'agisse d'une assiette, d'une porte-fenêtre ou d'un pan de mur. Elles retiennent davantage de nettoyant liquide et de saleté que les chiffons et les essuie-tout. Ne vous servez pas d'une éponge lorsque le contrôle des bactéries et l'hygiène des aliments entrent en ligne de compte.

Conseils concernant l'achat: Vous pouvez vous procurer une éponge de cellulose au supermarché, à la pharmacie et dans une grande surface. Les éponges naturelles sont plus rares. Si vous achetez une éponge de cellulose dotée d'un envers abrasif, assurez-vous que son degré d'abrasion est fonction de la tâche à exécuter (l'envers blanc est le moins abrasif qui soit; le bleu l'est un peu plus; le vert l'est moyennement, tandis que le noir est le plus rude). Utilisez une éponge dont l'envers abrasif est blanc pour accomplir les besognes du ménage. Les autres endommageraient la plupart des surfaces à récurer.

Mise en garde: Lavez vos éponges à l'aide d'un détergent liquide pour le lave-vaisselle après les avoir employées, puis mettez-les à sécher pour éviter la prolifération des bactéries. Étant donné que l'on ne peut pénétrer à l'intérieur d'une éponge pour la stériliser, on conseille d'utiliser une éponge dite antibactérienne que l'on trouve dans les supermarchés. Remplacez chaque mois vos éponges.

Des saletés à propos des éponges !

On considère une éponge comme un instrument servant au nettoyage, n'est-ce pas? Mais elles peuvent vite devenir distributrices de germes et répandre de vilains microbes partout dans la cuisine, sur les comptoirs, les portes d'armoires, le frigo et le reste. Les éponges de cellulose qui sont continuellement mouillées font un cadre rêvé pour la prolifération de microbes, c'est-à-dire une surface à laquelle s'agripper, de l'humidité et un apport régulier de nutriments. Cela vaut également pour les chiffons de coton.

«S'il apparaissait une nouvelle forme de vie sur Terre, elle proviendrait assurément d'une éponge. Des milliards de microbes y logent», nous annonce le Dr Charles Gerba, professeur de microbiologie à l'université de l'Arizona à Tucson, qui a dirigé une étude sur 75 linges à vaisselle et 325 éponges de cuisine pour y déceler nombre de bactéries virulentes, notamment le colibacille, des souches de salmonelle et des staphylocoques.

Heureusement il est facile de stériliser une éponge: confiez-la au lave-vaisselle. Vous pouvez désinfecter vos éponges au lave-vaisselle pendant le cycle de lavage. Vous pouvez également les désinfecter à l'aide d'un javellisant. La société Clorox recommande de diluer 225 ml d'eau de Javel dans 4,5 l d'eau et d'y mettre les éponges à tremper pendant cinq minutes pour éliminer les germes. Aucun rinçage n'est nécessaire.

Essuie-tout

Utilisations: Les essuie-tout ont un nombre incalculable de fonctions. Voilà peut-être pourquoi nous avons tendance à en faire un usage abusif. Il vaut mieux y faire appel en situation de crise (lorsqu'un verre de jus de raisins renversé sur la table basse menace de goutter sur la moquette ivoire) et pour nettoyer les saletés poisseuses que vous auriez du mal à rincer d'un chiffon (les résidus de décape-four, la graisse logée sous la hotte, un renversement de peinture, entre autres).

Conseils concernant l'achat: Achetez les essuie-tout absorbants à double épaisseur sans motifs (lesquels peuvent déteindre en présence de certains nettoyants). Qui plus est, les essuie-tout à double épaisseur se détachent plus facilement le long du pointillé que ceux à une épaisseur; vous risquerez moins de les déchirer de travers. Songez à l'utilisation que vous en faites. Vous pourriez être bien avisés de vous procurer des essuie-tout bon marché pour les petits renversements, par exemple pour éponger du thé glacé sur le comptoir de la cuisinette, et des rouleaux de qualité pour les grands travaux, comme éponger de l'huile à moteur répandue sur le sol.

Fixatif à cheveux

Utilisations: En plus de maintenir la coiffure, le fixatif fait un détachant étonnamment efficace, notamment pour traiter les taches d'encre avant la lessive. Ses composants agissants sont l'alcool, les solvants volatils et les résines.

Conseils concernant l'achat: Employez du fixatif non parfumé pour hommes. Les fixatifs haut de gamme contiennent souvent des composants qui risqueraient de laisser des taches.

Mise en garde: Procédez toujours à un essai là où un cerne ne se remarquerait pas, le cas échéant. Soyez particulièrement vigilants en l'employant sur de la laine, de l'acétate et de la soie. Lavez sans tarder les vêtements sur lesquels vous aurez pulvérisé du fixatif en guise de détachant, à défaut de quoi il les raidirait.

Gants de caoutchouc

Utilisations: Les gants de caoutchouc doivent compter à votre trousse de nettoyage standard, en particulier si vous employez des produits chimiques plus puissants que du détergent liquide pour le lave-vaisselle ou un nettoyant neutre. Les gants de caoutchouc sont en général fabriqués à partir d'un matériau synthétique tel que du latex, du néoprène ou du chlorure de polyvinyle (CPV), qui forme une barrière entre la peau et les surfaces à nettoyer, les outils et les produits. Ils permettent également aux mains de supporter de l'eau plus chaude que d'habitude.

Conseils concernant l'achat: Procurez-vous des gants d'une pointure supérieure à la vôtre afin de les enfiler et de les enlever facilement. Si vous devez employer un produit chimique particulier, voyez sur le conditionnement si le matériau dont ils sont faits peut le supporter. Achetez-les deux paires du coup dans une boutique spécialisée dans les produits d'entretien commerciaux.

Mise en garde: Mettez au rebut les gants troués, l'orifice serait-il infinitésimal. Sinon, le liquide les pénétrera et ils n'auront plus d'utilité.

Huiles de citron, de lin, de sabots de vache, de pin et de *Aleurites Fordii*

Utilisations: Les huiles extraites d'animaux et de végétaux comptent parmi les nettoyants et protecteurs traditionnels. Mais il faut savoir quelle huile employer et en quelle quantité.

L'huile de *Aleurites Fordii*

L'*Aleurites Fordii* est un arbre originaire de Chine; l'huile est en fait extraite de ses fruits. Cette huile pénètre les pores du bois et forme un scellant contre l'humidité. Elle durcit en séchant mais ne perd jamais son élasticité. L'huile de *Aleurites Fordii* entre dans la composition de nombreux vernis et peintures à base d'huile, mais vous pouvez l'employer comme scellant ou enduit protecteur sur le bois.

L'huile de citron

L'huile de citron répand une agréable odeur. On l'emploie pour embellir et préserver le bois sec ou naturel, mais elle peut également raviver le lustre du bois verni ou étanche, polir l'acier inoxydable, faire briller le stratifié, protéger les carreaux de céramique contre les traces laissées par le savon et faire reluire l'aluminium anodisé.

L'huile de lin

On l'emploie surtout pour traiter et étancher le bois naturel. Cette huile extraite de graines de lin sert principalement à protéger l'ameublement de jardin contre les rigueurs du climat. Elle entre également dans la composition de nombreux vernis, teintures et peintures, bien que son nom ne figure pas toujours sur le conditionnement de ces produits.

L'huile de pin

L'huile de pin provient de la distillation d'une résine de ce conifère. Elle est surtout employée dans la préparation des nettoyants tous usages. Ces derniers exercent une action nettoyante, désodorisante et, dans une certaine mesure, désinfectante. Seuls les nettoyants composés de plus de 20 p. cent d'huile de pin font des germicides efficaces. «À moins qu'ils ne soient très concentrés, la plupart des nettoyants à l'huile de pin donneront aux germes une agréable odeur plutôt qu'ils ne les supprimeront», nous dit Bill R. Griffin, président de Cleaning Consultant Services à Seattle.

L'huile de sabots de vache

Comme son nom l'indique, cette huile est dérivée des sabots de cette brave bête. Cette huile ambrée est employée principalement pour traiter le cuir, qu'il s'agisse d'un gant de base-ball, d'une selle d'équitation ou de bottes de travail, auquel elle conserve sa souplesse. Ne l'employez toutefois pas sur des articles que vous voulez voir reluire, car elle laisse un résidu terne que vous aurez du mal à polir.

Conseils concernant l'achat: Les huiles et apprêts pour meubles sont vendus dans les quincailleries et chez les marchands de meubles. On se procure l'huile de pin au supermarché, dans les magasins à rayons et chez les marchands spécialisés dans les produits d'entretien. On trouve l'huile de sabots de vache dans les cordonneries et chez les marchands de chaussures et de valises. L'huile de *Aleurites Fordii* est vendue dans les quincailleries.

Mise en garde: L'huile de lin met du temps à sécher. Attendez quelques jours avant de vous servir des meubles qui en ont été frottés. Usez de précaution pour la mise au rebut des chiffons ayant servi à un traitement à l'huile de lin et de *Aleurites Fordii* car ils pourraient prendre feu de façon spontanée. Trempez-les dans un contenant plein d'eau que vous déposerez au-dehors. Lorsque vous achetez un nettoyant à l'huile de pin, assurez-vous qu'il en contient vraiment. Plusieurs marques ne sont que parfumées au pin. Lisez toujours le mode d'emploi et les précautions d'usage.

Javellisant

Utilisations: Lorsqu'on parle de javellisant, on parle en réalité de chlore. Mais il existe d'autres sortes de javellisant, notamment l'eau oxygénée et le javellisant oxygéné (non chloré) que l'on emploie pour laver les non javellisables. L'ammoniaque, le jus de citron et le vinaigre blanc peuvent déloger certains types de tache. Pourquoi alors le javellisant chloré retient-il toute l'attention? Parce qu'il est, et de loin, le plus efficace.

À condition d'en user selon le mode d'emploi, le javellisant chloré blanchit le blanc et ravive les couleurs à merveille. C'est également un javellisant qui désinfecte. Ne l'employez que pour laver le blanc et les étoffes grand teint. (À défaut d'être fixé sur la qualité d'une teinture, faites un essai préalable en diluant une cuillerée à soupe de javellisant dans une tasse d'eau. À l'aide d'un coton tige, déposez-en une goutte sur une couture intérieure. Laissez agir pendant une minute, puis épongez à l'aide d'un essuie-tout. Si la teinture ne se décolore pas, le vêtement pourra être javellisé en toute sûreté.) Éprouvez de la sorte toutes les couleurs et incrustations. Le javellisant chloré supprime la couleur des taches sur les étoffes et blanchit. En plus de son action javellisante douce, un javellisant universel comporte souvent des enzymes (pour déloger les taches) et des agents de blanchiment qui ravivent les couleurs. Vous pouvez également employer un javellisant chloré pour traiter une tache tenace avant la lessive. Voyez sur l'étiquette si le vêtement peut être javellisé et éprouvez d'abord la solidité de la teinture. Mettez le vêtement tout entier à tremper pendant cinq minutes dans une potion faite de 125 ml de javellisant et de 4,5 l d'eau fraîche. S'il s'agit d'un tandem, mettez les deux vêtements à tremper.

Le javellisant chloré est particulièrement efficace pour détruire et détacher les moisissures dans la salle de bains. Diluez-le (à raison de 225 ml pour 4,5 l d'eau), embouteillez-le dans un pulvérisateur et actionnez la gâchette en direction des carreaux. Laissez le produit agir pendant trois à cinq minutes, puis récurez vigoureusement à l'aide d'un tampon blanc. Rincez abondamment et veillez à ce que la salle de bains soit bien aérée pendant que vous travaillez. Le javellisant se décompose rapidement. Aussi, préparez une nouvelle potion avant chaque utilisation et jetez toute quantité qui resterait.

Conseils concernant l'achat: Il existe peu de différence entre les marques de javellisant; achetez-le donc en fonction du prix, si seule sa puissance nettoyante vous importe. Mais si vous recherchez un désinfectant, ce mot doit paraître sur le conditionnement qui authentifie ainsi l'approbation de l'Agence de protection environnementale.

Mise en garde: Ne mélangez jamais un javellisant chloré avec un autre nettoyant domestique, en particulier de l'ammoniaque. Des émanations toxiques seraient alors libérées. Lisez attentivement et respectez le mode d'emploi et les précautions d'usage.

Employez un javellisant chloré afin de détacher vos vêtements ou de raviver leurs couleurs. N'employez jamais de javellisant chloré pour laver de la laine, de la soie, du mohair, du cuir, du spandex, des étoffes qui ne sont pas grand teint, des tapis et de la moquette. N'employez pas un javellisant sans le diluer; lisez toujours le mode d'emploi.

Jus de citron

Utilisations: Vous imaginiez qu'il ne sert qu'à aromatiser le thé ? Détrompez-vous! Le jus de citron est difficile à surpasser comme détachant en cas d'urgence, comme nettoyant occasionnel et pour éponger les produits chimiques. Depuis longtemps, les ménagères l'utilisent pour désincruster les taches alcalines laissées par les eaux-de-vie, le café, le thé et autres tanins, nous dit John Becker, chef du Service des ventes chez Easterday Janitorial Supply Company à San Francisco. «Nous revenons aux façons de faire de grand-maman, dit-il. Elle se débrouillait fort bien avec des produits tels que le jus de citron, le vinaigre, le bicarbonate de soude et le sel.» Mélangé à du sel, le jus de citron peut accomplir un travail honnête sur des taches tenaces comme le vin. Employé comme détachant, le jus de citron — de l'acide citrique, en fait — peut déloger les taches sur les étoffes (frottez la tache de jus de citron), voire sur les surfaces dures telles que le stratifié (préparez un cataplasme avec du bicarbonate de soude et du jus de citron, appliquez-le sur la surface et laissez-le sécher).

Mise en garde: Le jus de citron contient du sucre de fruit qui peut laisser un résidu collant, voire tacher. Il faut le rincer soigneusement quand on l'emploie comme nettoyant ou détachant. Faites d'abord un essai avant de l'employer sur de la soie, de la laine, du coton, du lin, de la rayonne ou de l'acétate. N'employez pas de jus de citron pour nettoyer des surfaces métalliques; il les ternirait au simple contact.

Lames de rasoir

Utilisations: Les lames de rasoir sont formidables pour gratter en surface, notamment les éclaboussures de peinture séchée, la cire de bougies et les autocollants sur le verre et les miroirs.

Conseils concernant l'achat: N'employez que les lames simples convenant à un rasoir rétractable. Vous les trouverez dans les quincailleries et les pharmacies. Si vous devez gratter de grandes surfaces, vous trouverez des porte-lame et des lames de 10 cm de largeur chez les marchands spécialisés dans les produits d'entretien commerciaux.

Mise en garde: Bien entendu, les lames de rasoir ne sont pas sans danger en raison de leur fil. Avant de gratter de la peinture ou un autocollant sur du verre, mouillez la surface; prenez garde à vos doigts et poussez une lame simple sous la substance indésirable. Remplacez souvent la lame, car une lame usée est dangereuse et pourrait érafler la surface. Prenez garde si vous employez une lame de rasoir par temps très froid, car elle pourrait alors être cassante. N'employez jamais une lame de rasoir pour gratter des matériaux tels que le plexiglas, le bois, le vinyle ou le plastique. Elle les éraflerait, voire les perforerait.

Lave-linge

Utilisations: Les lave-linge commercialisés de nos jours sont bien conçus et efficaces pour accomplir cette corvée dont on se passerait volontiers: laver le linge sale. Un lave-linge accomplit essentiellement quatre opérations: l'emplissage du panier de lavage, le lavage, le rinçage et l'essorage. Les programmes que l'on choisit déterminent le type d'opération et leurs variantes. La plupart des lave-linge ont un programme pour les tissus normaux, à pressage permanent et délicats qui constituent ce dont presque tous ont besoin. Le programme d'essorage peut également servir à essorer l'eau des gros articles que vous lavez à la main, par exemple les oreillers à bourre synthétique.

Conseils concernant l'achat: La plupart des machines sur le marché font du bon travail. Cela dit, la sélection de modèles, programmes et caractéristiques donne le vertige. Lisez les publications destinées aux consommateurs et achetez chez un détaillant réputé. Une machine à prix économique aura un panier de lavage plus étroit et les sélecteurs de base. Elle ne comptera peut-être pas de distributeurs pour le javellisant et l'assouplissant. Les sélecteurs électroniques feront grimper la facture de 300 $ sans améliorer le rendement de la machine. Les lave-linge à chargement frontal ont souvent une capacité moindre que ceux à chargement supérieur; il faut de plus se pencher pour les charger et les vider. Par contre, les lave-linge à chargement frontal nécessitent moins d'eau chaude et sont donc plus économiques.

Mise en garde: Ne chargez pas trop la machine. Cela entraverait la circulation et l'agitation du linge, et vos vêtements ne seraient pas vraiment propres. Lorsque vous lavez de gros articles tels qu'un sac de

Une tâche herculéenne

Un service aux chambres très achalandé!

Le nombre de draps lavés chaque année à l'hôtel MGM Grand de Las Vegas, le plus grand hôtel casino du monde, qui compte 5 005 chambres et appartements: plus de 14,5 millions de kg!

couchage ou une couette, ajoutez quelques articles dans le panier afin d'équilibrer le chargement. Versez le détergent pendant que le panier s'emplit d'eau ou après que l'agitateur se soit mis en marche. Si votre lave-linge n'est pas doté d'un distributeur de javellisant, attendez cinq minutes après que l'agitation soit commencée pour verser l'eau de Javel. La plupart des machines cessent d'essorer lorsqu'on soulève le couvercle. Prenez garde de ne pas mettre les mains à l'intérieur du panier tant que l'agitateur n'est pas immobilisé.

Lave-vaisselle

Utilisations: En plus de sa commodité, le lave-vaisselle désinfecte mieux les couverts et ustensiles que l'on ne saurait le faire en les lavant à la main. Les modèles actuels peuvent se charger du rinçage, du lavage et du séchage qu'il faudrait autrement accomplir à la main. Ils consomment souvent moins d'eau chaude qu'un lavage à la main. On propose des modèles qui intègrent un broyeur afin de désintégrer les morceaux d'aliments laissés dans les assiettes.

Un lave-vaisselle peut également servir à laver certains articles qui ne vont pas au lave-linge, par exemple les casquettes. Il suffit de poser la casquette sur une forme de plastique (en vente dans les quincailleries et parfois dans les épiceries) et de la déposer dans le panier supérieur. Lavez-la seule en programmant un cycle court à l'eau fraîche ou tiède.

Conseils concernant l'achat: La plupart des lave-vaisselle se chargent bien du lavage de base. Procurez-vous un modèle dont le panier supérieur est fait de fil métallique solide enduit de plastique et doté d'un insonorisant. Plus il compte de bras gicleurs, mieux l'arrosage est réparti. Dans la plupart des familles, le modèle économique doté des trois cycles principaux, soit «normal», «lavage léger» et «rinçage», fera bien l'affaire. Il est parfois avantageux de compter sur un élément chauffant intégré lequel chauffera automatiquement l'eau à l'arrivée advenant que la citerne d'eau chaude soit vide.

Mise en garde: Prenez garde avant de soumettre le cristal et la porcelaine fine, surtout si elle est cerclée d'or, aux rigueurs du lave-vaisselle. Un détergent puissant risquerait d'abîmer le placage doré et d'égratigner la porcelaine. Pour éviter d'égratigner votre verrerie de tous les jours, ne mettez pas trop de détergent, surtout si vous lavez à l'eau douce. Règle générale, on emploiera une cuillerée à thé (de minéraux, d'ordinaire du calcium et du magnésium) par litre d'eau dure. Votre fournisseur d'eau vous confirmera le taux de dureté de votre eau. L'eau douce compte de 0 à 60 mg au litre; l'eau modérément dure en compte de 61 à 200; l'eau dure se situe entre 121 et 180 mg, tandis que l'eau très dure en compte plus de 180 mg au litre.

Ne lavez jamais les ustensiles et plateaux d'acier inoxydable en même temps que ceux en argent ou plaqués argent. Le contact de ces deux métaux peut provoquer une réaction qui tachera l'argent. Veillez à ce que les enfants, en particulier les bambins, ne s'approchent pas des conduits d'aération situés sous la porte du lave-vaisselle. De la vapeur peut s'en échapper pendant le séchage.

Quatre mesures pour bien employer le lave-vaisselle

Pour assurer l'efficacité d'un lave-vaisselle, il faut d'abord le charger correctement. Suivez ces conseils provenant d'experts en la matière.

Aucun rinçage nécessaire. À part retirer les gros morceaux d'aliments, il n'est plus nécessaire de rincer les couverts avant de les charger sur le panier. Vous devrez cependant employer de l'huile de coude pour récurer les casseroles calcinées.

Évitez les contacts. Afin que l'eau circule librement et lave efficacement, tous les couverts doivent être posés dans la même direction sans se toucher.

N'obstruez pas les gicleurs. Faites en sorte que les grandes assiettes et casseroles ne dépassent pas le cadre du panier et ne couvrent pas une surface trop importante du panier supérieur. Elles obstrueraient le giclement et la circulation de l'eau.

Ne faites rien fondre. La chaleur peut abîmer ou déformer certains ustensiles de plastique ou de caoutchouc. Assurez-vous qu'ils peuvent supporter le lave-vaisselle avant de les y mettre.

Nettoyage à sec

Utilisations: L'une des meilleures stratégies de nettoyage à votre disposition consiste à porter chez un teinturier vos vêtements tachés ou très sales. Non seulement dispose-t-il des produits et des appareils conçus expressément afin de nettoyer les étoffes délicates et de déloger les saletés incrustées, il table également sur une solide formation et une expérience enviable.

Les teinturiers emploient des solvants volatils (principalement du perchloroéthylène) à la place de l'eau. S'il est inscrit à l'étiquette d'un vêtement qu'il faut le nettoyer à sec — c'est le cas des vêtements de laine et d'étoffes délicates telles que la soie et la rayonne —, ne courez aucun risque et portez-le chez le teinturier. N'oubliez pas de lui signaler toute tache ou saleté particulière et dites-lui comment vous avez tenté de la faire disparaître, le cas échéant.

Conseils concernant l'achat: Le nettoyage à sec est onéreux comparativement à la lessive. Il n'est pas toujours nécessaire de nettoyer à sec un vêtement porté une seule fois. Le meilleur moyen de dénicher un teinturier fiable consiste à interroger ses amis. Ensuite, éprouvez-le en lui confiant un ou deux vêtements. S'il gagne votre confiance, vous l'adopterez.

Mise en garde: Le perchloroéthylène est un produit chimique puissant que l'Agence de protection environnementale a classé comme un cancérigène potentiel. Aussi, minimisez vos contacts avec cette substance. Le teinturier doit en retirer le plus possible des vêtements qu'il nettoie. Lorsque vous passez prendre vos vêtements, déballez-les de la pellicule plastique et laissez-les aérer pendant une journée. Si vous décelez une odeur chimique, il ne s'agit pas nécessairement de perchloroéthylène mais d'un résidu de détergent, par exemple. Il serait indiqué de retourner les vêtements pour qu'ils soient mieux rincés ou attendez une semaine avant de porter des vêtements qui ont été nettoyés à sec.

Nettoyants acides

La plupart des nettoyants contiennent des produits chimiques moyennement alcalins pour faire le sale boulot. Cela, parce que la majorité des taches sont acides et se retrouvent à l'autre extrémité de l'échelle pH. Les alcalis neutralisent les acides. Le reste, dit-on, appartient à l'Histoire du grand ménage. Mais on trouve parfois des taches et des saletés qui sont alcalines et, pour les neutraliser, il faut employer un nettoyant à base acide. Parmi les nettoyants acides, on retrouve des substances aussi inoffensives que le vinaigre blanc et des composés aussi corrosifs et dangereux que l'acide sulfurique. Lisez toujours attentivement le mode d'emploi et les précautions d'usage sur le conditionnement d'un produit avant de l'utiliser. Voici les sept types de nettoyants acides parmi les plus répandus.

Acide acétique (vinaigre)

Utilisations: Non dilué, il agit pour déloger de petites quantités de calcaire dans les cafetières et théières; il sert à rincer et à neutraliser les résidus de nettoyant alcalin.

Conseils concernant l'achat: Le vinaigre blanc distillé est le meilleur qui soit. Le vinaigre de vin ou de cidre peut laisser des taches.

Mise en garde: Le vinaigre peut amollir le coton, la toile et l'acétate.

Acide chlorhydrique

Utilisations: Il entre dans la composition de certains nettoyants à cuvette et à canalisations sanitaires. On l'emploie également pour déloger les dépôts minéraux des sols carrelés et pour graver les sols de béton avant d'y apposer un scellant.

Conseils concernant l'achat: Lisez la liste des composants sur le conditionnement d'un produit. On trouve cet acide chez les marchands spécialisés dans les produits d'entretien commerciaux.

Mise en garde: L'acide chlorhydrique est très corrosif et, en de fortes concentrations, toxique. Il abîmera la peau et les membranes muqueuses. Évitez d'en inhaler les émanations et portez toujours des gants de caoutchouc. Il décolore le nylon et dissout le coton et la rayonne; aussi, faites preuve d'une grande prudence lorsque vous l'employez à proximité d'une moquette ou d'un tapis. Il peut également affaiblir les liants du ciment. Il s'agit d'un vilain truc; évitez de vous en servir !

Acide citrique (jus de citron)

Utilisations: Il fait un détachant semblable à un javellisant moyen. Il peut également détacher les cafetières et théières, mais il faut y mettre le temps.

Conseils concernant l'achat: Il suffit de choisir des citrons frais au rayon des fruits et d'en exprimer le jus. (On tirera le double de jus d'un citron s'il est à température ambiante plutôt que froid.) Vous pouvez également acheter du jus embouteillé.

Misc cn garde: le jus de citron peut ternir le métal.

Acide fluorhydrique

Utilisations: Il entre dans la composition des détachants contre la rouille et les dépôts calcaires, de types domestique et industriel.

Conseils concernant l'achat: Vérifiez la liste des composants sur le conditionnement du nettoyant à canalisations sanitaires. On trouve également cet acide chez les marchands spécialisés dans les produits d'entretien commerciaux.

Mise en garde: L'acide fluorhydrique égratigne le verre et la porcelaine. Il brûle rapidement la peau; aussi, munissez-vous de gants de caoutchouc et de lunettes de protection avant de l'utiliser. Lisez toujours le mode d'emploi et les précautions d'usage avant l'utilisation.

Ce produit est dangereux; évitez d'en faire usage.

Acide oxalique

Utilisations: Il s'agit d'un acide plus doux qui sert à déloger les taches de rouille et qui agit comme un javellisant.

Conseils concernant l'achat: Lisez la liste des composants sur le conditionnement d'un produit. On trouve cet acide chez les marchands spécialisés dans les produits d'entretien commerciaux.

Mise en garde: Ce produit est toxique lorsqu'il est ingéré. Lisez toujours le mode d'emploi et les précautions d'usage avant l'utilisation.

Acide phosphorique

Utilisations: Il entre dans la composition des nettoyants à cuvette, à baignoire et à carreaux de salle de bains, des détartrants, des polis pour le métal et des nettoyants pour dentiers. Il est l'un des ingrédients de la plupart des boissons gazeuses.

Conseils concernant l'achat: Vérifiez la liste des composants sur le conditionnement. On trouve également cet acide chez les marchands spécialisés dans les produits d'entretien commerciaux.

Mise en garde: L'acide phosphorique peut abîmer les surfaces si on ne le rince pas aussitôt après l'avoir utilisé. Il irrite légèrement la peau et les membranes muqueuses. Il est préférable de ne pas inhaler ses émanations. Portez des gants de caoutchouc.

Acide sulfurique

Utilisations: Cet acide puissant entre dans la composition de certains nettoyants à cuvette et à canalisations sanitaires; il attaque et corrode la plupart des substances organiques, le nylon et le vinyle.

Conseils concernant l'achat: Vérifiez la liste des composants sur le conditionnement du nettoyant à canalisations sanitaires. On trouve également cet acide chez les marchands spécialisés dans les produits d'entretien commerciaux.

Mise en garde: L'acide sulfurique est extrêmement corrosif. Il abîme les yeux et les membranes muqueuses au contact et brûle la peau en quelques secondes. Les émanations dégagées par la réaction de l'acide aux matières organiques (dans les tuyaux) peut contenir des gaz nocifs; assurez-vous au préalable que la pièce est bien aérée. La chaleur produite dans les canalisations est parfois telle qu'elles se fissurent ou qu'elles fondent. Il s'agit d'un produit dangereux; évitez d'en faire usage.

TRUCS ÉCONOMIQUES

Achetez des nettoyants concentrés neutres

À défaut d'être le fin du fin, un nettoyant concentré neutre convient à merveille à la plupart des travaux d'entretien quotidiens, qu'il s'agisse de laver un sol carrelé ou des murs. Ce nettoyant est neutre parce que son pH est de sept. Il est sûr pour la plupart des surfaces et des étoffes, et ne laisse aucune traînée. En l'achetant sous forme concentrée, vous paierez moins cher et vous économiserez l'espace de rangement. On se le procure chez un marchand spécialisé dans les produits d'entretien commercial et on le dilue selon le mode d'emploi.

Nettoyants alcalins

La majorité des nettoyants sont de type alcalin étant donné que la plupart des dégâts et saletés sont de type acide, c'est-à-dire que leur pH est inférieur à sept. On se souvient que les alcalis neutralisent les acides. Dès lors qu'elle est neutralisée, une tache (qu'il s'agisse de jus de viande ou d'une trace de doigt) peut être rincée plus facilement.

La gamme de nettoyants alcalins est stupéfiante. Les détergents liquides pour le lave-vaisselle, le nettoyant pour le verre, la lessive caustique servant à désengorger les tuyaux, le décapant à cire sont autant de nettoyants alcalins. Les fabricants emploient divers produits chimiques alcalins comme bases pour la plupart de leurs produits. Parmi ces produits chimiques, on retrouve l'hydroxyde de sodium et le métasilicate de sodium (de alcalis puissants), le bicarbonate de soude et l'ammoniaque qui s'avère particulièrement efficace pour nettoyer les sols en raison de ses propriétés décapantes. Voici un survol de la gamme des nettoyants alcalins.

pH 12 à 14

Utilisations: Les alcalis les plus puissants sont efficaces pour déloger les taches et nettoyer les surfaces encrassées.

Produits: Ces produits chimiques se retrouvent dans les nettoyants pour décaper le four, les lessives caustiques pour désengorger les tuyaux, les détergents pour le lave-vaisselle, les décapants pour la cire, les dégraissants et les nettoyants surpuissants.

Mise en garde: Soyez extrêmement prudent lorsque vous employez un nettoyant surpuissant. Sa forte teneur alcaline peut abîmer la peau et les membranes muqueuses. Aussi, portez des gants de caoutchouc et des lunettes de protection. Il peut également abîmer les surfaces peintes, l'aluminium, le cuivre, la soie et la laine. Ses émanations peuvent être caustiques. Il faut donc l'utiliser dans une pièce bien aérée. Portez des gants et des lunettes de protection.

pH 9 à 12

Utilisations: Les produits plus doux sont excellents pour l'entretien général et n'abîment pas les étoffes et surfaces comme peuvent le faire les plus puissants.

Produits: Les lessives, les nettoyants tous usages, les nettoyants pour le verre et les surfaces variées contiennent tous des alcalis de moyenne force.

Mise en garde: Ces produits peuvent abîmer les étoffes délicates. Cela dit, ils n'ont peut-être pas la vigueur nécessaire pour les grands travaux.

pH 7 à 9

Utilisations: Les alcalins neutres à moyens sont sûrs pour la plupart des étoffes et surfaces. Ils conviennent particulièrement aux travaux légers, notamment le lavage des parquets et des murs.

Produits: Les détergents liquides pour le lave-vaisselle, les nettoyants neutres et les lessives douces, par exemple Woolite, contiennent de ces produits chimiques doux.

Mise en garde: Ces produits n'ont peut-être pas la vigueur nécessaire aux grands travaux.

Nettoyants pour le cuivre

Utilisations: Au même titre que le laiton, le bronze et l'argent, le cuivre ternit. Les nettoyants et produits d'entretien pour les métaux suppriment la ternissure et ravivent l'éclat.

Conseils concernant l'achat: On les trouve sous deux formes: encaustique et nettoyant. L'encaustique est en général proposée en crème ou en pâte. Elle permet de raviver un lustre éclatant. Pour faire reluire des ustensiles de cuisine et des objets ciselés ou rainurés, il est préférable d'employer un nettoyant qu'il faut rincer. On se procure ces produits dans la plupart des épiceries et chez les marchands spécialisés dans les produits d'entretien.

Mise en garde: Il importe d'enlever le vert-de-gris susceptible de se former à l'intérieur d'une bouilloire de cuivre, car il s'agit d'une substance toxique. Portez des gants de caoutchouc.

Nettoyants tous usages

Les nettoyants tous usages forment le corps d'infanterie de l'armée de nettoyage de tout bon général. Ils doivent se retrouver sur la ligne de tir avant que l'on fasse appel à l'artillerie lourde. Pourquoi cela? La douceur des nettoyants tous usages est telle qu'ils n'abîment pas la plupart des étoffes et surfaces. Ils sont présentés en plusieurs formules aux caractéristiques variées, de la force relative des nettoyants en aérosol tels que Fantastik à la douceur d'une lessive pour étoffes fines telle que Woolite. La plupart sont légèrement à modérément alcalins (car ils nettoient les saletés acides telles que la graisse et la crasse) et manquent des caractéristiques nécessaires à un nettoyant pour le verre ou le four et ne suppriment pas la moisissure. Leur vertu réside dans leur polyvalence. Voici un survol des principaux nettoyants tous usages.

Concentrés

Utilisations: Les concentrés de base servent à nettoyer les sols, les comptoirs et les murs, bref les surfaces sales mais non pas encrassées. Les concentrés doivent être allongés d'eau avant l'emploi. Les concentrés sont plus économiques, exigent moins d'emballage et sont plus légers dans votre sac d'épicerie. Le détergent liquide pour le lave-vaisselle est l'un des nettoyants concentrés les plus sûrs qui soient. Un autre nettoyant liquide tous usages, le nettoyant neutre, est proposé sous forme concentrée. On le trouve dans les boutiques spécialisées dans les produits d'entretien commerciaux. Plusieurs contiennent de l'huile de pin qui, en de plus fortes concentrations, fait un désinfectant. Son odeur est agréable. Les produits à forte concentration d'ammoniaque peuvent s'inscrire dans cette catégorie, mais leur taux d'alcalinité est généralement tel qu'ils sont considérés comme des nettoyants surpuissants.

Ce qu'il faut faire et ne pas faire avec un nettoyant

Les produits nettoyants ont beau être éprouvés, classés, inspectés et même approuvés par le gouvernement, ils sont parfois dangereux, particulièrement si on tente de les mélanger. Respectez les consignes suivantes et vous ne tomberez pas au champ de bataille contre la saleté!

À faire:

- Lire et suivre le mode d'emploi sur le conditionnement.
- Ranger les nettoyants ailleurs qu'au garde-manger, en un endroit inaccessible aux enfants.
- Conserver les produits dans leurs contenants d'origine. Ainsi ce qui paraît sur l'étiquette (directives pour l'emploi, la mise au rebut et les premiers soins) correspondra toujours au contenu du flacon.
- Ranger immédiatement les produits après en avoir prélevé la quantité nécessaire à l'utilisation. Vous éviterez ainsi les déversements accidentels et limiterez les risques d'exposition des enfants.
- Bien refermer les récipients, en particulier les conditionnements de sécurité inviolable par les enfants.

À proscrire:

- Mélanger différents produits. Tenez-vous-en aux produits de base et vous n'aurez nul besoin de concocter des substances maison. Il ne faut surtout pas mélanger un produit contenant un javellisant liquide (hypochlorite de sodium) à un autre qui contient de l'ammoniaque ou de l'acide. Une telle potion dégagerait des émanations toxiques.
- Réutiliser les récipients vides à d'autres fins. Vous ne sauriez plus à quoi vous en tenir à propos de l'emploi, des précautions d'usage et des premiers soins.

Conseils concernant l'achat: Le choix est vaste. Tenez-vous-en à une marque relativement peu chère qui vous satisfait. La plupart des nettoyants contiennent les mêmes éléments de base: des surfactants, de agents d'accumulation, un tampon alcalin et parfois de l'huile de pin à titre de désinfectant.

Mise en garde: Ne comptez pas sur un nettoyant tous usages pour enrayer efficacement les germes. La plupart contiennent à peine assez de désinfectant pour éliminer quelques millions de microbes, ce qui n'est que la pointe de l'iceberg.

Nettoyants aérosols

Utilisations: Dirigez les jets de ces nettoyants pratiques vers de petites surfaces lavables telles que les plaques d'interrupteurs, les garnitures de chrome, les appareils électroménagers et les dessus de cuisinière qui ne sont pas en verre. (Il existe des nettoyants expressément conçus pour les dessus de cuisinière en verre.) Vaporisez le produit et essuyez sans tarder. Certaines marques populaires contiennent des produits chimiques alcalins qui les élèvent au rang de nettoyants tous usages. Avant d'employer un nettoyant en aérosol pour la première fois, en particulier sur une surface peinte, faites-en l'essai en un endroit soustrait à la vue.

Conseils concernant l'achat: Procurez-vous un concentré chez un marchand spécialisé et préparez votre propre mélange ou achetez une marque qui satisfait vos attentes.

Mise en garde: Les nettoyants en aérosol puissants peuvent ternir l'apprêt des meubles, pâlir ou décolorer la peinture, surtout lorsqu'ils s'y trouvent pendant une minute et plus. Si vous diluez vous-mêmes un concentré, assurez-vous de bien respecter les proportions. Une concentration trop élevée risque d'abîmer les surfaces et se rincera moins bien.

Papier de verre

Utilisations: On emploie le papier de verre pour polir les surfaces rugueuses, pour faire disparaître la corrosion et les imperfections avant d'appliquer la couche de finition. Ne songez à l'employer qu'en ultime recours, puisque le papier de verre, même le plus fin, égratigne les surfaces, les rend plus poreuses, donc plus salissantes.

Conseils concernant l'achat: On trouve une vaste gamme de papier de verre dans les quincailleries et les magasins à rayons. Deux modes de numérotation décrivent la finesse du papier de verre. Plus le chiffre est élevé, plus fin est le papier. Ainsi, le papier extra-fin portera les numéros 8/0 à 6/0 ou 60 à 40 grains. Le papier grossier est numéroté de — à 1— ou 60 à 40 grains. La numérotation varie d'un fabricant à l'autre. On trouve communément trois sortes de papier de verre:

le papier silex: le moins cher et le moins durable, de couleur crème ou havane;

le papier émeri: également désigné sous le nom de toile d'émeri, ce papier est noir;
le papier d'oxyde d'aluminium: de couleur rouge, ce papier est le plus commun et le plus durable.

Mise en garde: Le papier de verre égratigne et abîme pour ainsi dire toutes les surfaces. N'appuyez pas trop.

Pâte à poncer

Utilisations: On emploie une pâte à poncer afin de polir délicatement une surface, faire disparaître les égratignures et l'oxydation, aplanir les aspérités. Elle sert à supprimer les éraflures sur le plexiglas, le marbre de culture et la fibre de verre. Mais la pâte de bijoutier ou un composé plastique font encore mieux le travail, selon Bill R. Griffin, président de Cleaning Consultant Services à Seattle.

Conseils concernant l'achat: On trouve la pâte à poncer dans les quincailleries, les grandes surfaces et les boutiques spécialisées dans les produits automobiles. La pâte de bijoutier et le composé plastique sont vendus dans les bijouteries et les orfèvreries lapidaires.

Mise en garde: Comme tout abrasif, la pâte à poncer agit en soulevant une fine couche de la surface que l'on souhaite nettoyer. Prenez garde à ne pas trop en employer. Elle est contre-indiquée sur les placages de vernis et de peinture. Procédez d'abord à un essai en un endroit discret. Ne poncez pas plus qu'il ne faut. Rincez souvent afin de voir le résultat. Les carrossiers déconseillent l'emploi de la pâte à poncer, en particulier sur les récentes couleurs claires. Une utilisation fréquente de la pâte à poncer ferait se détériorer prématurément la peinture de la carrosserie, étant donné qu'elle élimine la protection ultraviolette présente dans la peinture.

Pelle à poussière

Utilisations: Après avoir passé le balai, une pelle à poussière est fort commode pour ramasser les saletés, en particulier les saletés fines et poudreuses et les poils de chat.

Conseils concernant l'achat: Pour les travaux extérieurs, servez-vous d'une pelle plus grosse et plus lourde qui peut recevoir des charges plus importantes. Pour l'entretien intérieur, la meilleure pelle à poussière est cernée d'une bande de caoutchouc grâce à laquelle on peut balayer les poussières les plus fines qui soient. Pour éviter de vous pencher trop souvent, procurez-vous une pelle dotée d'un long manche, en vente chez les marchands spécialisés dans les produits d'entretien commerciaux.

> **Les travaux d'Hercule**
>
> **Un tas de bouchons de champagne !**
>
> Au lendemain de la Saint-Sylvestre, les éboueurs de New York ramassent 45,5 tonnes métriques de détritus à Times Square!

Mise en garde: La pelle à poussière doit être plus large que le balai, à défaut de quoi vous répandrez des saletés de chaque côté.

Pierre ponce

Utilisations: La pierre ponce est faite à partir de la mousse durcie de la lave volcanique. Elle est principalement utilisée pour ses propriétés abrasives. Elle est suffisamment solide pour poncer les taches et les saletés durcies sur la brique, le fer forgé, le béton, les grils de cuisson et dans les cuvettes.

Conseils concernant l'achat: On trouve de la pierre ponce bon marché dans les quincailleries et chez les marchands de produits d'entretien commerciaux.

Mise en garde: Humectez la pierre ponce avant de l'utiliser afin de protéger la surface que vous poncerez. La force d'abrasion recherchée pour poncer les surfaces dures ne convient pas aux matières moins dures. N'employez pas la pierre ponce sur le stratifié, le marbre de culture, le métal émaillé, les plastiques et la fibre de verre. Portez des gants de caoutchouc si vous l'employez de concert avec un acide pour nettoyer la cuvette.

Pinces à linge

Utilisations: Elles servent principalement à pendre le ligne à sécher sur la corde. Mais ces ingénieux bidules servent aussi à assujettir les tapis, paillassons et rideaux de douche afin de les nettoyer au grand air, à l'aide d'un balai, d'une brosse ou d'un boyau d'arrosage.

Conseils concernant l'achat: Les plus solides et durables sont les pinces à linge en bois mues par un ressort métallique. Achetez-en un sac de 100 ou 150 à la pharmacie ou la quincaillerie.

Mise en garde: N'oubliez pas de retirer les pinces de la corde et de les ranger à l'intérieur. La pluie et les intempéries feraient rouiller les ressorts et moisir le bois, ce qui pourrait ensuite salir le linge. Nettoyez les pinces de bois en les mettant à tremper environ 10 minutes dans de l'eau chaude et du détergent à lave-vaisselle. Rincez-les avant de les faire sécher. Versez une cuillerée à soupe d'eau de Javel dans 3,5 l d'eau et laissez tremper les pinces pendant une dizaine de minutes, puis rincez-les.

Plateau

Utilisations: Un plateau est en quelque sorte une ambulance pour qui se charge de l'entretien. Il expédie en quatrième vitesse le nécessaire de nettoyage sur les lieux de l'incident. Rangez le nécessaire de base sur votre plateau, produits et accessoires, et tenez-le à votre disposition là où vous y aurez facilement accès.

Conseils concernant l'achat: On trouve ce genre de plateau chez les quincailliers et les marchands spécialisés dans les produits d'entretien commercial. Étant donné son prix économique, généralement sous les 10 $, il est avantageux d'en avoir plus d'un, de sorte qu'il s'en trouve toujours un à portée de main.

Rangez les produits et accessoires de base sur un plateau de nettoyage et tenez-le à votre disposition en un lieu facilement accessible.

Polisseuses à planchers

Utilisations: Ces machines ont deux raisons d'être: d'abord, elles servent à décaper les sols de la crasse et de l'accumulation de cire. Lorsque vous remplacez les tampons à récurer par des tampons à polir, la machine servira à cirer le parquet. Autrefois, il s'agissait de cire à planchers mais aujourd'hui, les revêtements de sol sont enduits de polymère de synthèse à base aqueuse.

Conseils concernant l'achat: Une polisseuse est fort utile pour l'entretien des sols, mais vous en avez besoin environ une fois par

Les tampons à récurer décapent la vieille cire et délogent les taches et la crasse. Il suffit de les remplacer par des tampons à cirer pour appliquer la cire et faire reluire le sol. Débranchez toujours l'appareil avant de remplacer les tampons.

année. Il vaut mieux en louer une pour l'occasion. Si vous préférez en acheter une, vous pourriez songer à vous en procurer une d'occasion. On peut en acheter une usagée pour une chanson !

Mise en garde: Une polisseuse est un appareil électrique lourd. Respectez les directives du manuel d'utilisation. Débranchez-la toujours avant de changer les tampons ou de l'emplir de décapant ou de cire. Portez des bottes ou des chaussures de protection lorsque vous l'employez.

Poudres à récurer

Utilisations: Autrefois, les poudres à récurer surpuissantes contenaient du silicate, c'est-à-dire du sable qui pouvait abîmer les surfaces des cuvettes et des baignoires. Aujourd'hui, elles sont moins abrasives. Vous pouvez les employer sans risque pour nettoyer les lavabos, bassines, carreaux, baignoires, l'inox dépoli et l'émail cuit. Vous pouvez également fabriquer un cataplasme en délayant une poudre à récurer dans de l'eau pour soulever les taches maculant une surface dure.

Conseils concernant l'achat: Les différentes marques que l'on retrouve dans les supermarchés et les pharmacies sont plutôt similaires. Certaines contiennent un javellisant.

Mise en garde: Une poudre à récurer peut égratigner plusieurs types de surfaces. Ne mélangez pas une poudre à récurer contenant du javellisant à un autre produit chimique nettoyant, en particulier s'il contient de l'ammoniaque. La réaction qu'ils provoqueraient libérerait de dangereuses émanations. Lisez attentivement le mode d'emploi et les précautions d'usage.

Raclettes de caoutchouc

Utilisations: Voici le moyen le plus rapide et le plus efficace de laver des carreaux et miroirs. Vous pouvez employer une raclette dans la salle de bains pour assécher rapidement la cabine de douche et prévenir ainsi la prolifération de moisissures et l'accumulation de traces de savon.

Conseils concernant l'achat: On trouve les raclettes de caoutchouc dans les magasins d'articles de maison et les quincailleries. Les meilleures qui soient sont toutefois vendues chez les marchands spécialisés dans les produits d'entretien commerciaux. On conseille d'acheter une raclette de 30 cm de largeur pour la maison, la plus facile à manipuler. Si vous avez l'intention d'en faire grand usage, n'achetez pas une raclette doublée d'une éponge qui s'userait rapidement, auquel cas il vous faudrait vite remplacer le tout.

EXPLICATION

Faites la toilette des carreaux et du pare-brise !

Les nettoyants pour le verre dissolvent la saleté qui reste en suspension sur les carreaux. La raclette assèche la surface de verre en y raclant l'eau sale. Plus vous employez de nettoyant, plus il faudra racler. Aussi, employez une éponge humide mais non pas détrempée.

Lorsque vous frottez des carreaux à l'aide d'essuie-tout, de papier journal ou d'un chiffon, vous soulevez la saleté peu à peu plutôt que de l'enlever en quelques coups vite faits.

Mise en garde: Lorsque vous vous servez d'une raclette, n'essuyez pas la lame de caoutchouc à l'aide d'un chiffon sec, car elle ne glisserait plus aussi bien sur le verre par la suite. Employez plutôt un chiffon humide. Lorsque la lame de caoutchouc sera usée, remplacez-la si la chose est possible (en principe, si la raclette est de bonne qualité) ou achetez-en une autre.

Savon

Utilisations: Le savon véritable, fabriqué à partir de la réaction chimique entre des graisses et des huiles au contact d'alcalis, est communément employé dans la fabrication de pains de savon et de lessives. Le savon nettoie en douceur en atténuant la tension de l'eau (pareillement aux surfactants d'un détergent) et en émulsifiant les huiles et les graisses de sorte qu'elles puissent être rincées.

Conseils concernant l'achat: Achetez le savon à l'épicerie, à la pharmacie et dans les magasins d'escompte.

Mise en garde: Contrairement au détergent, le savon se lie aux minéraux contenus dans l'eau lourde et peut laisser un cerne dans la baignoire.

Les feuilletons télévisés moussent les ventes

On ne les appelle pas soap opera sans raison. La société Proctor and Gamble, fabricant du détergent à lessive Tide et du savon Ivory, a commandité le premier feuilleton télévisé en 1952: il s'agissait de *Guiding Light*, encore en ondes. Aujourd'hui, la multinationale de Cincinnati produit également *As the World Turns* et *Another World.*

Dans l'espoir de rejoindre un auditoire potentiel de 16 millions de téléspectateurs, composé principalement de téléspectatrices, les annonceurs consacrent plus d'un milliard de dollars annuellement à l'achat de pauses publicitaires pendant la présentation de ces feuilletons. Il en coûte en moyenne 22 000 $US pour diffuser une publicité de 30 secondes.

L'avènement du magnétoscope préoccupe les annonceurs. Douze pour cent des téléspectateurs enregistrent désormais leurs feuilletons préférés pour les visionner plus tard. On peut penser qu'ils font avancer la bande en accéléré pour sauter les commerciaux.

Scellants

Utilisations: On emploie un scellant en guise de barrière entre la poussière et la crasse et une pléthore de matières absorbantes ou perméables, telles que la moquette, le tissu de recouvrement et le béton. Le principe consiste à obstruer la pénétration et l'absorption des saletés. Les étoffes et les surfaces couvertes d'un tel enduit étanche sont plus faciles à nettoyer.

Conseils concernant l'achat: Pour étancher les étoffes, procurez-vous un apprêt antitache à base de fluorocarbone tel que Scotchgard . Vous trouverez ce produit au supermarché et dans les grands magasins. Une bombe aérosol, contrairement à un contenant à gâchette, favorise une application uniforme. Un teinturier peut enduire les vêtements d'un apprêt scellant ou antitache. Les scellants protecteurs pour le bois et la brique sont vendus dans les quincailleries.

Mise en garde: Les apprêts pour étoffe et moquette à base de silicone ne protègent que contre les taches aqueuses (non huileuses) et jaunissent parfois sous l'action du soleil. Évitez de vous en servir au profit des apprêts à base de téflon ou de fluorocarbone. Lisez attentivement le mode d'emploi et les précautions d'usage.

Seaux

Utilisations: Les seaux sont l'un des accessoires de base nécessaires à l'entretien. On peut s'en servir pour ranger séparément les produits de nettoyage et de rinçage. Un seau est indispensable à qui passe une vadrouille, mais on peut aussi l'employer pour faire l'entretien général de la maison.

Conseils concernant l'achat: Les seaux en plastique munis d'une anse solide sont les meilleurs. Les seaux en métal finissent par être bosselés et corrodés. Un seau carré est plus stable et peut recevoir plus facilement une vadrouille auto-essoreuse.

Mise en garde: Il faut rincer et assécher un seau après chaque utilisation. Sinon, les traces d'eau et de saletés qui subsisteraient feraient un environnement idéal à la prolifération des moisissures et des bactéries.

Sèche-linge

Utilisations: Un sèche-linge s'avère étonnamment efficace pour sécher des matières absorbantes telles que la ratine, la flanelle mais aussi pour bouffer les oreillers et les édredons, pour rafraîchir les tentures et les couvre-lits.

Conseils concernant l'achat: La plupart des sèche-linge se chargent plutôt bien du culbutage et du séchage. Faites l'achat d'un modèle dont la carrosserie est résiliante et qui est garanti contre la rouille. Assurez-vous qu'il soit doté de pieds de nivellement et que le filtre à charpie est facile d'accès. Les modèles plus onéreux comportent des caractéristiques additionnelles telles qu'une capacité de chargement accrue, un tableau de commande électronique, l'insonorisation et une clayette amovible. Les modèles à programmation simple sont les plus économiques, bien que certains comptent également un sélecteur de température et un senseur d'humidité. Le choix entre un modèle fonctionnant à l'électricité ou au gaz repose grandement sur les tarifs que pratique votre fournisseur d'électricité et les branchements de votre maison. En général, un sèche-linge électrique coûte moins à l'achat

Le culbutage contrôlé: quatre superbes tactiques de séchage

La société Maytag, réputée fabricante d'électroménagers, nous livre ces conseils dans le but d'optimiser l'emploi du sèche-linge.

Ne chargez pas trop! Une brassée de lessive constitue en général le chargement optimal d'un sèche-linge. Une charge plus lourde nécessitera un temps de séchage plus long et donc un surcroît d'énergie.

Le minimum est l'optimum. Ne laissez pas trop sécher le linge. Afin d'éviter le froissement des étoffes, sortez-les de l'appareil aussitôt que le cycle prend fin. Le programme «Pressage permanent» ajoute une période de rafraîchissement après le cycle de séchage, de sorte que les étoffes ressortent moins froissées.

Ne ralentissez pas la cadence. Lorsque faire se peut, mettez à sécher vos brassées l'une après l'autre. Ainsi, la chaleur ne se perdra pas entre les chargements.

Ne mélangez pas tout. Faites sécher ensemble des articles qui requièrent la même température et un même temps de séchage. Sinon, les articles qui sèchent vite seraient trop fripés ou les articles lourds seraient encore humides.

mais coûte davantage à faire rouler. Un sèche-linge à gaz suppose toutefois un raccordement des conduites gazières jusqu'à votre laverie.

Mise en garde: Afin de prévenir les risques d'incendie et d'augmenter l'efficacité de l'appareil, nettoyez le filtre à charpie avant chaque utilisation. Il ne faut jamais sécher à la chaleur certains matériaux et tissus, par exemple le vinyle, les enduits de caoutchouc, les étoffes plastifiées, les plastiques et parfois la laine. Faites-les plutôt sécher par culbutage à air froid.

Shampouineuses à moquette

Utilisations: Les shampouineuses à moquette à vapeur sont le meilleur moyen de nettoyer en profondeur la moquette et les tapis. La machine pulvérise un détergent chauffé à la vapeur dans les poils de la moquette, qui en détache les saletés qui sont ensuite aspirées par la buse de succion. Cette méthode réussit à déloger les accumulations de crasse et de saletés qui s'infiltrent dans la moquette au fil des ans.

Conseils concernant l'achat: Vous pouvez louer ou acheter une shampouineuse dans une quincaillerie et parfois au supermarché. Sauf que les shampouineuses de location ne sont pas aussi efficaces que celles employées par les professionnels du nettoyage, et elles ont tendance à trop humecter la moquette. Il est préférable de confier ce travail aux soins d'un expert.

Solvants

Utilisations: Les solvants chimiques, dérivés de végétaux ou de produits du pétrole, ont la propriété de dissoudre les taches et les saletés. On les emploie également afin de diluer la peinture et le vernis.

Acétate amylique: On ne trouve pas facilement ce produit qui peut servir aux mêmes usages que l'acétone. Il est sans danger sur l'acétate et les étoffes que l'acétone peut détruire.

Acétone: L'un des solvants les plus puissants qui soient, l'acétone est fabriquée à partir de l'alcool. On peut l'allonger d'eau et s'en servir pour décaper le vernis à ongles, la colle servant aux modèles réduits, le caoutchouc scellant et la graisse.

Alcool: Employez l'alcool dénaturé ou isopropylique pour enlever la graisse et la crasse des surfaces métalliques et de verre, et en guise de détachant sur les taches d'herbe, d'encre et de teinture.

Essence minérale: Également appelée «diluant à peinture», cette essence est en fait un distillat du pétrole efficace pour déloger les taches et souillures laissées sur des pièces d'équipement, le métal, le béton et le plastique rigide. Elle nettoie efficacement les éclaboussures de peinture à l'huile, les pinceaux et rouleaux ayant servi à peindre à l'huile. On la retrouve dans la composition de produits servant à détacher la gomme adhésive et la peinture.

Térébenthine: Distillée à partir de la sève de pin, la térébenthine fait un excellent diluant à peinture mais elle n'est pas fameuse pour nettoyer et dégraisser car elle laisse un résidu collant.

Conseils concernant l'achat: Procurez-vous la térébenthine et l'essence minérale dans une quincaillerie et chez les marchands de peinture. Vous trouverez l'acétone et l'alcool dans les quincailleries, les épiceries et les pharmacies. Le D-limonène, un solvant à base d'agrumes, fait un bon substitut organique aux solvants à base de pétrole. Recherchez Citrus Strip, qui contient du D-limonène, dans les quincailleries.

Mise en garde: Pour efficaces qu'ils sont, les solvants sont souvent inflammables, habituellement toxiques et dommageables pour l'environnement. On peut les absorber par contact cutané et par les voies respiratoires. Certains solvants sont contre-indiqués sur la soie, l'acétate, la laine et le nylon car ils dissolvent ces étoffes. Portez des gants et assurez-vous que la pièce soit bien aérée lorsque vous manipulez un solvant. Lisez attentivement le mode d'emploi et les précautions d'usage.

Tampons métalliques

Utilisations: Les tampons métalliques ou «paille de fer» sont l'un des meilleurs outils de nettoyage ne faisant pas appel aux produits chimiques et qui servent d'abrasifs pour déloger la crasse et les taches tenaces. En raison de sa rugosité, on emploie un tampon métallique lorsque toutes les autres méthodes ont failli et encore, seulement sur les surfaces très dures et que l'on ne craint pas d'égratigner. Il est efficace pour désincruster les graisses calcinées au fond des casseroles et pour déloger les résidus dans les chaudrons de fer. Vous pouvez employer la paille de fer la plus fine pour les tâches plus délicates, par exemple enlever la rouille sur du métal poli ou du bois avant de le polir à nouveau. Elle sert également à poncer légèrement les surfaces entre deux couches de peinture ou de vernis.

Conseils concernant l'achat: On trouve la paille de fer dans les quincailleries et les supermarchés. Sa finesse est quantifiée de «extra-fine» à «grossière». Il existe également des tampons métalliques imprégnés de savon ou de nettoyant.

Mise en garde: Un tampon métallique laissera des éraflures sur un autre métal (notamment l'or, le laiton, le cuivre et l'argent), de même que sur le bois, le plastique, la peinture, la fibre de verre et le stratifié. Un tampon métallique extra-fin n'égratignera pas si on l'emploie avec délicatesse. Ce dernier délogera les traces d'eau dure sur le chrome. Employez un tampon à récurer blanc sur les autres surfaces.

Traitements avant lessive

Utilisations: Les détergents et les machines à laver sont assurément de bonne qualité mais parfois ils ne suffisent pas à déloger certains types de taches, à défaut de les traiter avant la lessive. C'est alors que les traitements avant lessive en bâtonnets, liquides ou en aérosol entrent en jeu. Les liquides (parmi lesquels on compte, techniquement, les aérosols) sont les plus efficaces quand il s'agit d'amollir et de dissoudre les taches de graisse et d'huile. Ils présentent cependant un inconvénient: il faut en faire usage pas plus de trois à cinq minutes avant la lessive. À cause de cela, une tache pourra s'être incrustée sur un vêtement au cours des jours précédant la lessive.

Voilà où se situe l'avantage des traitements en bâtonnets. Bien qu'ils ne soient pas aussi puissants que les liquides, ils servent à traiter une tache peu après qu'elle ait été faite. Il suffit de jeter le vêtement dans le panier à linge sale en attendant le jour de lessive. Il est cependant préférable de le laver le plus vite possible. Ne tardez pas !

Conseils concernant l'achat: Tous les traitements avant lessive agissent plutôt bien. Vous trouverez les deux formes, soit en liquide (ex.: Shout) ou en bâtonnet (ex.: Spray'n Wash) dans les pharmacies et les supermarchés. Éprouvez-en une marque ou deux et adoptez celle qui déloge le mieux le type de taches auxquelles vous êtes souvent confronté.

Mise en garde: Évitez de renifler les émanations ou de pulvériser l'aérosol sur la peau ou dans les yeux. Lisez attentivement le mode d'emploi et les précautions d'usage. N'employez pas un traitement avant lessive sur les tissus de recouvrement et la moquette, qui ne supportent pas la lessive.

Vadrouilles à franges

Utilisations: Les vadrouilles à franges sont idéales pour nettoyer légèrement les sols. Si un sol est fortement encrassé, vous devrez employer autre chose qu'une vadrouille, peut-être une brosse ou un tampon à récurer en nylon. Mais s'il s'agit simplement d'essuyer le sol, on se trouve devant deux types de nettoyage: déloger la saleté et ramasser les poussières ou alors décaper la crasse accumulée. Chacune de ces opérations exige un type de vadrouille particulier.

Vadrouilles à franges courtes

Les vadrouilles à franges courtes permettent de mieux épousseter et plus rapidement les grandes surfaces que les vadrouilles à franges longues. Elles recueillent les particules les plus fines. Pour obtenir de meilleurs résultats, pulvérisez un produit à épousseter sur les franges de la vadrouille qui attirera et retiendra les particules. Secouez les franges de la vadrouille et pulvérisez-les légèrement de produit à épousseter après l'avoir utilisée, en prévision de la prochaine fois.

Conseils concernant l'achat: Achetez-la dans une grande surface. Le format 45 cm est le plus indiqué pour la maison.

Vadrouilles à franges longues

Si vous n'avez que des carreaux dans la cuisine et la salle de bains, un balai-éponge vous suffira. Employez-le avec un nettoyant pour travaux légers, par exemple une giclée de détergent liquide pour le lave-vaisselle dilué dans un seau d'eau. Le balai-éponge vous servira également à appliquer de la cire sur un revêtement de sol, mais ce n'est pas l'outil idéal pour cela. Un applicateur en laine d'agneau laissera moins de bulles dans la cire liquide. S'il s'agit de nettoyer une grande surface, une vadrouille à franges longues vous aidera à terminer plus rapidement. Ce genre de vadrouille nettoie bien les angles et les coins et se rend sous la coiffeuse plus facilement qu'un balai-éponge.

Conseils concernant l'achat: On trouve les balais-éponges dans les épiceries, les magasins à rayons et les quincailleries. Le modèle doté d'une essoreuse est pratique mais assurez-vous qu'elle soit solidement

La vadrouille chez les Lakers de Los Angeles

Votre parquet n'est peut-être pas aussi vaste qu'un terrain de basket-ball, mais vous pouvez recourir à la technique de nettoyage perfectionnée par les professionnels de l'entretien qui font reluire l'arène après chaque match. Louie Galicia, directeur de l'exploitation de l'équipe, affirme qu'il s'agit de la méthode maintes fois éprouvée pour laver un plancher à la vadrouille.

Passez d'abord une vadrouille sèche sur le sol afin de ramasser toutes les saletés libres.

Préparez deux seaux d'eau, l'un pour le lavage, l'autre pour le rinçage. Mouillez le sol à l'aide d'une vadrouille à franges longues ou d'un balai-éponge. Employez un détergent doux et changez l'eau de rinçage dès qu'elle semble brouillée.

Lorsque le sol est sec, nettoyez-le une fois de plus à l'aide d'une vadrouille sèche à franges courtes.

«Nous employons cette méthode depuis longtemps et elle fait des merveilles», nous avoue M. Galicia.

fixée au manche. Procurez-vous également une vadrouille à franges longues de 40 cm.

Mise en garde: Rincez bien vos vadrouilles après les avoir utilisées, puis mettez-les à sécher en les suspendant par le manche afin d'éviter les moisissures.

Vaporisateurs

Utilisations: Un vaporisateur sert à appliquer rapidement et facilement un nettoyant sur une surface difficile à atteindre. Il permet également de diluer un produit concentré et de réaliser des économies. Afin de maximiser la qualité de l'air ambiant, limitez la pulvérisation, nous conseille Bill R. Griffin, président de Cleaning Consultant Services à Seattle. Lorsque faire se peut, il est préférable d'imbiber un chiffon pour employer un nettoyant.

Conseils concernant l'achat: Vous trouverez des vaporisateurs honnêtes dans les magasins d'escompte, les magasins à rayons et les supermarchés. Afin de vous en procurer qui soient de meilleure qualité, rendez-vous chez un marchand spécialisé dans les produits d'entretien commerciaux.

Mise en garde: Si vous préparez vos propres décoctions, identifiez bien le contenu des vaporisateurs afin que quiconque s'en servira sache ce qu'ils contiennent.

Vinaigre

Utilisations: Le vinaigre ou acide acétique fait un nettoyant domestique et un détachant économiques et utiles. À titre de nettoyant, il est très efficace pour combattre les résidus alcalins. Employez-le (à raison de 125 ml de vinaigre blanc pour 3,5 l d'eau afin de rincer les résidus alcalins laissés par les décapants à cire et les nettoyants. Vous pouvez en ajouter à l'eau de rinçage lorsque vous lavez la vaisselle à la main. Il suffit de verser 30 g de vinaigre blanc dans l'évier plein d'eau. Il neutralisera et rincera les restes de détergent et fera reluire les verres et la vaisselle. Portez des gants de caoutchouc lorsque vous rincez à l'eau et au vinaigre, à défaut de quoi l'acide qu'il contient vous asséchera la peau et les ongles. Employé pur, le vinaigre permet de détartrer les cafetières électriques, les carafes à café et les théières. Le vinaigre fait un détachant acide, un agent neutralisant et un javellisant doux. On peut l'employer sur les taches de bière, de moutarde, etc.

Conseils concernant l'achat: Achetez du vinaigre blanc, pur et distillé à l'épicerie. Le vinaigre de vin, de cidre ou aromatisé pourrait tacher.

Mise en garde: Le vinaigre sert aux tâches de base telles que le lavage des carreaux ou le nettoyage général. Il n'est cependant pas aussi efficace comme détergent doux, étant donné que la plupart des saletés sont acides et que le vinaigre — un acide — ne les neutralisera pas. Le vinaigre ne doit pas servir de détachant sur le coton, le lin et l'acétate. Il risque d'abîmer ces étoffes. Faites-en toujours l'essai là où la chose ne se remarquera pas.

Index

A

B

C

D

E

J

L

M

N

V

W

Transcontinental
IMPRESSION
IMPRIMERIE GAGNÉ

IMPRIMÉ AU CANADA